科学出版社"十四五"普通高等教育本科规划教材

中药学系列教材

中药鉴定学

Identification of Chinese Medicines

周小江 杨 华 主编

科学出版社
北 京

内 容 简 介

中药鉴定学是研究和鉴定中药的品种和质量,制定中药质量标准,寻找新药源的一门应用性学科,是中药学类的专业课。本教材分为总论和各论两部分,总论重点论述中药鉴定学的概念与任务,中药资源及其开发利用,中药材的采收、产地加工与贮藏,中药的鉴定及中药质量标准等;各论分为五篇,第一篇为植物药类,第二篇为动物药类,第三篇为矿物药类,第四篇为中药提取物类,第五篇为中成药类。本教材采用纸质和数字相结合的方式,融合发展。纸质教材通过二维码链接了知识拓展等内容,用以增加课外拓展内容,拓宽学生视野。

本教材供中药学、药学等相关专业用。

图书在版编目(CIP)数据

中药鉴定学 / 周小江,杨华主编. —北京:科学出版社, 2022.7
科学出版社"十四五"普通高等教育本科规划教材. 中药学系列教材
ISBN 978-7-03-072247-8

Ⅰ. ①中… Ⅱ. ①周… ②杨… Ⅲ. ①中药鉴定学-高等学校-教材 Ⅳ. ①R282.5

中国版本图书馆 CIP 数据核字(2022)第 079008 号

责任编辑:周 倩 马晓琳 / 责任校对:谭宏宇
责任印制:黄晓鸣 / 封面设计:殷 靓

科学出版社 出版
北京东黄城根北街 16 号
邮政编码:100717
http://www.sciencep.com

南京展望文化发展有限公司排版
广东虎彩云印刷有限公司印刷
科学出版社发行 各地新华书店经销
*

2022 年 7 月第 一 版 开本:889×1194 1/16
2025 年 7 月第五次印刷 印张:23 3/4
字数:683 000
定价:105.00 元
(如有印装质量问题,我社负责调换)

科学出版社"十四五"普通高等教育本科规划教材
中药学系列教材
顾问委员会

（以姓氏笔画为序）

王　伟	教授
王　琦	中国工程院院士
王广基	中国工程院院士
孔令义	教授
仝小林	中国科学院院士
刘　良	中国工程院院士
肖　伟	中国工程院院士
陈凯先	中国科学院院士
谭仁祥	教授
禤国维	教授

科学出版社"十四五"普通高等教育本科规划教材
中药学系列教材
专家指导委员会

主任委员

刘中秋

副主编委员

李 华　周玖瑶　桂双英

委员
（以姓氏笔画为序）

于华芸	山东中医药大学	马 伟	黑龙江中医药大学
马 燕	广州中医药大学	马云淑	云南中医药大学
王 瑞	山西中医药大学	王 蕾	首都医科大学
王加锋	山东中医药大学	王艳宏	黑龙江中医药大学
王晓琴	内蒙古医科大学	王淑美	广东药科大学
田雪飞	湖南中医药大学	白吉庆	陕西中医药大学
曲中原	哈尔滨商业大学	全世建	广州中医药大学
刘 强	南方医科大学	刘中秋	广州中医药大学
刘军民	广州中医药大学	刘明平	广州中医药大学
许 亮	辽宁中医药大学	许 霞	安徽中医药大学
许汉林	湖北中医药大学	孙庆文	贵州中医药大学
严寒静	广东药科大学	李 华	福建中医药大学
李 玮	贵州中医药大学	李 明	广东药科大学
李 敏	陕西中医药大学	杨 华	中国药科大学
杨 莉	上海中医药大学	杨扶德	甘肃中医药大学
杨武德	贵州中医药大学	吴庆光	广州中医药大学
吴德玲	安徽中医药大学	何 新	广东药科大学

何蓉蓉	暨南大学	汪　宁	安徽中医药大学
张　玲	安徽中医药大学	张　荣	广州中医药大学
张金莲	江西中医药大学	张学兰	山东中医药大学
张智华	湖北中医药大学	陈丽霞	沈阳药科大学
邵　晶	甘肃中医药大学	季旭明	浙江中医药大学
周　华	澳门科技大学	周小江	湖南中医药大学
周玖瑶	广州中医药大学	孟　江	广东药科大学
赵　敏	河南中医药大学	赵钟祥	广州中医药大学
禹志领	香港浸会大学	俞　捷	云南中医药大学
姜　海	黑龙江中医药大学	都广礼	上海中医药大学
桂双英	安徽中医药大学	贾晓斌	中国药科大学
贾景明	沈阳药科大学	夏　荃	广州中医药大学
夏永刚	黑龙江中医药大学	晁　志	南方医科大学
钱海兵	贵州中医药大学	徐文芬	贵州中医药大学
唐中华	东北林业大学	姬生国	广东药科大学
黄海波	广州中医药大学	寇俊萍	中国药科大学
董志颖	上海中医药大学	蒋桂华	成都中医药大学
韩　彬	广东药科大学	童巧珍	湖南中医药大学
曾元儿	广州中医药大学	熊　阳	浙江中医药大学

《中药鉴定学》编委会

主 编

周小江　杨　华

副主编

蒋桂华　黄海波　姬生国　杨扶德　曲中原

编 委

（以姓氏笔画为序）

王凤云	广东药科大学	王明伟	甘肃中医药大学
邢艳萍	辽宁中医药大学	曲中原	哈尔滨商业大学
年四辉	皖南医学院	刘志香	成都中医药大学
刘阿萍	陕西中医药大学	杜晨晖	山西中医药大学
杨　华	中国药科大学	杨扶德	甘肃中医药大学
杨青山	安徽中医药大学	连　艳	成都中医药大学
吴沁璇	长沙医学院	吴泽青	新乡医学院
张　喆	山东中医药大学	张红梅	上海中医药大学
张忠勤	湖南振兴中药有限公司	邵　莉	湖南中医药大学
林　颖	广州中医药大学	罗　容	首都医科大学
周小江	湖南中医药大学	赵　婷	北京中医药大学
徐蓓蕾	哈尔滨商业大学	高　雯	中国药科大学
姬生国	广东药科大学	黄　勇	广西中医药大学
黄海波	广州中医药大学	龚　玲	湖北中医药大学
龚力民	湖南中医药大学	蒋运斌	西南大学
蒋桂华	成都中医药大学	谢军丽	贵州中医药大学
裴莉昕	河南中医药大学		

秘 书

李　漓　湖南中医药大学　　　　朱慧敏　中国药科大学

序

教材建设是教学改革的重要组成部分,是提高高等院校教学质量的重要保证。中医药事业的不断发展,对中医药人才的培养质量、知识结构、专业能力、综合素质提出了新的更高的要求,改进和完善中医药类本科教材成为中医药事业发展的重要基础性工程。为进一步贯彻落实《教育部关于加快建设高水平本科教育全面提高人才培养能力的意见》(教高〔2018〕2号)、《教育部关于一流本科课程建设的实施意见》(教高〔2019〕8号)、《中共中央 国务院关于促进中医药传承创新发展的意见》(2019年)等文件精神,更好地服务于普通高等院校全面深化教育改革、加强一流本科专业和一流本科课程的高水平教材建设,由广州中医药大学和科学出版社上海分社共同策划、组织、启动了"科学出版社'十四五'普通高等教育本科规划教材·中药学系列教材",并成立了"科学出版社'十四五'普通高等教育本科规划教材·中药学系列教材"专家指导委员会。

本系列教材第一期囊括《中药药理学》《中药炮制学》《中药分析学》《中药学》《方剂学》《中药化学》《中药药剂学》《中药鉴定学》《药用植物学》《中药资源学》十门中药学专业核心课程,采用了"以中医药院校为主导,跨校、跨区域合作,出版社协助"的模式,邀请了全国50多所院校中药学专业的330多名教学名师、优秀学科带头人及教学一线的老师共同参与。本系列教材坚持内容简单新颖、文字精练、图文并茂、经典实用的编写指导思想,对课程经典内容和学科最新进展进行合理的取舍,对文字叙述反复斟酌和提炼,根据实际需要安排图表,力争既能包含经典理论与知识,又能全面、准确、合理地反映本学科最新进展,使学生能较为系统地掌握中药学的理论知识。

本系列教材分纸质与数字内容两部分,具有以下创新:① 纸质内容中融入案例以引导教学,大部分教材还融入思维导图以帮助学生梳理知识架构。② 数字内容为每章配套授课课件,供老师教学使用;大部分还配有视频,以便学生随时、反复学习;建设数字题库,方便课后学习与教学考核;增加知识拓展以帮助学生开拓思维和视野。

本系列教材在组织过程中得到了由王琦院士、王广基院士、仝小林院士、刘良院士、肖伟院士、陈凯先院士、王伟教授、孔令义教授、谭仁祥教授及国医大师禤国维教授组成的顾问委员会的倾力指导;在教材的主编遴选、编委会的成立及审定稿等过程中,得到了全国各高等中医药院校的大力支持。在此致以衷心的感谢!

尽管所有编写人员竭心尽智,精益求精,但本系列教材仍有提升空间。敬请各位专家、老师、同学在使用本系列教材的过程中多提宝贵意见,以便我们在再版时进一步提高教材的质量,为广大师生提供更优质的教学资源。

刘中秋
2022年1月

前 言

中药鉴定学是研究和鉴定中药的品种和质量,制定中药质量标准,寻找新药源的一门应用性学科。本教材涉及的内容包括中药鉴定学的概念与任务,中药资源及其开发利用,中药材的采收、产地加工与贮藏,中药的鉴定,中药质量标准及具体各论内容等。

本教材内容分为总论、各论及附录,其中总论共5章,各论共5篇。本教材以教育部的教学大纲为基础,以中药学类专业本科生为重点对象,体现以学生为中心的教育理念,夯实基础,注重传承与创新、纸质与数字融合发展,立德树人。本教材有如下特色:① 夯实基础,整体优化;② 突出实用,注重技能;③ 注重传承与创新并存,强调中医药思维和创新思维培养;④ 注重中药知识产权保护,加强道地药材保护意识;⑤ 引入"形成性评价"理念,配套习题;⑥ 体现以学生为中心的教育理念,让学生达到"传承有基础、创新有思维、服务有能力"。

本教材的编写由全国24所高等学校及1家中药生产企业的专家组成的编写委员会团队完成。其中,第一章、第五章、第十五章概述、第二十一章概述、第二十二章概述、玄参、黄芩提取物、银杏叶提取物、六味地黄丸、十全大补丸、牛黄解毒片由周小江、吴沁璇编写;第四章、第十九章、第二十章概述由杨华、高雯编写;第二章、第七章概述、第八章概述、第十四章概述由姬生国、王凤云编写;第三章、第九章概述、第十二章概述由蒋桂华、连艳编写;第六章概述由黄海波、林颖编写;第十章概述、第十一章概述、第十三章概述由曲中原、徐蓓蕾编写;第十六章、第十七章、第十八章概述由杨扶德、王明伟编写;绵马贯众、细辛、大黄、何首乌、牛膝、黄芪、狗脊、骨碎补、拳参、虎杖、商陆、银柴胡、太子参、川牛膝、乌药、葛根由刘志香编写;附子、白芍、黄连、防己、延胡索、板蓝根、威灵仙、川乌、草乌、白头翁、赤芍、升麻、北豆根、地榆、苦参、山豆根由龚力民编写;人参、三七、白芷、柴胡、西洋参、朱砂、雄黄、自然铜、磁石、赭石、红粉、信石、轻粉、炉甘石由年四辉编写;甘草、当归、川芎、龙胆、巴戟天、紫草、远志、甘遂、白薇、独活、羌活、前胡、藁本、防风、茜草、北沙参由邢艳萍编写;丹参、黄芩、地黄、天花粉、桔梗、党参、胡黄连、续断、秦艽、白前、白薇、徐长卿、南沙参、川木香、漏芦、紫菀由邵莉编写;木香、白术、苍术、泽泻、黄精、玉竹、菟丝子、牵牛子、枸杞子、牛蒡子、血竭、乳香、没药、苏合香、阿魏、安息香由吴泽青编写;川贝母、浙贝母、酸枣仁、瓜蒌、胖大海、使君子、诃子、山茱萸、蛇床子、连翘、女贞子、石膏、滑石、芒硝、胆矾、硫黄、龙骨由杜晨晖编写;麦冬、山药、重楼、土茯苓、大血藤、鸡血藤、沉香、钩藤、降香、桑寄生、槲寄生、川木通、海风藤、苏木、通草由赵婷编写;天南星、半夏、石菖蒲、莪术、郁金、天麻、百合、天冬、知母、百部、射干、白附子、香附、干姜、姜黄、白及由谢军丽编写;杜仲、厚朴、肉桂、牡丹皮、黄柏、关黄柏、合欢皮、海桐皮、桑白皮、五加皮、秦皮、香加皮、地骨皮、白鲜皮、清开灵注射液、血塞通胶囊由裴莉昕编写;大青叶、番泻叶、淫羊藿、石韦、侧柏叶、枇杷叶、枸骨叶、罗布麻叶、艾叶、紫苏叶、石斛、豨莶草、茵陈、大蓟、蒲公英、淡竹叶、川贝枇杷糖浆、小柴胡颗粒由杨青山编写;丁香、洋金花、红花、西红花、金银花、松花粉、辛夷、槐花、密蒙花、菊花、蒲黄、苍耳子、夏枯草、薏苡仁、草果、豆蔻、草豆蔻、益智由刘阿萍编写;五味子、山楂、苦杏仁、补骨脂、吴茱萸、陈皮、王不留行、肉豆蔻、荜澄茄、荜茇、马兜铃、葶苈子、芥子、木瓜、桃仁、郁李仁由张红梅编写;巴豆、小茴香、马钱子、栀子、槟榔、砂仁、乌梅、金樱子、沙苑子、决明子、猪牙皂、化橘红、佛手、枳壳、川楝子、鸦胆子由罗容编写;麻黄、金钱草、薄荷、穿心莲、青蒿、广藿香、鱼腥草、仙鹤草、紫花地丁、绞股蓝、白花蛇舌草、荆芥、益母草、车前草、肉苁蓉、佩兰由蒋运斌编写;冬虫夏草、灵芝、茯苓、海藻、猪苓、马勃、松萝、儿茶、五倍子、海金沙、青黛、冰片、芦荟、三七总皂苷、丹参水提物、连翘提取物、穿心莲内酯、板蓝根颗粒由龚玲编写；珍珠、蟾酥、蛤蚧、蕲蛇、麝香、牛黄、水蛭、土鳖虫、蝉蜕、僵蚕、蜂蜜、海马、海龙、哈蟆油、乌梢蛇、金钱白花蛇由黄勇编写；地龙、全蝎、斑蝥、鹿茸、羚羊角、蜈蚣、石决明、牡蛎、海螵蛸、鸡内金、桑螵蛸、龟甲、鳖甲、五灵脂、熊胆粉、阿胶、逍遥丸由张喆编写。所有药材照片由张忠勤拍摄。主编和副主编除了负责所编写的内容外，还对各论的编写内容进行了审校，具体如下：第十五章、第二十一章、第二十二章由周小江审校；第二十章由杨华审校；第七章、第八章、第十四章由姬生国审校；第九章、第十二章由蒋桂华审校；第六章(前)由黄海波审校；第十章、第十一章、第十三章由曲中原审校；第十八章由杨扶德审校。纸质教材的统稿由李漓完成，数字教材的统稿由朱慧敏完成。在编写过程中，我们得到了广州中医药大学、湖南中医药大学等编委所在单位的大力支持与帮助，在此表示衷心感谢！

需要说明的是，来自国家级野生保护动物的穿山甲、熊胆粉等药材，虽然已陆续从各版本《中国药典》中删除，但考虑中医药理论体系的完整性、现代研究进展，本教材仍然保留了其相关阐述。本教材正文内容重点参考引用《中国药典》等图书；数字教材重点参考引用《中国植物志》等图书，在此表示衷心感谢！

本教材涉及知识面广，学科交叉较多，故编写有一定的难度，因此，在编写过程中，全体编委虽竭尽全力，但仍难免存在不足，敬请业内专家及各兄弟院校的专家和师生们提出宝贵意见，以便不断完善和提高，非常感谢！

《中药鉴定学》编委会
2022年5月

目 录

总 论

第一章　绪论
第一节　中药鉴定学的概念 …………… 002
第二节　中药鉴定学的任务 …………… 002
第三节　中药鉴定学的起源与发展 …………… 004
第四节　中药拉丁名 …………… 006

第二章　中药资源及其开发利用
第一节　中药材野生资源 …………… 008
第二节　中药材人工资源 …………… 009
第三节　道地药材 …………… 010
第四节　中药材资源保护与可持续利用 …… 011

第三章　中药材的采收、产地加工与贮藏
第一节　中药材的采收 …………… 014
第二节　中药材的产地加工 …………… 015
第三节　中药材的贮藏 …………… 016

第四章　中药的鉴定
第一节　中药鉴定的依据 …………… 018
第二节　中药鉴定的一般程序 …………… 019
第三节　中药鉴定的方法 …………… 020
第四节　中药的检查 …………… 028

第五章　中药质量标准
第一节　概述 …………… 032
第二节　中药质量标准的内容 …………… 032
第三节　中药质量标志物 …………… 034
第四节　中药全产业链标准化 …………… 037

各 论

第一篇　植物药类

第六章　根及根茎类中药
第一节　概述 …………… 040
第二节　常用中药材 …………… 043
　狗脊 …………… 043
　绵马贯众 …………… 044
　骨碎补 …………… 046
　细辛 …………… 046
　大黄 …………… 048
　拳参 …………… 051
　虎杖 …………… 051
　何首乌 …………… 051
　商陆 …………… 054
　银柴胡 …………… 054
　太子参 …………… 055
　牛膝 …………… 055
　川牛膝 …………… 057
　乌药 …………… 057
　威灵仙 …………… 058
　川乌 …………… 058

草乌	058	丹参	106
附子	058	黄芩	109
白头翁	061	玄参	112
白芍	061	地黄	114
赤芍	063	胡黄连	117
黄连	063	续断	117
升麻	066	天花粉	118
防己	066	桔梗	119
北豆根	067	党参	122
延胡索	068	南沙参	125
板蓝根	069	木香	125
地榆	071	川木香	128
苦参	071	白术	128
山豆根	071	苍术	129
葛根	072	紫菀	131
甘草	072	漏芦	131
黄芪	075	泽泻	132
远志	078	川贝母	132
甘遂	078	浙贝母	134
白蔹	078	黄精	136
人参	078	玉竹	136
西洋参	082	重楼	136
三七	082	土茯苓	137
白芷	085	百合	137
当归	087	天冬	137
独活	090	麦冬	137
羌活	090	知母	140
前胡	090	百部	140
川芎	090	山药	141
藁本	093	射干	143
防风	093	天南星	143
柴胡	093	半夏	144
北沙参	098	白附子	147
龙胆	098	石菖蒲	147
秦艽	101	香附	149
白前	101	干姜	150
白薇	101	莪术	150
徐长卿	102	姜黄	152
巴戟天	102	郁金	153
茜草	104	天麻	155
紫草	104	白及	157

第七章　茎木类中药

第一节　概述 …………………………… 158
第二节　常用中药材 …………………………… 160

桑寄生 …………………………………… 160
　　槲寄生 …………………………………… 160
　　川木通 …………………………………… 160
　　大血藤 …………………………………… 160
　　海风藤 …………………………………… 163
　　鸡血藤 …………………………………… 163
　　降香 ……………………………………… 165
　　沉香 ……………………………………… 165
　　苏木 ……………………………………… 168
　　通草 ……………………………………… 169
　　钩藤 ……………………………………… 169

第八章　　皮类中药
第一节　概述 ……………………………… 173
第二节　常用中药材 ……………………… 174
　　杜仲 ……………………………………… 174
　　桑白皮 …………………………………… 177
　　厚朴 ……………………………………… 177
　　肉桂 ……………………………………… 180
　　牡丹皮 …………………………………… 183
　　合欢皮 …………………………………… 186
　　海桐皮 …………………………………… 186
　　黄柏 ……………………………………… 187
　　关黄柏 …………………………………… 189
　　五加皮 …………………………………… 192
　　秦皮 ……………………………………… 192
　　香加皮 …………………………………… 192
　　地骨皮 …………………………………… 193
　　白鲜皮 …………………………………… 193

第九章　　叶类中药
第一节　概述 ……………………………… 194
第二节　常用中药材 ……………………… 195
　　石韦 ……………………………………… 195
　　侧柏叶 …………………………………… 196
　　大青叶 …………………………………… 196
　　枇杷叶 …………………………………… 198
　　番泻叶 …………………………………… 198
　　枸骨叶 …………………………………… 201
　　罗布麻叶 ………………………………… 201
　　艾叶 ……………………………………… 201
　　淫羊藿 …………………………………… 201
　　紫苏叶 …………………………………… 203

第十章　　花类中药
第一节　概述 ……………………………… 205
第二节　常用中药材 ……………………… 206
　　松花粉 …………………………………… 206
　　辛夷 ……………………………………… 206
　　槐花 ……………………………………… 206
　　丁香 ……………………………………… 207
　　密蒙花 …………………………………… 209
　　洋金花 …………………………………… 209
　　金银花 …………………………………… 211
　　菊花 ……………………………………… 213
　　红花 ……………………………………… 213
　　西红花 …………………………………… 215
　　蒲黄 ……………………………………… 217

第十一章　　果实及种子类中药
第一节　概述 ……………………………… 218
第二节　常用中药材 ……………………… 220
　　王不留行 ………………………………… 220
　　五味子 …………………………………… 220
　　肉豆蔻 …………………………………… 223
　　荜澄茄 …………………………………… 223
　　荜茇 ……………………………………… 223
　　马兜铃 …………………………………… 224
　　葶苈子 …………………………………… 224
　　芥子 ……………………………………… 224
　　木瓜 ……………………………………… 225
　　山楂 ……………………………………… 225
　　苦杏仁 …………………………………… 226
　　桃仁 ……………………………………… 228
　　郁李仁 …………………………………… 228
　　乌梅 ……………………………………… 229
　　金樱子 …………………………………… 229
　　沙苑子 …………………………………… 229
　　决明子 …………………………………… 229
　　补骨脂 …………………………………… 230

猪牙皂	231
巴豆	232
枳壳	233
陈皮	235
化橘红	237
佛手	237
吴茱萸	237
川楝子	238
鸦胆子	238
酸枣仁	238
瓜蒌	238
胖大海	239
使君子	239
诃子	239
山茱萸	240
小茴香	240
蛇床子	241
连翘	242
女贞子	242
马钱子	242
栀子	244
菟丝子	245
牵牛子	245
枸杞子	245
牛蒡子	246
苍耳子	246
夏枯草	246
薏苡仁	246
槟榔	247
砂仁	248
草果	250
豆蔻	251
草豆蔻	251
益智	251

第十二章　全草类中药

第一节　概述	252
第二节　常用中药材	252
麻黄	252
鱼腥草	255
仙鹤草	255
紫花地丁	255
绞股蓝	256
金钱草	256
白花蛇舌草	257
广藿香	258
荆芥	260
益母草	260
薄荷	261
穿心莲	263
车前草	266
肉苁蓉	266
佩兰	266
豨莶草	267
茵陈	267
青蒿	267
大蓟	270
蒲公英	270
淡竹叶	270
石斛	270

第十三章　藻类、菌类中药

第一节　概述	275
第二节　常用中药材	276
海藻	276
冬虫夏草	276
灵芝	278
茯苓	280
猪苓	281
马勃	282
松萝	282

第十四章　树脂类中药

第一节　概述	283
第二节　常用中药材	284
苏合香	284
乳香	285
没药	286
阿魏	288
安息香	288
血竭	288

第十五章　其他类中药

第一节　概述 ………………………………… 290
第二节　常用中药材 ………………………… 290
　　海金沙 …………………………………… 290
　　青黛 ……………………………………… 290
　　儿茶 ……………………………………… 291
　　五倍子 …………………………………… 292
　　冰片 ……………………………………… 294
　　芦荟 ……………………………………… 294

第二篇　动物药类

第十六章　动物类中药的应用与研究概况

第一节　动物类中药的应用 ………………… 296
第二节　动物类中药资源的研究 …………… 296
第三节　药用动物的养殖与动物类中药的
　　　　生产 ………………………………… 297
第四节　动物类中药的化学成分研究 ……… 297
第五节　海洋动物类中药的研究 …………… 298
第六节　濒危动物类中药资源的保护与
　　　　开发利用 …………………………… 298

第十七章　药用动物的分类

第一节　药用动物分类的意义与方法 ……… 299
第二节　与药用动物关系密切的动物门
　　　　简介 ………………………………… 299
第三节　动物的学名 ………………………… 304

第十八章　动物类中药的鉴定

第一节　概述 ………………………………… 305
第二节　常用中药材 ………………………… 307
　　石决明 …………………………………… 307
　　珍珠 ……………………………………… 307
　　牡蛎 ……………………………………… 309
　　海螵蛸 …………………………………… 309
　　地龙 ……………………………………… 309
　　水蛭 ……………………………………… 311
　　全蝎 ……………………………………… 311
　　蜈蚣 ……………………………………… 313
　　土鳖虫 …………………………………… 313
　　桑螵蛸 …………………………………… 314
　　蝉蜕 ……………………………………… 314
　　斑蝥 ……………………………………… 314
　　僵蚕 ……………………………………… 316
　　蜂蜜 ……………………………………… 316
　　海马 ……………………………………… 316
　　海龙 ……………………………………… 317
　　蟾酥 ……………………………………… 317
　　哈蟆油 …………………………………… 318
　　龟甲 ……………………………………… 319
　　鳖甲 ……………………………………… 319
　　蛤蚧 ……………………………………… 319
　　乌梢蛇 …………………………………… 321
　　金钱白花蛇 ……………………………… 321
　　蕲蛇 ……………………………………… 321
　　鸡内金 …………………………………… 323
　　五灵脂 …………………………………… 323
　　熊胆粉 …………………………………… 323
　　阿胶 ……………………………………… 324
　　麝香 ……………………………………… 324
　　鹿茸 ……………………………………… 326
　　牛黄 ……………………………………… 328
　　羚羊角 …………………………………… 330

第三篇　矿物药类

第十九章　矿物类中药的性质与分类

第一节　矿物类中药的基本性质 …………… 334
第二节　矿物类中药的分类 ………………… 337

第二十章　矿物类中药的鉴定

第一节　概述 ………………………………… 338
第二节　常用中药材 ………………………… 338
　　朱砂 ……………………………………… 338
　　雄黄 ……………………………………… 340

自然铜 …………………………………… 341	滑石 …………………………………… 342
磁石 …………………………………… 341	石膏 …………………………………… 342
赭石 …………………………………… 341	芒硝 …………………………………… 343
红粉 …………………………………… 341	胆矾 …………………………………… 344
信石 …………………………………… 341	硫黄 …………………………………… 344
轻粉 …………………………………… 342	龙骨 …………………………………… 344
炉甘石 ………………………………… 342	

第四篇　中药提取物类

第二十一章　中药提取物的鉴定

第一节　概述 ………………………… 346	连翘提取物 …………………………… 347
第二节　常用中药提取物 …………… 347	穿心莲内酯 …………………………… 348
三七总皂苷 …………………………… 347	黄芩提取物 …………………………… 348
丹参水提物 …………………………… 347	银杏叶提取物 ………………………… 349

第五篇　中成药类

第二十二章　中成药的鉴定

第一节　概述 ………………………… 352	六味地黄丸 …………………………… 356
第二节　常用中成药 ………………… 353	清开灵注射液 ………………………… 357
十全大补丸 …………………………… 353	血塞通胶囊 …………………………… 358
川贝枇杷糖浆 ………………………… 354	板蓝根颗粒 …………………………… 359
小柴胡颗粒 …………………………… 355	逍遥丸 ………………………………… 359
牛黄解毒片 …………………………… 355	

主要参考文献
附录

附录一　中药中文名称索引 ………… 362	附录三　中药拉丁学名索引 ………… 362
附录二　中药拉丁名称索引 ………… 362	

总　　论

第一章　绪论
第二章　中药资源及其开发利用
第三章　中药材的采收、产地加工与贮藏
第四章　中药的鉴定
第五章　中药质量标准

第一章 绪 论

第一节 中药鉴定学的概念

中药(Chinese medicines)指在传统中医药理论指导下用于预防和治疗疾病的药物,包括中药材(饮片)、中药提取物和中成药。中药材(Chinese crude drugs)是天然的、未经加工或只经过简单产地加工的中药原料,包括植物类药材、动物类药材和矿物类药材。中药饮片(decoction pieces of Chinese material medica)指中药材经过精制、切制、炮制后,制成符合临床医疗或制剂生产使用需要的加工品。中药提取物(Chinese medicines extract)是采用适宜的工艺技术对中药材或中药复方进行提取、精制而得到的一种药效物质基础相对明确、质量标准严格的中药产品。中成药(Chinese patent medicine)是以饮片为原料,根据临床处方的要求,采用适宜的制备工艺,制备成适合于临床应用的剂型。《中华人民共和国药典》(简称《中国药典》)(2020 年版)一部收载有中药 2 711 种,其中中药材(饮片)1 057 种、中药提取物(包括植物油脂)47 种和中成药 1 607 种。

中药鉴定学(identification of Chinese medicines)是研究和鉴定中药的品种和质量,制定中药质量标准,寻找新药源的一门应用学科。

《中药鉴定学》记载的主要内容有其概念与任务等,中药资源及其开发利用,中药材的采收、产地加工与贮藏、中药的鉴定、中药质量标准以及中药各论内容。代表性中药的记载大纲主要包括下列项目:名称、来源、植物形态与历史沿革、产地与采制、性状鉴别、显微鉴别、检查、化学成分、理化鉴别、含量测定、贮藏、性味功能、附注等。

第二节 中药鉴定学的任务

一、考证和整理中药品种,发掘祖国药学宝库

我国人民在几千年与各种疾病做斗争过程中积累了众多的药物学知识,编写了很多本草著作,这些著作中记载有近 3 000 种中药,总结了这些中药在不同历史时期的品种、栽培、采制、鉴别、炮制、贮藏、临床应用等方面的知识和经验,是今天中药学传承与创新的基础。

(一)考证与整理中药品种

由于历史上各种因素的影响,中药材品种存在混乱现象,究其原因,主要有:

(1)同名异物,异名同物。例如,全国"大青叶"有 4 种之多,湖南等省习用的是马鞭草科植物大青 *Clerodendrum cyrtophyllum* Turcz. 的叶;华东地区习用的是十字花科植物菘蓝 *Isatis indigotica* Fort. 的叶;东北地区习用的是蓼科植物蓼蓝 *Polygonum tinctorium* Ait. 的叶;四川等省习用的是爵床科植物马蓝 *Baphicacanthus cusia* (Nees) Bremek. 的叶。经考证,本草记载的正品应为十字花科植物菘蓝的叶。

(2)一药多源,容易混淆。例如,全国作黄精使用的有黄精 *Polygonatum sibiricum* Redoute、多花黄精 *P. cyrtonema* Hua、滇黄精 *P. kingianum* Coll. et Hemsl.、轮叶黄精 *P. verticillatum* (L.) All.、卷叶黄精 *P. cirrhifolium* (Wall.) Royle、互卷黄精 *P. alternicirrhosum* Hand.-Mzt.、长梗黄精 *P. filipes* Merr. 等。经考证,确定正品为黄精、多花黄精和滇黄精。

(3)本草记载简单且存在差异。例如,椿皮分为臭椿皮和香椿皮,《新修本草》记载"椿樗";

《本草纲目》记载"香者名椿,臭者名樗"。经考证,椿皮为苦木科植物臭椿 Ailanthus altissima (Mill.) Swingle 的皮。

(4) 历史发展,品种变迁。例如,通草,唐代《本草拾遗》中记载的通草为五加科通脱木 Tetrapanax papyrifer (Hook.) K. Koch;《新修本草》中记载的通草为木通科木通 Akebia quinata (Thunb.) Decne.;宋代的《本草图经》和《证类本草》中记载的通草品种复杂,有木通科木通和五加科通脱木;《本草纲目》中记载的通草为木通科木通。

我们要运用现代科学知识对本草记载进行考证、分析、实地调查,并结合药效和临床验证,取其精华,去其糟粕,澄清复杂品种,整理优势品种,总结中药品种的延续性、变异性、优良品种的地域性、来源的单一与多元性等基本规律,正本清源,解决中药品种混乱的问题。

(二) 发掘祖国药学宝库

60年前,已故领导人毛泽东同志就指出"中国医药学是一个伟大的宝库,应当努力发掘,加以提高"。60年后,诺贝尔生理学或医学奖获得者屠呦呦研究员再一次强调"中国医药学是一个伟大的宝库"。如何发掘这一宝库是中药鉴定学的一项任务。

我们应该在考证与整理中药品种的基础上,传承精华,守正创新。例如,诺贝尔生理学或医学奖获得者屠呦呦研究员在已确定青蒿的基源为菊科黄花蒿 Artemisia annua L. 基础上,从葛洪《肘后备急方》关于青蒿的记载中得到了灵感,从而研制出抗疟疾的一类新药——"青蒿素"。

二、鉴定中药真伪优劣,控制中药质量

(一) 鉴定中药真伪优劣

"真伪"即品种问题,"优劣"即质量问题。据统计,常用中药商品7 000余种,其中,常用中药材(饮片)1 200种左右,中成药6 000种左右。当前,中药的真伪问题比较突出,不少常用中药都有伪品和混淆品。例如,冬虫夏草,就有亚香棒虫草、凉山虫草、蛹草、地蚕等伪品。而中药的质量,除品种外,还受产地、栽培、采制、储运、生产等多个环节影响,因此,质量问题特别明显。例如,作为道地药材"浙八味"之一的玄参,随着经济的发展,浙江产区的产量已很小,而湖南、湖北、贵州等地已变成了新产区,各地产的玄参质量参差不齐。因此,鉴定中药的真伪优劣是首要任务。

中药提取物和中成药的鉴定也变得越来越重要。例如,六味地黄丸,不法企业为了降低成本,投料时不投山茱萸等药材,而是投入少量这些药材的成分(化学合成品),来应对质量检验。六味地黄丸是所有药材粉碎制成的丸剂,因此,我们可以充分发挥中药鉴定学的优势,采用显微鉴定法鉴定是否按要求投料。又如,金银花提取物,不法企业采用价格便宜的忍冬藤来提取,我们可以采用理化鉴定的方法来鉴定。

(二) 制定中药质量标准,控制中药质量

质量是中药的生命。质量标准具有权威性、科学性和先进性的特点,因此,研究和制定中药质量标准是确保临床用药安全、有效、可控的关键,是中药现代化、产业化和国际化的基础,是中药学发展的核心问题,也是中药鉴定学的战略任务。

目前,中药质量标准还很不完善,与发达国家相比,我们质量评价的方法和水平还存在差距,尤其是安全性质量控制方面,有些中药的质量标准没有安全性质量控制指标。同时,有些中药质量标准缺乏专属性,不能客观评价中药的质量。因此,制定高水平的质量标准变得尤为重要。

近年来,科研工作者和管理者对如何控制中药质量问题进行大量的思考和探索,如刘昌孝院士就提出了"中药质量标志物"的概念;国家"十三五"期间专门设立了"中药标准化建设"专项,对中药进行全产业链的标准化研究,制定中药的国际或国家质量标准,对中药进行全产业链质量控制,并建立中药质量溯源体系。

三、保护中药资源，寻找新药源

中药资源分为天然资源和人工资源。中药有很大一部分来自天然的野生资源，因此，对中药资源的保护与开发是中药可持续发展的必备条件，也是中药鉴定学的长期任务。野生中药资源逐年减少，部分品种有濒临灭绝的危险。因此，我们要通过评估中药资源蕴藏量，制定实用的保护与开发计划，研究中药资源与生态平衡的关系，建立中药自然保护区，做到计划采收与合理利用；同时，积极发展中药的人工种养。

在保护中药资源的基础上，积极寻找新药源也是中药鉴定学的一项任务。寻找新药源的途径主要有：① 从本草记载中寻找。例如，藁芜的发掘，"藁芜"之名最早出现在《山海经》中，后《吴普本草》等多本本草记载中亦有"主中风入脑，头痛"等记载。经考证为伞形科植物川芎 *Ligusticum chuanxiong* Hort. 的地上部分，现有企业将其开发成治疗脑动脉硬化的中药新药。② 全国性资源普查寻找。我国已进行了4次全国性的中药资源普查，发现了很多野生中药资源，如新疆的阿魏、紫草，西藏的胡黄连等。③ 根据生物亲缘关系寻找。例如，金银花，其有效成分绿原酸在忍冬属多种植物中都存在，但含量差异大，现分别以金银花和山银花收入《中国药典》。④ 从民间、民族药中寻找。例如，穿心莲是华南地区用于清热解毒的民间药，经研究发现，其具有很好的解热抗炎、提高免疫力等作用，因此，其由民间药上升为有法定标准的中药。⑤ 以有效成分为线索寻找。例如，盐酸小檗碱（黄连素）是由黄连中提取分离得到的，但黄连药材价格较贵，如果作为提取原料，其成本太高。经研究发现，唐松草属（*Thalictrum*）多种植物中含有盐酸小檗碱且含量较高，因此，可用唐松草属植物作为提取盐酸小檗碱的替代资源。

第三节　中药鉴定学的起源与发展

一、中药鉴定知识的起源与本草

中药鉴定知识是人类在长期与疾病做斗争的医疗实践中产生和丰富起来的，它经历了漫长的发展过程，是随着中药的发现而产生的，在没有文字的太古时代，这些知识只能依靠师承口授流传后世。有了文字以后，中药鉴定的知识逐渐间接或直接地被记录下来，从而出现了医药书籍，中国古代记载中药的著作称为"本草"，从秦汉时期到清代，本草著作约有400种之多。

《诗经》是中国现存文献中最早记载有药物的书籍，记载有葛、苓、芍药、蒿、芩等多种药用植物。《淮南子》收载有秦皮"以水浸之正青"的水试鉴定法。《五十二病方》中记载了247种药材以及饼、曲、酒、丸散等中药剂型。

我国已知最早的药物学专著《神农本草经》成书于东汉末年，作者不详，载药365种，按医疗作用分为上、中、下三品。其中，植物类中药252种，动物类中药67种，矿物类中药46种。从所记载的药名推求，当时已经具备了较为完整的性状鉴别方法如人参、丹参、木香、苦参等名称，均与经验鉴别的看法、嗅法、尝法有关。该书总结了汉代以前有关中药的基本理论和基本知识，提出了药有"土地所出，真伪新陈"等中药品质鉴定的问题，为后世中药鉴定学的发展奠定了基础。

公元220～265年，《吴普本草》记载了40余种中药的形态识别方法，有钟乳石"聚汁所成，如乳汁，黄白色，中空相通"等完整的描述，可谓是最早的较完整地记载中药性状鉴别内容的本草著作。公元304年，晋嵇含撰成《南方草木状》收载了中国广东、广西等地的植物80余种，并按植物的属性分为草、木、果、竹4类。其中大多数为常用中药，如使君子、槟榔等，主要叙述了其形态和功能。此外，《名医别录》突出记载了药材的产地和生长环境，对药材的形态描述有所增加。这一时期已经十分重视中药的品种鉴别。

公元420～479年，南北朝的刘宋时代雷敩撰写了《雷公炮炙论》，该书对中药鉴定方面的内容记载颇多，如对沉香的品质评价为："沉水者为上，半沉水者次之，不沉水者劣"。《芝草图》可

中药鉴定学的发展史授课视频

能是最早的中药图谱,借鉴图谱鉴别中药,一目了然。

公元502~536年,梁陶弘景著有《神农本草经集注》,该书收载中药730种,并将其分为玉石、草木、虫兽、果、菜、米食、有名未用7类,是中药依据自然属性分类的先导性著作。该书记述了中药性能、产地、采收加工、经验鉴别等内容,尤其重视中药品质的对比鉴别,指出了当时中药市场上品质存在的混乱现象。例如,对"术"的鉴别,认为术有白术和赤术两种。

公元659年,唐代苏敬等22人撰有《新修本草》,又称《唐本草》,载药850种,按中药的属性分为11部。该书是世界上第一部由国家颁布的药典,比欧洲地方性的《佛洛伦斯药典》(1498年)早839年,比欧洲第一部全国性的《丹麦药典》(1772年)早1 113年。该书采用了图文并行的编写方式,有本草20卷、目录2卷、图经7卷、药图25卷,图文并茂,可谓较为完整的中药图文鉴别方法的专著。

公元741年,陈藏器著成《本草拾遗》,收载了《新修本草》未载的中药692种,该书在内容上重视中药的性能、生长环境、产地、形态描述、品种考证等,尤其对药材的描述真实可靠,如海马"出南海,形如马,长五六寸,虾类也"。在公元908~923年,《日华子诸家本草》收载了水试鉴定法,如对地黄的品质鉴别"生者水浸验浮者名天黄,半浮、半沉者名人黄,沉者名地黄,沉者力佳,半沉者次之,浮者劣"。

1 108年前,北宋唐慎微编撰了《经史证类备急本草》,简称《证类本草》,该书载药1 746种,是研究中药鉴定方法的重要文献,也是现存最早、最完整的本草著作。1116年,寇宗奭著成《本草衍义》,该书载药470种,侧重药材的鉴别,提出了药材产地与质量关系的论点。

1505年,刘文泰等编写了《本草品汇精要》,该书载药1 815种,分别以苗、形、色味、嗅等项逐条记载了与性状鉴别有关的内容,并附有彩色药图,具备了现代中药性状鉴定法的雏形。1566年,陈嘉谟在《本草蒙筌》(载药742种)一书中提出了药用植物与其生长环境统一的规律性、不同药用部位采收的一般规律以及产地与品质的关系。对中药市场掺伪作假的现象进行了详细考查,指出了"当归酒浸润、枸杞子蜜拌为甜、蜈蚣朱其足"等以劣充优的现象。

1552~1578年,明李时珍著成《本草纲目》,载药材1 892种。该书将药材按其来源的自然属性分为16部60类。对药材的性状鉴别记载较为完善,如对樟脑的描述为"状似龙脑,白色如雪,樟脑脂膏也"。

1612年,李中立总结了明代以前的中药鉴别知识,著成了《本草原始》,全书载药材图379幅,其中绝大多数是药材写生图,图旁注有药材的优劣标准。该书被称为中国最早的一部药材鉴定性质的本草著作。

1848年,清吴其濬编著了《植物名实图考长编》和《植物名实图考》,分别收载植物838种和1 714种,对中药的基原鉴定和品种考证有重要的参考价值。

二、中药鉴定学的发展

20世纪30年代,国外的生药学传入中国。随着现代物理学的发展和分析仪器的发明,1930年以后,物理和化学的分析方法如荧光分析法、毛细管气相色谱分析法、比色法等逐渐应用到中药鉴定中来。1930年,丁福保编著的《中药浅说》,引入了化学鉴定方法,从化学实验角度分析和解释中药。1933年,赵燏黄和徐伯鋆等编著出版了《现代本草生药学》上卷;1937年,叶三多编写了《生药学》下卷,成为中国高等院校医药教育的必修课。

1956年开始,国家相继成立了5所中医学院,1959年起各学校相继成立了中药系,设立了中药学专业,主要培养学生辨识中药、采集中药、种植中药及应用中药的能力,中药学、药材学及制剂学成为主干课程。1964年,在全国中医药院校中开设了具有中医药特色的中药材鉴定学,取代了药材学,后改为中药鉴定学,至此"中药鉴定学"名称正式确立。根据中药学专业的培养目标和要求,中药鉴定学被确定为专业课之一,至此中药鉴定学课程正式形成。

20世纪50年代,色谱技术、光谱技术、电镜技术等在中药分析中的应用得到了广泛推广,中药理化鉴定的系统方法逐渐形成并趋于完善,中药鉴定学的理论体系逐渐形成。出现了一些用现代植物学、生物学、药物化学等理论和方法对传统本草学进行整理研究的实例,开始了专门的中药教学和研究工作。这一时期,相继出现了部分以中药鉴定为主要内容的学术著作,如《中药材手册》《中药志》《药材学》《药材资料汇编》《中国药典》等书籍,分别从中药的来源、鉴别特征、质量、鉴定方法等方面进行了研究和探讨,为中药鉴定学的形成奠定了基础。

20世纪80年代,我国学者开始将X射线衍射法试用于中药鉴定。自1985年穆里斯(Mullis)首创了PCR技术之后,DNA分子遗传标记技术和mRNA差异显示技术也相继应用于中药的品质鉴定,中药鉴定学研究进入了一个新的发展时期。

20世纪90年代,电化学分析(electrochemical analysis,ECA)技术、色谱与光谱联用技术、差热分析技术、免疫技术、电子计算机技术、X射线荧光光谱(X-ray fluorescence spectrometry)和等离子体光谱等现代先进手段的应用,弥补了传统中药鉴定方法和技术上的不足,中药鉴定方法进入体现中药功能和成分的成熟时期。

中药鉴定学作为一个独立的学科,已经形成了基原鉴定、性状鉴定、显微鉴定、理化鉴定和DNA分子遗传标记鉴定五大鉴定方法。中药鉴定的概念逐渐趋于完善,研究对象已经由传统的药材扩展到了饮片、中药提取物和中成药,研究范围不断拓宽。

综上,中药鉴定学的发展经历了师承口授的原始时代、经验总结时代、形态学时代、化学时代,现已经步入了生命和组分科学时代。中药鉴定学正向标准化、科学化和数字信息化方向发展。

第四节 中药拉丁名

为了使中药的名称统一化、规范化,有利于国际贸易和交流,可使用拉丁文名称。

一、植物类中药的命名

(1)植物学名的属名加药用部位名,如杜仲 Eucommiae Cortex 等。

(2)植物学名的种加词加药用部位名,如人参 Ginseng Radix et Rhizoma 等。

(3)植物的种名加药用部位名,如当归 Angelicae Sinensis Radix 等。

(4)植物学名的属名或种名加药用部位名,再加形容词。形容词置于后,与所修饰的药用部位名保持性、数、格一致,如豆蔻 Amomi Fructus Rotundus(近圆形的),附子 Aconiti Lateralis(侧边生的)Radix Praeparata(制备的)等。

(5)植物学名的属名加药用部位名、前置词短语,此种方法也用来说明中药的特征、性质。其中,前置词 in(在……内,呈……状)和 cum(含,带,同)所组成的前置词短语置于后。例如,竹茹 Bambusae Caulis in Taenias(呈带状),钩藤 Uncariae Ramulus cum Uncis(带钩状)等。

(6)仅用植物学名的属名或种加词或俗名加药用部位名作为中药拉丁名,此种方法遵循的是习惯用法,有些是国际通用名称。例如,冬虫夏草 Cordyceps,牡丹皮 Moutan Cortex 等。

二、动物类中药的命名

(1)动物学名的属名加药用部位名,如牛黄 Bovis Calculus。

(2)动物的种名加药用部位名,如羚羊角 Saigae Tataricae Cornu。

(3)动物学名的属名或种加词加药用部位名、加工品名,其中加工品用名词主格,药用部位名、动物学名的属名或种加词都用名词属格,如阿胶 Asini Corii Colla。

(4)动物学名的属名加药用部位名和形容词,如鹿茸 Cervi Cornu Pantotrichum(有茸毛的)。

(5)动物学名的属名加形容词,如金钱白花蛇 Bungarus Parvus(幼小的)。

(6)动物学名的属名加药用部位名、再加属名加药用部位,或者属名加属名,如蛤壳

Meretricis Concha Cyclinae Concha、土鳖虫 Eupolyphaga Steleophaga。

（7）仅用动物学名的属名或种加词，如蕲蛇 Agkistrodon、蛤蚧 Gecko。

（8）仅用动物的俗名，如蜂蜜 Mel、全蝎 Scorpio。

三、矿物类中药的命名

（1）用矿物所含的主要化学成分的拉丁名或化学成分拉丁名加形容词，如芒硝 Natrii Sulfas，玄明粉 Natrii Sulfas Exsiccatus（干燥的）。

（2）用原矿物的拉丁名，如炉甘石 Calamina。

国家市场监督管理总局通报了中药饮片违法染色的专项抽检行动，共抽检了397批，其中12批次的红花存在违法染色情况。违法染色使用的色素或染料有柠檬黄、胭脂红、金橙Ⅱ、日落黄和酸性红74等。红花为临床常用品种，用量大，价格上涨，因此，多年来，红花违法染色屡禁不止，已成为影响红花质量和临床用药安全的一个重要因素。

问题：
1. 如何采用中药鉴定学方法鉴定染色红花？
2. 应采用什么措施防止此类事件的发生？

第二章 中药资源及其开发利用

中药资源是自然资源的一部分,其主体包括中药生物资源(药用植物资源和药用动物资源),并包含少部分的中药矿物资源;广义上还应包括社会属性的中药人文资源,如古今大量的中医药文献典籍、中药资源调查数据和信息、中药临床用药经验及中草药栽培技术等。中药资源可分为野生中药资源(天然资源)和人工中药资源(中药栽培、养殖、加工等资源)。

第一节 中药材野生资源

一、中药材野生资源的概况

我国中药材资源十分丰富,据统计,各类中药资源总数约 13 000 种,其中 80% 来自野生资源,中药材野生资源中植物类中药占 86%,如麻黄、五味子、肉苁蓉、冬虫夏草等;动物类中药占 13%,如蟾酥、蜈蚣、蝉蜕、羚羊角等;矿物类中药占 1%,如石膏、芒硝、自然铜等。2011~2020 年,国家中医药管理局组织开展了第四次全国中药资源普查,在全国 31 个省 2 800 余个县开展了中药资源调查,总结了我国 1.3 万余种中药材资源的类型和分布,其中中国特有的中药材资源达数千种,此次普查共发现 79 个新物种,其中 60% 以上具有潜在药用价值。

二、中药材野生资源的分布

我国幅员辽阔,地跨寒温带、暖温带、亚热带、热带;地形复杂,包括平原、山川、丘陵、河谷、高原、盆地、荒漠;气候条件多样,既有海洋性气候,又有大陆性气候。受地理条件、生态环境等诸多因素的影响,中药资源分布的区域性差异较大。

(一) 东北区

东北区主要包括黑龙江、吉林、辽宁以及内蒙古的东部地区,是我国纬度最高、温度最低的区域,这里蕴藏的野生中药材十分丰富,是道地药材"关药"的主产地。其药用植物资源 1 600 余种,如兴安升麻、龙胆、防风、人参、五味子、关黄柏、平贝母;药用动物资源 300 余种,如马鹿、黑熊、中国林蛙等。

(二) 华北区

华北区包括辽宁南部、河北中部及南部、北京、天津、山西中部及南部、山东北部和中部,以及陕西、宁夏、甘肃、安徽和江苏的部分地区,是道地药材"北药"的主产区。该区域药用植物 1 500 余种,如常用中药酸枣、黄芩、知母、党参、白头翁、柴胡、板蓝根等;药用动物 250 余种,如土鳖虫、全蝎、斑蝥、蟾酥等。

(三) 西北区

西北区包括新疆、内蒙古、宁夏及甘肃、青海、河北、陕西和山西的部分地区,具有典型的干旱内陆气候特征,昼夜温差大,冬冷夏热,是道地药材"维药"和"蒙药"的主产区。药用植物 2 100 余种,如常用中药新疆紫草、草麻黄、枸杞、甘草、黄芩、北苍术、伊贝母、淫羊藿等;药用动物 160 余种,如麝香、马鹿、刺猬、土鳖、蝎等。

(四) 华东区

华东区包括浙江、上海、江西、江苏及安徽中部和南部、湖北、湖南中部和东部以及福建、河南、广东的小部分地区,是道地药材"浙药"的产区。本区分布的药用植物资源约 2 400 种,如白芍、虎杖、浙贝母、杭菊花、玄参、温郁金、野葛等；药用动物约300种，如蜈蚣、刺猬皮、鸡内金、僵蚕、地龙、珍珠等。

（五）西南区

西南区包括云南、贵州、四川大部以及湖北、湖南、广西、甘肃、西藏的部分地区，本区的中药资源在数量、种类、质量等方面均在全国前列，是道地药材"云药""贵药""川药"的产区。有药用植物4 800余种，如川木通、天南星、川牛膝、石菖蒲、云木香、何首乌、黄柏等；药用动物300余种，如灵猫香、五灵脂、乌梢蛇、水蛭、熊胆、龟甲等。

（六）华南区

华南区主要包括海南、台湾、广东、福建、云南南部及西藏、广西的部分地区，本区是我国中药资源的重要分布区，是道地药材"广药"的主产区。药用植物3 100余种，如砂仁、槟榔、广藿香、巴戟天、沉香、肉桂、高良姜、石斛等；药用动物约300种，如广地龙、金钱白花蛇、海马、蕲蛇、蛤蚧等。

（七）青藏区

青藏区包括西藏、青海南部、甘肃西南部、四川西北部及新疆南部小部分地区，是世界上最高的地带，是道地药材"藏药"的主产地。药用植物2 000余种，如雪莲花、胡黄连、掌叶大黄、梭砂贝母、天麻等；药用动物约200种，如梅花鹿、藏羚羊角、羚牛、林麝、野驴等。

（八）海洋区

海洋区包括我国东部和东南部海岸线及领海海域各岛屿的海岸线，海区总面积达470万平方公里。本区有海藻类资源100余种，如昆布、羊栖菜、海蒿子、紫菜、石花菜等，药用动物580余种，如马氏珍珠贝、刁海马、线纹海马、杂色鲍、乌贼等。

第二节　中药材人工资源

中药材人工资源指对中药材自然资源所进行的不同层次、不同功能、全方位的综合开发和利用。人工资源的发展不仅可以扩大中药材市场的供应量，解决野生资源不足的问题，而且可以在药材、饮片、炮制品和中成药各个方面实现标准化，提供安全有效、品质稳定的产品。

一、药用植物的人工栽培

我国从20世纪50年代开始大力发展中药材人工栽培，栽培的药用植物3 000余种，其中大规模种植品种有300余种，供应量约占全国中药市场的七成以上。截止到2020年，我国的中药材种植面积超过6 620万亩。黄芪、人参、甘草、金银花等常用大宗中药材品种的人工栽培已成规模且形成了一系列生产加工技术路线；石斛、杜仲、天麻等很多珍稀濒危物种也已实现了人工种植；丁香、西洋参、马钱子、番泻叶、西红花等产自国外的药用植物在中国引种成功且产量和种植面积逐年增加。药用植物人工栽培为我国提供了大量的优质道地药材，缓解了野生药用资源锐减导致的供给不足。

二、药用动物的人工养殖

我国在药用动物的人工养殖方面历史悠久，积累了丰富的经验，已经从分散养殖过渡到规范化、规模化养殖，药用动物资源得到有效利用。近年来，人工驯养、温室养育、混养技术、形成人工食物链等养殖技术的成功运用，使药用动物人工养殖的品种和数量大幅度提高；动物类中药工程化生产工艺的发展，如活麝取香，活熊取胆汁，蝎、蜈蚣、蛇类的电刺激采毒，鹿茸和麝香细胞的组织培养等，使动物类中药的产量成倍增长。人工养殖技术不仅使药用动物资源得到保护和可持续利用，还为整个行业带来了巨大的经济效益。其未来的发展方向，一是继续加快品种选育和养殖技术的发展，扩大珍稀、濒危、市场需求量大的药用动物养殖的品种和数量；二是加快 GAP 规范化养殖改造,以保证产品的安全、有效和高品质;三是继续开展人工代用品和人工合成品的研究,以解决珍稀、濒危名贵动物类中药的供不应求问题。

三、药材加工与炮制

中药加工与炮制主要是根据医疗、制剂、调剂的要求对生药进行各种处理,制成饮片的过程。加工炮制的作用在于:① 去除杂质和非药用部位,使药物纯净,矫臭矫味,便于服用;② 利于贮藏;③ 增效减毒,改变或缓和药物的性能,使之适合临床需要。在如今产业化和工业化代替手工炮制的背景下,对中药材加工和炮制环节的规范性加强管理,以保证中药饮片的品质至关重要。另外,中药材加工过程中也要加强资源的综合利用。例如,药材加工与炮制过程中产生的大量碎渣,可以进行回收利用;碎花椒与蛤蚧、土鳖虫等混合可作为防虫剂;芳香类残渣可作为香薰剂;很多残渣也可直接作为饲料和兽药的添加剂;药材炮制过程中的废液也可制成药膏或其他制剂。

四、中成药的生产

中成药是以中药材为原料,在中医药理论指导下,为了预防及治疗疾病的需要,按规定的处方和制剂工艺将其加工制成一定剂型的中药制品,可直接应用于临床。中成药以其天然、毒副作用小、疗效确切、价格便宜的优势,日益受到人们的关注,中成药的生产是中药资源开发利用的重要途径。近年来,随着国家加大对中药产业的研发投入,中成药生产快速向现代化方向发展,已形成大规模的、较为完整的工业化体系,标准化、科学化的现代中医药体系正在形成。

第三节 道 地 药 材

道地药材是来自一定产区,生产历史悠久,生产和加工技术精细,质量优良,疗效显著的著名药材。《中华人民共和国中医药法》规范了道地药材的法律内涵,是"经过中医临床长期应用优选出来的,产在特定地域,与其他地区所产同种中药材相比,品质和疗效更好,且质量稳定,具有较高知名度的中药材"。道地药材具有"优形、优质、优效"的特点。狭义上,"优形"指道地药材具有公认的性状特征,"优质"指其具有独特的化学成分组成,"优效"指其在临床功效上优于非道地药材;广义上,"优质"泛指道地药材的优良品质,包含"优形""优效"。

一、道地药材的特征

首先,道地药材必须具备明显的地理特征。不同地区适合不同中药的生长,不同的中药对生态环境的适应性也不同,只有在最适宜的自然条件下生长出来的中药,质量才是最好的,疗效才是最佳的。其次,道地药材的形成与产区悠久的栽培历史和成熟的种植技术是分不开的,药材的采收时间、产地加工方法不同,也会造成药材较大的质量差异。另外,道地药材还具有丰富的文化内涵和重要的经济价值,出现某种道地药材,反映了当地人民在药材栽培生产和农业耕种技术上的深厚造诣,也体现了当地医疗的用药水平,是产地传统文化与医疗实践紧密结合的产物。我国常用中药材有 500 多种,其中道地药材有 200 多种,总产值和产量更是占我国中药材总产值和产量的 80%,可以给道地产区带来巨大的经济效益。

二、常用的道地药材

1. **广药** 主产地为广东和广西南部的药材。例如,著名的"十大广药":广藿香、广地龙、巴戟天、陈皮、佛手、砂仁、高良姜、化橘红、沉香、金钱白花蛇。另外,还有广金钱草、益智仁、肉桂、桂枝、槟榔、苏木等。

2. **浙药** 主产地为浙江,如著名的"浙八味":浙贝母、杭菊花、杭麦冬、白芍、白术、玄参、

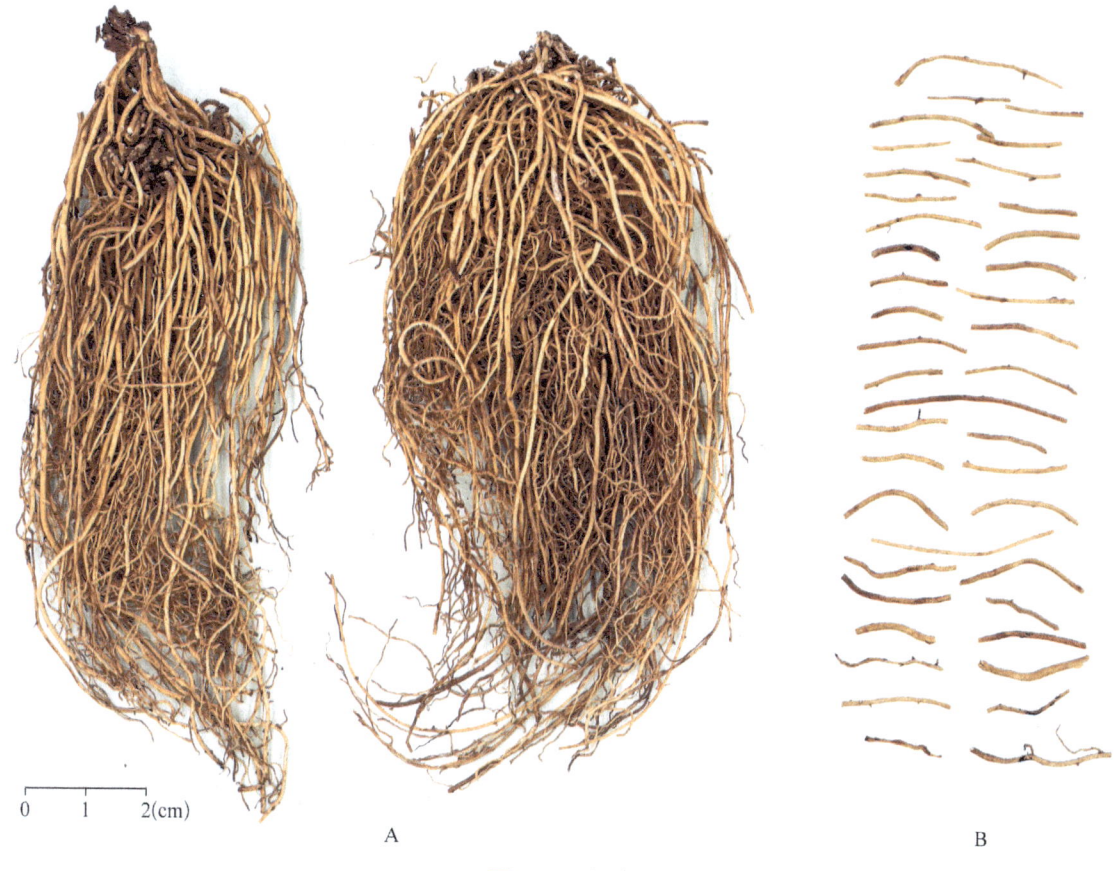

图 6-3 细辛
A. 药材；B. 饮片

2. **总灰分** 不得过 12.0%。

3. **酸不溶性灰分** 不得过 5.0%。

【化学成分】 根和根茎含挥发油、木脂素类、黄酮类、甾体类成分。挥发油是细辛的主要活性成分及其特异香气的来源，主要包括萜类、芳香族类和脂肪族类物质，主要成分有 β-蒎烯（β-pinene）、樟烯（laurolene）、月桂烯（myrcene）、香桧烯（sabinene）、柠檬烯（limonene）、1,8-桉叶素（1,8-cineole）、对-聚伞花素（p-cymene）、卡枯醇（kakuol）、16-贝壳杉烯（16-kaurene）、细辛醚（asarone）、草蒿脑（4-allylanisole）、3,4-（亚甲基二氧）苯丙酮[3,4-（methylenedioxy）propiophenone]、2-羟基-4,5-（亚甲基二氧）苯丙酮[2-hydroxy-4,5-（methylenedioxy）propiophenone]等。

【理化鉴别】 取粉末的甲醇超声提取液蒸干，残渣加甲醇使溶解，并作为供试品溶液，以细辛对照药材、细辛脂素对照品为对照，以石油醚（60~90℃）-乙酸乙酯（3:1）为展开剂，喷以 1% 香草醛硫酸溶液，热风吹至斑点显色清晰。供试品色谱中，在与对照药材色谱和对照品色谱相应的位置上，显相同颜色的斑点。

【含量测定】 照挥发油测定法测定，本品含挥发油不得少于 2.0%（mL/g）；采用高效液相色谱法测定，本品按干燥品计算，含细辛脂素（$C_{20}H_{18}O_6$）不得少于 0.05%。

【贮藏】 置阴凉干燥处。

【性味功能】 性温，味辛。解表散寒，祛风止痛，通窍，温肺化饮。

【附注】

1. **饮片** 呈不规则的段。根茎呈不规则圆形，外表皮灰棕色，有时可见环形的节。根细，表面灰黄色，平滑或具纵皱纹。切面黄白色或白色。气辛香，味辛辣、麻舌。

2. **混淆品** 曾有同属植物 24 种 3 个变种在有些省份亦作细辛或土细辛使用，常见的有

单叶细辛 *Asarum himalaicum* Hook. f. et Thoms. ex Klotzsch.（四川、陕西、宁夏）、尾花细辛 *A. caudigerum* Hance（四川）、福建细辛 *A. fukienense* C. Y. Cheng et C. S. Yang（江西、安徽）、宜昌细辛（马蹄细辛）*A. ichangense* C. Y. Cheng et C. S. Yang（浙江、江西、湖南、安徽）、杜衡 *A. forbesii* Maxim.（湖南、湖北、安徽、浙江）或祁阳细辛 *A. magnificum* Tsiang ex C. S. Yang（浙江、广东、安徽）等，应注意鉴别。

大黄（Dahuang, RHEI RADIX ET RHIZOMA）

大黄历史沿革

【来源】 为蓼科植物掌叶大黄 *Rheum palmatum* L.、唐古特大黄 *R. tanguticum* Maxim. ex Balf. 或药用大黄 *R. officinale* Baill. 的干燥根和根茎。

【产地与采制】 掌叶大黄主产于甘肃、青海、西藏、四川等地，多为栽培。产量占大黄的大部分。唐古特大黄主产于青海、甘肃、西藏等地，野生或栽培。药用大黄主产于四川、贵州、云南、湖北、陕西等地，栽培或野生，产量较少。

大黄植物形态

秋末茎叶枯萎或次春发芽前采挖，除去泥土及细根，刮去外皮（忌用铁器），加工成卵圆形、圆柱形，或切成瓣、段、块、片，用绳穿成串干燥或直接干燥。

【性状鉴别】 呈类圆柱形、圆锥形、卵圆形或不规则块状，长3~17 cm，直径3~10 cm。除尽外皮者表面黄棕色至红棕色，有的可见类白色网状纹理及星点（异型维管束）散在分布，残留的外皮呈棕褐色，多具绳孔及粗皱纹。质坚实，有的中心稍松软，断面淡红棕色或黄棕色，显颗粒性；根茎髓部宽广，有星点环列或散在；根木部发达，具放射状纹理，形成层环明显，无星点（图6-4）。气清香，味苦而微涩，嚼之粘牙，有沙粒感。

图6-4 大黄

A. 药材；B. 饮片

以个大、质坚实、气清香、味苦而微涩者为佳。

【显微鉴别】

1. 根茎横切面　木栓层及栓内层大多已除去，偶有残留。韧皮部筛管群明显，薄壁组织发达，有黏液腔。形成层成环。木质部射线较密，宽2~4列细胞，内含棕色物质；导管非木化，常1至数个相聚，排列稀疏。髓部宽广，其中常见黏液腔，内含红棕色物质，有异常维管束排列成环状或散在分布，形成层成环。形成层外侧为木质部，内侧为韧皮部，射线呈星状射出。薄壁细胞含草酸钙簇晶及多数淀粉粒（图6-5）。

根横切面无髓部，余同根茎横切面。

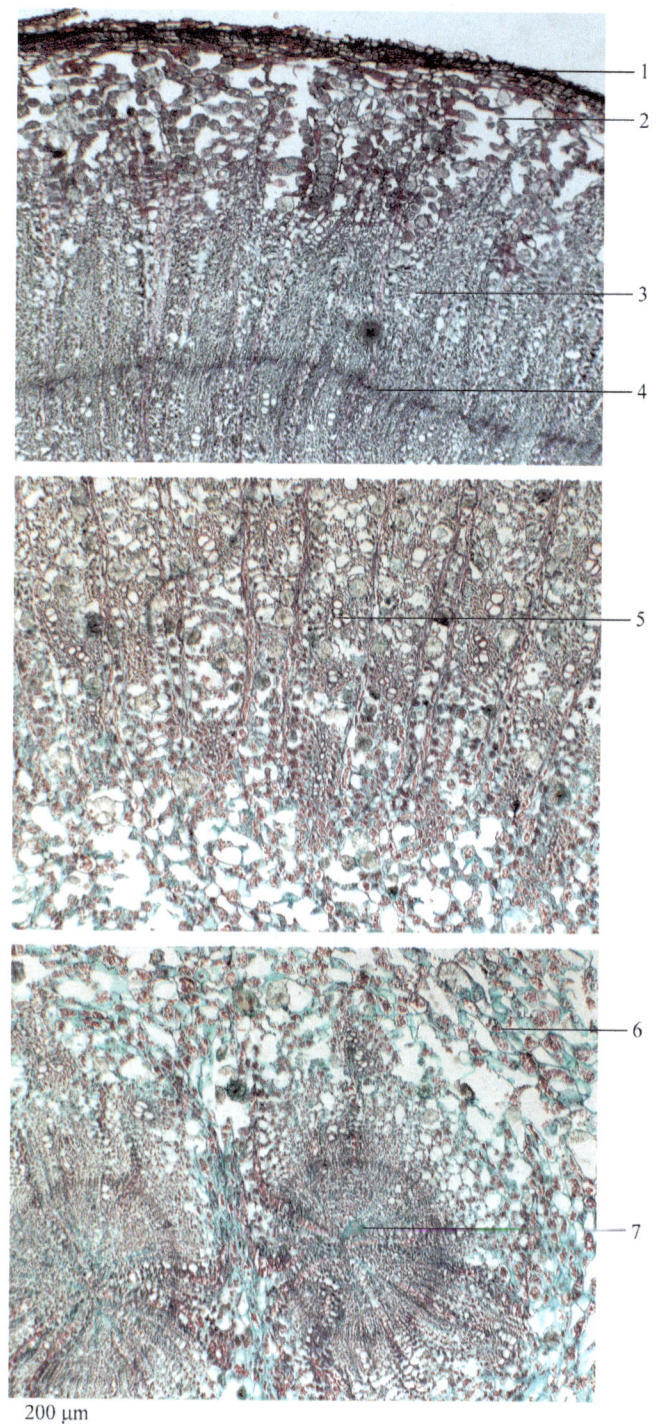

图6-5 大黄根茎横切面显微组织构造详图
1. 木栓层;2. 皮层;3. 韧皮部;4. 形成层;5. 木质部;6. 髓部;7. 异型维管束

2. 粉末 黄棕色。① 草酸钙簇晶大而多,直径20~160μm,有的至190μm。② 导管多为网状,并有具缘纹孔、螺纹及环纹导管,直径11~140μm,非木化。③ 淀粉粒甚多,单粒呈类球形或多角形,直径3~45μm,脐点星状,复粒由2~8分粒组成(图6-6)。

掌叶大黄草酸钙簇晶棱角大多短钝,也有的较长尖,直径长至125μm;唐古特大黄草酸钙簇晶棱角大多长宽而尖,直径长至138μm;药用大黄草酸钙簇晶棱角大多短尖,直径长至170μm。

【检查】
1. 土大黄苷 取粉末,加甲醇,超声处理,滤过,取滤液加甲醇,作为供试品溶液。以土大黄苷对照品为对照,于聚酰胺薄膜上,以甲苯-甲酸乙酯-丙酮-甲醇-甲酸(30∶5∶5∶20∶0.1)

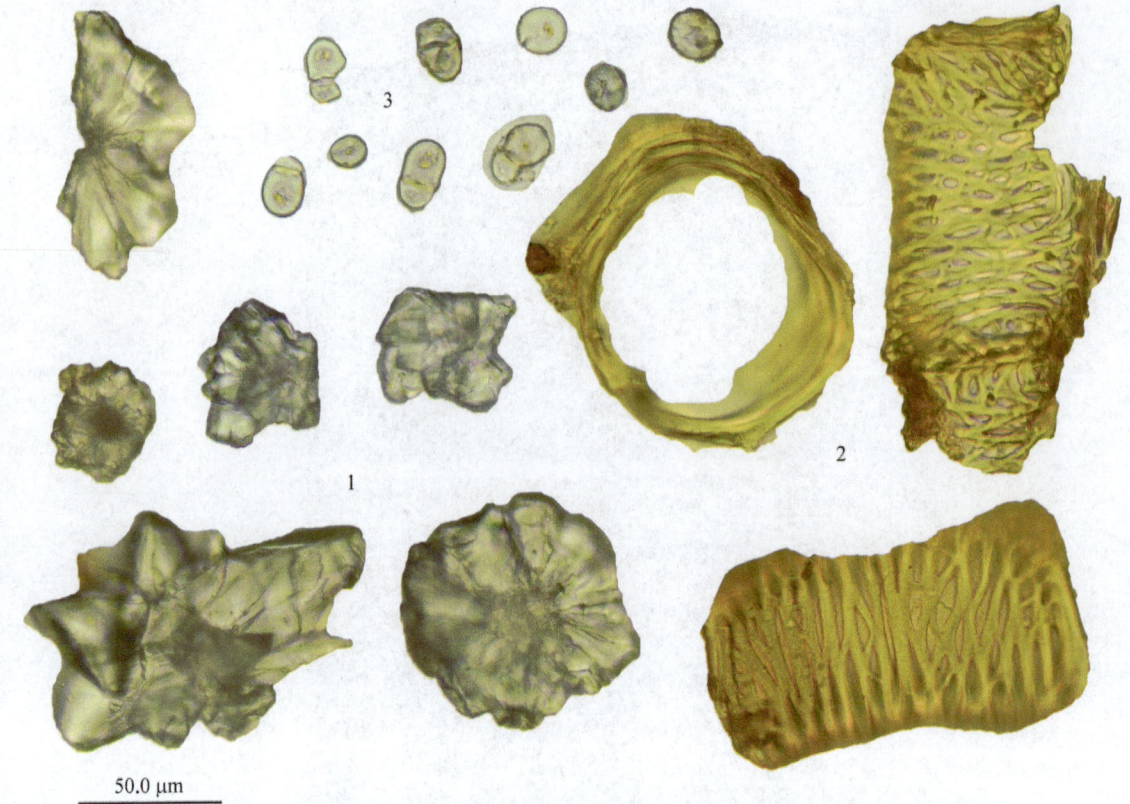

图 6-6 大黄粉末显微特征图
1. 草酸钙簇晶;2. 导管;3. 淀粉粒

为展开剂,置紫外光灯(365 nm)下检视。供试品色谱中,在与对照品色谱相应的位置上,不得显相同的亮蓝色荧光斑点。

2. 水分　　不得过15.0%。

3. 总灰分　　不得过10.0%。

【浸出物】　照水溶性浸出物测定法项下热浸法测定,不得少于25.0%。

【化学成分】　含蒽醌类、多糖类和鞣质类。蒽醌类分为游离型与结合型。游离型蒽醌类有大黄酸(rhein)、大黄素(emodin)、大黄酚(chrysophanol)、芦荟大黄素(aloe-emodin)、大黄素甲醚(physcion)等,为大黄的抗菌成分。

结合型蒽醌类为游离型蒽醌的葡萄糖苷或双蒽酮苷,系大黄的主要泻下成分,其中以双蒽酮苷作用最强。双蒽酮苷为番泻苷(sennoside)A、番泻苷 B、番泻苷 C、番泻苷 D、番泻苷 E、番泻苷 F 等。

另一类结合型蒽醌类为单糖苷,是游离型蒽醌类的葡萄糖苷:大黄酸-8-葡萄糖苷(rhein-8-mono-β-D-glucoside)、大黄素葡萄糖苷(emodin monoglucoside)、大黄酚葡萄糖苷(chrysophanol monoglucoside)、芦荟大黄素葡萄糖苷(aloe-emodin monoglucoside)、大黄素甲醚葡萄糖苷(physcion monoglucoside)等,此类单糖苷具有一定的致泻作用。

此外,鞣质类物质含量约占5%,其中有没食子酰葡萄糖、没食子酸、d-儿茶素及大黄四聚素等。此类物质有止泻作用,为收敛成分。其中,没食子酸及d-儿茶素亦为止血成分。

【理化鉴别】

(1) 取粉末少量,进行微量升华,可见菱状针晶或羽状结晶。

(2) 取粉末的甲醇浸提液蒸干,残渣加水使溶解,加盐酸,加热回流,立即冷却,用乙醚振摇提取,提取液蒸干,残渣加三氯甲烷使溶解,并将其作为供试品溶液。以大黄对照药材、大黄酸对照品为对照,以石油醚(30~60℃)-甲酸乙酯-甲酸(15∶5∶1)的上层溶液为展开剂,置紫外光灯(365 nm)下检视。供试品色谱中,在与对照药材色谱相应的位置上,显相同的 5 个橙黄色荧光主斑点;在与对照品色谱相应的位置上,显相同的橙黄色荧光斑点,置氨蒸气中蒸熏后,斑点变为红色。

【含量测定】 采用高效液相色谱法测定,本品所含总蒽醌以芦荟大黄素($C_{15}H_{10}O_5$)、大黄酸($C_{15}H_8O_6$)、大黄素($C_{15}H_{10}O_5$)、大黄酚($C_{15}H_{10}O_4$)和大黄素甲醚($C_{16}H_{12}O_5$)的总量计,不得少于 1.5%;含游离型蒽醌以芦荟大黄素($C_{15}H_{10}O_5$)、大黄酸($C_{15}H_8O_6$)、大黄素($C_{15}H_{10}O_5$)、大黄酚($C_{15}H_{10}O_4$)和大黄素甲醚($C_{16}H_{12}O_5$)的总量计,不得少于 0.20%;饮片含游离型蒽醌不少于 0.35%。

【贮藏】 置通风干燥处,防蛀。

【性味功能】 性寒,味苦。泻下攻积,清热泻火,凉血解毒,逐瘀通经,利湿退黄。

【附注】

1. 饮片　呈类圆形或不规则形厚片或块,大小不等。外表皮黄棕色或棕褐色,有纵皱纹及疙瘩状隆起。切面黄棕色至淡红棕色,较平坦,有明显散在或排列成环的星点,有空隙。

2. 伪品　同属植物藏边大黄 Rheum australe D. Don、河套大黄(波叶大黄) R. hotaoense C. Y. Cheng et C. T. Kao、华北大黄 R. franzenbachii Munt.、天山大黄 R. wittrockii Lundstr. 等的根和根茎,在部分地区和民间称山大黄或土大黄。根茎的横切面,除藏边大黄有少量星点外,均无星点。一般均含土大黄苷(rhaponticin)。在紫外灯下显紫色荧光。

拳参(Quanshen, BISTORTAE RHIZOMA)

为蓼科植物拳参 Polygonum bistorta L. 的干燥根茎。主产于河北、河南、山西、陕西、山东、江苏、湖北、吉林、辽宁等地。

呈扁长条形或扁圆柱形,弯曲,有的对卷弯曲,两端略尖,或一端渐细,长 6~13 cm,直径 1~2.5 cm。表面紫褐色或紫黑色,粗糙,一面隆起,一面稍平坦或略具凹槽,全体密具粗环纹,有残留须根或根痕。质硬,断面浅棕红色或棕红色,维管束呈黄白色点状,排列成环。气微,味苦、涩。含没食子酸(gallic acid)、并没食子酸(ellagic acid),可水解鞣质和缩合鞣质。

虎杖(Huzhang, POLYGONI CUSPIDATI RHIZOMA ET RADIX)

为蓼科植物虎杖 Polygonum cuspidatum Sieb. et Zucc. 的干燥根茎和根。主产于河北、江苏、浙江、安徽、广东、广西、四川等地。

多为圆柱形短段或不规则厚片,长 1~7 cm,直径 0.5~2.5 cm。外皮棕褐色,有纵皱纹和须根痕,切面皮部较薄,木部宽广,棕黄色,射线放射状,皮部与木部较易分离。根茎髓中有隔或呈空洞状。质坚硬。气微,味微苦、涩。以粗壮、坚实、断面色黄者为佳。含有蒽醌类衍生物,以游离型为主,主要为大黄素、大黄素甲醚、大黄酚。

何首乌(Heshouwu, POLYGONI MULTIFLORI RADIX)

【来源】 为蓼科植物何首乌 Polygonum multiflorum Thunb. 的干燥块根。

【产地与采制】 主产于河南、湖北、广西、广东等地。

秋、冬二季叶枯萎时采挖,削去两端,洗净,个大的切成块,干燥。

何首乌历史沿革

何首乌植物形态

【性状鉴别】 呈团块状或不规则纺锤形,长6~15cm,直径4~12cm。表面红棕色或红褐色,皱缩不平,有浅沟,有不规则皱纹及纵沟,皮孔横长,两端各有一个明显的根痕,露出纤维状维管束。体重,质坚实,不易折断,断面浅黄棕色或浅红棕色,显粉性,皮部有4~11个类圆形异型维管束环列,形成云锦状花纹,中央木部较大,有的呈木心(图6-7)。气微,味微苦而甘涩。

以个大、质坚实而重、红褐色、断面显云锦花纹、粉性足者为佳。

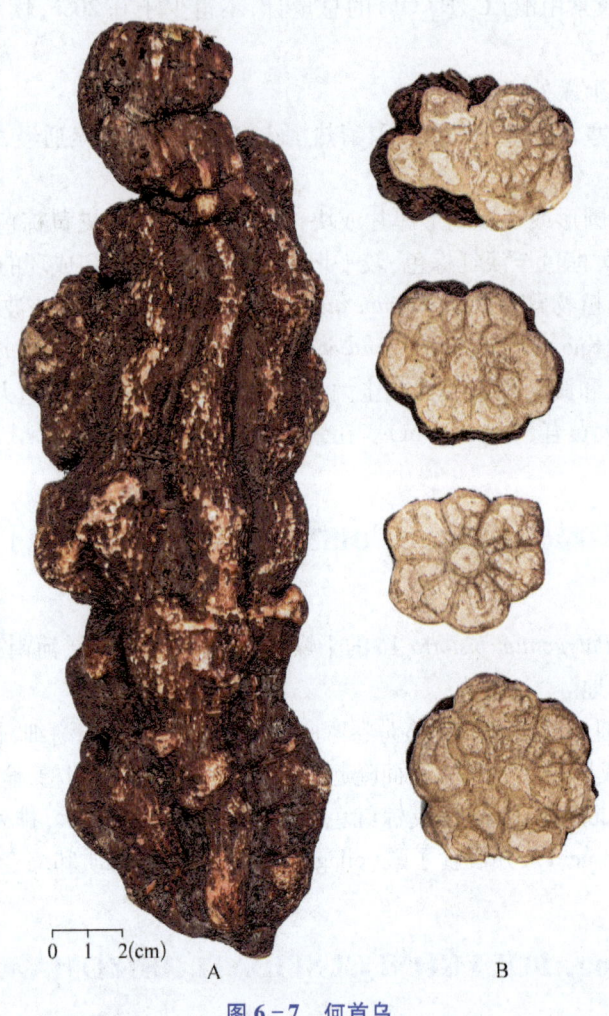

图6-7 何首乌
A. 药材;B. 饮片

【显微鉴别】

1. **横切面** 木栓层为数列细胞,含棕色物质。在韧皮部外侧组织中有异型维管束4~11个,为外韧型,导管稀少。根的中央形成层呈环状,木质部导管较少,周围有管胞及少数木纤维。薄壁细胞含草酸钙簇晶及淀粉粒(图6-8)。

2. **粉末** 见图6-9:黄棕色。① 草酸钙簇晶较多,直径10~80(160)μm,偶见簇晶与较大的方晶合生。② 导管主为具缘纹孔导管,直径17~178μm。③ 淀粉粒单粒类圆形,直径4~50μm,脐点呈"人"字形、星状或三叉状,大粒者隐约可见层纹;复粒由2~9分粒组成。④ 棕色细胞类圆形或椭圆形,壁稍厚,胞腔内充满黄棕色、棕色或红棕色物质,并含淀粉粒。⑤ 棕色块散在分布,形状、大小及颜色深浅不一。⑥ 木纤维少见,壁薄,纹孔明显。

【检查】

1. **水分** 不得过10.0%。
2. **总灰分** 不得过5.0%。

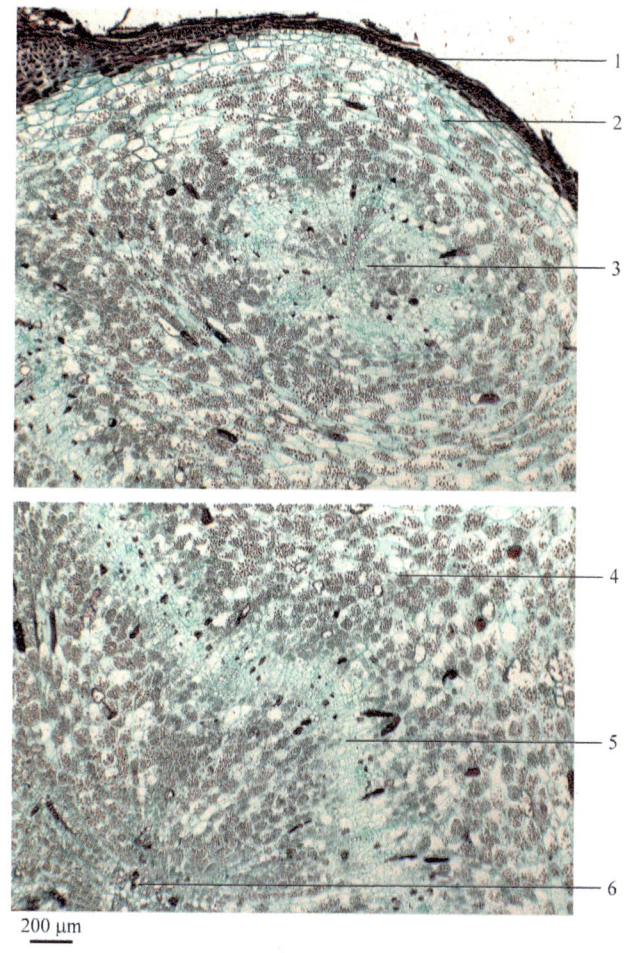

图 6-8　何首乌横切面显微组织构造详图

1. 木栓层；2. 皮层；3. 异型维管束；4. 韧皮部；5. 形成层；6. 木质部

图 6-9　何首乌粉末显微特征图

1. 草酸钙簇晶；2. 导管；3. 淀粉粒；4. 棕色细胞；5. 棕色块；6. 木纤维

【化学成分】 主含蒽醌类化合物,如大黄酚、大黄素、大黄酸、大黄素甲醚等,并含有二苯乙烯苷类成分,如 2,3,5,4′-四羟基二苯乙烯-2-O-β-D-葡萄糖苷(2,3,5,4′-tetrahydroxystilbene-2-O-β-D-glucoside)。此外,尚含卵磷脂等。

【理化鉴别】 取粉末,加乙醇,回流提取,提取液作为供试品溶液。以何首乌对照药材为对照,以三氯甲烷-甲醇(7∶3)为展开剂,展至约3.5 cm,再以三氯甲烷-甲醇(20∶1)为展开剂,展至约7 cm,置紫外光灯(365 nm)下检视。供试品色谱中,在与对照药材色谱相应的位置上,显现出相同颜色的荧光斑点。

【含量测定】 照高效液相色谱法测定,本品含2,3,5,4′-四羟基二苯乙烯-2-O-β-D-葡萄糖苷($C_{20}H_{22}O_9$)不得少于1.0%,所含结合型蒽醌以大黄素($C_{15}H_{10}O_5$)和大黄素甲醚($C_{16}H_{12}O_5$)的总量计,不得少于0.10%;饮片所含结合型蒽醌以大黄素($C_{15}H_{10}O_5$)和大黄素甲醚($C_{16}H_{12}O_5$)的总量计,不得少于0.05%。

【贮藏】 置干燥处,防蛀。

【性味功能】 性微温,味苦、甘、涩。解毒,消痈,截疟,润肠通便。

【附注】

1. 饮片 呈不规则的厚片或块。外表皮红棕色或红褐色,皱缩不平,有浅沟,并有横长皮孔样突起及细根痕。切面浅黄棕色或浅红棕色,显粉性;横切面有的皮部可见云锦状花纹,中央木部较大,有的呈木心。气微,味微苦而甘涩。

2. 伪品 ① 白首乌为萝藦科植物牛皮消 Cynanchum auriculatum Royle ex Wight 的块根。根呈长圆柱形或纺锤形,表面土黄色,断面白色,粉性,无云锦花纹。味先甜后苦。② 蓼科植物翼蓼 Pteroxygonum giraldii Damm. et Diels 和毛脉蓼 Fallopia multiflora (Thunb.) Harald. var. cillinerve (Nakai) A. J. Li 的块根。前者习称"红药子",后者习称"朱砂七"或"黄药子",两者断面皮部均无"云锦花纹",髓部有异型维管束。翼蓼块根外皮棕褐色,有多数小疙瘩和须根,断面为红色,粉性。味微苦,极涩。毛脉蓼块根外皮棕褐色,断面棕黄色或土黄色。味微香而不苦。

商陆(Shanglu, PHYTOLACCAE RADIX)

为商陆科植物商陆 Phytolacca acinosa Roxb. 或垂序商陆 P. americana L. 的干燥根。商陆主产于河南、湖北、安徽等地;垂序商陆主产于山东、浙江、江西等地。

呈横切或纵切的不规则块片,大小厚薄不等。外皮灰黄色或灰棕色。横切片弯曲不平,边缘皱缩,直径2~8 cm;切面浅黄棕色或黄白色,木部隆起,形成数个突起的同心性环轮(异型维管束),俗称"罗盘纹"。纵切片不规则长方形,弯曲或卷曲,长5~8 cm,宽1~2 cm,木部呈多数平行条状突起。质坚硬,不易折断。气微,味稍甜,久嚼麻舌。商陆含三萜皂苷元及三萜皂苷:主要有商陆皂苷元(phytolaccagenin),另还含有商陆皂苷甲、商陆皂苷乙、商陆皂苷丙、商陆皂苷丁、商陆皂苷戊、商陆皂苷己、商陆皂苷辛等。垂序商陆含商陆皂苷B、商陆皂苷E、商陆皂苷C、商陆皂苷G、商陆皂苷F、商陆皂苷D_2等。商陆中的商陆皂苷甲、商陆皂苷乙、商陆皂苷丙、商陆皂苷戊与垂序商陆中的商陆皂苷E、商陆皂苷B、商陆皂苷D、商陆皂苷G为相同化合物。

银柴胡(Yinchaihu, STELLARIAE RADIX)

为石竹科植物银柴胡 Stellaria dichotoma L. var. lanceolata Bge. 的干燥根。主产于宁夏、甘肃、陕西、内蒙古等地。

呈类圆柱形,偶有分枝,长 15~40 cm,直径 0.5~2.5 cm。表面浅棕黄色或浅棕色,有扭曲的纵皱纹和支根痕,多具孔穴状或盘状凹陷,习称"砂眼",从砂眼处折断可见棕色裂隙中有细砂散出。根头部略膨大,有密集的呈疣状突起的芽苞、茎或根茎的残基,习称"珍珠盘"。质硬而脆,易折断,断面不平坦,较疏松,有裂隙,皮部甚薄,木质部束与射线黄白相间,形成放射状纹理。气微,味甘。

栽培品有分枝,下部多扭曲,直径 0.6~1.2 cm。表面浅棕黄色或浅黄棕色,纵皱纹细腻明显,细支根痕多呈点状凹陷。几无砂眼。根头部有多数疣状突起。折断面质地较紧密,几无裂隙,略显粉性,木部放射状纹理不甚明显。味微甜。以根长均匀、外皮淡棕黄色、断面黄白色者为佳。含呋喃酸、6,8-半乳糖基芹黄素、汉黄芩素等。

太子参(Taizishen, PSEUDOSTELLARIAE RADIX)

为石竹科植物孩儿参 *Pseudostellaria heterophylla* (Miq.) Pax ex Pax et Hoffm. 的干燥块根。主产于江苏、山东、安徽等地。

呈细长纺锤形或长条形,稍弯曲,长 3~10 cm,直径 0.2~0.6 cm。表面灰黄色至黄棕色,较光滑,微有纵皱纹,凹陷处有须根痕。顶端可见茎基及芽痕,下部细长呈尾状。质硬而脆,断面平坦,周边淡黄棕色,中心淡黄白色,角质样。气微,味微甘。以条粗、色黄白、无须根者为佳。含皂苷、太子参环 A、太子参环肽 B 等。

牛膝(Niuxi, ACHYRANTHIS BIDENTATAE RADIX)

【来源】 为苋科植物牛膝 *Achyranthes bidentata* Bl. 的干燥根。

【产地与采制】 主产于河南武陟、沁阳等地,习称"怀牛膝"。河北、山西、山东、江苏等地亦产,为栽培品。

冬季茎叶枯萎时采挖,除去须根及泥沙,捆成小把,晒至干皱后,将顶端切齐,晒干。

【性状鉴别】 呈细长圆柱形,挺直或稍弯曲,上端较粗,下端渐细,长 15~70 cm,直径 0.4~1 cm。表面灰黄色或淡棕色,有微扭曲细纵皱纹、横长皮孔样突起和排列稀疏的侧根痕。质硬脆,易折断,受潮则变柔软。断面平坦,淡棕色,略呈角质样而油润,中心维管束木质部较大,黄白色,其外周散有多数黄白色点状维管束,断续排列成 2~4 轮(图 6-10)。气微,味微甜而稍苦涩,嚼之略粘牙。

以根长、肉肥、皮细、黄白色者为佳。

牛膝历史沿革

牛膝植物形态

【显微鉴别】

1. 横切面 木栓层为数列扁平细胞,切向延伸。栓内层较窄。异型维管束断续排列成 2~4 轮,外韧型,最外轮维管束较小,有 1 至数个导管;束间形成层几近连接成环;向内维管束较大,木质部由导管、木纤维和木薄壁细胞组成。中央木质部多集成 2~3 群(图 6-11)。薄壁细胞含有草酸钙砂晶。

2. 粉末 土黄色。① 木纤维较长,壁微木化,胞腔大,具斜形单纹孔。② 导管网纹、单纹孔或具缘纹孔。③ 薄壁细胞含草酸钙砂晶。④ 木薄壁细胞长方形,有的具单纹孔或网纹增厚。⑤ 木栓细胞类长方形,淡黄色。

【检查】

1. 水分 不得过 15.0%。

2. 总灰分 不得过 9.0%。

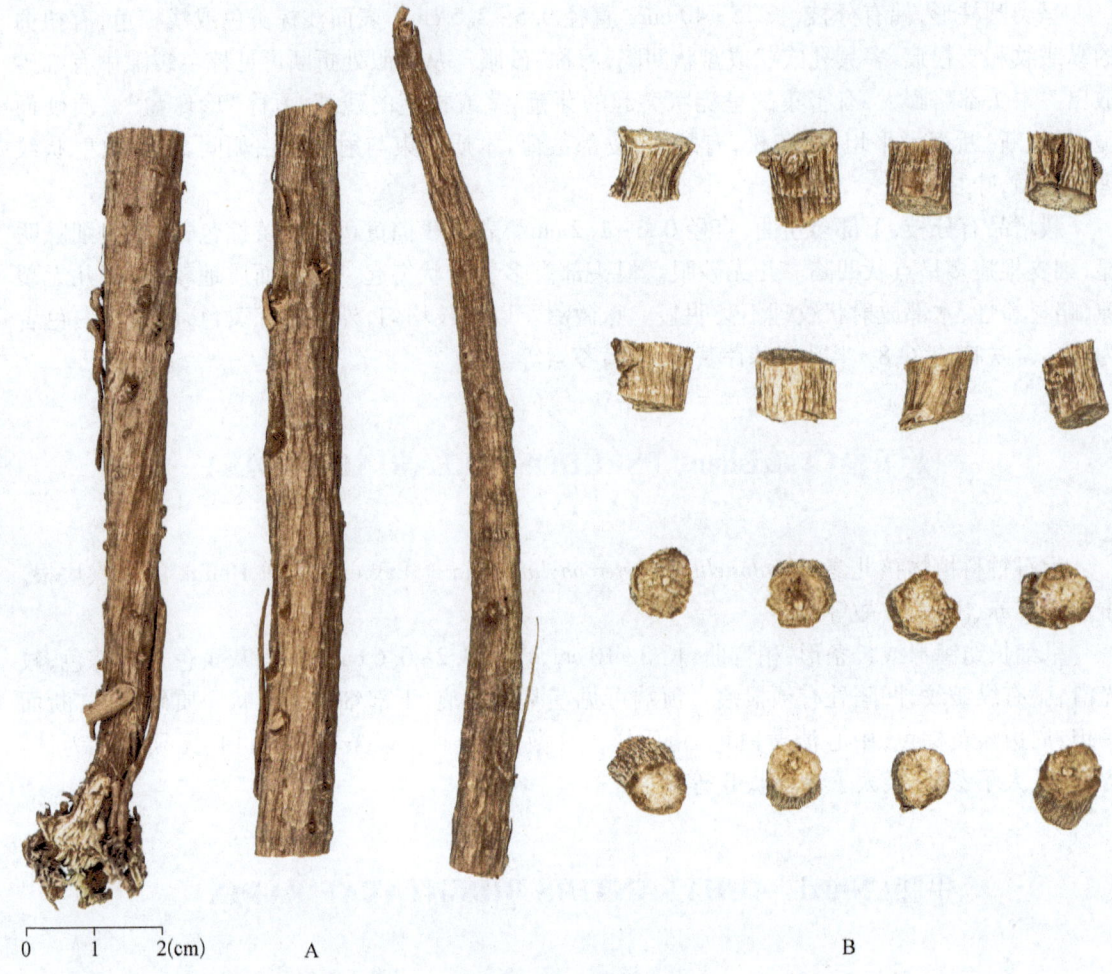

图6-10 牛膝
A. 药材；B. 饮片

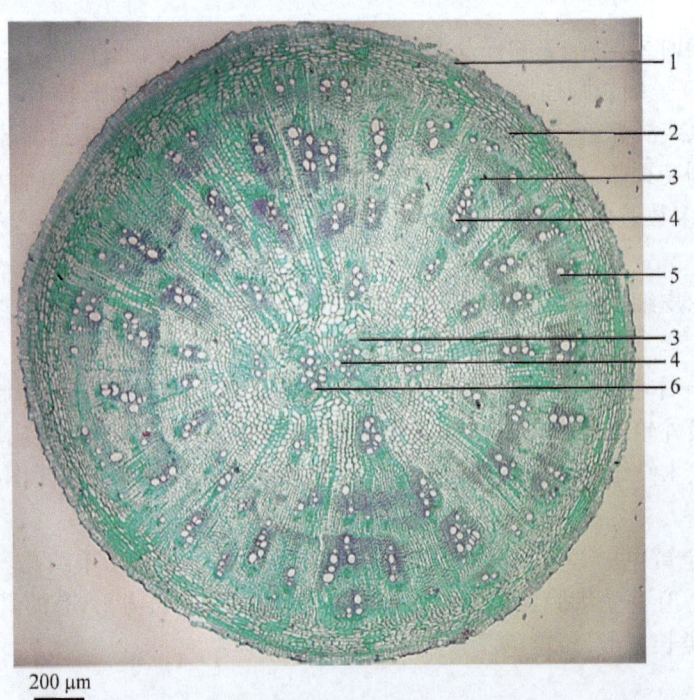

图6-11 牛膝横切面显微组织构造详图
1. 木栓层；2. 皮层；3. 韧皮部；4. 木质部；5. 异型维管束；6. 正常维管束

3. 二氧化硫残留量 照二氧化硫残留量测定法测定,不得过 400 mg/kg。

【浸出物】 照醇溶性浸出物测定法项下的热浸法测定,用水饱和正丁醇作溶剂,不得少于 6.5%。

【化学成分】 含皂苷类成分,有人参皂苷 Ro、竹节参苷Ⅳa(chikusetsu saponin Ⅳa)、齐墩果酸-3-O-β-D-葡萄糖醛酸苷、3-O-[2′-O-β-D-吡喃葡萄糖基-3′-O-(2″-羟基-1″-羧乙氧基羧丙基)]β-D-葡萄糖醛酸基齐墩果酸-28-O-β-D-吡喃葡萄糖苷(牛膝皂苷Ⅰ)、牛膝皂苷Ⅱ、牛膝皂苷Ⅲ、牛膝皂苷Ⅳ、β-蜕皮甾酮(β-ecdysterone)等。

【理化鉴别】 取粉末,用80%甲醇加热回流得提取液,提取液蒸干,残渣加水微热使溶解,然后将其加在 D101 型大孔吸附树脂柱上,依次用水、20%乙醇、80%乙醇洗脱,收集80%乙醇洗脱液,蒸干,残渣加80%甲醇使溶解,作为供试品溶液。以牛膝对照药材、β-蜕皮甾酮对照品、人参皂苷 Ro 对照品为对照,以三氯甲烷-甲醇-水-甲酸(7:3:0.5:0.05)为展开剂,喷以5%香草醛硫酸溶液,在105℃加热至斑点显色清晰。供试品色谱中,在与对照药材色谱和对照品色谱相应的位置上,显相同颜色的斑点。

【含量测定】 采用高效液相色谱法测定,含β-蜕皮甾酮($C_{27}H_{44}O_7$)不得少于0.03%。

【贮藏】 置阴凉干燥处,防潮。

【性味功能】 性平,味苦、甘、酸。逐瘀通经,补肝肾,强筋骨,利尿通淋,引血下行。

【附注】 饮片 呈圆柱形的段。外表皮灰黄色或淡棕色,有微细的纵皱纹及横长皮孔。质硬脆,易折断,受潮变软。切面平坦,淡棕色或棕色,略呈角质样而油润,中心维管束木部较大,黄白色,其外围散有多数黄白色点状维管束,断续排列成 2~4 轮。气微,味微甜而稍苦涩。

川牛膝(Chuanniuxi, CYATHULAE RADIX)

为苋科植物川牛膝 *Cyathula officinalis* Kuan 的干燥根。主产于四川、云南、贵州等地。野生或栽培。

呈近圆柱形,微扭曲,向下略细或偶有少数分枝,长 30~60 cm,直径 0.5~3 cm。表面黄棕色或灰褐色,具纵皱纹及支根痕,散在多数横长的皮孔样突起,顶端有时残留根茎和茎基。质坚韧,不易折断,断面浅黄色或棕黄色,维管束点状,排成数轮同心环。气微、味甜。以根长、皮细坚实、色淡黄者为佳。含有甾醇类、皂苷类、多糖、甜菜碱等成分,以甾醇类化合物为主,主要包括杯苋甾酮(cyasterone)、异杯苋甾酮(isocyasterone)、5-表杯苋甾酮(5-epicyasterone)等。

乌药(Wuyao, LINDERAE RADIX)

为樟科植物乌药 *Lindera aggregata* (Sims) Kosterm. 的干燥块根。主产于浙江、安徽、湖南、广东、广西等地。

多呈纺锤形,略弯曲,有的中部收缩成连珠状,长 6~15 cm,直径 1~3 cm。表面黄棕色或黄褐色,有纵皱纹及稀疏的细根痕。质坚硬,不易折断。切片近圆形,厚 0.2~2 mm,切面黄白色或淡黄棕色,射线放射状,可见年轮环纹,中心颜色较深。气香,味微苦、辛,有清凉感。以质嫩、粉性大、切片淡黄棕色、香气浓者为佳。质老、不呈纺锤状的直根,不可供药用。含有挥发油、异喹啉生物碱、呋喃倍半萜及其内酯。

威灵仙（Weilingxian, CLEMATIDIS RADIX ET RHIZOMA）

为毛茛科植物威灵仙 Clematis chinensis Osbeck、棉团铁线莲 C. hexapetala Pall. 或东北铁线莲 C. manshurica Rupr. 的干燥根和根茎。威灵仙主产于长江以南各省；棉团铁线莲主产于东北地区及山东省；东北铁线莲主产于东北地区。

威灵仙根茎呈柱状，长 1.5~10 cm，直径 0.3~1.5 cm；表面淡棕黄色；顶端残留茎基；质较坚韧，断面纤维性；下侧着生多数细根。根呈细长圆柱形，稍弯曲，长 7~15 cm，直径 0.1~0.3 cm；表面黑褐色，有细纵纹，有的皮部脱落，露出黄白色木部；质硬脆，易折断，断面皮部较广，木部淡黄色，略呈方形，皮部与木部间常有裂隙。气微，味淡。根含多种三萜类皂苷，为齐墩果酸或常春藤皂苷元（hederagenin）的衍生物。棉团铁线莲根茎呈短柱状，长 1~4 cm，直径 0.5~1 cm。根长 4~20 cm，直径 0.1~0.2 cm；表面棕褐色至棕黑色；断面木部圆形。味咸。根含白头翁素、生物碱等。东北铁线莲根茎呈柱状，长 1~11 cm，直径 0.5~2.5 cm。根较密集，长 5~23 cm，直径 0.1~0.4 cm；表面棕黑色；断面木部近圆形。味辛辣。根含三萜皂苷铁线莲皂苷（clematoside）A、铁线莲皂苷 A'、铁线莲皂苷 B、铁线莲皂苷 C。均以根较粗长、色黑或棕黑色、无地上残基者为佳。

川乌（Chuanwu, ACONITI RADIX）

为毛茛科植物乌头 Aconitum carmichaelii Debx. 的干燥母根。主产于四川、陕西、湖北、湖南、云南、河南等地亦有种植。

呈不规则的圆锥形，稍弯曲，顶端常有残茎，中部多向一侧膨大，长 2~7.5 cm，直径 1.2~2.5 cm。表面棕褐色或灰棕色，皱缩，有小瘤状侧根及子根脱离后的痕迹。质坚实，断面类白色或浅灰黄色，形成层环纹呈多角形。气微，味辛辣、麻舌。以饱满、质坚实、断面色白有粉性者为佳。含生物碱及乌头多糖（aconitan）。总生物碱含量为 0.82%~1.56%，其中主要为剧毒的双酯类生物碱：新乌头碱（mesaconitine）、乌头碱（aconitine）、次乌头碱、杰斯乌头碱（jesaconitine）、异翠雀花碱（isodelphinine）等。

草乌（Caowu, ACONITI KUSNEZOFFII RADIX）

为毛茛科植物北乌头 Aconitum kusnezoffii Reichb. 的干燥块根。主产于东北、华北各省。

呈不规则长圆锥形，略弯曲，长 2~7 cm，直径 0.6~1.8 cm。顶端常有残茎和少数不定根残基，有的顶端一侧有一枯萎的芽，一侧有一圆形或扁圆形不定根残基。表面灰褐色或黑棕褐色，皱缩，有纵皱纹、点状须根痕及数个瘤状侧根。质硬，断面灰白色或暗灰色，有裂隙，形成层环纹多角形或类圆形，髓部较大或中空。气微，味辛辣、麻舌。含总生物碱 0.7%~1.3%，其中主要为剧毒的双酯类生物碱：新乌头碱、乌头碱、次乌头碱、杰斯乌头碱（jesaconitine）、异乌头碱（isoaconitine）及北草乌碱等。

附子（Fuzi, ACONITI LATERALIS RADIX PRAEPARATA）

【来源】 为毛茛科植物乌头 Aconitum carmichaelii Debx. 子根的加工品。

【产地与采制】 四川、陕西为主要栽培区。

6月下旬至8月上旬采挖,除去母根、须根及泥沙,习称"泥附子",加工成下列规格。

盐附子 选择个大、均匀的泥附子,洗净,浸入食用胆巴的水溶液中过夜,再加食盐,继续浸泡,每日取出晒晾,并逐渐延长晒晾时间,直至附子表面出现大量结晶盐粒(盐霜)、体质变硬为止,习称"盐附子"。

黑顺片 取泥附子,按大小分别洗净,浸入食用胆巴的水溶液中数日,连同浸液煮至透心,捞出,水漂,纵切成厚约0.5 cm的片,再用水浸漂,用调色液使附片染成浓茶色,取出,蒸至出现油面光泽后,烘至半干,再晒干或继续烘干,习称"黑顺片"。

白附片 选择大小均匀的泥附子,洗净,浸入食用胆巴的水溶液中数日,连同浸液煮至透心,捞出,剥去外皮,纵切成厚约0.3 cm的片,用水浸漂,取出,蒸透,晒干,习称"白附片"。

【性状鉴别】

1. 盐附子 呈圆锥形,长4~7 cm,直径3~5 cm。表面灰黑色,被盐霜,顶端有凹陷的芽痕,周围有瘤状突起的支根或支根痕。体重,横切面灰褐色,可见充满盐霜的小空隙和多角形形成层环纹,环纹内侧导管束排列不整齐。气微,味咸而麻,刺舌。

2. 黑顺片 为纵切片,上宽下窄,长1.7~5 cm,宽0.9~3 cm,厚0.2~0.5 cm。外皮黑褐色,切面暗黄色,油润具光泽,半透明状,并有纵向导管束。质硬而脆,断面角质样。气微,味淡。

3. 白附片 无外皮,黄白色,半透明,厚约0.3 cm(图6-12)。

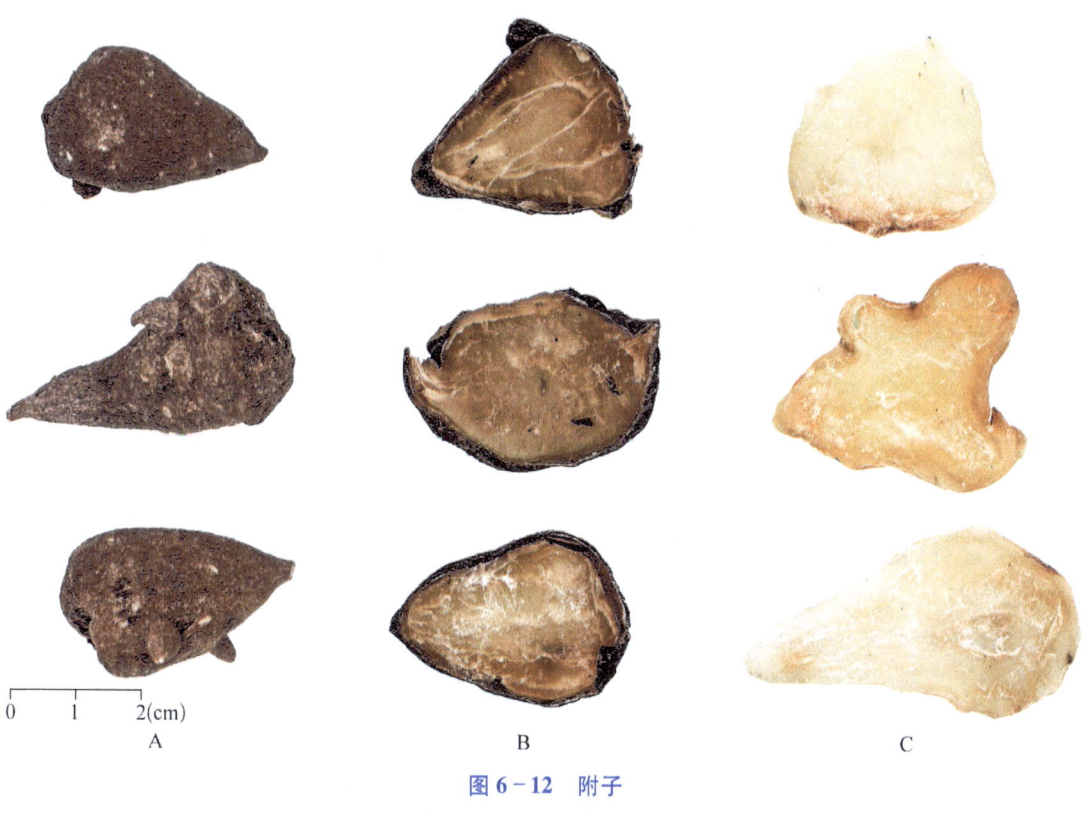

图6-12 附子
A. 盐附子;B. 黑顺片;C. 白附片

【显微鉴别】

1. 横切面 后生皮层为棕色木栓化细胞;皮层薄壁组织偶见石细胞,单个散在分布或数个成群分布,类长方形、方形或长椭圆形,胞腔较大;内皮层不甚明显。韧皮部散在分布筛管群;内侧偶见纤维束。形成层类多角形。其内外侧偶有1至数个异型维管束。木质部导管多列,呈径向或略呈"V"字形排列。髓部明显(图6-13)。薄壁细胞充满淀粉粒。

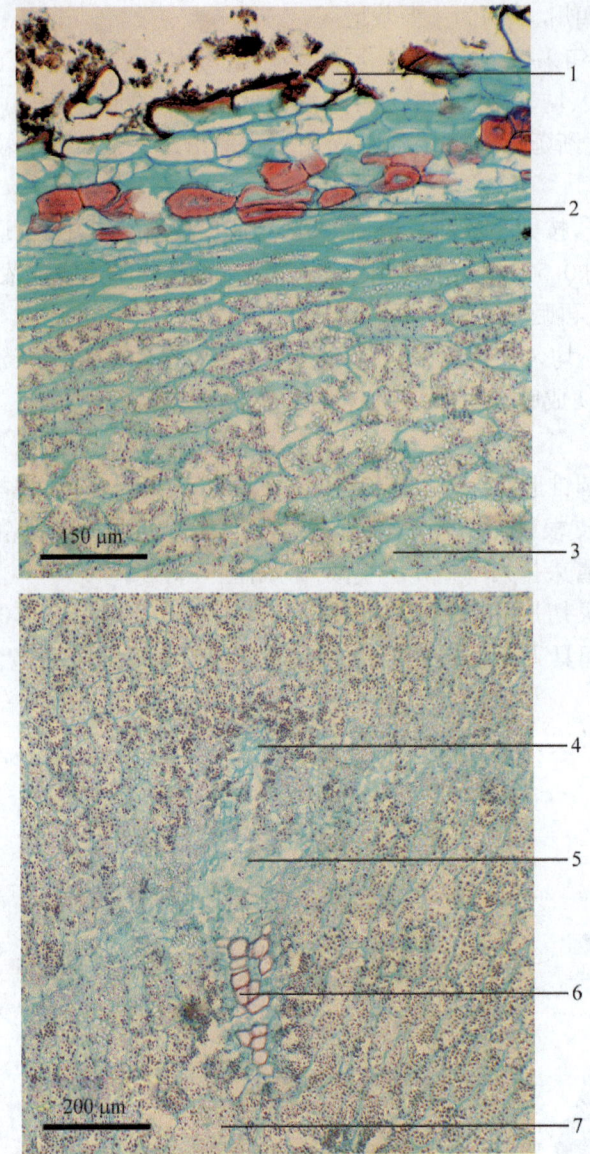

图6-13 附子横切面显微组织构造详图
1. 后生皮层;2. 石细胞;3. 皮层;4. 韧皮部;5. 形成层;6. 木质部;7. 髓部

2. **粉末** 灰黄色。① 淀粉粒单粒呈球形、长圆形或肾形,直径3~22μm;复粒由2~15分粒组成。② 石细胞近无色或淡黄绿色,呈类长方形、类方形、多角形或一边斜尖,直径49~117μm,长113~280μm,壁厚4~13μm,壁厚者层纹明显,纹孔较稀疏。③ 后生皮层细胞棕色,有的壁呈瘤状增厚突入细胞腔。④ 导管淡黄色,主为具缘纹孔,直径29~70μm,末端平截或短尖,穿孔位于端壁或侧壁,有的导管分子粗短拐曲或纵横连接。

【检查】
1. 水分 不得过15.0%。
2. 总灰分 不得过6.0%。
3. 酸不溶性灰分 不得过1.0%。

【化学成分】 含生物碱,其中主要为剧毒的双酯类生物碱,附子因系加工品,原来生品中所含毒性很强的双酯类生物碱,在加工炮制的过程中易水解,失去一分子乙酸,生成毒性较小的单酯类生物碱:苯甲酰乌头原碱(benzoylaconine)、苯甲酰新乌头原碱(benzoylmesaconine)和苯甲酰次乌头原碱(benzoylhypaconine)。如继续水解,又失去一分子苯甲酸,生成毒性更小的不带酯键的胺醇类生物碱:乌头原碱(aconine)、新乌头原碱(mesaconine)和次乌头原碱(hypaconine)。

因此,炮制品附子的毒性均较其生品小。新乌头碱为镇痛药物的主要活性成分。

【理化鉴别】 取粉末,加氨试液润湿,加乙醚超声处理,滤液挥发干,残渣加二氯甲烷使溶解,并将其作为供试品溶液。以苯甲酰新乌头原碱对照品、苯甲酰乌头原碱对照品、苯甲酰次乌头原碱对照品、新乌头碱对照品、次乌头碱对照品、乌头碱对照品为对照,以正己烷-乙酸乙酯-甲醇(6.4∶3.6∶1)为展开剂,以氨蒸气饱和 20 min,喷以稀碘化铋钾试液。供试品色谱中,盐附子在与新乌头碱对照品、次乌头碱对照品和乌头碱对照品色谱相应的位置上,显相同颜色的斑点;黑顺片或白附片在与苯甲酰新乌头原碱对照品、苯甲酰乌头原碱对照品、苯甲酰次乌头原碱对照品色谱相应的位置上,显相同颜色的斑点。

【含量测定】 照高效液相色谱法测定,本品含苯甲酰新乌头原碱($C_{31}H_{43}NO_{10}$)、苯甲酰乌头原碱($C_{32}H_{45}NO_{10}$)和苯甲酰次乌头原碱($C_{31}H_{43}NO_9$)的总量,不得少于 0.01%。

【贮藏】 盐附子:密闭,置阴凉干燥处;黑顺片及白附片:置干燥处,防潮。

【性味功能】 性大热,味辛、甘,有毒。回阳救逆,补火助阳,散寒止痛。

白头翁(Baitouweng, PULSATILLAE RADIX)

为毛茛科植物白头翁 *Pulsatilla chinensis* (Bge.) Regel 的干燥根。主产于东北、华北、华东等地。

呈类圆柱形或圆锥形,稍扭曲,长 6~20 cm,直径 0.5~2 cm。表面黄棕色或棕褐色,具不规则纵皱纹或纵沟,皮部易脱落,露出黄色的木部,有的有网状裂纹或裂隙,近根头处常有朽状凹洞。根头部稍膨大,有白色绒毛,有的可见鞘状叶柄残基。质硬而脆,断面皮部黄白色或淡黄棕色,木部淡黄色。气微,味微苦涩。含原白头翁素(protoanemonin)、聚合白头翁素、白头翁内酯。

白芍(Baishao, PAEONIAE RADIX ALBA)

【来源】 为毛茛科植物芍药 *Paeonia lactiflora* Pall. 的干燥根。

【产地与采制】 主产于浙江、安徽、四川、贵州、山东等地,均系栽培。

夏、秋二季采挖种植 3~4 年植株的根,洗净,除去头尾及须根,置沸水中煮至透心后除去外皮或去外皮后再煮,晒干。

【性状鉴别】 呈圆柱形,平直或稍弯曲,两端平截,长 5~18 cm,直径 1~2.5 cm。表面类白色或淡棕红色,光洁或有纵皱纹及细根痕,偶有残存的棕褐色外皮。质坚实,不易折断,断面较平坦,类白色或微带棕红色,形成层环明显,射线放射状(图 6-14)。气微,味微苦、酸。

白芍历史沿革

白芍植物形态

【显微鉴别】

1. 横切面 木栓层细胞偶有残存。残存的皮层细胞切向延长。韧皮部主要由薄壁细胞组成。形成层环微波状弯曲。木质部束窄,导管群放射状排列,导管旁边有少数木纤维(图 6-15)。木射线宽,十至数十列细胞。薄壁细胞含草酸钙簇晶,并含糊化淀粉粒团块。

2. 粉末 黄白色。① 糊化淀粉粒团块甚多。② 草酸钙簇晶直径 11~35 μm,存在于薄壁细胞中,常排列成行,或一个细胞中含数个簇晶。③ 具缘纹孔导管和网纹导管,直径 20~65 μm。④ 纤维长梭形,直径 15~40 μm,壁厚,微木化,具大的圆形纹孔。

【检查】

1. 水分 不得过 14.0%。

2. 总灰分 不得过 4.0%。

图6-14 白芍
A. 药材；B. 饮片

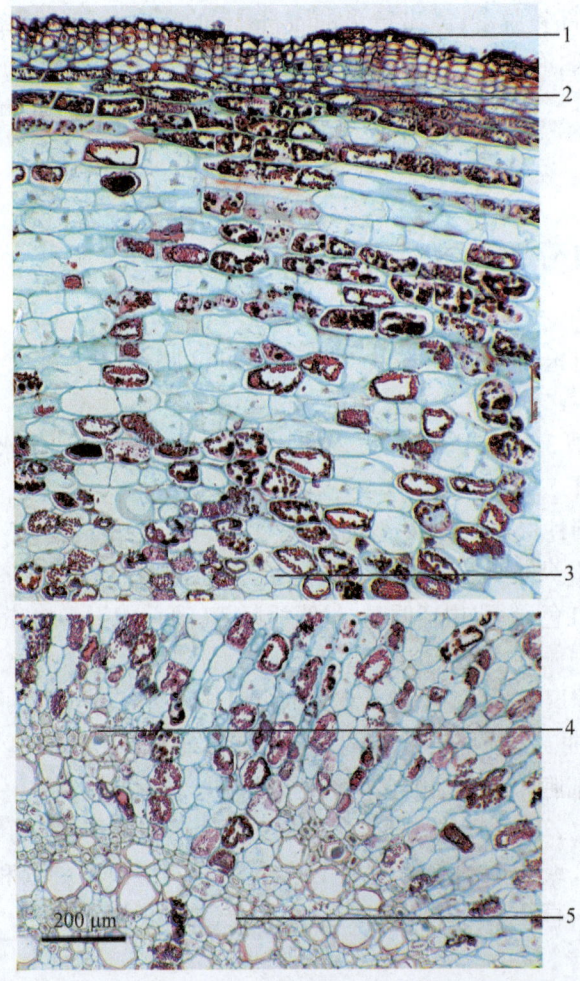

图6-15 白芍横切面显微组织构造详图
1. 木栓层；2. 皮层；3. 韧皮部；4. 形成层；5. 木质部

3. **重金属及有害元素** 铅不得过 5 mg/kg;镉不得过 1 mg/kg;砷不得过 2 mg/kg;汞不得过 0.2 mg/kg;铜不得过 20 mg/kg。

4. **二氧化硫残留量** 不得过 400 mg/kg。

【浸出物】 水溶性浸出物不得少于 22.0%。

【化学成分】 含芍药苷(paeoniflorin)、羟基芍药苷(oxypaeoniflorin)、芍药内酯苷(albiflorin)等。芍药苷为解痉有效成分。

【理化鉴别】 取粉末的乙醇浸提液蒸干,残渣加乙醇使溶解,作为供试品溶液。以芍药苷对照品为对照,以三氯甲烷-乙酸乙酯-甲醇-甲酸(40:5:10:0.2)为展开剂,喷以 5% 香草醛硫酸溶液,加热至斑点显色清晰。供试品色谱中,在与对照品色谱相应的位置上,显相同的蓝紫色斑点。

【含量测定】 照高效液相色谱法测定,含芍药苷($C_{23}H_{28}O_{11}$)不得少于 1.6%;饮片不得少于 1.2%。

【贮藏】 置干燥处,防蛀。

【性味功能】 性微寒,味苦、酸。养血调经,敛阴止汗,柔肝止痛,平抑肝阳。

【附注】 饮片 呈类圆形的薄片。表面淡棕红色或类白色。切面微带棕红色或类白色,形成层环明显,可见稍隆起的筋脉纹呈放射状排列。气微,味微苦、酸。

赤芍(Chishao, PAEONIAE RADIX RUBRA)

为毛茛科植物芍药 *Paeonia lactiflora* Pall. 或川赤芍 *P. veitchii* Lynch 的干燥根。芍药主产于内蒙古和东北等地。川赤芍主产于四川。

呈圆柱形,稍弯曲,长 5~40 cm,直径 0.5~3 cm。表面棕褐色,粗糙,有纵沟和皱纹,并有须根痕和横长的皮孔样突起,有的外皮易脱落。质硬而脆,易折断,断面粉白色或粉红色,皮部窄,木部放射状纹理明显,有的有裂隙。气微香,味微苦、酸涩。以根粗壮,断面粉白色,粉性大者为佳。主含芍药苷 3.5%~8%。

黄连(Huanglian, COPTIDIS RHIZOMA)

【来源】 为毛茛科植物黄连 *Coptis chinensis* Franch.、三角叶黄连 *C. deltoidea* C. Y. Cheng et Hsiao 或云连 *C. teeta* Wall. 的干燥根茎。以上 3 种分别习称"味连""雅连""云连"。

【产地与采制】

1. **味连** 主产于四川石柱县。湖北西部、陕西、甘肃等地亦产。主要为栽培品,为商品黄连的主要来源。

2. **雅连** 主产于四川洪雅、峨眉等地,为栽培品,有少量野生。

3. **云连** 主产于云南德钦、碧江及西藏地区,原系野生,现有栽培。

秋季采挖,除去须根及泥沙,干燥,撞去残留须根。

黄连历史沿革

【性状鉴别】

1. **味连** 多集聚成簇,常弯曲,形如鸡爪,单枝根茎长 3~6 cm,直径 0.3~0.8 cm。表面灰黄色或黄褐色,粗糙,有不规则结节状隆起、须根及须根残基,有的节间表面平滑如茎秆,习称"过桥"。上部多残留褐色鳞叶,顶端常留有残余的茎或叶柄。质硬,断面不整齐,皮部橙红色或暗棕色,木部鲜黄色或橙黄色,呈放射状排列,髓部有的中空。气微,味极苦。

黄连植物形态

2. **雅连** 多为单枝,略呈圆柱形,微弯曲,长 4~8 cm,直径 0.5~1 cm。"过桥"较长。顶端有少许残茎(图 6-16)。

3. 云连　弯曲呈钩状,多为单枝,较细小。

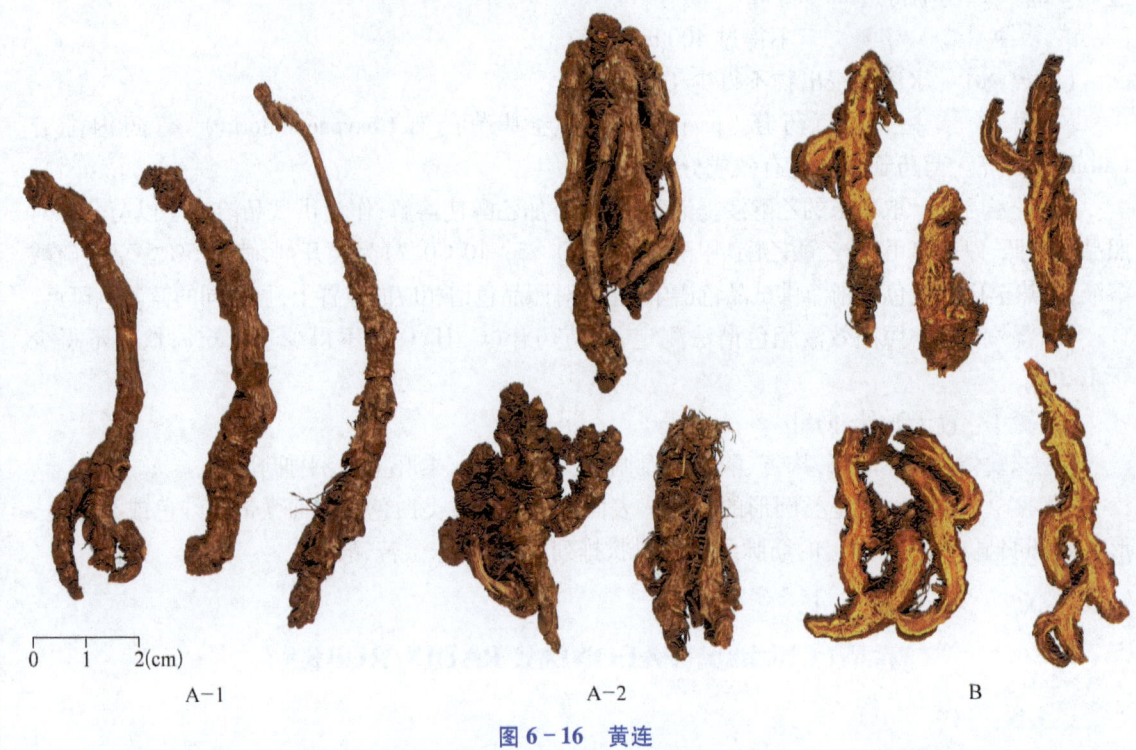

图 6-16　黄连
A-1. 雅连；A-2. 味连；B. 饮片

【显微鉴别】
1. 横切面
(1) 味连：木栓层为数列细胞,其外有表皮,常脱落。皮层较宽,石细胞单个或成群散在。中柱鞘纤维成束或伴有少数石细胞,均显黄色。维管束外韧型,环列。木质部黄色,均木化,木纤维较发达。髓部均为薄壁细胞,无石细胞(图 6-17)。
(2) 雅连：髓部有石细胞。
(3) 云连：皮层、中柱鞘及髓部均无石细胞。
2. 粉末
(1) 味连：黄棕色或黄色。① 石细胞为类方形、类圆形、类长方形或近多角形,直径 25~64 μm,长至 102 μm,黄色,壁厚,壁孔明显。② 中柱鞘纤维黄色,纺锤形或梭形,长 136~185 μm,直径 27~37 μm,壁厚。③ 木纤维较细长,壁较薄,有稀疏点状纹孔。④ 木薄壁细胞类长方形或不规则形,壁稍厚,有纹孔。⑤ 鳞叶表皮细胞绿黄色或黄棕色,细胞长方形或长多角形,壁微波状弯曲,或作连珠状增厚。⑥ 导管为网纹或孔纹,短节状。⑦ 淀粉粒多单粒,类圆形,直径 2~3 μm(图 6-18)。
(2) 雅连与味连相似,但石细胞较多,金黄色。
【检查】
1. 水分　不得过 14.0%。
2. 总灰分　不得过 5.0%。
【浸出物】　醇溶性浸出物不得少于 15.0%。
【化学成分】　3 种黄连均含多种生物碱,主要为小檗碱(berberine),以盐酸盐形式存在,含量 5.20%~7.69%；其次为黄连碱(coptisine)、甲基黄连碱(worenine,云连无)、巴马汀(palmatine)、药根碱(jatrorrhizine)、表小檗碱(epiberberine)。酚性成分有阿魏酸、绿原酸等。据研究,黄连碱为黄连的特征性成分。据测定,黄连中小檗碱含量以栽培 6 年者最高。

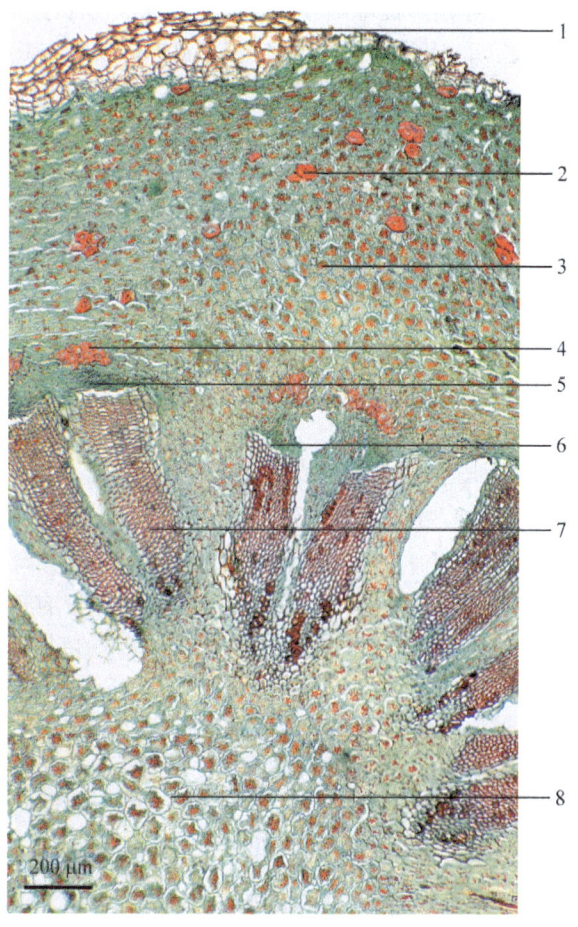

图6-17 黄连(味连)横切面显微组织构造详图

1. 木栓层;2. 石细胞;3. 皮层;4. 中柱鞘纤维;5. 韧皮部;6. 形成层;7. 木质部;8. 髓部

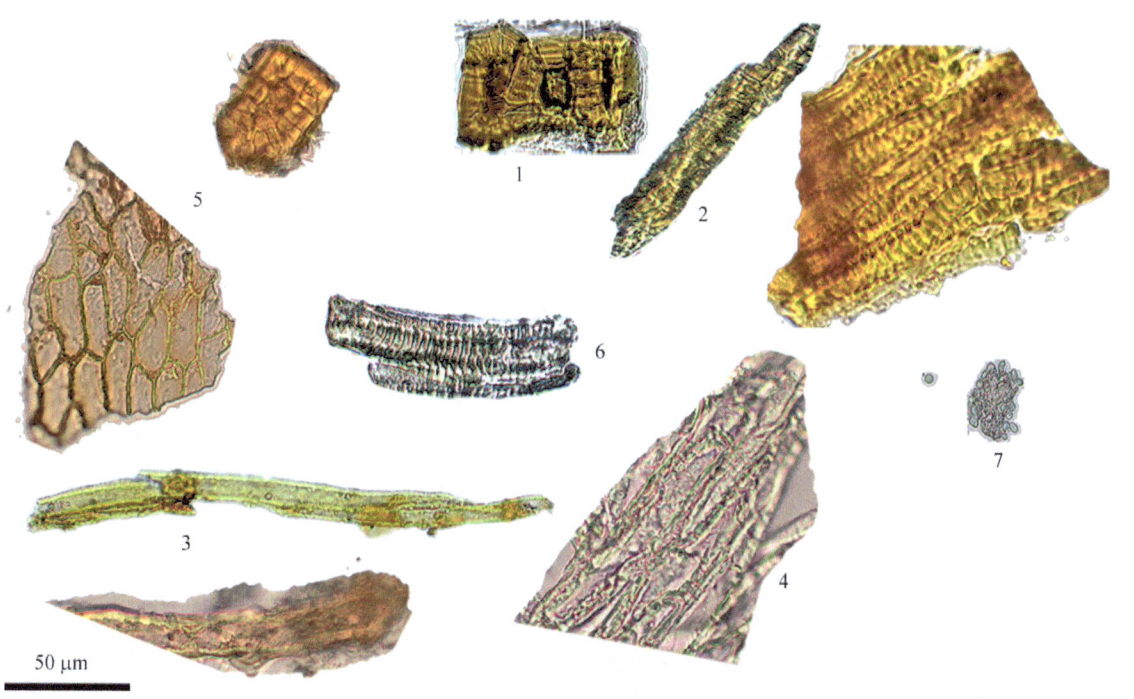

图6-18 黄连粉末显微特征图

1. 石细胞;2. 中柱鞘纤维;3. 木纤维;4. 木薄壁细胞;5. 鳞叶表皮细胞;6. 导管;7. 淀粉粒

【理化鉴别】 取粉末的甲醇超声提取液作为供试品溶液。以黄连对照药材、盐酸小檗碱对照品为对照,以环己烷-乙酸乙酯-异丙醇-甲醇-水-三乙胺(3:3.5:1:1.5:0.5:1)为展开剂,置用浓氨试液预饱和 20 min 的展开缸内,展开,置紫外光灯(365 nm)下检视。供试品色谱中,在与对照药材色谱相应的位置上,显 4 个以上相同颜色的荧光斑点;对照品色谱相应的位置上,显相同颜色的荧光斑点。

【含量测定】 照高效液相色谱法测定,味连含小檗碱($C_{20}H_{17}NO_4$)不得少于 5.5%,表小檗碱($C_{20}H_{17}NO_4$)不得少于 0.8%,黄连碱($C_{19}H_{13}NO_4$)不得少于 1.6%,巴马汀($C_{21}H_{21}NO_4$)不得少于 1.5%;雅连含小檗碱($C_{20}H_{17}NO_4$)不得少于 4.5%;云连含小檗碱($C_{20}H_{17}NO_4$)不得少于 7.0%。

【贮藏】 置通风干燥处。

【性味功能】 性寒,味苦。清热燥湿,泻火解毒。

【附注】

1. 饮片　　呈不规则的薄片。外表皮灰黄色或黄褐色,粗糙,有细小的须根。切面或碎断面鲜黄色或红黄色,具放射状纹理,气微,味极苦。

2. 混淆品　　曾有多种同属植物的根茎作黄连用,主要有:① 峨眉野连 Coptis omeiensis (Chen) C. Y. Cheng。根茎结节密集,无"过桥",鳞叶较多,常带有部分叶柄。② 短萼黄连 C. chinensis Franch. var. brevisepala W. T. Wang et Hsiao。根茎略呈连珠状圆柱形,多弯曲,无"过桥"。

升麻(Shengma, CIMICIFUGAE RHIZOMA)

为毛茛科植物大三叶升麻 Cimicifuga heracleifolia Kom.、兴安升麻 C. dahurica (Turcz.) Maxim. 或升麻 C. foetida L. 的干燥根茎。主产于辽宁、吉林、黑龙江等地。

呈不规则的长形块状,多分枝,呈结节状,长 10~20 cm,直径 2~4 cm。表面黑褐色或棕褐色,粗糙不平,有坚硬的细须根残留,上面有数个圆形空洞的茎基痕,洞内壁显网状沟纹;下面凹凸不平,具须根痕。体轻,质坚硬,不易折断,断面不平坦,有裂隙,纤维性,黄绿色或淡黄白色。气微,味微苦而涩。兴安升麻根茎含多种甾萜类成分:升麻醇(cimigenol)、升麻醇木糖苷(cimigenol xyloside)等。

防己(Fangji, STEPHANIAE TETRANDRAE RADIX)

【来源】 为防己科植物粉防己 Stephania tetrandra S. Moore 的干燥根。

【产地与采制】 主产于浙江、安徽、湖北、湖南、江西等地。
秋季采挖,洗净,除去粗皮,晒至半干,切段,个大者再纵切,干燥。

【性状鉴别】 呈不规则圆柱形、半圆柱形或块状,多弯曲,长 5~10 cm,直径 1~5 cm。表面淡灰黄色,在弯曲处常有深陷横沟而成结节状的瘤块样(图 6-19)。体重,质坚实,断面平坦,灰白色,富粉性,有排列较稀疏的放射状纹理。气微,味苦。

【显微鉴别】

横切面　　木栓层有时残存。栓内层散在分布石细胞群,常切向排列。韧皮部较宽。形成层成环。木质部占大部分,射线较宽;导管稀少,呈放射状排列;导管旁有木纤维。薄壁细胞充满淀粉粒,并可见细小杆状草酸钙结晶。

【检查】

1. 水分　　不得过 12.0%。

防己植物形态

防己植物形态

图 6-19 防己
A. 药材；B. 饮片

2. 总灰分　不得过4.0%。

【浸出物】　按醇溶性浸出物热浸法测定,甲醇浸出物不得少于5.0%。

【化学成分】　含多种异喹啉生物碱,总量为1.7%~2.5%。其中主要为粉防己碱(tetrandrine,汉防己甲素)、去甲基粉防己碱(demethyl-tetrandrine,汉防己乙素)、轮环藤酚碱(cyclanoline)、防己诺林碱(fangchinoline)等。

【理化鉴别】　取粉末,加乙醇回流得提取液,提取液蒸干,残渣加乙醇使溶解,然后作为供试品溶液。以粉防己碱对照品、防己诺林碱对照品为对照,以三氯甲烷-丙酮-甲醇-5%浓氨试液(6:1:1:0.1)为展开剂,喷以稀碘化铋钾试液。供试品色谱中,在与对照品色谱相应的位置上,显相同颜色的斑点。

【含量测定】　照高效液相色谱法测定,本品含粉防己碱($C_{38}H_{42}N_2O_6$)和防己诺林碱($C_{37}H_{40}N_2O_6$)的总量不得少于1.6%;饮片,不得少于1.4%。

【贮藏】　置干燥处,防霉,防蛀。

【性味功能】　性寒,味苦。祛风止痛,利水消肿。

【附注】　饮片　呈类圆形或半圆形的厚片。外表皮淡灰黄色。切面灰白色,粉性,有稀疏的放射状纹理。气微,味苦。

北豆根（Beidougen, MENISPERMI RHIZOMA）

为防己科植物蝙蝠葛 *Menispermum dauricum* DC. 的干燥根茎。主产于东北及河北、山东、山西等地。

呈细长圆柱形,弯曲,有分枝,长可达50 cm,直径0.3~0.8 cm。表面黄棕色至暗棕色,多有弯曲的细根,并可见突起的根痕和纵皱纹,外皮易剥落。质韧,不易折断,断面不整齐,纤维细,木部淡黄色,呈放射状排列,中心有髓。气微,味苦。含多种生物碱,总量为1.7%~2.5%。

延胡索(Yanhusuo, CORYDALIS RHIZOMA)

【来源】 为罂粟科植物延胡索 *Corydalis yanhusuo* W. T. Wang 的干燥块茎。

【产地与采制】 主产于浙江东阳、磐安。湖北、湖南、江苏等地亦产,多为栽培。

夏初(5~7月)茎叶枯萎时采挖,除去须根,洗净,置沸水中煮至恰无白心时,取出,晒干。

【性状鉴别】 呈不规则的扁球形,直径 0.5~1.5 cm。表面黄色或黄褐色,有不规则网状皱纹。顶端有略凹陷的茎痕,底部常有疙瘩状突起(图 6-20)。质硬而脆,断面黄色,角质样,有蜡样光泽。气微,味苦。

以个大、饱满、质坚实、断面色黄者为佳。

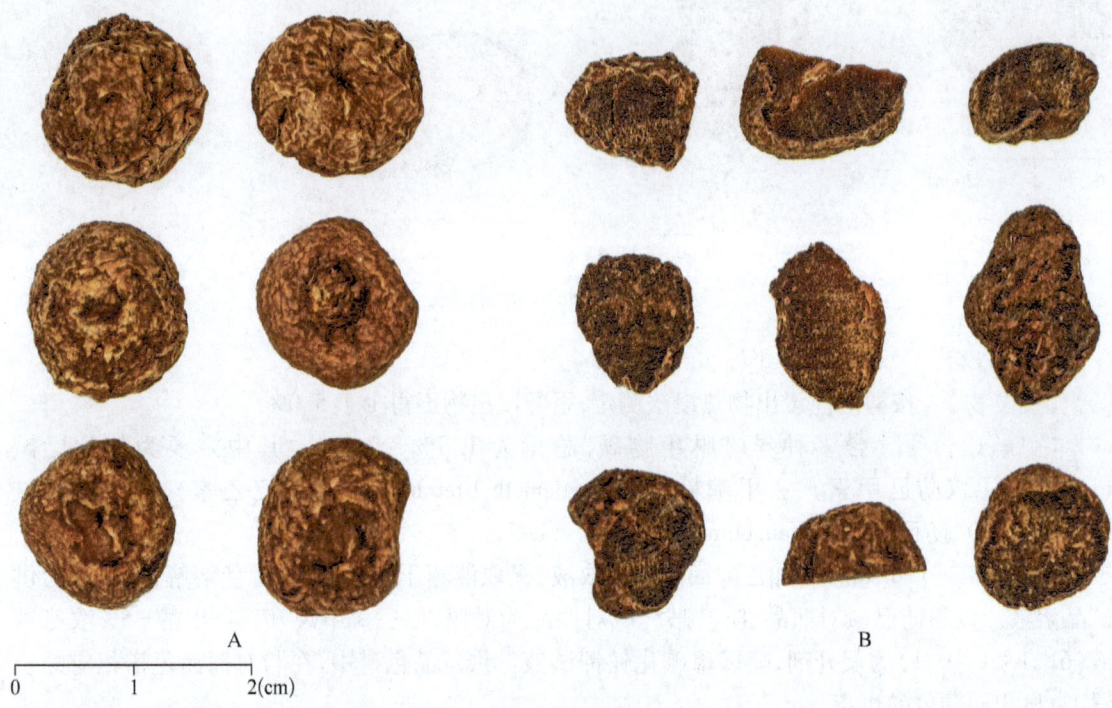

图 6-20 延胡索
A. 药材;B. 饮片

【显微鉴别】

粉末 绿黄色。① 糊化淀粉粒团块淡黄色或近无色。② 下皮厚壁细胞绿黄色,细胞多角形、类方形或长条形,壁稍弯曲,木化,有的成连珠状增厚,纹孔细密。③ 石细胞类多角形或长圆形,壁较厚,纹孔细密。④ 螺纹导管直径 16~32 μm。

【检查】

1. 水分 不得过 15.0%。
2. 总灰分 不得过 4.0%。
3. 黄曲霉毒素 本品每 1 000 g 含黄曲霉毒素 B_1 不得过 5 μg,黄曲霉毒素 G_2、黄曲霉毒素 G_1、黄曲霉毒素 B_2 和黄曲霉毒素 B_1 的总量不得过 10 μg。

【浸出物】 按醇溶性浸出物热浸法测定,稀乙醇浸出物不得少于 13.0%。

【化学成分】 含多种生物碱,其中有 *d*-紫堇碱(*d*-corydaline,即延胡索甲素)、*di*-四氢帕马丁(*di*-tetrahydropalmatine,即延胡索乙素)、原鸦片碱(protopine,即延胡索丙素)、*l*-四氢黄连碱(*l*-tetrahydrocoptisine,即延胡索丁素)、*dl*-四氢黄连碱(即延胡索戊素)、*l*-四氢非洲防己碱(*l*-

tetrahydrocolumbamine,即延胡索己素)等。四氢帕马丁为主要镇痛、镇静成分。

【理化鉴别】 取粉末的甲醇超声提取液蒸干,残渣加水使溶解,加浓氨试液调至碱性,用乙醚振摇提取3次,合并乙醚液,蒸干,残渣加甲醇使溶解,然后作为供试品溶液。以延胡索对照药材、四氢帕马丁对照品为对照,以甲苯-丙酮(9∶2)为展开剂,置碘缸中,取出,挥尽板上吸附的碘后,置紫外光灯(365 nm)下检视。供试品色谱中,在与对照药材色谱和对照品色谱相应的位置上,显相同颜色的荧光斑点。

【含量测定】 照高效液相色谱法测定,本品含四氢帕马丁($C_{21}H_{25}NO_4$)不得少于0.05%;饮片,不得少于0.04%。

【贮藏】 置干燥处,防蛀。

【性味功能】 性温,味苦、辛。活血,行气,止痛。

【附注】

1. 饮片 呈不规则的圆形厚片。外表皮黄色或黄褐色,有不规则细皱纹,切面黄色,角质样,具蜡样光泽。气微,味苦。

2. 混淆品 曾有多种同属植物的块茎在部分地区也作元胡或土元胡药用。例如,齿瓣延胡索 *Corydalis turtschaninovii* Bess.,块茎呈不规则球形,表面黄棕色,皱缩。全叶延胡索 *C. repens* Mandl. et Mühldorf.,块茎呈圆球形、长圆形或圆锥形,表面灰棕色,皱缩。东北延胡索 *C. ambigua* Cham. et Schlecht.,块茎呈球形,内部白色。

板蓝根(Banlangen,ISATIDIS RADIX)

【来源】 为十字花科植物菘蓝 *Isatis indigotica* Fort. 的干燥根。

【产地与采制】 主产于河北、江苏。河南、安徽、陕西等地均有栽培。秋季采挖,除去泥沙,晒干。

【性状鉴别】 呈圆柱形,稍扭曲,长10~20 cm,直径0.5~1 cm。表面淡灰黄色或淡棕黄色,有纵皱纹、横长皮孔样突起及支根痕。根头略膨大,可见暗绿色或暗棕色轮状排列的叶柄残基和密集的疣状突起(图6-21)。体实,质略软,断面皮部黄白色,木部黄色。气微,味微甜后苦涩。以条长、粗大、体实者为佳。

【显微鉴别】

横切面 木栓层为数列细胞。栓内层狭窄。韧皮部宽广,射线明显。形成层成环。木质部导管黄色,类圆形,直径约至80 μm;有木纤维束(图6-22)。薄壁细胞含淀粉粒。

板蓝根历史沿革

板蓝根植物形态

【检查】

1. 水分 不得过15.0%。

2. 总灰分 不得过9.0%。

3. 酸不溶性灰分 不得过2.0%。

【浸出物】 照醇溶性浸出物热浸法测定,用45%乙醇作溶剂,不得少于25.0%。

【化学成分】 根含芥子苷(sinigrin)、靛蓝、靛玉红、吲哚醇苷、靛玉红吲哚苷(indrylglucoside)、(*R*,*S*)-告依春等。

【理化鉴别】

(1) 取粉末的稀乙醇超声提取液蒸干,残渣加稀乙醇使溶解,然后作为供试品溶液。以板蓝根对照药材、精氨酸对照品为对照,以正丁醇-冰醋酸-水(19∶5∶5)为展开剂,喷以茚三酮试液,在105℃条件下加热至斑点显色清晰。供试品色谱中,在与对照药材色谱和对照品色谱相应的位置上,显相同颜色的斑点。

(2) 取粉末的80%甲醇超声提取液蒸干,残渣加甲醇使溶解,然后作为供试品溶液。以

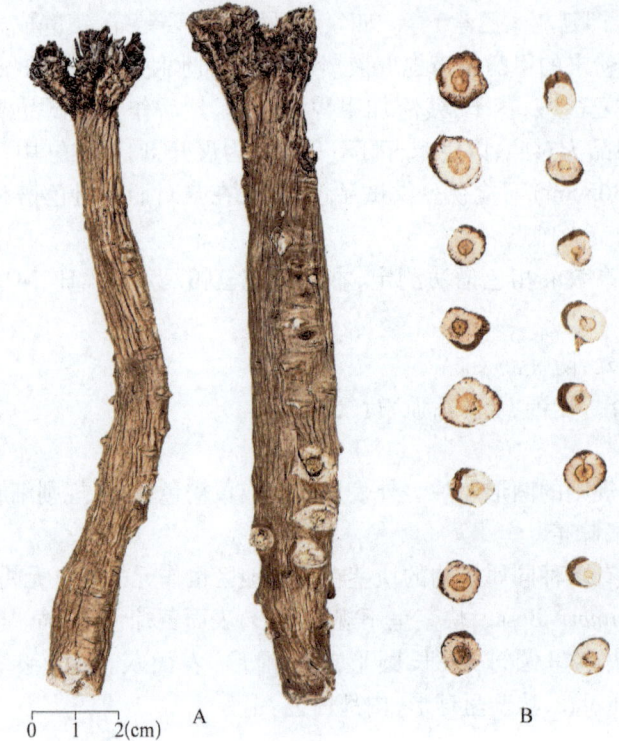

图 6-21 板蓝根
A. 药材；B. 饮片

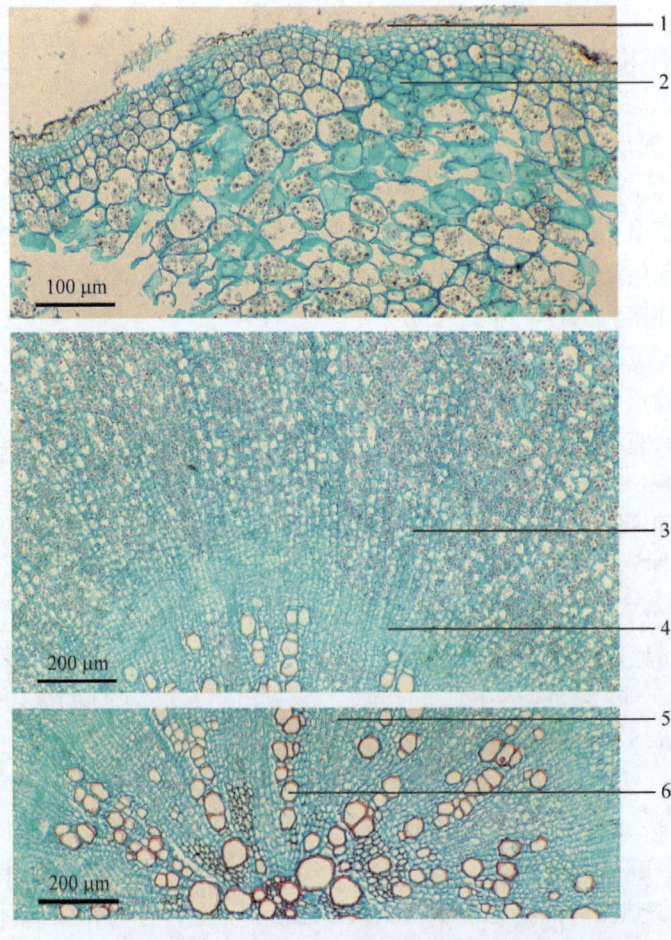

图 6-22 板蓝根横切面显微组织构造详图
1. 木栓层；2. 皮层；3. 韧皮部；4. 形成层；5. 木质部；6. 导管

板蓝根对照药材、(R,S)-告依春对照品为对照,以石油醚(60~90℃)-乙酸乙酯(1∶1)为展开剂,置紫外光灯(254 nm)下检视。供试品色谱中,在与对照药材色谱和对照品色谱相应的位置上,显相同颜色的斑点。

【含量测定】 照高效液相色谱法,本品含(R,S)-告依春(C_5H_7NOS)不得少于0.02%;饮片,不得少于0.03%。

【贮藏】 置干燥处,防霉,防蛀。

【性味功能】 性寒,味苦。清热解毒,凉血利咽。

【附注】

1. 饮片　呈圆形的厚片。外表皮淡灰黄色至淡棕黄色,有纵皱纹。切面皮部黄白色,木部黄色。气微,味微甜后苦涩。

2. 混淆品　南板蓝根为爵床科植物马蓝 Baphicacanthus cusia (Nees) Bremek. 的根茎及根。根茎呈类圆形,多弯曲,有分枝,长 10~30 cm,直径 0.1~1 cm。表面灰棕色;节膨大,节上长有细根或茎残基;外皮易剥落,呈蓝灰色。质硬而脆,皮部蓝灰色,木部灰蓝色至淡黄褐色,中央有髓。根粗细不一,弯曲有分枝。

地榆(Diyu, SANGUISORBAE RADIX)

为蔷薇科植物地榆 Sanguisorba officinalis L. 或长叶地榆 S. officinalis L. var. longifolia (Bert.) Yü et Li 的干燥根。地榆主产于黑龙江、吉林、辽宁等地;长叶地榆主产于安徽、浙江、江苏等地。

呈不规则纺锤形或圆柱形,稍弯曲,长 5~25 cm,直径 0.5~2 cm。表面灰褐色至暗棕色,粗糙,有纵纹。质硬,断面较平坦,粉红色或淡黄色,木部略呈放射状排列。气微,味微苦涩。绵地榆呈长圆柱形,稍弯曲,着生于短粗的根茎上;表面红棕色或棕紫色,有细纵纹。质坚韧,断面黄棕色或红棕色,皮部有多数黄白色或黄棕色绵状纤维。气微,味微苦涩。地榆根含鞣质,主要为地榆素(sanguiin)H_1~地榆素 H_6。

苦参(Kushen, SOPHORAE FLAVESCENTIS RADIX)

为豆科植物苦参 Sophora flavescens Ait. 的干燥根。主产于山西、河南、河北等地。

呈长圆柱形,下部常有分枝,长 10~30 cm,直径 1~6.5 cm。表面灰棕色或棕黄色,具纵皱纹和横长皮孔样突起,外皮薄,多破裂反卷,易剥落,剥落处显黄色,光滑。质硬,不易折断,断面纤维性;切片厚 3~6 mm;切面黄白色,具放射状纹理和裂隙,有的具异型维管束且呈同心性环列或不规则散在分布。气微,味极苦。以条匀、断面色黄白、无须根、味苦者为佳。含多种生物碱,主要为苦参碱(matrine)及氧化苦参碱(oxymatrine)。

山豆根(Shandougen, SOPHORAE TONKINENSIS RADIX ET RHIZOMA)

为豆科植物越南槐 Sophora tonkinensis Gagnep. 的干燥根和根茎。主产于广西、广东。

根茎呈不规则的结节状,顶端常残存茎基,其下着生根数条。根呈长圆柱形,常有分枝,长短不等,直径 0.7~1.5 cm。表面棕色至棕褐色,有不规则的纵皱纹及横长皮孔样突起。质坚硬,难折断,断面皮部浅棕色,木部淡黄色。有豆腥气,味极苦。根含生物碱类,包括苦参碱、氧化苦参碱、山豆根碱 A、山豆根碱 B 等。

葛根(Gegen, PUERARIAE LOBATAE RADIX)

为豆科植物野葛 *Pueraria lobata* (Willd.) Ohwi 的干燥根,习称野葛。主产于湖南、河南、广东、浙江等地。

呈纵切的长方形厚片或小方块,长 5~35 cm,厚 0.5~1 cm。外皮淡棕色至棕色,有纵皱纹,粗糙。切面黄白色至淡黄棕色,有的纹理明显。质韧,纤维性强。气微,味微甜。以块大、质坚实、色粉性足、纤维少者为佳。含黄酮类物质,总量可达 12%,主要为黄豆苷元(daidzein)、黄豆苷(daidzin)及葛根素(puerarin)等。性凉,味甘、辛。解肌退热,生津止渴,透疹,升阳止泻,通经活络,解酒毒。

甘草(Gancao, GLYCYRRHIZAE RADIX ET RHIZOMA)

甘草历史沿革

甘草植物形态

【来源】 为豆科植物甘草 *Glycyrrhiza uralensis* Fisch.、胀果甘草 *G. inflata* Bat. 或光果甘草 *G. glabra* L. 的干燥根和根茎。

【产地与采制】 甘草主产于东北、内蒙古、甘肃、陕西及宁夏等地;胀果甘草主产于内蒙古、甘肃和新疆;光果甘草主产于东北、华北、西北各省。

春、秋二季茎叶枯萎采挖,除去须根、茎基,晒干。

【性状鉴别】

1. 甘草 根呈圆柱形,长 25~100 cm,直径 0.6~3.5 cm。外皮松紧不一。表面红棕色或灰棕色,具显著的纵皱纹、沟纹、皮孔及稀疏的细根痕。质坚实,断面略显纤维性,黄白色,粉性,形成层环明显,射线放射状,有的有裂隙。根茎呈圆柱形,表面有芽痕,断面中部有髓部(图 6-23)。气微,味甜而特殊。

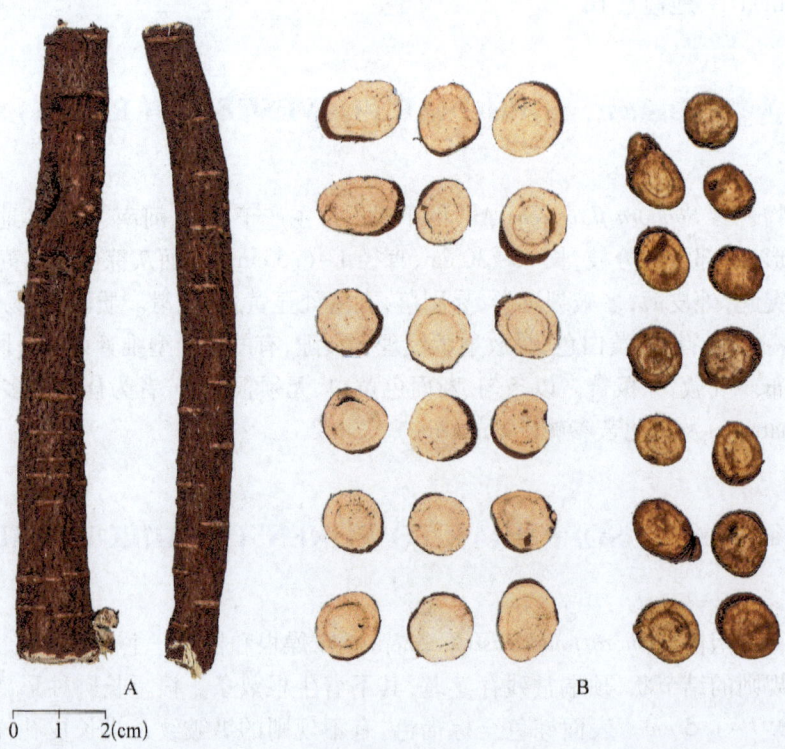

图 6-23 甘草
A. 药材;B. 饮片

2. 胀果甘草　　根和根茎木质粗壮,有的分枝,外皮粗糙,多灰棕色或灰褐色。质坚硬,木质纤维多,粉性小。根茎不定芽多而粗大。

3. 光果甘草　　根和根茎质地较坚实,有的分枝,外皮不粗糙,多灰棕色,皮孔细而不明显。

【显微鉴别】

1. 横切面　　木栓层为数列棕色细胞。栓内层较窄。韧皮部射线宽广,多弯曲,常见裂隙;纤维多成束,非木化或微木化,周围薄壁细胞常含草酸钙方晶;筛管群常因压缩而变形。束内形成层明显。木质部射线宽3~5列细胞;导管较多,直径约至160 μm;木纤维成束,周围薄壁细胞亦含草酸钙方晶(图6-24)。根中心无髓部;根茎中心有髓部。

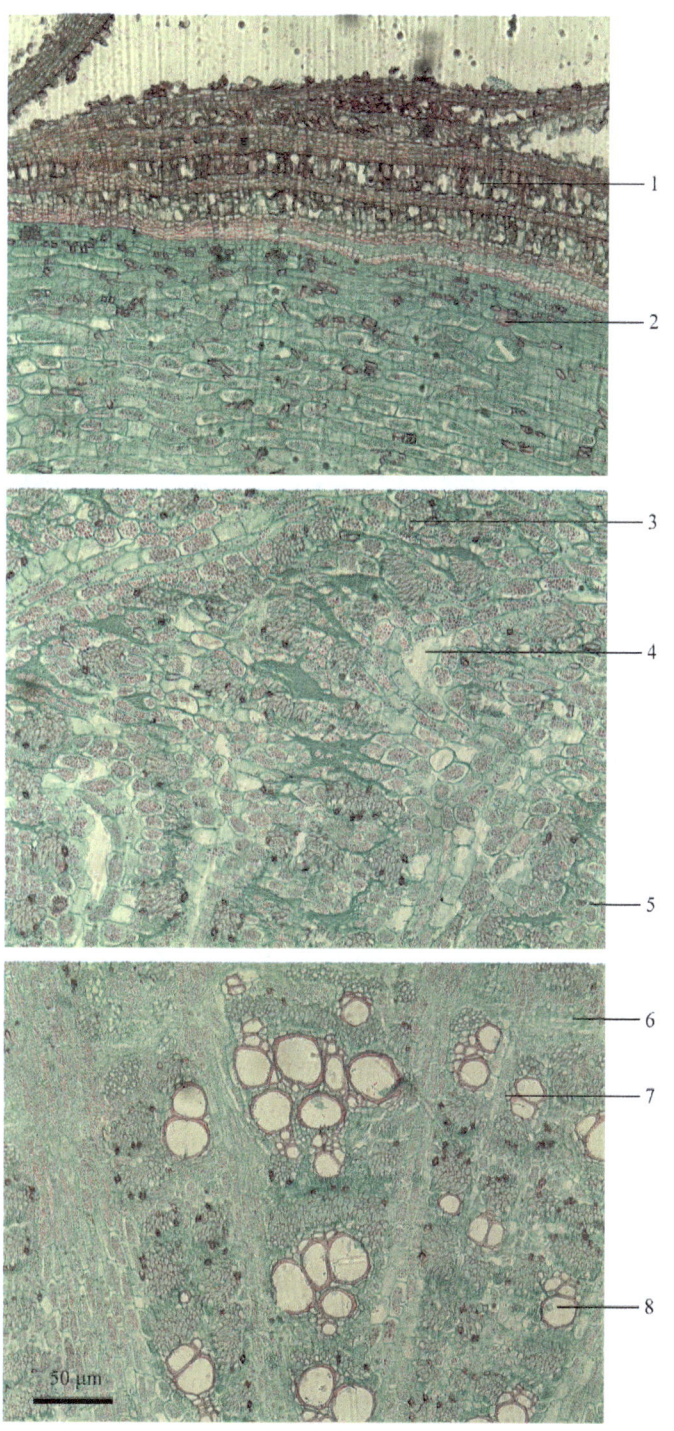

图6-24　甘草横切面显微组织构造详图

1. 木栓层;2. 草酸钙方晶;3. 纤维束;4. 裂隙;5. 韧皮部;6. 形成层;7. 木射线;8. 木质部

2. 粉末 淡棕黄色。① 纤维成束,直径 8~14 μm,壁厚,微木化,周围薄壁细胞含草酸钙方晶,形成晶纤维。② 草酸钙方晶多见。③ 具缘纹孔导管较大,稀有网纹导管。④ 木栓细胞红棕色,多角形,微木化。此外,可见淀粉粒(图 6-25)。

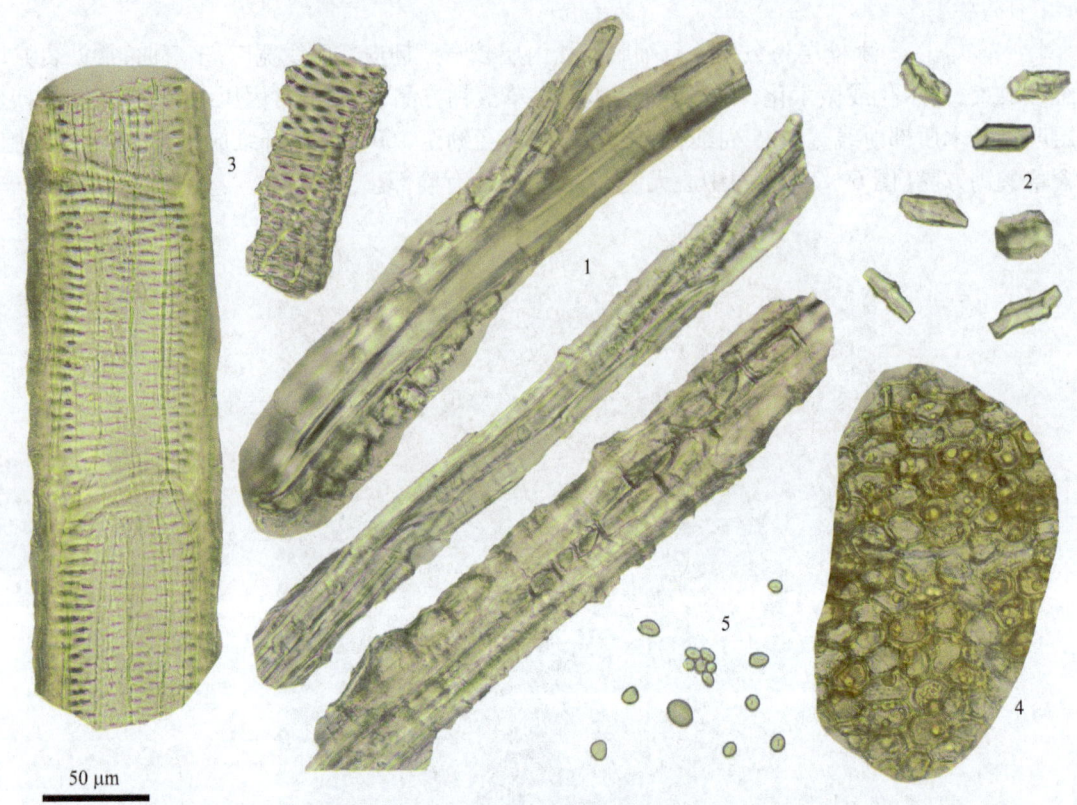

图 6-25 甘草粉末显微特征图
1. 晶纤维;2. 草酸钙方晶;3. 导管;4. 木栓细胞;5. 淀粉粒

【检查】
1. 水分　　不得过 12.0%。
2. 总灰分　　不得过 7.0%。
3. 酸不溶性灰分　　不得过 2.0%。
4. 重金属及有害元素　　铅不得过 5 mg/kg;镉不得过 1 mg/kg;砷不得过 2 mg/kg;汞不得过 0.2 mg/kg;铜不得过 20 mg/kg。
5. 其他有机氯类农药残留量　　含五氯硝基苯不得过 0.1 mg/kg。

【化学成分】　　含有三萜类、黄酮类、生物碱、挥发油、有机酸类、糖类等成分,以黄酮和三萜类为主,主要有甘草甜素(glycyrrhizin)、甘草苷(liquiritin)、甘草酸(glycyrrhizic acid)。甘草甜素为甘草主要的甜味成分。

【理化鉴别】　　取粉末,加乙醚加热回流,滤过,药渣加甲醇加热回流,滤液蒸干,残渣加水溶解,用正丁醇提取,正丁醇液蒸干,残渣加甲醇溶解,并作为供试品溶液。以甘草对照药材、甘草酸单铵盐对照品为对照。以乙酸乙酯-甲酸-冰醋酸-水(15∶1∶1∶2)为展开剂,喷以 10%硫酸乙醇溶液,在 105℃条件下加热至斑点显色清晰,置紫外光灯(365 nm)下检视,供试品色谱中在与对照药材色谱相应的位置上,显相同颜色的荧光斑点;在与对照品色谱相应的位置上,显相同的橙黄色荧光斑点。

【含量测定】　　照高效液相色谱法测定,以乙腈-0.05%磷酸溶液为流动相,梯度洗脱,检测波长为 237 nm。本品按干燥品计算,含甘草苷($C_{21}H_{22}O_9$)不得少于 0.5%,甘草酸($C_{42}H_{62}O_{16}$)不得少于 2.0%。

【贮藏】 置通风干燥处,防蛀。

【性味功能】 性平,味甘。补脾益气,清热解毒,祛痰止咳,缓急止痛,调和诸药。

【附注】 饮片　呈类圆形或椭圆形的厚片。外表皮红棕色或灰棕色,具纵皱纹。切面略显纤维性,中心黄白色,有明显放射状纹理及形成层环。质坚实,具粉性。气微,味甜而特殊。

黄芪(Huangqi, ASTRAGALI RADIX)

【来源】 为豆科植物蒙古黄芪 Astragalus membranaceus (Fisch.) Bge. var. mongholicus (Bge.) Hsiao 或膜荚黄芪 A. membranaceus (Fisch.) Bge. 的干燥根。

【产地与采制】 主产于山西、黑龙江、内蒙古等地。以栽培的蒙古黄芪质量为佳。春、秋二季采挖,切去根头,除去须根,晒至六七成干,分别大小,捆把,晒干。

黄芪历史沿革

黄芪植物形态

【性状鉴别】 呈圆柱形,有的有分枝,上粗下细,长 30~90 cm,直径 1~3.5 cm。表面淡棕黄色或淡棕褐色,有不整齐的纵皱纹或纵沟。栓皮剥落后,露出黄白色皮部,有时可见黄白色网状纤维束。质硬而韧,不易折断,断面纤维性强,并显粉性,皮部黄白色,木部淡黄色,有放射状纹理和裂隙。老根中心偶呈枯朽状、黑褐色或呈空洞(图 6-26)。气微,味微甜,嚼之微有豆腥味。

以条粗长、断面色黄白、味甜、有粉性者为佳。

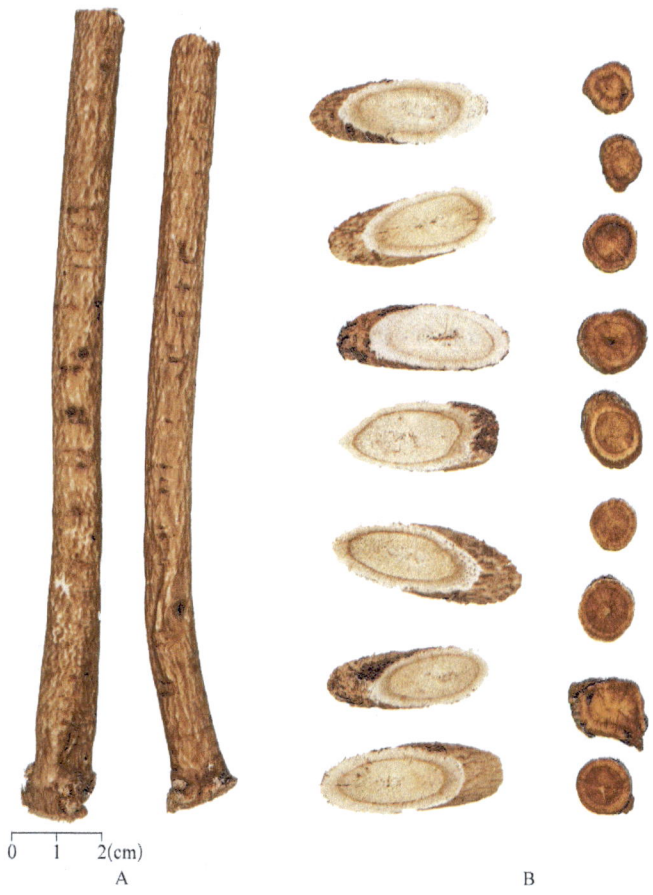

图 6-26　黄芪
A. 药材;B. 饮片

【显微鉴别】

1. 横切面　木栓层细胞数列;栓内层为 3~5 列厚角细胞,切向延长。韧皮部有纤维束,与筛管群交替排列;近栓内层处有时可见石细胞及纵向管状木栓组织;韧皮射线外侧弯曲,有裂隙。形成层成环。木质部导管单个或2~3个成群分布,导管间有木纤维,木射线明显,射线中有时可见单个或2~4个成群的石细胞(图6-27)。薄壁细胞含淀粉粒。

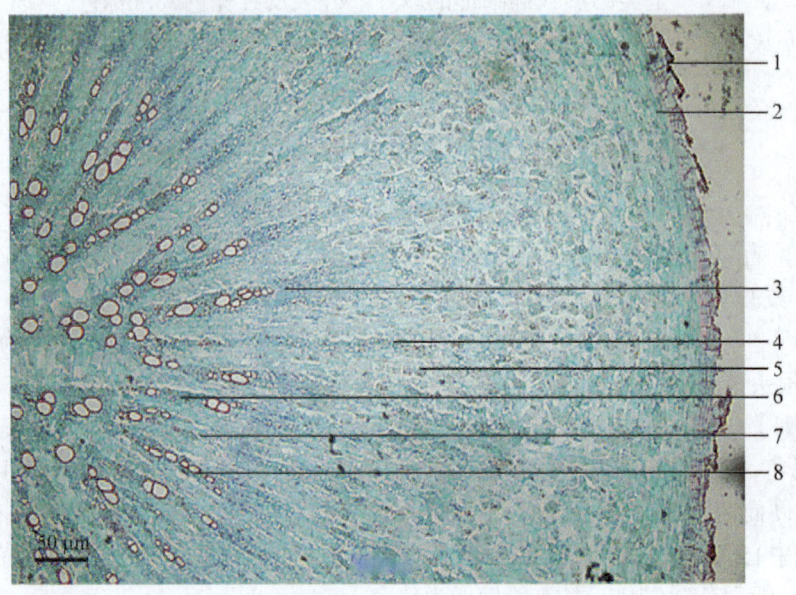

图6-27 蒙古黄芪横切面显微组织构造详图

1. 木栓层;2. 皮层;3. 形成层;4. 韧皮射线;5. 韧皮纤维束;6. 木射线;7. 木质部;8. 导管及木纤维束

2. 粉末 黄白色。① 纤维成束或散离,直径8~30μm,壁厚,表面有较多不规则纵裂纹,孔沟不明显,初生壁常与次生壁分离,两端常断裂成须状,或较平截。② 具缘纹孔导管直径24~160μm,导管分子甚短,具缘纹孔呈椭圆形、类方形或类斜方形,排列紧密,无色或橙黄色。③ 木

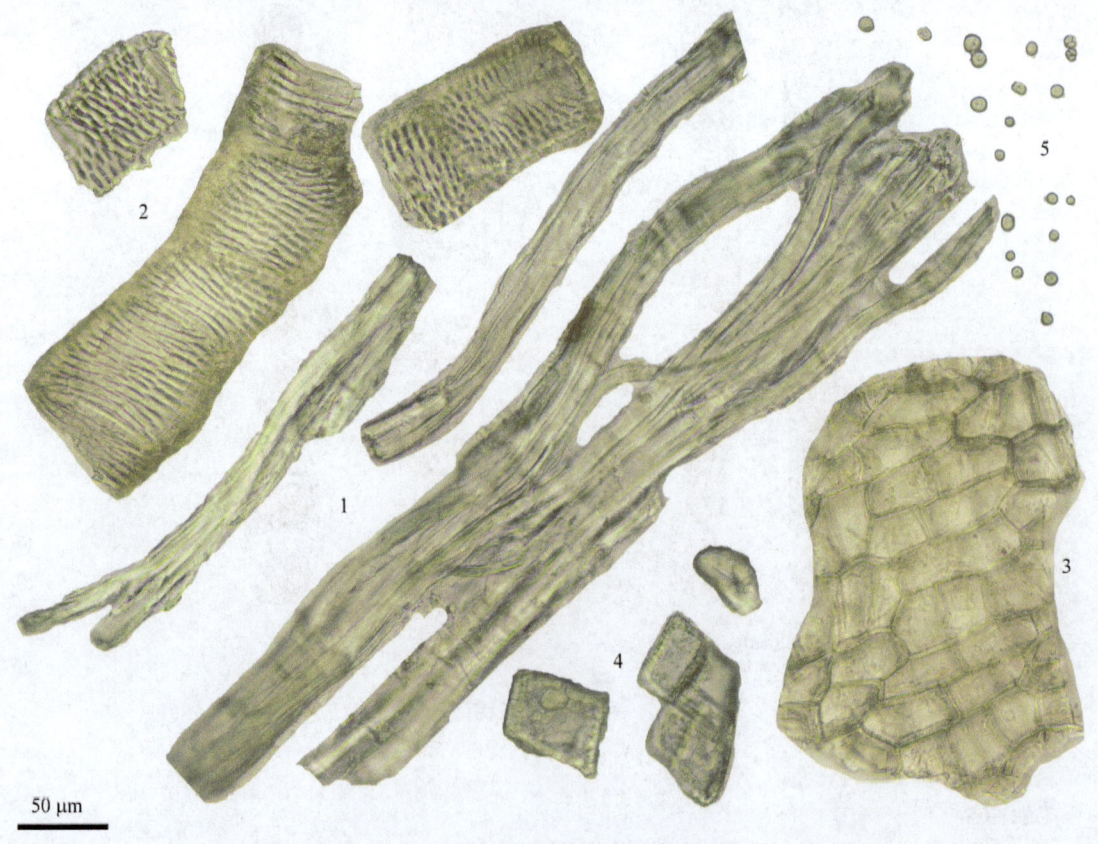

图6-28 黄芪粉末显微特征图

1. 纤维;2. 导管;3. 木栓细胞;4. 石细胞;5. 淀粉粒

栓细胞表面观类多角形或类方形,垂周壁薄,有的细波状弯曲。④ 石细胞少见,圆形、长圆形或形状不规则,壁厚至 10 μm,微木化,具层纹。⑤ 淀粉粒单粒呈类圆形、椭圆形或类肾形,直径 3~13 μm;复粒由 2~4 分粒组成(图 6-28)。

【检查】
1. 水分　　不得过 10.0%。
2. 总灰分　　不得过 5.0%。
3. 重金属及有害元素　　照铅、镉、砷、汞、铜测定法测定,铅不得过 5 mg/kg;镉不得过 1 mg/kg;砷不得过 2 mg/kg;汞不得过 0.2 mg/kg;铜不得过 20 mg/kg。
4. 有机氯类农药残留量　　采用农药残留量测定法测定,六氯环己烷(总六六六)不得过 0.2 mg/kg;双对氯苯基三氯乙烷(总滴滴涕)不得过 0.2 mg/kg;五氯硝基苯不得过 0.1 mg/kg。

【浸出物】　照水溶性浸出物冷浸法测定,不得少于 17.0%。

【化学成分】　主要含有三萜皂苷、黄酮类化合物及多糖。三萜皂苷有黄芪皂苷(astragaloside)Ⅰ~黄芪皂苷Ⅷ,其中黄芪皂苷Ⅳ(也称黄芪甲苷)为主要成分;黄酮有芒柄花黄素、毛蕊异黄酮及毛蕊异黄酮葡萄糖苷;多糖有黄芪多糖Ⅰ、黄芪多糖Ⅱ、黄芪多糖Ⅲ,具有增强免疫活性的作用。

目前,质量评价的主要指标成分为黄芪甲苷及毛蕊异黄酮葡萄糖苷。

【理化鉴别】　取溶有黄芪粉末的甲醇加热回流得提取液,然后将其加于中性氧化铝柱上,用 40% 甲醇洗脱,收集洗脱液,蒸干,残渣加水溶解,用水饱和的正丁醇振摇提取 2 次,合并正丁醇液;用水洗涤 2 次,弃去水液,正丁醇液蒸干,残渣加甲醇溶解,作为供试品溶液。以黄芪甲苷对照品为对照,以三氯甲烷-甲醇-水(13:7:2)的下层溶液为展开剂,喷以 10% 硫酸乙醇溶液,105℃条件下加热至斑点显色清晰。供试品色谱中,在与对照品色谱相应的位置上,日光下显相同的棕褐色斑点;紫外光灯(365 nm)下显相同的橙黄色荧光斑点。

【含量测定】　照高效液相色谱法测定,含黄芪甲苷($C_{41}H_{68}O_{14}$)不得少于 0.08%,含毛蕊异黄酮葡萄糖苷($C_{22}H_{22}O_{10}$)不得少于 0.02%。

【贮藏】　置通风干燥处,防潮,防蛀。

【性味功能】　性微温,味甘。补气升阳,固表止汗,利水消肿,生津养血,行滞通痹,托毒排脓,敛疮生肌。

【附注】
1. 饮片　　呈类圆形或椭圆形的厚片,外表皮黄白色至淡棕褐色,可见纵皱纹或纵沟。切面皮部黄白色,木部淡黄色,有放射状纹理及裂隙,有的中心偶有枯朽状,黑褐色或呈空洞。气微,味微甜,嚼之有豆腥味。
2. 混伪品

(1) 下列同属植物的根,有的地区也作黄芪药用:① 金翼黄芪 *Astragalus chrysopterus* Bunge,产于河北、青海、甘肃、山西等地,药材名"小黄芪"或"小白芪"。根呈圆柱形,直径 0.5~1 cm,上部有细密环纹。② 多花黄芪 *A. floridus* Benth.,主产于四川、西藏等地。根淡棕色或灰棕色,横切面皮部淡黄色,木部淡棕黄色,形成层处呈棕色环。味淡,微涩。③ 梭果黄芪 *A. ernestii* Comb.,主产于四川。根呈圆柱形,少分枝,表面淡棕色或灰棕色。横切面皮部乳白色或淡黄白色,木部淡棕黄色。质硬而稍韧,味淡。④ 塘谷耳黄芪 *A. tongolensis* Ulbr.,产于甘肃、青海。药材名"白大芪""马芪""土黄芪"。根圆柱形,表面灰棕色至灰褐色,有纵皱纹,常有栓皮剥落后留下的棕褐色瘢痕。折断面粗纤维状。横切面皮部和木部呈淡棕色,形成层处显棕色环。味甜。

(2) 黄芪伪品常见的有豆科植物锦鸡儿 *Caragana sinica* (Buchoz) Rehd. 的根。根圆柱形,表面有棕色的残存皮孔。断面皮部淡黄色,木部淡黄棕色。质脆,断面纤维状。气微,味淡。锦葵科植物圆叶锦葵 *Malva rotundifolia* L.、欧蜀葵 *Athaea officinalis* L.、蜀葵 *Althaea rosea* (Linn.)

Cavan. 的根,个别地区作黄芪使用,应注意鉴别。例如,圆叶锦葵的根呈圆柱形,表面土黄色或棕黄色,韧皮部淡黄色。气微,味淡,嚼之有黏滑感,可与正品区别。

3. 红芪 Hedysari Radix 为豆科植物多序岩黄芪 *Hedysarum polybotrys* Hand.-Mazz. 的干燥根。主产于甘肃南部地区。药材呈圆柱形,少有分枝,上端略粗,长 10~50 cm,直径 0.6~2 cm。表面灰红棕色,有纵皱纹及少数支根痕,栓皮易脱落露出淡黄色的皮部及纤维,皮孔横长,略突起。质硬而致密,不易折断,断面纤维性强,且富粉性;横切面皮部黄白色,形成层环浅棕色,木部淡黄棕色,射线放射状。气微,味微甜,嚼之有豆腥味。功效同黄芪。

远志(Yuanzhi, POLYGALAE RADIX)

为远志科植物远志 *Polygala tenuifolia* Willd. 或卵叶远志 *P. sibirica* L. 的干燥根。主产于陕西、山西、河南、吉林等地。

呈圆柱形,略弯曲,长 2~30 cm,直径 0.2~1 cm。表面灰黄色至灰棕色,有较密并深陷的横皱纹、纵皱纹及裂纹,老根的横皱纹较密且更深陷,略呈结节状。质硬而脆,易折断,断面皮部棕黄色,木部黄白色,皮部易与木部剥离,抽取木心者中空。气微,味苦、微辛,嚼之有刺喉感。以条粗、皮厚、去净木心者为佳。含有三萜皂苷、生物碱、黄酮等成分。

甘遂(Gansui, KANSUI RADIX)

为大戟科植物甘遂 *Euphorbia kansui* T. N. Liou ex T. P. Wang 的干燥块根。产于山西、河北、陕西、甘肃等地。

呈椭圆形、长圆柱形或连珠形,长 1~5 cm,直径 0.5~2.5 cm。表面类白色或黄白色,凹陷处有棕色外皮残留。质脆,易折断,断面粉性,白色,木部微显放射状纹理;长圆柱状者纤维性较强。气微,味微甘而辣。主要含有三萜类、二萜类和甾体类等化合物,主要为大戟二烯醇(euphol)。

白蔹(Bailian, AMPELOPSIS RADIX)

为葡萄科植物白蔹 *Ampelopsis japonica* (Thunb.) Makino 的干燥块根。主产于河南、湖北、安徽、江西等地。

纵瓣呈长圆形或近纺锤形,长 4~10 cm,直径 1~2 cm。切面周边常向内卷曲,中部有 1 突起的棱线。外皮红棕色或红褐色,有纵皱纹、细横纹及横长皮孔,易层层脱落,脱落处呈淡红棕色。斜片呈卵圆形,长 2.5~5 cm,宽 2~3 cm。切面类白色或浅红棕色,可见放射状纹理,周边较厚,微翘起或略弯曲。体轻,质硬脆,易折断,折断时,有粉尘飞出。气微,味甘。含有甾醇类、有机酸类、蒽醌类、三萜类等化合物,以蒽醌类为主,主要有大黄酚(chrysophanic acid)、大黄素(emodin)、大黄素甲醚(physcion)。

人参(Renshen, GINSENG RADIX ET RHIZOMA)

【来源】 为五加科植物人参 *Panax ginseng* C. A. Mey. 的干燥根和根茎。

【产地与采制】 主产于吉林、辽宁、黑龙江等地。

多于秋季采挖,洗净经晒干或烘干。栽培品俗称"园参";播种在山林野生状态下自然生长的称"林下山参",习称"籽海"。

生晒参 全根晒干者称"全须生晒参";剪去小支根晒干者称"生晒参"。山参均加工成"全须生晒参"。

红参 新鲜人参蒸透(蒸3~6 h)后干燥,剪去支根、须根,再烘干。剪下的支根、须根扎成小把,再烘干,称"红参须"。

【性状鉴别】 主根呈纺锤形或圆柱形,长3~15 cm,直径1~2 cm。表面灰黄色,上部或全体有疏浅断续的粗横纹及明显的纵皱纹,下部有支根2~3条,并着生多数细长的须根,须根上常有不明显的细小疣状突出(珍珠疙瘩)。根茎(芦头)长1~4 cm,直径0.3~1.5 cm,多拘挛而弯曲,具不定根(芋)和稀疏的凹窝状茎痕(芦碗)。质较硬,断面淡黄白色,显粉性,形成层环纹棕黄色,皮部有黄棕色的点状树脂道及放射状裂隙。香气特异,味微苦、甘。

主根多与根茎近等长或较短,呈圆柱形、菱角形或"人"字形,长1~6 cm。表面灰黄色,具纵皱纹,上部或中下部有环纹。支根多为2~3条,须根少而细长,清晰不乱,有较明显的疣状突起。根茎细长,少数粗短,中上部具稀疏或密集而深陷的茎痕。不定根较细,多下垂(图6-29)。

以条粗壮、质硬、完整者为佳。

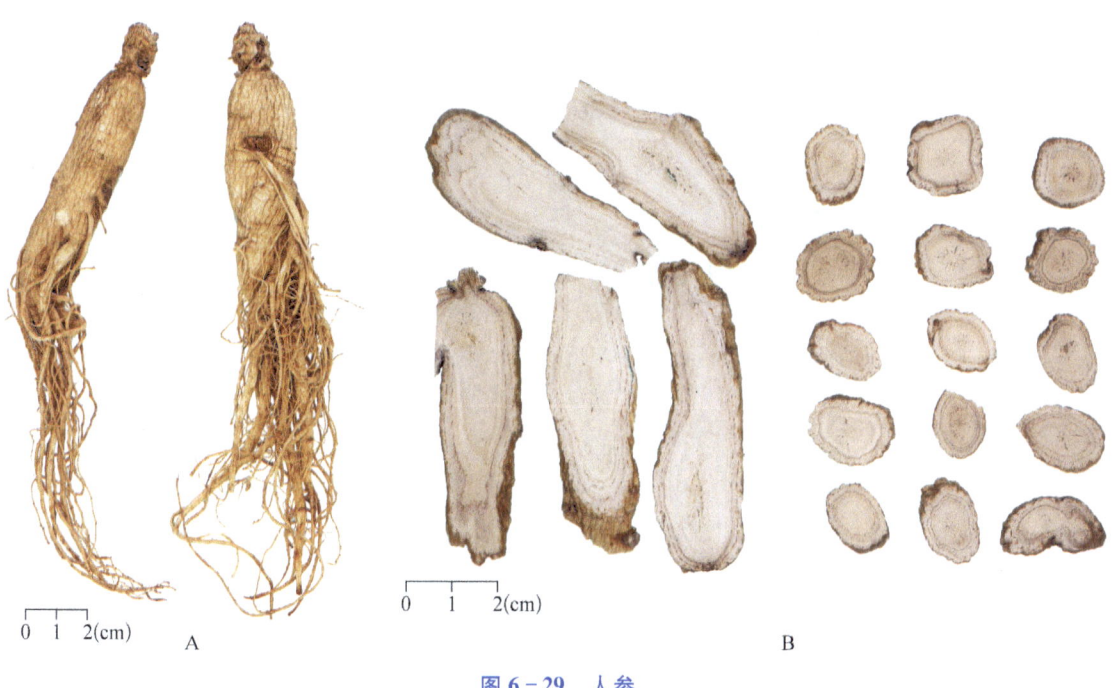

图6-29 人参
A. 药材;B. 饮片

【显微鉴别】

1. 根横切面 木栓层为数列细胞,栓内层窄。韧皮部外侧有裂隙,内侧薄壁细胞排列较紧密,有树脂道散在分布,内含黄色分泌物。形成层成环。木质部射线宽广,导管单个散在分布或数个相聚,断续排列成放射状,导管旁偶有非木化的纤维(图6-30)。薄壁细胞含草酸钙簇晶。

2. 粉末 淡黄白色。①草酸钙簇晶直径20~68 μm,棱角锐尖。②网纹导管和梯纹导管直径10~56 μm。③树脂道碎片易见,含黄色块状分泌物。④淀粉粒甚多,单粒呈类球形、半圆形或不规则多角形,直径4~20 μm,脐点点状或裂缝状;复粒由2~6分粒组成。⑤木栓细胞表面观类方形或多角形,壁细波状弯曲(图6-31)。

【检查】

1. 水分 不得过12.0%。

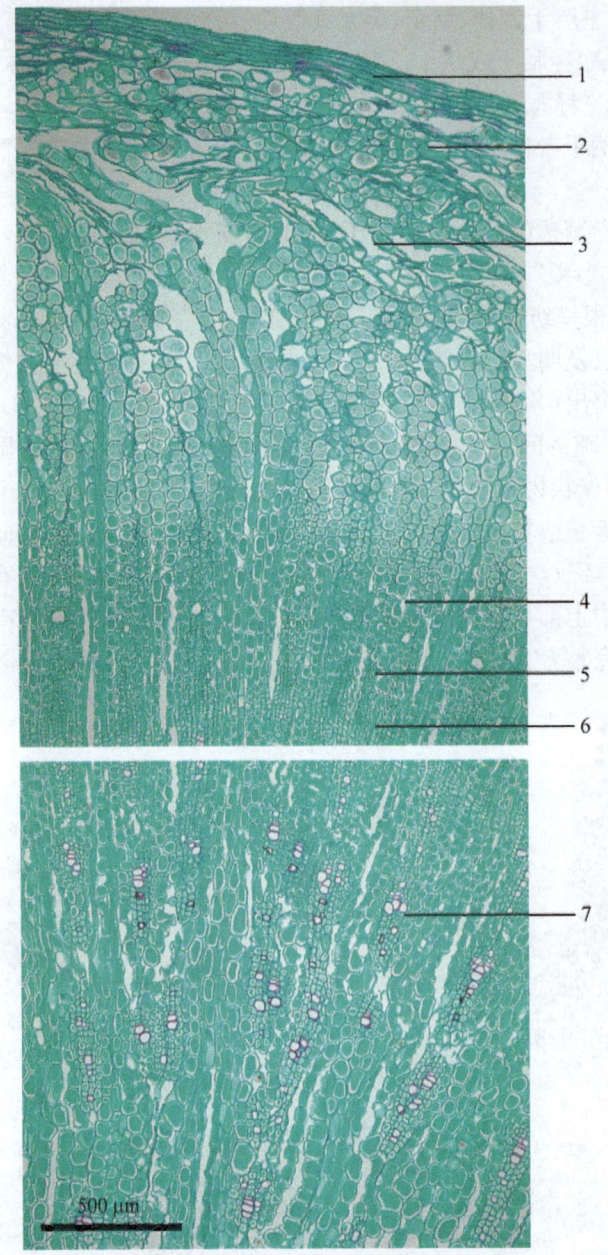

图 6-30 人参横切面显微组织构造详图
1. 木栓层;2. 皮层;3. 裂隙;4. 树脂道;5. 韧皮部;6. 形成层;7. 木质部

2. **总灰分** 不得过 5.0%。

3. **重金属及有害元素** 铅不得过 5 mg/kg;镉不得过 1 mg/kg;砷不得过 2 mg/kg;汞不得过 0.2 mg/kg;铜不得过 20 mg/kg。

4. **有机氯类农药残留量** 五氯硝基苯不得过 0.1 mg/kg;六氯苯不得过 0.1 mg/kg;七氯(七氯、环氧七氯之和)不得过 0.05 mg/kg;氯丹(顺式氯丹、反式氯丹、氧化氯丹之和)不得过 0.1 mg/kg。

【化学成分】 主含三萜皂苷类化合物,根含总皂苷约 4%,须根中皂苷类化合物的含量较主根高。主要皂苷类成分有 30 余种,分别为人参皂苷(ginsenoside)Ro、人参皂苷 Ra、人参皂苷 Rb_1、人参皂苷 Rb_2、人参皂苷 Rb_3、人参皂苷 Rc、人参皂苷 Rd、人参皂苷 Re、人参皂苷 Rf、人参皂苷 20-gluco-Rf、人参皂苷 Rg_1、人参皂苷 Rg_2、人参皂苷 Rg_3、人参皂苷 Rh 等,以及丙二醛基人参皂苷 Rb_1、丙二醛基人参皂苷 Rb_2、丙二醛基人参皂苷 Rc、丙二醛基人参皂苷 Rd,以上均为三萜皂苷。其中,以四环三萜的达玛烷(dammarane)系皂苷为主要活性成分,加酸水解最后产物为人

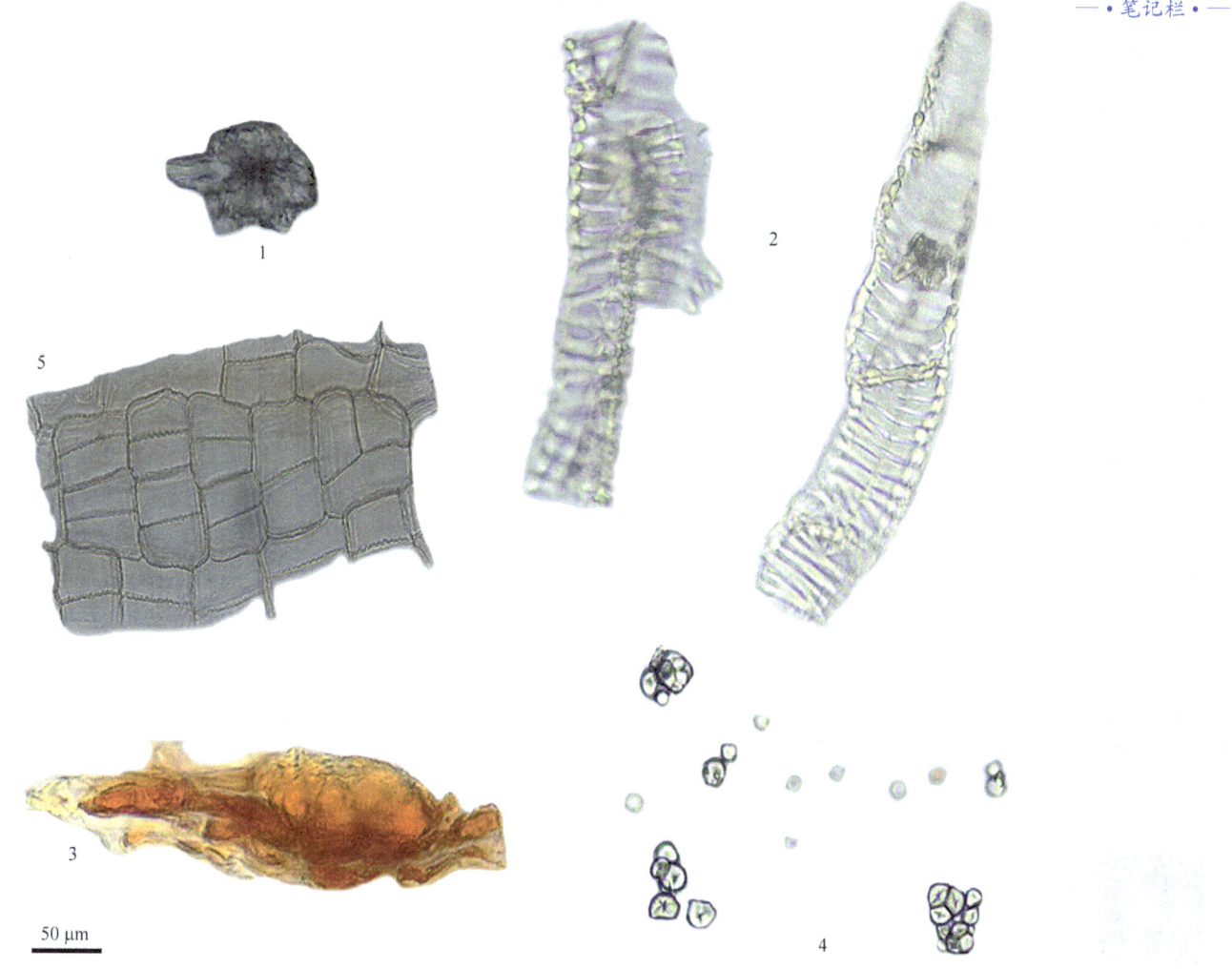

图6-31 人参粉末显微特征图
1. 草酸钙簇晶;2. 导管;3. 树脂道;4. 淀粉粒;5. 木栓细胞

参二醇(panaxadiol),如人参皂苷 Ra_1、人参皂苷 Ra_2、人参皂苷 Rb_1、人参皂苷 Rb_2、人参皂苷 Rb_3、人参皂苷 Rc、人参皂苷 Rd 等属于此类;有的水解后生成人参三醇(panaxatriol),如人参皂苷 Re、人参皂苷 Rf、人参皂苷 20-gluco-Rf、人参皂苷 Rg_1、人参皂苷 Rg_2、人参皂苷 Rh_1 等。其次为五环三萜的齐墩果烷(oleanane)系皂苷,其苷元为齐墩果酸(oleanolic acid),如人参皂苷 Ro 属于此类。此外,尚含有三七皂苷 R_2 和三七皂苷 R_4 等成分。

挥发油约含0.12%,油中成分有β-榄香烯(β-elemene)、人参炔醇(panaxynol)及人参环氧炔醇(panaxydol)等。其还含多糖类成分。

【理化鉴别】 取粉末经过三氯甲烷加热回流提取后的药渣,加水搅拌湿润,加水饱和正丁醇超声处理,吸取上清液,加3倍量氨试液,摇匀,放置分层,取上层液蒸干,残渣加甲醇溶解,作为供试品溶液。以人参对照药材和人参皂苷 Rb_1、人参皂苷 Re、人参皂苷 Rf、人参皂苷 Rg_1 对照品为对照,以三氯甲烷-乙酸乙酯-甲醇-水(15∶40∶22∶10)10℃以下放置的下层溶液为展开剂,喷以10%硫酸乙醇溶液,在105℃条件下加热至斑点显色清晰,分别置日光和紫外光灯(365 nm)下检视。供试品色谱中,在与对照药材色谱和对照品色谱相应位置上,分别显相同颜色的斑点或荧光斑点。

【含量测定】 照高效液相色谱法测定,以乙腈-水为流动相,梯度洗脱;检测波长为203 nm。按干燥品计算,含人参皂苷 $Rg_1(C_{42}H_{72}O_{14})$ 和人参皂苷 $Re(C_{48}H_{82}O_{18})$ 的总量不得少于0.30%,人参皂苷 $Rb_1(C_{54}H_{92}O_{23})$ 不得少于0.20%。

【贮藏】 置阴凉干燥处,密闭保存,防蛀。

【性味功能】 性微温,味甘、微苦。归脾、肺、心、肾经。大补元气,复脉固脱,补脾益肺,生津养血,安神益智。

【附注】 饮片 呈圆形或类圆形薄片。外表皮灰黄色。切面淡黄白色或类白色,显粉性,形成层环纹棕黄色,皮部有黄棕色的点状树脂道及放射性裂隙。体轻,质脆。香气特异,味微苦、甘。

西洋参(Xiyangshen, PANACIS QUINQUEFOLII RADIX)

为五加科植物西洋参 Panax quinquefolium L. 的干燥根。原产于加拿大和美国,我国东北、华北、西北等地引种栽培成功。

呈纺锤形、圆柱形或圆锥形,长 3~12 cm,直径 0.8~2 cm。表面浅黄褐色或黄白色,可见横向环纹和线形皮孔状突起,并有细密浅纵皱纹和须根痕。主根中下部有一至数条侧根,多已折断。有的上端有根茎(芦头),环节明显,茎痕(芦碗)圆形或半圆形,具不定根(艼)或已折断。体重,质坚实,不易折断,断面平坦,浅黄白色,略显粉性,皮部可见黄棕色点状树脂道,形成层环纹棕黄色,木部略呈放射状纹理。气微而特异,味微苦、甘。主含三萜皂苷类化合物,其中以四环三萜的达玛烷系皂苷为主要活性成分。

三七(Sanqi, NOTOGINSENG RADIX ET RHIZOMA)

三七历史沿革

三七植物形态

【来源】 为五加科植物三七 Panax notoginseng (Burk.) F. H. Chen 的干燥根和根茎。

【产地与采制】 主产于云南文山州(滇七)及广西田阳、靖西等地(田七)。野生少见,多为栽培品。

秋季花开前采挖,洗净,分开主根、支根及根茎,干燥。支根习称"筋条",根茎习称"剪口"。

【性状鉴别】

1. 主根 呈类圆锥形或圆柱形,长 1~6 cm,直径 1~4 cm。表面灰褐色或灰黄色,有断续的纵皱纹和支根痕。顶端有茎痕,周围有瘤状突起。体重,质坚实,断面灰绿色、黄绿色或灰白色,木部微呈放射状排列。气微,味苦回甜。

2. 筋条 呈圆柱形或圆锥形,长 2~6 cm,上端直径约 0.8 cm,下端直径约 0.3 cm。

3. 剪口 呈不规则的皱缩块状或条状,表面有数个明显的茎痕及环纹,断面中心灰绿色或白色,边缘深绿色或灰色(图 6-32)。

【显微鉴别】

1. 横切面 木栓层为数列细胞,栓内层不明显。韧皮部有树脂道散在。形成层成环。木质部导管 1~2 列,径向排列。射线宽广(图 6-33)。薄壁细胞含淀粉粒,草酸钙簇晶稀少。

2. 粉末 灰黄色。① 导管为梯纹导管、网纹导管及螺纹导管,直径 15~55 μm。② 树脂道碎片含黄色分泌物。③ 淀粉粒甚多,单粒圆形、半圆形或圆多角形,直径 4~30 μm;复粒由 2~10 余分粒组成。④ 木栓细胞表面观类方形或多角形。草酸钙簇晶少见,直径 50~80 μm(图 6-34)。

【检查】

1. 水分 不得过 14.0%。

2. 总灰分 不得过 6.0%。

3. 酸不溶性灰分 不得过 3.0%。

4. 重金属及有害元素 铅不得过 5 mg/kg;镉不得过 1 mg/kg;砷不得过 2 mg/kg;汞不得过 0.2 mg/kg;铜不得过 20 mg/kg。

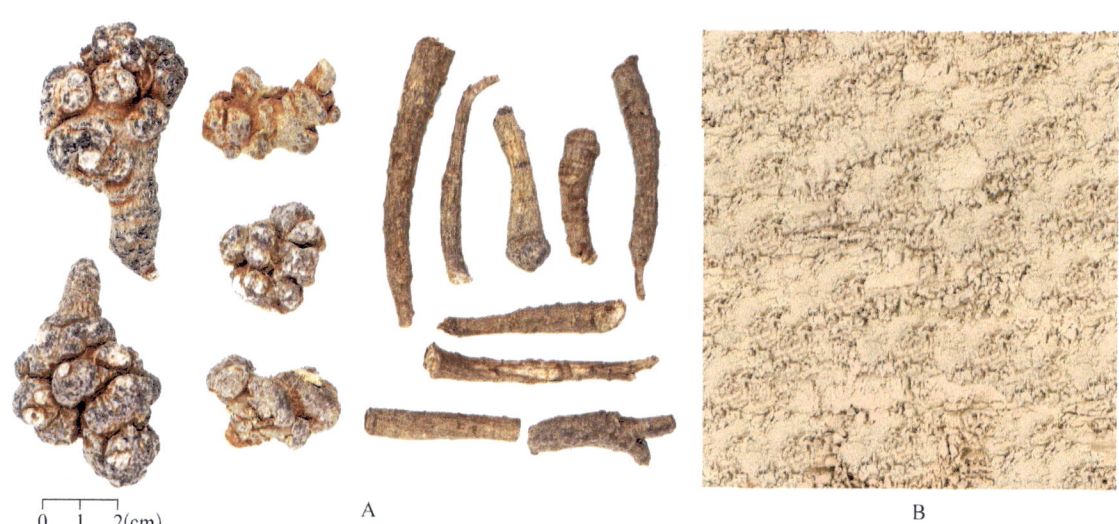

图 6-32　三七
A. 药材；B. 饮片

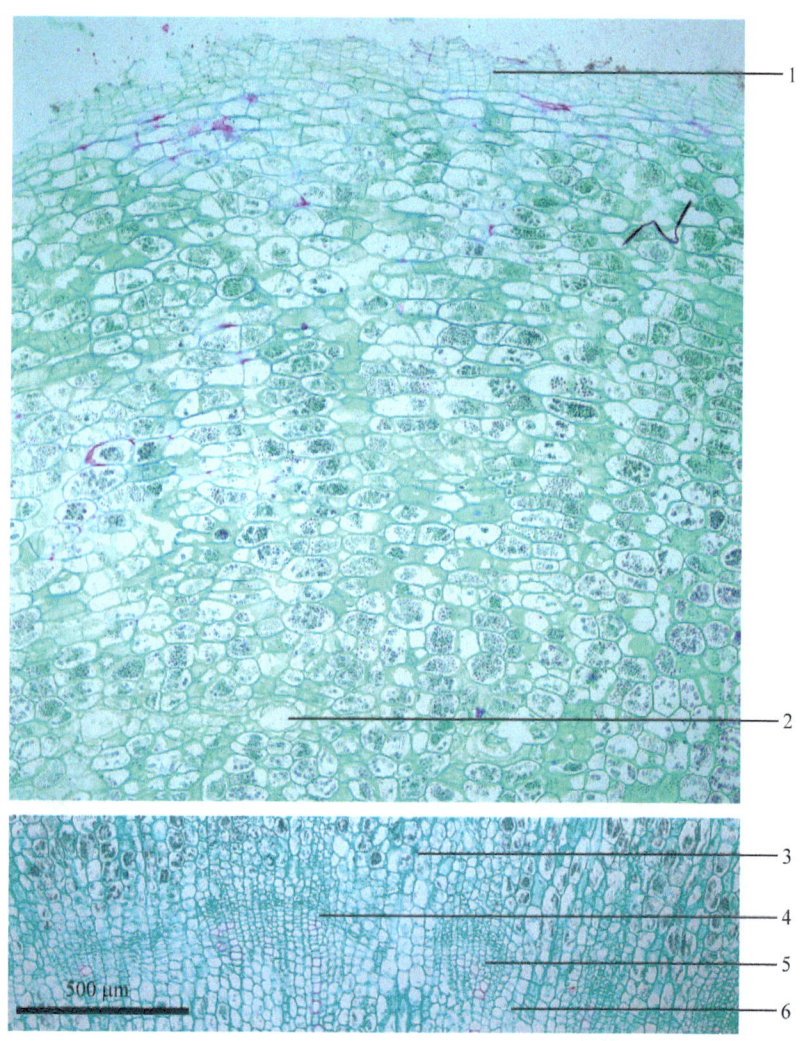

图 6-33　三七横切面显微组织构造详图
1. 木栓层；2. 树脂道；3. 韧皮部；4. 形成层；5. 木质部；6. 射线

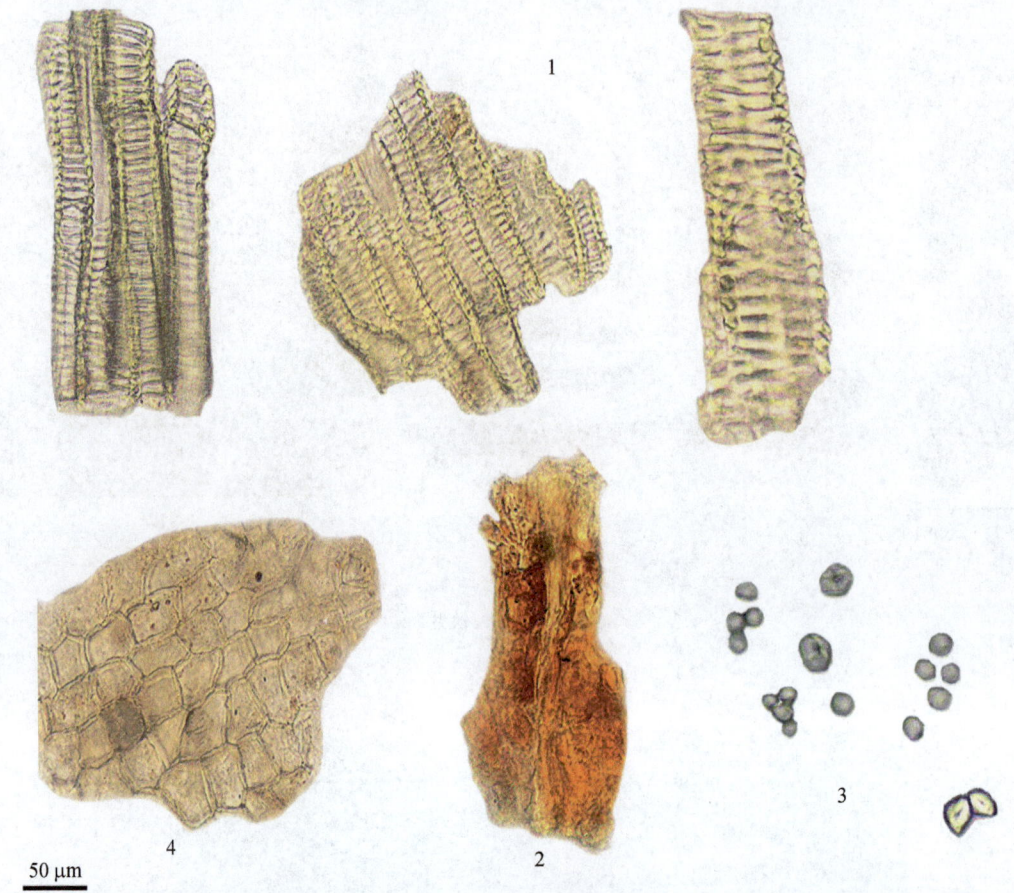

图6-34 三七粉末显微特征图
1. 导管;2. 树脂道;3. 淀粉粒;4. 木栓细胞

【浸出物】 照醇溶性浸出物测定法项下的热浸法测定,甲醇提取物不得少于16.0%。

【化学成分】 含多种皂苷,总量9.75%~14.90%,大多数为达玛烷型的20(S)-原人参二醇型和20-(S)原人参三醇型,有人参皂苷 Rb_1、人参皂苷 Rb_2、人参皂苷 Re、人参皂苷 Rd、人参皂苷 Rg_1 及三七皂苷 R_1、三七皂苷 R_2、三七皂苷 R_3、三七皂苷 R_4、三七皂苷 R_6、三七皂苷 K 等。

此外,还含有三七素(田七氨酸)、三七黄酮、多糖等化合物。

【理化鉴别】 取粉末,加水搅匀,再加以水饱和的正丁醇振摇,放置离心,取上清液,加3倍量以正丁醇饱和的水,摇匀,放置使分层(必要时离心),取正丁醇层,蒸干,残渣加甲醇使溶解,作为供试品溶液。以人参皂苷 Rb_1、人参皂苷 Re、人参皂苷 Rg_1 及三七皂苷 R_1 对照品为对照,以三氯甲烷-乙酸乙酯-甲醇-水(15∶40∶22∶10)10℃以下放置的下层溶液为展开剂,喷以硫酸溶液(1→10),在105℃条件下加热至斑点显色清晰。分别在日光和紫外光灯(365 nm)下检视,供试品色谱中,在与对照品色谱相应的位置上,显相同颜色的斑点或荧光斑点。

【含量测定】 照高效液相色谱法测定,以乙腈-水为流动相,梯度洗脱;检测波长为203 nm。按干燥品计算,含人参皂苷 Rg_1($C_{42}H_{72}O_{14}$)、人参皂苷 Rb_1($C_{54}H_{92}O_{23}$)及三七皂苷 R_1($C_{47}H_{80}O_{18}$)的总量不得少于5.0%。

【贮藏】 置阴凉干燥处,防蛀。

【性味功能】 性温,味甘、微苦。散瘀止血,消肿定痛。

【附注】

1. 饮片　为灰黄色的粉末。气微,味苦回甜。
2. 伪品　菊科植物菊三七 Gynura japonica (Thunb.) Juel. 的根茎,民间习称"土三七"。呈拳形块状,表面灰棕色或棕黄色,鲜品常带紫红色,全体有瘤状突起。质坚实,切断面淡黄色,中心有髓部。落葵科植物落葵薯 Anredera cordifolia (Tenore) Van Steenis 的块茎,习称"藤三七"。类圆柱形,珠芽呈不规则的块状。断面粉性,经水煮后干燥者角质样。味微甜,嚼之有黏性。

白芷(Baizhi, ANGELICAE DAHURICAE RADIX)

【来源】 为伞形科植物白芷 Angelica dahurica (Fisch,ex Hoffm.) Benth. et Hook. f. 或杭白芷 A. dahurica (Fisch,ex Hoffm.) Benth. et Hook. f. var. formosana (Boiss.) Shan et Yuan 的干燥根。

白芷历史沿革

【产地与采制】 产于河南长葛、禹县者习称"禹白芷";产于河北安国者习称"祁白芷"。产于浙江、福建、四川等地者习称"杭白芷""川白芷"。

夏、秋间叶黄时采挖,除去须根和泥沙,晒干或低温干燥。

【性状鉴别】 呈长圆锥形,头粗尾细,长10~25 cm,直径1.5~2.5 cm,顶端有凹陷的茎痕。表面灰棕色或黄棕色,根头部钝四棱形或近圆形,具纵皱纹、支根痕;皮孔样的横向突起散生,习称"疙瘩丁"。质坚实,断面白色或灰白色,粉性,皮部散有多数棕色油点(分泌腔),形成层环棕色,近方形或近圆形(图6-35)。气芳香,味辛、微苦。

白芷植物形态

杭白芷与白芷相似,主要不同点为杭白芷横向皮孔样突起多四纵行排列,使全根呈类圆锥形而具四纵棱;形成层环略呈方形,木质部约占断面的1/2。

均以条粗壮、体重、粉性足、香气浓郁者为佳。

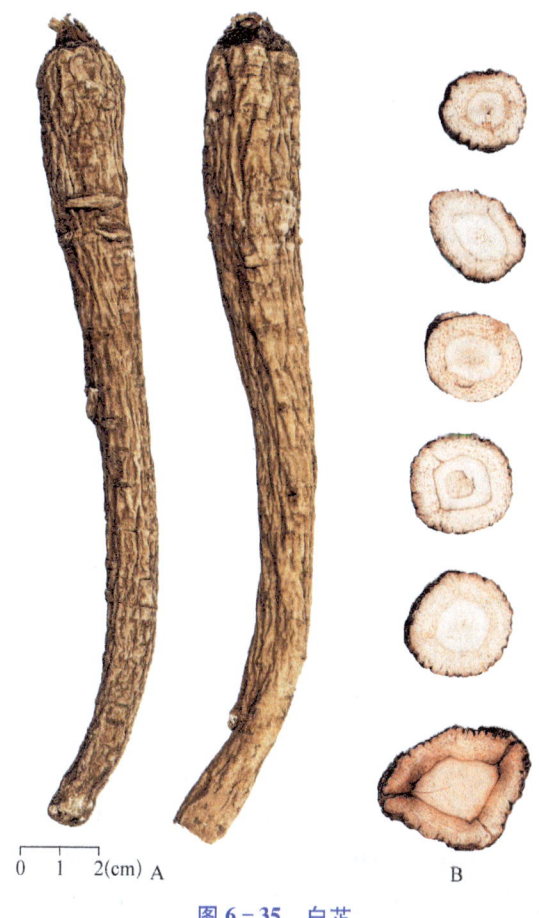

图6-35 白芷
A. 药材;B. 饮片

【显微鉴别】

1. 白芷根横切面 木栓层由5~10列细胞组成。皮层和韧皮部散有油管,薄壁细胞内含有淀粉粒,射线明显。木质部略成圆形,导管放射状排列(图6-36)。

杭白芷根横切面与上种相似,但木质部略方形,射线较多。导管稀疏排列。

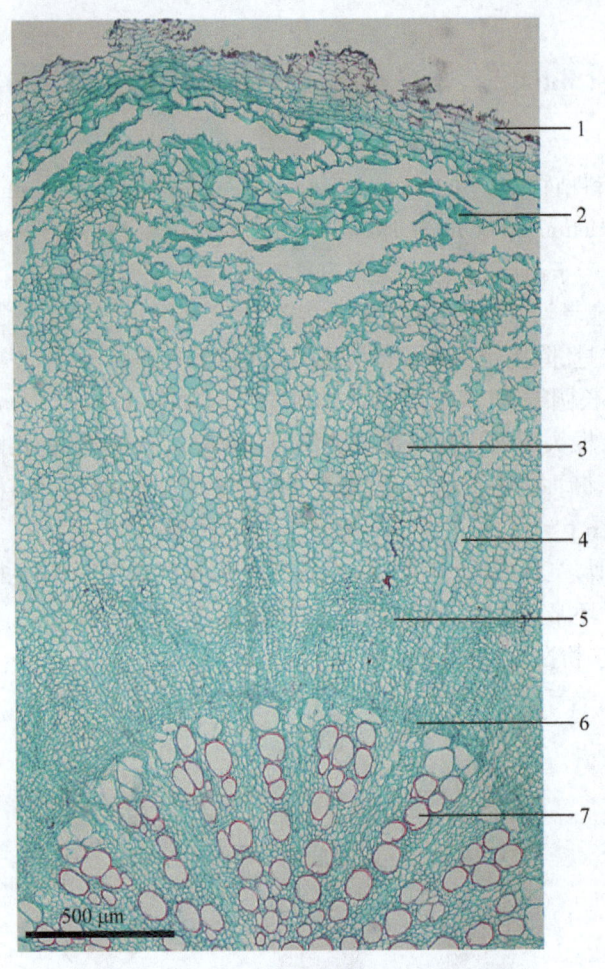

图6-36 白芷横切面显微组织构造详图
1. 木栓层;2. 皮层;3. 油管;4. 射线;5. 韧皮部;6. 形成层;7. 木质部

2. **粉末** 黄白色。① 油管多已破碎,含淡黄棕色分泌物。② 导管为网纹导管、螺纹导管,直径 10~85 μm。③ 木栓细胞多角形或类长方形,淡黄棕色。④ 淀粉粒甚多,单粒圆球形、多角形、椭圆形或盔帽形,直径 3~25 μm,脐点点状、裂缝状、"十"字状、三叉状、星状或"人"字状;复粒多由 2~12 分粒组成。

【检查】

1. **水分** 不得过 14.0%。
2. **总灰分** 不得过 6.0%。
3. **重金属及有害元素** 铅不得过 5 mg/kg;镉不得过 1 mg/kg;砷不得过 2 mg/kg;汞不得过 0.2 mg/kg;铜不得过 20 mg/kg。

【浸出物】 照醇溶性浸出物测定法项下的热浸法测定,稀乙醇浸出物不得少于 15.0%。

【化学成分】 含总香豆素 0.211%~1.221%,主要包括欧前胡素(imperatorin)、异欧前胡素(isoimperatorin)、氧化前胡素(oxypeucedanin)、水合氧化前胡素(oxypeucedanin hydrate)、花椒毒酚(xanthotoxol)、白当归脑(byakangelicol)和异补骨脂素(isopsoralen)等。

【理化鉴别】 取粉末经过乙醚浸泡后的残渣,加乙酸乙酯使溶解,作为供试品溶液。以白芷对照药材、欧前胡素、异欧前胡素对照品为对照,以石油醚(30~60℃)-乙醚(3∶2)为展开剂,置紫外光灯(365 nm)下检视,供试品色谱中,在与对照药材色谱和对照品色谱相应的位置上,显相同颜色的荧光斑点。

【含量测定】 照高效液相色谱法测定,以甲醇-水(55∶45)为流动相;检测波长为 300 nm。本品按干燥品计算,含欧前胡素($C_{16}H_{14}O_4$)不得少于 0.080%。

【贮藏】 置阴凉干燥处,防蛀。

【性味功能】 性温,味辛。解表散寒,祛风止痛,宣通鼻窍,燥湿止带,消肿排脓。

【附注】 饮片 呈类圆形的厚片。外表皮灰棕色或黄棕色。切面白色或灰白色,具粉性,形成层环棕色,近方形或近圆形,皮部散有多数棕色油点。气芳香,味辛、微苦。

当归(Danggui, ANGELICAE SINENSIS RADIX)

当归授课视频

当归历史沿革

当归植物形态

【来源】 为伞形科植物当归 *Angelica sinensis* (Oliv.) Diels 的干燥根。

【产地与采制】 主产于甘肃省的岷县、武都、漳县以及陕西、四川、云南等地。

栽培 2 年后,秋末采挖,除去须根和泥沙,待水分稍蒸发后,捆成小把,上棚,用烟火慢慢熏干。

【性状鉴别】 (全归)略呈圆柱形,下部有支根 3~5 条或更多,长 15~25 cm。表面浅棕色至棕褐色,具纵皱纹和横长皮孔样突起。根头(归头)直径 1.5~4 cm,具环纹,上端圆钝,或具数个明显突出的根茎痕,有紫色或黄绿色的茎和叶鞘的残基;主根(归身)表面凹凸不平;支根(归尾)直径 0.3~1 cm,上粗下细,多扭曲,有少数须根痕。质柔韧,断面黄白色或淡黄棕色,皮部厚,有裂隙和多数棕色点状分泌腔,木部色较淡,形成层环黄棕色。有浓郁的香气,味甘、辛、微苦。

以主根粗长、油润、外皮色黄棕、断面黄白色、气味浓郁者为佳,柴性大、干枯无油或断面呈绿褐色者不可供药用(图 6-37)。

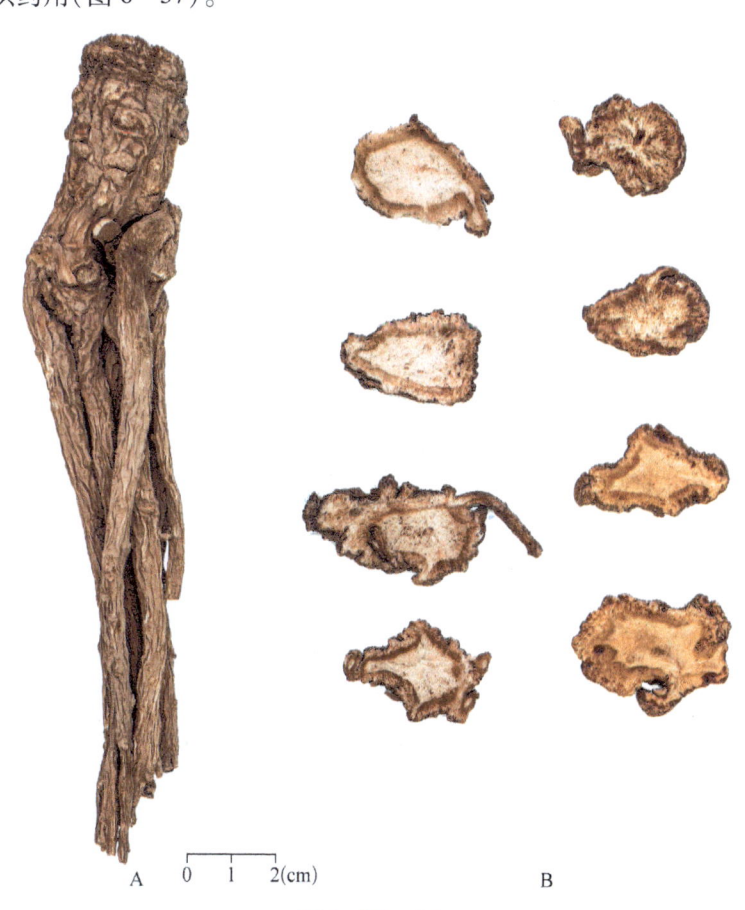

图 6-37 当归
A. 药材;B. 饮片

【显微鉴别】

1. 横切面　木栓层为数列细胞。栓内层窄,有少数油室。韧皮部宽广,多裂隙,油室和油管类圆形,直径25~160μm,外侧较大,向内渐小,周围分泌细胞6~9个。形成层成环。木质部射线宽3~5列细胞;导管单个散在或2~3个相聚,呈放射状排列(图6-38);薄壁细胞含淀粉粒。

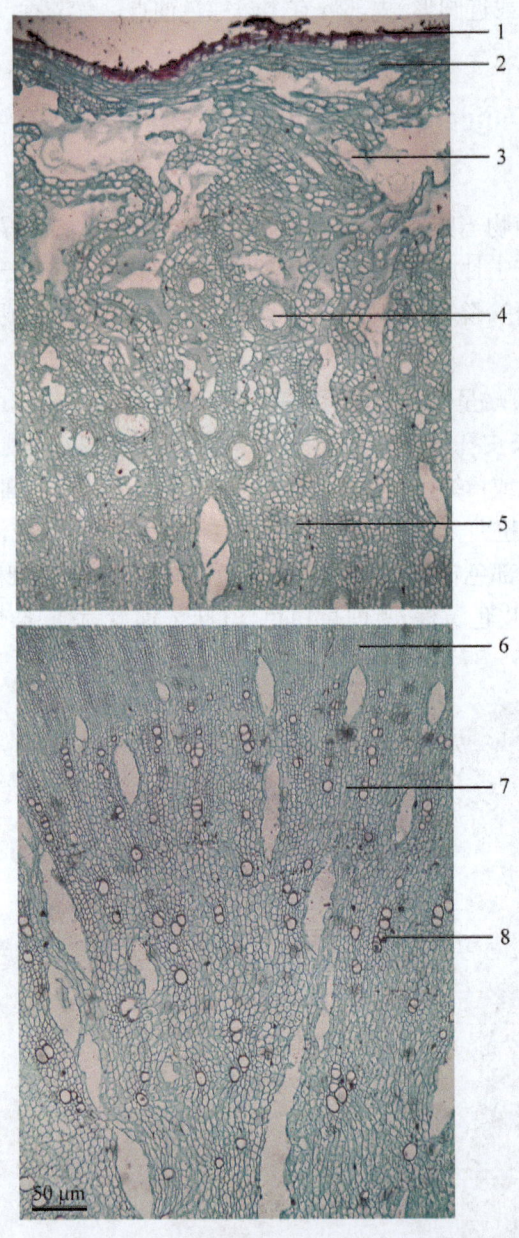

图6-38　当归横切面显微组织构造详图

1. 木栓层;2. 皮层;3. 裂隙;4. 油室;5. 韧皮部;6. 形成层;7. 木射线;8. 导管

2. 粉末　淡棕黄色。① 韧皮薄壁细胞纺锤形,壁略厚,表面有极微细的斜向交错纹理,有时可见薄的横隔。② 梯纹导管和网纹导管多见,直径约至80μm。③ 有时可见油室碎片、木栓细胞、淀粉粒(图6-39)。

【检查】

1. 水分　不得过15.0%。

2. 总灰分　不得过7.0%。

3. 酸不溶性灰分　不得过2.0%。

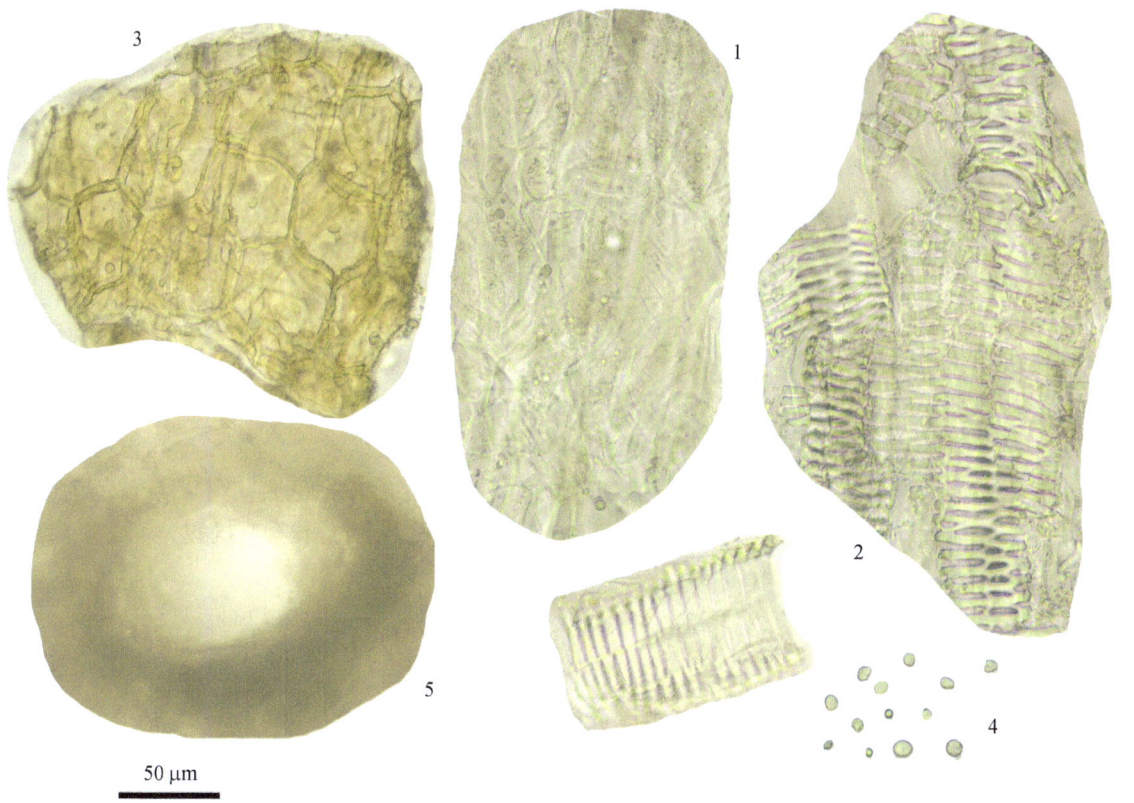

图 6-39 当归粉末显微特征图
1. 韧皮薄壁细胞;2. 导管;3. 木栓细胞;4. 淀粉粒;5. 油室

4. **重金属及有害元素** 铅不得过 5 mg/kg;镉不得过 1 mg/kg;砷不得过 2 mg/kg;汞不得过 0.2 mg/kg;铜不得过 20 mg/kg。

【浸出物】 照醇溶性浸出物测定法项下的热浸法测定,用 70% 乙醇作为溶剂,不得少于 45.0%。

【化学成分】 含有挥发油、有机酸类、多糖类等成分,以挥发油类为主,主要有藁本内酯(ligustilide)、正丁烯基酞内酯(n-butylidene-phthalide)。

【理化鉴别】

(1) 取粉末乙醚超声提取液蒸干,残渣加乙醇使溶解,作为供试品溶液。以当归对照药材为对照。以正己烷-乙酸乙酯(4:1)为展开剂,置紫外光灯(365 nm)下检视。供试品色谱中,在与对照药材色谱相应的位置上,显相同颜色的荧光斑点。

(2) 取粉末 1% 碳酸氢钠溶液超声提取上清液,用稀盐酸调节 pH 至 2~3,用乙醚振摇提取 2 次,挥干,残渣加甲醇使溶解,作为供试品溶液。以阿魏酸对照品、藁本内酯对照品为对照。以环己烷-二氯甲烷-乙酸乙酯-甲酸(4:1:1:0.1)为展开剂,置紫外光灯(365 nm)下检视。供试品色谱中,在与对照品色谱相应的位置上,显相同颜色的荧光斑点。

【含量测定】 照挥发油测定法测定挥发油含量。本品按干燥品计算,含挥发油不得少于 0.4%(mL/g)。

照高效液相色谱法测定,本品按干燥品计算,含阿魏酸($C_{10}H_{10}O_4$)不得少于 0.05%。

【贮藏】 置阴凉干燥处,防潮,防蛀。

【性味功能】 性温,味甘、辛。补血活血,调经止痛,润肠通便。

【附注】

1. **饮片** 呈类圆形、椭圆形或不规则薄片。外表皮浅棕色至棕褐色。切面浅棕黄色或黄白色,平坦,有裂隙,中间有浅棕色的形成层环,并有多数棕色的油点,香气浓郁,味甘、辛、微苦。

2. 伪品　　同属植物东当归 Angelica acutiloba (Sieb. et Zucc.) Kitagawa 主产于我国吉林省延边朝鲜族自治州,在当地常作"当归"使用,已有长久的应用历史。同科植物欧当归 Levisticum officinale Koch. 在华北地区有栽培,常用作当归,质干,无油。

独活(Duhuo, ANGELICAE PUBESCENTIS RADIX)

为伞形科植物重齿毛当归 Angelica pubescens Maxim. f. biserrata Shan et Yuan 的干燥根。主产于湖北、甘肃等地。

根略呈圆柱形,下部 2~3 分枝或更多,长 10~30 cm。根头部膨大,圆锥状,多横皱纹,直径 1.5~3 cm,顶端有茎、叶的残基或凹陷。表面灰褐色或棕褐色,具纵皱纹,有横长皮孔样突起及稍突起的细根痕。质较硬,受潮则变软,断面皮部灰白色,有多数散在的棕色油室,木部灰黄色至黄棕色,形成层环棕色。有特异香气,味苦、辛、微麻舌。含有香豆素、萜类、甾醇、有机酸类等成分。

羌活(Qianghuo, NOTOPTERYGII RHIZOMA ET RADIX)

为伞形科植物羌活 Notopterygium incisum Ting ex H. T. Chang 或宽叶羌活 N. franchetii H. de Boiss. 的干燥根及根茎。羌活主产于四川、甘肃、青海等地;宽叶羌活主产于甘肃、陕西、四川、湖北等地。

羌活:根茎呈圆柱状,略弯曲,长 4~13 cm,直径 0.6~2.5 cm,顶端具茎痕。表面棕褐色至黑褐色,外皮脱落处呈黄色。节间缩短,呈紧密隆起的环状,形似蚕,习称"蚕羌";节间延长,形如竹节状,习称"竹节羌"。节上有多数点状或瘤状突起的根痕及棕色破碎鳞片。体轻,质脆,易折断,断面不平整,有多数裂隙,皮部黄棕色至暗棕色,油润,有棕色油点,木部黄白色,射线明显,髓部黄色至黄棕色。气香,味微苦而辛。宽叶羌活:根茎呈类圆柱形,顶端具茎和叶鞘残基,根类圆锥形,有纵皱纹和皮孔;表面棕褐色,近根茎处有较密的环纹,长 8~15 cm,直径 1~3 cm,习称"条羌"。有的根茎粗大,不规则结节状,顶部具数个茎基,根较细,习称"大头羌"。质松脆,易折断,断面略平坦,皮部浅棕色,木部黄白色,气味较淡。含香豆素类、酚酸类、聚烯炔类等成分。

前胡(Qianhu, PEUCEDANI RADIX)

为伞形科植物白花前胡 Peucedanum praeruptorum Dunn. 的干燥根。主产于安徽、浙江、湖北、四川等地。

呈不规则的圆柱形、圆锥形或纺锤形,稍扭曲,下部常有分枝,长 3~15 cm,直径 1~2 cm。表面黑褐色或灰黄色,根头部多有茎痕和纤维状叶鞘残基,上端有密集的细环纹,下部有纵沟、纵皱纹及横向皮孔样突起。质较柔软,干者质硬,可折断,断面不整齐,淡黄白色,皮部散有多数棕黄色油点,形成层环纹棕色,射线放射状。气芳香,味微苦、辛。主要含有香豆素类、黄酮类、聚烯炔类等成分。

川芎(Chuanxiong, CHUANXIONG RHIZOMA)

【来源】　为伞形科植物川芎 Ligusticum chuanxiong Hort. 的干燥根茎。

【产地与采制】 主产于四川、湖北、湖南、江西等地。

夏季当茎上的节盘显著突出并略带紫色时采挖,除去泥沙,晒后烘干,再去须根。

【性状鉴别】 不规则结节状拳形团块。表面灰褐色或褐色,粗糙皱缩,有多数平行隆起的轮节,顶端有凹陷的类圆形茎痕,下侧及轮节上有多数小瘤状根痕。质坚实,不易折断,断面黄白色或灰黄色,散有黄棕色的油室,形成层环呈波状(图6-40)。气浓香,味苦、辛,稍有麻舌感,微回甜。

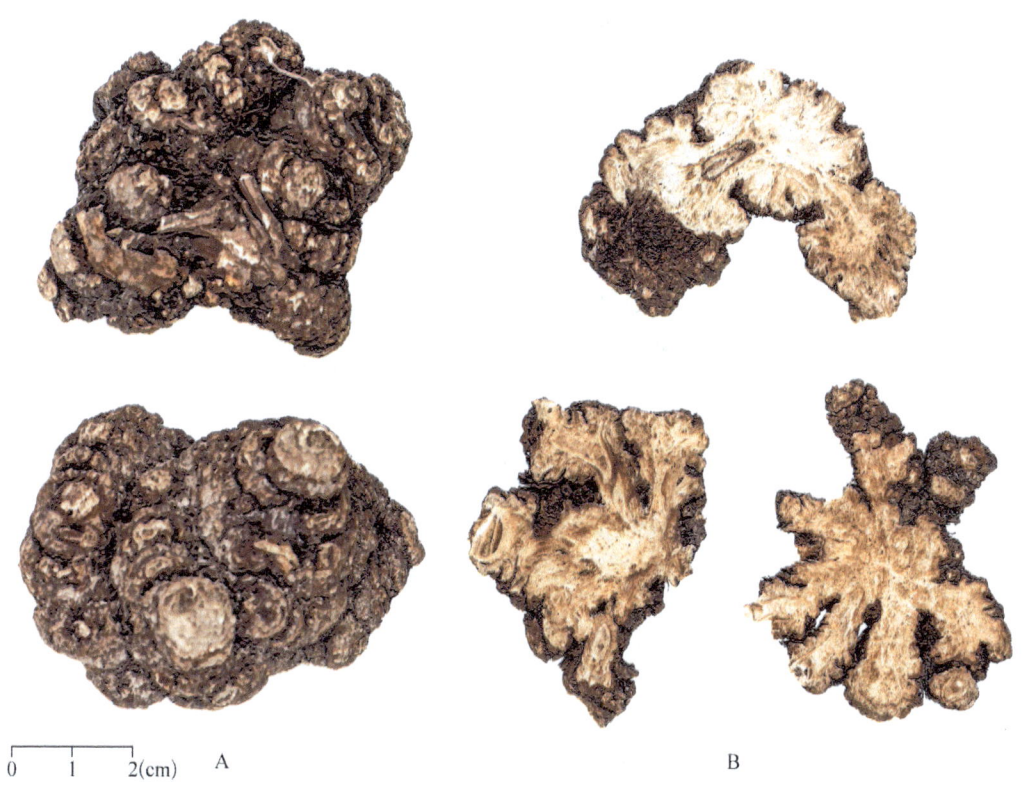

图6-40 川芎
A. 药材；B. 饮片

【显微鉴别】

1. 横切面　木栓层为10余列细胞。皮层狭窄,散有根迹维管束,其形成层明显。韧皮部宽广,形成层环波状或不规则多角形。木质部导管多角形或类圆形,大多单列或排成"V"字形,偶有木纤维束(图6-41)。髓部较大。薄壁组织中散有多数油室,类圆形、椭圆形或形状不规则,淡黄棕色,靠近形成层的油室小,向外渐大;薄壁细胞中富含淀粉粒,有的薄壁细胞中含草酸钙晶体,呈类圆形团块或类簇晶状。

2. 粉末　淡黄棕色或灰棕色。① 淀粉粒,单粒椭圆形、长圆形、类圆形、卵圆形或肾形,直径5~16 μm,长约21 μm,脐点点状、长缝状或"人"字状;偶见复粒,由2~4分粒组成。② 草酸钙晶体直径10~25 μm,存在于薄壁细胞中,呈类圆形团块或类簇晶状。③ 木栓细胞深黄棕色,表面观呈多角形,微波状弯曲。④ 导管主为螺纹导管,亦有网纹导管及梯纹导管,直径14~50 μm。⑤ 油室多已破碎,偶可见油室碎片,分泌细胞壁薄,含有较多的油滴。⑥ 木纤维长梭形,胞腔较宽,纹孔及孔沟较细密(图6-42)。

【检查】

1. 水分　不得过12.0%。

2. 总灰分　不得过6.0%。

【化学成分】 含有挥发油、生物碱、酚类、有机酸类、三萜类等成分,以挥发油、生物碱和酚类为主,主要有川芎嗪、阿魏酸、欧当归内酯A、藁本内酯二醇(ligustilidiol)。

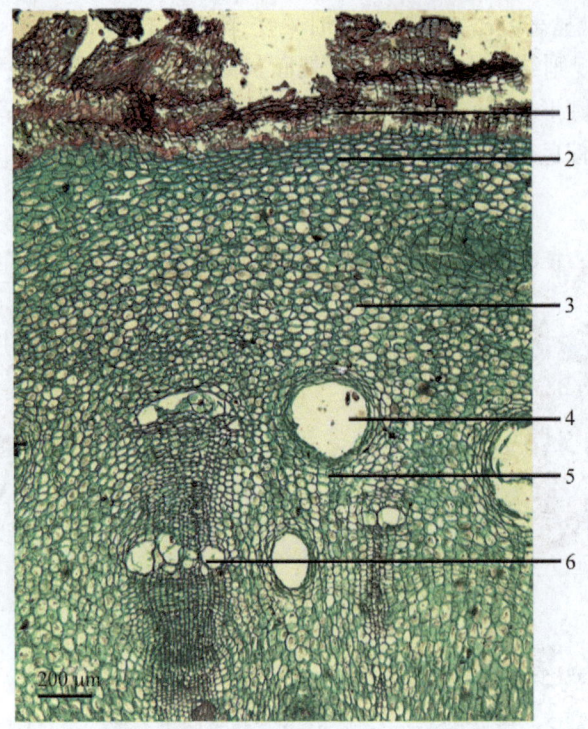

图6-41 川芎横切面显微组织构造详图
1. 木栓层;2. 皮层;3. 韧皮部;4. 油室;5. 形成层;6. 木质部

图6-42 川芎粉末显微特征图
1. 淀粉粒;2. 草酸钙簇晶;3. 木栓细胞;4. 导管;5. 油室碎片;6. 木纤维

【理化鉴别】
(1) 取粉末,加石油醚,提取上清液挥干,残渣加甲醇使溶解,再加2%的3,5-二硝基苯甲酸的甲醇溶液2~3滴与甲醇饱和的氢氧化钾溶液2滴,显红紫色。
(2) 取粉末,加乙醚回流提取,提取液挥干,残渣加乙酸乙酯使溶解,作为供试品溶液。以川芎对照药材、欧当归内酯A对照品为对照。以正己烷-乙酸乙酯(3:1)为展开剂,置紫外光灯(254 nm)下检视。供试品色谱中,在与对照药材色谱和对照品色谱相应的位置上,显相同颜色的荧光斑点。

【含量测定】 照高效液相色谱法测定,以甲醇-1%乙酸溶液(30:70)为流动相,检测波长为321 nm。本品按干燥品计算,含阿魏酸($C_{10}H_{10}O_4$)不得少于0.10%。

【贮藏】 置阴凉干燥处,防蛀。

【性味功能】 性温,味辛。活血行气,祛风止痛。

【附注】
1. 饮片　　为不规则厚片,外表皮灰褐色或褐色,有皱缩纹。切面黄白色或灰黄色,具有明显波状环纹或多角形纹理,散生黄棕色油点。质坚实。气浓香,味苦、辛,微甜。
2. 伪品　　同属植物藁本(*Ligusticum sinense* Oliv.)的根及根茎用作川芎。呈不规则的结节状圆柱形,断面无油点。

藁本(Gaoben, LIGUSTICI RHIZOMA ET RADIX)

为伞形科植物藁本 *Ligusticum sinense* Oliv. 或辽藁本 *L. jeholense* Nakai et Kitag. 的干燥根茎和根。藁本主产于四川阿坝藏族羌族自治州、重庆巫山、重庆巫溪以及湖南、湖北、陕西等地;辽藁本主产于河北、辽宁、山西、山东等地。

藁本:根茎呈不规则结节状圆柱形,稍扭曲,有分枝,长3~10 cm,直径1~2 cm。表面棕褐色或暗棕色,粗糙,有纵皱纹,上侧残留数个凹陷的圆形茎基,下侧有多数点状突起的根痕和残根。体轻,质较硬,易折断,断面黄色或黄白色,纤维状。气浓香,味辛、苦、微麻。辽藁本:较小,根茎呈不规则的团块状或柱状,长1~3 cm,直径0.6~2 cm。有多数细长弯曲的根。主要含有挥发油、萜类、香豆素类、苯酞类等成分。

防风(Fangfeng, SAPOSHNIKOVIAE RADIX)

为伞形科植物防风 *Saposhnikovia divaricate* (Turcz.) Schischk. 的干燥根。主要产于河北、黑龙江、四川、内蒙古等地。

呈长圆锥形或长圆柱形,下部渐细,有的略弯曲,长15~30 cm,直径0.5~2 cm,表面灰棕色或棕褐色,粗糙,有纵皱纹、多数横长皮孔样突起及点状的细根痕。根头部有明显密集的环纹,有的环纹上残存棕褐色毛状叶基。体轻,质松,易折断,断面不平坦,皮部棕黄色至棕色,有裂隙,木部黄色。气特异,味微甘。含有挥发油类、色原酮类、香豆素类、聚乙炔类成分。

柴胡(Chaihu, BUPLEURI RADIX)

【来源】 为伞形科植物柴胡 *Bupleurum chinense* DC. 或狭叶柴胡 *B. scorzonerifolium* Willd. 的干燥根。按性状不同,分别习称"北柴胡"和"南柴胡"。

柴胡授课视频

·笔记栏·

柴胡历史沿革

柴胡植物形态

【产地与采制】 北柴胡主产于河北、河南、辽宁等地。南柴胡主产于湖北、四川、安徽等地。春、秋二季采挖,除去茎叶和泥沙,晒干。

【性状鉴别】

1. 北柴胡　　呈圆柱形或长圆锥形,长6~15 cm,直径0.3~0.8 cm。根头膨大,顶端残留3~15个茎基或短纤维状叶基,下部分枝(图6-43)。表面黑褐色或浅棕色,具纵皱纹、支根痕及皮孔。质硬而韧,不易折断,断面显纤维性,皮部浅棕色,木部黄白色。气微香,味微苦。

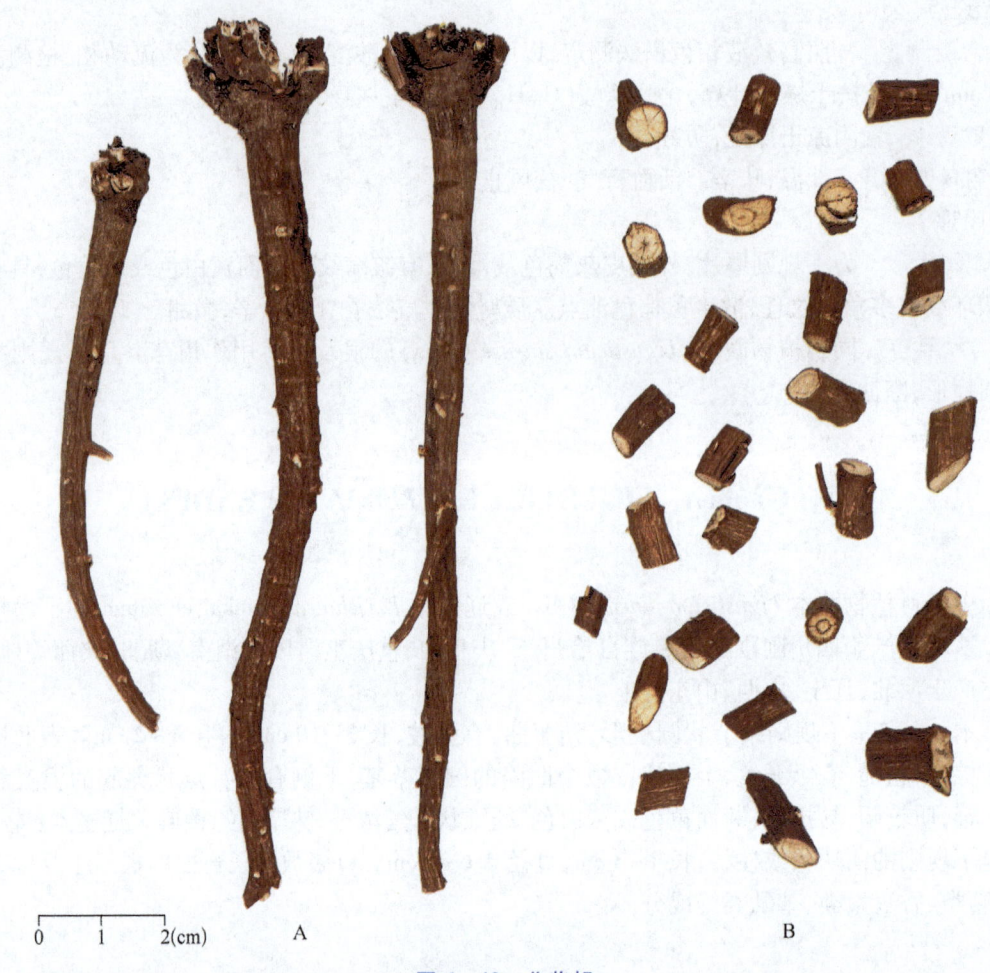

图6-43　北柴胡
A. 药材;B. 饮片

2. 南柴胡　　根较细,圆锥形,顶端有多数细毛状枯叶纤维,下部多不分枝或稍分枝。表面红棕色或黑棕色,靠近根头处多具细密环纹(图6-44)。质稍软,易折断,断面略平坦,不显纤维性。具败油气。

【显微鉴别】

1. 横切面

(1) 北柴胡:木栓层为数列细胞,栓内层细胞7~8列。皮层狭窄,散有油管7~11个,油管呈扁圆形,直径40~80 μm。韧皮部有油管,射线宽,筛管不明显。形成层环状。木质部占大部分,导管稀疏而分散,切向排列,木纤维束排列成断裂的环状,纤维多角形,壁厚,木化(图6-45)。

(2) 南柴胡:木栓层细胞6~10列。皮层油管大而多,内含淡黄棕色分泌物。韧皮部较宽,油管多,韧皮部射线向外渐成切向弯曲。木质部导管多径向排列,木纤维群较少,散在,老根中有时呈断续环状(图6-46)。

2. 粉末

(1) 北柴胡:灰棕色。① 木纤维成束或散在,直径8~17 μm,木化,初生壁碎裂成短须状,

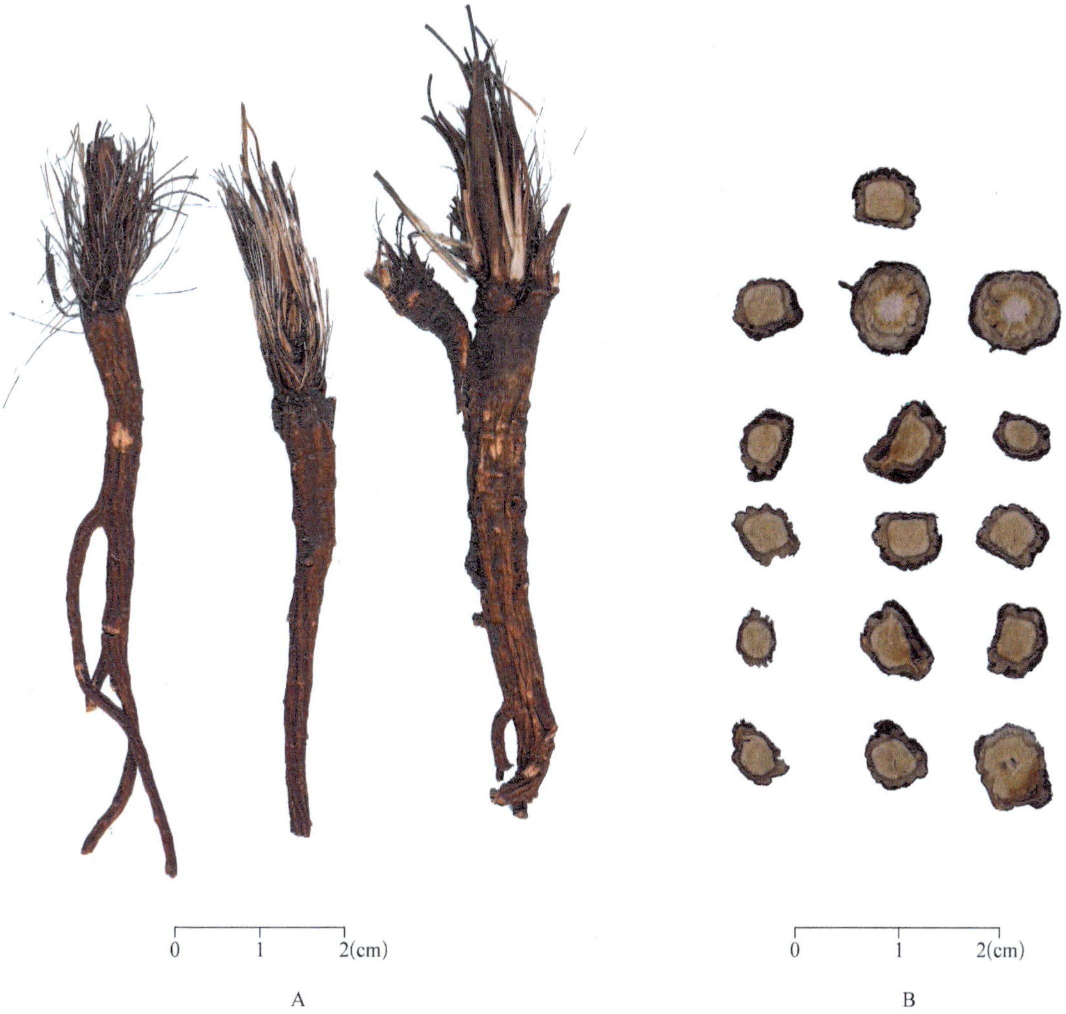

图 6-44 南柴胡
A. 药材；B. 饮片

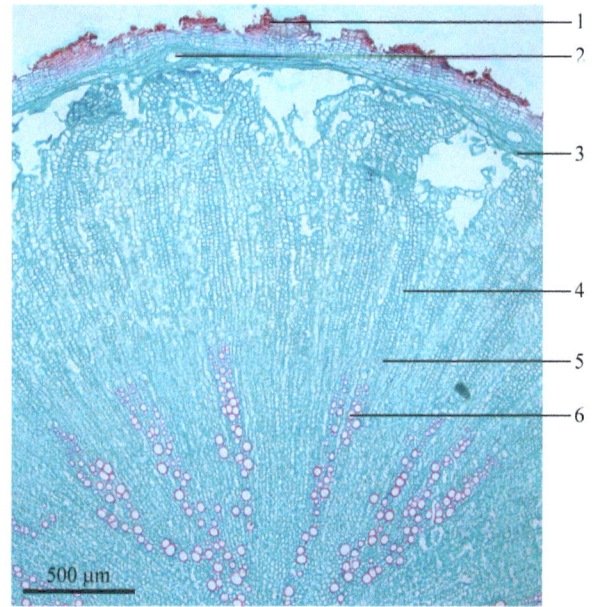

图 6-45 北柴胡横切面显微组织构造详图
1. 木栓层；2. 油管；3. 皮层；4. 韧皮部；5. 形成层；6. 木质部

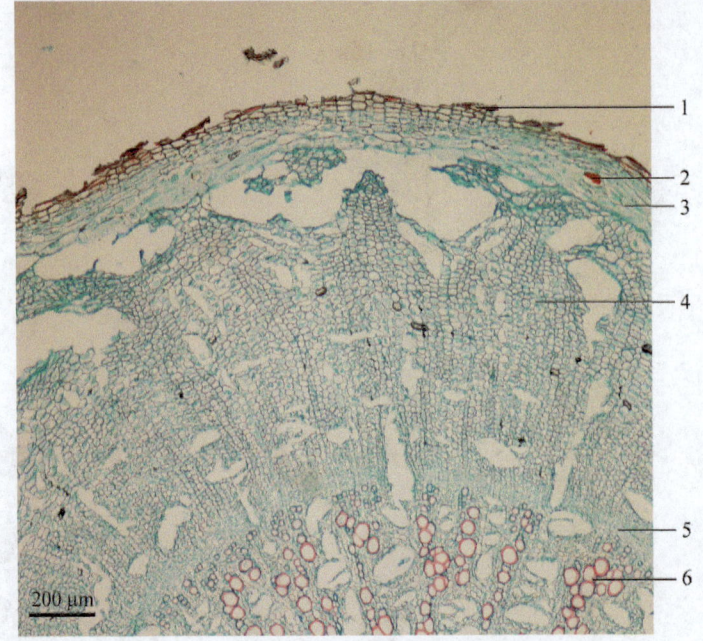

图6-46 南柴胡横切面显微组织构造详图
1. 木栓层;2. 油管;3. 皮层;4. 韧皮部;5. 形成层;6. 木质部

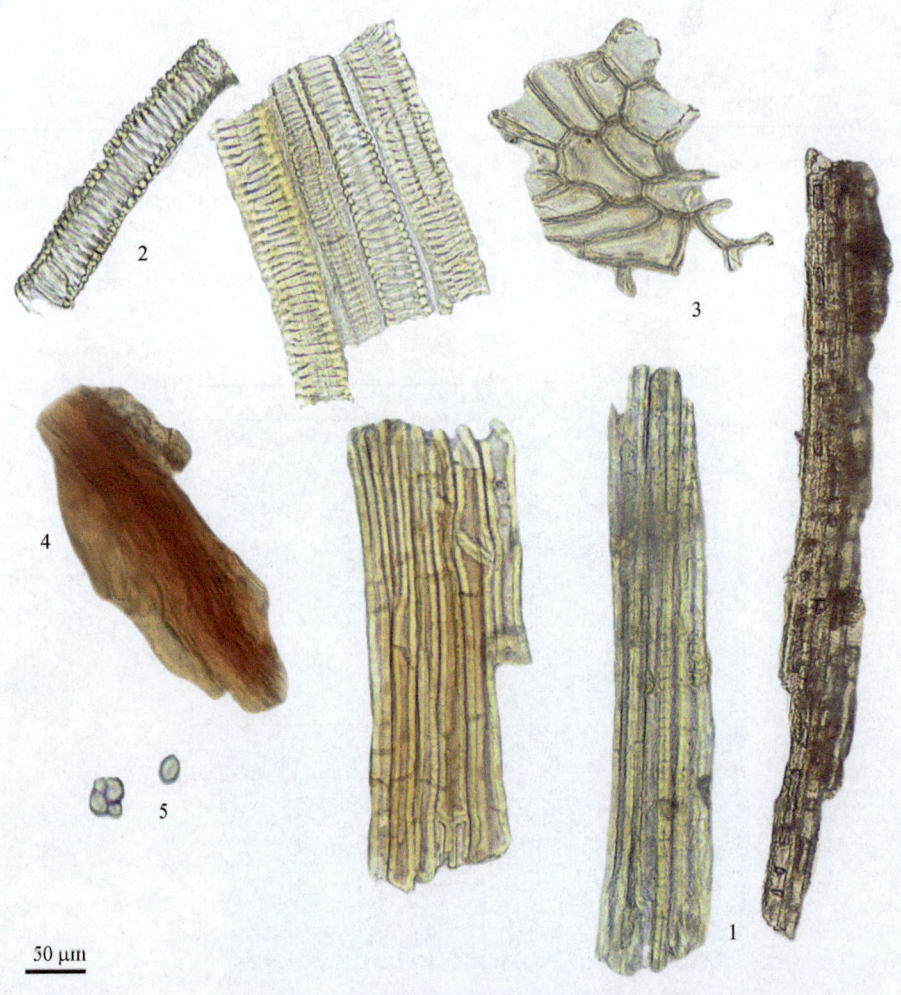

图6-47 北柴胡粉末显微特征图
1. 木纤维;2. 导管;3. 木栓细胞;4. 油管碎片;5. 淀粉粒

纹孔稀疏,孔沟隐约可见。② 油管管道多碎裂,含黄棕或绿黄色条状分泌物。③ 导管多为网纹、双螺纹导管,直径 7~43 μm。④ 木栓细胞表面观类多角形,有的微弯曲(图 6-47)。此外,可见淀粉粒、茎髓薄壁细胞及茎、叶表皮细胞等。

（2）南柴胡：黄棕色。① 木纤维长梭形,直径 8~26 μm,有的初生壁碎裂,并有稀疏螺状或双螺状裂纹。② 螺纹导管多见。③ 木栓细胞类方形。④ 油管多碎断,管道中含淡黄色或淡棕色条状分泌物(图 6-48)。叶基部纤维长条形,直径 15~51 μm,有紧密的螺状交错裂缝。

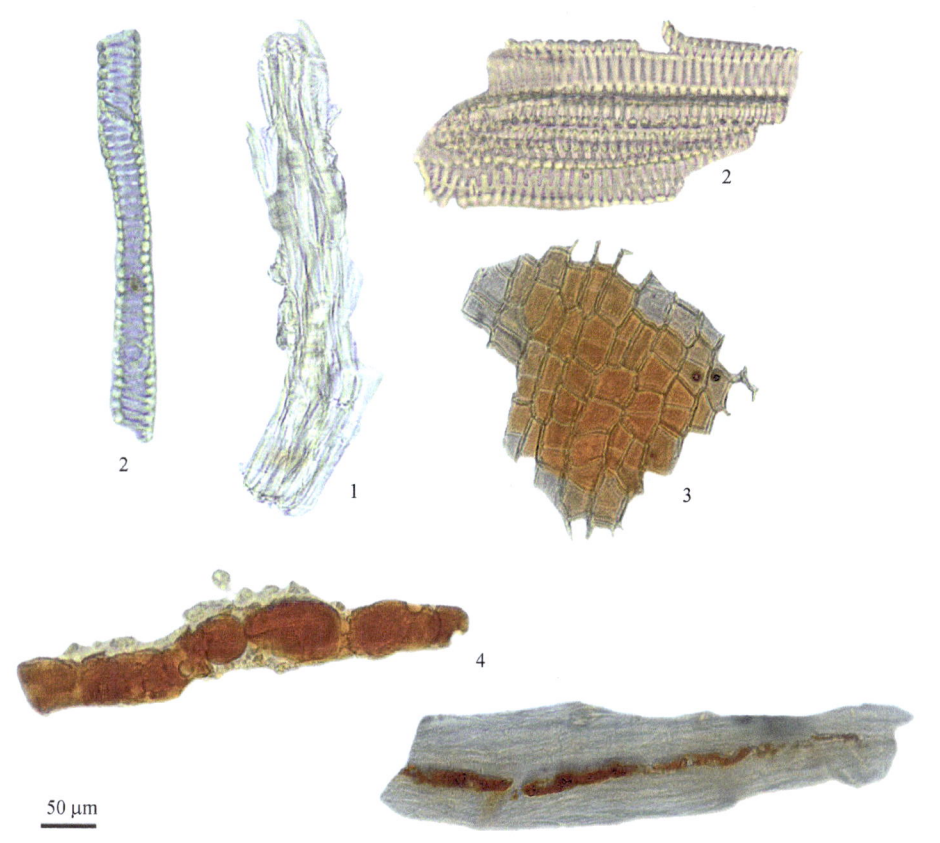

图 6-48 南柴胡粉末显微特征图
1. 木纤维；2. 导管；3. 木栓细胞；4. 油管碎片

【检查】
1. 水分　　不得过 10.0%。
2. 总灰分　　不得过 8.0%。
3. 酸不溶性灰分　　不得过 3.0%。

【浸出物】　照醇溶性浸出物测定法项下的热浸法测定,乙醇浸提物不得少于 11.0%。

【化学成分】　含有齐墩果烷型皂苷类成分,主要包括柴胡皂苷 a、柴胡皂苷 d、柴胡皂苷 b_1、柴胡皂苷 c 等。

【理化鉴别】　取粉末,加甲醇超声提取,提取液浓缩,作为供试品溶液。以北柴胡对照药材和柴胡皂苷 a、柴胡皂苷 d 对照品为对照,以乙酸乙酯-乙醇-水(8:2:1)为展开剂,喷以 2% 对二甲氨基苯甲醛的 40% 硫酸溶液,在 60℃ 加热至斑点显色清晰,分别置日光和紫外光灯(365 nm)下检视。供试品色谱中,在与对照药材色谱和对照品色谱相应的位置上,显相同颜色的斑点或荧光斑点。

【含量测定】　照高效液相色谱法测定,以乙腈-水为流动相,梯度洗脱；检测波长为 210 nm。本品按干燥品计算,柴胡皂苷 a($C_{42}H_{68}O_{13}$)和柴胡皂苷 d($C_{42}H_{68}O_{13}$)的总量不得少于 0.30%。

【贮藏】　置通风干燥处,防蛀。

【性味功能】 性微寒,味辛、苦。疏散退热,疏肝解郁,升举阳气。

【附注】

1. 饮片

（1）北柴胡：呈不规则厚片。外表皮黑褐色或浅棕色,具纵皱纹和支根痕。切面淡黄白色,纤维性。质硬。气微香,味微苦。醋北柴胡片,表面淡棕黄色,微有醋香气,味微苦。

（2）南柴胡：呈类圆形或不规则片。外表皮红棕色或黑褐色。有时可见根头处具细密环纹或有细毛状枯叶纤维。切面黄白色,平坦。具败油气。醋南柴胡片,微有醋香气。

2. 伪品　大叶柴胡 *Bupleurum longiradiatum* Turcz 的干燥根茎,表面密生环节,有毒,不可当柴胡用。

北沙参（Beishashen, GLEHNIAE RADIX）

为伞形科植物珊瑚菜 *Glehnia littoralis* Fr. Schmidt ex Miq. 的干燥根。主产于山东、河北、辽宁、内蒙古等地。

呈细长圆柱形,偶有分枝,长 15~45 cm,直径 0.4~1.2 cm。表面淡黄白色,略粗糙,偶有残存外皮,不去外皮的表面黄棕色。全体有细纵皱纹和纵沟,并有棕黄色点状细根痕；顶端常留有黄棕色根茎残基；上端稍细,中部略粗,下部渐细。质脆,易折断,断面皮部浅黄白色,木部黄色。气特异,味微甘。含有挥发油、糖苷类、香豆素类等成分。

龙胆（Longdan, GENTIANAE RADIX ET RHIZOMA）

龙胆历史沿革

龙胆植物形态

【来源】 为龙胆科植物条叶龙胆 *Gentiana manshurica* Kitag.、龙胆 *G. scabra* Bge.、三花龙胆 *G. triflora* Pall. 或坚龙胆 *G. rigescens* Franch. 的干燥根和根茎。前三种习称"龙胆",后一种习称"坚龙胆"。

【产地与采制】 条叶龙胆、龙胆、三花龙胆主产于东北及内蒙古等地；坚龙胆主产于云南。春、秋二季茎叶枯萎采挖,除去泥土、须根、茎基,晒干。以秋季采挖质量较好。

【性状鉴别】

1. 龙胆　根茎呈不规则的块状,长 1~3 cm,直径 0.3~1 cm；表面暗灰棕色或深棕色,上端有茎痕或残留茎基,周围和下端着生多数细长的根。根圆柱形,略扭曲,长 10~20 cm,直径 0.2~0.5 cm；表面淡黄色或黄棕色,上部多有显著的横皱纹,下部较细,有纵皱纹及支根痕（图 6-49）。质脆,易折断,断面略平坦,皮部黄白色或淡黄棕色,木部色较浅,呈点状环列,习称筋脉点。气微,味甚苦。

2. 坚龙胆　表面无横皱纹,外皮膜质,易脱落,木部黄白色,易与皮部分离。

【显微鉴别】

1. 横切面

（1）龙胆：表皮细胞有时残存,外壁较厚。皮层窄,外皮层细胞类方形,壁稍厚,木栓化；内皮层细胞切向延长,每一细胞由纵向壁分隔成数个类方形小细胞。韧皮部宽广,有裂隙。形成层不甚明显。木质部导管 3~10 个群束。髓部明显（图 6-50）。薄壁细胞含细小草酸钙针晶。

（2）坚龙胆：内皮层以外组织多已脱落。木质部导管发达,均匀密布。无髓部。

2. 粉末

（1）龙胆：淡棕黄色。① 外皮层细胞表面观类纺锤形,每一细胞由横壁分隔成数个扁方形的小细胞。② 内皮层细胞表面观类长方形,甚大,平周壁显纤细的横向纹理,每一细胞由纵隔壁

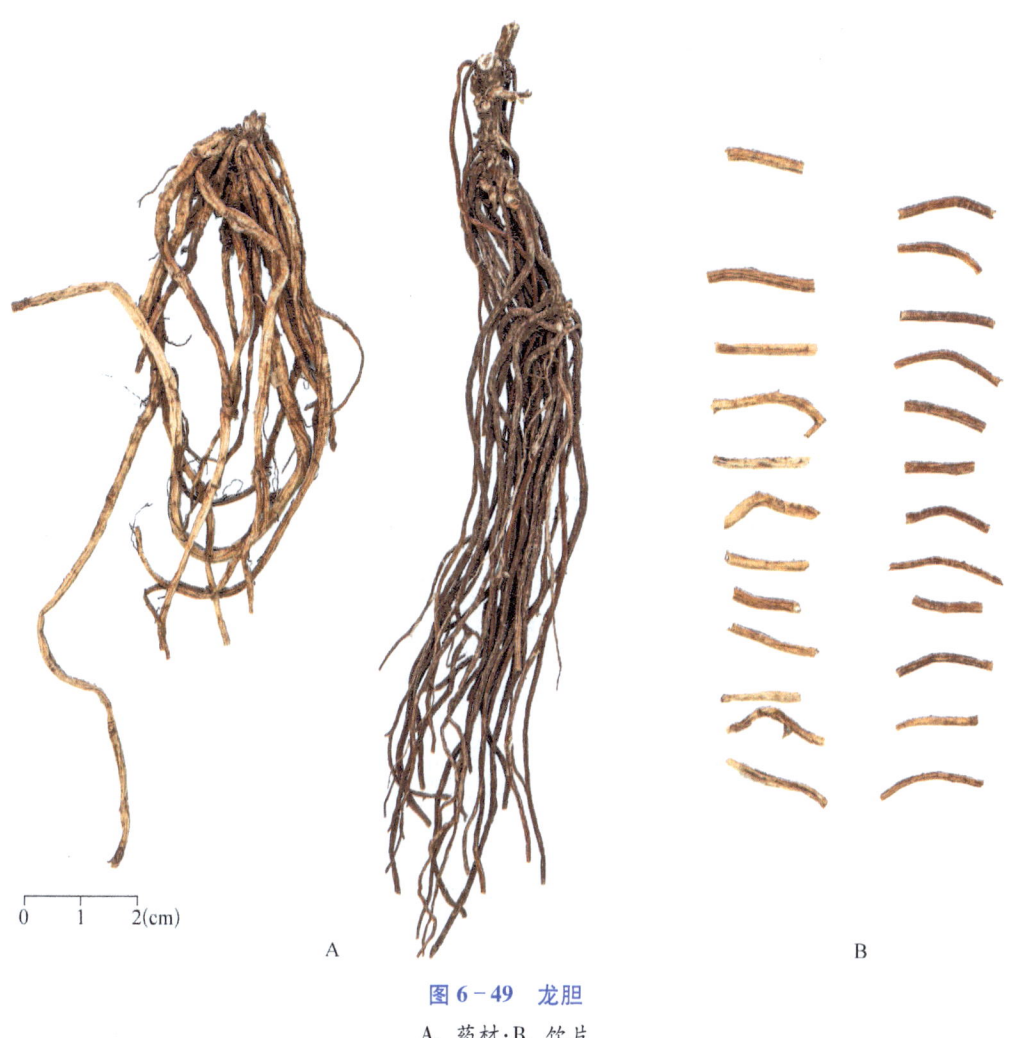

图 6-49 龙胆
A. 药材;B. 饮片

分隔成数个栅状小细胞,纵隔壁大多连珠状增厚。③ 薄壁细胞含细小草酸钙针晶。④ 网纹导管及梯纹导管直径约 45 μm(图 6-51)。

(2) 坚龙胆:无外皮层细胞。内皮层细胞类方形或类长方形,平周壁的横向纹理较粗且密,有的粗达 3 μm,每一细胞分隔成多数栅状小细胞,隔壁稍增厚或呈连珠状。

【检查】
1. 水分　　不得过 9.0%。
2. 总灰分　　不得过 7.0%。
3. 酸不溶性灰分　　不得过 3.0%。

【浸出物】　照水溶性浸出物测定法项下的热浸法测定,不得少于 36.0%。

【化学成分】　含环烯醚萜苷、黄酮、三萜类等成分,其中环烯醚萜苷为主要成分,龙胆苦苷(gentiopicrin)及龙胆碱(gentianine)为主要代表性化合物。龙胆苦苷在药材中含量最高(4.02%~6.34%)。

【理化鉴别】　取粉末,加甲醇回流提取,提取液作为供试品。以龙胆苦苷对照品为对照。照薄层色谱法,以乙酸乙酯-甲醇-水(10∶2∶1)为展开剂,置紫外光灯(254 nm)下检视。供试品色谱中,在与对照品色谱相应的位置上,显相同颜色的斑点。

【含量测定】　照高效液相色谱法测定,以甲醇-水(25∶75)为流动相,检测波长为 270 nm。本品按干燥品计算,龙胆含龙胆苦苷($C_{16}H_{20}O_9$)不得少于 3.0%,坚龙胆不得少于 1.5%。

【贮藏】　置干燥处。

【性味功能】　性寒,味苦。归肝、胆经。清热燥湿,泻肝胆火。

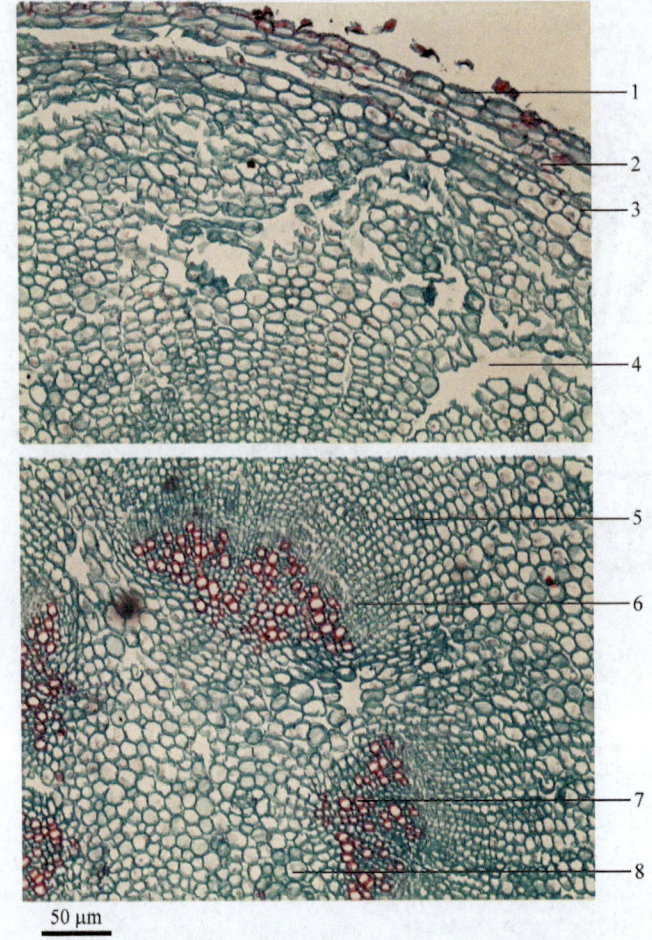

图 6-50 龙胆横切面显微组织构造详图

1. 外皮层；2. 皮层；3. 内皮层；4. 裂隙；5. 韧皮部；6. 形成层；7. 木质部；8. 髓部

图 6-51 龙胆粉末显微特征图

1. 外皮层碎片；2. 内皮层碎片；3. 薄壁细胞；4. 导管

【附注】

1. 饮片

(1) 龙胆：呈不规则形的段。根茎呈不规则块片，表面暗灰棕色或深棕色。根圆柱形，表面淡黄色至黄棕色，有的有横皱纹，具纵皱纹。切面皮部黄白色至棕黄色，木部色较浅。气微，味甚苦。

(2) 坚龙胆：呈不规则形的段。根表面无横皱纹，膜质外皮已脱落，表面黄棕色至深棕色。切面皮部黄棕色，木部色较浅。

2. 伪品　小檗科植物桃儿七 *Sinopodophyllum hexandrum*（Royle）Ying 的根。表面光滑，断面皮部宽广呈白色，木部较小呈淡黄色。

秦艽（Qinjiao，GENTIANAE MACROPHYLLAE RADIX）

为龙胆科植物秦艽 *Gentiana macrophylla* Pall.、麻花秦艽 *G. straminea* Maxim.、粗茎秦艽 *G. crassicaulis* Duthie ex Burk. 或小秦艽 *G. dahurica* Fisch. 的干燥根。秦艽家种野生均有，野生主产于甘肃、内蒙古、山西、陕西、河北等地，家种主要产于云南。

秦艽：呈类圆柱形，上粗下细，扭曲不直，长 10~30 cm，直径 1~3 cm。表面黄棕色或灰黄色，有纵向或扭曲的纵皱纹，顶端有残存茎基及纤维状叶鞘。质硬而脆，易折断，断面略显油性，皮部黄色或棕黄色，木部黄色。气特异，味苦、微涩。麻花秦艽：呈类圆锥形，多由数个小根纠聚而膨大，直径可达 7 cm。表面棕褐色，粗糙，有裂隙呈网状孔纹。质松脆，易折断，断面多呈枯朽状。小秦艽：呈类圆锥形或类圆柱形，长 8~15 cm，直径 0.2~1 cm。表面棕黄色。主根通常 1 个，残存的茎基有纤维状叶鞘，下部多分枝。断面黄白色。含裂环环烯醚萜苷、环烯醚萜苷、氧萘类等成分。

白前（Baiqian，CYNANCHI STAUNTONII RHIZOMA ET RADIX）

为萝藦科植物柳叶白前 *Cynanchum stauntonii*（Decne.）Schltr. ex Lévl. 或芫花叶白前 *C. glaucescens*（Decne.）Hand.-Mazz. 的干燥根茎和根。分布于江苏、安徽、浙江、江西、福建、湖北、湖南、广东、广西、贵州等地。

柳叶白前：根茎呈细长圆柱形，有分枝，稍弯曲，长 4~15 cm，直径 1.5~4 mm。表面黄白色或黄棕色，节明显，节间长 1.5~4.5 cm，顶端有残茎。质脆，断面中空。节处簇生纤细弯曲的根，长可达 10 cm，直径不及 1 mm，分枝多呈毛须状，常盘曲成团。气微，味微甜。芫花叶白前：根茎较短小或略呈块状；表面灰绿色或灰黄色，节间长 1~2 cm。质较硬。根稍弯曲，直径约 1 mm，分枝少。柳叶白前根茎中含有 β-谷甾醇、高级脂肪酸、华北白前醇；芫花叶白前根中含有白前皂苷（glaucoside）A、白前皂苷 B、白前皂苷 C、白前皂苷 D、白前皂苷 E、白前皂苷 F、白前皂苷 G、白前皂苷 H、白前皂苷 I、白前皂苷 J、白前皂苷 K 等。

白薇（Baiwei，CYNANCHI ATRATI RADIX ET RHIZOMA）

为萝藦科植物白薇 *Cynanchum atratum* Bge. 或蔓生白薇 *C. versicolor* Bge. 的干燥根和根茎。产于黑龙江、吉林、辽宁、山东、河北、河南、陕西、山西、四川、贵州、云南、广西、广东、湖南、湖北、福建、江西、江苏等地。

根茎粗短，有结节，多弯曲。上面有圆形的茎痕，下面及两侧簇生多数细长的根，根长 10~

25 cm,直径 0.1~0.2 cm。表面棕黄色。质脆,易折断,断面皮部黄白色,木部黄色。气微,味微苦。含生物碱类、挥发油等成分。

徐长卿(Xuchangqing, CYNANCHI PANICULATI RADIX ET RHIZOMA)

为萝藦科植物徐长卿 *Cynanchum paniculatum* (Bge.) Kitag. 的干燥根和根茎。产于江苏、河北、湖南、安徽、贵州、广西及东北等地。

根茎呈不规则柱状,有盘节,长 0.5~3.5 cm,直径 2~4 mm。有的顶端带有残茎,细圆柱形,长约 2 cm,直径 1~2 mm,断面中空;根茎节处周围着生多数根。根呈细长圆柱形,弯曲,长 10~16 cm,直径 1~1.5 mm。表面淡黄白色至淡棕黄色或棕色,具微细的纵皱纹,并有纤细的须根。质脆,易折断,断面粉性,皮部类白色或黄白色,形成层环淡棕色,木部细小。气香,味微辛凉。含牡丹酚、黄酮苷等成分。

巴戟天(Bajitian, MORINDAE OFFICINALIS RADIX)

巴戟天历史沿革

巴戟天植物形态

【来源】 为茜草科植物巴戟天 *Morinda officinalis* How 的干燥根。

【产地与采制】 产于福建、广东、海南、广西等地区的热带和亚热带地区。全年均可采挖,洗净,除去须根,晒至六七成干,轻轻捶扁,晒干。

【性状鉴别】 呈扁圆柱形,略弯曲,长短不等,直径 0.5~2 cm。表面灰黄色或暗灰色,具纵纹和横裂纹,有时皮部横向断离露出木部,似连珠(图 6-52)。质韧,断面皮部厚,紫色或淡紫色,易与木部剥离;木部坚硬,黄棕色或黄白色,直径 1~5 mm。气微,味甘而微涩。

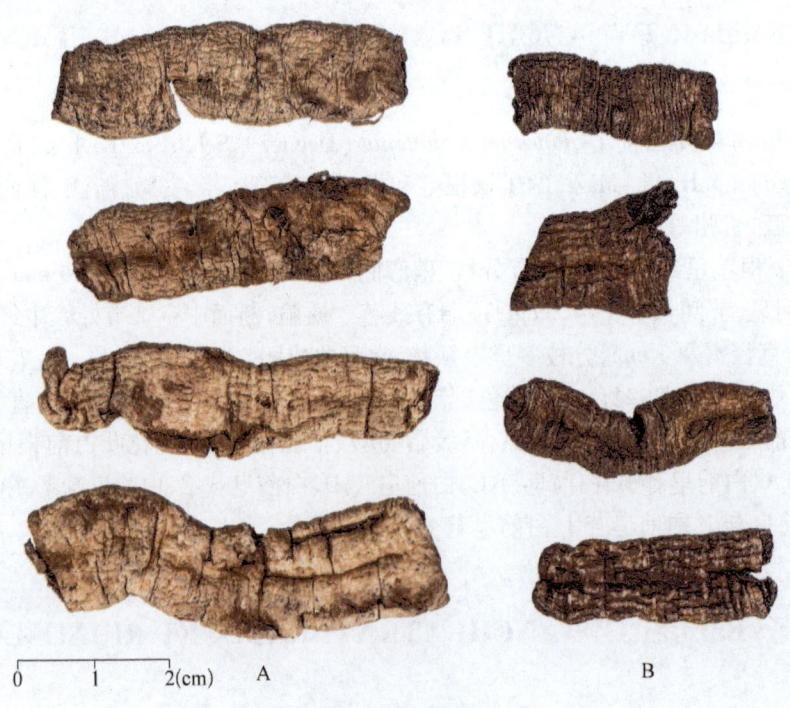

图 6-52 巴戟天
A. 药材;B. 饮片

【显微鉴别】

1. 横切面　　木栓层为数列细胞。栓内层外侧石细胞单个或数个成群,断续排列成环;薄壁细胞含有草酸钙针晶束,切向排列。韧皮部宽广,内侧薄壁细胞含草酸钙针晶束,轴向排列。形成层明显。木质部导管单个散在或2~3个相聚,呈放射状排列,直径可至105μm(图6-53);木纤维较发达;木射线宽1~3列细胞;偶见非木化的木薄壁细胞群。

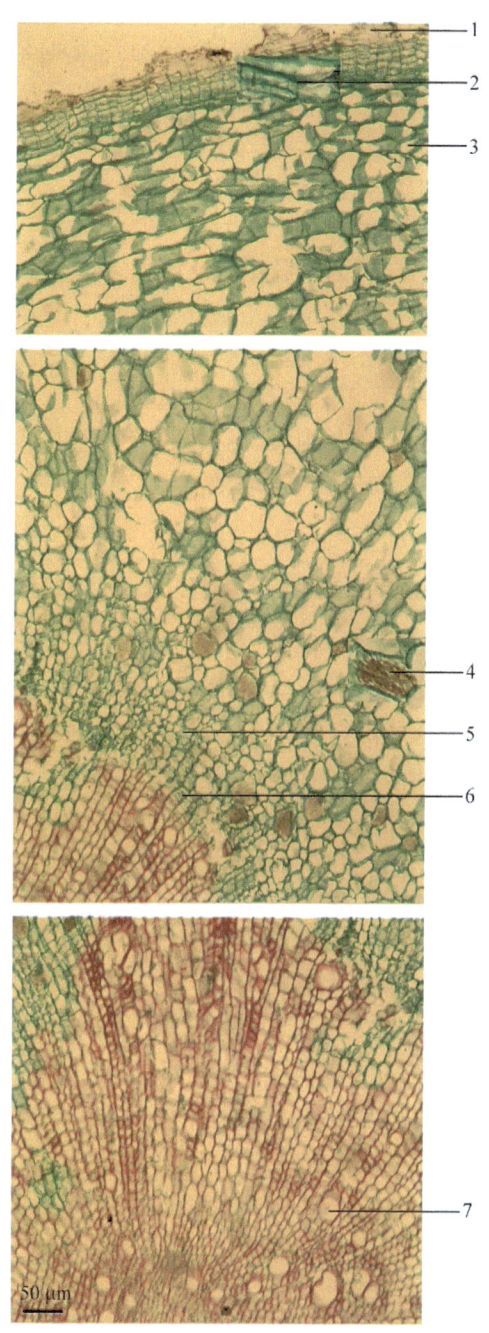

图6-53 巴戟天横切面显微组织构造详图

1. 木栓层;2. 石细胞环带;3. 皮层;4. 草酸钙针晶束;5. 韧皮部;6. 形成层;7. 木质部

2. 粉末 淡紫色或紫褐色。① 石细胞类圆形、类方形、类长方形、长条形或不规则形,有的一端尖,直径21~96μm,壁厚至39μm,有的层纹明显,纹孔和孔沟明显,有的石细胞形大,壁稍厚。② 草酸钙针晶多成束存在于薄壁细胞中,针晶可长至184μm。③ 具缘纹孔导管淡黄色,直径可达105μm,具缘纹孔细密。④ 纤维管胞长梭形,具缘纹孔较大,纹孔口斜缝状或相交成"人"字形、"十"字形。

【检查】

1. 水分 不得过15.0%。

2. 总灰分　不得过 6.0%。

【浸出物】　水溶性浸出物不得少于 50.0%。

【化学成分】　含有蒽醌类、树脂类等成分，主要有甲基异茜草素（rubiadin）、耐斯糖（nystose）。

【理化鉴别】　取粉末，加乙醇回流提取，提取液浓缩后作为供试品溶液。以巴戟天对照药材为对照。以甲苯-乙酸乙酯-甲酸（8:2:0.1）为展开剂，置紫外光灯（254 nm）下检视。供试品色谱中，在与对照药材色谱相应的位置上，显相同颜色的荧光斑点。

【含量测定】　照高效液相色谱法测定，以甲醇-水（3:97）为流动相，蒸发光散射检测器检测。按干燥品计算，含耐斯糖（$C_{24}H_{42}O_{21}$）不得少于 2.0%。

【贮藏】　置通风干燥处，防霉，防蛀。

【性味功能】　性微温，味甘、辛。归肾、肝经。补肾阳，强筋骨，祛风湿。

【附注】　饮片

（1）巴戟肉：呈扁圆柱形短段或不规则块状。表面灰黄色或暗灰色，具纵纹和横裂纹。切面皮部厚，紫色或淡紫色，中空。气微，味甘而微涩。

（2）盐巴戟：呈扁圆柱形短段或不规则块状。表面灰黄色或暗灰色，具纵纹和横裂纹。切面皮部厚，紫色或淡紫色，中空。气微，味甘、咸而微涩。

茜草（Qiancao, RUBIAE RADIX ET RHIZOMA）

为茜草科植物茜草 *Rubia cordifolia* L. 的干燥根和根茎。主产于陕西、山西、河南等地。

根茎呈结节状，丛生粗细不等的根。根呈圆柱形，略弯曲，长 10~25 cm，直径 0.2~1 cm；表面红棕色或暗棕色，具细纵皱纹和少数细根痕；皮部脱落处呈黄红色。质脆，易折断，断面平坦皮部狭窄，紫红色，木部宽广，浅黄红色，导管孔多数。气微，味微苦，久嚼刺舌。含有蒽醌类、萘醌类、萜类等成分，其中蒽醌类为主要成分，主要有茜草素（alizarin）、大叶茜草素（mollugin）、羟基茜草素（purpurin）。

紫草（Zicao, ARNEBIAE RADIX）

紫草历史沿革

紫草植物形态

【来源】　为紫草科植物新疆紫草（软紫草）*Arnebia euchroma* (Royle) Johnst. 或内蒙紫草（黄花软紫草）*A. guttata* Bunge 的干燥根。

【产地与采制】　新疆紫草主产于新疆及西藏西部；内蒙紫草主产于西藏、新疆、甘肃西部、宁夏、内蒙古至河北北部。

春、秋二季采挖根部，除去泥土，晒干。

【性状鉴别】

1. 新疆紫草　呈不规则的长圆柱形，多扭曲，长 7~20 cm，直径 1~2.5 cm。表面紫红色或紫褐色，皮部疏松，呈条形片状，常 10 余层重叠，易剥落。顶端有可见分歧的茎残基（图 6-54）。体轻，质松软，易折断，断面不整齐，木部较小，黄白色或黄色。气特异，味微苦、涩。

2. 内蒙紫草　呈圆锥形或圆柱形，扭曲，长 6~20 cm，直径 0.5~4 cm。根头部略粗大，顶端有残茎 1 个或多个，被短硬毛。表面紫红色或暗紫色，皮部略薄，常数层相叠，易剥离。质硬而脆，易折断，断面较整齐，皮部紫红色，木部较小，黄白色。气特异，味涩。

【显微鉴别】

1. 新疆紫草横切面　木栓层将韧皮部、木质部分离。残留的韧皮部较薄。木质部导管 2~4 列放射状排列。木栓细胞及薄壁细胞均含有紫色素。

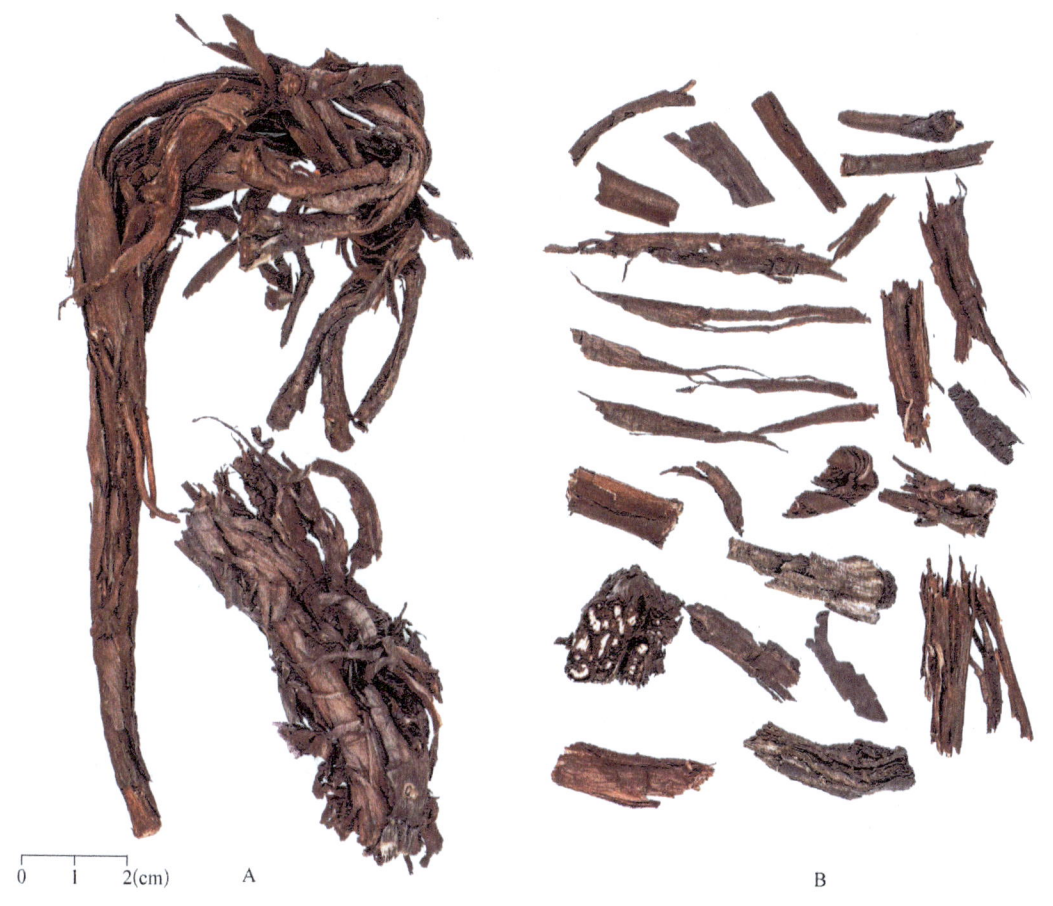

图6-54 新疆紫草
A. 药材；B. 饮片

2. **粉末** 深紫红色。① 非腺毛单细胞，基部膨大成喇叭状，壁具纵细条纹，有的胞腔内含紫红色色素。② 栓化细胞红棕色，表面观呈多角形或圆多角形，含紫红色色素。③ 薄壁细胞较多，淡棕色或无色，大多充满紫红色色素。④ 导管主为网纹导管，少有具缘纹孔导管，直径7~110 μm。

【检查】 水分 不得过15.0%。

【化学成分】 含有萘醌类色素、脂肪酸类等成分。其中，新疆紫草含有的色素主要为紫草素(shikonin)、去氧紫草素(deoxyshikonin)、β,β'-二甲基丙烯酰阿卡宁(β,β'-dimethylacrylalkannin)等。

【理化鉴别】 取粉末，加石油醚超声提取，提取液浓缩后作为供试品溶液。以紫草对照药材为对照。以环己烷-甲苯-乙酸乙酯-甲酸(5:5:0.5:0.1)为展开剂。供试品色谱中，在与对照药材色谱相应的位置上，显相同的紫红色斑点；再喷以10%氢氧化钾甲醇溶液，斑点变为蓝色。

【含量测定】

1. 羟基萘醌总色素 取干燥粉末精密称定，乙醇提取，照紫外可见分光光度法测定左旋紫草素($C_{16}H_{16}O_5$)含量，本品含羟基萘醌总色素以左旋紫草素计，含量不低于0.80%。

2. β,β'-二甲基丙烯酰阿卡宁 按照高效液相色谱法测定，本品按干燥品计算，含β,β'-二甲基丙烯酰阿卡宁($C_{21}H_{22}O_6$)不得少于0.30%。

【贮藏】 置干燥处。

【性味功能】 性寒，味甘、咸。归心、肝经。清热凉血，活血解毒，透疹消斑。

【附注】

1. 饮片

(1) 新疆紫草：为不规则的圆柱形切片或条形片状，直径1~2.5 cm。紫红色或紫褐色。皮部深紫色。圆柱形切片，木部较小，黄白色或黄色。

（2）内蒙紫草：呈类圆形或椭圆形的厚片。外表皮红棕色或灰棕色，具纵皱纹。切面略显纤维性，中心黄白色，有明显放射状纹理及形成层环。质坚实，具粉性。气微，味甜而特殊。

2. **混淆品** 同科植物紫草 *Lithospermum erythrorhizon* Sieb. et Zucc. 的干燥根称硬紫草。表皮粗糙紫红或紫黑色有纵纹，皮薄，易剥落。质硬易折断，断面木部较大，灰黄色。滇紫草 *Onosma paniculatum* Bur. et Fr. 的干燥根为滇紫草。根外皮呈暗红紫色，质坚硬，不易折断，断面木质部黄白色。

丹参（Danshen，SALVIAE MILTIORRHIZAE RADIX ET RHIZOMA）

丹参历史沿革

丹参植物形态

【来源】 为唇形科植物丹参 *Salvia miltiorrhiza* Bge. 的干燥根和根茎。

【产地与采制】 主产于山东、河南、安徽、四川、陕西、山西等地。

春、秋二季采挖，除去泥沙，干燥。

【性状鉴别】 根茎短粗，顶端有时残留茎基。根数条，长圆柱形，略弯曲，有的分枝并具须状细根，长 10~20 cm，直径 0.3~1 cm。表面棕红色或暗棕红色，粗糙，具纵皱纹。老根外皮疏松，多显紫棕色，常呈鳞片状剥落。质硬而脆，断面疏松，有裂隙或略平整而致密，皮部棕红色，木部灰黄色或紫褐色，导管束黄白色，呈放射状排列（图 6-55）。气微，味微苦涩。

栽培品较粗壮，直径 0.5~1.5 cm。表面红棕色，具纵皱纹，外皮紧贴不易剥落。质坚实，断面较平整，略呈角质样。

以条粗壮，紫红色者为佳。

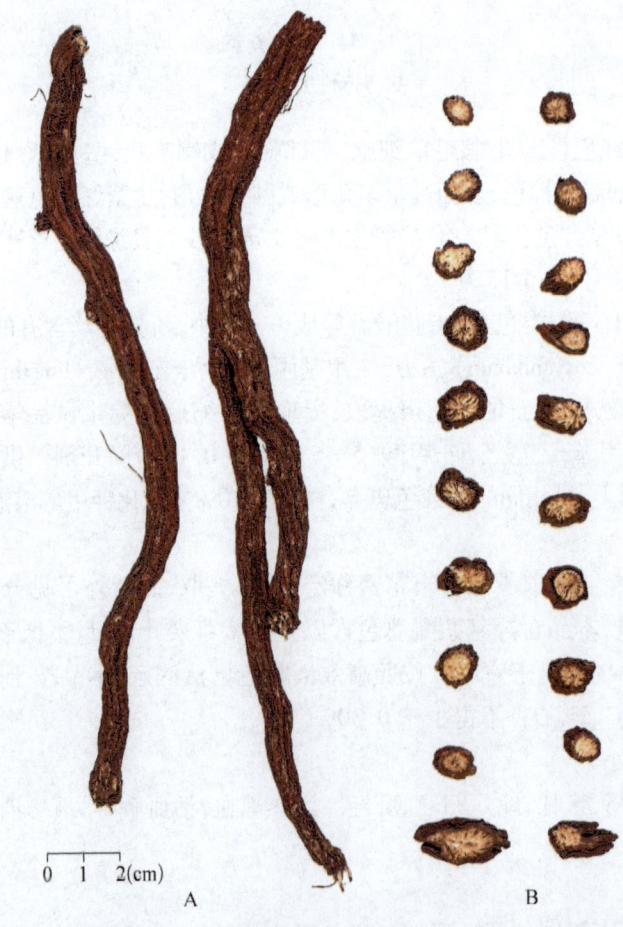

图 6-55 丹参

A. 药材；B. 饮片

【显微鉴别】
1. 横切面　木栓层为4~6列细胞,有时可见落皮层组织存在。皮层宽广。韧皮部较狭,呈半月形。形成层呈环。木质部8~10束,呈放射状,导管在形成层处较多,切向排列,渐至中央导管呈单列(图6-56)。纤维常成束存在于中央的初生木质部。

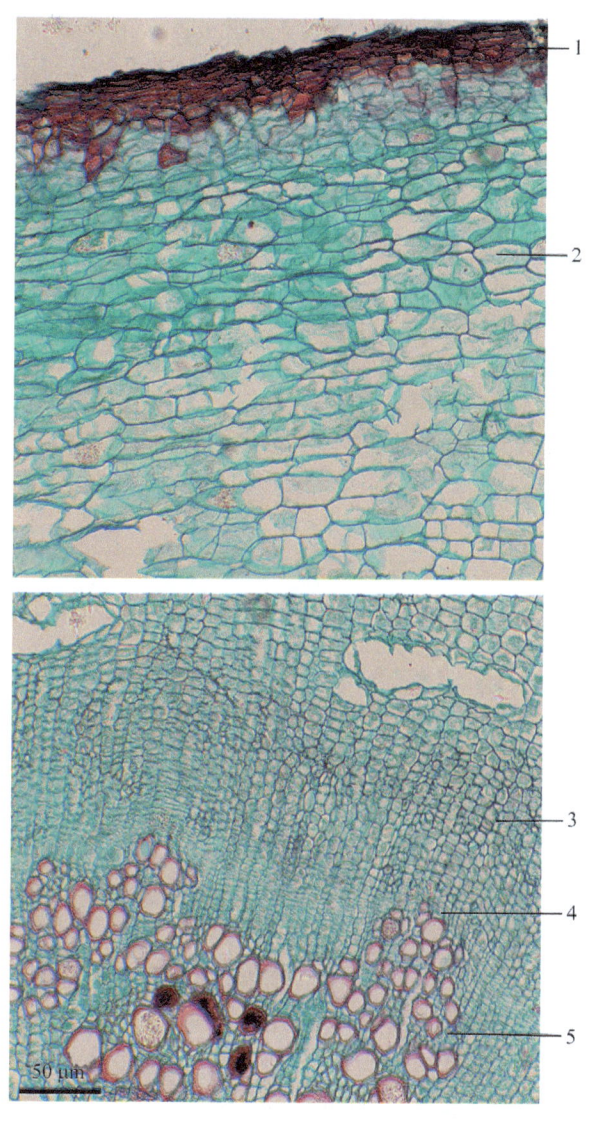

图6-56　丹参横切面显微组织构造详图
1. 木栓层;2. 皮层;3. 韧皮部;4. 形成层;5. 木质部

2. 粉末　红棕色。① 石细胞类圆形、类三角形、类长方形或不规则形,也有延长呈纤维状,边缘不平整,直径14~70 μm,长可达257 μm,孔沟明显,有的胞腔内含黄棕色物。② 木纤维多为纤维管胞,长梭形,末端斜尖或钝圆,直径12~27 μm,具缘纹孔点状,纹孔斜裂缝状或"十"字形,孔沟稀疏。③ 网纹导管和具缘纹孔导管直径11~60 μm。④ 木栓细胞类方形,红棕色(图6-57)。

【检查】
1. 水分　不得过13.0%。
2. 总灰分　不得过10.0%。
3. 酸不溶性灰分　不得过3.0%。
4. 重金属及有害元素　照铅、镉、砷、汞、铜测定法项下的原子吸收分光光度法或电感耦合等离子体质谱法测定,铅不得过5 mg/kg;镉不得过1 mg/kg;砷不得过2 mg/kg;汞不得过0.2 mg/kg;铜不得过20 mg/kg。

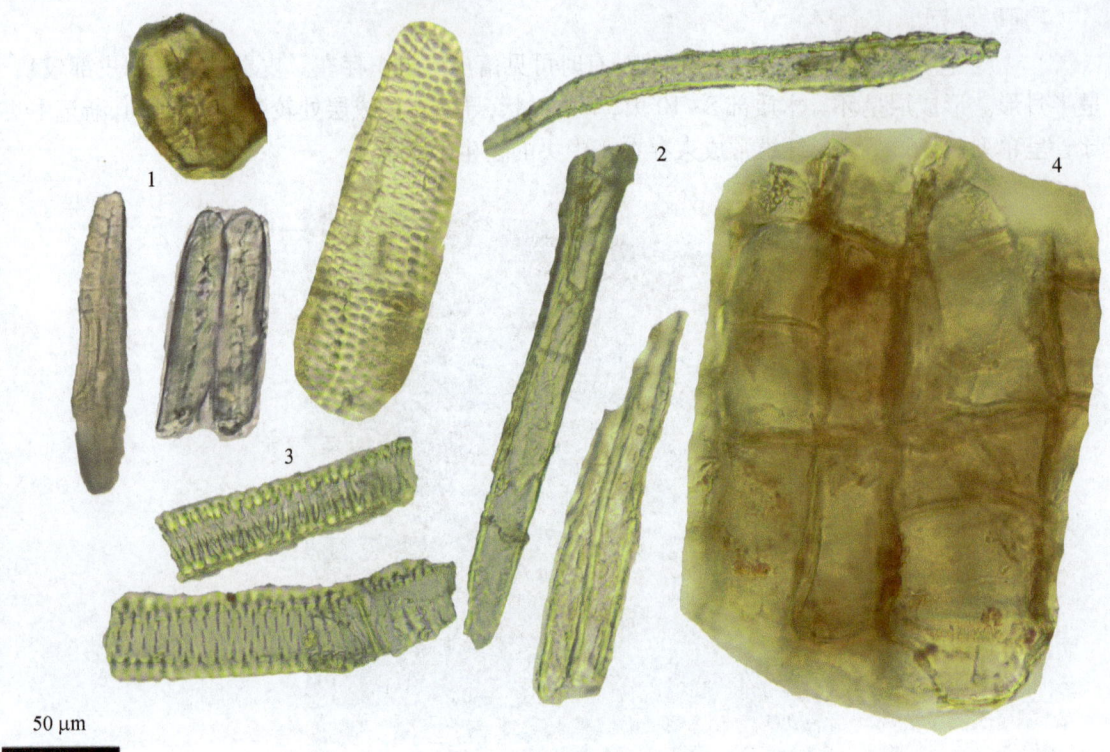

图 6-57 丹参粉末显微特征图
1. 石细胞；2. 木纤维；3. 导管；4. 木栓细胞

【浸出物】 **水溶性浸出物** 照水溶性浸出物测定法项下的冷浸法测定,不得少于 35.0%。
醇溶性浸出物 照醇溶性浸出物测定法项下的热浸法测定,用乙醇作为溶剂,不得少于 15.0%。

【化学成分】 含菲醌类和酚酸类成分。菲醌类主要为丹参酮Ⅰ、丹参酮Ⅱ$_A$、丹参酮Ⅱ$_B$、隐丹参酮(cryptotanshinone)等。酚酸类主要为丹酚酸(salvianolic acid)A~丹酚酸 G、丹参素(danshensu)及迷迭香酸(rosmarinic acid)等。

【理化鉴别】 取粉末,加乙醇超声提取,上清液作为供试品溶液。以丹参对照药材、丹参酮Ⅱ$_A$对照品、丹酚酸 B 对照品为对照。照薄层色谱法试验,以三氯甲烷-甲苯-乙酸乙酯-甲醇-甲酸(6:4:8:1:4)为展开剂,展至约 4 cm,再以石油醚(60~90℃)-乙酸乙酯(4:1)为展开剂,展开,展至约 8 cm,分别置日光及紫外光灯(365 nm)下检视。供试品色谱中,在与对照药材色谱和对照品色谱相应的位置上,显相同颜色的斑点或荧光斑点。

【含量测定】 照高效液相色谱法测定,以乙腈-0.02%磷酸溶液为流动相,梯度洗脱,检测波长为 270 nm。本品按干燥品计算,含丹参酮Ⅱ$_A$($C_{19}H_{18}O_3$)、隐丹参酮($C_{19}H_{20}O_3$)和丹参酮Ⅰ($C_{18}H_{12}O_3$)的总量不得少于 0.25%。

照高效液相色谱法测定,以乙腈-0.1%磷酸溶液(22:78)为流动相,检测波长为 286 nm,按干燥品计算,含丹酚酸 B($C_{36}H_{30}O_{16}$)不得少于 3.0%。

【贮藏】 置干燥处。

【性味功能】 性微寒,味苦。活血祛瘀,通经止痛,清心除烦,凉血消痈。

【附注】
1. **饮片** 呈类圆形或椭圆形的厚片。外表皮棕红色或暗棕红色,粗糙,具纵皱纹。切面有裂隙或略平整而致密,有的呈角质样,皮部棕红色,木部灰黄色或紫褐色,有黄白色放射状纹理。气微,味微苦涩。
2. **混淆品** 同属植物中下列品种在少数地区亦作丹参用:① 南丹参 *Salvia bowleyana*

Dunn,产于湖南、江西、浙江、福建等地。根呈圆柱形,直径 0.5 cm。表面灰红色或橘红色。质较坚硬。根横切面可见木质部束 7~9 个。② 甘西鼠尾 *S. przewalskii* Maxim.,分布于甘肃、青海、四川、云南等地,药材名甘肃丹参。根呈圆锥形,直径 1~4 cm。表面暗紫红色,根头部常见 1 至数个茎基丛生。扭曲呈辫子状,外皮脱落部分显红褐色。根横切面:维管束稍偏于一侧。木质部导管 3~4 行切向排列,木纤维位于导管周围。③ 褐毛甘西鼠尾 *S. przewalskii* Maxim. var. *mandarinorum* (Diels) Stib.,分布于四川、云南等地。其性状同上种,多与上种混用。④ 三叶鼠尾 *S. trijuga* Diels,分布于云南、四川、西藏。根茎短,下生数条圆形的根,砖红色。⑤ 白花丹参 *S. miltiorrhiza* Bunge f. *alba* C. Y. Wu,分布于山东。根茎短,下生数根。根长圆柱形,直径 0.1~0.7 cm,有的有分枝,须根多。其外表、纹理、颜色、断面、气味同丹参。

黄芩(Huangqin, SCUTELLARIAE RADIX)

【来源】 为唇形科植物黄芩 *Scutellaria baicalensis* Georgi 的干燥根。

【产地与采制】 野生黄芩主要分布于中国内蒙古中东部和东北三省大部、河北承德、内蒙古赤峰等几个最具规模的主产区。栽培黄芩主要分布在山东、山西、陕西、甘肃四大产区。

春、秋二季采挖,除去须根和泥沙,晒后撞去粗皮,晒干。

【性状鉴别】 呈圆锥形,扭曲,长 8~25 cm,直径 1~3 cm。表面棕黄色或深黄色,有稀疏的疣状细根痕,上部较粗糙,有扭曲的纵皱纹或不规则的网纹,下部有顺纹和细皱纹。质硬而脆,易折断,断面黄色,中心红棕色;老根中心呈枯朽状或中空,暗棕色或棕黑色(图 6-58)。气微,味苦。

栽培品较细长,多有分枝。表面浅黄棕色,外皮紧贴,纵皱纹较细腻。断面黄色或浅黄色,略呈角质样。味微苦。

以条长、质坚实、色黄者为佳。

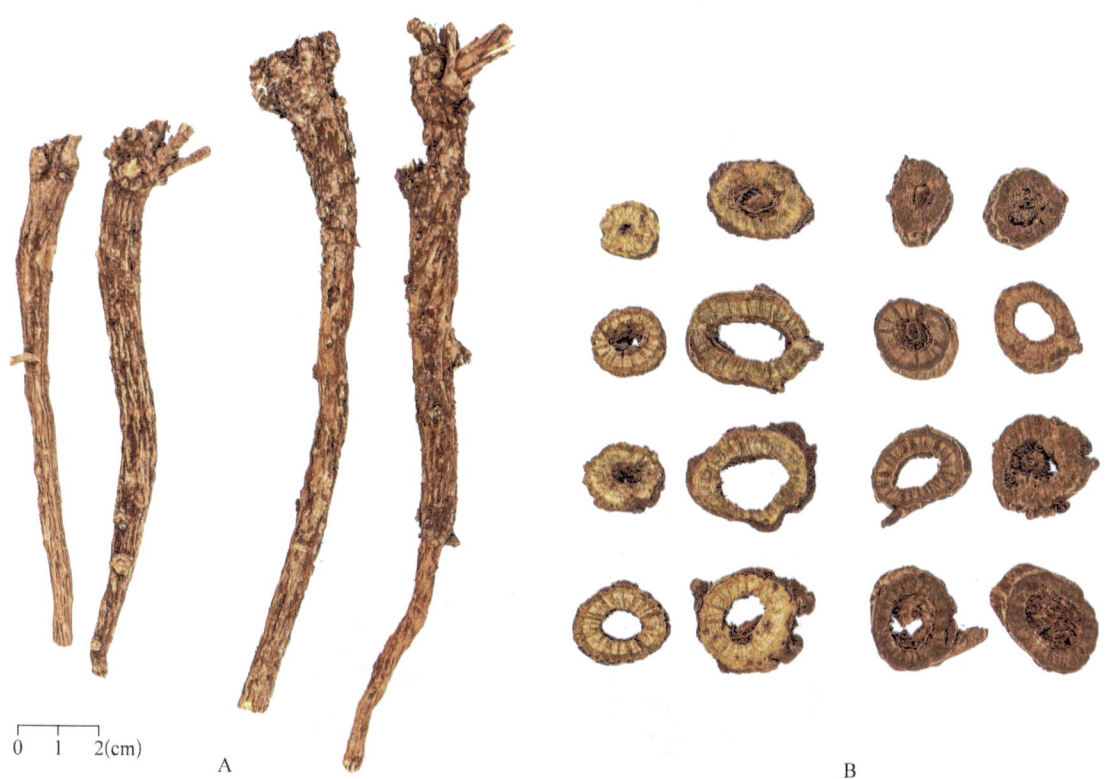

图 6-58 黄芩
A. 药材;B. 饮片

【显微鉴别】

1. 横切面　木栓层外缘多破裂,木栓细胞扁平,其中有石细胞散在。皮层狭窄。韧皮部与皮层界限不明显,有多数石细胞与韧皮纤维,单个或成群散在,石细胞多分布于外缘,韧皮纤维多分布于内侧。形成层成环。木质部导管群排列呈扁平层状,在老根中央有栓化细胞环形成,栓化细胞环有单环的,有成数个同心环的(图6-59)。薄壁细胞中含有淀粉粒。

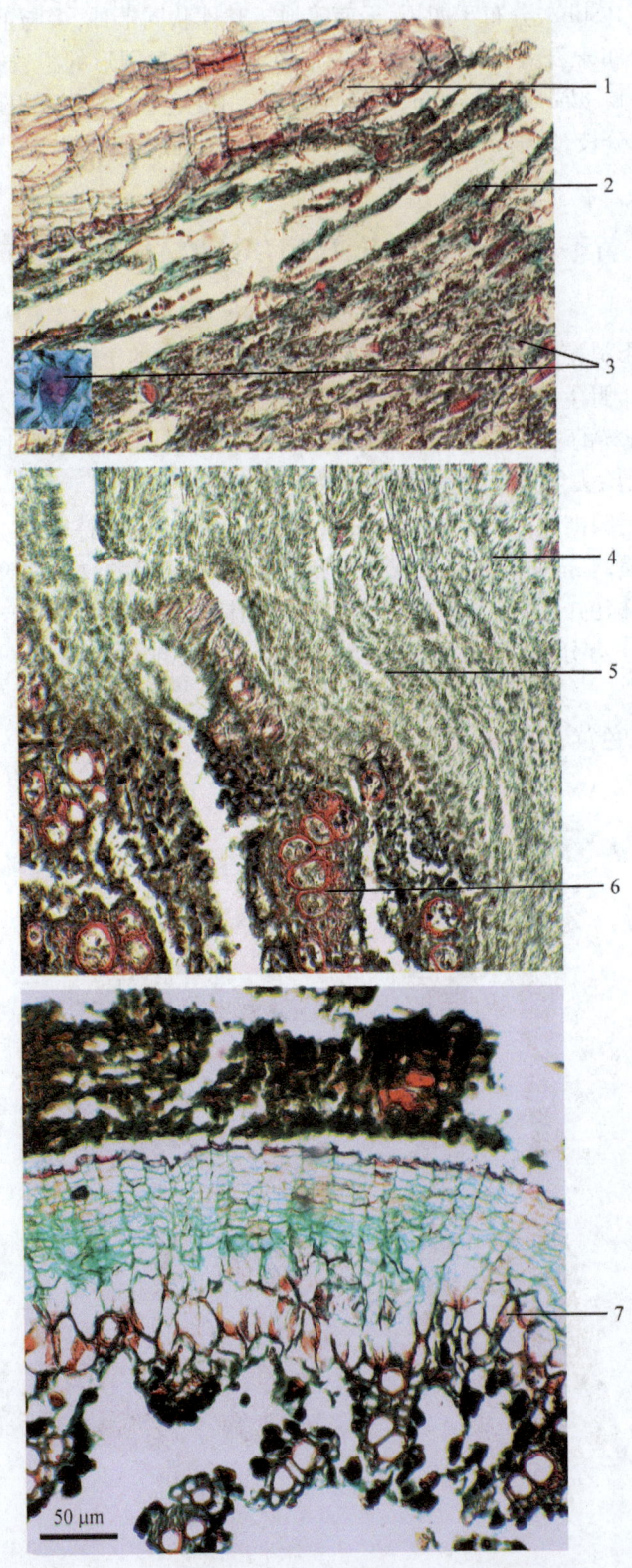

图6-59　黄芩横切面显微组织构造详图

1.木栓层;2.皮层;3.石细胞;4.韧皮部;5.形成层;6.木质部;7.木栓化细胞环

2. 粉末　　黄色。① 韧皮纤维单个散在或数个成束,梭形,长60~250μm,直径9~33μm,壁厚,孔沟细。② 石细胞类圆形、类方形或长方形,壁较厚或甚厚。③ 木栓细胞棕黄色,多角形。④ 网纹导管多见,直径24~72μm。⑤ 木纤维多碎断,直径约12μm,有稀疏斜纹孔。⑥ 淀粉粒甚多,单粒类球形,直径2~10μm,脐点明显,复粒由2~3分粒组成(图6-60)。

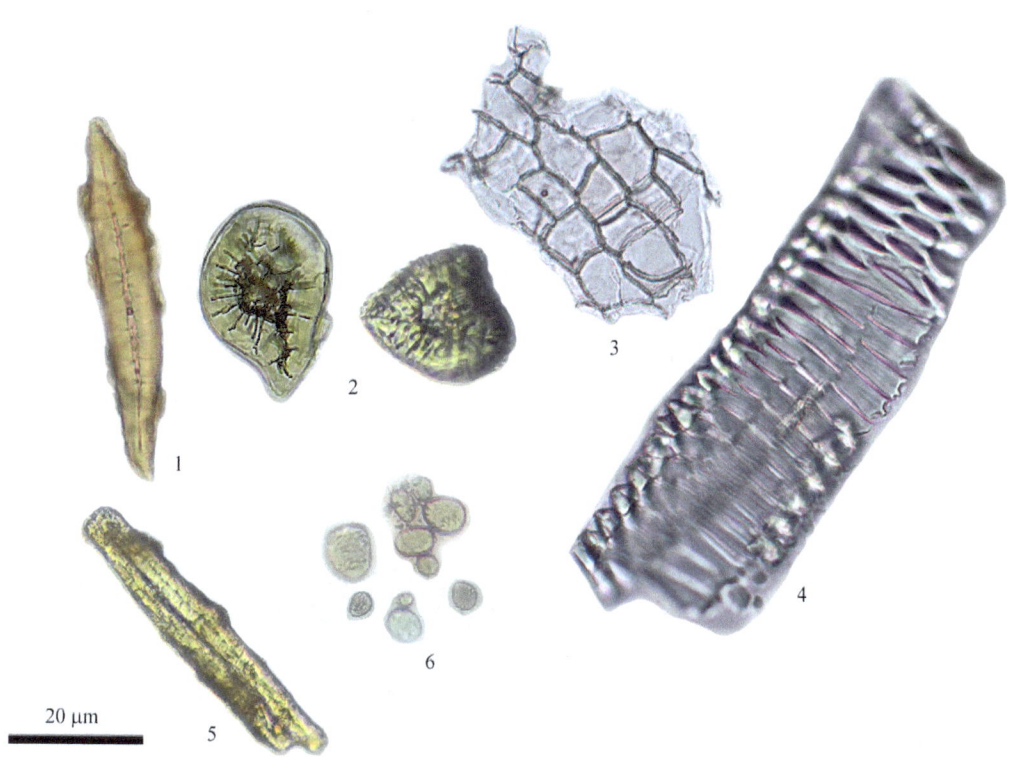

图6-60　黄芩粉末显微特征图
1. 韧皮纤维;2. 石细胞;3. 木栓细胞;4. 导管;5. 木纤维;6. 淀粉粒

【检查】
1. 水分　　不得过12.0%。
2. 总灰分　　不得过6.0%。

【浸出物】　照醇溶性浸出物测定法项下的热浸法测定,用稀乙醇作溶剂,不得少于40.0%。

【化学成分】　含黄酮类成分,主要有黄芩素(baicalein)、黄芩苷(baicalin)、汉黄芩素(wogonin)、汉黄芩苷(wogonoside)、木蝴蝶素A(oroxylin A),7-甲氧基黄芩素(7-methoxbaicalein)等。

【理化鉴别】　取粉末,加乙酸乙酯-甲醇(3:1)回流提取,提取液蒸干,残渣加甲醇使溶解,取上清液作为供试品溶液。以黄芩对照药材、黄芩苷对照品、黄芩素对照品、汉黄芩素对照品为对照。照薄层色谱法,以甲苯-乙酸乙酯-甲醇-甲酸(10:3:1:2)为展开剂,置紫外光灯(365nm)下检视。供试品色谱中,在与对照药材色谱相应的位置上,显相同颜色的斑点;在与对照品色谱相应的位置上,显3个相同的暗色斑点。

【含量测定】　照高效液相色谱法测定,以甲醇-水-磷酸(47:53:0.2)为流动相;检测波长为280nm,本品按干燥品计算,含黄芩苷($C_{21}H_{18}O_{11}$)不得少于9.0%。

【贮藏】　置通风干燥处,防潮。

【性味功能】　性寒,味苦。清热燥湿,泻火解毒,止血,安胎。

【附注】
1. 饮片　　为类圆形或不规则形薄片。外表皮黄棕色或棕褐色。切面黄棕色或黄绿色,具放射状纹理。
2. 混淆品　　下列同属植物的根曾在少数地区作黄芩用:① 西南黄芩 Scutellaria amoena C.

H. Wright 的根,云南、贵州、四川等地使用,药材称"滇黄芩"。性状与黄芩相似,但老根木质部不枯朽。② 粘毛黄芩 S. viscidula Bge. 的根,主产于河北、山西、内蒙古、山东等地。老根中央红棕色。③ 甘肃黄芩 S. rehderiana Diels 的根,分布于山西、甘肃、陕西等地。根较细,老根中央暗褐色,枯朽。

玄参授课视频

玄参历史沿革

玄参植物形态

玄参(Xuanshen, SCROPHULARIAE RADIX)

【来源】 为玄参科植物玄参 Scrophularia ningpoensis Hemsl. 的干燥根。

【产地与采制】 主产于浙江、湖南、湖北、贵州等地。为道地药材"浙八味"之一,但随着经济的发展,湖南、湖北、贵州和河南成为新产区,其中贵州道真获得国家地理标志产品标识。

冬季茎叶枯萎时采挖,除去根茎、幼芽、须根及泥沙,晒或烘至半干,堆放 3~6 天,反复数次至干燥。

【性状鉴别】 呈类圆柱形,中间略粗或上粗下细,有的微弯曲,长 6~20 cm,直径 1~3 cm。表面灰黄色或灰褐色,有不规则的纵沟、横长皮孔样突起和稀疏的横裂纹和须根痕(图 6-61)。质坚实,不易折断,断面黑色,微有光泽。气特异似焦糖,味甘、微苦。

以条粗壮、质坚实、断面乌黑者为佳。

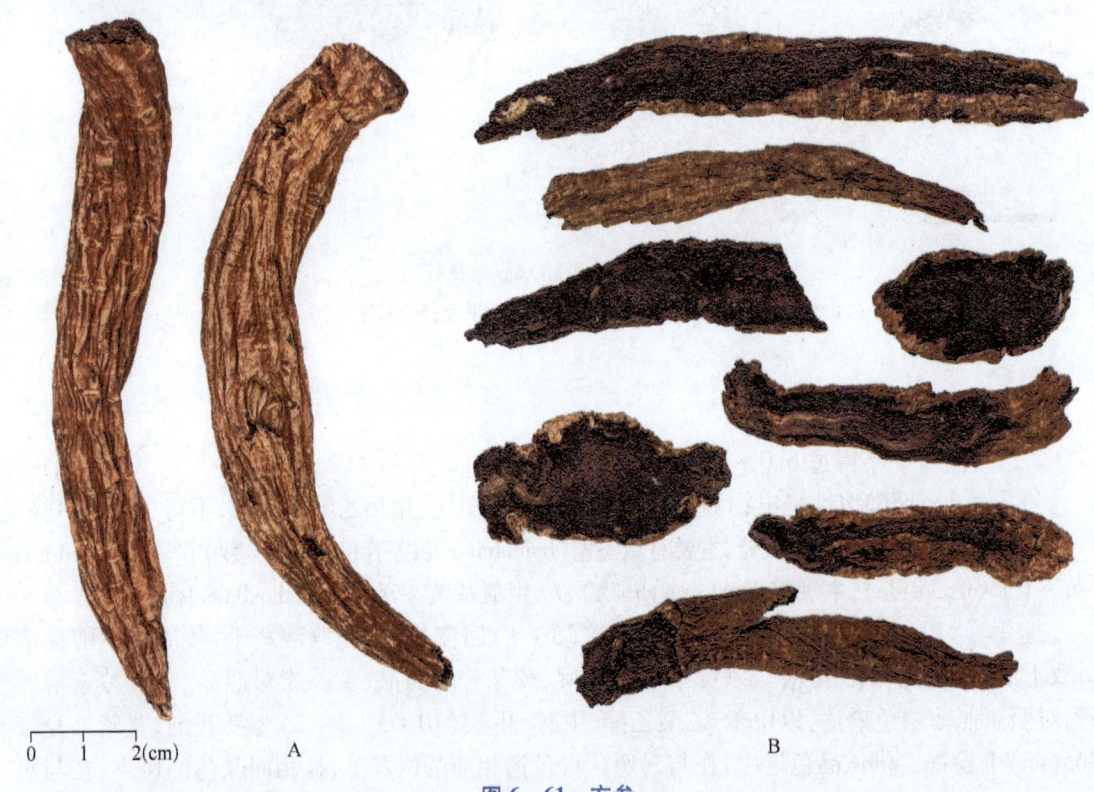

图 6-61 玄参
A. 药材;B. 饮片

【显微鉴别】

1. 横切面　　后生皮层细胞棕黄色,微木栓化。皮层较宽,石细胞单个散在或 2~5 个成群,多角形、类圆形或类方形,壁较厚,层纹明显。韧皮部射线多裂隙。形成层成环。木质部射线宽广,有裂隙,导管少数,呈断续放射状排列,伴有木纤维(图 6-62)。

2. 粉末　　灰棕色。① 石细胞散在或 2~5 个成群,多角形、类圆形、类方形或不规则形,壁较厚,6~26 μm,胞腔较大,层纹明显。② 薄壁细胞含棕色核状物。③ 木纤维细长,壁微木化。④ 木薄壁细胞壁较薄,纹孔明显(图 6-63)。⑤ 网纹与孔纹导管均可见。

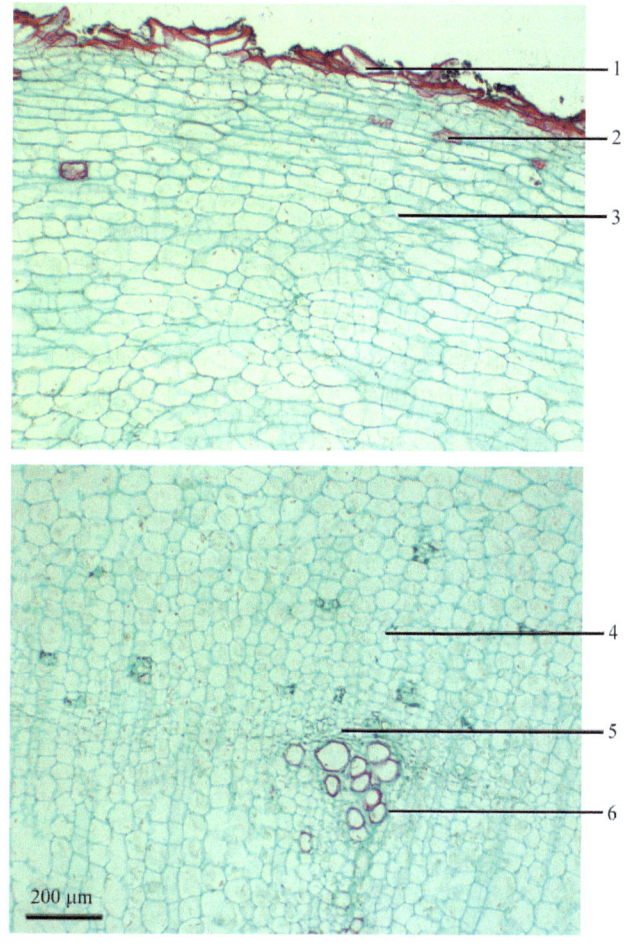

图 6-62 玄参横切面显微组织构造详图

1. 后生皮层;2. 石细胞;3. 皮层;4. 韧皮部;5. 形成层;6. 木质部

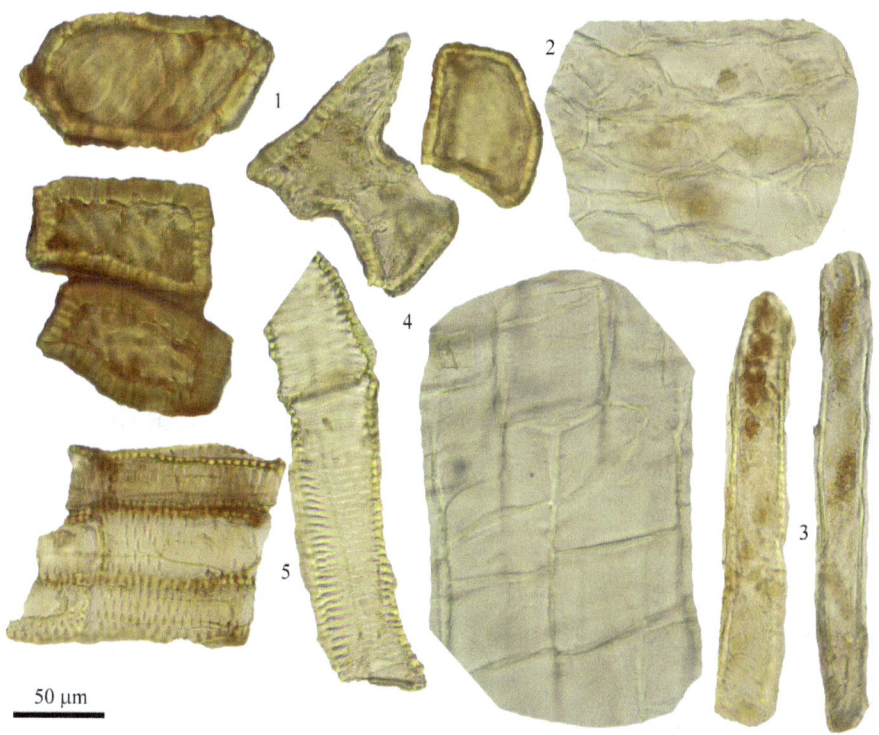

图 6-63 玄参粉末显微特征图

1. 石细胞;2. 薄壁细胞;3. 木纤维;4. 木薄壁细胞;5. 导管

【检查】
1. 水分　　不得过 16.0%。
2. 总灰分　　不得过 5.0%。
3. 酸不溶性灰分　　不得过 2.0%。

【浸出物】　照水溶性浸出物项下的热浸法测定,不得少于 60.0%。

【化学成分】　含环烯醚萜类、苯丙素类、生物碱、有机酸等成分,以环烯醚萜苷类为主,主要有哈巴苷(harpagide)、哈巴俄苷(harpagoside)和 8-(邻-甲基-对-香豆酰)-哈巴俄苷[8-(o-methyl-p-coumaroyl)-harpagoside]。环烯醚萜苷类是使药材加工后内部变乌黑色的成分。

【理化鉴别】　取粉末,加甲醇超声提取,提取液蒸干,残渣加水使溶解,用水饱和的正丁醇振摇提取,正丁醇提取液蒸干,残渣加甲醇使溶解,作为供试品溶液。以玄参对照药材和哈巴俄苷对照品为对照,照薄层色谱法,以三氯甲烷-甲醇-水(12∶4∶1)的下层溶液为展开剂,喷以 5%香草醛硫酸溶液,热风吹至斑点显色清晰。供试品色谱中,在与对照药材色谱和对照品色谱相应的位置上,显相同颜色的斑点。

【含量测定】　照高效液相色谱法测定,以乙腈-0.03%磷酸溶液为流动相,梯度洗脱;检测波长为 210 nm。按干燥品计算,含哈巴苷($C_{15}H_{24}O_{10}$)和哈巴俄苷($C_{24}H_{30}O_{11}$)的总量不得少于 0.45%。

【贮藏】　置干燥处,防霉,防蛀。

【性味功能】　性微寒,味甘、苦、咸。清热凉血,滋阴降火,解毒散结。

【附注】　饮片　呈类圆形或椭圆形的薄片。外表皮灰黄色或灰褐色。切面黑色,微有光泽,有的具裂隙。气特异似焦糖,味甘、微苦。

地黄(Dihuang, REHMANNIAE RADIX)

地黄历史沿革

地黄植物形态

【来源】　为玄参科植物地黄 Rehmannia glutinosa Libosch. 的新鲜或干燥块根。

【产地与采制】　以河南温县、博爱、沁阳、孟县等地产量最大,质地最佳。至今仍以河南"怀地黄"为道地药材。

秋季采挖,除去芦头、须根及泥沙,鲜用;或将地黄缓缓烘焙至约八成干。前者习称"鲜地黄",后者习称"生地黄"。

【性状鉴别】
1. 鲜地黄　　呈纺锤形或条状,长 8~24 cm,直径 2~9 cm。外皮薄,表面浅红黄色,具弯曲的纵皱纹、芽痕、横长皮孔样突起及不规则瘢痕。肉质,易断,断面皮部淡黄白色,可见橘红色油点,木部黄白色,导管呈放射状排列。气微,味微甜、微苦。

2. 生地黄　　多呈不规则的团块状或长圆形,中间膨大,两端稍细,有的细小,长条状,稍扁而扭曲,长 6~12 cm,直径 2~6 cm。表面棕黑色或棕灰色,极皱缩,具不规则的横曲纹(图 6-64)。体重,质较软而韧,不易折断,断面棕黄色至黑色或乌黑色,有光泽,具黏性。气微,味微甜。生地黄以块大、体重、断面乌黑色者为佳。

【显微鉴别】
1. 横切面　　木栓层细胞数列。栓内层薄壁细胞排列疏松;散有较多分泌细胞,含橙黄色油滴;偶有石细胞。韧皮部较宽,分泌细胞较少。形成层成环。木质部射线宽广(图 6-65);导管稀疏,排列成放射状。

2. 粉末　　生地黄深棕色。① 木栓细胞淡棕色。② 薄壁细胞类圆形,内含类圆形核状物。③ 分泌细胞形状与一般薄壁细胞相似,内含橙黄色或橙红色油滴状物。④ 具缘纹孔导管和网纹导管直径约至 92 μm(图 6-66)。

图 6-64 生地黄
A. 药材；B. 饮片

【检查】
1. 水分　生地黄不得过 15.0%。
2. 总灰分　不得过 8.0%。
3. 酸不溶性灰分　不得过 3.0%。

【浸出物】　照水溶性浸出物测定法项下的冷浸法测定，不得少于 65.0%。

【化学成分】　含多种苷类成分，以环烯醚萜苷类为主，主要有梓醇（catalpol）、二氢梓醇（dihydrocatalpol）、乙酰梓醇、桃叶珊瑚苷（aucubin）、密力特苷（melitoside）、去羟栀子苷及地黄苷（rehmannioside）A、地黄苷 B、地黄苷 C、地黄苷 D 等。环烯醚萜苷类成分为主要活性成分，也是使地黄变黑的成分。此外，尚含有苯乙醇苷类，主要为毛蕊花糖苷（verbascoside），有免疫抑制活性。

含多种糖类，其中地黄多糖（RPS-b）是地黄具免疫和抗肿瘤作用的活性成分。

【理化鉴别】

（1）取粉末，加甲醇回流提取，提取液浓缩后作为供试品溶液。以梓醇对照品为对照。照薄层色谱法，以三氯甲烷-甲醇-水（14∶6∶1）为展开剂，喷以茴香醛试液，在 105℃条件下加热至斑点显色清晰。供试品色谱中，在与对照品色谱相应的位置上，显相同颜色的斑点。

（2）取粉末，加 80%甲醇超声提取，提取液蒸干，残渣加水使溶解，用水饱和的正丁醇振摇提取 4 次，合并正丁醇液，蒸干，残渣加甲醇使溶解，作为供试品溶液。以毛蕊花糖苷对照品为对照。照薄层色谱法试验，以乙酸乙酯-甲醇-甲酸（16∶0.5∶2）为展开剂，用 0.1%的 2,2-二苯基-1-苦肼基无水乙醇溶液浸板，晾干。供试品色谱中，在与对照品色谱相应的位置上，显相同颜色的斑点。

【含量测定】　照高效液相色谱法测定，以甲醇-0.1%磷酸溶液（1∶99）为流动相；检测波长为 210 nm，生地黄含梓醇（$C_{15}H_{22}O_{10}$）不得少于 0.20%。

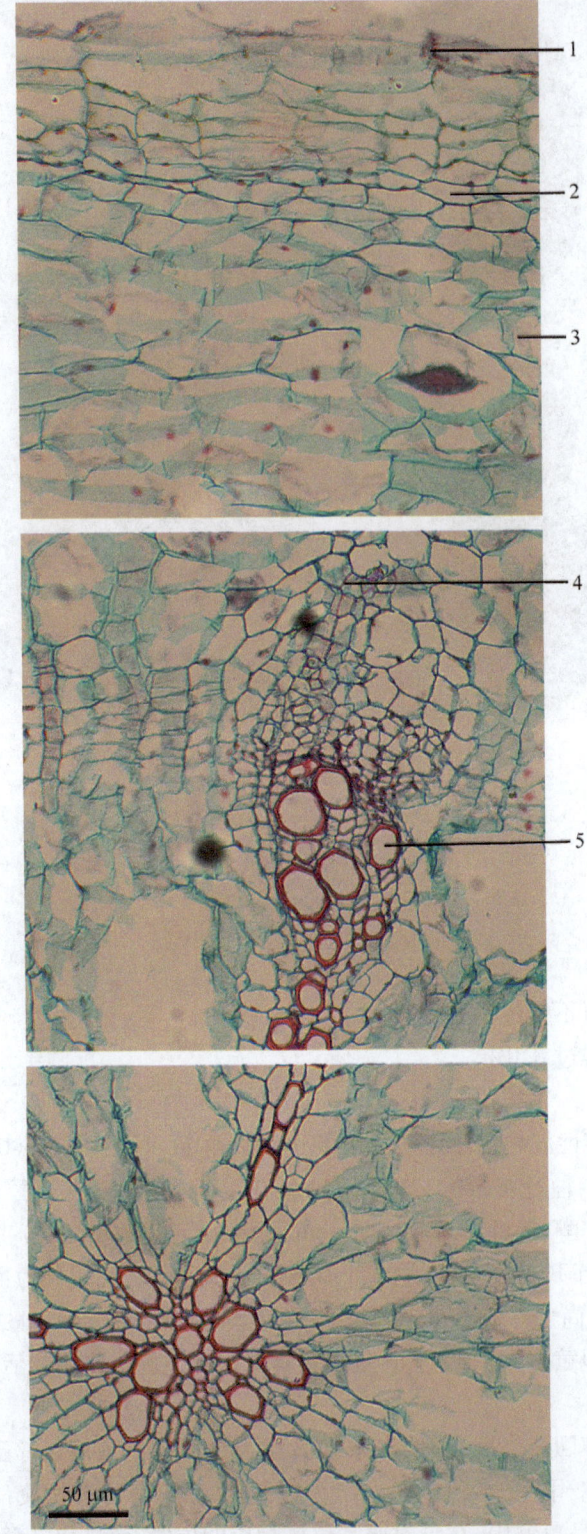

图6-65 地黄横切面显微组织构造详图
1. 木栓层；2. 皮层；3. 分泌细胞；4. 韧皮部；5. 木质部

照高效液相色谱法测定,以甲醇-0.1%磷酸溶液(5∶95)为流动相,检测波长为203 nm,生地黄含地黄苷 D($C_{27}H_{42}O_{20}$)不得少于0.10%。

【贮藏】 鲜地黄埋在沙土中,防冻;生地黄置通风干燥处,防霉,防蛀。

【性味功能】 鲜地黄性寒,味甘、苦。生地黄性寒,味甘。鲜地黄清热生津,凉血,止血。生地黄清热凉血,养阴生津。

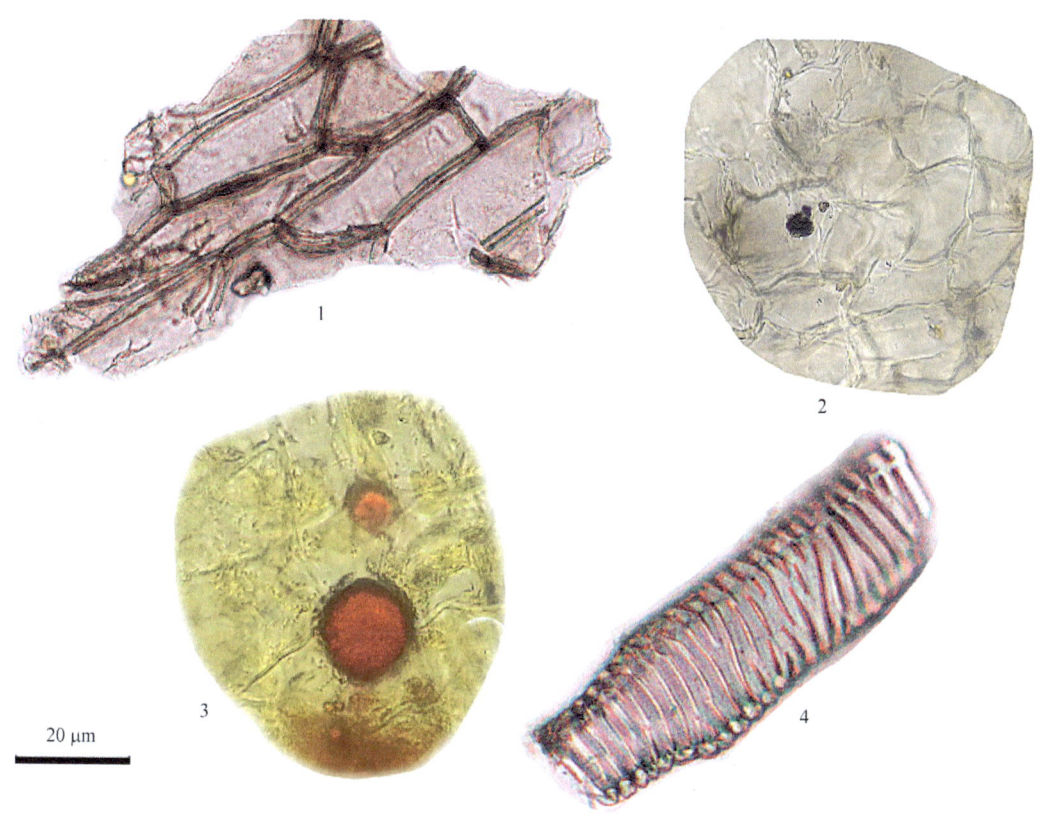

图 6-66 地黄粉末显微特征图
1. 木栓细胞；2. 薄壁细胞；3. 分泌细胞；4. 导管

【附注】
1. 饮片　呈类圆形或不规则的厚片。外表皮棕黑色或棕灰色，极皱缩，具不规则的横曲纹。切面棕黄色至黑色或乌黑色，有光泽，具黏性。气微，味微甜。

2. 熟地黄　Rehmanniae Radix Praeparata 为生地黄的炮制加工品。呈不规则的块片、碎块，大小、厚薄不一。表面乌黑色，有光泽，黏性大。质柔软而带韧性，不易折断，断面乌黑色，有光泽。气微，味甜。

胡黄连（Huhuanglian, PICRORHIZAE RHIZOMA）

为玄参科植物胡黄连 *Picrorhiza scrophulariiflora* Pennell 的干燥根茎。分布于中国西藏南部、云南西北部、四川西部。

呈圆柱形，略弯曲，偶有分枝，长 3～12 cm，直径 0.3～1 cm。表面灰棕色至暗棕色，粗糙，有较密的环状节，具稍隆起的芽痕或根痕，上端密被暗棕色鳞片状的叶柄残基。体轻，质硬而脆，易折断，断面略平坦，淡棕色至暗棕色，木部有 4～10 个类白色点状维管束排列成环。气微，味极苦。主要含有环烯醚萜苷类、葫芦素类和酚苷类成分。

续断（Xuduan, DIPSACI RADIX）

为川续断科植物川续断 *Dipsacus asper* Wall. ex Henry 的干燥根。产于江西、湖北、湖南、广西、四川、贵州、云南、西藏等地。

呈圆柱形,略扁,有的微弯曲,长5~15 cm,直径0.5~2 cm。表面灰褐色或黄褐色,有稍扭曲或明显扭曲的纵皱及沟纹,可见横列的皮孔样斑痕和少数须根痕。质软,久置后变硬,易折断,断面不平坦,皮部墨绿色或棕色,外缘褐色或淡褐色,木部黄褐色,导管束呈放射状排列。气微香,味苦、微甜而后涩。含环烯醚萜糖苷:当药苷(sweroside)、马钱子苷(loganin)和茶茱萸苷(cantleyoside);三萜皂苷:木通皂苷D。

天花粉(Tianhuafen, TRICHOSANTHIS RADIX)

天花粉历史沿革

天花粉植物形态

【来源】 为葫芦科植物栝楼 *Trichosanthes kirilowii* Maxim. 或双边栝楼 *T. rosthornii* Harms 的干燥根。

【产地与采制】 栝楼主产于河南、山东、江苏、安徽等地。以河南产量大、质量优,习称安阳花粉。双边栝楼主产于四川省。

秋、冬二季采挖,洗净,除去外皮,切段或纵剖成瓣,干燥。

【性状鉴别】 呈不规则圆柱形、纺锤形或瓣块状,长8~16 cm,直径1.5~5.5 cm。表面黄白色或淡棕黄色,有纵皱纹、细根痕及略凹陷的横长皮孔,有的有黄棕色外皮残留。质坚实,断面白色或淡黄色,富粉性,横切面可见黄色木质部,略呈放射状排列,纵切面可见黄色条纹状木质部(图6-67)。气微,味微苦。

以色白、质坚实、粉性足者为佳。

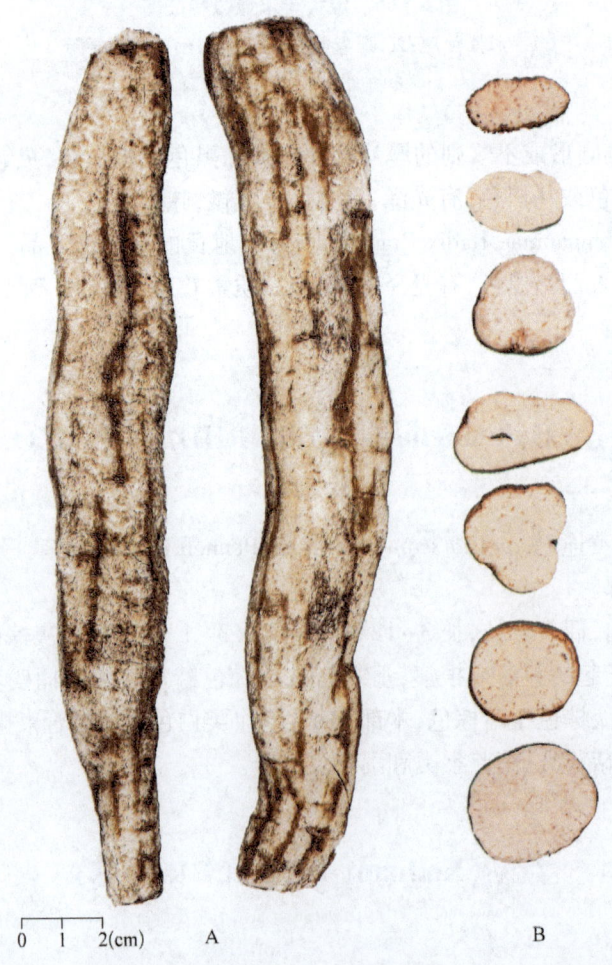

图 6-67 天花粉
A. 药材;B. 饮片

【显微鉴别】
1. 横切面　木栓层内侧有断续排列的石细胞环。韧皮部狭窄。木质部甚宽广,导管3~5(10)个成群,也有单个散在,初生木质部导管附近常有小片内涵韧皮部。薄壁细胞内富含淀粉粒。

2. 粉末　类白色。① 淀粉粒甚多,单粒类球形、半圆形或盔帽形,直径6~48 μm,脐点点状、短缝状或"人"字状,层纹隐约可见;复粒由2~14分粒组成,常由一个大的分粒与几个小分粒复合。② 具缘纹孔导管大,多破碎,有的具缘纹孔呈六角形或方形,排列紧密。③ 石细胞黄绿色,长方形、椭圆形、类方形、多角形或纺锤形,直径27~72 μm,壁较厚,纹孔细密。

【检查】
1. 水分　不得过15.0%。
2. 总灰分　不得过5.0%。
3. 二氧化硫残留量　照二氧化硫残留量测定法测定,不得过400 mg/kg。

【浸出物】　照水溶性浸出物测定法项下的冷浸法测定,不得少于15.0%。

【化学成分】　含皂苷、天花粉蛋白(trichosanthin)及栝楼酸(trichosanic aid)等。

【理化鉴别】　取粉末,加稀乙醇超声提取,提取液作为供试品溶液。以天花粉对照药材、瓜氨酸对照品为对照。照薄层色谱法试验,以正丁醇-无水乙醇-冰醋酸-水(8∶2∶2∶3)为展开剂,喷以茚三酮试液,在105℃加热至斑点显色清晰。供试品色谱中,在与对照药材色谱和对照品色谱相应的位置上,显相同颜色的斑点。

【贮藏】　置干燥处,防蛀。

【性味功能】　性微寒,味甘、微苦。清热泻火,生津止渴,消肿排脓。

【附注】
1. 饮片　呈类圆形、半圆形或不规则形的厚片。外表皮黄白色或淡棕黄色。切面可见黄色木质部小孔,略呈放射状排列。气微,味微苦。

2. 混淆品　下列同属植物的根曾在少数地区作天花粉用:① 日本栝楼 *Trichosanthes japonica* Regel 的根,主产于江西、湖北。其根性状及组织与栝楼根相似。② 长萼栝楼 *T. laceribractea* Hayata 的根,称"广花粉",在广东、广西等地曾使用。块根长纺锤形或圆柱形,常切成段或纵瓣;表面灰黄色,断面黄白色,粉性,可见稀疏的棕黄色小孔;中心部位异型维管束明显;稍有土腥气,味微苦涩。③ 湖北栝楼 *T. hupehensis* C. Y. Cheng et C. H. Yueh 的根,称"苦花粉"。块根圆柱形,常纵切或斜切成片;带皮者表面浅棕色,有密集的突起皮孔,去皮者表面灰黄色,断面黄白色,粉性差,纤维较多,有多数棕黄色小孔呈放射状排列;味极苦。

桔梗(Jiegeng, PLATYCODONIS RADIX)

【来源】　为桔梗科植物桔梗 *Platycodon grandiflorum* (Jacq.) A. DC. 的干燥根。

【产地与采制】　全国大部分地区均产,以东北、华北产量较大,华东地区质量较好。
春、秋二季采挖,洗净,除去须根,趁鲜剥去外皮或不去外皮,干燥。

【性状鉴别】　呈圆柱形或略呈纺锤形,下部渐细,有的有分枝,略扭曲,长7~20 cm,直径0.7~2 cm。表面淡黄白色至黄色,不去外皮者表面黄棕色至灰棕色,具纵扭皱沟,并有横长的皮孔样斑痕及支根痕,上部有横纹。有的顶端有较短的根茎或根茎不明显,其上有数个半月形茎痕。质脆,断面不平坦,形成层环棕色,皮部黄白色,有裂隙,木部淡黄色(图6-68)。气微,味微甜后苦。

以根肥大、色白、质坚实、味苦者为佳。

桔梗历史沿革

桔梗植物形态

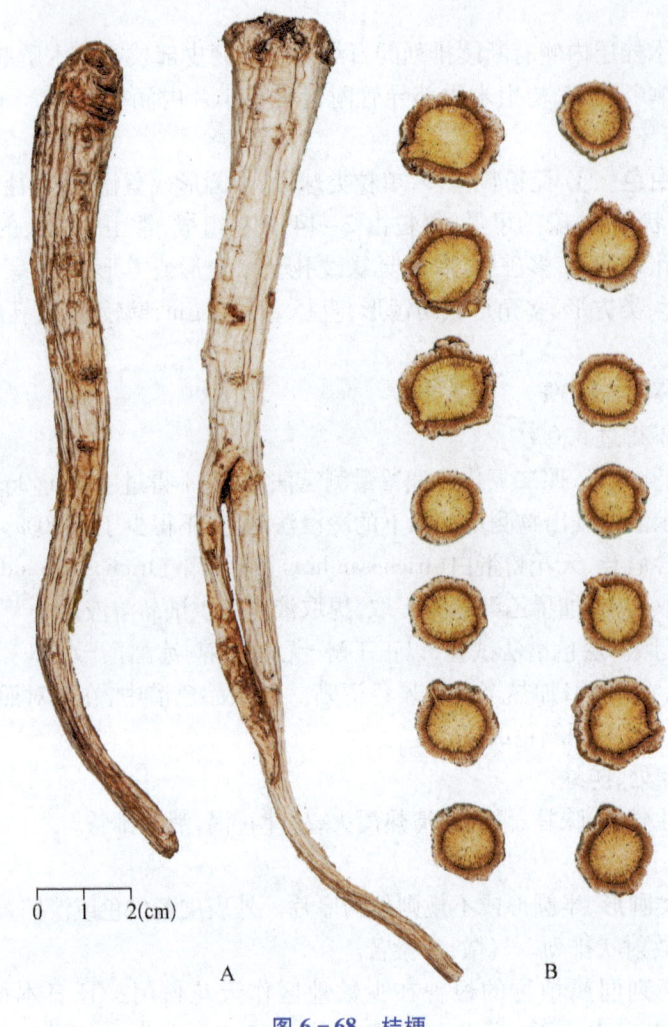

图 6-68 桔梗

A. 药材；B. 饮片

【显微鉴别】

1. **横切面** 木栓细胞有时残存,不去外皮者有木栓层,细胞中含草酸钙小棱晶。皮层窄,常见裂隙。韧皮部乳管群散在,乳管壁略厚,内含微细颗粒状黄棕色物。形成层成环。木质部导管单个散在或数个相聚,呈放射状排列(图 6-69)。薄壁细胞含菊糖。

2. **粉末** 黄白色。① 乳管常互相连接,直径 14~25 μm,管中含黄色油滴样颗粒状物。② 具梯纹、网纹导管,少有具缘纹孔导管。③ 菊糖众多(稀甘油装片),呈扇形或类圆形的结晶(图 6-70)。

【检查】

1. **水分** 不得过 15.0%。

2. **总灰分** 不得过 6.0%。

【浸出物】 照醇溶性浸出物测定法项下的热浸法测定,用乙醇作溶剂,不得少于 17.0%。

【化学成分】 含多种皂苷,混合皂苷完全水解产生桔梗皂苷元(platycodigenin)、远志酸(polygalacic acid)及少量桔梗酸(platycogenic acid)A、桔梗酸 B、桔梗酸 C,并分离出桔梗皂苷(platycodin)A、桔梗皂苷 C、桔梗皂苷 D。

【理化鉴别】 取粉末与 7%硫酸乙醇-水(1∶3)混合液加热回流,用三氯甲烷振摇提取 2 次,合并三氯甲烷液,加水洗涤 2 次,弃去洗液,三氯甲烷液用无水硫酸钠脱水,滤过,滤液回收

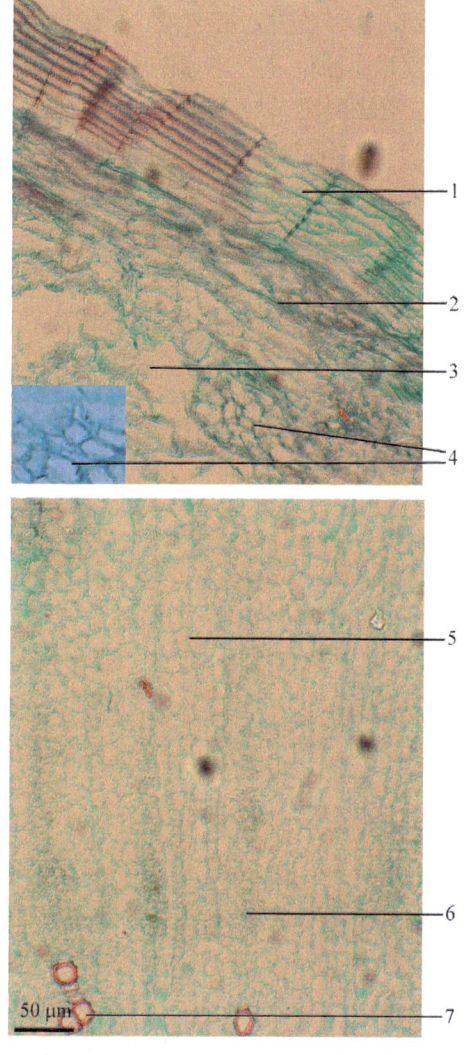

图 6-69　桔梗横切面显微组织构造详图
1. 木栓层；2. 皮层；3. 裂隙；4. 乳管群；5. 韧皮部；6. 形成层；7. 木质部

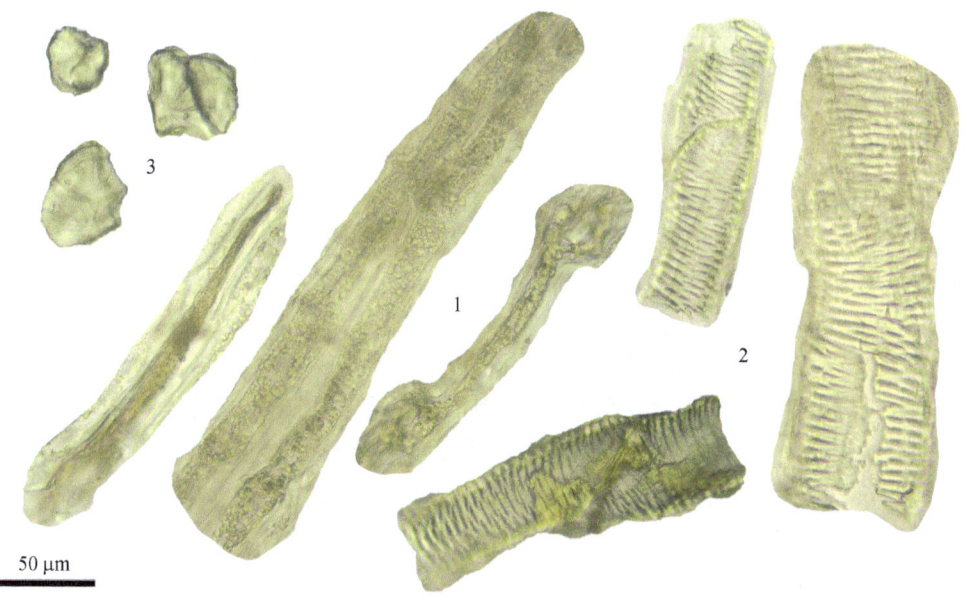

图 6-70　桔梗粉末显微特征图
1. 乳管；2. 导管；3. 菊糖

溶剂至干,残渣加甲醇使溶解,作为供试品溶液。以桔梗对照药材为对照。照薄层色谱法,以三氯甲烷-乙醚(2∶1)为展开剂,喷以10%硫酸乙醇溶液,在105℃条件下加热至斑点显色清晰。供试品色谱中,在与对照药材色谱相应的位置上,显相同颜色的斑点。

【含量测定】 照高效液相色谱法测定,以乙腈-水(25∶75)为流动相,蒸发光散射检测器检测,按干燥品计算,含桔梗皂苷D($C_{57}H_{92}O_{28}$)不得少于0.10%。

【贮藏】 置通风干燥处,防蛀。

【性味功能】 性平,味苦、辛。宣肺,利咽,祛痰,排脓。

【附注】 饮片 呈椭圆形或不规则厚片。外皮多已除去或偶有残留。切面皮部黄白色,较窄;形成层环纹明显,棕色;木部宽,有较多裂隙。气微,味微甜后苦。

党参(Dangshen, CODONOPSIS RADIX)

党参历史沿革

党参植物形态

【来源】 为桔梗科植物党参 Codonopsis pilosula (Franch.) Nannf.、素花党参 C. pilosula Nannf. var. modesta (Nannf.) L. T. Shen 或川党参 C. tangshen Oliv. 的干燥根。

【产地与采制】 党参主产于山西、陕西、甘肃、四川等省及东北各地。潞党(栽培品)产于山西平顺、长治、壶关等地。素花党参又称西党参,主产于甘肃文县、四川南坪、四川松潘等地。川党参主产于四川、湖北及与陕西接壤地区。

秋季采挖,除去地上部分及须根,洗净泥土,晒至半干,反复搓揉3~4次,晒至七八成干时,捆成小把,晒干。

【性状鉴别】

1. 党参 呈长圆柱形,稍弯曲,长10~35 cm,直径0.4~2 cm。表面灰黄色、黄棕色至灰棕色,根头部有多数疣状突起的茎痕及芽,每个茎痕的顶端呈凹下的圆点状;根头下有致密的环状横纹,向下渐稀疏,有的达全长的一半,栽培品环状横纹少或无。全体有纵皱纹和散在的横长皮孔样突起,支根断落处常有黑褐色胶状物。质稍柔软或稍硬而略带韧性。断面稍平坦,有裂隙或放射状纹理,皮部淡棕黄色至黄棕色,木部淡黄色至黄色(图6-71)。有特殊香气,味微甜。

2. 素花党参(西党参) 长10~35 cm,直径0.5~2.5 cm。表面黄白色至灰黄色,根头下致密的环状横纹常达全长的一半以上。断面裂隙较多,皮部灰白色至淡棕色。

3. 川党参 长10~45 cm,直径0.5~2 cm。表面灰黄色至黄棕色,有明显不规则的纵沟。质较软而结实,断面裂隙较少,皮部黄白色。

均以条粗壮、质柔润、气味浓、嚼之无渣者为佳。

【显微鉴别】

1. 横切面 木栓层细胞数列至10数列,外侧有石细胞,单个或成群。栓内层窄。韧皮部宽广,外侧常现裂隙,散有淡黄色乳管群,并常与筛管群交互排列。形成层成环。木质部导管单个散在或数个相聚,呈放射状排列(图6-72)。薄壁细胞含菊糖。

2. 粉末 淡黄色。①石细胞呈方形、长方形或多角形,壁不甚厚。②木栓细胞表面观呈类多角形,垂周壁薄,微弯曲。③菊糖众多,用水合氯醛装片不加热观察,可见菊糖结晶呈扇形,表面现放射状纹理。④节状乳管碎片甚多,含淡黄色颗粒状物,直径16~24 μm。⑤网纹导管易察见(图6-73)。

【检查】

1. 水分 不得过16.0%。

2. 总灰分 不得过5.0%。

3. 二氧化硫残留量 照二氧化硫残留量测定法测定,不得过400 mg/kg。

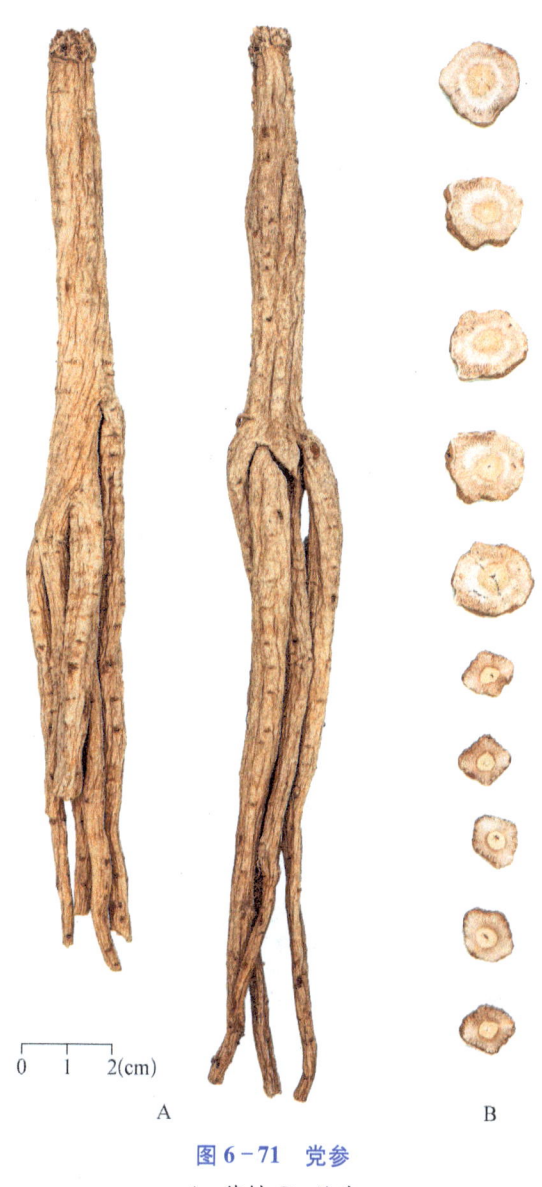

图6-71 党参
A. 药材；B. 饮片

【浸出物】 照醇溶性浸出物测定法项下的热浸法测定,用45%乙醇作溶剂,不得少于55.0%。

【化学成分】 含三萜类、甾醇类、多糖类、苷类及内酯类成分。三萜类有蒲公英萜醇(taraxerol)、蒲公英萜醇乙酸酯、木栓酮(friedelin)、齐墩果酸等；甾醇类有 α-菠菜甾醇(α-spinasterol)、Δ^7-豆甾烯醇(Δ^7-stigmasterol)、$\Delta^{5,22}$豆甾烯醇($\Delta^{5,22}$-stigmasterol)及其葡萄糖苷等；多糖类如杂多糖 Cp-1、Cp-2、Cp-3、Cp-4 及其他多糖；苷类如党参炔苷(lobetyolin)、丁香苷、党参苷(tangshenoside)Ⅰ；内酯类如苍术内酯(atractylnolide)Ⅱ、党参内酯(codonolactone)等。

【理化鉴别】 取粉末的甲醇超声提取液蒸干,残渣加水使溶解,通过 D101 型大孔吸附树脂柱,依次用水、50%乙醇洗脱,收集 50%乙醇洗脱液,蒸干,残渣加甲醇使溶解,作为供试品溶液。以党参炔苷对照品为对照。照薄层色谱法,以正丁醇-冰醋酸-水(7:1:0.5)为展开剂,喷以10%硫酸乙醇溶液,在100℃加热至斑点显色清晰,分别置日光和紫外光灯(365 nm)下检视。供试品色谱中,在与对照品色谱相应的位置上,显相同颜色的斑点或荧光斑点。

【贮藏】 置通风干燥处,防蛀。

【性味功能】 性平,味甘。健脾益肺,养血生津。

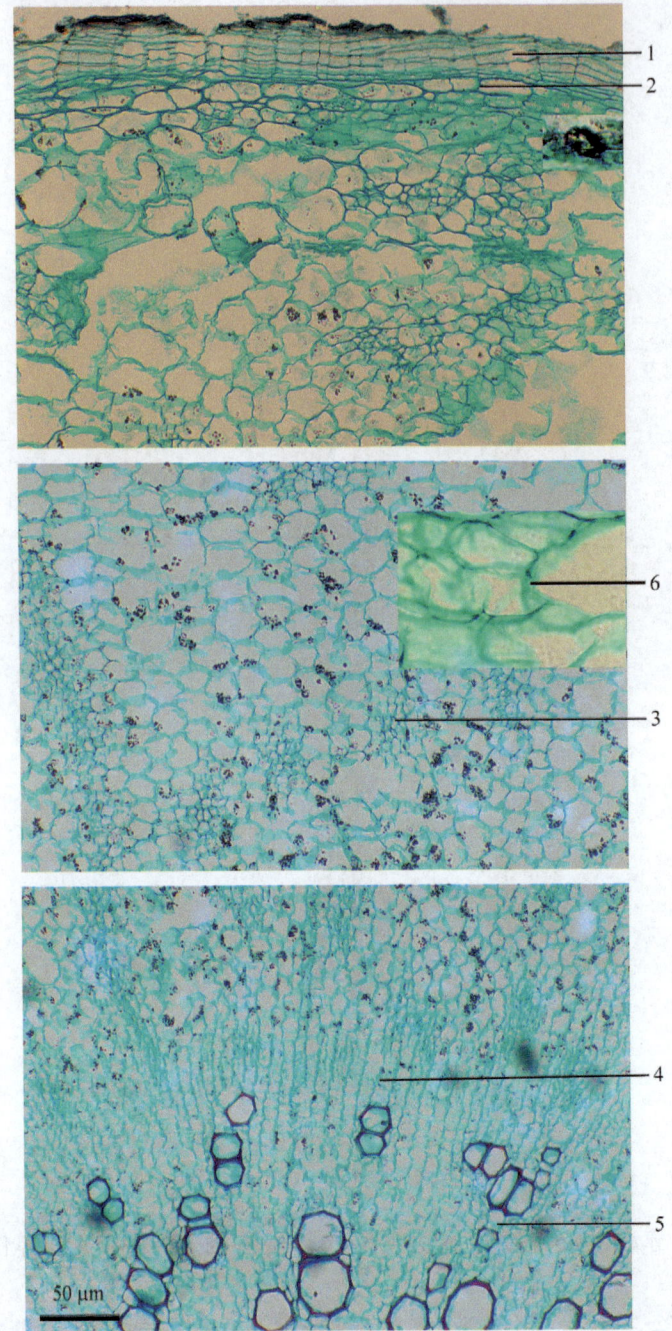

图 6-72 党参横切面显微组织构造详图
1. 木栓层;2. 皮层;3. 韧皮部;4. 形成层;5. 木质部;6. 乳管

【附注】

1. 饮片　呈类圆形的厚片。外表皮灰黄色、黄棕色至灰棕色,有时可见根头部有多数疣状突起的茎痕和芽。切面皮部淡棕黄色至黄棕色,木部淡黄色至黄色,有裂隙或放射状纹理。有特殊香气,味微甜。

2. 伪品　羊乳 Codonopsis lanceolata (Sieb. et Zucc.) Trautv. 为桔梗科植物,其根伪充党参药用。根呈纺锤形,短而粗,中部膨大。长 5~10 cm,直径 2~4 cm。芦头向下有由密渐疏的环状横纹,几乎达全体。表面淡黄褐色,粗糙散在少量瘤状突起。断面白色,有裂隙。味微苦。迷果芹 Sphallerocarpus gracilis (Bess.) K.-Pol. 为伞形科植物,其根伪充党参入药。根呈长纺锤形或类圆锥形。长 8~20 cm,直径 0.5~2 cm。根头顶端圆钝,中央有茎基残痕,其下有致密的环状横纹。断面乳白色。气微具胡萝卜香气,味淡微甜。

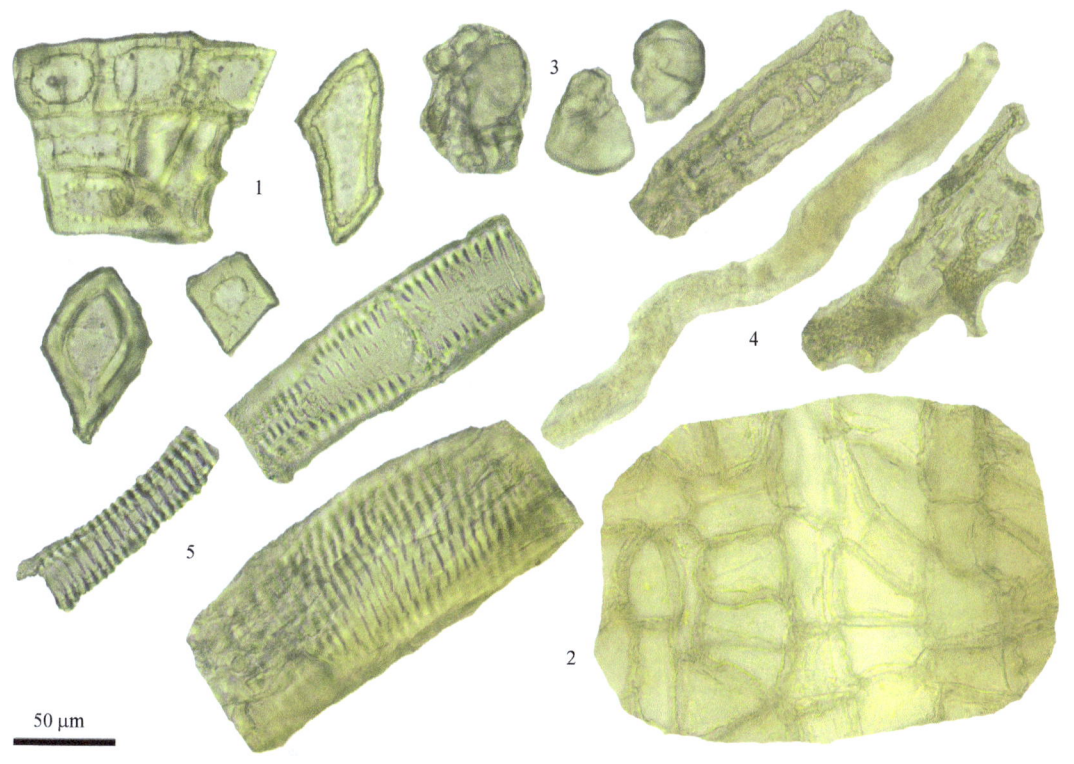

图 6-73 党参粉末显微特征图
1. 石细胞;2. 木栓细胞;3. 菊糖;4. 乳管;5. 导管

南沙参(Nanshashen, ADENOPHORAE RADIX)

为桔梗科植物轮叶沙参 *Adenophora tetraphylla* (Thunb.) Fisch. 或沙参 *A. stricta* Miq. 的干燥根。轮叶沙参产于东北、内蒙古、河北、山西、山东、华东、广东、广西、云南、四川、贵州;沙参产于江苏、安徽、浙江、江西、湖南。

呈圆锥形或圆柱形,略弯曲,长 7~27 cm,直径 0.8~3 cm。表面黄白色或淡棕黄色,凹陷处常有残留粗皮,上部多有深陷横纹,呈断续的环状,下部有纵纹和纵沟。顶端具 1 或 2 个根茎。体轻,质松泡,易折断,断面不平坦,黄白色,多裂隙。气微,味微甘。轮叶沙参含三萜皂苷、生物碱等成分。

木香(Muxiang, AUCKLANDIAE RADIX)

【来源】 为菊科植物木香 *Aucklandia lappa* Decne. 的干燥根。

【产地与采制】 主产于云南省,又称云木香;四川、西藏亦产;为栽培品。

秋、冬二季采挖 2~3 年生的根,除去茎叶、须根及泥土,切段或纵剖为块,晒干或风干,撞去粗皮。

【性状鉴别】 呈圆柱形或半圆柱形,长 5~10 cm,直径 0.5~5 cm。表面黄棕色至灰褐色,有明显的皱纹、纵沟及侧根痕。质坚,不易折断,断面灰褐色至暗褐色,周边灰黄色或浅棕黄色,形成层环棕色,有放射状纹理及散在的褐色点状油室(图 6-74)。气香特异,味微苦。

以质坚实、香气浓、油性大者为佳。

图 6-74 木香
A. 药材；B. 饮片

【显微鉴别】
1. 横切面　木栓层有多列木栓细胞。皮层狭窄。韧皮部宽广,韧皮纤维束散在,射线明显。木质部由导管、木纤维及木薄壁细胞组成,导管单列径向排列。根的中心为四原型初生木质部(图 6-75)。薄壁组织中有大型油室散在,常含有黄色分泌物。薄壁细胞中含有菊糖。

2. 粉末　黄绿色。① 菊糖结晶多见,表面可见放射状纹理。② 木纤维多成束,长梭形,直径 16~24 μm,纹孔口横裂缝状、"十"字状或"人"字状。③ 网纹导管较多,亦有具缘纹孔,直径 30~90 μm;④ 油室碎片有时可见,内含黄色或棕色分泌物。此外,可见木栓细胞。

【检查】　总灰分　　不得过 4.0%。

【化学成分】　含挥发油 0.3%~3.0%,木香碱 0.05%,菊糖 18%。挥发油中主要成分为木香内酯(costuslactone)、二氢木香内酯(dihydrocostuslactone)、α-木香醇(α-costol)、α-木香酸(α-costusic acid)、去氢木香内酯(dehydrocostuslactone)、木香烯内酯(costunolide)等。另含生物碱,如木香碱(saussurine)。

【理化鉴别】　取粉末的甲醇超声提取液作为供试品溶液。以去氢木香内酯对照品、木香烯内酯对照品为对照。照薄层色谱法,以环己烷-甲酸乙酯-甲酸(15:5:1)的上层溶液为展开剂,喷以 1%香草醛硫酸溶液,加热至斑点显色清晰。供试品色谱中,在与对照品色谱相应的位置上,显相同颜色的斑点。

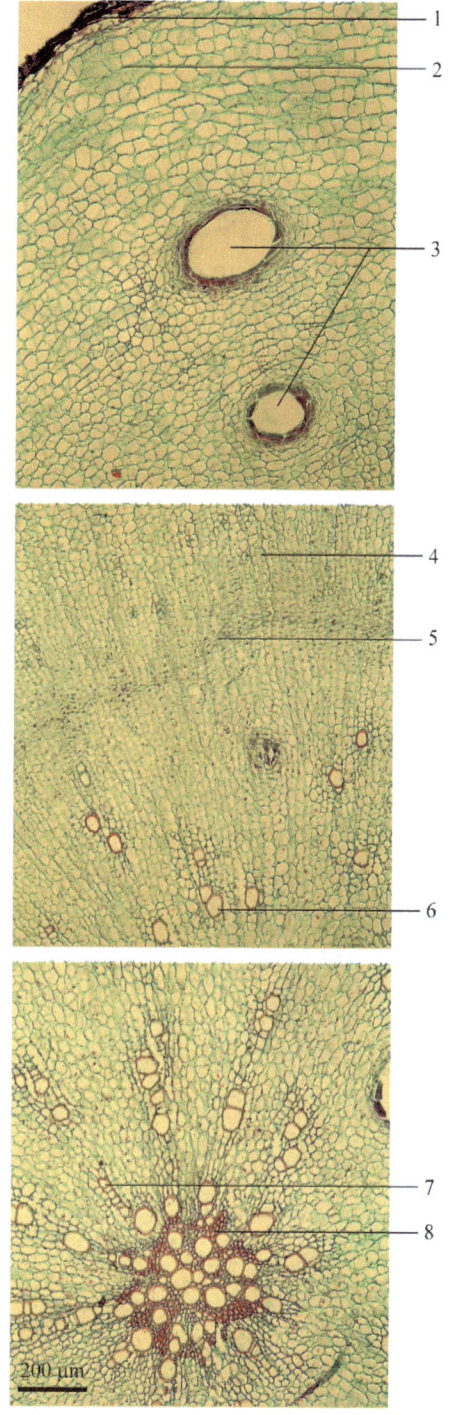

图 6-75　木香横切面显微组织构造详图

1. 木栓层；2. 皮层；3. 油室；4. 韧皮部；5. 形成层；6. 导管；7. 木纤维；8. 初生木质部

【含量测定】　照高效液相色谱法测定，以甲醇-水（65∶35）为流动相；检测波长为 225 nm。按干燥品计算，含木香烃内酯（$C_{15}H_{20}O_2$）和去氢木香内酯（$C_{15}H_{18}O_2$）的总量不得少于 1.8%。

【贮藏】　置干燥处，防潮。

【性味功能】　性温，味辛、苦。行气止痛，健脾消食。煨木香实肠止泻。

【附注】　饮片

（1）木香：呈类圆形或不规则的厚片。外表皮黄棕色至灰褐色，有纵皱纹。切面棕黄色至棕褐色，中部有明显菊花心状的放射纹理，形成层环棕色，褐色油点（油室）散在。气香特异，味微苦。

（2）煨木香：形如木香片。气微香，味微苦。

川木香(Chuanmuxiang, VLADIMIRIAE RADIX)

为菊科植物川木香 *Vladimiria souliei* (Franch.) Ling 或灰毛川木香 *V. souliei* (Franch.) Ling var. *cinerea* Ling 的干燥根。产于四川。

呈圆柱形或有纵槽的半圆柱形,稍弯曲,长10~30 cm,直径1~3 cm。表面黄褐色或棕褐色,具纵皱纹,外皮脱落处可见丝瓜络状细筋脉;根头偶有黑色发黏的胶状物,习称"油头"。体较轻,质硬脆,易折断,断面黄白色或黄色,有深黄色稀疏油点及裂隙,木部宽广,有放射状纹理;有的中心呈枯朽状。气微香,味苦,嚼之粘牙。

白术(Baizhu, ATRACTYLODIS MACROCEPHALAE RHIZOMA)

白术授课视频

白术历史沿革

白术植物形态

【来源】 为菊科植物白术 *Atractylodes macrocephala* Koidz. 的干燥根茎。

【产地与采制】 主产于浙江、安徽、湖北、湖南等地。多为栽培。

霜降前后,下部叶枯黄、上部叶变脆时挖取2~3年生的根茎,除去茎叶及细根,烘干或晒干。

【性状鉴别】 呈不规则肥厚团块或拳状团块,长3~13 cm,直径1.5~7 cm。表面灰黄色或灰棕色,有不规则的瘤状突起及断续的纵皱和沟纹,并有须根痕,顶端有残留茎基和芽痕。质坚硬不易折断,断面不平坦,黄白色至淡棕色,有棕黄色的点状油室散在(图6-76)。烘干者断面角质样,色较深或有裂隙。气清香,味甘、微辛,嚼之略带黏性。

一般以个大、质坚实、断面色黄白、香气浓者为佳。

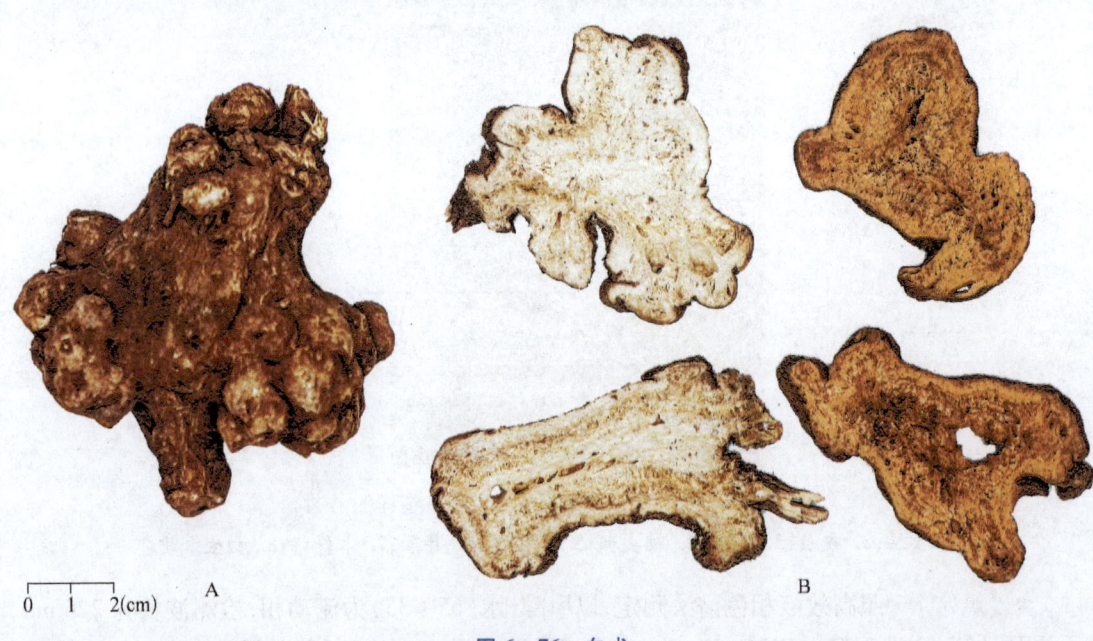

图 6-76 白术
A. 药材;B. 饮片

【显微鉴别】

1. 根茎横切面　木栓层为数裂扁平细胞,其内侧有断续的石细胞环带。皮层、韧皮部及木射线中有大型的油室散在,油室圆形至长圆形,长径180~340 μm,短径135~180 μm。木质部呈放射状排列,中部和内侧的导管有纤维束围绕。中央有髓部。薄壁细胞中含菊糖及草酸钙针晶。

2. 粉末　　淡黄棕色。① 草酸钙针晶细小,长 10~32 μm。不规则地聚集于薄壁细胞中。少数针晶直径可至 4 μm。② 纤维黄色,大多成束,长梭形,直径约至 40 μm,壁甚厚,木化,孔沟明显。③ 石细胞淡黄色,类圆形、多角形、长方形、少数为纺锤形,直径 37~64 μm,胞腔明显,有不规则的孔沟。④ 菊糖存在于薄壁细胞中,表面显放射状纹理。⑤ 导管分子较短小,为网纹及具缘纹孔导管,直径至 48 μm。

【检查】

1. 水分　　不得过 15.0%。

2. 总灰分　　不得过 5.0%。

【浸出物】　照醇溶性浸出物项下的热浸法测定,不得少于 35.0%。

【化学成分】　含挥发油 1.4% 左右,油中主要成分为苍术酮(atractylon)、苍术醇(atractylol),白术内酯(butenolide)A、白术内酯 B、$3-\beta-$乙酰氧基苍术酮($3-\beta-$acetoxyatractylon)等。

【理化鉴别】　取粉末的正己烷超声提取液作为供试品溶液。以白术对照药材为对照,以石油醚(60~90℃)-乙酸乙酯(50:1)为展开剂,喷 5% 香草醛硫酸溶液,加热至斑点显色清晰;供试品色谱中与对照药材色谱相应的位置上,显相同颜色的斑点并应显一桃红色主斑点(苍术酮)。

【贮藏】　置阴凉干燥处,防蛀。

【性味功能】　性温,味甘、苦。健脾益气,燥湿利水,止汗,安胎。

【附注】　饮片

(1) 白术:呈不规则的厚片。外表皮灰黄色或灰棕色。切面黄白色至淡棕色,散生棕黄色的点状油室,木部具放射状纹理;烘干者切面角质样,色较深或有裂隙。气清香,味甘、微辛,嚼之略带黏性。

(2) 麸炒白术:形如白术片,表面黄棕色,偶见焦斑。略有焦香气。

苍术(Cangzhu, ATRACTYLODIS RHIZOMA)

苍术授课视频

【来源】　为菊科植物茅苍术 *Atractylodes lancea* (Thunb.) DC. 或北苍术 *A. chinensis* (DC.) Koidz. 的干燥根茎。

【产地与采制】　茅苍术主产于江苏、湖北、河南等地。北苍术主产于河北、山西、陕西、内蒙古等地。多为栽培。

苍术历史沿革

春、秋二季采挖根茎,除去茎、叶、须根及泥土,晒干,撞去须根。

【性状鉴别】

1. 茅苍术　　呈不规则连珠状或结节状圆柱形,略弯曲,偶有分枝,长 3~10 cm,直径 1~2 cm。表面灰棕色,有皱纹、横曲纹及残留的须根,顶端有茎痕及残留的茎基。质坚实。断面黄白色或灰白色,散有多数橙黄色或棕红色油点,习称"朱砂点";暴露稍久,可析出白毛状结晶,习称"起霜"。香气特异,味微甘、辛、苦。

苍术植物形态

2. 北苍术　　呈疙瘩状或结节状圆柱形,长 4~9 cm,直径 1~4 cm。表面棕黑色,除去外皮者黄棕色(图 6-77)。质较疏松,断面散有黄棕色油点,无白毛状结晶析出。香气较淡,味微甘、辛、苦。

一般均以个大、质坚实、断面朱砂点多、香气浓者为佳。

【显微鉴别】

1. 横切面　　茅苍术:木栓层夹有石细胞带 1 至数条,每一石细胞带由 2~3 层类长方形的石细胞组成。皮层宽广,其间散有大型油室,长径 225~810 μm,短径 135~450 μm。韧皮部狭小。木质部内侧有纤维束,和导管群相间排列。射线较宽,射线和髓部均散有油室(图 6-78)。

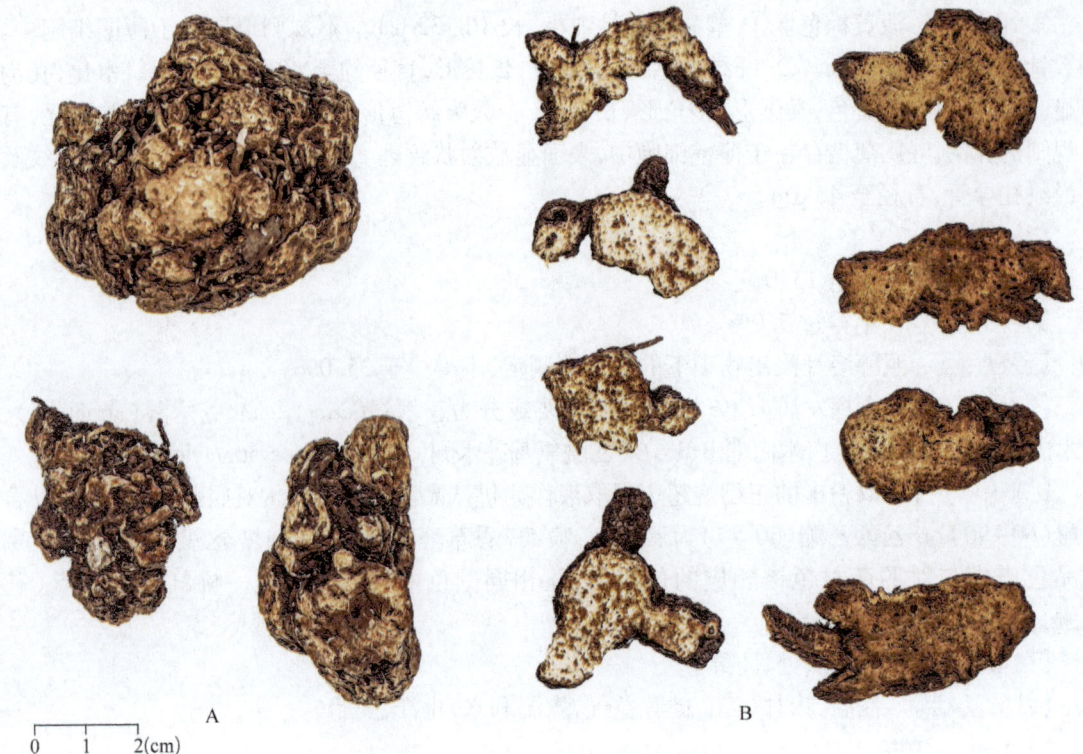

图6-77 苍术
A. 药材；B. 饮片

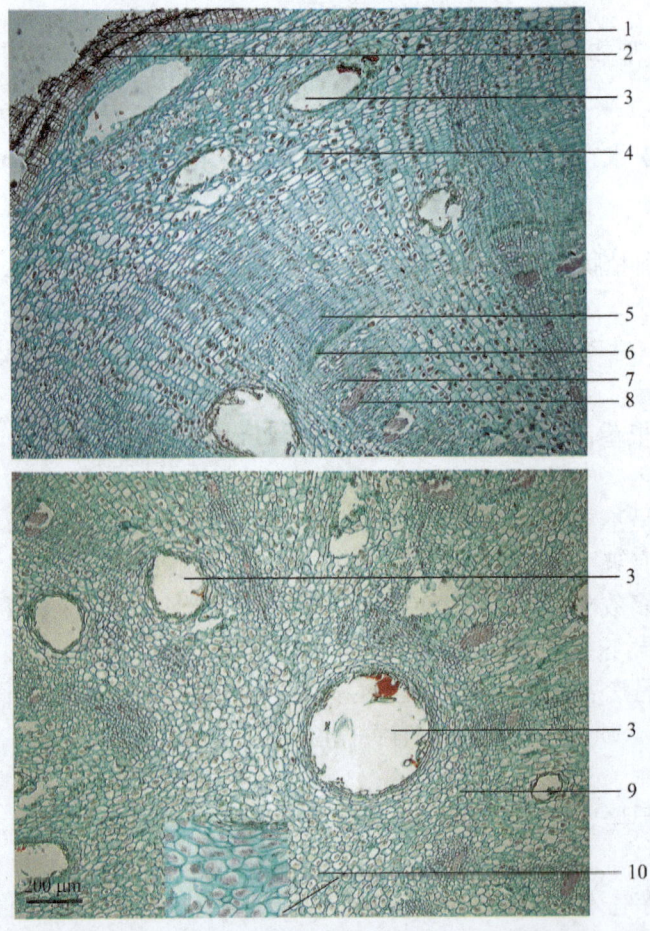

图6-78 苍术(茅苍术)横切面显微组织构造详图
1. 木栓层；2. 石细胞环带；3. 油室；4. 皮层；5. 韧皮部；6. 形成层；7. 木质部；8. 木纤维；9. 髓部；10. 草酸钙针晶

薄壁细胞含有菊糖和细小的草酸钙针晶。

北苍术与茅苍术横切面的区别为皮层有纤维束。木质部纤维束较大,和导管群相间排列。

2. 粉末　　茅苍术棕色。① 草酸钙针晶细小,长 5~30 μm,不规则地充塞于薄壁细胞中。② 纤维梭形,常成束,直径约至 40 μm,壁甚厚,木化。③ 石细胞甚多,单个或成群,有时与木栓细胞连结,多角形、类圆形或类长方形,直径 20~80 μm,壁极厚,木化,孔沟明显。④ 油室碎片多见。⑤ 菊糖呈扇状或块状,表面显放射状纹理。另有导管,节较短,主为网纹,也有具缘纹孔导管。

【检查】
1. 水分　　不得过 13.0%。
2. 总灰分　　不得过 7.0%。

【化学成分】　茅苍术含挥发油 5%~9%,油中主要成分为苍术素(atractylodin)、茅术醇(hinesol)、β-桉油醇(β-eudesmol)、榄香醇(elemol)、苍术醇(atractylol)、苍术酮。

北苍术含挥发油 3%~5%,油中主要成分为苍术素、茅术醇、β-桉油醇、苍术醇。

【理化鉴别】　取粉末的甲醇超声提取液作为供试品溶液。以苍术对照药材、苍术素对照品为对照。以石油醚(60~90℃)-丙酮(9:2)为展开剂,喷以 10%硫酸乙醇溶液,加热至斑点显色清晰。供试品色谱中,在与对照药材色谱和对照品色谱相应的位置上,显相同颜色的斑点。

【含量测定】　照高效液相色谱法测定,以甲醇-水(79:21)为流动相;检测波长为 340 nm。按干燥品计算,含苍术素($C_{13}H_{10}O$)不得少于 0.30%。

【贮藏】　置阴凉干燥处。

【性味功能】　性温,味辛、苦。燥湿健脾,祛风散寒,明目。

【附注】　饮片

(1) 苍术：呈不规则类圆形或条形厚片。外表皮灰棕色至黄棕色,有皱纹,有时可见根痕。切面黄白色或灰白色,散有多数橙黄色或棕红色油室,有的可析出白色细针状结晶。气香特异,味微甘、辛、苦。

(2) 麸炒苍术：形如苍术片,表面深黄色,散有多数棕褐色油室。有焦香气。

紫菀(Ziwan, ASTERIS RADIX ET RHIZOMA)

为菊科植物紫菀 *Aster tataricus* L. f. 的干燥根和根茎。主产河北、安徽等地。

根茎呈不规则块状,大小不一,顶端有茎、叶的残基;质稍硬。根茎簇生多数细根,长 3~15 cm,直径 0.1~0.3 cm,多编成辫状;表面紫红色或灰红色,有纵皱纹;质较柔韧。气微香,味甜、微苦。含无羁萜醇、无羁萜、紫菀酮、紫菀皂苷、槲皮素及挥发油。

漏芦(Loulu, RHAPONTICI RADIX)

为菊科植物祁州漏芦 *Rhaponticum uniflorum* (L.) DC. 的干燥根。广泛分布在中国东北、西北、华中等地区。

呈圆锥形或扁片块状,多扭曲,长短不一,直径 1~2.5 cm。表面暗棕色、灰褐色或黑褐色,粗糙,具纵沟及菱形的网状裂隙。外层易剥落,根头部膨大,有残茎和鳞片状叶基,顶端有灰白色绒毛。体轻,质脆,易折断,断面不整齐,灰黄色,有裂隙,中心有的呈星状裂隙,灰黑色或棕黑色。气特异,味微苦。性寒,味苦。

泽泻(Zexie, ALISMATIS RHIZOMA)

为泽泻科植物东方泽泻 *Alisma orientale* (Sam.) Juzep. 或泽泻 *A. plantago-aquatica* Linn. 的干燥块茎。

呈类球形、椭圆形或卵圆形,长 2~7 cm,直径 2~6 cm。表面淡黄色至淡黄棕色,有不规则的横向环状浅沟纹和多数细小突起的须根痕,底部有的有瘤状芽痕。质坚实,断面黄白色,粉性,有多数细孔。气微,味微苦。含有数种四环三萜酮醇类衍生物,如泽泻醇(alisol)A、泽泻醇 B、泽泻醇 C 及泽泻醇 A 乙酸酯(alisol A monoacetate)、泽泻醇 B 乙酸酯(alisol B monoacetate)、泽泻醇 C 乙酸酯(alisol C monoacetate)等。

川贝母(Chuanbeimu, FRITILLARIAE CIRRHOSAE BULBUS)

川贝母历史沿革

川贝母植物形态

【来源】 为百合科植物川贝母 *Fritilaria cirrhosa* D. Don、暗紫贝母 *F. unibracteata* Hsiao et K. C. Hsia、甘肃贝母 *F. przewalskii* Maxim.、梭砂贝母 *F. delavayi* Franch.、太白贝母 *F. taipaiensis* P. Y. Li 或瓦布贝母 *F. unibracteata* Hsiao et K. C. Hsia var. *wabuensis* (S. Y. Tang et S. C. Yue) Z. D. Liu, S. Wang et S. C. Chen 的干燥鳞茎。

【产地与采制】 按性状不同分别习称"松贝""青贝""炉贝""栽培品"。

夏、秋二季或积雪融化后采挖,除去须根、粗皮及泥沙,晒干或低温干燥。

【性状鉴别】

1. 松贝 呈类圆锥形或近球形,高 0.3~0.8 cm,直径 0.3~0.9 cm。表面类白色。外层鳞叶 2 瓣,大小悬殊,大瓣紧抱小瓣,未抱部分呈新月形,习称"怀中抱月";顶部闭合,内有类圆柱形、顶端稍尖的心芽和小鳞叶 1~2 枚;先端钝圆或稍尖,底部平,微凹入,中心有 1 灰褐色的鳞茎盘,偶有残存须根(图 6-79A)。质硬而脆,断面白色,富粉性。气微,味微苦。

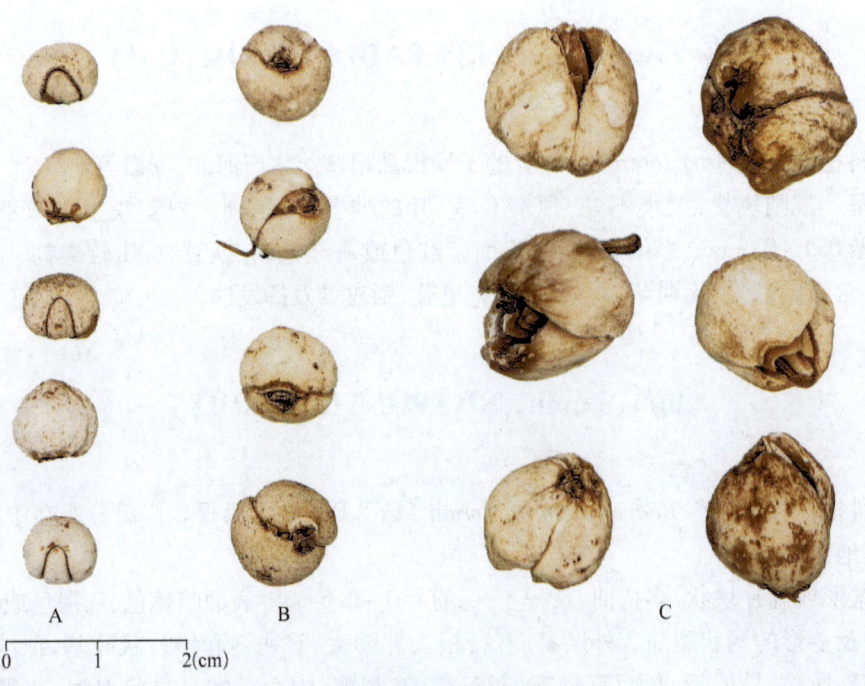

图 6-79 川贝母
A. 松贝;B. 青贝;C. 炉贝

2. 青贝　　呈类扁球形,高0.4~1.4cm,直径0.4~1.6cm。外层鳞叶2瓣,大小相近,相对抱合,顶部开裂,内有心芽和小鳞叶2~3枚及细圆柱形的残茎(图6-79B)。

3. 炉贝　　呈长圆锥形,高0.7~2.5cm,直径0.5~2.5cm。表面类白色或浅棕黄色,有的具棕色斑点。外层鳞叶2瓣,大小相近,顶部开裂而略尖,基部稍尖或较钝(图6-79C)。

4. 栽培品　　呈类扁球形或短圆柱形,高0.5~2cm,直径1~2.5cm。表面类白色或浅棕黄色,稍粗糙,有的具浅黄色斑点。外层鳞叶2瓣,大小相近,顶部多开裂而较平。

【显微鉴别】

粉末　　类白色或浅黄色(图6-80)。

(1) 松贝、青贝及栽培品:① 淀粉粒甚多,广卵形、长圆形或不规则圆形,有的边缘不平整或略分枝状,直径5~64μm,脐点短缝状、点状、"人"字状或马蹄状,层纹隐约可见。② 表皮细胞类长方形,垂周壁微波状弯曲,偶见不定式气孔,圆形或扁圆形。③ 螺纹导管直径5~26μm。

(2) 炉贝:① 淀粉粒广卵形、贝壳形、肾形或椭圆形,直径约至60μm,脐点"人"字状、星状或点状,层纹明显。② 螺纹导管和网纹导管直径可达64μm。

图6-80　川贝母粉末显微特征图
1. 淀粉粒;2. 气孔及表皮细胞;3. 导管

【检查】

1. 水分　　不得过15.0%。

2. 总灰分　　不得过5.0%。

【浸出物】　　按照热浸法测定,用稀乙醇作溶剂,不得少于9.0%。

【化学成分】

1. 川贝母商品药材　　主要含有生物碱、萜类、甾体等成分。生物碱是其主成分,包括川贝碱(fritimine)、西贝母碱(sipeimine)、贝母素甲、贝母素乙、贝母辛等。

2. 暗紫贝母　　尚含松贝辛(songbeisine)、松贝甲素和松贝乙素等。

3. 甘肃贝母　　尚含岷贝碱甲(minpeimine)、岷贝碱乙(minpeiminine)等。

4. 梭砂贝母　　尚含梭砂贝母素甲、梭砂贝母酮碱、梭砂贝母啶碱、川贝母酮碱等。

5. 太白贝母和瓦布贝母　　均含甾体生物碱类成分。其中,瓦布贝母尚含鄂贝乙素、异浙贝甲素和西贝素氮氧化物等。

【理化鉴别】　取粉末,加二氯甲烷超声提取,提取液蒸干,残渣加甲醇使溶解,作为供试品溶液。以贝母素乙对照品为对照,以乙酸乙酯-甲醇-浓氨试液-水(18∶2∶1∶0.1)为展开剂,喷以稀碘化铋钾试液和亚硝酸钠乙醇试液。供试品色谱中,在与对照品色谱相应的位置上,显相同颜色的斑点。

【生物鉴别】　模板 DNA 提取本品,作为供试品溶液,置4℃冰箱中备用。另取川贝母对照药材,制成对照药材模板 DNA 溶液。取 PCR 反应液,进行酶切反应。另取无菌超纯水,作为空白对照。照琼脂糖凝胶电泳法,取凝胶片在凝胶成像仪上或紫外透射仪上检视。供试品凝胶电泳图谱中,在与对照药材凝胶电泳图谱相应的位置上,在 100～250 bp 应有两条 DNA 条带,空白对照无条带。

【含量测定】　本品按干燥品计算,含总生物碱以西贝母碱($C_{27}H_{43}NO_3$)计,不得少于 0.05%。

【贮藏】　置通风干燥处,防蛀。

【性味功能】　性微寒,味苦、甘。清热润肺,化痰止咳,散结消痈。

【附注】　混伪品　　同属植物安徽贝母 *Fritillaria anhuiensis* S. C. Chen et S. F. Yin 的干燥鳞茎,亦作药用。药材多为分离的单瓣鳞叶,呈类方形,一边略宽厚,表面类白色。

浙贝母(Zhebeimu, FRITILLARIAE THUNBERGII BULBUS)

浙贝母历史沿革

浙贝母植物形态

【来源】　为百合科植物浙贝母 *Fritillaria thunbergii* Miq. 的干燥鳞茎。

【产地与采制】　主产于浙江。江苏、安徽、湖南亦产。多系栽培。

初夏植株枯萎时采挖,洗净。大小分开,大者除去芯芽,习称"大贝";小者不去芯芽,习称"珠贝"。分别撞擦,除去外皮,拌以煅过的贝壳粉,吸去擦出的浆汁,干燥;或取鳞茎,大小分开,洗净,除去芯芽,趁鲜切成厚片,洗净,干燥,习称"浙贝片"。

【性状鉴别】

1. 大贝　　为鳞茎外层的单瓣鳞叶,略呈新月形,高 1～2 cm,直径 2～3.5 cm。外表面类白色至淡黄色,内表面白色或淡棕色,被有白色粉末。质硬而脆,易折断,断面白色至黄白色,富粉性。气微,味微苦。

2. 珠贝　　为完整的鳞茎,呈扁圆形,高 1～1.5 cm,直径 1～2.5 cm。表面黄棕色至黄褐色,有不规则的皱纹;或表面类白色至淡黄色,较光滑或被有白色粉末。质硬,不易折断,断面淡黄色或类白色,略带角质状或粉性;外层鳞叶 2 瓣,肥厚,略似肾形,互相抱合,内有小鳞叶 2～3 枚和干缩的残茎(图 6-81)。

3. 浙贝片　　为椭圆形或类圆形片,大小不一,长 1.5～3.5 cm,宽 1～2 cm,厚 0.2～0.4 cm。外皮黄褐色或灰褐色,略皱缩;或淡黄色,较光滑。切面微鼓起,灰白色;或平坦,粉白色(图 6-81)。质脆,易折断,断面粉白色,富粉性。

【显微鉴别】　粉末　　淡黄白色。①淀粉粒甚多,单粒卵形、广卵形或椭圆形,直径 6～56 μm,层纹不明显。②表皮细胞类多角形或长方形,垂周壁连珠状增厚;气孔少见,副卫细胞 4～5 个。③草酸钙结晶少见,细小,多呈颗粒状,有的呈梭形、方形或细杆状。④导管多为螺纹,直径至 18 μm(图 6-82)。

【检查】

1. 水分　　不超过 18.0%。

2. 总灰分　　不超过 6.0%。

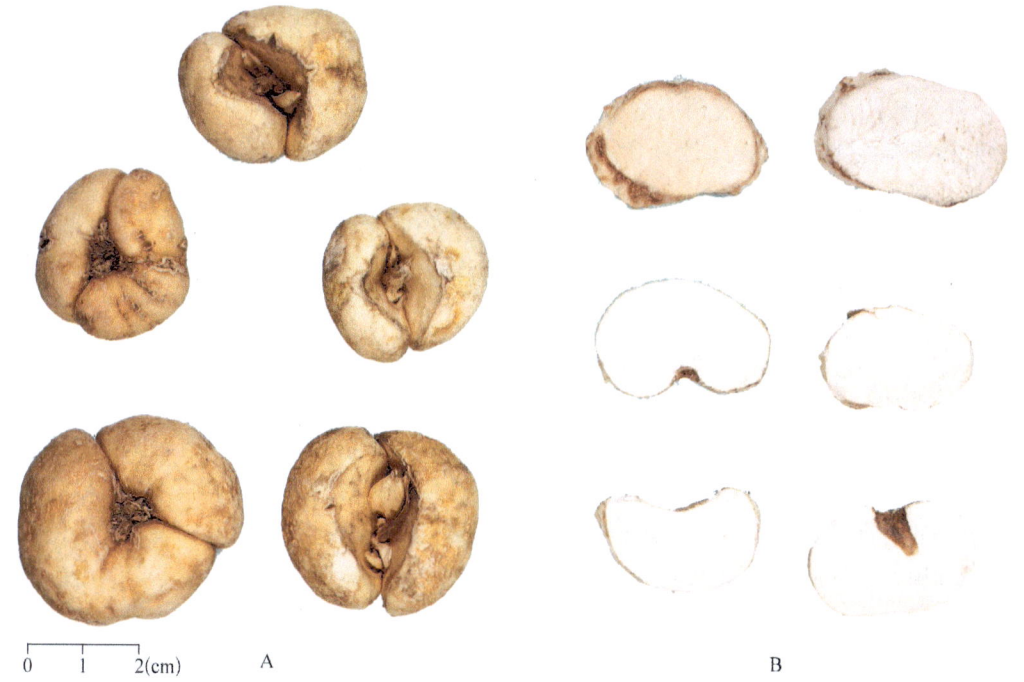

图 6-81 浙贝母
A. 药材；B. 饮片

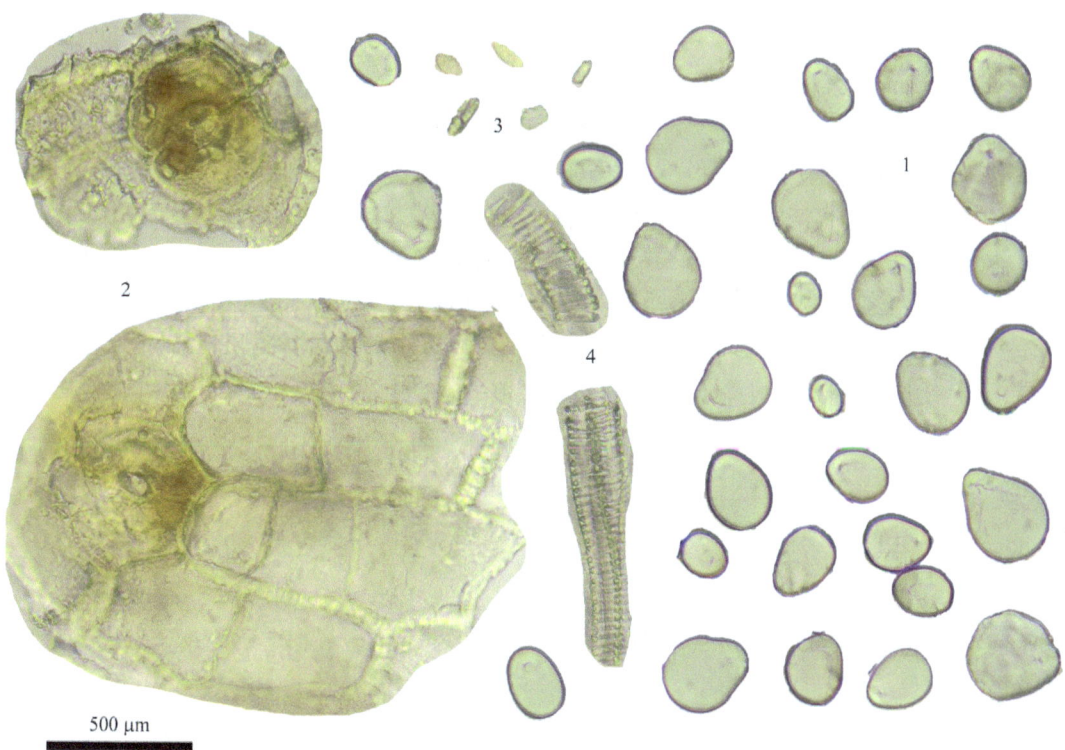

图 6-82 浙贝母粉末显微特征图
1. 淀粉粒；2. 气孔及表皮细胞；3. 草酸钙结晶；4. 导管

【浸出物】 按照热浸法测定，用稀乙醇作溶剂，不得少于 8.0%。

【化学成分】 含生物碱，主要为贝母素甲（verticine）、贝母素乙（verticinone）、浙贝宁（zhebeinine）、浙贝丙素、浙贝酮（zhebeinone）、贝母辛、异浙贝母碱（isoverticine）等。

【理化鉴别】 取粉末，加浓氨试液与三氯甲烷提取，提取液蒸干，残渣加三氯甲烷使溶解，作为供试品溶液。以贝母素甲、贝母素乙对照品为对照，以乙酸乙酯-甲醇-浓氨试液（17：2：1）

为展开剂,喷以稀碘化铋钾试液。供试品色谱中,在与对照品色谱相应的位置上,显相同颜色的斑点。

【含量测定】 按照高效液相色谱法测定,以乙腈-水-二乙胺(70:30:0.03)为流动相;蒸发光散射检测器检测,按干燥品计算含贝母素甲($C_{27}H_{45}NO_3$)和贝母素乙($C_{27}H_{43}NO_3$)的总量,不得少于0.08%。

【贮藏】 置干燥处,防蛀。

【性味功能】 性寒,味苦。清热化痰止咳,解毒散结消痈。

【附注】

1. 饮片　为类圆形的厚片或碎块。外皮黄褐色或灰褐色,略皱缩;或淡白色,较光滑或被有白色粉末。切面微鼓起或平坦,灰白色或粉白色,质坚硬,易折断,断面灰白色或白色。气微,味苦。

2. 混淆品　东贝母:百合科植物东贝母 *Fritillaria thunbergii* Miq. var. *chekiangensis* Hsiao et K. C. Hsia 的干燥鳞茎。浙江东阳一带栽培鳞茎亦作浙贝母用。东贝母呈椭圆形或卵圆形,高0.7~1.5 cm,直径0.4~1.0 cm,表面类白色,外层鳞叶2~3枚,大小悬殊,大瓣紧抱1~2枚小瓣。质硬而脆,易折断,断面白色至淡黄白色,富粉性。气微,味苦。

黄精(Huangjing, POLYGONATI RHIZOMA)

为百合科植物滇黄精 *Polygonatum kingianum* Coll. et Hemsl.、黄精 *P. sibiricum* Red. 或多花黄精 *P. cyrtonema* Hua 的干燥根茎。主产于河北、内蒙古、陕西等地;多花黄精主产于贵州、湖南、云南等地;滇黄精主产于贵州、广西、云南等地。按形状不同,习称"大黄精""鸡头黄精""姜形黄精"。

大黄精:呈肥厚肉质的结节块状,结节长可达10 cm以上,宽3~6 cm,厚2~3 cm。表面淡黄色至黄棕色,具环节,有皱纹及须根痕,结节上侧茎痕呈圆盘状,圆周凹入,中部突出。质硬而韧,不易折断,断面角质,淡黄色至黄棕色。气微,味甜,嚼之有黏性。鸡头黄精:呈结节状弯柱形,长3~10 cm,直径0.5~1.5 cm。结节长2~4 cm,略呈圆锥形,常有分枝。表面黄白色或灰黄色,半透明,有纵皱纹,茎痕圆形,直径5~8 mm。姜形黄精:呈长条结节块状,长短不等,常数个块状结节相连。表面灰黄色或黄褐色,粗糙,结节上侧有突出的圆盘状茎痕,直径0.8~1.5 cm。味苦者不可药用。含甾体皂苷、多糖类成分,如黄精皂苷(sibiricoside)A、黄精皂苷B和黄精多糖A、黄精多糖B、黄精多糖C。

玉竹(Yuzhu, POLYGONATI ODORATI RHIZOMA)

为百合科植物玉竹 *Polygonatum odoratum* (Mill.) Druce 的干燥根茎。主产于湖南、河南、浙江等地。

呈长圆柱形,略扁,少有分枝,长4~18 cm,直径0.3~1.6 cm。表面黄白色或淡黄棕色,半透明,具纵皱纹和微隆起的环节,有白色圆点状的须根痕和圆盘状茎痕。质硬而脆或稍软,易折断,断面角质样或显颗粒性。气微,味甘,嚼之发黏。含黏多糖,尚含4种玉竹果聚糖(polygonatum-fructan),即玉竹果聚糖A、玉竹果聚糖B、玉竹果聚糖C、玉竹果聚糖D。

重楼(Chonglou, PARIDIS RHIZOMA)

为百合科植物云南重楼 *Paris polyphylla* Smith var. *yunnanensis* (Franch.) Hand.-Mazz. 或七

叶一枝花 P. polyphylla Smith var. chinensis (Franch.) Hara 的干燥根茎。主产于云南、四川、广西、陕西等地。

呈结节状扁圆柱形,略弯曲,长 5~12 cm,直径 1.0~4.5 cm。表面黄棕色或灰棕色,外皮脱落处呈白色;密具层状突起的粗环纹,一面结节明显,结节上具椭圆形凹陷茎痕,另一面有疏生的须根或疣状须根痕。顶端具鳞叶和茎的残基。质坚实,断面平坦,白色至浅棕色,粉性或角质。气微,味微苦、麻。含皂苷,其皂苷元为薯蓣皂苷元(diosgenin)。

土茯苓(Tufuling, SMILACIS GLABRAE RHIZOMA)

为百合科植物光叶菝葜 Smilax glabra Roxb. 的干燥根茎。主产于广东、湖南、湖北、浙江等地。

略呈圆柱形,稍扁或呈不规则条块,有结节状隆起,具短分枝,长 5~22 cm,直径 2~5 cm。表面黄棕色或灰褐色,凹凸不平,有坚硬的须根残基,分枝顶端有圆形芽痕,有的外皮现不规则裂纹,并有残留的鳞叶。质坚硬。切片呈长圆形或不规则,厚 1~5 mm,边缘不整齐;切面类白色至淡红棕色,粉性,可见点状维管束及多数小亮点;质略韧,折断时有粉尘飞扬,以水湿润后有黏滑感。气微,味微甘、涩。以断面色淡棕、粉性足者为佳。含落新妇苷(astilbin)、黄杞苷(engeletin)、莽草酸(shikimic acid)等。

百合(Baihe, LILII BULBUS)

为百合科植物卷丹 Lilium lancifolium Thunb.、百合 L. brownii F. E. Brown var. viridulum Baker 或细叶百合 L. pumilum DC. 的干燥肉质鳞叶。主产于湖南、浙江、江苏等省。

呈长椭圆形片状,长 2~5 cm,宽 1~2 cm,中部厚 1.3~4 mm。表面黄白色至淡棕黄色,有的微带紫色;有数条纵直平行的白色维管束。顶端稍尖,基部较宽,边缘薄,微波状,略向内弯曲。质硬而脆,断面较平坦,角质样。气微,味微苦。以条肉质、质硬、色白者为佳。含有百合多糖、百合皂苷等成分。

天冬(Tiandong, ASPARAGI RADIX)

为百合科植物天冬 Asparagus cochinchinensis (Lour.) Merr. 的干燥块根。主产于贵州、四川、广西等地。

呈长纺锤形,略弯曲,长 5~18 cm,直径 0.5~2 cm。表面黄白色至淡黄棕色,半透明,光滑或具深浅不等的纵皱纹,偶有残存的灰棕色外皮。质硬或柔润,有黏性,断面角质样,中柱黄白色,偶有不明显中柱。气微,味甜、微苦。以肥满、致密、色黄白、半透明者为佳。含有苷类、氨基酸、糖类等成分。主要含天冬素、甾体皂苷等。

麦冬(Maidong, OPHIOPOGONIS RADIX)

【来源】 为百合科植物麦冬 Ophiopogon japonicus (L. f) Ker-Gawl. 的干燥块根。

【产地与采制】 主产于浙江、四川、江苏等地,多为栽培。

浙江于栽培后第三年的小满至夏至采挖。四川于栽培后第二年的清明至谷雨采挖,剪取须

麦冬历史沿革

麦冬植物形态

根,洗净,反复暴晒,堆放,至七八成干,除去须根,干燥。

【性状鉴别】 呈纺锤形,两端略尖,长1.5~3 cm,直径0.3~0.6 cm。表面淡黄色或灰黄色,有细纵纹(图6-83)。质柔韧,断面黄白色,半透明,中柱细小。气微香,味甘、微苦。

图6-83 麦冬

【显微鉴别】

1. **横切面** 表皮细胞1列或脱落,根被为3~5列木化细胞。皮层宽广,散有含草酸钙针晶束的黏液细胞,有的针晶直径可至10 μm;内皮层细胞壁均匀增厚,木化,有通道细胞,外侧为1列石细胞,其内壁及侧壁增厚,纹孔细密。中柱较小,韧皮部束16~22个,木质部由导管、管胞、木纤维及内侧的木化细胞连结成环层。髓部小,薄壁细胞类圆形(图6-84)。

2. **粉末** 白色或黄白色。① 石细胞常与内皮层细胞上下相叠。表面观类方形或类多角形,直径22~96 μm,长至170 μm,壁厚至16 μm,有的一边甚薄,纹孔密,孔沟明显。② 草酸钙针晶散在或成束存在于黏液细胞中,针晶长25~50 μm;柱状针晶长至88 μm,直径8~13 μm。③ 内皮层细胞呈长方形或长条形,壁厚至7 μm,木化,纹孔点状,较稀疏,孔沟明显。④ 木纤维细长,末端倾斜,细胞壁木化,壁孔呈稀疏点状,纹孔斜裂缝状,多相交成"十"字形或"人"字形。⑤ 管胞为孔纹及网纹管胞,直径14~24 μm(图6-85)。另有少数具缘纹孔导管。

【检查】

1. **水分** 不得过18.0%。
2. **总灰分** 不得过5.0%。

【浸出物】 照水溶性浸出物项下的冷浸法测定,不得少于60.0%。

【化学成分】 含多种甾体皂苷:麦冬皂苷(ophiopogonin)A、麦冬皂苷B、麦冬皂苷B'、麦冬皂苷C、麦冬皂苷C'、麦冬皂苷D、麦冬皂苷D'。其中,麦冬皂苷A的含量最高,约占0.05%,麦冬皂苷B约占0.01%,麦冬皂苷C及麦冬皂苷D的含量均很低。麦冬皂苷A、麦冬皂苷B、麦冬皂苷C、麦冬皂苷D的苷元均为鲁斯可皂苷元(ruscogenin);麦冬皂苷B'、麦冬皂苷C'、麦冬皂苷

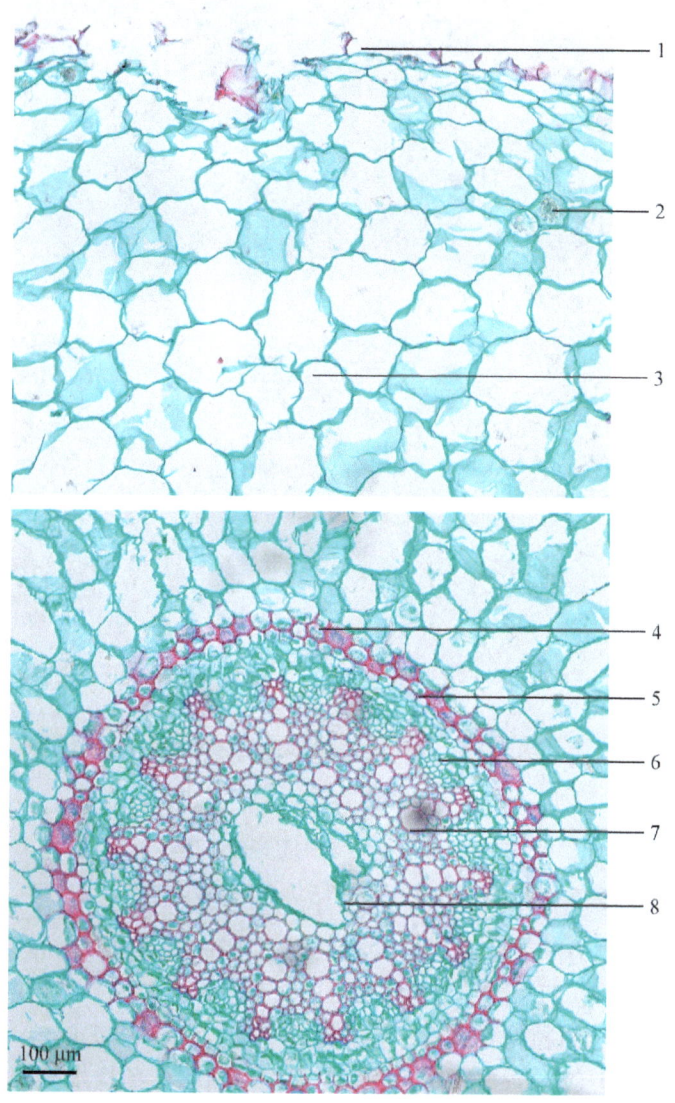

图 6-84 麦冬(块根)横切面显微组织构造详图

1. 根被;2. 草酸钙针晶束;3. 皮层;4. 石细胞;5. 内皮层;6. 韧皮部;7. 木质部;8. 髓部

D′的苷元为薯蓣皂苷元(diosgenin)。含多种黄酮类化合物:麦冬黄烷酮 A、麦冬黄烷酮 B、甲基麦冬黄烷酮 A、甲基麦冬黄烷酮 B 等。含挥发油:长叶烯(longifolene)、α-广藿香烯、β-广藿香烯、香附子烯(cyperene)、愈创奥醇(guaiol)等成分。

【理化鉴别】 取本品剪碎,加三氯甲烷-甲醇(7:3)混合溶液超声提取,提取液蒸干,残渣加三氯甲烷使溶解,作为供试品溶液。以麦冬对照药材为对照,照薄层色谱法,以甲苯-甲醇-冰醋酸(80:5:0.1)为展开剂,置紫外光灯下检视。供试品色谱中,在与对照药材色谱相应的位置上,显相同颜色的斑点。

【含量测定】 照紫外-可见分光光度法测定,在 397 nm 波长处测定吸光度。按干燥品计算,含麦冬总皂苷以鲁斯可皂苷元($C_{27}H_{42}O_4$)计,不得少于 0.12%。

【贮藏】 置阴凉干燥处,防潮。

【功效】 性微寒,味甘、微苦。养阴生津,润肺清心。

【附注】

1. 混淆品　　商品中有以下百合科山麦冬属植物的块根在一些地区作麦冬用:① 山麦冬 *Liriope spicata* (Thunb.) Lour. 的块根。在商品中有较大的数量,在浙江、四川、广西等地区广为栽培。形似麦冬,但外表粗糙。横切面镜检可见内皮层外侧少数石细胞,韧皮部束与木质部束

图 6-85　麦冬粉末显微特征图
1. 石细胞；2. 草酸钙针晶；3. 内皮层细胞；4. 木纤维；5. 管胞

各约 19 个，木质部束间或为薄壁组织。② 阔叶山麦冬 L. platyphylla Wang et Tang 的块根，称大麦冬，块根较其他种麦冬大，两端钝圆，长 2~5 cm，直径 0.5~1.5 cm。干后坚硬。

2. 山麦冬　为百合科植物湖北麦冬 Liriope spicata (Thunb.) Lour. var. prolifera Y. T. Ma 或短葶山麦冬 L. muscari (Decne.) Baily 的干燥块根。湖北麦冬块根呈纺锤形，两端略尖，长 1.2~3 cm，直径 0.4~0.7 cm，表面淡黄色至棕黄色，具不规则纵皱纹。质柔韧，干后质硬脆，易折断，断面淡黄色至棕黄色，角质样，中柱细小。气微，味甜，嚼之发黏。短葶山麦冬块根稍扁，长 2~5 cm，直径 0.3~0.8 cm，具粗纵纹，味甘，微苦。

知母（Zhimu, ANEMARRHENAE RHIZOMA）

为百合科植物知母 Anemarrhena asphodeloides Bge. 的干燥根茎。主产于河北、山西、陕西、内蒙古等地。

呈长条状，微弯曲，略扁，偶有分枝，长 3~15 cm，直径 0.8~1.5 cm，一端有浅黄色的茎叶残痕。表面黄棕色至棕色，上面有一凹沟，具紧密排列的环状节，节上密生黄棕色的残存叶基，由两侧向根茎上方生长；下面隆起而略皱缩，并有凹陷或突起的点状根痕。质硬，易折断，断面黄白色。气微，味微甜、略苦，嚼之带黏性。以条粗、质硬、断面黄白者为佳。含有知母皂苷、芒果苷、知母多糖等成分。

百部（Baibu, STEMONAE RADIX）

为百部科植物直立百部 Stemona sessilifolia (Miq.) Miq.、蔓生百部 S. japonica (BL.) Miq.

或对叶百部 S. tuberosa Lour. 的干燥块根。直立百部、蔓生百部主产于浙江、江苏、安徽等地;对叶百部主产四川、重庆、贵州、广西等地。

直立百部:呈纺锤形,上端较细长,皱缩弯曲,长 5~12 cm,直径 0.5~1 cm。表面黄白色或淡棕黄色,有不规则深纵沟或纵槽,间或有横皱纹。质脆,易折断,断面平坦,角质样,淡黄棕色或黄白色,皮部较宽,中柱扁缩。气微,味甘、苦。蔓生百部:两端稍狭细,表面多不规则皱褶和横皱纹。对叶百部:呈长纺锤形或长条形,长 8~24 cm,直径 0.8~2 cm。表面浅黄棕色至灰棕色,具浅纵皱纹或不规则纵槽。质坚实,断面黄白色至暗棕色,中柱较大,髓部类白色。以根粗壮、灰白色、无杂质者为佳。含有多种生物碱类成分,主要有百部碱、原百部碱、对叶百部碱、直立百部碱等。

山药(Shanyao, DIOSCOREAE RHIZOMA)

【来源】 为薯蓣科植物薯蓣 Dioscorea opposita Thunb. 的干燥根茎。

【产地与采制】 主产于河南,湖南、江西、广东、广西等地亦产。均为栽培。

冬季茎叶枯萎后采挖,切去根头,洗净,除去外皮和须根,干燥,习称"毛山药";或除去外皮,趁鲜切厚片,干燥,称为"山药片";也有选择肥大顺直的干燥山药,置清水中,浸至无干心,闷透,切齐两端,用木板搓成圆柱状,晒干,打光,习称"光山药"。

【性状鉴别】

1. 毛山药　略呈圆柱形,弯曲而稍扁,长 15~30 cm,直径 1.5~6 cm。表面黄白色或淡黄色,有纵沟、纵皱纹及须根痕,偶有浅棕色外皮残留。体重,质坚实,不易折断,断面白色,粉性(图 6-86)。气微,味淡、微酸,嚼之发黏。

2. 山药片　为不规则的厚片,皱缩不平,切面白色或黄白色,质坚脆,粉性。气微,味淡、微酸。

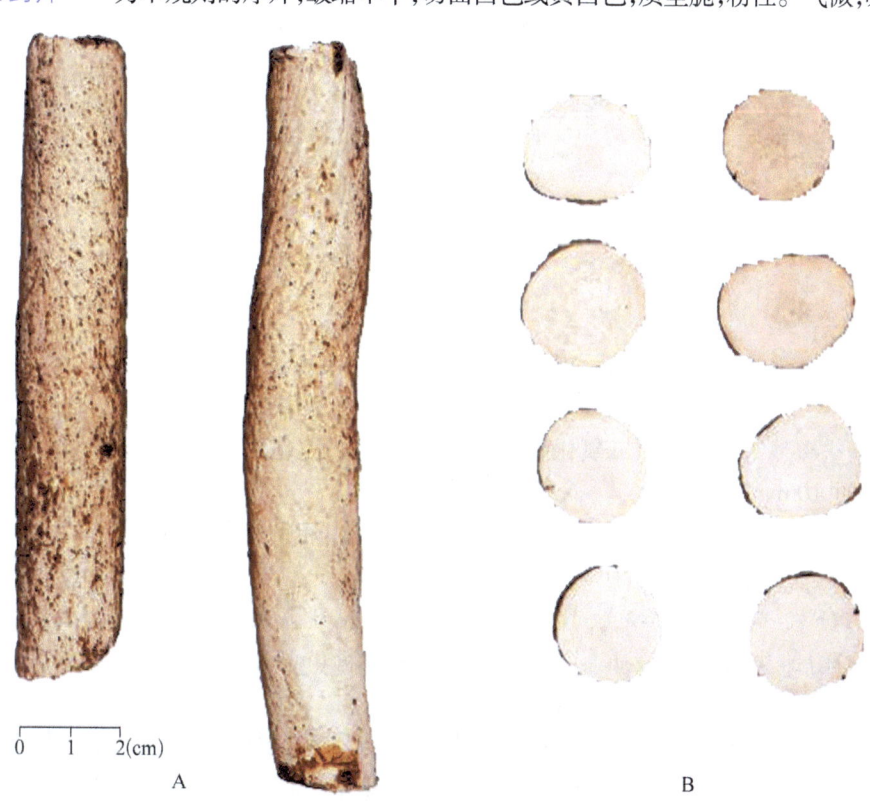

图 6-86 山药
A. 药材;B. 饮片

3. 光山药　呈圆柱形,两端平齐,长 9~18 cm,直径 1.5~3 cm。表面光滑,白色或黄白色。以质坚实、粉性足、色白者为佳。

【显微鉴别】

粉末　类白色。① 淀粉粒单粒扁卵形、三角状卵形、类圆形或矩圆形,直径 8~35 μm,脐点点状、"人"字形、"十"字形或短缝状,可见层纹;复粒稀少,由 2~3 分粒组成。② 草酸钙针晶束存在于黏液细胞中,长约至 240 μm,针晶粗 2~5 μm。③ 具缘纹孔导管、网纹导管、螺纹导管及环纹导管直径 12~48 μm(图 6-87)。

图 6-87　山药粉末显微特征图

1. 淀粉粒;2. 草酸钙针晶;3. 具缘纹孔导管

【检查】

1. 水分　毛山药和光山药不得过 16.0%;山药片不得过 12.0%。
2. 总灰分　毛山药和光山药不得过 4.0%;山药片不得过 5.0%。
3. 二氧化硫残留量　照二氧化硫残留量测定法测定,毛山药和光山药不得过 400 mg/kg;山药片不得过 10 mg/kg。

【浸出物】　照水溶性浸出物项下的冷浸法测定,毛山药和光山药不得少于 7.0%;山药片不得少于 10.0%;饮片不得少于 4.0%。

【化学成分】　含淀粉(16%)、薯蓣皂苷(dioscin)及其薯蓣皂苷元(diosgenin)、胆碱、糖蛋白、多酚氧化酶、维生素 C、黏液质。黏液质中含甘露聚糖(mannan)、3,4-二羟基苯乙胺和植酸(phytic acid)、16 种氨基酸和尿囊素(allantoin)。

【理化鉴别】　取粉末,加乙醇超声提取,提取液蒸干,残渣加乙醇使溶解,作为供试品溶液。以山药对照药材为对照,照薄层色谱法,以乙酸乙酯-甲醇-浓氨试液(9∶1∶0.5)为展开剂,喷以 10%硫酸乙醇溶液,在 105℃条件下加热至斑点显色清晰,置紫外光灯(365 nm)下检视。供试品色谱中,在与对照药材色谱相应的位置上,显相同颜色的荧光斑点。

【贮藏】 置通风干燥处,防蛀。
【功效】 性平,味甘。补脾养胃,生津益肺,补肾涩精。
【附注】
1. 饮片 为类圆形、椭圆形或不规则的厚片。表面类白色或淡黄白色,质脆,易折断,切面类白色,富粉性。气微,味淡、微酸,嚼之发黏。
2. 混伪品 ① 同属植物参薯 *Dioscorea alata* L. 的根茎,在广东、广西、云南等地作山药用。呈不规则圆柱形,长 8~15 cm,直径 2~4 cm。表面黄白色或淡棕黄色,常有未除尽的栓皮痕迹,质坚实,断面少散有浅棕色点状物,气味同山药。② 有部分地区将大戟科植物木薯 *Manihot esculenta* Crantz 的块根伪充山药,多切成段或片,外皮多已除去,表面类白色,残留外皮呈棕褐色或黑褐色。断面类白色,靠外侧有一明显黄白色或淡黄棕色的形成层环纹。向内可见淡黄色筋脉点成放射状稀疏散在,中央有一细小黄色木心,气微,味淡,嚼之粉性。

射干(Shegan, BELAMCANDAE RHIZOMA)

为鸢尾科植物射干 *Belamcanda chinensis* (L.) DC. 的干燥根茎。主产于河南、江苏、湖北等地。
呈不规则结节状,长 3~10 cm,直径 1~2 cm。表面黄褐色、棕褐色或黑褐色,皱缩,有较密的环纹。上面有数个圆盘状凹陷的茎痕,偶有茎基残存;下面有残留细根及根痕。质硬,断面黄色,颗粒性。气微,味苦、微辛。以粗壮、坚硬、断面色黄者为佳。含有异黄酮类成分,主要有次野鸢尾黄素。

天南星(Tiannanxing, ARISAEMATIS RHIZOMA)

【来源】 为天南星科植物天南星 *Arisaema erubescens* (Wall.) Schott、异叶天南星 *A. heterophyllum* Bl. 或东北天南星 *A. amurense* Maxim. 的干燥块茎。
【产地与采制】 主产于湖北、湖南、四川、贵州、安徽、江苏、浙江、江西等地。
秋、冬二季茎叶枯萎时采挖,除去须根及外皮,干燥。
【性状鉴别】 呈扁球形,高 1~2 cm,直径 1.5~6.5 cm。表面类白色或淡棕色,较光滑,顶端有凹陷的茎痕,周围有麻点状根痕,有的块茎周边有小扁球状侧芽(图 6-88)。质坚硬,不易破碎,断面不平坦,白色,粉性。气微辛,味麻辣。
以个大、色白、粉性足者为佳。
【显微鉴别】
1. 横切面 最外侧有木栓化细胞 20 余列,皮层宽广,无明显内皮层。草酸钙针晶束多见,常存在于椭圆形黏液细胞中,维管束散生。
2. 粉末 类白色。① 淀粉粒以单粒为主,圆球形或长圆形,直径 2~17 μm,脐点点状、裂缝状,大粒层纹隐约可见;复粒少数,由 2~12 分粒组成。② 草酸钙针晶散在或成束存在于黏液细胞中,长 63~131 μm。③ 草酸钙方晶多见于导管旁的薄壁细胞中,直径 3~20 μm。
【检查】
1. 水分 不得过 15.0%。
2. 总灰分 不得过 5.0%。
【浸出物】 照醇溶性浸出物测定法项下的热浸法测定,不得少于 9.0%。
【化学成分】 含有氨基酸类、黄酮类成分,主要有鸟氨基、精氨基、芹菜素等。
【理化鉴别】 取粉末,加 60% 乙醇超声提取,滤过后加于 AB-8 型大孔树脂上分别用水、

天南星历史沿革

天南星植物形态

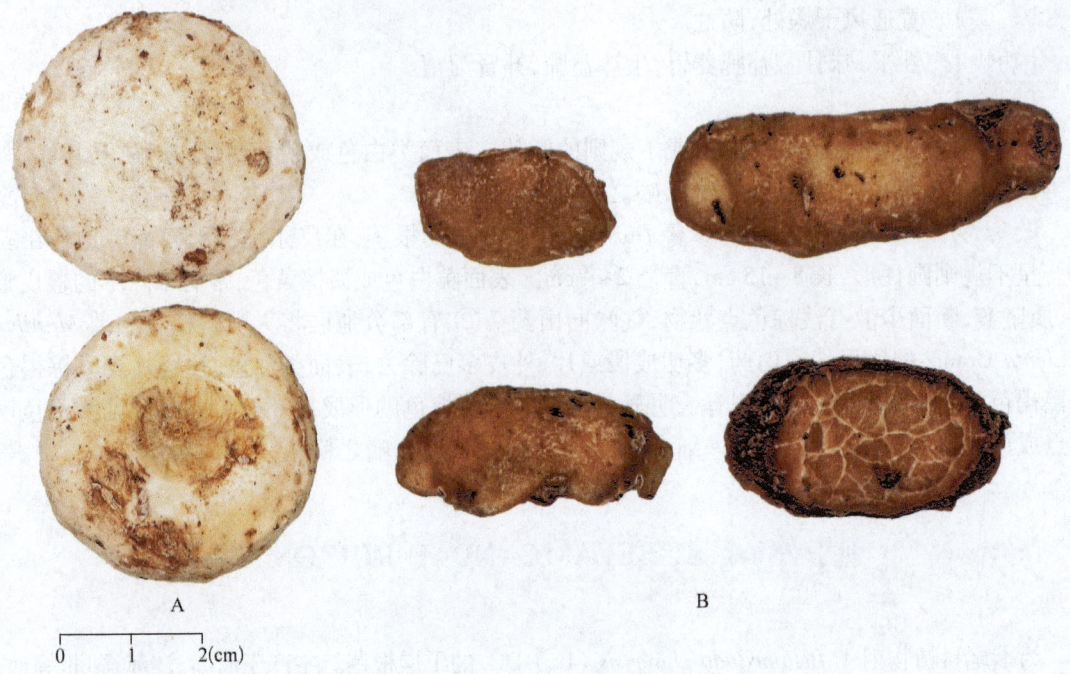

图 6-88 天南星
A. 药材；B. 饮片

30%乙醇洗,收集 30%乙醇洗脱液,蒸干后残渣加乙醇作为供试品溶液。以天南星对照药材为对照。照薄层色谱法试验,以乙醇-吡啶-浓氨试液-水(8:3:3:2)为展开剂,喷以 5%氢氧化钾甲醇溶液,分别置日光和紫外光灯(365 nm)下检视。供试品色谱中,在与对照药材色谱相应的位置上,显相同颜色的斑点。

【含量测定】 照紫外-可见分光光度法,在 400 nm 的波长处测定吸光度。按干燥品计算,含总黄酮以芹菜素($C_{15}H_{10}O_5$)计,不得少于 0.05%。

【贮藏】 置通风干燥处,防霉、防蛀。

【性味功能】 性温,味苦、辛,有毒。散结消肿。外用治痈肿、蛇虫咬伤。

【附注】

1. 制天南星 呈类圆形或不规则形的薄片。黄色或淡棕色,质脆易碎,断面角质状。气微,味涩,微麻。

2. 胆南星 呈方块状或圆柱状。棕黄色、灰棕色或棕黑色。质硬。气微腥,味苦。

半夏(Banxia, PINELLIAE RHIZOMA)

【来源】 为天南星科植物半夏 *Pinellia ternata* (Thunb.) Breit. 的干燥块茎。

【产地与采制】 主产于四川、湖北、贵州等地。

夏、秋二季采挖,洗净,除去外皮和须根,晒干。

【性状鉴别】 呈类球形,有的稍偏斜,直径 0.7~1.6 cm。表面白色或浅黄色,顶端有凹陷的茎痕,周围密布麻点状根痕;下面钝圆,较光滑。质坚实,断面洁白,富粉性(图 6-89)。气微,味辛辣、麻舌而刺喉。

以个大、色白者为佳。

【鉴别】

1. 横切面 最外侧有木栓化细胞 10 余列,皮层宽广,无明显内皮层。草酸钙针晶束多见,常存在于椭圆形黏液细胞中,维管束散生(图 6-90)。

半夏历史沿革

半夏植物形态

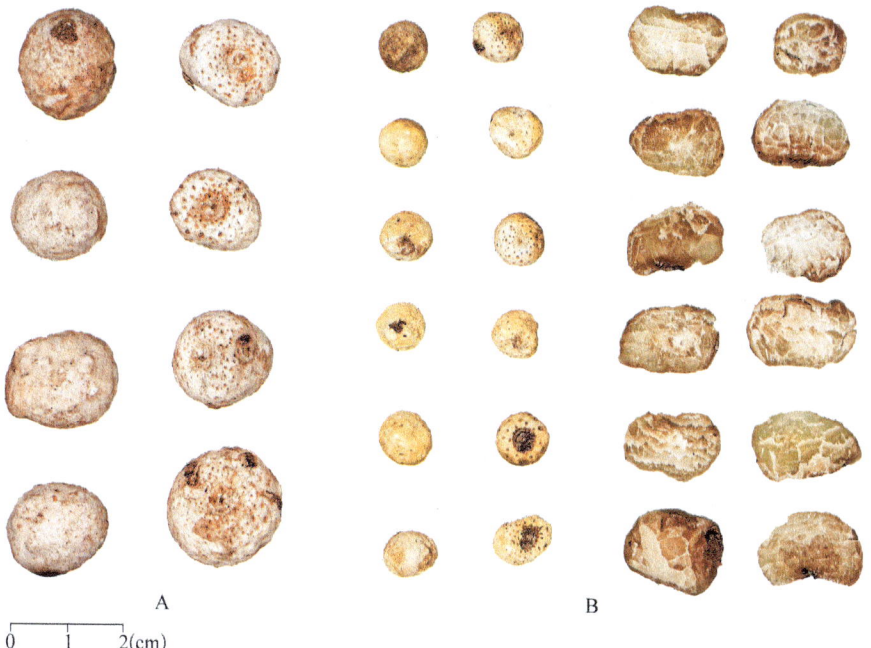

图6-89 半夏
A. 药材；B. 饮片

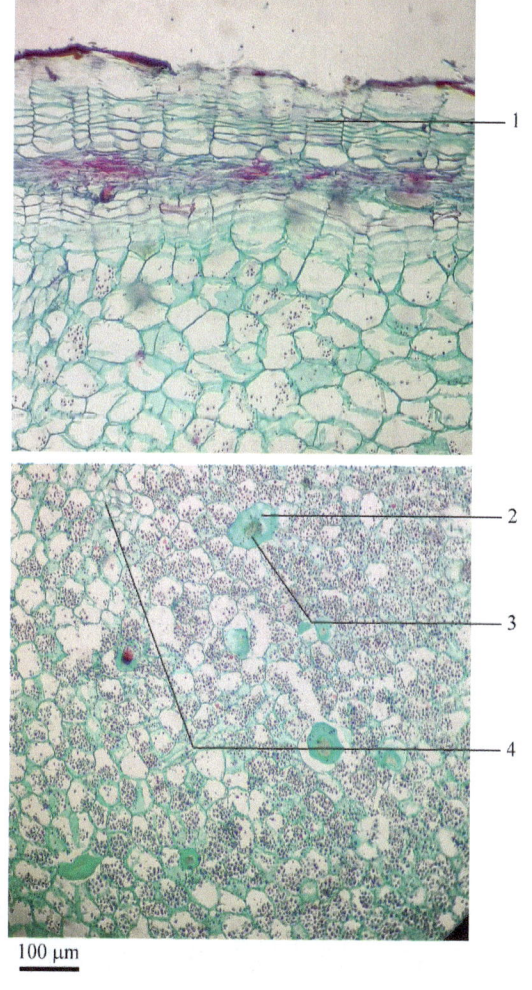

图6-90 半夏横切面显微组织构造详图
1. 木栓化细胞；2. 黏液细胞；3. 草酸钙针晶束；4. 维管束

2. **粉末** 类白色。① 淀粉粒甚多,单粒类圆形、半圆形或圆多角形,直径2~20μm,脐点裂缝状、"人"字形或星状;复粒由2~6分粒组成。② 草酸钙针晶束存在于椭圆形黏液细胞中,或随处散在,针晶长20~144μm。③ 螺纹导管直径10~24μm(图6-91)。

图6-91 半夏粉末显微特征图
1. 淀粉粒;2. 草酸钙针晶;3. 导管

【检查】
1. 水分　　不得过13.0%。
2. 总灰分　　不得过4.0%。

【浸出物】 照水溶性浸出物测定法项下的冷浸法测定,不得少于7.5%。

【化学成分】 含有机酸,如琥珀酸、黑尿酸及多种氨基酸等。

【理化鉴别】
(1) 取粉末,加甲醇加热回流提取,滤过后滤液作为供试品溶液。以精氨酸对照品、丙氨酸对照品、缬氨酸对照品和亮氨酸对照品作为对照。照薄层色谱法,以正丁醇-冰醋酸-水(8:3:1)为展开剂,喷以茚三酮试液,在105℃条件下加热至斑点显色清晰。供试品色谱中,在与对照品色谱相应的位置上,显相同颜色的斑点。

(2) 取粉末,加乙醇加热回流提取,滤过后滤液作为供试品溶液。以半夏对照药材为对照。照薄层色谱法,以石油醚(60~90℃)-乙酸乙酯-丙酮-甲酸(30:6:4:0.5)为展开剂,喷以10%硫酸乙醇溶液,在105℃条件下加热至斑点显色清晰。供试品色谱中,在与对照药材色谱相应的位置上,显相同颜色的斑点。

【贮藏】 置通风干燥处,防蛀。

【性味功能】 性温,味辛,有毒。燥湿化痰,降逆止呕,消痞散结。

【附注】
1. **法半夏** 呈类球形或破碎成不规则颗粒状。表面淡黄白色、黄色或棕黄色。质较松脆或硬脆,断面黄色或淡黄色,颗粒者质稍硬脆。气微,味淡略甘、微有麻舌感。
2. **姜半夏** 呈片状、不规则颗粒状或类球形。表面棕色至棕褐色。质硬脆,断面淡黄棕色,常具角质样光泽。气微香,味淡、微有麻舌感,嚼之略粘牙。

3. 清半夏　　呈椭圆形、类圆形或不规则的片。切面淡灰色至灰白色或黄白色至黄棕色，可见灰白色点状或短线状维管束迹，有的残留栓皮处下方显淡紫红色斑纹。质脆，易折断，断面略呈粉性或角质样。气微，味微涩、微有麻舌感。

白附子（Baifuzi, TYPHONII RHIZOMA）

为天南星科植物独角莲 Typhonium giganteum Engl. 的干燥块茎。主产于河南、四川、湖北等地。

呈椭圆形或卵圆形，长 2~5 cm，直径 1~3 cm。表面白色至黄白色，略粗糙，有环纹及须根痕，顶端有茎痕或芽痕。质坚硬，断面白色，粉性。气微，味淡、麻辣刺舌。以个大、均匀、肥厚坚实、色白、粉性足者为佳。主要含有白附子凝集素、白附子胆碱等。

石菖蒲（Shichangpu, ACORI TATARINOWII RHIZOMA）

【来源】　为天南星科植物石菖蒲 Acorus tatarinowii Schott 的干燥根茎。

【产地与采制】　主产于四川、浙江、江苏、安徽、江西。湖北、湖南等长江流域各省亦产。秋、冬二季采挖，除去须根和泥沙，晒干。

【性状鉴别】　呈扁圆柱形，多弯曲，常有分枝，长 3~20 cm，直径 0.3~1 cm。表面棕褐色或灰棕色，粗糙，有疏密不匀的环节，节间长 0.2~0.8 cm，具细纵纹，一面残留须根或圆点状根痕；叶痕呈三角形，左右交互排列，有的其上有毛鳞状的叶基残余。质硬，断面纤维性，类白色或微红色，内皮层环明显，可见多数维管束小点及棕色油细胞（图6-92）。气芳香，味苦、微辛。

石菖蒲历史沿革

石菖蒲植物形态

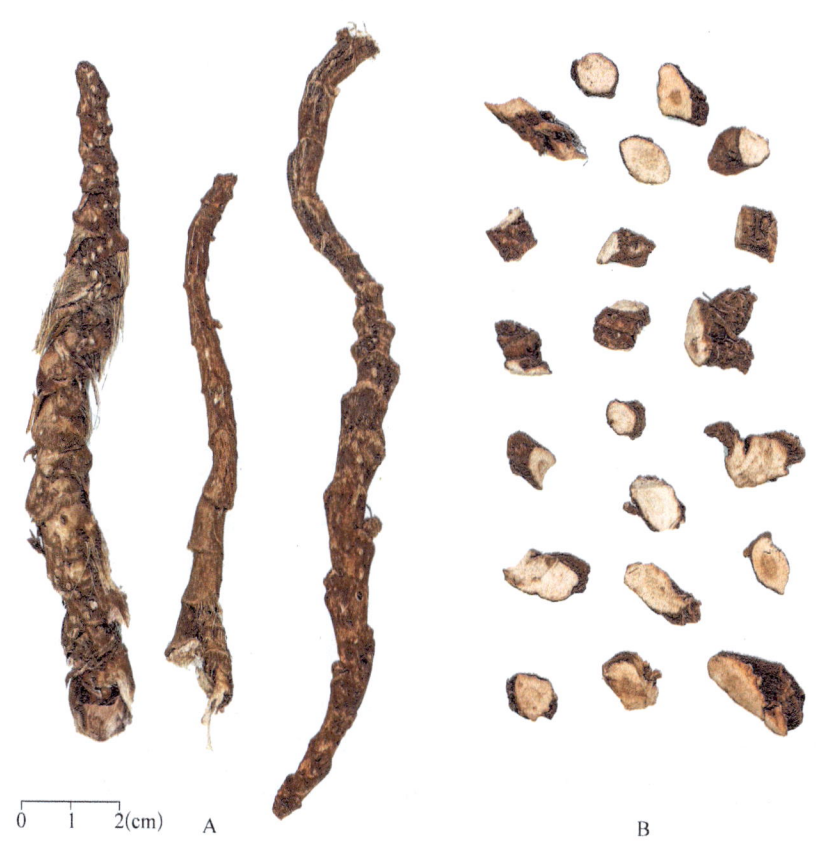

图6-92　石菖蒲

A. 药材；B. 饮片

以身干、条长、粗壮、节密、坚实、无须根、香气浓者为佳。

【鉴别】

1. 横切面　表皮细胞外壁增厚,棕色,有的含红棕色物质。皮层宽广,散有纤维束和叶迹维管束;叶迹维管束外韧型,维管束鞘纤维成环,木化;内皮层明显。中柱维管束周木型及外韧型,维管束鞘纤维较少。纤维束和维管束鞘纤维周围细胞中含草酸钙方晶,形成晶纤维(图6-93)。薄壁组织中散有类圆形油细胞;并含淀粉粒。

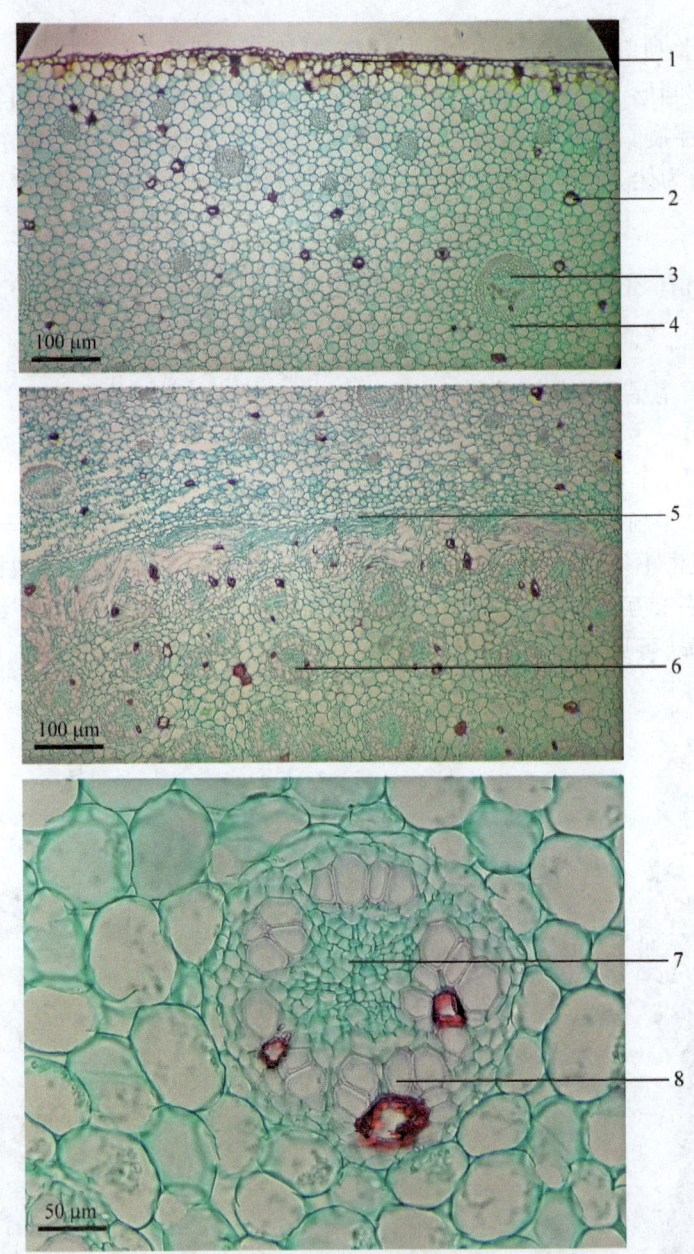

图6-93　石菖蒲横切面显微组织构造详图

1. 表皮;2. 油细胞;3. 维管束;4. 草酸钙方晶;5. 内皮层;6. 维管束;7. 韧皮部;8. 木质部

2. 粉末　灰棕色。① 淀粉粒单粒球形、椭圆形或长卵形;复粒由2~20(或更多)分粒组成。② 纤维束周围细胞中含草酸钙方晶,形成晶纤维。草酸钙方晶呈多面形、类多角形、双锥形。③ 分泌细胞呈类圆形或长圆形,胞腔内充满黄绿色、橙红色或红色分泌物(图6-94)。

【检查】

1. 水分　不得过13.0%。

2. 总灰分　不得过10.0%。

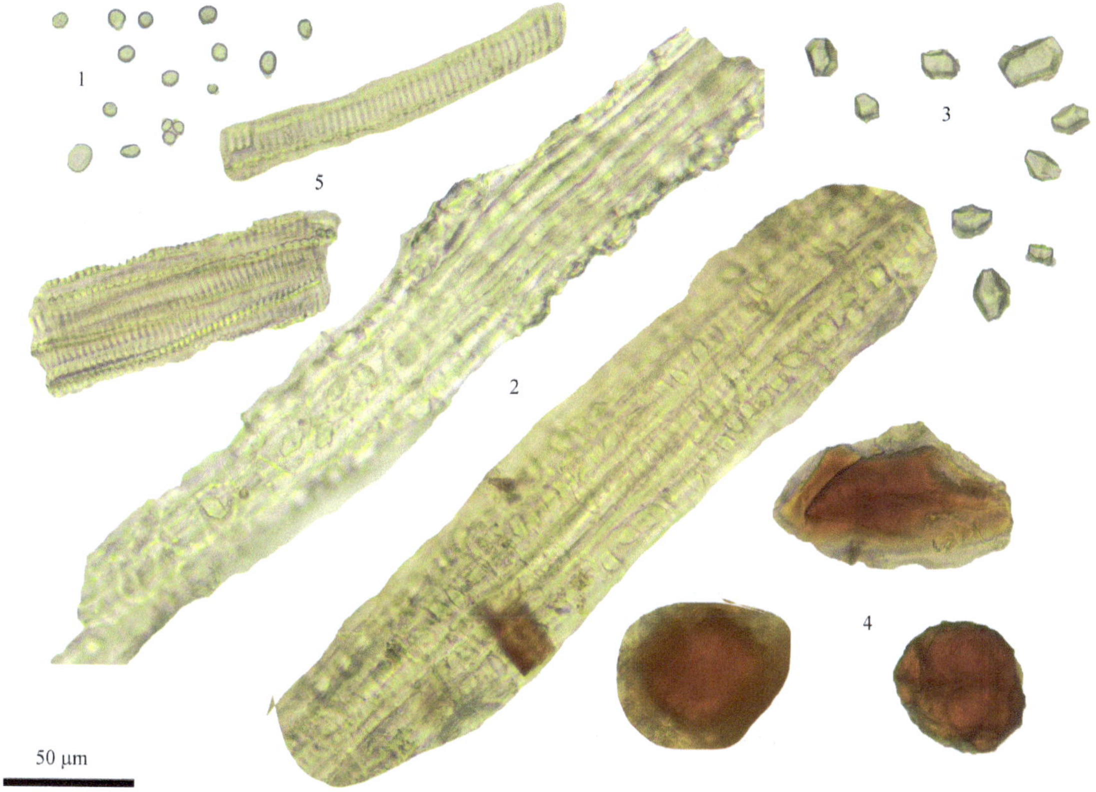

图 6-94 石菖蒲粉末显微特征图
1. 淀粉粒；2. 晶纤维；3. 草酸钙方晶；4. 分泌细胞；5. 导管

【浸出物】 照醇溶性浸出物项下的冷浸法测定，不得少于 12.0%。

【化学成分】 含挥发油，油中主要有细辛醚及黄樟油素、石菖醚、菖蒲碱甲、菖蒲碱乙等。

【理化鉴别】 取粉末，加石油醚加热回流提取，滤过后残渣加石油醚作为供试品溶液。以石菖蒲对照药材为对照。照薄层色谱法，以石油醚(60~90℃)-乙酸乙酯(4:1)为展开剂，置紫外光灯(365 nm)下检视。供试品色谱中，在与对照药材色谱相应的位置上，显相同颜色的荧光斑点；再以碘蒸气熏至斑点显色清晰，供试品色谱中，在与对照药材色谱相应的位置上，显相同颜色的斑点。

【含量测定】 照挥发油测定法测定。本品含挥发油不得少于 1.0%(mL/g)。

【贮藏】 置干燥处，防霉。

【性味功能】 性温，味辛、苦。开窍豁痰，醒神益智，化湿开胃。

【附注】 饮片 呈扁圆形或长条形的厚片。外表皮棕褐色或灰棕色，有的可见环节及根痕。切面纤维性，类白色或微红色，有明显环纹及油点。气芳香，味苦、微辛。

香附(Xiangfu，CYPERI RHIZOMA)

为莎草科植物莎草 *Cyperus rotundus* L. 的干燥根茎。全国各地均产。

多呈纺锤形，有的略弯曲，长 2~3.5 cm，直径 0.5~1 cm。表面棕褐色或黑褐色，有纵皱纹，并有 6~10 个略隆起的环节，节上有未除净的棕色毛须和须根断痕；去净毛须者较光滑，环节不明显。质硬，经蒸煮者断面黄棕色或红棕色，角质样；生晒者断面色白而显粉性。气香，味微苦。以个大、色棕褐、质坚实、香气浓郁者为佳。含挥发油，油中主要有香附子烯、香附醇、α-香附酮等。

干姜(Ganjiang, ZINGIBERIS RHIZOMA)

为姜科植物姜 Zingiber officinale Rosc. 的干燥根茎。主产于四川、贵州、云南等地。

呈扁平块状,具指状分枝,长3~7 cm,厚1~2 cm。表面灰黄色或浅灰棕色,粗糙,具纵皱纹和明显的环节。分枝处常有鳞叶残存,分枝顶端有茎痕或芽。质坚实,断面黄白色或灰白色,粉性或颗粒性,内皮层环纹明显,维管束及黄色油点散在。气香、特异,味辛辣。干姜片:由趁鲜切片晒干或低温干燥而得,呈不规则纵切片或斜切片,具指状分枝,长1~6 cm,宽1~2 cm,厚0.2~0.4 cm。外皮灰黄色或浅黄棕色,粗糙,具纵皱纹及明显的环节。质坚实,切面灰黄色或灰白色,略显粉性,可见较多的纵向纤维。断面纤维性。气香、特异,味辛辣。以肥满体重、质坚实、断面黄白色、粉性足、气味浓者为佳。含挥发油,油中主要有6-姜辣素、姜酮、桉油精等。

莪术(Ezhu, CURCUMAE RHIZOMA)

莪术历史沿革

莪术植物形态

【来源】 为姜科植物蓬莪术 Curcuma phaeocaulis Val.、广西莪术 C. kwangsiensis S. G. Lee et C. F. Liang 或温郁金 C. wenyujin Y. H. Chen et C. Ling 的干燥根茎。后者习称"温莪术"。

【产地与采制】 蓬莪术主产于四川;广西莪术主产于广西、广东等地;温莪术主产于浙江、福建等地。

冬季茎叶枯萎后采挖,洗净,蒸或煮至透心,晒干或低温干燥后除去须根和杂质。

【性状鉴别】

1. 蓬莪术 呈卵圆形、长卵形、圆锥形或长纺锤形,顶端多钝尖,基部钝圆,长2~8 cm,直径1.5~4 cm。表面灰黄色至灰棕色,上部环节突起,有圆形微凹的须根痕或残留的须根(图6-95),

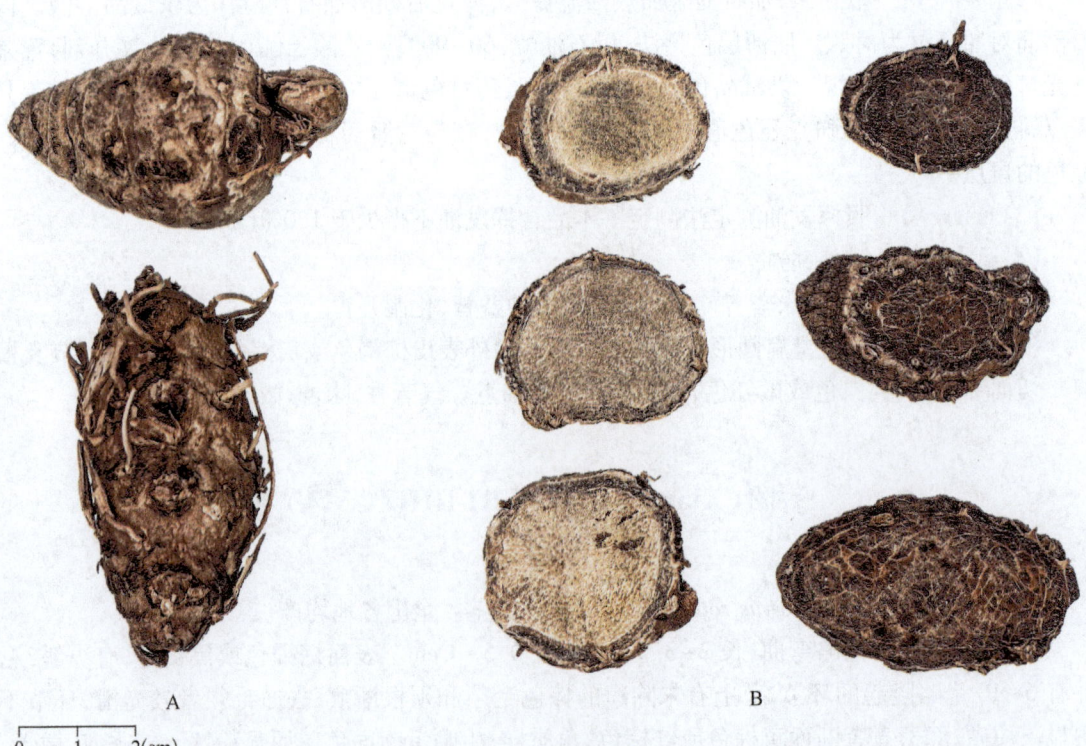

图6-95 莪术
A. 药材;B. 饮片

有的两侧各有1列下陷的芽痕和类圆形的侧生根茎痕,有的可见刀削痕。体重,质坚实,断面灰褐色至蓝褐色(图6-95),蜡样,常附有灰棕色粉末,皮层与中柱易分离,内皮层环纹棕褐色。气微香,味微苦而辛。

2. 广西莪术　　环节稍突起,断面黄棕色至棕色,常附有淡黄色粉末,内皮层环纹黄白色。

3. 温莪术　　断面黄棕色至棕褐色,常附有淡黄色至黄棕色粉末。气香或微香。

以质坚硬、均匀、香气浓为佳。

【鉴别】

1. 横切面　　木栓层细胞数列,有时已除去。皮层散有叶迹维管束;内皮层明显。中柱较宽,维管束外韧型,散在,沿中柱鞘部位的维管束较小,排列较密(图6-96)。薄壁细胞充满糊化的淀粉粒团块,薄壁组织中有含金黄色油状物的细胞散在。

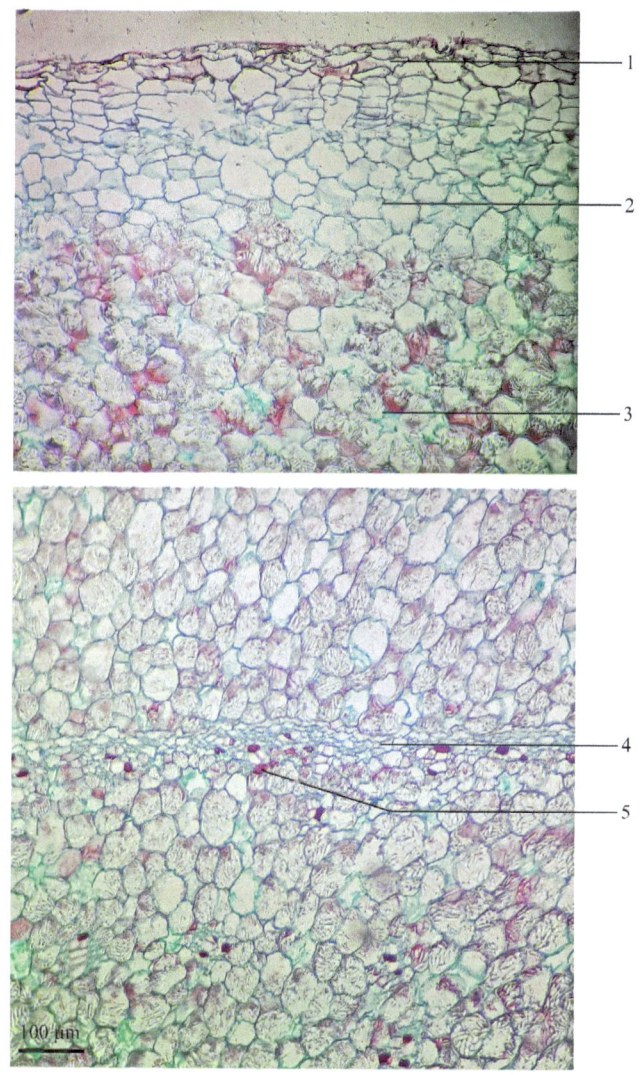

图6-96　莪术横切面显微组织构造详图
1. 木栓层;2. 皮层;3. 叶迹维管束;4. 内皮层;5. 维管束

2. 粉末　　黄色或棕黄色。① 油细胞多破碎,完整者直径62~110 μm,内含黄色油状分泌物。② 导管多为螺纹导管、梯纹导管,直径20~65 μm。纤维孔沟明显,直径15~35 μm。③ 淀粉粒大多糊化(图6-97)。

【检查】

1. 吸光度　　取粉末,加三氯甲烷超声处理,照紫外-可见分光光度法测定,在242 nm波长处有最大吸收,吸光度不得低于0.45。

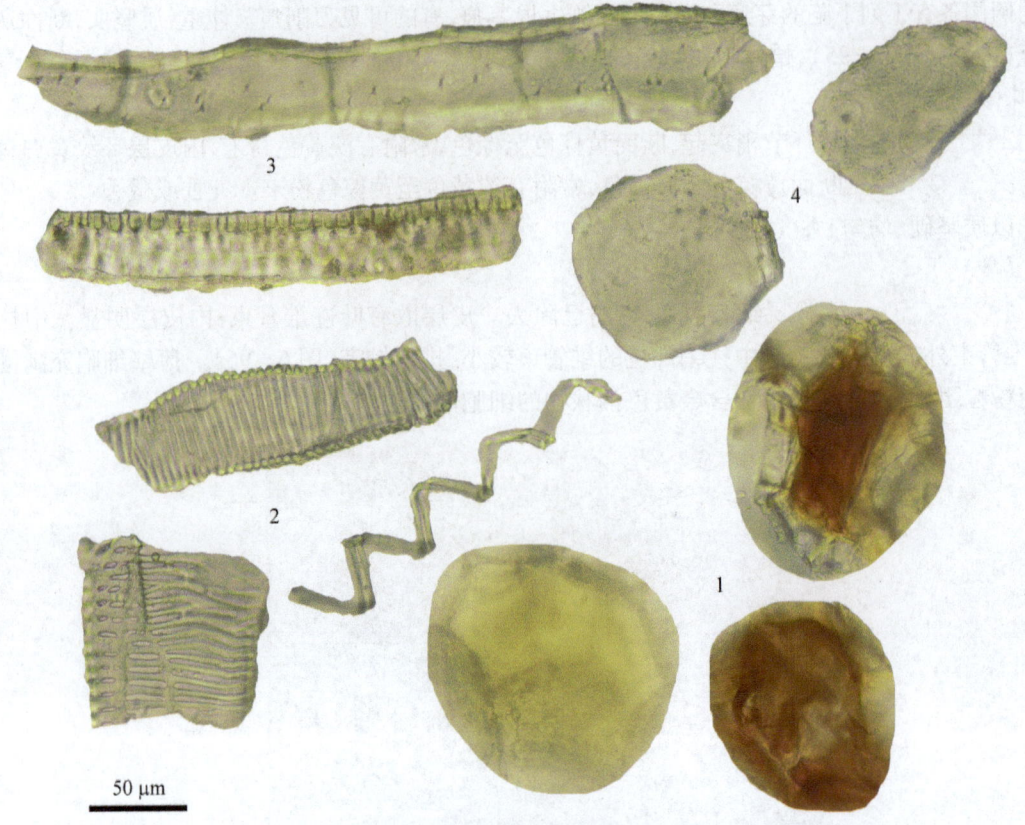

图 6-97 莪术粉末显微特征图
1. 油细胞；2. 导管；3. 纤维；4. 淀粉粒

2. 水分　　不得过 14.0%。
3. 总灰分　　不得过 7.0%。
4. 酸不溶性灰分　　不得过 2.0%。

【浸出物】　照醇溶性浸出物测定法项下的热浸法测定，不得少于 7.0%。

【化学成分】　含有挥发油类成分，主要含有莪术醇、莪术二酮等。

【理化鉴别】　取粉末，加石油醚（30~60℃）超声提取，过滤后残渣加无水乙醇作为供试品溶液。以吉马酮对照品为对照。照薄层色谱法，以石油醚（30~60℃）-丙酮-乙酸乙酯（94：5：1）为展开剂，喷以 1% 香草醛硫酸溶液，在 105℃ 条件下加热至斑点显色清晰。供试品色谱中，在与对照品色谱相应的位置上，显相同颜色的斑点。

【含量测定】　照挥发油测定法测定。本品含挥发油不得少于 1.5%（mL/g）。

【贮藏】　置干燥处，防蛀。

【性味功能】　性温，味辛、苦。行气破血，消积止痛。

【附注】

1. 饮片　　呈类圆形或椭圆形的厚片。外表皮灰黄色或灰棕色，有时可见环节或须根痕。切面黄绿色、黄棕色或棕褐色，内皮层环纹明显，散在"筋脉"小点。气微香，味微苦而辛。

2. 醋莪术　　取净莪术，照醋煮法煮至透心，取出，稍凉，切厚片，干燥。形如莪术片，色泽加深，角质样，微有醋香气。

姜黄（Jianghuang, CURCUMAE LONGAE RHIZOMA）

为姜科植物姜黄 *Curcuma longa* L. 的干燥根茎。主产于四川、福建等地。

呈不规则卵圆形、圆柱形或纺锤形,常弯曲,有的具短叉状分枝,长 2~5 cm,直径 1~3 cm。表面深黄色,粗糙,有皱缩纹理和明显环节,并有圆形分枝痕及须根痕。质坚实,不易折断,断面棕黄色至金黄色,角质样,有蜡样光泽,内皮层环纹明显,维管束呈点状散在。气香特异,味苦、辛。以卵圆形或圆柱形、枝条粗壮、外色鲜黄、断面橙红或橙黄色、质坚实、气辛辣、味浓厚者为佳。含挥发油,油中主要有姜黄素、姜黄酮、姜油烯等。

郁金(Yujin, CURCUMAE RADIX)

【来源】 为姜科植物温郁金 *Curcuma wenyujin* Y. H. Chen et C. Ling、姜黄 *C. Longa* L.、广西莪术 *C. kwangsiensis* S. G. Lee et C. F. Liang 或蓬莪术 *C. phaeocaulis* Val. 的干燥块根。前两者分别习称"温郁金"和"黄丝郁金",其余按性状不同习称"桂郁金"或"绿丝郁金"。

【产地与采制】 主产于广西、广东、江西等地,现四川亦有产,且质量更佳。

冬季茎叶枯萎后采挖,除去泥沙和细根,蒸或煮至透心,干燥。

【性状鉴别】

1. 温郁金　　呈长圆形或卵圆形,稍扁,有的微弯曲,两端渐尖,长 3.5~7 cm,直径 1.2~2.5 cm。表面灰褐色或灰棕色,具不规则的纵皱纹,纵纹隆起处色较浅(图 6-98)。质坚实,断面灰棕色,角质样;内皮层环明显。气微香,味微苦。

2. 黄丝郁金　　呈纺锤形,有的一端细长,长 2.5~4.5 cm,直径 1~1.5 cm。表面棕灰色或灰黄色,具细皱纹。断面橙黄色,外周棕黄色至棕红色。气芳香,味辛辣。

3. 桂郁金　　呈长圆锥形或长圆形,长 2~6.5 cm,直径 1~1.8 cm。表面具疏浅纵纹或较粗糙网状皱纹。气微,味微辛苦。

4. 绿丝郁金　　呈长椭圆形,较粗壮,长 1.5~3.5 cm,直径 1~1.2 cm。气微,味淡。

以质坚实、外皮皱纹细、断面色黄者为佳。

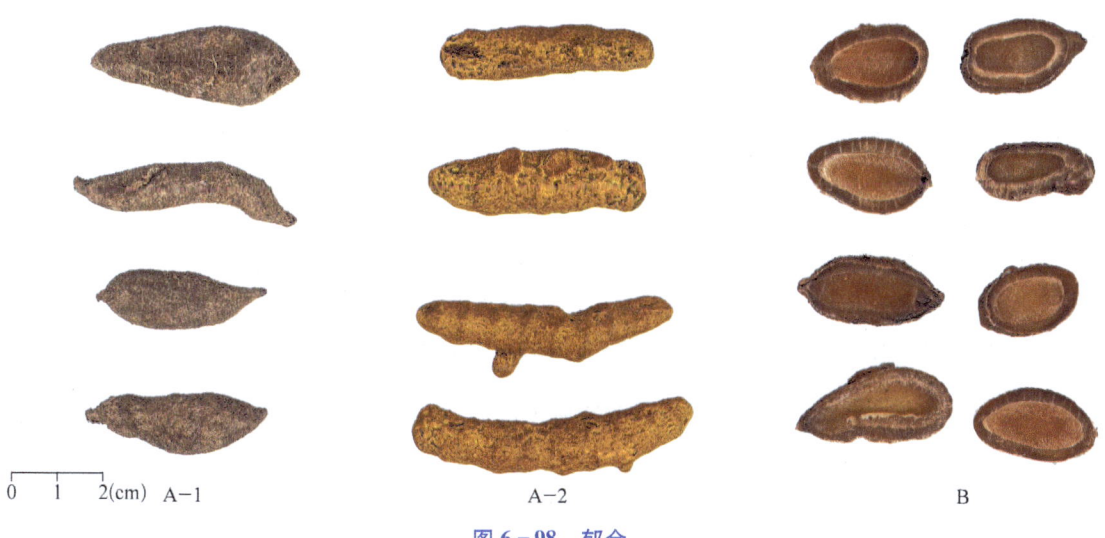

图 6-98　郁金
A-1. 药材;A-2. 炮制品;B. 饮片

【显微鉴别】

1. 横切面

(1)温郁金:表皮细胞有时残存,外壁稍厚。根被狭窄,为 4~8 列细胞,壁薄,排列整齐。皮层宽约为根直径的 1/2,内皮层明显(图 6-99)。中柱韧皮部束与木质部束各 40~55 个,相间排列;木质部束导管 2~4 个,并有微木化的纤维,导管多角形,壁薄,直径 20~90 μm。薄壁细胞中可见糊化淀粉粒。

(2) 黄丝郁金:根被最内层细胞壁增厚。中柱韧皮部束与木质部束各 22~29 个,间隔排列;有的木质部导管与纤维连接成环。油细胞众多。薄壁组织中随处散有色素细胞。

(3) 桂郁金:根被细胞偶有增厚,根被内方有 1~2 列厚壁细胞,成环,层纹明显。中柱韧皮部束与木质部束各 42~48 个,间隔排列;导管类圆形,直径可达 160 μm。

(4) 绿丝郁金:根被细胞无增厚。中柱外侧的皮层处常有色素细胞。韧皮部皱缩,木质部束 64~72 个,导管扁圆形。

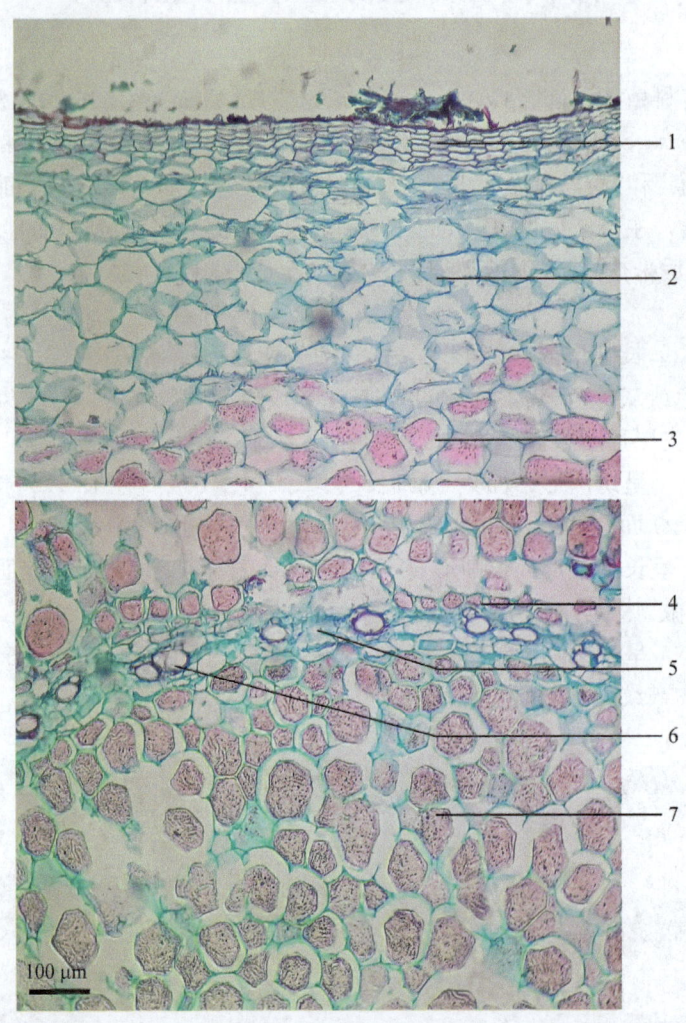

图 6-99 温郁金横切面显微组织构造详图
1. 表皮;2. 根被;3. 皮层;4. 内皮层;5. 韧皮部;6. 木质部;7. 髓部

2. **粉末** 棕黄色。① 淀粉粒;② 螺纹导管可见,主要为梯纹或网纹;③ 油细胞较少,多破碎,内含浅黄色或金黄色分泌物。

【检查】

1. 水分 不得过 15.0%。
2. 总灰分 不得过 9.0%。

【化学成分】 含有挥发油性成分,主要含有姜黄烯、姜黄素等。

【理化鉴别】 取粉末,加无水乙醇超声提取,滤过后残渣加乙醇溶解作为供试品溶液,以郁金对照药材为对照,照薄层色谱法,以正己烷-乙酸乙酯(17:3)为展开剂,喷以 10%硫酸乙醇溶液,在 105℃条件下加热至斑点显色清晰。置日光和紫外光灯(365 nm)下检视。供试品色谱中,在与对照药材色谱相应的位置上,显相同颜色的主斑点或荧光斑点。

【贮藏】 置干燥处,防蛀。

【性味功能】 性寒,味辛、苦。活血止痛,行气解郁,清心凉血,利胆退黄。

【附注】 饮片　呈椭圆形或长条形薄片。外表皮灰黄色、灰褐色至灰棕色,具不规则的纵皱纹。切面灰棕色、橙黄色至灰黑色。角质样,内皮层环明显。

天麻(Tianma, GASTRODIAE RHIZOMA)

【来源】 为兰科植物天麻 *Gastrodia elata* Bl. 的干燥块茎。

【产地与采制】 主产于贵州、云南、湖北等地。

立冬后至次年清明前采挖者为"冬麻",清明后采挖者为"春麻",采挖后立即洗净,蒸透,敞开低温干燥。

【性状鉴别】 呈椭圆形或长条形,略扁,皱缩而稍弯曲,长3~15 cm,宽1.5~6 cm,厚0.5~2 cm。表面黄白色至黄棕色,有纵皱纹及由潜伏芽排列而成的横环纹多轮,习称"环节纹",有时可见棕褐色菌索。冬麻顶端有红棕色至深棕色鹦嘴状的芽或残留茎基,习称"鹦歌嘴"或"红小辫",春麻顶端则残留茎基;底端有自母麻上脱落的圆脐形瘢痕,习称"肚脐痕"。质坚硬,不易折断,断面较平坦,黄白色至淡棕色,角质样(图6-100)。气微,味甘。

以块茎肥大(个大)、质坚实、色黄白、断面明亮、无空心(冬麻)者为佳。

图6-100 天麻
A. 药材;B. 饮片

【鉴别】

1. 横切面　表皮有残留,下皮由2~3列切向延长的栓化细胞组成。皮层为10数列多角形细胞,有的含草酸钙针晶束。较老块茎皮层与下皮相接处有2~3列椭圆形厚壁细胞,木化,纹孔明显。中柱占绝大部分,有小型周韧维管束散在;薄壁细胞亦含草酸钙针晶束(图6-101)。

2. 粉末　黄白色至黄棕色。①厚壁细胞椭圆形或类多角形,直径70~180 μm,壁厚3~8 μm,木化,纹孔明显。②草酸钙针晶成束或散在,长25~75(93) μm。③用甘油醋酸试液装片观察含糊化多糖类物的薄壁细胞无色,有的细胞可见长卵形、长椭圆形或类圆形颗粒,遇碘液显棕色或淡棕紫色。④螺纹导管、网纹导管及环纹导管直径8~30 μm(图6-102)。

【检查】

1. 水分　不得过15.0%。

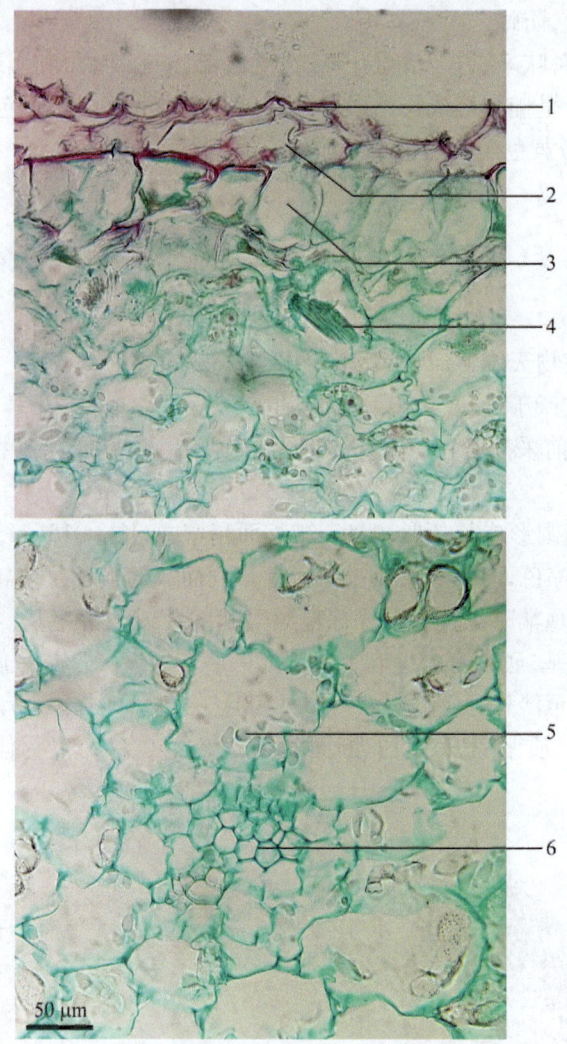

图6-101 天麻横切面显微组织构造详图

1. 表皮;2. 下皮;3. 厚壁细胞;4. 草酸钙针晶束;5. 多糖团块;6. 维管束

图6-102 天麻粉末显微特征图

1. 厚壁细胞;2. 草酸钙针晶;3. 薄壁细胞;4. 导管

2. 总灰分　　不得过 4.5%。

3. 二氧化硫残留量　　照二氧化硫残留量测定法测定,不得过 400 mg/kg。

【浸出物】　照醇溶性浸出物测定法项下的热浸法测定,不得少于 15.0%。

【化学成分】　主含天麻素(天麻苷,gastrodin)及其苷元(对羟基苯甲醇,p-hydroxybenzyl alcohol)。还含天麻醚苷(gastrodioside)、派立辛(parishin)、香草醇(vanillyl alcohol)等。

【理化鉴别】　取粉末,加甲醇后超声提取,滤过后残渣加甲醇作为供试品溶液。以天麻对照药材和天麻素对照品为对照。照薄层色谱法,以二氯甲烷-乙酸乙酯-甲醇-水(2∶4∶2.5∶1)为展开剂,喷以对羟基苯甲醛溶液(取对羟基苯甲醛 0.2 g,溶于乙醇 10 mL 中,加 50%硫酸溶液 1 mL,混匀),在 120℃条件下加热至斑点显色清晰,置日光下检视。供试品色谱中,在与对照药材色谱和对照品色谱相应的位置上,显相同颜色的斑点。

【特征图谱】　照高效液相色谱法测定,以乙腈-0.1%磷酸溶液为流动相,梯度洗脱,检测波长为 220 nm。天麻对照药材为参照物,共得 6 个特征峰,分别是天麻素、对羟基苯甲醇、巴利森苷 E、巴利森苷 B、巴利森苷 C、巴利森苷。

【含量测定】　照高效液相色谱法测定,以乙腈-0.05%磷酸溶液(3∶97)为流动相;检测波长为 220 nm。按干燥品计算,含天麻素($C_{13}H_{18}O_7$)和对羟基苯甲醇($C_7H_8O_2$)的总量不得少于 0.25%。

【贮藏】　置通风干燥处,防蛀。

【性味功能】　性平,味甘。息风止痉,平抑肝阳,祛风通络。

【附注】

1. 饮片　　呈不规则的薄片。外表皮淡黄色至黄棕色,有时可见点状排成的横环纹。切面黄白色至淡棕色。角质样,半透明。气微,味甘。

2. 春麻　　长圆柱形或长条形,扁而弯曲,皱缩,肩部窄,不厚实。长 6~15 cm,宽 1.5~6 cm,厚 0.5~2 cm。多残留有花茎残基,表皮纵皱纹粗大,外皮多未去净,色黄褐色或灰褐色,体轻,质松泡,易折断,断面常中空。质量略次于冬麻。

白及(Baiji, BLETILLAE RHIZOMA)

为兰科植物白及 *Bletilla striata* (Thunb.)Reichb. f. 的干燥块茎。主产于陕西、安徽等地。

呈不规则扁圆形,多有 2~3 个爪状分枝,少数具 4~5 个爪状分枝,长 1.5~6 cm,厚 0.5~3 cm。表面灰白色至灰棕色,或黄白色,有数圈同心环节和棕色点状须根痕,上面有突起的茎痕,下面有连接另一块茎的痕迹。质坚硬,不易折断,断面类白色,角质样。气微,味苦,嚼之有黏性。以身干、个大、色白、质坚实、无须根者为佳。含有 1,4-二-[4-(葡萄糖氧)苄基]-2-异丁基苹果酸酯。

商陆又称土人参、野萝卜,其含有的三萜类毒素(商陆素)具有神经和血液毒性,全国各地每年均有误将商陆当作人参或其他补益药煲汤食用而中毒的报道。因此,向大众普及商陆的鉴别很有必要。

问题:

1. 如何鉴别商陆与人参?
2. 食用商陆中毒后应如何解救?

第七章 茎木类中药

第一节 概 述

茎木类中药是茎(caulis)类中药和木(lignum)类中药的总称,主要指药用植物地上茎或茎的一部分,多数为木本植物的茎或仅用其木材部分,少数是草本植物的茎藤。药用部位为茎藤,如海风藤、川木通、鸡血藤、大血藤等;茎枝(ramulus),如桂枝、桑枝等;带钩的茎枝,如钩藤;带叶的茎枝,如桑寄生;茎刺(spina),如皂角刺;茎的翅状附属物,如鬼箭羽;茎髓(medulla),如灯心草、通草、小通草等。草本植物的茎则列入全草类中药,如麻黄、石斛等。

木类中药是木本植物的树干剥去树皮后的木材部分,包括形成层以内的部分,主要由次生木质部构成。木材可分为边材和心材两部分。边材形成较晚,水分含量高,颜色较浅;心材形成较早,积累了较多的挥发油、树脂和色素类物质,颜色较深,质地致密而重,常含有较多的次级代谢产物包括一些特殊的成分。因此,木类中药多采用心材部分,如降香、苏木等。

一、性状鉴别

应注意其形状、大小、粗细、表面、颜色、质地、折断面及气、味等。

(一) 茎类中药

茎类中药多呈圆柱形,少数扁圆柱形、方柱形,粗细大小不一。多有明显的节和节间。有的节部膨大并残存有枝痕、叶痕、芽痕或不定根。表面因有木栓组织而较粗糙,有深浅不一的纵横裂纹或栓皮剥落的痕迹,并可见皮孔。质地一般较坚实,断面纤维性或裂片状,木质部较宽广,常有木部与射线相间排列的放射状纹理;有的导管纹孔明显可见,如川木通、大血藤等;有的形成特殊的纹理,如鸡血藤;中央一般有髓部,有时中空。气味亦是重要的鉴别依据,如海风藤味苦,有辛辣感,青风藤味苦却无辛辣感。

(二) 木类中药

木类中药多呈片块状、条状或不规则形,较坚硬,可通过形状、色泽、表面及断面纹理与斑块、质地、密度、气味及水试(是否沉于水底或水浸颜色)或火试(有无特殊香气及其他特殊现象)予以鉴别。

二、显微鉴别

(一) 茎类中药

双子叶植物木质茎类中药的横切面组织构造,自外而内包括周皮、皮层、中柱鞘、维管束(韧皮部、木质部)和髓部。观察时注意各类组织的排列,各种细胞的分布,特别是石细胞和纤维,以及草酸钙结晶和淀粉粒的有无及其形状。

1. 周皮　　观察时应注意木栓细胞的形状、层数、增厚情况,落皮层有无等。幼嫩的茎尚可见到表皮,应注意有无角质层、气孔、毛茸等特征。

2. 皮层　　观察时应注意皮层的厚度,有无厚角组织、厚壁组织(纤维、石细胞)、内含物等。

3. 中柱鞘　　是否明显存在,有无厚壁组织如石细胞或纤维分布。

4. 维管束　　多为外韧型。韧皮部注意韧皮薄壁组织和韧皮射线的细胞形态及排列情况,以及有无厚壁组织等。形成层注意是否明显,一般成环状。木质部观察导管、木纤维和木薄壁细胞的形状与排列情况,射线的宽度(即细胞数列)、木化程度及有无厚壁组织。

5. **髓部** 多由薄壁细胞构成,有时壁鞘稍增厚,具单纹孔。有的髓部周围有厚壁细胞,散在或形成环髓纤维或环髓石细胞。

此外,有的双子叶植物的木质茎藤为异常构造,如鸡血藤的维管束,其韧皮部和木质部相间排列成数轮;海风藤的髓部具有数个外韧型维管束。

(二) 木类中药

双子叶植物木类中药主要由导管、管胞、木纤维及木薄壁细胞等组成,裸子植物由管胞组成。一般应做3个方向的切面:横切面、径向纵切面、切向纵切面(图7-1)。

1. **横切面** 是与纵轴垂直所做的切面。可见年轮呈同心状;射线呈辐射状排列,可观察射线的长度和宽度;木纤维多呈类三角形,具胞腔;木薄壁细胞时有草酸钙结晶和淀粉粒。

2. **径向纵切面** 是通过茎的中心沿直径做纵切的平面。纵切面可见导管呈长管状,多为具缘纹孔及网纹纹孔;射线横向分布,由多列长形薄壁细胞组成,可见射线的高度和长度,胞腔内常见淀粉粒或草酸钙结晶;木纤维为狭长的厚壁细胞,胞腔狭小,壁厚,有斜裂隙状的单纹孔。

3. **切向纵切面** 是不通过茎的中心而垂直于茎的半径所做的纵切的平面。可见射线细胞呈纺锤状,不连续纵行排列,可观察到射线的宽度和高度。

观察时应特别注意:木射线的宽度及高度、细胞增厚情况及纹孔;导管分子的形状、分布、宽度和长度以及壁上纹孔类型,还应注意观察导管中有无侵填体及侵填体的形状和颜色;木纤维与木薄壁细胞的木化增厚程度及纹孔,分泌组织(树脂道、油细胞)的有无及分布。此外,注意某些中药中的异常构造,如沉香的内涵韧皮部。

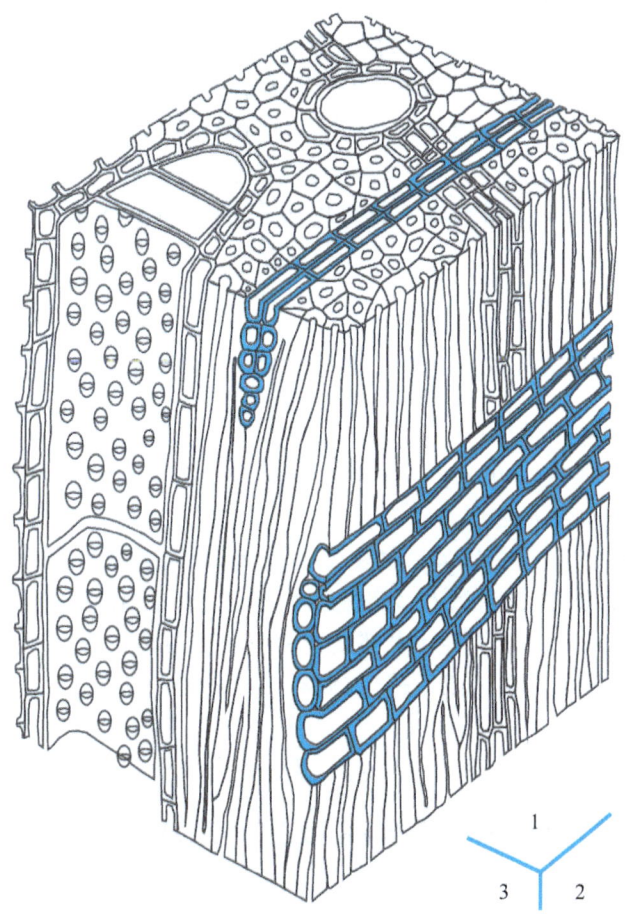

图7-1 木类药材3个方向的切面

1. 横切面;2. 径向纵切面;3. 切向纵切面

第二节 常用中药材

桑寄生(Sangjisheng, TAXILLI HERBA)

为桑寄生科植物桑寄生 *Taxillus chinensis* (DC.) Danser 的干燥带叶茎枝。常寄生于桑、柿、柚、构、槐、枫、龙眼、荔枝等植物上。主产于福建、广东、广西、云南。

茎枝呈圆柱形,长 3~4 cm,直径 0.2~1 cm;表面红褐色或灰褐色,具细纵纹,并有多数细小突起的棕色皮孔,嫩枝有的可见棕褐色茸毛;质坚硬,断面不整齐,皮部红棕色,易与木部分离,木部色较浅,中央有较小的髓部。叶多卷曲,具短柄;叶片展平后呈卵形或椭圆形,长 3~8 cm,宽 2~5 cm;表面黄褐色,幼叶被细茸毛,先端钝圆,基部圆形或宽楔形,全缘;革质。气微,味涩。以枝细嫩、色红褐、叶多者为佳。主要含槲皮素(quercetin)、萹蓄苷(avicularin)、d-儿茶素(d-catechin)、槲皮苷(quercitrin)、金丝桃苷等成分。

槲寄生(Hujisheng, VISCI HERBA)

为桑寄生科植物槲寄生 *Viscum coloratum* (Komar.) Nakai 的干燥带叶茎枝。寄生于槲、桦、榆、梨、枫杨、枫香等树上。主产于东北、华北各省区,陕西、甘肃、湖北、山东、湖南亦产。

茎枝呈圆柱形,2~5 叉状分枝,长约 30 cm,直径 0.3~1 cm;表面黄绿色、金黄色或黄棕色,有纵皱纹;节膨大,节上有分枝或枝痕;体轻,质脆,易折断,断面不平坦,皮部黄色,木部颜色较浅,射线放射状,髓部常偏向一边。叶对生于枝梢,易脱落,无柄;叶片呈长椭圆状披针形,长 2~7 cm,宽 0.5~1.5 cm;先端钝圆,基部楔形,全缘;表面黄绿色,有细皱纹,主脉 5 出,中间 3 条明显;革质。气微,味微苦,嚼之有黏性。以枝嫩、色黄绿、叶多者为佳。含斛寄生新苷Ⅰ~Ⅷ(viscumneosideⅠ~Ⅷ)等多种双氢黄酮类化合物,叶尚含黄斛寄生苷(flavoyadorinin)A、黄斛寄生苷 B 及羽扇豆醇(lupeol)等。

川木通(Chuanmutong, CLEMATIDIS ARMANDII CAULIS)

为毛茛科植物小木通 *Clematis armandii* Franch. 或绣球藤 *C. montana* Buch.-Ham. 的干燥藤茎。主产于四川、贵州、湖南等地。

呈长圆柱形,略扭曲,长 50~100 cm,直径 2~3.5 cm;表面黄棕色或黄褐色,有纵向凹沟及棱线,节处多膨大,有叶痕及侧枝痕,残存皮部易撕裂,易与木部剥离;质坚硬,不易折断;切片厚 2~4 mm,边缘不整齐,残存皮部黄棕色,木部浅黄棕色或浅黄色,有黄白色放射状纹理及裂隙,其间布满导管孔,髓部较小,类白色或黄棕色,偶有空腔;气微,味淡。以切面色黄白、无黑心者为佳。

大血藤(Daxueteng, SARGENTODOXAE CAULIS)

【来源】 为木通科植物大血藤 *Sargentodoxa cuneata* (Oliv.) Rehd. et Wils. 的干燥藤茎,药材习称"红藤"。

【产地与采制】 主产于江西、湖北、河南、江苏等地。安徽、浙江、福建等地亦产。秋、冬二季采其藤茎,去细枝及叶,某些地区趁鲜切片,晒干。

【性状鉴别】 呈圆柱形,略弯曲。表面灰棕色或棕色,粗糙,有浅纵沟及明显的横裂纹及突起(小疙瘩)。栓皮有时呈片状剥落而露出暗棕色或红棕色内皮,有的可见膨大的节及凹陷的枝痕或叶痕。质坚体轻,折断面裂片状。平整的横断面皮部呈红棕色环状,有六处向内嵌入木部,木部黄白色,有多数排列不规则的细孔(导管),被红棕色射线隔开呈放射状花纹(车轮纹)(图7-2)。气微,味微涩。

以条匀、粗如拇指者为佳。

图7-2 大血藤
A. 药材;B. 饮片

【显微鉴别】

1. 茎横断面　　木栓层为多列细胞,内壁常木化增厚,细胞内含红棕色物质。栓内层及皮层散有石细胞群,石细胞长形、类圆形或分枝状,胞腔内有时含草酸钙方晶。维管束约12个,外韧型,由宽狭不一的射线所分隔,近形成层部位的射线中有石细胞群。韧皮部中有多数含黄棕色物的分泌细胞,常切向相接,与筛管群相间,互列成数层,韧皮部亦有少数石细胞。束内形成层明显。木质部导管多单个散在,类圆形,直径约400 μm,周围有木纤维;木纤维壁厚木化。髓部较窄,可见石细胞群(图7-3)。薄壁细胞均含有棕色或红棕色物质。

2. 粉末　　淡黄棕色。① 具缘纹孔导管,直径约至400 μm。② 石细胞众多,类卵圆形、类三角形或纺锤形,长38～72 μm,直径25～40 μm,有的胞腔内含一至数个草酸钙方晶。③ 薄壁细胞内含有草酸钙方晶,长9～45 μm。④ 木栓细胞多角形,微木化。⑤ 分泌细胞长圆形,内含黄棕色物质(图7-4)。

【检查】

1. 水分　　不得过12.0%。

2. 总灰分　　不得过4.0%。

【浸出物】 照醇溶性浸出物测定法项下的热浸法测定,不得少于8.0%。

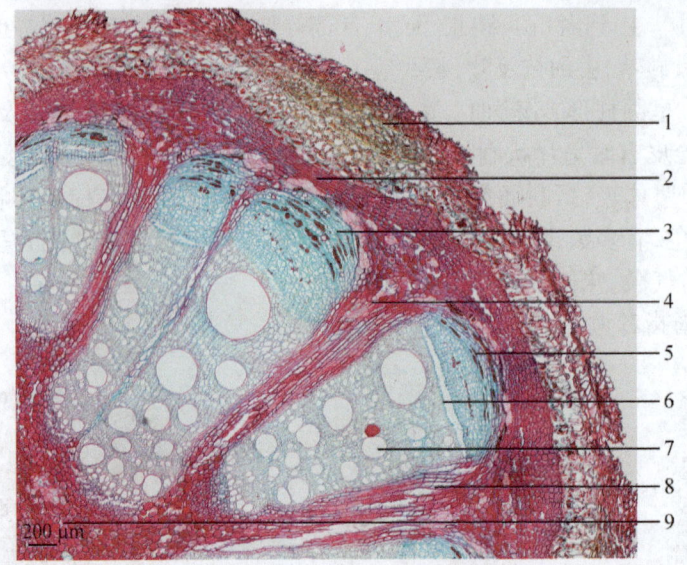

图 7-3 大血藤茎横切面显微组织构造详图
1. 木栓层；2. 皮层；3. 韧皮部；4. 石细胞；5. 分泌细胞；6. 形成层；7. 木质部；8. 射线；9. 髓部

图 7-4 大血藤粉末显微特征图
1. 具缘纹孔导管；2. 石细胞；3. 草酸钙方晶；4. 木栓细胞；5. 分泌细胞

【化学成分】 茎含鞣质约 7.7%。另含大黄素（emodin）、大黄素甲醚（physcion）、胡萝卜苷（daucosterol）、无梗五加苷等。

【理化鉴别】

（1）取粉末，加甲醇超声处理，离心，上清液回收溶剂至干，残渣加甲醇使溶解，作为供试品溶液。以大血藤对照药材为对照，照薄层色谱法，以三氯甲烷-甲醇-丙酮-水（6:3:1:1）的下层溶液为展开剂，置碘蒸汽中熏至斑点显色清晰。供试品色谱中，在与对照药材色谱相应的位置上，显相同颜色的斑点。

（2）取（1）项下供试品溶液和对照药材溶液，以甲苯-乙酸乙酯-甲酸-冰醋酸-水（0.5：

15∶1∶1∶2)为展开剂,置紫外光灯(365 nm)下检视。供试品色谱中,在与对照药材色谱相应的位置上,显相同颜色的荧光斑点。

【含量测定】 照紫外-可见分光光度法测定,按干燥品计算,含总酚以没食子酸($C_7H_8O_6$)计不得少于 6.8%。

照高效液相色谱法测定,以乙腈-0.1%甲酸溶液为流动相;检测波长为 275 nm。按干燥品计算,含红景天苷($C_{14}H_{20}O_7$)不得少于 0.04%,含绿原酸($C_{16}H_{18}O_9$)不得少于 0.20%。

【贮藏】 置通风干燥处。

【性味功能】 性平,味苦。清热解毒,活血,祛风止痛。

【附注】 饮片 为类椭圆形的厚片。外表皮灰棕色,粗糙。切面皮部红棕色,有数处向内嵌入木部,木部黄白色,有多数导管孔,射线呈放射状排列。气微,味微涩。

海风藤(Haifengteng,PIPERIS KADSURAE CAULIS)

为胡椒科植物风藤 *Piper kadsura* (Choisy) Ohwi 的干燥藤茎。主产于福建、广东、台湾、浙江等地。

呈长圆柱形而扁,长短不等,直径 0.3~2 cm。表面灰褐色或褐色,粗糙;有纵向棱状纹理及明显的节,节部膨大,上生不定根;体轻,质脆,易折断,断面不整齐,皮部窄,木部宽广,灰黄色,导管孔多数,射线灰白色,放射状排列,皮部与木部交界处常有裂隙,中心有灰褐色髓;气香,味微苦、辛。以香气浓者为佳。含细叶青蒌藤素(crotepoxide)、细叶青蒌藤烯酮(futoenone)、细叶青蒌藤醌醇(futoquinol)、细叶青蒌藤酰胺(futoamide)。

鸡血藤(Jixueteng,SPATHOLOBI CAULIS)

【来源】 为豆科植物密花豆 *Spatholobus suberectus* Dunn 的干燥藤茎。

【产地与采制】 主产于广东、广西、海南及云南等地。

秋、冬二季采收,除去枝叶,切片,晒干。

【性状鉴别】 呈椭圆形,长矩圆形,扁圆柱形,或不规则斜切片,表面灰棕色,有的可见灰白色斑块,栓皮脱落处呈红色。质坚硬,不易折断,折断面呈不整齐的裂片状。切面木部呈淡红色或棕色,有多数小孔(导管),韧皮部有红棕色或黑棕色树脂样分泌物,与木部相间排列呈 3~8 个偏心性半圆环;小型髓部偏向一侧(图 7-5)。气微,味涩。

鸡血藤历史沿革

鸡血藤植物形态

【显微鉴别】

1. 茎横切面 木栓层有细胞数列,含棕红色物。皮层较窄,散有石细胞群,胞腔内充满棕红色物;薄壁细胞含草酸钙方晶。维管束异形,由韧皮部与木质部相间排列成数轮。韧皮部最外层为石细胞群与纤维束组成的厚壁细胞层;射线多被挤压;分泌细胞甚多,充满棕红色物,常数个至 10 多个切向排列成带状;纤维束较多,非木化至微木化,周围细胞含草酸钙方晶,形成晶纤维,含晶细胞壁木化增厚;石细胞群散在。木质部射线有的含棕红色物;导管多单个散在,类圆形,直径约 400 μm;木纤维束亦均形成晶纤维(图 7-6);木薄壁细胞少数含棕红色物。

2. 粉末 棕黄色。① 棕红色块散在,形状、大小及颜色深浅不一。② 导管以具缘纹孔为主,直径 20~400 μm,有的含黄棕色物。③ 石细胞单个散在或 2~3 个成群,淡黄色,呈长方形、类圆形、类三角形或类方形,直径 14~75 μm,层纹明显。④ 纤维束周围的细胞含草酸钙方晶,形成晶纤维。⑤ 草酸钙方晶呈类双锥形或不规则形(图 7-7)。

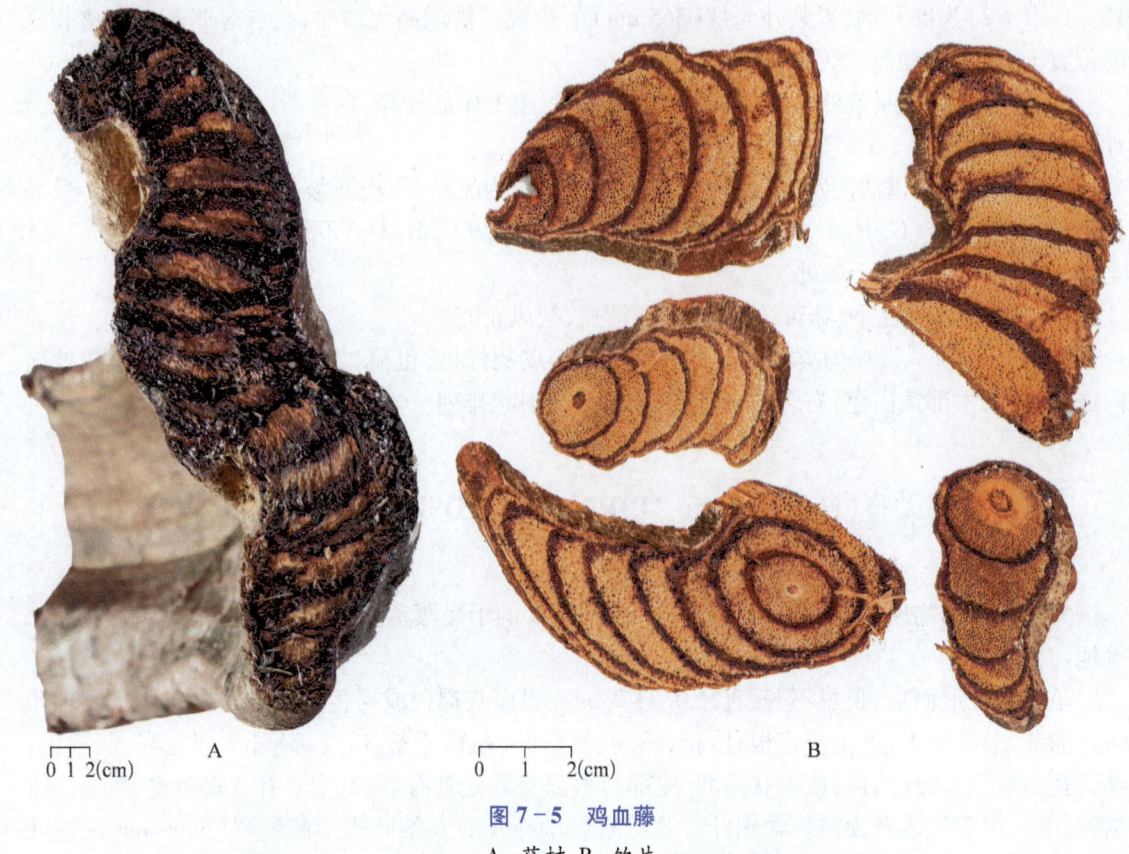

图 7-5 鸡血藤
A. 药材；B. 饮片

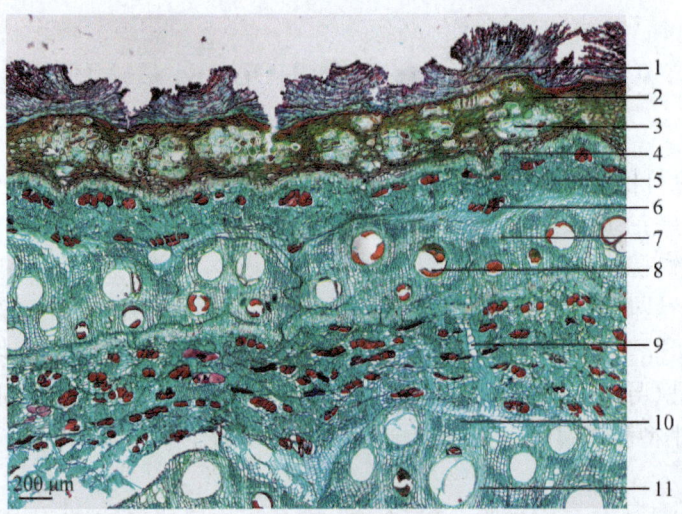

图 7-6 鸡血藤横切面显微组织构造详图

1. 木栓层；2. 皮层；3. 石细胞群；4. 厚壁细胞层带（石细胞与纤维束组成）；5. 韧皮部；
6. 分泌细胞；7. 木质部；8. 导管；9. 韧皮射线；10. 木纤维束；11. 木射线

【检查】
1. 水分　不得过 13.0%。
2. 总灰分　不得过 4.0%。

【浸出物】　照醇溶性浸出物测定法项下的热浸法测定，不得少于 8.0%。

【化学成分】　异黄酮类：刺芒柄花素，芒柄花苷（ononion）等。查尔酮类：异甘草素（isoliquiritigenin）及 2′,4′,3,4-四羟基查尔酮等。

【理化鉴别】　取粉末，加乙醇超声处理，滤过，滤液蒸干，残渣加水使溶解，用乙酸乙酯振摇

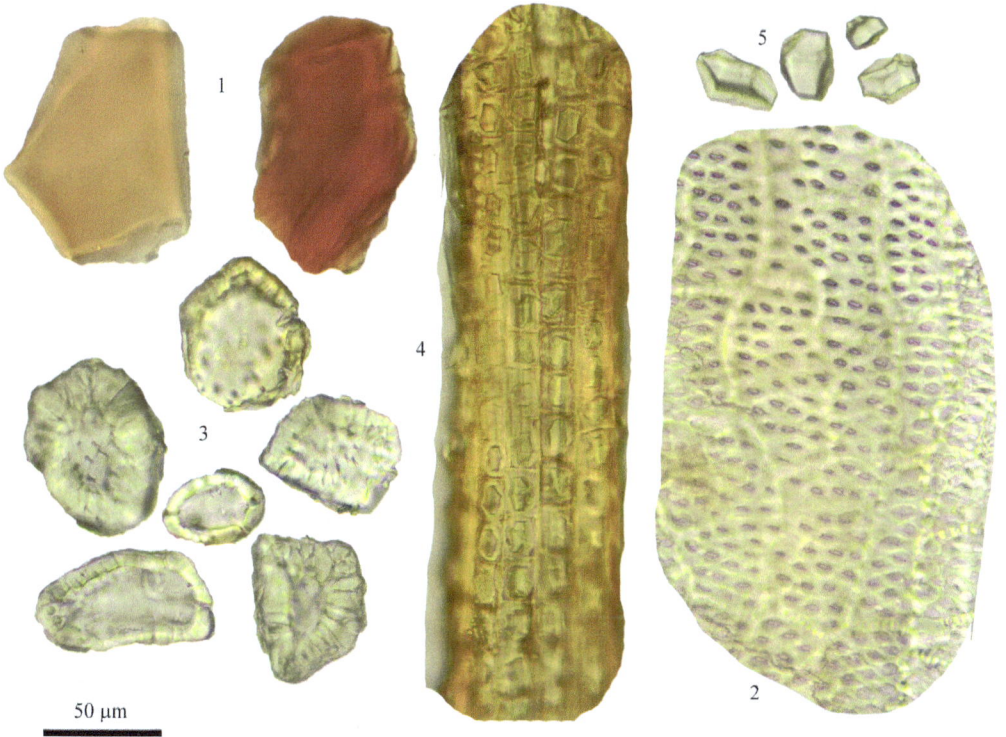

图7-7 鸡血藤粉末显微特征图
1. 棕红色块;2. 导管;3. 石细胞;4. 晶纤维;5. 草酸钙方晶

提取,乙酸乙酯液挥干,残渣加甲醇使溶解,作供试品溶液。以鸡血藤对照药材为对照,照薄层色谱法,以二氯甲烷-丙酮-甲醇-甲酸(8:1.2:0.3:0.5)为展开剂,置紫外光灯(254 nm)下检视。供试品色谱中,在与对照药材色谱相应的位置上,显相同颜色的斑点;喷以5%香草醛硫酸溶液,在105℃条件下加热至斑点显色清晰。在与对照药材色谱相应的位置上,显相同颜色的斑点。

【贮藏】 置通风干燥处,防霉,防蛀。
【性味功能】 性温,味苦、甘。活血补血,调经止痛,舒筋活络。

降香(Jiangxiang, DALBERGIAE ODORIFERAE LIGNUM)

为豆科植物降香檀 *Dalbergia odorifera* T. Chen 树干和根的干燥心材。主产于海南岛。
呈类圆柱形或不规则块状;表面紫红色或红褐色,切面有致密的纹理,可见刀削痕。质坚硬,富油性。点燃后有黑烟及油冒出,残留灰烬为白色。气微香,味微苦。主要含:① 挥发油(1.76%~9.70%):香叶基丙酮(geranylacetone)、α-白檀油醇(α-santanol)等;② 黄酮类:芒柄花素(formononetin)、甘草素、异甘草素等。

沉香(Chenxiang, AQUILARIAE LIGNUM RESINATUM)

【来源】 为瑞香科植物白木香 *Aquilaria sinensis* (Lour.) Gilg 含有树脂的木材,习称"国产沉香"。
【产地与采制】 主产于广东、海南,广西、福建亦产。
全年均可采收。通常选择树干直径30 cm以上的壮龄白木香树,在距地面1.5~2 m处顺砍

沉香授课视频

沉香历史沿革

5~6刀,伤口深3~4cm,伤面处被一种真菌侵入感染而使伤口处的木部分泌出黄褐色渐变棕黑色的树脂。数年后即可采割含有黑色树脂的木部,削取时造成的新伤口处仍会继续分泌树脂,可再继续削取。将采得沉香削去黄白色不含树脂部分,阴干。刨片或磨细粉用。

【性状鉴别】 呈不规则块、片状或盔帽状,有的为小碎块。表面凹凸不平,有刀痕,偶有孔洞,可见黑褐色树脂与黄白色木部相间的斑纹,孔洞及凹窝表面多呈朽木状。质较坚实,大多不沉于水,断面刺状(图7-8)。气芳香,味苦。燃烧时发浓烟及强烈香气,并有黑色油状物渗出。

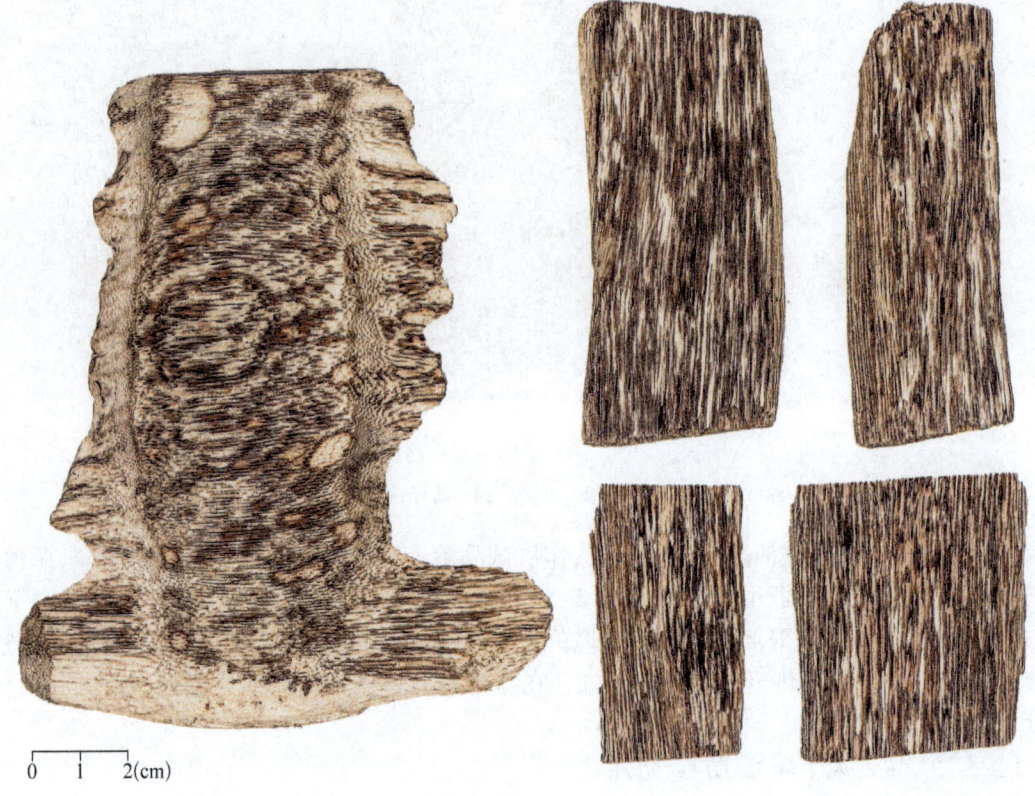

图7-8 沉香

【显微鉴别】
1. 横切面　①木射线宽1~2列细胞,呈径向延长,壁非木化或微木化,有的具壁孔,充满棕色树脂。②导管圆形、多角形,直径42~128μm,2~10个成群存在,偶有单个存在,有的含棕色树脂。③木纤维多角形,直径20~45μm,壁稍厚,木化。④木间韧皮部呈扁长椭圆状或条带状,常与射线相交,细胞壁薄,非木化,内含棕色树脂;其间散有少数纤维,有的薄壁细胞含草酸钙柱晶(图7-9A)。

(1) 切向纵切面:木射线细胞同型性,宽1~2列细胞,高4~20个细胞。导管为具缘孔纹,长短不一,多为短节导管,两端平截,具缘孔纹排列紧密,互列,内含黄棕色树脂块。纤维细长,壁较薄,有单纹孔。木间韧皮部细胞长方形(图7-9B)。

(2) 径向纵切面:木射线排列成横向带状,高4~20层细胞,细胞为方形或略长方形。有时可见纤维,径向壁上有单纹孔。余同切向纵切面(图7-9C)。

2. 粉末　黑棕色。①纤维管胞极易察见,多成束,呈长梭形,直径22~29μm,壁较薄,径向壁上有具缘纹孔。②韧型纤维多散离,少见,直径25~45μm,径向壁上有单斜纹孔。③木间韧皮薄壁细胞,内含黄棕色物质,壁非木化,可见菌丝腐蚀形成的纵横交错的纹理。④木射线壁连珠状增厚。⑤草酸钙柱晶少见,长约至68μm,直径9~18μm。⑥树脂团块黄棕色。⑦具缘纹孔导管直径约至128μm,具缘纹孔排列紧密,内含黄棕色树脂块,常破碎脱出。⑧纤维直

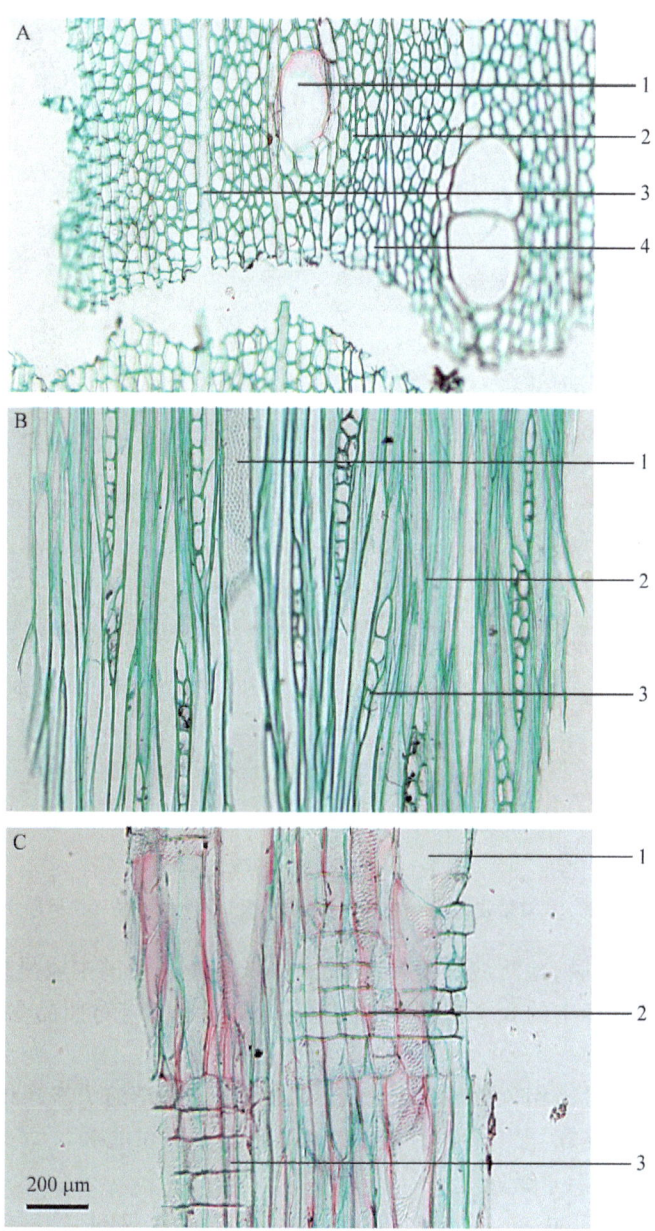

图 7-9 沉香(心材)三切面图
A. 横切面；B. 切向纵切面；C. 径向纵切面
1. 导管；2. 木纤维；3. 木射线；4. 木间韧皮部

径 25~30 μm，径向壁有纹孔（图 7-10）。

【浸出物】 照醇溶性浸出物测定法项下的热浸法测定，不得少于 10.0%。

【化学成分】 含挥发油及树脂。挥发油约 0.8%，油中含有白木香酸（baimuxianic acid）、白木香醇（baimuxinol）、异白木香醇（isobaimuxinol）、白木香醛（agarospiral）、沉香螺醇（agarospirol）、沉香四醇（agarotetrol）等。

白木香酸对小鼠有一定麻醉、镇痛作用。沉香提取物具有解痉的作用。

【理化鉴别】

（1）取粉末，加乙醚超声处理，滤过，滤液蒸干，残渣加三氯甲烷使溶解，作供试品溶液。以沉香对照药材为对照，照薄层色谱法，以三氯甲烷-乙醚（10∶1）为展开剂，置紫外光灯（365 nm）下检视。供试品色谱中，在与对照药材色谱相应的位置上，显相同颜色的荧光斑点。

（2）取粉末，加乙醇浸泡，超声处理，取上清液滤过，取续滤液作为供试品溶液。另取沉香对照药材，以上述同样方法制得对照品参照物溶液。照高效液相色谱法测定，以乙腈-0.1%甲

图7-10 沉香粉末显微图

1. 纤维管胞;2. 韧型纤维;3. 木间韧皮薄壁细胞;4. 木射线;5. 草酸钙柱晶;6. 树脂团块;7. 导管;8. 纤维

酸溶液为流动相,梯度洗脱,检测波长为252 nm。供试品特征图谱中应呈现6个特征峰,并应与对照药材参照物色谱峰中的6个特征峰相对应,其中峰1应与对照品参照物峰保留时间相一致。

【含量测定】 照高效液相色谱法测定,以乙腈-0.1%甲酸溶液为流动相,梯度洗脱,检测波长为252 nm。按干燥品计算,含沉香四醇($C_{17}H_{18}O_6$)不得少于0.10%。

【贮藏】 密闭,置阴凉干燥处。

【性味功能】 性微温,味辛、苦。行气止痛,温中止呕,纳气平喘。

【附注】

1. 饮片　呈不规则片状、长条形或类方形小碎块状,长0.3~7.0 cm,宽0.2~5.5 cm。表面凹凸不平,有的有刀痕,偶有孔洞,可见黑褐色树脂与黄白色木部相间的斑纹。质较坚实,刀切面平整,折断面刺状。气芳香,味苦。

2. 进口沉香　为瑞香科植物沉香 *Aquilaria agallocha* Roxb. 含有树脂的木材。呈圆柱形或不规则块片,通常长10~15 cm,宽2~6 cm;两端或表面有刀劈痕、沟槽或孔洞,凹凸不平,淡黄棕色或灰黑色,密布断续的棕黑色细纵纹(含树脂的木射线),可见黑褐色树脂斑痕,微具光泽,横断面可见细密棕黑色斑点,能沉或半沉于水;气味较浓烈。质量比国产沉香好。

苏木(Sumu,SAPPAN LIGNUM)

为豆科植物苏木 *Caesalpinia sappan* L. 的干燥心材。多于秋季采伐,除去白色边材,干燥。主产于台湾、广东、广西、贵州、云南等地。

呈长圆柱形或对剖半圆柱形,有的连结根部则呈不规则稍弯曲的长条状或疙瘩状,长10~

100 cm,直径 3~12 cm;表面黄红色至棕红色,可见红黄相间的纵向条纹或裂缝,有刀削痕及细小的凹入油孔;质坚硬沉重,断面致密,强纤维性,横断面略具光泽,有显著的类圆形同心环纹(年轮),有的可见暗棕色、质松、带亮星的髓部;气微,味微涩。取碎片投入热水,水染成红色,加酸变成黄色,再加碱液,仍变红色。主含巴西苏木素(brasilin)约 2%,在空气中易氧化成巴西苏木色素(brasilein),为苏木的红色色素成分。

通草(Tongcao,TETRAPANACIS MEDULLA)

为五加科植物通脱木 *Tetrapanax papyrifer* (Hook.) K. Koch 的干燥茎髓。主产于贵州、四川、广西、云南、台湾等地。

呈圆柱形,长 20~40 cm,直径 1~2.5 cm;表面白色或淡黄色,有浅纵沟纹;体轻,质松软,稍有弹性,易折断,断面平坦,显银白色光泽,中部有直径 0.3~1.5 cm 的空心或半透明的薄膜,纵剖面呈梯状排列,实心者少见;气微,味淡。商品"方通"系将通草作纵向旋刨而成的厚约 0.5 mm 的薄片,再切成约 10 cm 方的片状物,表面白色微有光泽;"通丝"则为细长碎纸片状,宽 3~5 mm,长短不等。主要含肌醇(inositol),并含多聚戊糖 14.3%。

钩藤(Gouteng,UNCARIAE RAMULUS CUM UNCIS)

【来源】 为茜草科植物钩藤 *Uncaria rhynchophylla* (Miq.) Miq. ex Havil.、大叶钩藤 *U. macrophylla* Wall.、毛钩藤 *U. hirsuta* Havil.、华钩藤 *U. sinensis* (Oliv.) Havil. 或无柄果钩藤 *U. sessilifrudus* Roxb. 的干燥带钩茎枝。

【产地与采制】 主产于浙江、广西、广东、江西、湖南等地。销全国,以广西产量大,浙江温州产的质量最佳。

秋、冬二季采收有钩的嫩枝,剪成短段,晒干或蒸后晒干。

【性状鉴别】

1. 钩藤 茎枝类方柱形或类圆柱形,长 2~3 cm,直径 2~5 mm;表面红棕色至紫棕色,具细纵纹,光滑无毛也有黄绿色至灰褐色者,上有白色点状皮孔,被黄褐色柔毛。枝节上具两个或一个弯曲钩,钩略扁或稍圆,先端细尖,基部较阔,有微细纵皱纹;钩基部的枝上可见叶柄脱落后的窝点状痕迹和环状的托叶痕,质轻而坚韧,断面黄棕色,皮部纤维性,茎枝髓部黄白色,疏松或已萎缩中空(图 7-11)。气微,味淡。

2. 大叶钩藤 小枝两侧有纵棱,具突起的黄白色小疣点状皮孔。钩枝密被褐色长柔毛,钩长达 3.5 cm,表面灰棕色,末端膨大成小球,折断面有髓或中空。

3. 毛钩藤 枝或钩的表面灰白色或灰棕色,粗糙,有疣状凸起,被褐色粗毛。

4. 华钩藤 小枝方柱形,表面黄绿色,钩端渐尖,常留萎缩苞痕,基部扁阔,常有宿存托叶,全缘。

5. 无柄果钩藤 钩枝四面有浅纵钩,具稀疏的褐色柔毛,叶痕明显,钩长 1~1.8 cm,表面棕黄色或棕褐色,折断面髓部浅黄白色。

以双钩、茎细、钩结实、光滑、色紫红、无枯枝钩者为佳。

【显微鉴别】

1. 横切面

(1) 钩藤茎横切面:① 表皮细胞 1 列,表面具角质层。② 皮层薄壁细胞含棕色内含物。③ 中柱鞘纤维排列成较疏的断续环带。④ 韧皮部纤维单个或成群散在,较中柱鞘纤维细小,微

钩藤历史沿革

钩藤植物形态

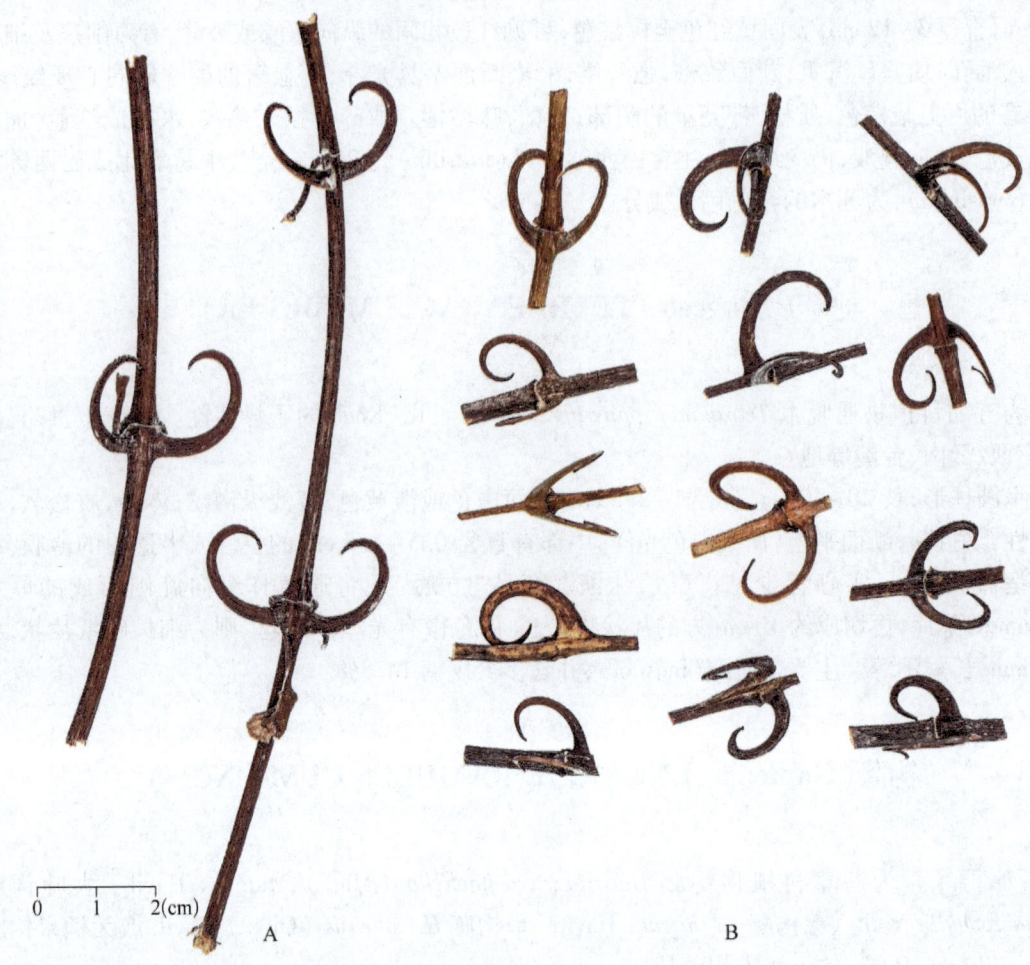

图 7-11 钩藤
A. 药材；B. 饮片

木化。⑤ 木质部导管常数个径向相连，木纤维多数。⑥ 髓部宽阔，环髓厚壁细胞1~2列。⑦ 皮层及韧皮部薄壁细胞含草酸钙砂晶及少数簇晶。

钩的横切面与茎枝基本相同。只是组织排列致密，钩尖端部木质部较宽，髓部狭窄。

（2）大叶钩藤茎横切面：表皮外侧角质层表面观成条纹状。具单细胞或多细胞非腺毛。皮层细胞有的含色素。木质部两侧向内呈弧状突起，薄壁细胞中含砂晶或簇晶。

（3）毛钩藤茎横切面：角质层表面观呈内凹的方格形。复表皮2~5层细胞，单细胞非腺毛钩状弯曲，多细胞非腺毛由2~15个细胞组成。薄壁细胞中含草酸钙砂晶。

（4）华钩藤茎横切面：角质层表面观呈类长方形突起，复表皮，薄壁细胞含草酸钙砂晶。

（5）无柄果钩藤茎横切面：角质层呈不规则的波状纹理，表皮细胞外壁向外突起，具多数单细胞短角状毛，表面有疣状突起。皮层细胞不含色素，有断续成环的石细胞层。木质部向内呈弧状突起。薄壁细胞中含草酸钙砂晶或簇晶。

2. 粉末

（1）钩藤：淡黄棕色至红棕色。① 韧皮薄壁细胞成片，细胞延长，界限不明显，次生壁常与初生壁脱离，呈螺旋状或不规则扭曲状。② 纤维成束或单个散在，多断裂，直径10~26 μm，壁厚3~11 μm。③ 具缘纹孔导管多破碎直径可达56 μm，纹孔排列较密。④ 表皮细胞棕黄色，表面观呈多角形或稍延长，直径11~34 μm。⑤ 草酸钙砂晶存在于长圆形的薄壁细胞中，密集，有的含砂晶细胞连接成行（图7-12）。

（2）华钩藤：与钩藤相似。

（3）大叶钩藤：单细胞非腺毛多见，多细胞非腺毛2~15细胞。

(4)毛钩藤：非腺毛1~5细胞。

(5)无柄果钩藤：少见非腺毛，1~7细胞。可见厚壁细胞，类长方形，长41~121 μm，直径17~32 μm。

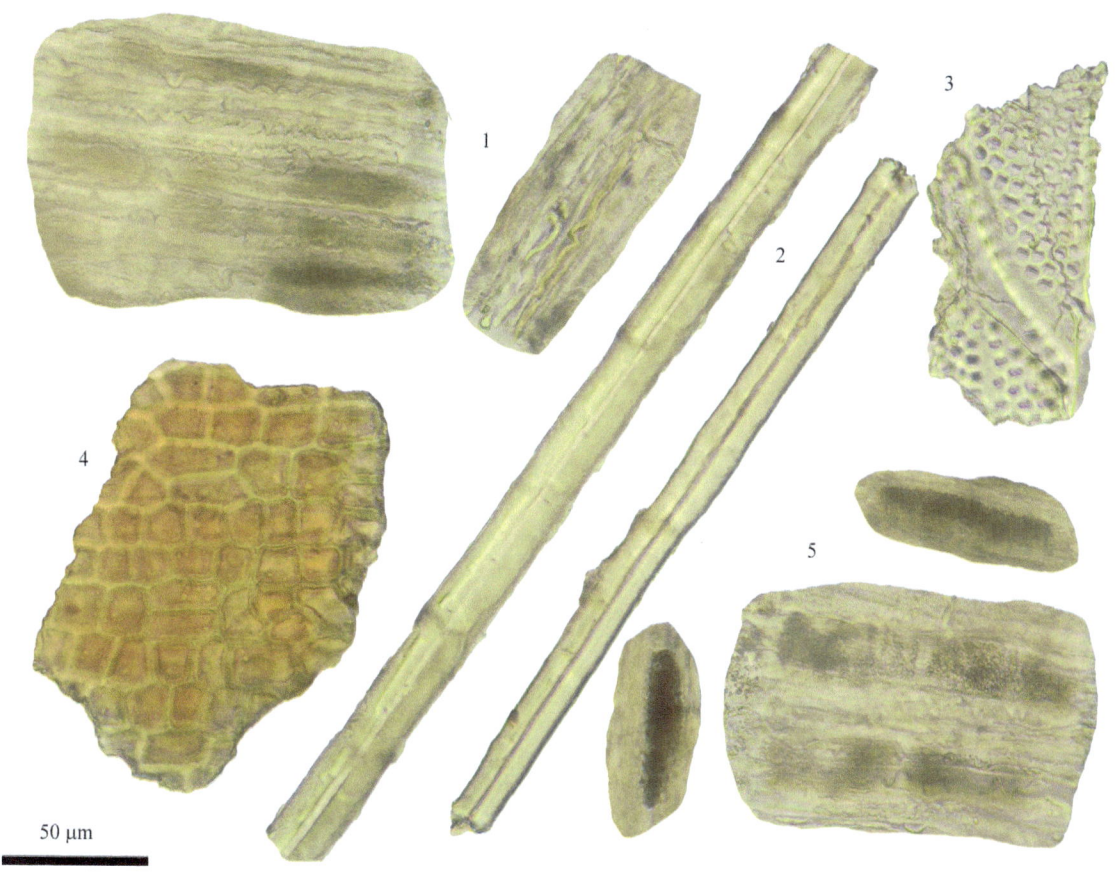

图7-12 钩藤粉末显微特征图

1. 韧皮薄壁细胞；2. 纤维；3. 导管；4. 表皮细胞；5. 草酸钙砂晶（薄壁细胞）

【检查】

1. 水分　　不得过10.0%。
2. 总灰分　　不得过3.0%。

【浸出物】　照醇溶性浸出物测定法项下的热浸法测定，用乙醇作溶剂，不得少于6.0%。

【化学成分】　含吲哚类生物碱，总生物碱含量约为0.2%，其中钩藤碱(rhynchophylline)占总生物碱的28%~50%，异钩藤碱(isorhynchophylline)约占15%，此两者为降压药物的主要成分。

【理化鉴别】　取粉末，加浓氨试液，浸泡，加三氯甲烷，加热回流，滤过，取滤液挥干，残渣加甲醇使溶解，作为供试品溶液。以异钩藤碱对照品为对照，照薄层色谱法，以石油醚(60~90℃)-丙酮(6:4)为展开剂，喷以改良碘化铋钾试液。供试品色谱中，在与对照品色谱相应的位置上，显相同颜色的斑点。

【贮藏】　置干燥处。

【性味功能】　性凉，味甘。息风定惊，清热平肝。

【附注】　混淆品　　除上述5种钩藤外，尚有下述品种有时亦可在钩藤的商品中见到：披针叶钩藤 *Uncaria lancifolia* Hutch. 分布于我国云南、广西。攀茎钩藤 *U. scandens* (Smith) Hutchins. 分布于印度至我国云南、贵州、广西、海南等地。滑钩藤 *U. laevigata* Wall. 分布于我国广西、云南，印度也有分布。

沉香是一味具有行气止痛、温中止呕、纳气平喘等功效的贵重药材,有悠久的用药历史,由于沉香树自然繁殖率低,产量严重不足,进口沉香无法满足中药的使用,供需矛盾突出,因此,《中国药典》自1977年版起沉香的来源仅保留了国产的白木香,取消了以进口为主的沉香。同时,由于沉香的价格不断上升,市场出现了其他木材经染色喷香处理后冒充沉香出售的情况。

问题:
如何采用中药鉴定学的方法鉴别进口沉香、国产白木香与其他木材伪造的沉香?

第八章 皮类中药

第一节 概　　述

皮(cortex)类中药通常指来源于被子植物(其中主要是双子叶植物)或裸子植物的茎干、枝和根的形成层以外部分的药材。大多为木本植物茎干的皮,如肉桂、黄柏等;有些为根皮,如桑白皮、牡丹皮等;少数枝皮亦可入药,如厚朴。

一、性状鉴别

皮类中药的性状特征受植物来源、取皮部位、采收和产地加工干燥方法等因素的影响,鉴别时主要应注意观察其形状、外表面、内表面、断面、气味等。其中,表面和断面特征、气味等对于区别药材尤为重要。同时,还要正确运用鉴别术语。现分述如下:

(一) 形状

由粗大老树上剥的皮,大多粗大而厚,呈长条状或板片状;枝皮则呈细条状或卷筒状;根皮多数呈短片状或短小筒状。一般描述术语有:

平坦状:皮片呈板片状,较平整,如杜仲、黄柏。

弯曲状:皮片多向内弯曲,通常取自枝干或较小茎干的皮,易收缩成弯曲状。由于弯曲的程度不同,又分:① 反曲状,如石榴树皮;② 槽状或半管状,如合欢皮;③ 管状或筒状,如牡丹皮;④ 单卷状,如肉桂;⑤ 双卷筒状,如厚朴;⑥ 复卷筒状,如锡兰桂皮。

(二) 外表面

未除去栓皮的外表面一般较粗糙。颜色多为灰黑色、灰褐色、棕褐色或棕黄色等。多有纵横深浅不同的裂纹。有的树干皮外表面常有斑片状的地衣、苔藓等物附生,如肉桂。有的栓皮常呈鳞片状剥落,如苦楝皮、地骨皮。多数树皮尚可见到皮孔,皮孔的形状、颜色、分布的密度,常是鉴别皮类中药的特征之一。例如,合欢皮的皮孔呈横向椭圆形,红棕色;牡丹皮的皮孔呈灰褐色,横长略凹陷状;杜仲的皮孔呈斜方形;秦皮则密布圆点状灰白色的皮孔。少数皮类中药表面有刺毛,如红毛五加皮;或有钉状物,如海桐皮等。部分皮类中药,加工时刮去粗皮,外表面较光滑,如桑白皮、黄柏等。

(三) 内表面

一般较外表面平滑,多有细密的纵向皱纹,如桑白皮等。颜色各不相同,如肉桂呈红棕色,杜仲呈紫褐色,黄柏呈黄色,苦楝皮呈黄白色。有的内表面可见发亮的细小结晶,如厚朴。有些含油的皮类中药,经刻划出现油痕,可根据油痕的情况并结合气味等,评价该药材的质量,如肉桂、厚朴等。

(四) 断面

皮类中药横向折断面的特征与皮的各组织的组成以及排列方式有密切关系,因此是皮类中药的重要鉴别特征,描述折断面性状的术语主要有:

平坦状:组织中富有薄壁细胞而无石细胞群或纤维束的皮,折断面较平坦,无显著突起物,如牡丹皮。

颗粒状:组织中富有石细胞群的皮,折断面常呈颗粒状突起,如肉桂。

纤维状:组织中富含纤维的皮,折断面多细的纤维状物或刺状物突出,如桑白皮、合欢皮。

层状:组织构造中的纤维束和薄壁组织成环带状间隔排列,折断时形成明显的层片状,如苦楝皮、黄柏等。

有些皮的断面外层较平坦或颗粒状，内层显纤维状，说明纤维主要存在于韧皮部，如厚朴。有的皮类中药在折断时有胶质丝状物相连，如杜仲。亦有些皮在折断时有粉尘出现，这些皮的组织较疏松，含有较多的淀粉，如白鲜皮。

（五）气味

气味与药材所含成分有密切关系，如含挥发油的中药一般有浓烈的芳香气。有些皮类中药外形很相似，但其气味却完全不同。例如，香加皮和地骨皮，前者有特殊香气，味苦而有刺激感，后者气味较微弱。肉桂与桂皮外形亦较相似，但肉桂味甜而微辛，桂皮则味辛辣而凉。因此，气味也是鉴别皮类中药的重要方面。

二、显微鉴别

（一）组织特征

皮类中药的构造由外向内依次为周皮、皮层、初生和次生韧皮部等。鉴别时首先观察横切面各部分组织的界限和宽厚度，然后再详细观察和描述各部分组织的具体特征。

1. **周皮** 包括木栓层、木栓形成层与栓内层三部分。木栓层细胞多整齐地排列成行，细胞呈扁平形，切向延长，壁薄，栓化或木化，黄棕色或含红棕色物质。有的木栓细胞壁均匀地或不均匀地增厚并木化，如杜仲木栓细胞内壁特厚，肉桂的最内1列木栓细胞的外壁特别厚。木栓层发达的程度随植物的种类不同而有较大的区别。木栓形成层细胞常为扁平而薄壁的细胞，在一般的皮类药材中不易区别。栓内层存在于木栓形成层的内侧，径向排列成行，细胞壁不栓化，亦不含红棕色物质，少数含叶绿体而显绿色，又称绿皮层。栓内层较发达时，其内部距木栓形成层较远的细胞形态，多为不规则形，此时常不易与皮层细胞区别。有的药材栓内层具有石细胞环带，如厚朴。有的栓内层为数列多角形厚角细胞，如秦皮。

2. **皮层** 大多是薄壁细胞，略切向延长，常可见细胞间隙，靠近周皮部分常分化成厚角组织。皮层中常可见到纤维、石细胞和各种分泌组织，如油细胞、乳管、黏液细胞等，常见的细胞内含物有淀粉粒和草酸钙结晶。

3. **韧皮部** 包括韧皮部束和射线两部分。韧皮部束外方，为初生韧皮部，其筛管群常呈颓废状而皱缩，最外方（过去也称为中柱鞘纤维）常有厚壁组织，如肉桂中柱鞘部位有石细胞群断续排列成环带，外侧伴有纤维束。次生韧皮部占大部分，除筛管和伴胞外，常有厚壁组织、分泌组织等，应注意其分布位置、分布特点和细胞特征，有些薄壁细胞内常可见到各种结晶体或淀粉粒。

射线可分为髓射线和韧皮射线两种。髓射线较长，常弯曲状，外侧渐宽成喇叭口状；韧皮射线较短，两者都由薄壁细胞构成，不木化，细胞中常含有淀粉粒和草酸钙结晶。射线的宽度和形状在鉴别时较为重要。

（二）粉末特征

粉末的显微观察在鉴定皮类中药时经常应用，如各种细胞的形状、长度、宽度，细胞壁的性质、厚度、壁孔和壁沟的情况及层纹清楚否，都是鉴定的重要依据。

第二节 常用中药材

杜仲（Duzhong, EUCOMMIAE CORTEX）

杜仲历史沿革

【来源】 为杜仲科植物杜仲 *Eucommia ulmoides* Oliv. 的干燥树皮。

【产地与采制】 主产于湖北、四川、贵州、云南等地。多为栽培。

4~6月剥取栽培近10年的树皮，趁新鲜刮去粗皮，将树皮内表面相对层层叠放，严密埋藏于稻草内,使之"发汗"至内皮呈紫褐色时,取出晒干。

杜仲植物形态

【性状鉴别】 呈扁平的板片状或两边稍向内卷的块片,厚 3~7 mm。外表面淡棕色或灰褐色,未刮净粗皮者可见纵沟或裂纹,具斜方形皮孔,有的可见地衣斑,刮去粗皮者淡棕色且平滑(图 8-1)。内表面暗紫色,光滑。质脆,易折断。断面有细密银白色富弹性的胶丝相连,一般可拉至 1 cm 以上才断。气微,味稍苦,嚼之有胶状感。

以皮厚、块大、去净粗皮、内表面暗紫色、断面丝多者为佳。

图 8-1 杜仲
A. 药材;B. 饮片

【显微鉴别】

1. 横切面　　落皮层残存,内侧有数个木栓组织层带(木栓层),每层为排列整齐、内壁特别增厚且木化的木栓细胞,两层带间为颓废的皮层组织,细胞壁木化。韧皮部有 5~7 条石细胞环带,每环有 3~5 列石细胞并伴有少数纤维。射线 2~3 列细胞,近栓内层时向一方偏斜。白色橡胶质(丝状或团块状)随处可见,以韧皮部为多,此橡胶丝存在于乳汁细胞内(图 8-2)。

2. 粉末　　棕色。① 石细胞众多,大多成群,类长方形、类圆形或不规则形,壁厚,胞腔小,孔沟明显,有的胞腔内含橡胶团块。② 橡胶丝成条或扭曲成团。③ 木栓细胞成群或单个,表面观呈多角形,直径 15~40 μm,壁不均匀增厚,侧面观长方形,一面壁薄,三面壁增厚,孔沟明显。④ 淀粉粒类圆形(图 8-3)。

【浸出物】 照醇溶性浸出物热浸法测定,不得少于 11.0%。

【化学成分】 含杜仲胶(gutta-percha)、桃叶珊瑚苷(aucubin)、松脂醇二葡萄糖苷(降压成分)等成分。杜仲皮折断后有银白色的杜仲胶,杜仲胶为一种硬质橡胶,杜仲胶含量因树龄和厚薄不同而不同,陈杜仲约含 20%,厚杜仲皮约含 14.32%,薄杜仲皮约含 11.4%,老细枝约含 18.10%,干嫩枝约含 4.67%。

【理化鉴别】 取粉末,加乙醇回流提取,提取液滴于滤纸上,喷洒 20% 氢氧化钠水液,显浅黄色斑点(红杜仲显紫色斑点,丝棉木不显色)。

【含量测定】 照高效液相色谱法测定,以甲醇-水(25∶75)为流动相;检测波长为 277 nm。按干燥品计算,含松脂醇二葡萄糖苷($C_{32}H_{42}O_{16}$)不得少于 0.10%。

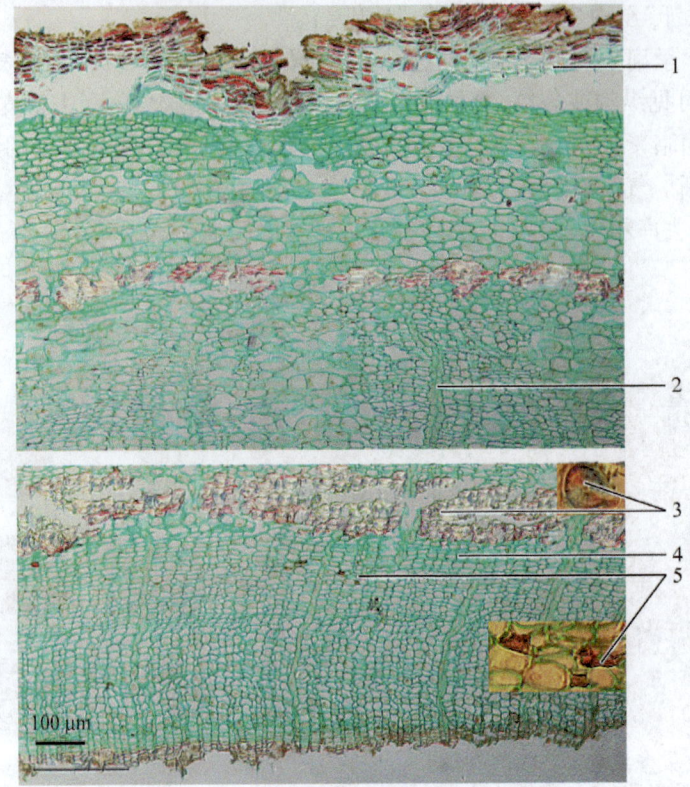

图8-2 杜仲横切面显微组织构造详图
1. 木栓层；2. 射线；3. 石细胞；4. 韧皮部；5. 橡胶质

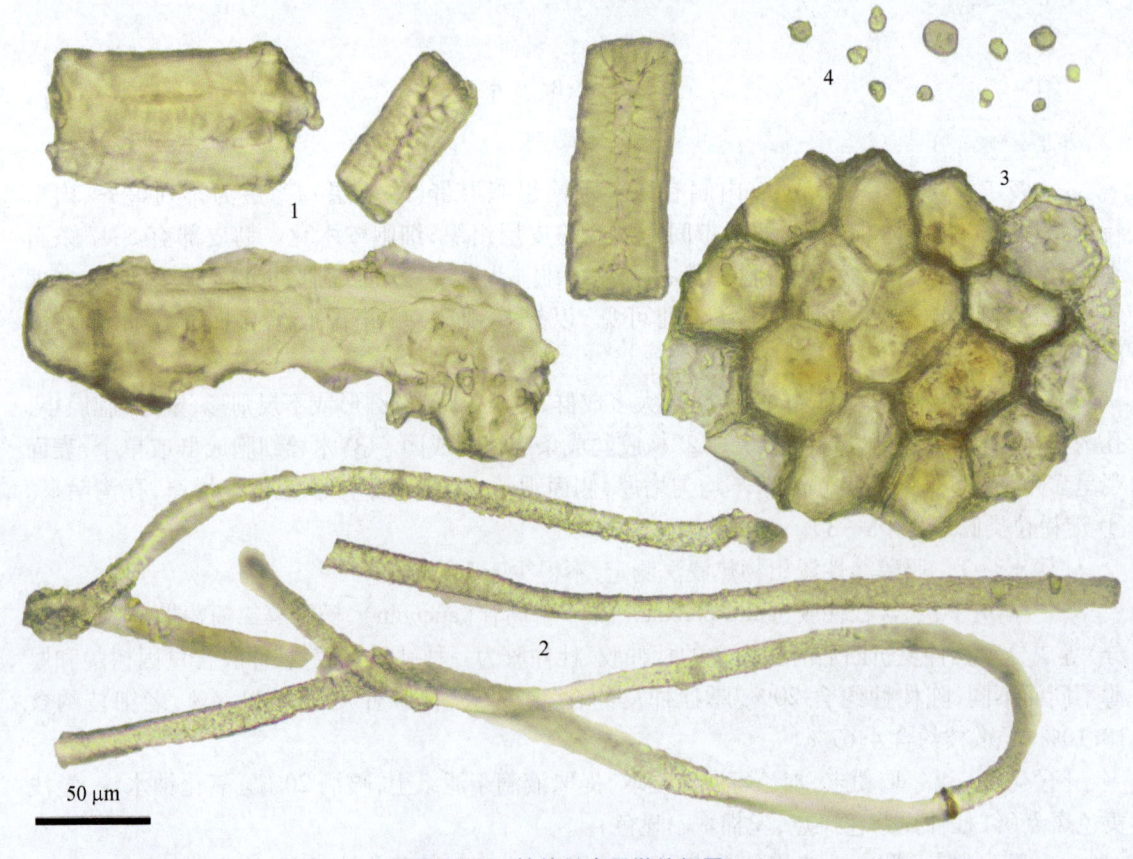

图8-3 杜仲粉末显微特征图
1. 石细胞；2. 橡胶丝；3. 木栓细胞；4. 淀粉粒

【贮藏】 置通风干燥处。
【性味功能】 性温,味甘。补肝肾,强筋骨,安胎。
【附注】
1. 饮片　　形如杜仲块或丝,表面黑褐色,内表面褐色,折断时胶丝弹性较差。味微咸。
2. 伪品

（1）广东、广西、四川部分地区使用夹竹桃科植物杜仲藤 *Parabarium micranthum* （A. DC）Pierre、毛杜仲藤 *P. huaitingii* Chun et Tsiang 的树皮作杜仲用。药材粗细不一,外皮黄褐色,皮薄,内表面黄棕或红褐色,折断面有少数银白色富弹性的橡胶丝,胶丝稀少。

（2）浙江、贵州、湖北、云南、四川部分地区以卫矛科白杜 *Euonymus maackii* Rupr.、云南卫矛 *E. yunnanensis* Franch.（又称黄皮杜仲）的干皮作"土杜仲"入药。外表面灰色、灰褐色或橙黄色,内表面淡黄色,折断面有白色胶丝,易拉断。

桑白皮（Sangbaipi，MORI CORTEX）

为桑科植物桑 *Morus alba* L. 的干燥根皮。主产于河南、安徽、浙江、江苏、湖南、四川等地。

呈扭曲的卷筒状、槽状或板片状,长短宽窄不一,厚 1~4 mm。外表面白色或淡黄白色,平坦,偶有残留未除净的橙黄色或棕黄色鳞片状粗皮;内表面黄白色或灰黄色,有细纵纹。体轻,质韧,纤维性强,难折断,易纵向撕裂,撕裂时有白色粉尘飞扬。气微,味微甘。以色白、粉性足者为佳。含有 4 种黄酮类衍生物:桑皮素（mulberrin）0.15%、桑皮色烯素（mulberrochromene）0.2%、环桑皮素（cyclomulberrin）0.02%、环桑皮色烯素（cyclomulberrochromene）0.016%。

厚朴（Houpo，MAGNOLIAE OFFICINALIS CORTEX）

【来源】 为木兰科植物厚朴 *Magnolia officinalis* Rehd. et Wils. 或凹叶厚朴 *M. officinalis* Rehd. et Wils. var. *biloba* Rehd. et Wils. 的干燥干皮、根皮和枝皮。

【产地与采制】 主产于四川、湖北、浙江、江西等地。陕西、甘肃、贵州、云南等地亦产,多为栽培。

厚朴历史沿革

4~6月剥取生长 15~20 年的树干皮,沸水中微煮后堆置土坑中使之"发汗"至内表面为紫褐色或棕褐色,再蒸软,取出,卷成筒状,晒干或炕干。根皮及枝皮剥下后可直接阴干。

【性状鉴别】

1. 干皮　　呈卷筒状或双卷筒状,长 30~35 cm,厚 2~7 mm,习称"筒朴";近根部干皮一端展开如喇叭口,长 13~25 cm,厚 3~8 mm,习称"靴筒朴"。外表面灰棕色或灰褐色,粗糙,有时呈鳞片状,易剥落,有明显的椭圆形皮孔和纵皱纹;刮去粗皮者显黄棕色（图 8-4）。内表面紫棕色或深紫褐色,具细密纵纹,划之显油痕。质坚硬不易折断。断面颗粒性,外层灰棕色,内层紫褐色或棕色,有油性,有时可见多数发亮的细小结晶（厚朴酚、和厚朴酚）。气香,味辛辣、微苦。

厚朴植物形态

2. 根皮（根朴）　　呈单筒状或不规则块片,有的弯曲似"鸡肠",习称"鸡肠朴",长 8~32 cm,厚 1~3 mm。表面灰棕色,有横纹及纵皱纹,劈破处呈纤维状。质硬,较易折断。断面纤维性。

3. 枝皮（枝朴）　　皮薄呈单筒状,长 10~20 cm,厚 1~2 mm。质脆,易折断,断面纤维性。

以皮厚、肉细、油性足、内表面紫棕色且有发亮结晶物、香气浓者为佳。

【显微鉴别】

1. 干皮横切面　　木栓层由 10 余列细胞组成,木栓形成层中含黄棕色物质,栓内层为石细

图 8-4 厚朴
A. 药材；B. 饮片

胞环层。皮层较宽厚，散有多数油细胞及石细胞群，石细胞多呈分枝状，稀有纤维束。韧皮部射线宽 1~3 列细胞，韧皮纤维束众多，壁极厚，油细胞颇多，单个散在或 2~5 个相连；枝皮韧皮部外方可见大型初生韧皮纤维束（图 8-5）。薄壁细胞中含黄棕色物质或充满淀粉粒，淀粉粒有时多已糊化，另含少数草酸钙方晶。

2. 粉末　　棕色。① 石细胞众多，大多成群，类椭圆形、卵圆形、类方形或不规则分枝状，直径 11~65 μm，有时可见层纹。② 纤维直径 15~32 μm，壁甚厚，有的呈波浪形或一边呈锯齿状，孔沟不明显，木化。③ 油细胞椭圆形或类圆形，直径 50~85 μm，含黄棕色油状物；④ 木栓细胞呈多角形，壁薄微弯曲（图 8-6）；⑤ 筛管分子复筛域较大，筛孔明显；⑥ 草酸钙方晶及棱晶少见。

凹叶厚朴粉末与厚朴粉末的区别点为纤维一边呈齿状凹凸，油细胞直径 27~75 μm，木栓细胞壁菲薄而平直，常多层重叠。

【检查】

1. 水分　　不得过 15.0%。
2. 总灰分　　不得过 7.0%。
3. 酸不溶性灰分　　不得过 3.0%。

【化学成分】　含挥发油约 0.3%。油中主要含 α-桉油醇、β-桉油醇，占挥发油 94%~98%，有镇静作用。另含厚朴酚（magnolol）（约 5%，有抗菌作用）及其异构体和厚朴酚（honokiol）。此外，尚含三羟基厚朴酚、去氢三羟基厚朴酚、三羟基厚朴醛、木兰箭毒碱、氧化黄心树宁碱及鞣质等。

【理化鉴别】　取粉末，加甲醇，密塞振摇，滤过，滤液作为供试品溶液。另取厚朴酚与和厚朴酚对照品，加甲醇制成对照品溶液。以甲苯-甲醇（17∶1）为展开剂，展开，喷以 1% 香草醛硫酸溶液，加热至斑点显色清晰。供试品色谱中，在与对照品色谱相应的位置上，显相同颜

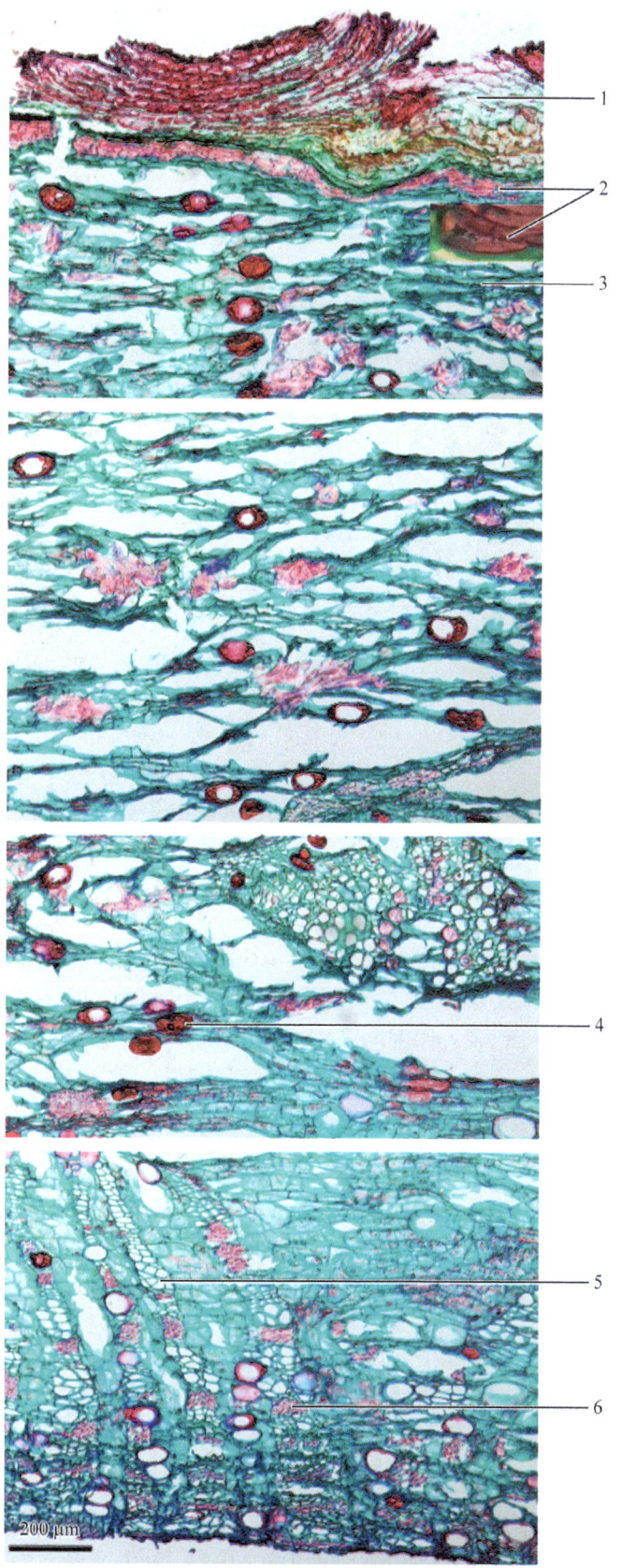

图 8-5　厚朴横切面显微组织构造详图

1. 木栓层;2. 石细胞环层;3. 皮层;4. 油细胞;5. 韧皮射线;6. 韧皮纤维

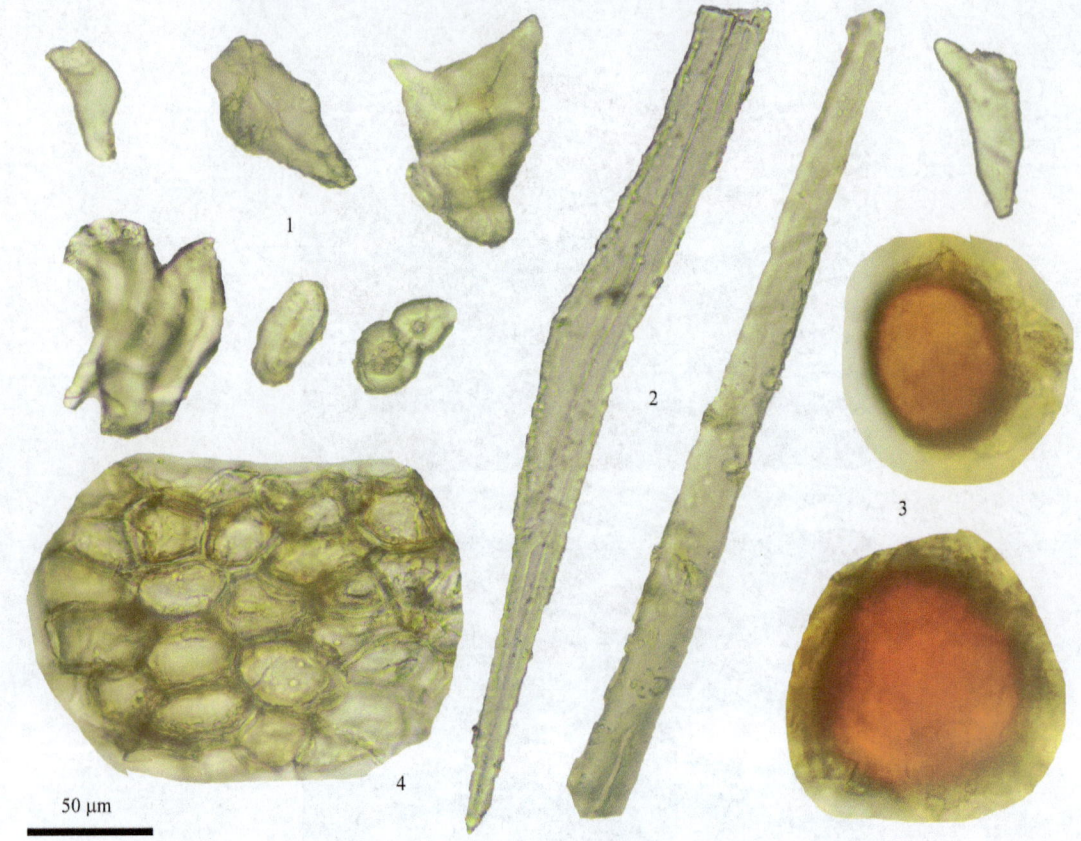

图 8-6 厚朴粉末显微特征图
1. 石细胞；2. 纤维；3. 油细胞；4. 木栓细胞

色的斑点。

【含量测定】 照高效液相色谱法测定，以甲醇-水（78：22）为流动相；检测波长为 294 nm。按干燥品计算，含厚朴酚（$C_{18}H_{18}O_2$）与和厚朴酚（$C_{18}H_{18}O_2$）的总量不得少于 2.0%。

【贮藏】 置通风干燥处。

【性味功能】 性温，味苦、辛。燥湿消痰，下气除满。

【附注】

1. 饮片　呈弯曲的丝条状或单、双卷筒状。外表面灰褐色，有时可见椭圆形皮孔或纵皱纹。内表面紫棕色或深紫褐色，较平滑，具细密纵纹，划之显油痕。切面颗粒性，有油性，有的可见小亮星。气香，味辛辣、微苦。

2. 混淆品　长喙厚朴 *Magnolia rostrata* W. W. Smith 的树皮已收入部颁标准。表面灰白或灰棕色。断面颗粒状，阳光下可见点状闪光结晶，气微香，味微苦。

肉桂（Rougui, CINNAMOMI CORTEX）

【来源】 为樟科植物肉桂 *Cinnamomum cassia* Presl 的干燥树皮。

【产地与采制】 主产于广东、广西等地，云南、福建等地亦产，多为栽培。

每年分两期采收，第一期于 4~5 月，第二期于 9~10 月，以第二期产量大、香气浓、质量佳。采收时选取适龄肉桂树，按一定的长度、阔度剥下树皮，放于阴凉处，按各种规格修整，或置于木质的"桂夹"内压制成型，阴干或先放置阴凉处 2~3 天后，于弱光下晒干。根据采收加工方法不同，有如下加工品：

肉桂授课视频

肉桂历史沿革

1. 桂通（官桂）　为剥取栽培 5~6 年生幼树的干皮和粗枝皮、老树枝皮，不经压制，自然卷曲成筒状，长约 30 cm，直径 2~3 cm。

2. 企边桂　为剥取 10 年以上生长的干皮，将两端削成斜面，突出桂心，夹在木制的凹凸板中间，压成两侧向内卷曲的浅槽状。长约 40 cm，宽 6~10 cm。

3. 板桂　为剥取老年树最下部近地面的干皮，夹在木制的桂夹内，晒至九成干，经纵横堆叠，加压，约 1 个月完全干燥，成为扁平板状。

4. 桂碎　在桂皮加工过程中的碎块。

【性状鉴别】　呈槽状或卷筒状，长 30~40 cm，宽或直径为 3~10 cm，厚 2~8 mm。外表面灰棕色，有不规则的细皱纹及横向突起的皮孔，有时可见灰白色的地衣斑；内表面红棕色，略平滑，有细纵纹，用指甲刻划可见油痕。质硬而脆，易折断。断面不平坦，外层呈棕色而较粗糙，内层红棕色而油润，中间有一条黄棕色的线纹（图 8-7）。气香浓烈，味甜、辣。

以不破碎、体重、外皮细、肉厚、断面色紫、油性大、香气浓厚、味甜辣、嚼之渣少者为佳。

图 8-7　肉桂
A. 药材；B. 饮片

【显微鉴别】

1. 横切面　木栓层细胞数列，最内层细胞外壁增厚，木化。皮层散有石细胞、油细胞及黏液细胞。中柱鞘部位有石细胞群，断续排列成环，外侧伴有纤维束，石细胞通常外壁较薄。韧皮部射线宽 1~2 列细胞，含细小草酸钙针晶，纤维常 2~3 个成束，油细胞随处可见。黏液细胞亦较多。在较厚的树皮中，韧皮部的石细胞较多；较薄的皮中，石细胞较少（图 8-8）。薄壁细胞中充满淀粉粒，直径 10~20 μm。

2. 粉末　红棕色。① 纤维多单个散在，少数 2~3 个并列，长梭形，平直或波状弯曲，长 195~920 μm，直径 25~50 μm，壁极厚，纹孔不明显，木化；② 石细胞类圆形、类方形或多角形，直径 32~88 μm，壁常三面增厚，一面菲薄，木化；③ 油细胞类圆形或长圆形，直径 45~108 μm，含黄色油滴状物；④ 草酸钙针晶或柱晶较细小，成束或零星散在于射线细胞中；⑤ 木栓细胞多角形，含红棕色物质；⑥ 淀粉粒极多，圆球形或多角形，直径 10~20 μm；⑦ 草酸钙结晶片状（图 8-9）。

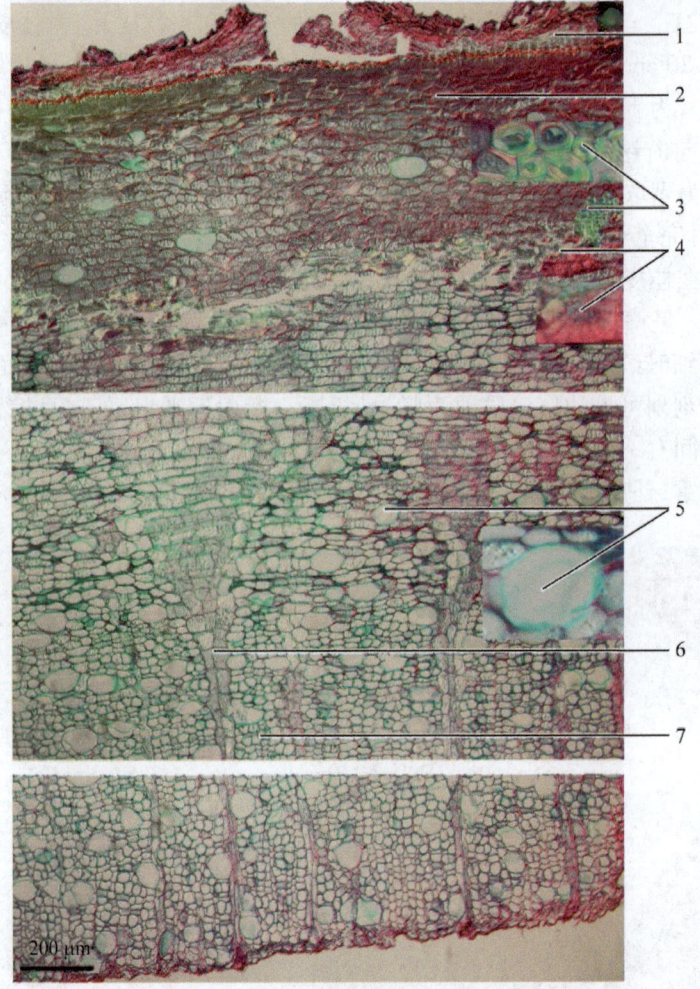

图 8-8　肉桂横切面显微组织构造详图

1. 木栓层；2. 皮层；3. 纤维束；4. 石细胞群；5. 油细胞；6. 射线；7. 韧皮部

【检查】

1. 水分　　不得过 15.0%。
2. 总灰分　不得过 5.0%。

【化学成分】　含挥发油 1%~2%，并含鞣质等。油中主成分为桂皮醛（cinnamic aldehyde，约 85%）及醋酸桂皮酯（cinnamyl acetate）。桂皮醛是肉桂镇静、镇痛、解热作用的有效成分。

【理化鉴别】　取粉末，加乙醇，冷浸，时时振摇，滤过，滤液作为供试品溶液。以桂皮醛对照品为对照，照薄层色谱法，以石油醚（60~90℃）-乙酸乙酯（17：3）为展开剂，喷以二硝基苯肼乙醇试液。供试品色谱中，在与对照品色谱相应的位置上，显相同颜色的斑点。

【含量测定】

1. 挥发油　照挥发油测定法测定。本品含挥发油不得少于 1.2%（mL/g）。
2. 桂皮醛　照高效液相色谱法测定，以乙腈-水（35：75）为流动相；检测波长为 290 nm。按干燥品计算，含桂皮醛（C_9H_8O）不得少于 1.5%。

【贮藏】　置阴凉干燥处。

【性味功能】　性大热，味甘、辛。补火助阳，引火归元，散寒止痛，温经通脉。

【附注】　混伪品

（1）南玉桂：系大叶清化桂 *Cinnamomum cassiae* Presl. var. *macrophyllum* Chu 的树皮。主要栽培于广西和广东。变种与正种的主要区别是叶甚大，长 25~35（48）cm，宽 8~11（13）cm。树

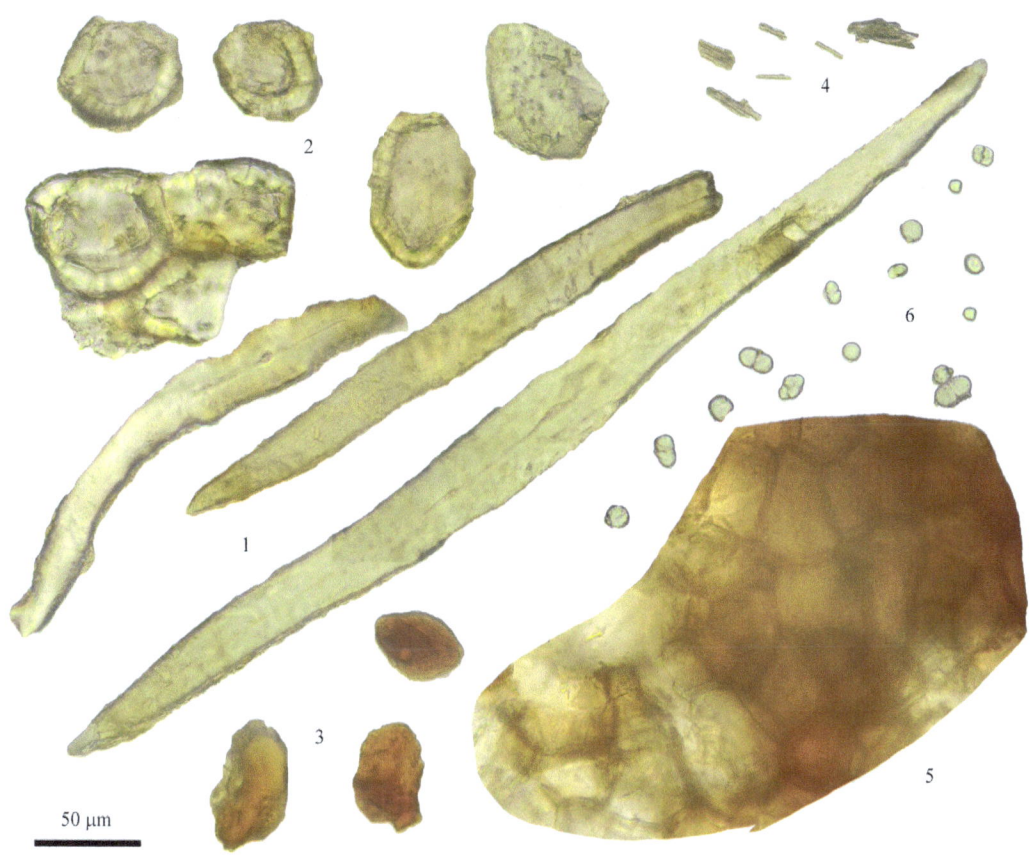

图 8-9 肉桂粉末显微特征图

1. 纤维;2. 石细胞;3. 油细胞;4. 草酸钙针晶;5. 木栓细胞;6. 淀粉粒

皮与肉桂相似。皮层石细胞较少,初生韧皮部石细胞带较窄。

(2) 市场上有将调味用的桂皮作肉桂使用,也有误用大叶钩樟和三钻风的树皮。桂皮为同属植物天竺桂 *Cinnamomum japonicum* Sieb.、阴香 *C. burmanni* (Nees et T. Nees) Blume 等数种樟属植物的树皮。皮薄,质硬,干燥不油润,折断面淡棕色,石细胞环层不明显,香气淡,味微甜、辛、涩,一般作香料或调味品使用,不供药用。大叶钩樟 *Lindera umbellata* Thunb. 和三钻风 *L. obtusiloba* Bl. 的树皮,卷筒状或槽状,外表面灰褐色,内表面红棕色,质坚而脆,断面不平坦,外层浅黄棕色,内层红棕色而略带油质。气微香,味淡。

牡丹皮(Mudanpi, MOUTAN CORTEX)

【来源】 为毛茛科植物牡丹 *Paeonia suffruticosa* Andr. 的干燥根皮。

【产地与采制】 主产于安徽、四川、河南、山东等地。

栽培 3~5 年后采收。常在 10~11 月挖出根部,除去须根及茎基,剥取根皮,晒干,习称"连丹皮"。趁鲜刮去外皮,纵剖,抽取木心,习称"刮丹皮"或"粉丹皮"。

【性状鉴别】

1. 连丹皮 呈筒状或半筒状,有纵剖开的裂缝,向内卷曲或张开,通常长 5~20 cm,直径 0.5~1.2 cm,皮厚 1~4 mm。外表面灰褐色,有多数横长的皮孔样突起和细根痕。内表面淡灰黄色或浅棕色,有明显的细纵纹理,常见发亮的结晶(丹皮酚)。质硬脆,易折断,折断面较平坦,粉性,淡粉红色。气芳香,味微苦而涩。

2. 刮丹皮 外表面有刮刀削痕,淡红棕色或淡灰黄色,有时可见灰褐色斑点状残存外皮,

牡丹皮历史沿革

牡丹皮植物形态

其他特征同原丹皮(图 8-10)。

一般以条粗长、皮厚、无木心、断面白色、粉性足、结晶多、香气浓者为佳。

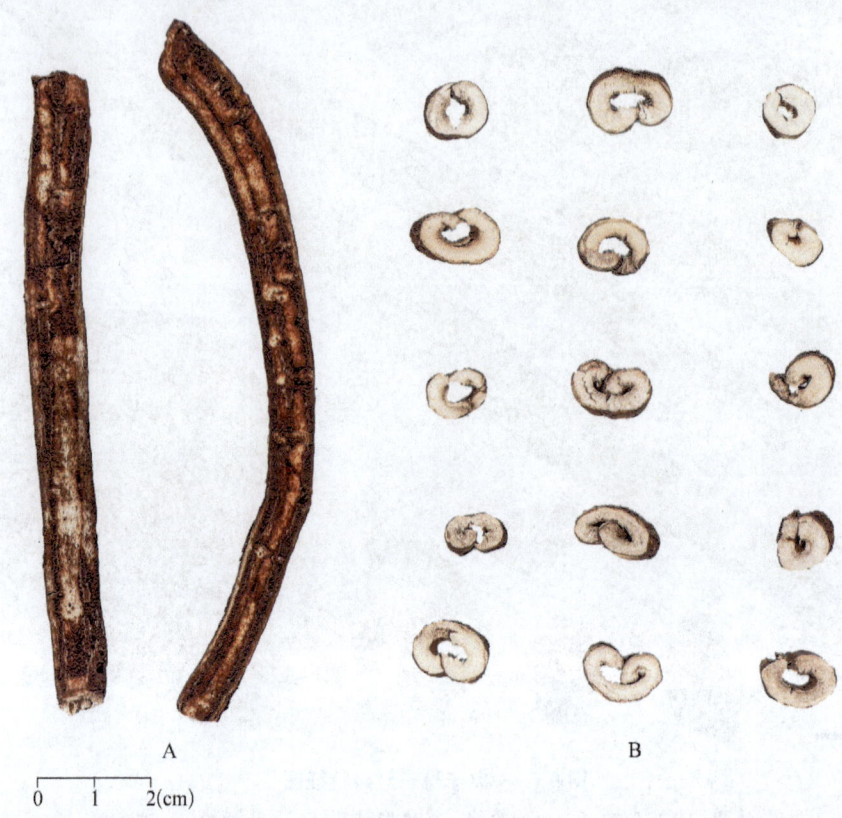

图 8-10 牡丹皮
A. 药材；B. 饮片

【显微鉴别】

1. 横切面　木栓层由多列细胞组成,壁浅红色。皮层菲薄,为数列切向延长的薄壁细胞。韧皮部占大部分。射线宽 1~3 列细胞。韧皮部、皮层薄壁细胞及细胞间隙中含草酸钙簇晶(图 8-11);薄壁细胞和射线细胞中含色素或淀粉粒。

2. 粉末　淡红棕色。① 淀粉粒众多,单粒呈类球形或多角形,直径 3~16 μm,脐点点状、裂缝状或飞鸟状;复粒由 2~6 分粒组成;② 草酸钙簇晶甚多,直径 9~45 μm,有时含晶薄壁细胞排列成行;也有一个薄壁细胞中含有数个簇晶,或簇晶充塞于细胞间隙中;③ 连丹皮可见木栓细胞长方形,壁稍厚,浅红色(图 8-12)。

【检查】

1. 水分　不得过 13.0%。

2. 总灰分　不得过 5.0%。

【浸出物】　照醇溶性浸出物测定法项下的热浸法测定,不得少于 15.0%。

【化学成分】　鲜皮中含丹皮酚原苷(paeonolide, $C_{20}H_{28}O_{12}$)5%~6%,但易被本身存在的酶水解成丹皮酚苷(paeonoside)及一分子 L-阿拉伯糖;根皮含丹皮酚(paeonol)、芍药苷(paeoniflorin)、挥发油(0.15%~0.4%)以及苯甲酸、植物甾醇、苯甲酰芍药苷和苯甲酰氧化芍药苷。丹皮酚具有镇痛、解痉作用,也有一定的抑菌作用。

【理化鉴别】

(1) 取粉末进行微量升华,升华物在显微镜下呈长柱形、针状、羽状结晶,于结晶上滴加三氯化铁醇溶液,则结晶溶解而呈暗紫色(检查丹皮酚)。

(2) 取粉末,加乙醚,密塞振摇,滤过,滤液挥干,残渣加丙酮使溶解,作为供试品溶液。以

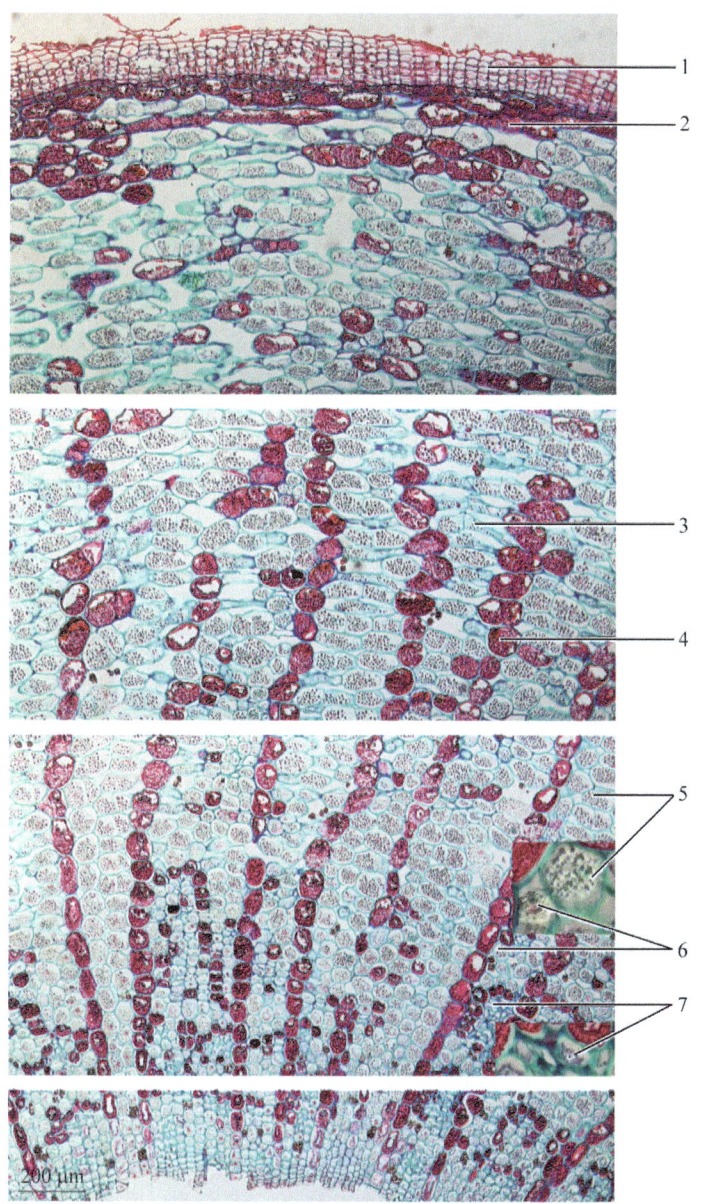

图 8-11 牡丹横切面显微组织构造详图
1. 木栓层;2. 皮层;3. 韧皮部;4. 韧皮射线;5. 淀粉粒;6. 草酸钙簇晶;7. 筛管群

丹皮酚对照品为对照,照薄层色谱法,以环己烷-乙酸乙酯-冰醋酸(4:1:0.1)为展开剂展开,喷以2%香草醛硫酸乙醇溶液,加热至斑点显色清晰。供试品色谱中,在与对照品色谱相应的位置上,显相同的蓝褐色斑点。

【含量测定】 照高效液相色谱法测定,以甲醇-水(45:55)为流动相;检测波长为274 nm。按干燥品计算,含丹皮酚($C_9H_{10}O_3$)不得少于1.2%。

【贮藏】 置阴凉干燥处。

【性味功能】 性微寒,味苦、辛。清热凉血,活血化瘀。

【附注】

1. 饮片　　呈圆形或卷曲形的薄片。连丹皮外表面灰褐色或黄褐色,栓皮脱落处粉红色;刮丹皮外表面红棕色或淡灰黄色。内表面有时可见发亮的结晶。切面淡粉红色,粉性。气芳香,味微苦而涩。

2. 混淆品　　商品中曾有四川牡丹 Paeonia szechuanica Fang 的根皮,称川丹皮;野牡丹 P. delavayi Fr. 及其变种的根皮,称西昌丹皮。川丹皮细而薄,直径0.3~1.2 cm,厚0.1~0.2 cm,断

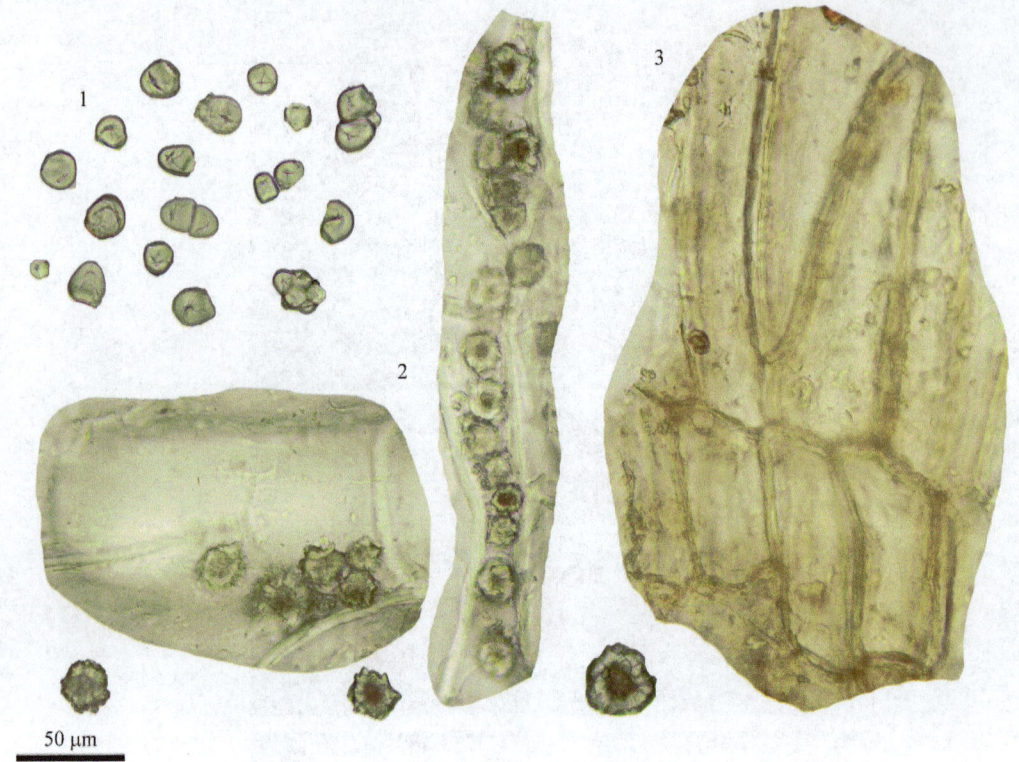

图 8-12　牡丹皮粉末显微特征图
1. 淀粉粒；2. 草酸钙簇晶；3. 木栓细胞

面浅黄色。薄壁细胞中草酸钙簇晶较密集,大小相差悬殊,直径 10~30 μm。西昌丹皮较粗,直径 0.8~1.6 cm,厚 0.1~0.3 cm,栓皮脱落处呈红棕色,内表面浅灰色或浅黄色,气微香。

合欢皮(Hehuanpi, ALBIZIAE CORTEX)

为豆科植物合欢 *Albizia julibrissin* Durazz. 的干燥树皮。夏、秋二季剥取,晒干。主产于湖北、江苏、安徽、浙江等地。

呈卷曲筒状或半筒状,长 40~80 cm,厚 1~3 mm。外表面灰棕色至灰褐色,稍有纵皱纹,有的为浅裂纹,密生明显的椭圆形横向皮孔,棕色或棕红色,偶有突起的横棱或较大的圆形枝痕,常附有地衣斑;内表面淡黄棕色或黄白色,平滑,有细密纵纹。质硬而脆,易折断,断面呈纤维性片状,淡黄棕色或黄白色。气微香,味淡、微涩、稍刺舌,而后喉头有不适感。以皮细嫩、皮孔明显者为佳。主含皂苷,如金合欢皂苷元 B、美基豆酸等及鞣质。

海桐皮(Haitongpi, ERYTHRINAE CORTEX)

为豆科植物刺桐 *Erythrina variegata* L. var. *Orientalis* (L.) Merr. 或刺木通(乔木刺桐) *E. arborescens* Roxb. 的干燥茎皮。刺桐主产广东、广西、云南及贵州等地;刺木通产于云南、四川及贵州等地。

呈板片状,两边略卷曲,厚 0.3~1 cm,外表面淡棕色至棕黑色,常有宽窄不同的纵凹纹,并散有钉刺,钉刺长圆锥形,高 5~8 mm,顶端锐尖,刺尖稍弯,基部直径 0.5~1 cm。内表面黄棕色,较平坦,有细密网纹。质硬而韧,断面裂片状。气微香,味微苦。以皮薄、带钉刺者为佳。刺桐主要含刺桐灵碱(erythraline)、海帕刺桐碱(hypaphorine)、甜菜碱(betaine)、胆碱及有机酸等。

黄柏(Huangbo, PHELLODENDRI CHINENSIS CORTEX)

【来源】 为芸香科植物黄皮树 *Phellodendron chinense* Schneid. 的干燥树皮。习称"川黄柏"。

【产地与采制】 主产于四川、贵州等地,陕西、湖北、云南、湖南等地亦产。

3~6月采收,选10年左右的树,剥取树皮,晒至半干,压平,刮净粗皮至显黄色,不可伤入内皮,刷净晒干,置干燥通风处,防止发霉和变色。

黄柏历史沿革

【性状鉴别】 呈板片状或浅槽状,长宽不等,厚1~6 mm。外表面黄棕色或黄褐色,较平坦,皮孔横生,嫩皮较明显,有不规则的纵向浅裂纹,偶有残存的灰褐色粗皮;内表面暗黄色或棕黄色,具细密的纵棱纹。体轻,质较硬。断面深黄色,纤维性,裂片状分层(图8-13)。气微,味极苦,嚼之有黏性,可使唾液染成黄色。

黄柏植物形态

以皮厚、断面色黄者为佳。

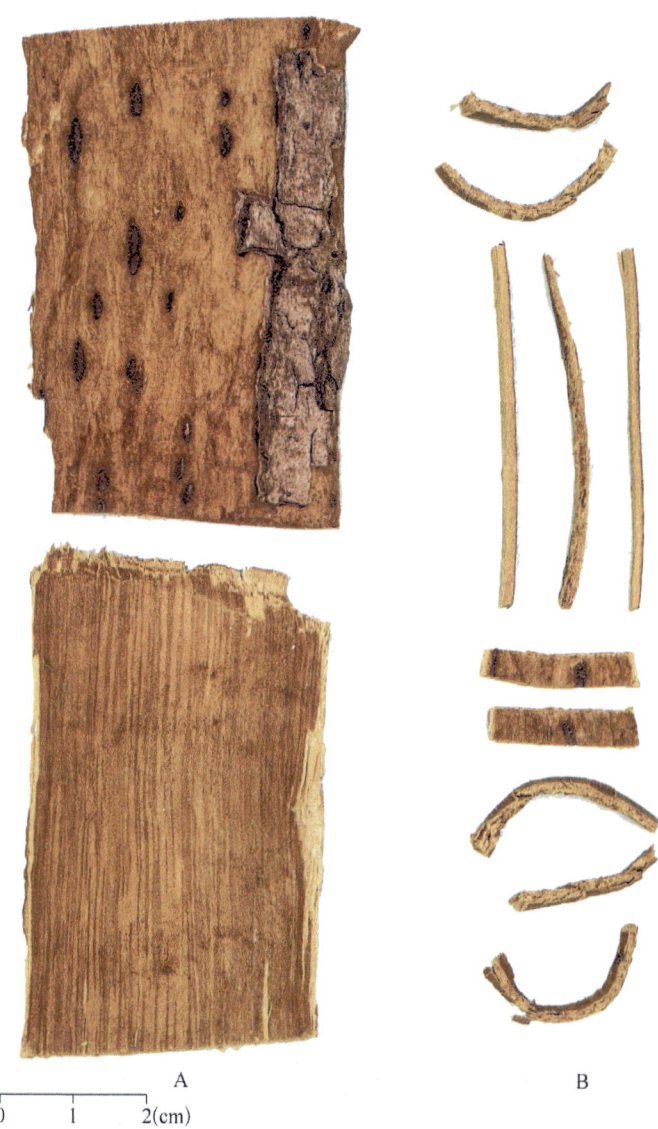

图8-13 黄柏
A. 药材;B. 饮片

【显微鉴别】

1. **横切面** 未去净外皮者,木栓层由多列长方形细胞组成,内含棕色物质,栓内层细胞中含草酸钙方晶。皮层比较狭窄,散有纤维群及石细胞群,石细胞大多分枝状,壁极厚,层纹明显。韧皮部占树皮的极大部分,外侧有少数石细胞,纤维束切向排列呈断续的层带(又称硬韧部),纤维束周围薄壁细胞中常含草酸钙方晶。射线宽2~4列细胞,常弯曲而细长。薄壁细胞中含有细小的淀粉粒和草酸钙方晶,黏液细胞随处可见(图8-14)。

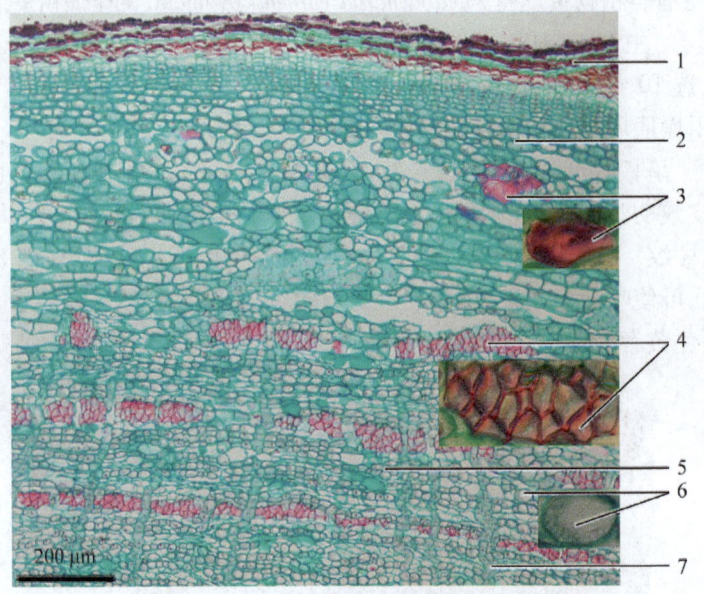

图8-14 黄柏横切面显微组织构造详图
1. 木栓层;2. 皮层;3. 石细胞;4. 纤维束;5. 韧皮部;6. 黏液细胞;7. 射线

2. **粉末** 鲜黄色。① 石细胞鲜黄色,单个或成群,多呈不规则分枝状,长约至240 μm,也有类圆形、类多角形等,壁厚,层纹细密,孔沟不明显;少数壁稍薄,胞腔较大;② 纤维及晶纤维较多,鲜黄色,多成束,壁极厚,胞腔线形;晶纤维的含晶细胞壁不均匀增厚,木化,方晶密集;③ 黄色黏液细胞多单个散在,遇水膨胀呈圆形或矩圆形,直径40~70 μm,壁薄,内含无定形黏液汁;④ 草酸钙方晶较多,呈正方形、多面形或双锥形(图8-15);⑤ 筛管端壁倾斜,有复筛板,常由6~7个筛域组成。

【检查】

1. **水分** 不得过12.0%。
2. **总灰分** 不得过8.0%。

【浸出物】 照醇溶性浸出物测定法项下的冷浸法测定,不得少于14.0%。

【化学成分】 含多种生物碱,主要为小檗碱(berberine) 1.4%~5.8%,并含少量黄柏碱(phellodendrine)、木兰碱(magnoflorine)、掌叶防己碱(即棕榈碱,palmatine)等。另含苦味质黄柏酮(obacunone)、黄柏内酯(即柠檬苦素,limonin)等。

【理化鉴别】 取粉末,加甲醇水浴回流,滤过,滤液作供试品溶液。以黄柏对照药材和盐酸小檗碱对照品为对照,照薄层色谱法,以乙酸乙酯-丁酮-甲酸-水(10:6:1:1)为展开剂,置氨蒸气饱和的层析缸内展开,置紫外光灯(365 nm)下检视。供试品色谱中,在与对照药材和对照品色谱相应的位置上,显相同颜色的荧光斑点。

【含量测定】 照高效液相色谱法测定,以乙腈-0.1%磷酸溶液(50:50)(每100 mL溶液加十二烷基磺酸钠0.1 g)为流动相;检测波长为265 nm。按干燥品计算,含小檗碱以盐酸小檗碱($C_{20}H_{17}NO_4 \cdot HCl$)计不得少于3.0%。以乙腈-0.1%磷酸溶液(36:64)为流动相;检测波长为284 nm。含黄柏碱以盐酸黄柏碱($C_{20}H_{23}NO_4 \cdot HCl$)计,不得少于0.34%。

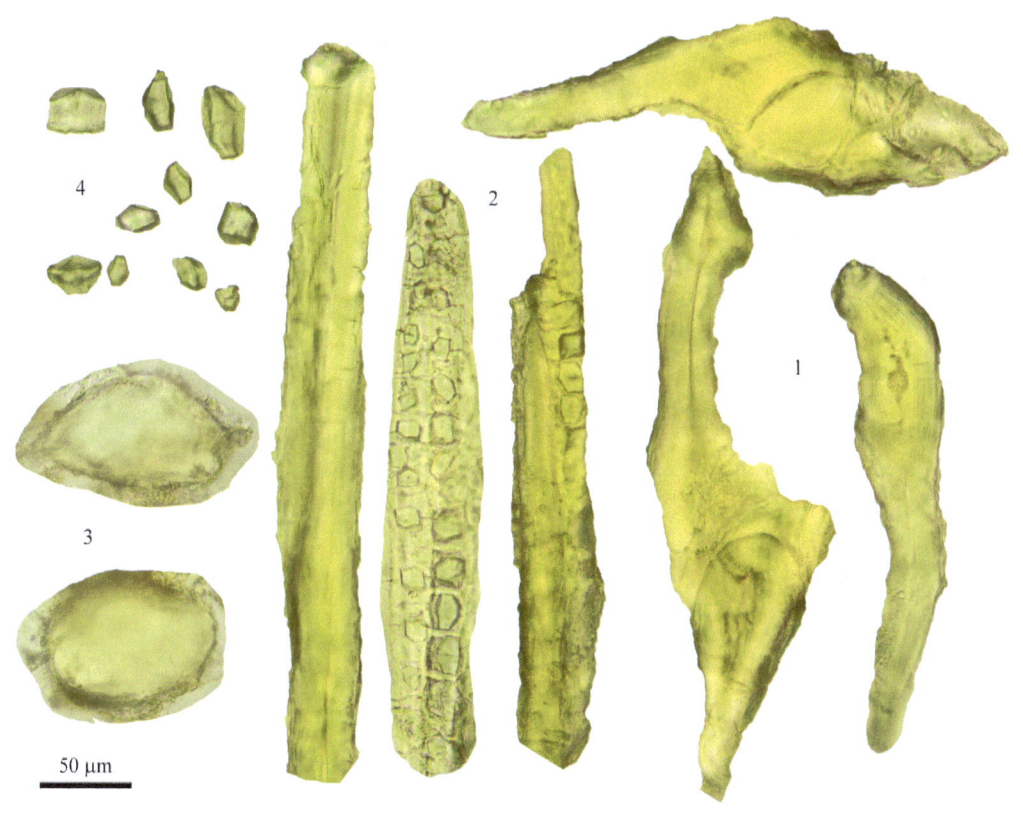

图 8-15 黄柏粉末显微特征图
1. 石细胞；2. 晶纤维；3. 黏液细胞；4. 草酸钙方晶

【贮藏】 置通风干燥处。

【性味功能】 性寒,味苦。清热燥湿,泻火除蒸,解毒疗疮。

【附注】

1. 饮片　呈丝条状。外表面黄褐色或黄棕色。内表面暗黄色或淡棕色,具纵棱纹。切面纤维性,呈裂片状分层,深黄色。味极苦。

2. 混淆品　黄皮树的变种秃叶黄皮树 Phellodendron chinense Schneid. var. glabriusculum Schneid. 的树皮在产地亦入药。

关黄柏(Guanhuangbo, PHELLODENDRI AMURENSIS CORTEX)

【来源】 为芸香科植物黄檗 Phellodendron amurense Rupr. 的干燥树皮。

【产地与采制】 主产于吉林、辽宁等地,内蒙古、河北、黑龙江等地亦产。以辽宁产量最大。

3~6月采收,选10年左右的树,剥取树皮,晒至半干,压平,刮净粗皮至显黄色,不可伤及内皮,刷净晒干,置干燥通风处,防霉和变色。

【性状鉴别】 呈板片状或浅槽状,长宽不等,厚2~4 mm。外表面黄绿色或淡棕黄色,较平坦,具不规则的纵裂纹,皮孔痕小而少见,偶有灰白色的粗皮残留。内表面黄色或黄棕色。体轻,质较硬,断面纤维性,有的呈裂片状分层,鲜黄色或黄绿色(图8-16)。气微,味极苦,嚼之有黏性,可将唾液染成黄色。

以皮厚、断面色黄者为佳。

关黄柏历史沿革

关黄柏植物形态

【显微鉴别】

1. 横切面　栓皮未除尽者可见木栓细胞数列(木栓层),栓内层为数列长方形或近圆形

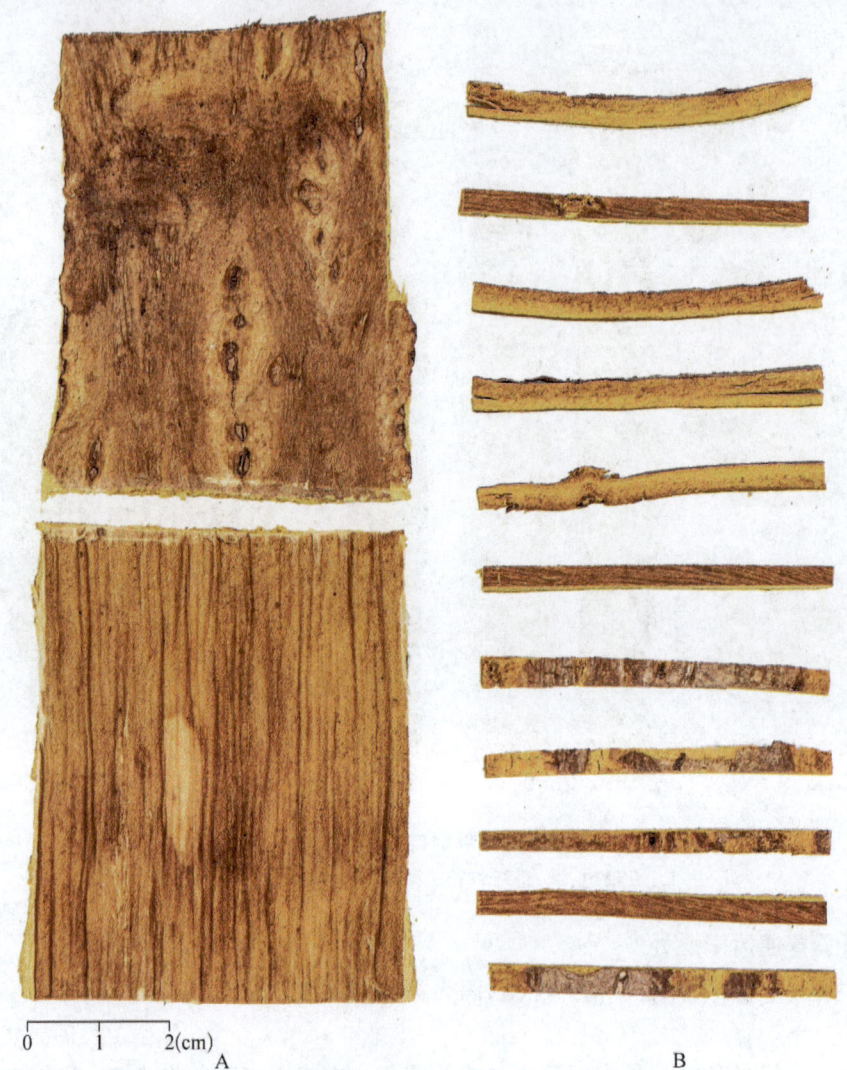

图 8-16 关黄柏
A. 药材；B. 饮片

的细胞。皮层狭窄，石细胞鲜黄色，成群或单个散在，多呈不规则类多角形，有的分枝状，细胞壁极厚，孔沟可见，层纹明显，胞腔小，纤维群较少，散在。韧皮部射线宽 2~4 列细胞，较平直；韧皮纤维束众多，与韧皮薄壁细胞和筛管群交互排列成层带，纤维黄色，壁极厚，周围薄壁细胞含草酸钙方晶。黏液细胞众多（图 8-17）。薄壁细胞含草酸钙方晶及淀粉粒。

2. **粉末** 绿黄色或黄色。① 纤维鲜黄色，直径 16~38 μm，常成束，周围的细胞含草酸钙方晶，形成晶纤维；含晶细胞壁木化增厚。② 石细胞众多，鲜黄色，类圆形或纺锤形，长径 35~80 μm，有的呈分枝状，壁厚，层纹明显。③ 草酸钙方晶极多，直径 12~30 μm。④ 淀粉粒呈球形，直径不超过 10 μm。⑤ 黏液细胞可见，呈类球形，直径 32~42 μm（图 8-18）。

【检查】

1. 水分　　不得过 11.0%。
2. 总灰分　　不得过 9.0%。

【浸出物】　照醇溶性浸出物测定法项下的热浸法测定，用 60% 乙醇作溶剂，不得少于 17.0%。

【化学成分】　含多种生物碱。主要含小檗碱（berberine，0.6%~2.5%），并含少量黄柏碱（phellodendrine）、木兰碱（magnoflorine）、掌叶防己碱（palmatine）、药根碱、蝙蝠葛碱、白栝楼碱（candicine）等。另含苦味质黄柏酮（obacunone）、黄柏内酯（即柠檬苦素，limonin）、黄柏酮酸、白

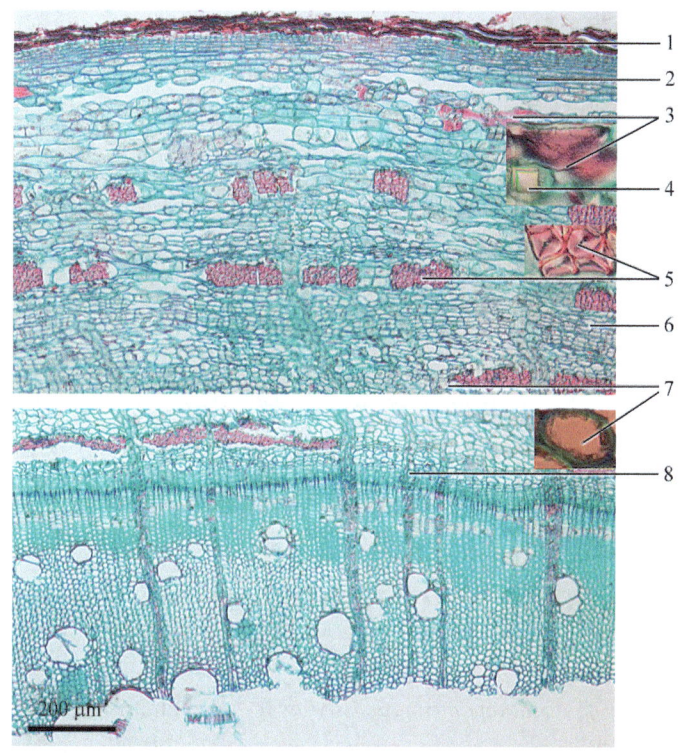

图 8-17　关黄柏横切面显微组织构造详图

1. 木栓层；2. 皮层；3. 石细胞；4. 草酸钙方晶；5. 纤维束；6. 韧皮部；7. 黏液细胞；8. 射线

图 8-18　关黄柏粉末显微图

1. 晶纤维；2. 石细胞；3. 草酸钙方晶；4. 淀粉粒；5. 黏液细胞

鲜交酯(dictamnolide)、青荧光酸(lumicaeruleic acid)等。

【理化鉴别】 取粉末,加乙酸乙酯超声处理,滤过,滤液浓缩,作为供试品溶液。以关黄柏对照药材和黄柏酮对照品为对照。再取黄柏酮对照品,加乙酸乙酯制成每毫升含 0.6 mg 的溶液,作为对照品溶液。照薄层色谱法,以石油醚(60~90℃)-乙酸乙酯(1:1)为展开剂,喷以 10%硫酸乙醇溶液,加热至斑点显色清晰。供试品色谱中,在与对照药材色谱和对照品色谱相应的位置上,显相同颜色的斑点。

【含量测定】 照高效液相色谱法测定,本品含盐酸小檗碱($C_{20}H_{17}NO_4 \cdot HCl$)不得少于 0.60%。含盐酸巴马汀($C_{21}H_{21}NO_4 \cdot HCl$)不得少于 0.30%。

【贮藏】 置通风干燥处,防潮。

【性味功能】 性寒,味苦。清热燥湿,泻火除蒸,解毒疗疮。

【附注】 饮片 呈丝状。外表面黄绿色或淡棕黄色,较平坦。内表面黄色或黄棕色。切面鲜黄色或黄绿色,有的呈片状分层。气微,味极苦。

五加皮(Wujiapi, ACANTHOPANACIS CORTEX)

为五加科植物细柱五加 *Acanthopanax gracilistylus* W. W. Smith 的干燥根皮。主产于湖北、河南、四川、湖南、安徽等地。

呈不规则卷筒状,长 5~15 cm,直径 0.4~1.4 cm,厚约 2 mm。外表面灰褐色,有稍扭曲的纵皱纹及横长皮孔,内表面淡黄色或灰黄色,有细纵纹。体轻,质脆,易折断。断面不整齐,灰白色。气微香,味微辣而苦。以皮厚、粗大、断面灰白色、气香、无木心者为佳。主含挥发油、树脂及紫丁香苷(syringin)。

秦皮(Qinpi, FRAXINI CORTEX)

为木犀科植物苦枥白蜡树 *Fraxinus rhynchophylla* Hance、白蜡树 *F. chinensis* Roxb.、尖叶白蜡树 *F. szaboana* Lingelsh. 或宿柱白蜡树 *F. stylosa* Lingelsh. 的干燥枝皮或干皮。苦枥白蜡树主产于东北三省。白蜡树主产于四川。尖叶白蜡树、宿柱白蜡树主产于陕西。

枝皮呈卷筒状或槽状,长 10~60 cm,厚 1.5~3 mm。外表面灰白色、灰棕色至黑棕色或相间呈斑状,平坦或稍粗糙,密布圆点状灰白色的皮孔,并可见马蹄形或新月形叶痕;内表面较平滑,黄白色或黄棕色。质硬而脆,断面纤维性,黄白色。气微,味苦。干皮呈长条状块片,厚 3~6 mm。外表面灰棕色,具龟裂状沟纹及红棕色圆形或横长的皮孔及细斜皱纹,有的具分枝痕。质坚硬,断面纤维性较强,易成层剥离呈裂片状。本品热水浸出液呈黄绿色,日光下显碧蓝色荧光。以条长、外皮薄且光滑者为佳。苦枥白蜡树树皮中含有秦皮乙素(七叶树素 aesculetin,在碱液中显蓝色荧光)及秦皮甲素(七叶树苷 aesculin,在 pH 大于 5.8 的水液中呈蓝色荧光)等香豆精类成分。

香加皮(Xiangjiapi, PERIPLOCAE CORTEX)

为萝藦科植物杠柳 *Periploca sepium* Bge. 的干燥根皮。主产于山西、河南、河北、山东等地,辽宁、吉林、内蒙古等地亦产。此外,江苏、四川等地也有栽培。

呈卷筒状或槽状,少数呈不规则片状,长 3~10 cm,直径 1~2 cm,厚 2~4 mm。外表面灰棕色或黄棕色,栓皮松软常呈鳞片状,易剥落。内表面黄色或淡黄色,较平滑,有细纵纹,体轻,质脆,易折断。断面不整齐,黄白色。有特异香气,味苦。以块大、皮厚、香气浓、无木心者为佳。主要含北五加苷 A、北五加苷 B、北五加苷 C、北五加苷 D、北五加苷 E、北五加苷 F、北五加苷 G、北五加苷 H、北五加苷 I、北五加苷 J、北五加苷 K。其中,北五加苷 G 为杠柳毒苷(periplocin),为强心苷类。

地骨皮(Digupi, LYCII CORTEX)

为茄科植物枸杞 *Lycium chinense* Mill. 或宁夏枸杞 *L. barbarum* L. 的干燥根皮。枸杞主产于河北、河南、山西、陕西等地,多为野生,以河南、山西产量较大,江苏、浙江品质较好。宁夏枸杞主产于宁夏、甘肃等地区,多为栽培。

呈筒状、槽状或不规则卷片,长 3~10 cm,直径 0.5~1.5 cm,厚 1~3 mm。外表面灰黄色至棕黄色,粗糙,具纵皱纹或裂纹,易成鳞片状剥落。内表面黄白色或灰黄色,较平坦,有不规则纵裂纹。体轻,质脆,易折断。断面不平坦,外层黄棕色,内层灰白色。气微,味微甘而后苦。以块大、肉厚、无木心者为佳。根皮含桂皮酸和多量酚性物质。

白鲜皮(Baixianpi, DICTAMNI CORTEX)

为芸香科植物白鲜 *Dictamnus dasycarpus* Turcz. 的干燥根皮。主产于辽宁、河北、山东等省。

呈卷筒状,长 5~15 cm,直径 1~2 cm,厚 2~5 mm。外表面灰白色或淡灰黄色,具细皱纹及细根痕,常有突起的颗粒状小点。内表面类白色,有细纵纹。质脆,折断时有白色粉尘飞扬,断面不平坦,略呈层片状,剥去外层,迎光可见闪烁的小亮点。有羊膻气,味微苦。以条大、皮厚、色灰白者为佳。主含白鲜碱(dictamnine)、茵芋碱(skimmianine)、崖椒碱(fagarine)、前茵芋碱(preskimmianine)、柠檬苦素(limonin)、异斑沸林草碱(isomaculosindine)、胡芦巴碱(trigonelline)、白鲜明碱(dasycarpamin)等。

皮类中药通常指来源于被子植物(其中主要是双子叶植物)或裸子植物的茎干、枝和根的形成层以外部分入药的药材。常用中药为杜仲、厚朴、肉桂、牡丹皮、黄柏和关黄柏等,这几种中药在性状鉴定上都有自己独特的鉴定特征。

问题:

常用中药杜仲、厚朴、肉桂、牡丹皮、黄柏和关黄柏,每味中药独特的经典鉴定特征是什么? 中药的主要功效是什么,主要是通过哪类成分发挥的作用?

第九章 叶类中药

叶类（folium）中药是以植物叶入药的药材总称，多数为成熟的叶（leaf），少数是嫩叶（young leaf）。药用部位有单叶（simple leaf）、复叶（compound leaf）的小叶片、带叶的枝梢、叶柄（petiole）等。

第一节 概 述

一、性状鉴别

叶类中药在采收、干燥、运输等过程中，叶片常常皱缩卷曲或破碎，观察形态时应将叶片用水浸泡后展开观察，尤其要注意叶片的形状、大小、颜色、表面特征、质地、叶缘、叶端、叶基、叶脉、叶片分裂情况以及叶柄的有无、形状、长短、平直、扭曲、槽状、鞘状或叶片状、有无托叶等特征。完整叶片的形状因植物的种类不同而异，有披针形、椭圆形、卵圆形等20余种形状。叶片一般呈暗绿色或灰绿色，常因加工方法、贮藏等因素而使其颜色变黄或呈绿棕色等；少数叶片呈紫色、蓝紫色等特殊颜色，如紫苏叶。叶的表面特征多样，有的仅下表面被毛茸，如枇杷叶；有的上下表面均被毛茸，如艾叶；有的叶脉凸起，如枇杷叶。

二、显微鉴别

（一）组织特征

叶的组织构造可分为表皮（epidermis）、叶肉（mesophyll）和叶脉（vein）三部分。

1. 双子叶植物叶片的构造特点

（1）表皮：分为上表皮（upper epidermis）和下表皮（lower epidermis），通常为1层扁平的细胞，少数由多层细胞组成，如夹竹桃叶等。表皮细胞的外壁较厚，常有角质层、蜡被或毛茸。上下表皮的构造较相似，但下表皮的气孔（stoma）较上表皮为多。表皮细胞一般不含叶绿体（chloroplast）。

（2）叶肉：是含有叶绿体的薄壁组织，位于上下表皮之间，常分栅栏组织和海绵组织两部分。栅栏组织（palisade tissue）位于表皮之下，由1列或数列排列紧密的长柱形细胞构成，其细胞的长径和表皮垂直排列。海绵组织（spongy tissue）位于栅栏组织下方，由近圆形或不规则长圆球形的薄壁细胞组成，有较大的细胞间隙。若叶肉组织比较均一，不分化成栅栏组织和海绵组织或虽有分化但栅栏组织却分布在叶两面的植物叶称为等面叶，如番泻叶、淡竹叶等。若叶片两面的内部结构不同，即有栅栏组织和海绵组织的分化，称为两面叶或异面叶，如薄荷叶等。

（3）叶脉：是叶片中的维管束，主脉最发达，常向叶片下方突出，其构造和茎的维管束基本相同；维管束的木质部在上方，略成半月形，由导管和管胞等组成。在木质部和韧皮部的外侧，常有厚壁组织围绕，表皮下方常有厚角组织。

2. 单子叶植物叶片的构造特点（以禾本科植物类中药的叶片为例）

（1）表皮：细胞的形状比较规则，多呈长方形，排列成行，长径沿叶的纵轴方向排列。细胞壁常角质化，并含有硅质；在表皮上常有乳头状突起、刺或毛茸；上表皮有特殊的大型"运动细胞"，横切面观略呈扇形排列。

（2）叶肉：没有栅栏组织和海绵组织的分化。

3. 裸子植物叶片的构造特点

（1）条形叶：表皮为1列类方形细胞，外被角质层。上下表皮均有内陷式气孔。上表皮下方有下皮纤维,常排列成断续的环。栅栏组织为1列圆柱形细胞,位于上表皮下方;海绵细胞切向延长,壁呈念珠状增厚,壁孔明显。主脉维管束外韧型,外方有薄壁细胞组成的维管束鞘。

(2) 针叶:以松针为例,表皮细胞1列,壁厚,外被角质层;下皮为厚壁细胞。四面均具内陷式气孔。叶肉组织不分化,有树脂道。内皮层明显。维管束外韧型,有维管束鞘。

4. 叶类中药组织鉴定要点

表皮应注意其细胞形状、气孔类型、角质层厚度、毛状物的类型及其特征。叶肉应注意观察栅栏组织下有无结晶细胞层、石细胞和油室分布。维管束应注意其形状及类型。少数单子叶植物叶,鉴别时应重点观察表皮细胞的组成,如禾本科植物叶表皮由长细胞和短细胞(栓质细胞及硅质细胞)组成。

(二) 粉末特征

根据叶的种类,叶类中药粉末在显微镜下常可见碎断的毛茸、纤维、分泌组织、异细胞、厚角组织、导管等。若为叶柄或带有小枝的叶,可见较多的纤维、导管。鉴别叶类中药时,应以毛茸、气孔、表皮细胞为重点。

叶类中药粉末的显微鉴定一般应注意下列特征:① 表皮,注意其细胞的形状、大小、垂周壁的弯曲程度、增厚情况、突起等。② 气孔,注意其形状、大小、有无保卫细胞等。③ 毛茸,非腺毛应注意其细胞的数目、形状、大小、细胞壁的厚薄,木化程度及疣状突起等;腺毛要注意头部的形状、大小、细胞的数目及排列情况、内含物、柄的细胞数目及排列状态等。④ 厚壁组织,纤维常存在于叶脉碎片中,有的为晶纤维,如番泻叶等。⑤ 叶肉组织,如有栅状细胞存在,应注意其列数,有无晶细胞层,是否有特异细胞等。⑥ 分泌组织,注意分泌组织的有无及其类型。

(三) 显微常数

叶类中药常见的显微常数主要有栅表细胞比、气孔数、气孔指数、脉岛数和脉端数等,这些显微数据常因中药原植物种类不同而异,因而具有较为重要的鉴别意义。

1. 栅表细胞比(palisade ratio)
指叶片的1个表皮细胞下方平均栅栏细胞数。不同科属植物的叶类中药其栅表细胞比相差较大,同属的则相差较小。

2. 气孔数与气孔指数
气孔数(stomatal number)指每平方毫米叶表皮面积上的气孔数目。气孔指数(stomatal index)指叶单位面积上表皮细胞与气孔总数中气孔数所占的百分比,即气孔指数=单位面积上的气孔数/(单位面积上的气孔数+单位面积上的表皮细胞数)×100%。同种植物叶子的气孔数虽有较大的差异,但气孔指数较恒定,常用来鉴别形态相似的叶类中药。

3. 脉岛数(vein-islet number)
指叶片中每平方毫米面积中脉岛的数目。此数值因植物种类而异,且不随叶片的大小或植物的年龄而变化,因此,可用来帮助鉴定。测定脉岛数时需要叶片的面积较大,故适用于表面制片的样品。

此外,也可以测量脉端数,即叶的完全游离小脉或小脉分枝末端的数目。

第二节 常用中药材

石韦(Shiwei, PYRROSIAE FOLIUM)

为水龙骨科植物庐山石韦 *Pyrrosia sheareri* (Bak.) Ching、石韦 *P. lingua* (Thunb.) Farwell 或有柄石韦 *P. petiolosa* (Christ) Ching 的干燥叶。庐山石韦主产于江西、湖南、贵州、四川。石韦主产于长江以南各省。有柄石韦主产于东北、华东、华中等地区。

庐山石韦:叶片略皱缩,展平后呈披针形,长10~25 cm,宽3~5 cm。先端渐尖,基部耳状偏斜,全缘,边缘常向内卷曲;上表面黄绿色或灰绿色,散布有黑色圆形小凹点;下表面密生红棕色星状毛,有的侧脉间布满棕色圆点状的孢子囊群。叶柄具四棱,长10~20 cm,直径1.5~3 mm,

略扭曲,有纵槽。叶片革质。气微,味微涩苦。石韦:叶片略皱缩,展平后叶片披针形或长圆披针形,长 8~12 cm,宽 1~3 cm。基部楔形,对称。孢子囊群在侧脉间,排列紧密而整齐。叶柄长 5~10 cm,直径约 1.5 mm。有柄石韦:叶片多卷曲呈筒状,展平后呈长圆形或卵状长圆形,长 3~8 cm,宽 1~2.5 cm。基部楔形,对称;下表面侧脉不明显,布满孢子囊群。叶柄长 3~12 cm,直径约 1 mm。以叶厚、完整者为佳。含有里白烯(diploptene)、芒果苷(mangiferin)、异芒果苷(isomangiferin)、香草酸(vanillic acid)、绿原酸等。

侧柏叶(Cebaiye, PLATYCLADI CACUMEN)

为柏科植物侧柏 *Platycladus orientalis* (L.) Franco 的干燥枝梢和叶。全国各地均产。

多分枝,小枝扁平。叶细小鳞片状,交互对生,贴伏于枝上,深绿色或黄绿色。质脆,易折断。气清香,味苦涩、微辛。以叶嫩、青绿色、无碎末者为佳。主要含侧柏酮(thujone)、侧柏烯(thujene)和小茴香酮(fenchone)。

大青叶(Daqingye, ISATIDIS FOLIUM)

大青叶历史沿革

大青叶植物形态

【来源】 为十字花科植物菘蓝 *Isatis indigotica* Fort. 的干燥叶。

【产地与采制】 主产于河北、陕西、江苏和安徽等地。现在,黑龙江为新的主要产区。

夏、秋二季分 2~3 次采收,除去杂质,晒干。第一次在 6 月中旬,采后及时施肥,第二次在 7 月下旬,若施肥管理得当,9~10 月份可采收第三次。北方地区一般在夏、秋(霜降前后)分 2 次采收。

【性状鉴别】 多皱缩卷曲,有的破碎。完整的叶片展平后呈长椭圆形至长圆状倒披针形,长 5~20 cm,宽 2~6 cm。上表面暗灰绿色;先端钝;全缘或微波状,基部狭窄下延至叶柄呈翼状;叶脉于背面较明显(图 9-1)。质脆。气微,味微酸、苦、涩。

以叶大、不破碎、无柄、净叶、色黑绿者为佳。

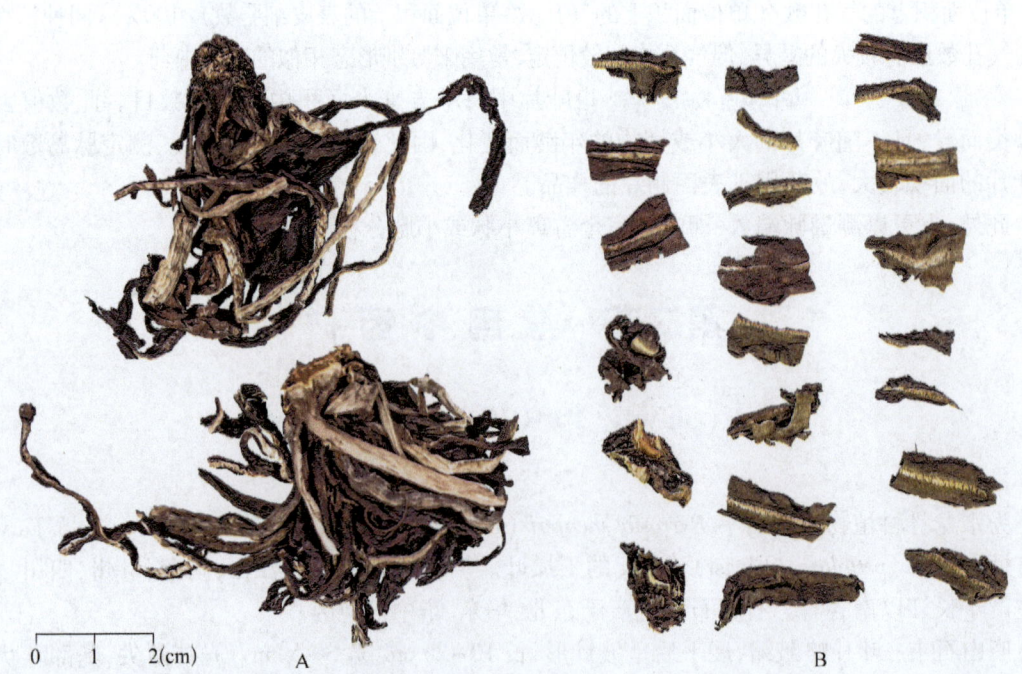

图 9-1 大青叶

A. 药材;B. 饮片

【显微鉴别】
1. 叶横切面　上下表皮均为1列切向延长的细胞,外被角质层。叶肉中栅栏组织与海绵组织无明显区分。主脉外韧型维管束4~9个,中间1个形状较大,在每个维管束的上、下侧均可见到厚壁组织(图9-2)。薄壁组织中有含芥子酶的分泌细胞,类圆形,较其周围薄壁细胞小。

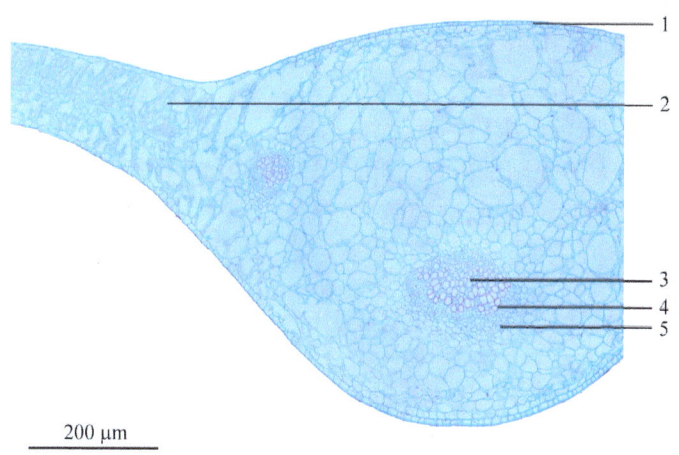

图9-2　大青叶横切面显微组织构造详图

1. 上表皮;2. 叶肉组织;3. 木质部;4. 韧皮部;5. 厚壁组织

2. 粉末　绿褐色。① 下表皮细胞垂周壁稍弯曲,略呈连珠状增厚。② 气孔不等式,副卫细胞3~4个。③ 叶肉组织分化不明显,叶肉细胞中含蓝色细小颗粒状物,亦含橙皮苷样结晶(图9-3)。

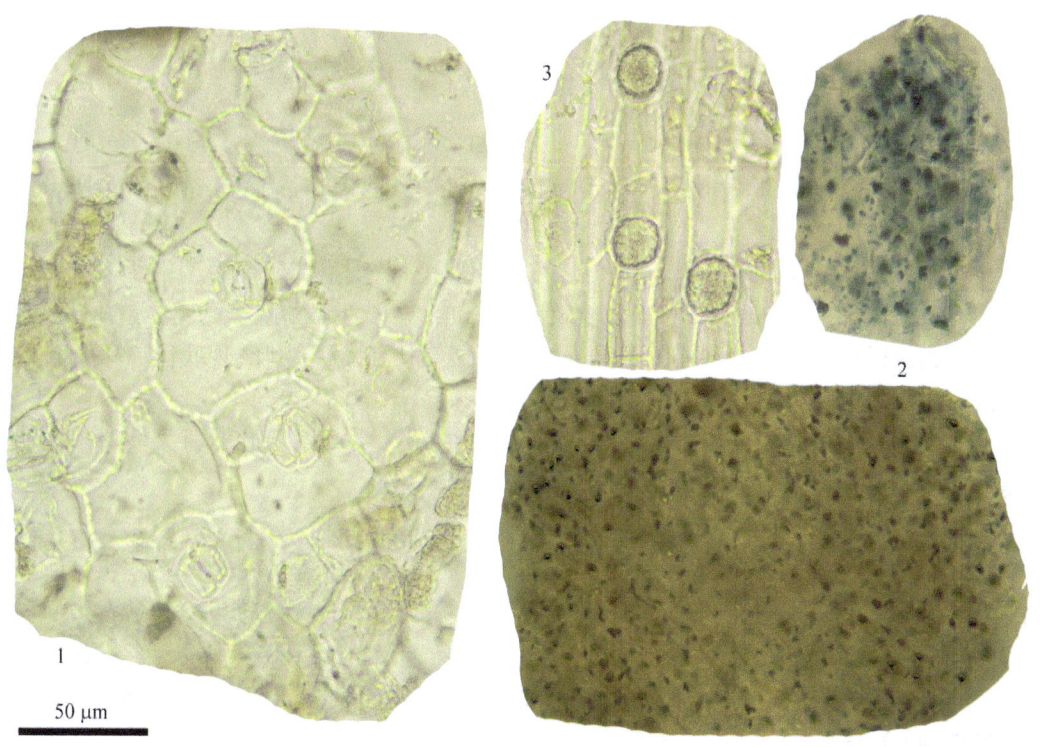

图9-3　大青叶粉末显微特征图

1. 下表皮细胞和气孔;2. 蓝色颗粒;3. 橙皮苷样结晶

【检查】　水分　不得过13.0%。
【浸出物】　照醇溶性浸出物项下的热浸法测定,不得少于16.0%。

【化学成分】 含有生物碱、有机酸、苷类、无机元素等成分,以生物碱为主,主要有靛蓝(indigotin)和靛玉红(indirubin)。

【理化鉴别】 取本品粉末加三氯甲烷加热回流,滤过,滤液浓缩,作为供试品溶液。以靛蓝对照品、靛玉红对照品为对照。照薄层色谱法,以环己烷-三氯甲烷-丙酮(5:4:2)为展开剂。供试品色谱中,在与对照品色谱相应的位置上,分别显相同的蓝色斑点和浅紫红色斑点。

【含量测定】 照高效液相色谱法测定,以甲醇-水(75:25)为流动相;检测波长为289 nm。按干燥品计算,含靛玉红($C_{16}H_{10}N_2O_2$)不得少于0.020%。

【贮藏】 置通风干燥处,防霉。

【性味功能】 性寒,味苦。清热解毒,凉血消斑。

【附注】 饮片 为不规则的碎段。叶片暗灰绿色,叶上表面有的可见色较深稍突起的点;叶柄碎片淡棕黄色。质脆。气微,味微酸、苦、涩。

枇杷叶(Pipaye, ERIOBOTRYAE FOLIUM)

为蔷薇科植物枇杷 *Eriobotrya japonica* (Thunb.) Lindl. 的干燥叶。主产于广东、广西、江苏、安徽等地。以江苏产量为大,广东质量最佳。

呈类长圆形或倒卵形,长12~30 cm,宽4~9 cm。先端尖,基部楔形,边缘有疏锯齿,近基部全缘。上表面灰绿色、黄棕色或红棕色,较光滑;下表面密被黄色绒毛,主脉于下表面显著突起,侧脉羽状;叶柄极短,被棕黄色绒毛。革质而脆,易折断。气微,味微苦。以叶完整,色灰绿色为佳。主含熊果酸、齐墩果酸、缩合鞣质、儿茶素、表儿茶素、逆没食子酸、槲皮素-3-葡萄糖苷等。

番泻叶(Fanxieye, SENNAE FOLIUM)

番泻叶历史沿革

番泻叶植物形态

【来源】 为豆科植物狭叶番泻 *Cassia angustifolia* Vahl 或尖叶番泻 *C. acutifolia* Delile 的干燥小叶。

【产地与采制】 狭叶番泻主产于红海以东至印度一带,现盛产于印度南端丁内未利,故商品又名印度番泻叶或丁内未利番泻叶,现埃及和苏丹亦产。尖叶番泻主产于埃及的尼罗河中上游地区,由亚历山大港输出,故商品又称埃及番泻叶或亚历山大番泻叶;现我国广东、海南及云南西双版纳等地均有栽培。

狭叶番泻叶在开花前摘下叶片,阴干后用水压机打包。尖叶番泻叶9月果实将成熟时,剪下枝条,摘取叶片晒干,按完整叶和破碎叶分别打包。

【性状鉴别】

1. 狭叶番泻 呈长卵形或卵状披针形,长1.5~5 cm,宽0.4~2 cm,叶端急尖,叶基稍不对称,全缘(图9-4)。上表面黄绿色,下表面浅黄绿色,无毛或近无毛,叶脉稍隆起。革质。气微弱而特异,味微苦,稍有黏性。

2. 尖叶番泻 呈披针形或长卵形,略卷曲,叶端短尖或微突,叶基不对称,两面均有细短毛茸(图9-4)。

以叶片大、完整、色绿、梗少、无泥沙杂质者为佳。

【显微鉴别】

1. 叶横切面 两种番泻叶特征大致相似。表皮细胞中常含黏液质;上、下表皮均有气孔;非腺毛单细胞,壁厚,多具疣状突起,基部稍弯曲。叶肉组织为等面叶型。上、下表皮内方均有1

图9-4 番泻叶药材(饮片)

列栅栏细胞,上面栅栏组织通过主脉,下面栅栏细胞较粗(图9-5)。海绵组织细胞中含有草酸钙簇晶。主脉维管束外韧型,上、下两侧均有微木化的中柱鞘纤维束,外有含草酸钙方晶的薄壁细胞,形成晶鞘纤维。

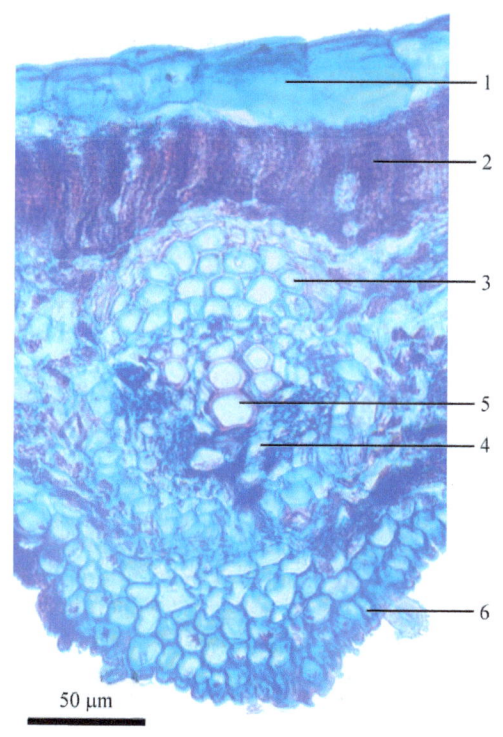

图9-5 番泻叶叶横切面显微组织构造详图
1. 上表皮;2. 栅栏组织;3. 中柱鞘;4. 韧皮部;5. 木质部;6. 下表皮

2. 粉末 淡绿色或黄绿色。① 晶纤维多,草酸钙方晶直径12~15 μm。② 非腺毛单细胞,壁厚,有疣状突起。③ 上、下表皮细胞表面观呈多角形,垂周壁平直;④ 上、下表皮均有气孔,主为平轴式,副卫细胞多为2个,也有的3个。⑤ 草酸钙簇晶存在于叶肉薄壁细胞中(图9-6)。

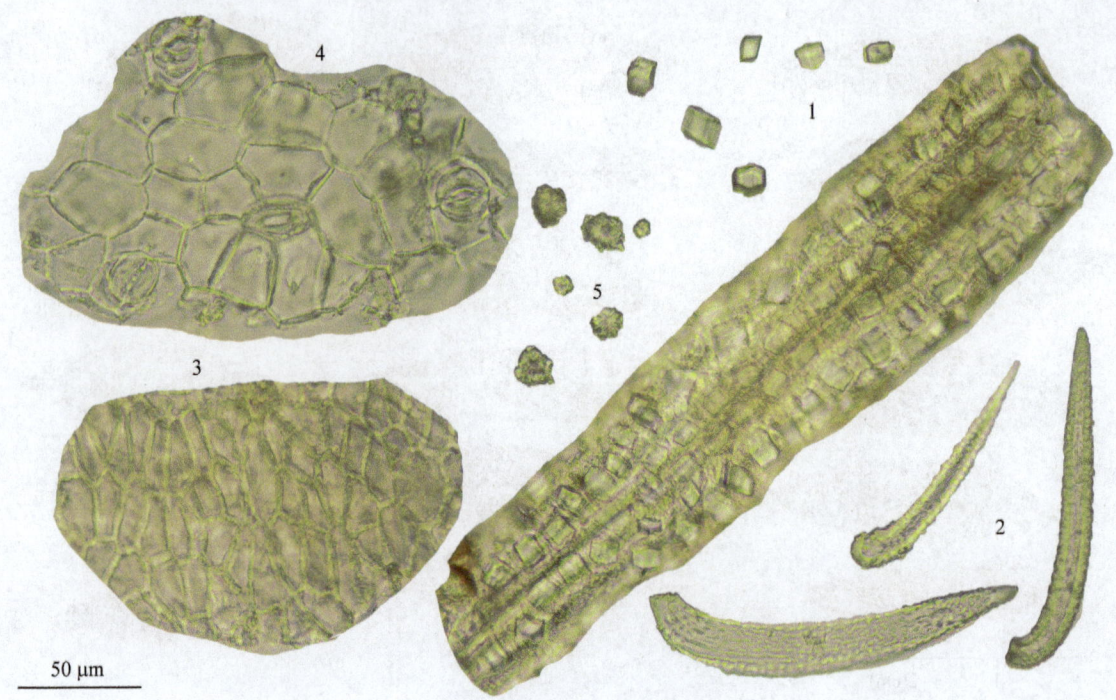

图9-6 番泻叶粉末显微特征图
1. 晶纤维和草酸钙方晶;2. 非腺毛;3. 上下表皮细胞;4. 气孔;5. 草酸钙簇晶

【检查】
1. 杂质　　不得过6%。
2. 水分　　不得过10.0%。

【化学成分】　含有蒽醌类、黄酮类等成分。以蒽醌类成分为主,主要有番泻苷A(sennoside A)、番泻苷B(sennoside B)。

【理化鉴别】　取粉末,加稀乙醇超声处理,离心,取上清液,蒸干,残渣加水使溶解,用石油醚(60~90℃)振摇提取,取水液蒸干,残渣加稀乙醇使溶解,作为供试品溶液。以番泻叶对照药材为对照,照薄层色谱法,以乙酸乙酯-正丙醇-水(4:4:3)为展开剂,置紫外光灯(365 nm)下检视。供试品色谱中,在与对照药材色谱相应的位置上,显相同颜色的荧光斑点;喷以20%硝酸溶液,在120℃条件下加热,放冷,再喷以5%氢氧化钾的稀乙醇溶液,供试品色谱中,在与对照药材色谱相应的位置上,显相同颜色的斑点。

【含量测定】　照高效液相色谱法测定,以乙腈-乙酸-乙酸钠缓冲液(pH 5.0)(1→10)①(35:65)混合溶液1 000 mL,加入四庚基溴化铵2.45 g为流动相;检测波长为340 nm;按干燥品计算,含番泻苷A($C_{42}H_{38}O_{20}$)和番泻苷B($C_{42}H_{38}O_{20}$)的总量,不得少于1.1%。

【贮藏】　避光,置通风干燥处。

【性味功能】　性寒,味甘、苦。泻热行滞,通便,利水。

【附注】　混淆品　同属植物耳叶番泻 *Cassia auriculata* L. 的干燥小叶,常混在进口的狭叶番泻叶中。呈卵圆形或倒卵圆形,先端钝圆或微凹下并具短刺,叶基对称或不对称,灰黄绿色或红棕色,密被灰白色长茸毛,无迭压线纹。显微鉴别:非腺毛细长,甚密,表面较光滑。

---

① 1 mol/L乙酸-乙酸钠(pH 5.0)缓冲液的制备:取1 mol/L乙酸钠溶液,用稀乙酸试液调制成pH为5.0的溶液,再稀释10倍,即得。

枸骨叶（Gouguye, ILICIS CORNUTAE FOLIUM）

为冬青科植物枸骨 *Ilex cornuta* Lindl. ex Paxt. 的干燥叶。主产于长江中、下游各省。

呈类长方形或矩圆状长方形，偶有长卵圆形，长 3~8 cm，宽 1.5~4 cm。先端具 3 枚较大的硬刺齿，顶端 1 枚常反曲，基部平截或宽楔形，两侧有时各具刺齿 1~3 枚，边缘稍反卷；也有长卵圆形叶，常无刺齿。上表面黄绿色或绿褐色，有光泽，下表面灰黄色或灰绿色。叶脉羽状，叶柄较短。革质，硬而厚。气微，味微苦。以叶完整，色青绿者为佳。含有冬青苷甲、冬青苷乙、熊果酸等。

罗布麻叶（Luobumaye, APOCYNI VENETI FOLIUM）

为夹竹桃科植物罗布麻 *Apocynum venetum* L. 的干燥叶。主产于东北、华北和西北地区。

多皱缩卷曲，有的破碎，完整叶片展平后呈椭圆状披针形或卵圆状披针形，长 2~5 cm，宽 0.5~2 cm。淡绿色或灰绿色，先端钝，有小芒尖，基部钝圆或楔形，边缘具细齿，常反卷，两面无毛，叶脉于下表面突起；叶柄细，长约 4 mm。质脆。气微，味淡。以叶片完整、色绿、杂质少者为佳。主含槲皮素（quercetin）、异槲皮苷（isoquercitrin）、金丝桃苷（hyperoside）、芸香苷（rutin）等。

艾叶（Aiye, ARTEMISIAE ARGYI FOLIUM）

为菊科植物艾 *Artemisia argyi* Levl. et Vant. 的干燥叶。主产于安徽、山东、湖北、河北等地。

多皱缩、破碎，有短柄。完整叶片展平后呈卵状椭圆形，羽状深裂，裂片椭圆状披针形，边缘有不规则的粗锯齿；上表面灰绿色或深黄绿色，有稀疏的柔毛和腺点；下表面密生灰白色绒毛。质柔软。气清香，味苦。以色青、背面灰白色、绒毛多、叶厚、质柔软而韧、香气浓郁者为佳。叶含挥发油，油中主要成分为水芹烯、杜松烯、樟脑、龙脑等。

淫羊藿（Yinyanghuo, EPIMEDII FOLIUM）

【来源】 为小檗科植物淫羊藿 *Epimedium breviconu* Maxim.、箭叶淫羊藿 *E. sagittatum* (Sieb. et Zucc.) Maxim.、柔毛淫羊藿 *E. pubescens* Maxim. 或朝鲜淫羊藿 *E. koreanum* Nakai 的干燥叶。

【产地与采制】 淫羊藿主产于陕西、山西、甘肃、河南和广西；箭叶淫羊藿主产于湖北、四川、浙江和安徽；柔毛淫羊藿主产于四川；朝鲜淫羊藿主产于东北。

夏、秋季茎叶茂盛时采收，晒干或阴干。

【性状鉴别】

1. 淫羊藿　　二回三出复叶；小叶片卵圆形，长 3~8 cm，宽 2~6 cm；先端微尖，顶生小叶基部心形，两侧小叶较小，偏心形，外侧较大，呈耳状，边缘具黄色刺毛状细锯齿；上表面黄绿色，下表面灰绿色，主脉 7~9 条，基部有稀疏细长毛，细脉两面突起，网脉明显（图 9-7）；小叶柄长 1~5 cm。叶片近革质。气微，味微苦。

2. 箭叶淫羊藿　　一回三出复叶，小叶片长卵形至卵状披针形，长 4~12 cm，宽 2.5~

淫羊藿历史沿革

淫羊藿植物形态

5 cm;先端渐尖,两侧小叶基部明显偏斜,外侧多呈箭形。下表面疏被粗短伏毛或近无毛。叶片革质。

3. 柔毛淫羊藿 一回三出复叶;叶下表面及叶柄密被绒毛状柔毛。

4. 朝鲜淫羊藿 二回三出复叶;小叶较大,长 4~10 cm,宽 3.5~7 cm,先端长尖。叶片较薄。

以色青绿、无枝梗、叶整齐不碎者为佳。

图 9-7 淫羊藿
A. 药材;B. 饮片

【显微鉴别】 叶表面观

(1) 淫羊藿:上、下表皮细胞垂周壁深波状弯曲,沿叶脉均有异型细胞纵向排列,内含 1 至多个草酸钙柱晶;下表皮气孔众多,不定式,有时可见非腺毛(图 9-8)。

(2) 箭叶淫羊藿:上、下表皮细胞较小;下表皮气孔较密,具有多数非腺毛脱落形成的疣状突起,有时可见非腺毛。

(3) 柔毛淫羊藿:下表皮气孔较稀疏,具有多数细长的非腺毛。

(4) 朝鲜淫羊藿:下表皮气孔和非腺毛均易见。

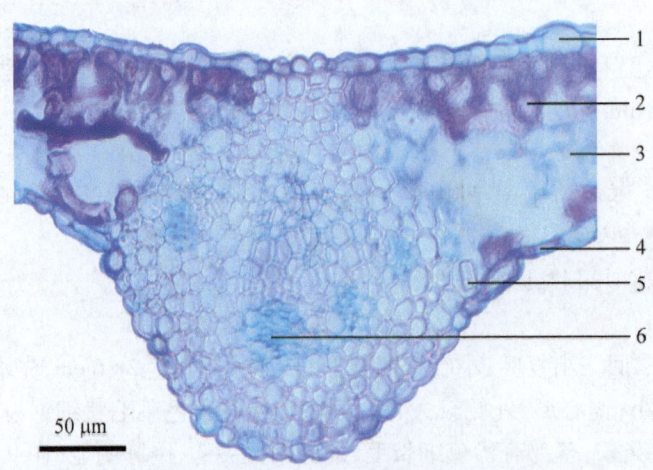

图 9-8 淫羊藿横切面显微组织构造详图
1. 上表皮;2. 栅栏组织;3. 海绵组织;4. 下表皮;5. 草酸钙柱晶;6. 维管束

【检查】
1. 杂质　　不得过 3.0%。
2. 水分　　不得过 12.0%。
3. 总灰分　　不得过 8.0%。

【浸出物】　照醇溶性浸出物项下的冷浸法测定,不得少于 15.0%。

【化学成分】　主要含黄酮类、木脂素类、生物碱、挥发油等。其中,淫羊藿含淫羊藿苷(icariin)、淫羊藿次苷(icariside)、去氧甲基淫羊藿苷(des-O-methylicariin)、β-去水淫羊藿素、淫羊藿新苷(epimedoside)A、淫羊藿新苷 B、淫羊藿新苷 C、淫羊藿新苷 D、淫羊藿新苷 E 等。

箭叶淫羊藿含淫羊藿苷、淫羊藿次苷、异槲皮素、淫羊藿 3-O-α-鼠李糖苷、金丝桃苷、箭叶淫羊藿苷 A、箭叶淫羊藿苷 B、箭叶淫羊藿苷 C;箭叶淫羊藿素 A、箭叶淫羊藿素 B 等。

柔毛淫羊藿含淫羊藿苷、淫羊藿次苷、淫羊藿新苷 C、宝藿苷(baohuoside)Ⅰ、宝藿苷Ⅵ、金丝桃苷等。

朝鲜淫羊藿含淫羊藿苷、淫羊藿新苷 A、淫羊藿新苷 B、朝鲜淫羊藿苷(epimedokoreanoside)Ⅰ、朝鲜淫羊藿苷Ⅲ和槲皮素等。

【理化鉴别】　取粉末,加乙醇,温浸,滤过,滤液蒸干,残渣加乙醇使溶解,作为供试品溶液。以淫羊藿苷为对照品,照薄层色谱法,以乙酸乙酯-丁酮-甲酸-水(10:1:1:1)为展开剂。置紫外光灯(365 nm)下检视,供试品色谱中,在与对照品色谱相应的位置上,显相同的暗红色斑点;喷以三氯化铝试液,再置紫外光灯(365 nm)下检视,显相同的橙红色荧光斑点。

【含量测定】　照紫外-可见分光光度法,在 270 nm 波长处测定吸光度。按干燥品计算,叶片含总黄酮以淫羊藿苷($C_{33}H_{40}O_{15}$)计,不得少于 5.0%。

照高效液相色谱法测定,以乙腈-水为流动性,梯度洗脱;检测波长为 270 nm。按干燥品计算,叶片含朝藿定 A($C_{39}H_{50}O_{20}$)、朝藿定 B($C_{38}H_{48}O_{19}$)、朝藿定 C($C_{39}H_{50}O_{19}$)和淫羊藿苷($C_{33}H_{40}O_{15}$)的总量,朝鲜淫羊藿不得少于 0.50%;淫羊藿、柔毛淫羊藿、箭叶淫羊藿均不得少于 1.5%。

【贮藏】　置通风干燥处。

【性味功能】　性温,味辛、甘。补肾阳,强筋骨,祛风湿。

【附注】
1. 饮片　　呈丝片状。上表面绿色、黄绿色或浅黄色,下表面灰绿色,网脉明显,中脉及细脉凸出,边缘具黄色刺毛状细锯齿。近革质。
2. 混淆品　　同属植物巫山淫羊藿 *Epimedium wushanense* T. S. Ying 的叶,在部分地区充当淫羊藿用。为三出复叶,小叶片披针形至狭披针形,长 9~23 cm,宽 1.8~4.5 cm,先端渐尖或长渐尖,边缘具刺齿,侧生小叶基部的裂片偏斜,内边裂片小,圆形,外边裂片大,三角形,渐尖。下表面被绵毛或秃净。近革质。气微,味微苦。

紫苏叶(Zisuye, PERILLAE FOLIUM)

为唇形科植物紫苏 *Perilla frutescens* (L.) Britt. 的干燥叶(或带嫩枝)。主产于安徽、江苏、浙江、河北等地,主要为栽培。

叶片多皱缩卷曲、破碎,完整者展平后呈卵圆形,长 4~11 cm,宽 2.5~9 cm。先端长尖或急尖,基部圆形或宽楔形,边缘具圆锯齿。两面紫色或上表面绿色,下表面紫色,疏生灰白色毛,下表面有多数凹点状的腺鳞。叶柄长 2~7 cm,紫色或紫绿色。质脆。带嫩枝者,枝的直径 2~5 mm,紫绿色,断面中部有髓。气清香,味微辛。以叶片完整、色紫、气香浓郁者为佳。主要含挥发油。油中主要成分为紫苏醛(perillaldehyde),具有特殊香味。

随着国家药品监督管理局抽检工作愈加频繁,多省均发布了药品质量公告。某省发布的中药材中药饮片的质量公告中显示,45批次不合格的中药饮片中19批次经属地省局确认,非标识生产企业产品;饮片造假比例占比42%。某知名企业所生产大青叶饮片含量不符合要求。对检验不符合规定的药品,相关市场监督管理部门已采取查封、扣押等必要的控制措施,并依据相关法律法规对产品涉及单位已经或正在进行立案查处。

问题:
如何采用中药鉴定学方法鉴定大青叶?

第十章 花类中药

第一节 概　述

花（flos）类中药是以完整的花、花序或花的某一部分入药的一类中药。完整的花多数用花蕾如金银花、丁香、辛夷、芫花等；少数是已开放的，如洋金花、红花；花序亦有未开放的，如款冬花；已开放的，如菊花、旋覆花；花的某一部分，雄蕊如莲须，花柱如玉米须，柱头如西红花，花粉粒如松花粉、蒲黄等。

一、性状鉴别

花类中药完整者常呈圆锥状、棒状、团簇状、丝状、粉末状等；鉴别时，单花要注意观察花托、萼片、花瓣、雄蕊和雌蕊的数目及其着生位置、形状、颜色、被毛与否、气味等；以花序入药者，除单花的观察外，尚需要注意花序的类别、总苞片、苞片、花序托等。例如，花序或花肉眼不易辨认时，需要将干燥药材用水浸泡后进行解剖，借助放大镜、解剖镜观察。花类中药具有较为特异的香气和鲜艳的颜色，易于观察。

二、显微鉴别

（一）组织特征

1. 苞片和花萼　基本构造和叶相似。鉴定时重点观察上、下表面表皮细胞的形态，气孔及毛茸的有无、类型、形状及分布情况，如款冬花苞片内表面密被絮状毛茸。此外，尚需要注意有无分泌组织、草酸钙结晶等，如丁香萼筒皮层外侧散有油室，洋金花中有草酸钙砂晶等。

2. 花冠（花瓣）　构造与叶相似，但变异性较大。上表皮细胞常呈乳头状或毛茸状突起，无气孔，如红花花冠裂片顶端表皮细胞外壁突起呈短绒毛状。下表皮细胞的垂周壁常呈波状弯曲，有时可见少数茸毛和气孔，如金银花花冠有较多腺毛和非腺毛。相当于叶肉的部分由数层排列疏松的大型薄壁细胞组成，有时可见分泌组织及贮藏物质，如丁香的花瓣中有油室；红花的花冠中有管状分泌组织，内储红棕色物质。维管组织不发达，有时只有少数螺纹导管。

3. 雄蕊　包括花丝和花药两部分。花丝构造比较简单，有的表皮细胞呈乳头状突起，如莲。花药主要观察花粉囊和花粉粒。花粉囊内壁细胞的壁常不均匀地增厚，呈网状、螺旋状、环状或点状等，且大多木化。花粉粒的形状、大小及外壁上的雕纹的形态和萌发孔，是植物分类学上的鉴定依据，对鉴定花类中药也具有重要意义。花粉粒有圆球形，如金银花、红花、洋金花；椭圆形，如槐米；三角形，如丁香；四面体形，如闹羊花等。花粉粒外壁有的光滑，如槐花；有的具细密短刺，如金银花；有的具齿状突起，如红花；有的有子午向排列的条形雕纹，如洋金花；有的具网状雕纹，如蒲黄。花粉粒的外壁上具有萌发孔或萌发沟。孔是短的萌发孔，短轴小于等于长轴的2倍，呈圆形；沟是长形的萌发孔，长轴为短轴的2倍以上。一般双子叶植物的花粉粒萌发孔为3个或3个以上，单子叶植物和裸子植物花粉粒萌发孔为1个。镜检时因观察面的不同导致观察到的花粉粒的形态和萌发孔数而有所不同，如丁香花粉粒极面观三角形，赤道表面观双凸镜形，应注意区别。

4. 雌蕊　由子房、花柱和柱头组成。子房的表皮多为薄壁细胞，有的表皮细胞则分化成多细胞束状毛，如闹羊花；花柱表皮细胞少数分化成圆锥形单细胞毛，如红花。有的柱头表皮细胞常呈乳头状突起,如金银花;或分化成绒毛状,如西红花。

5. **花梗、花托和花序轴** 有些花类中药常带有部分花梗和花托。以花序入药的常带有总花梗或花序的中轴,横切面构造与茎相似。注意观察表皮、皮层、内皮层、维管束,以及髓部是否明显,有无厚壁组织、分泌组织、草酸钙结晶、淀粉粒等。

(二) 粉末特征

花类中药的粉末鉴别一般应以花粉粒、花冠表皮细胞、茸毛为主要鉴别依据,并应注意有无花粉囊内壁细胞增厚、分泌组织、草酸钙结晶、色素细胞等特征。极少数花的粉末中可见石细胞或厚壁细胞。若带有花梗、花托或花序轴,粉末中可见茎的特征。

第二节 常用中药材

松花粉(Songhuafen, PINI POLLEN)

为松科植物马尾松 *Pinus massoniana* Lamb.、油松 *P. tabulieformis* Carr. 或同属数种植物的干燥花粉。主产于浙江、江苏、辽宁、吉林、湖北等地。

呈淡黄色细粉。体轻,易飞扬,手捻有滑润感。气微,味淡。入水不沉。以体轻、色淡黄者为佳。主要含有脂肪油、油脂及黄酮类成分。

辛夷(Xinyi, MAGNOLIAE FLOS)

为木兰科植物望春花 *Magnolia biondii* Pamp.、玉兰 *M. denudata* Desr. 或武当玉兰 *M. sprengeri* Pamp. 的干燥花蕾。望春花主产于河南、湖北,质量佳,销全国并出口。武当玉兰主产于四川、湖北、陕西。玉兰主产安徽。

望春花:呈长卵形,似毛笔头,长 1.2~2.5 cm,直径 0.8~1.5 cm。基部常具短梗,上有类白色点状皮孔。苞片 2~3 层,每层 2 片,两层苞片之间有小鳞芽;苞片外表面密被灰白色或灰绿色有光泽的长茸毛,内表面类棕色、无毛。花被片 9,棕色,外轮花被片 3,条形,约为内两轮长的 1/4,呈萼片状,内两轮花被片 6,每轮 3,轮状排列。雄蕊和雌蕊多数,螺旋状排列。体轻、质脆。气芳香,味辛凉而稍苦。玉兰:长 1.5~3 cm,直径 1~1.5 cm。基部枝梗较粗壮,皮孔浅棕色。苞片外表密被灰白色或灰绿色茸毛。花被片 9,内外轮同型。武当玉兰:长 2~4 cm,直径 1~2 cm。基部枝梗粗壮,皮孔红棕色。苞片外表面密被淡黄色或黄绿色茸毛,有的最外层苞片茸毛已脱落而呈黑褐色。花被片 10~12(15),内外轮无显著差异。以完整、内瓣紧密、无枝梗、香气浓者为佳。含挥发油 1%~5%,油中主要成分为桉油精(cineole)、丁香酚、胡椒酚甲醚(chavicol methylether)等。木脂素类成分主要有松脂素二甲醚、里立脂素二甲醚(lirioresinol dimethyl ether)、木兰脂素(magnolin)和辛夷脂素(fargesin)等。

槐花(Huaihua, SOPHORAE FLOS)

为豆科植物槐 *Sophora japonica* L. 的干燥花及花蕾。主产于河北、天津、北京、山东、广西、辽宁等地。

槐花:皱缩而卷曲,花瓣多散落。花萼钟状,黄绿色,先端 5 浅裂,花瓣 5,黄色或黄白色,1 片较大,近圆形,先端微凹,其余 4 片长圆形。雄蕊 10 枚,其中 9 枚基部连合,花丝细长,雌蕊圆柱形,弯曲。体轻。气微,味微苦。槐米:卵形或椭圆形。花萼下部有数条纵纹。萼的上方为黄白色未开放的花瓣。花梗细小。体轻,手捻即碎。气微,味微苦涩。以个大、紧缩、色黄绿者为佳。主要含芸香苷(芦丁)、异鼠李素(isorhamnetin)、槲皮素、赤豆皂苷(azukisaponin)Ⅰ、赤豆皂苷Ⅱ、赤豆皂苷Ⅲ、赤豆皂苷Ⅳ、赤豆皂苷Ⅴ、大豆皂苷(soyasaponin)Ⅰ、大豆皂苷Ⅱ、白桦脂醇(betulin)、槐二醇(sophoradiol)、槐花皂苷(kaikasaponin)、鞣质等。

丁香(Dingxiang, CARYOPHYLLI FLOS)

【来源】 为桃金娘科植物丁香 *Eugenia caryophyllata* Thunb. 的干燥花蕾。

【产地与采制】 主产于坦桑尼亚、印度尼西亚、马来西亚及东非沿岸国家。现我国海南、广东等省有栽培。

花蕾由绿色转红时采摘,晒干。

丁香历史沿革

丁香植物形态

【性状鉴别】 呈研棒状,长1~2 cm。花冠圆球形,直径3~5 mm,花瓣4,覆瓦状抱合,呈棕褐色或褐黄色,花瓣内为雄蕊和花柱,搓碎后可见众多黄色细粒状的花药。花萼筒圆柱形,略扁,有的稍弯曲,长0.7~1.4 cm,直径3~6 mm,红棕色或棕褐色,顶端4裂,上部4枚三角状萼片,"十"字状分开(图10-1)。质坚实,富油性。香气浓烈,味辛辣,有麻舌感。入水则萼筒部垂直下沉(与已去油的丁香区别)。

以完整、个大、油性足、颜色深红、香气浓郁、入水下沉者为佳。

图10-1 丁香
a. 药材放大图

【显微鉴别】

1. **花萼筒中部横切面** ①表皮细胞1列,有较厚的角质层。②皮层外侧散有2~3列径向延长的椭圆形的油室,长150~200 μm;其下有小型双韧维管束20~50个,断续排列成环,维管束外围有少数中柱鞘纤维,厚壁,木化;内侧为数列薄壁细胞组成的通气组织,有大型腔隙。③中心轴柱薄壁组织间散有多数细小维管束。④薄壁细胞中含有众多细小的草酸钙簇晶(图10-2)。

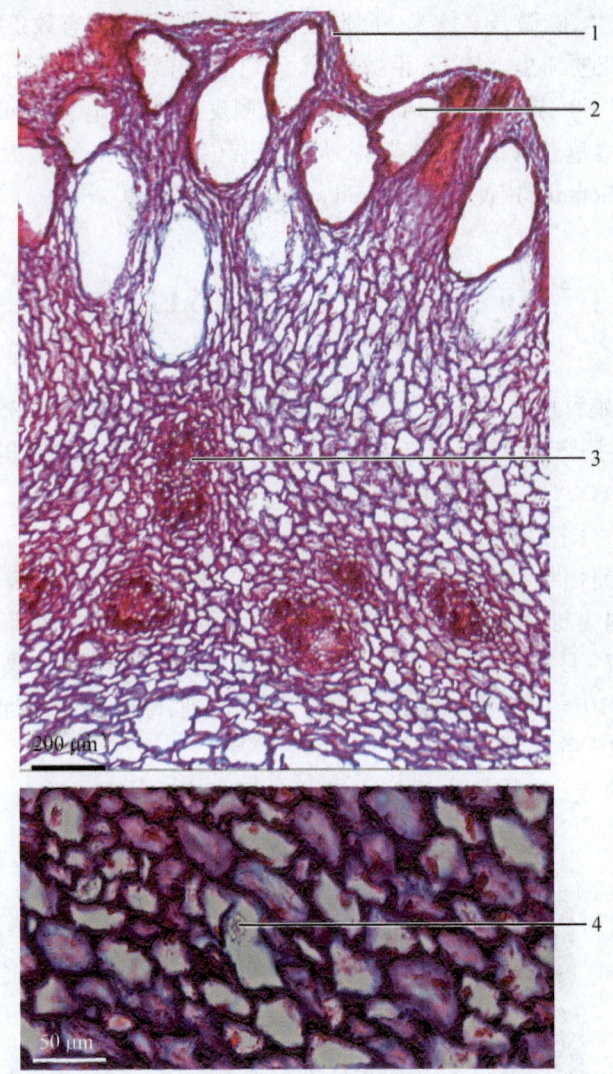

图10-2　丁香萼筒中部横切面显微组织构造详图
1. 表皮；2. 油室；3. 维管束；4. 草酸钙簇晶

2. **粉末**　暗红棕色。① 花粉粒极面观呈三角形,赤道面观呈双凸镜形,具3副合沟。② 油室多破碎,分泌细胞界限不清,含黄色油状物。③ 纤维梭形,顶端钝圆,壁较厚。④ 草酸钙簇晶众多,存在于较小的薄壁细胞中(图10-3)。

【检查】
1. 水分　不得过12.0%。
2. 杂质　不得过4.0%。

【化学成分】　含挥发油14%~21%,油中主要成分为丁香酚(eugenol,80%~87%)、β-丁香烯(β-caryophyllene,9%~12%)、乙酰基丁香酚(acetyl eugenol,约7.33%)、α-丁香烯(α-caryophyllene)、丁香酮(eugenone)等。

【理化鉴别】
(1) 粉末的三氯甲烷浸出液滴于载玻片上,迅速加3%氢氧化钠-氯化钠饱和液,加盖玻片,镜检,可见簇状细针形丁香酚钠结晶。
(2) 取粉末,加乙醚,振摇数分钟,滤过,滤液作为供试品溶液。以丁香酚对照品作对照,照薄层色谱法,以石油醚(60~90℃)-乙酸乙酯(9:1)为展开剂,喷以5%香草醛硫酸溶液,加热至斑点显色清晰。供试品色谱中,在与对照品色谱相应的位置上,显相同颜色的斑点。

【含量测定】　照气相色谱法测定,按干燥品计算,含丁香酚($C_{10}H_{12}O_2$)不得少于11.0%。

图 10-3 丁香粉末显微特征图
1. 花粉粒；2. 油室；3. 纤维；4. 含草酸钙簇晶的薄壁细胞

【贮藏】 置阴凉干燥处。

【性味功能】 性温，味辛。温中降逆，补肾助阳。

密蒙花（Mimenghua，BUDDLEJAE FLOS）

为马钱科植物密蒙花 Buddleja officinalis Maxim. 的干燥花蕾和花序。主产于陕西、甘肃、河南等地。

呈不规则圆锥状，长 1.5~3 cm。表面灰黄色或棕黄色，密被茸毛。花蕾呈短棒状，上端略大，长 0.3~1 cm，直径 0.1~0.2 cm；花萼钟形，先端 4 齿裂；花冠筒状，与萼等长或稍长，先端 4 裂，裂片卵形；雄蕊 4，着生在花冠管中部。质柔软。气微香，味微苦、辛。以个大、被黄茸毛者为佳。含有毛蕊花苷、密蒙花苷、刺槐素、梓醇等成分。

洋金花（Yangjinhua，DATURAE FLOS）

【来源】 为茄科植物白花曼陀罗 Datura metel L. 的干燥花。

【产地与采制】 主产于江苏、浙江、福建、广东等地。多为栽培。
4~11月花期时分批采收初开放的花，晒干或低温迅速干燥。

【性状鉴别】 多皱缩成条状。完整者长 9~15 cm。花萼呈筒状，长为花冠的 2/5，灰绿色或灰黄色，先端 5 裂，基部具纵脉纹 5 条，表面微具茸毛；花冠喇叭状，淡黄色或黄棕色，先端 5 浅裂，裂片有短尖，短尖下有明显的纵脉纹 3 条，两裂片之间微凹，雄蕊 5，花丝贴生于花冠筒内，长为花冠的 3/4；雌蕊 1，柱头棒状（图 10-4）。烘干品质柔韧，气特异；晒干品质脆，气微，味微苦。

以朵大、不破碎、花冠肥厚者为佳。

洋金花历史沿革

洋金花植物形态

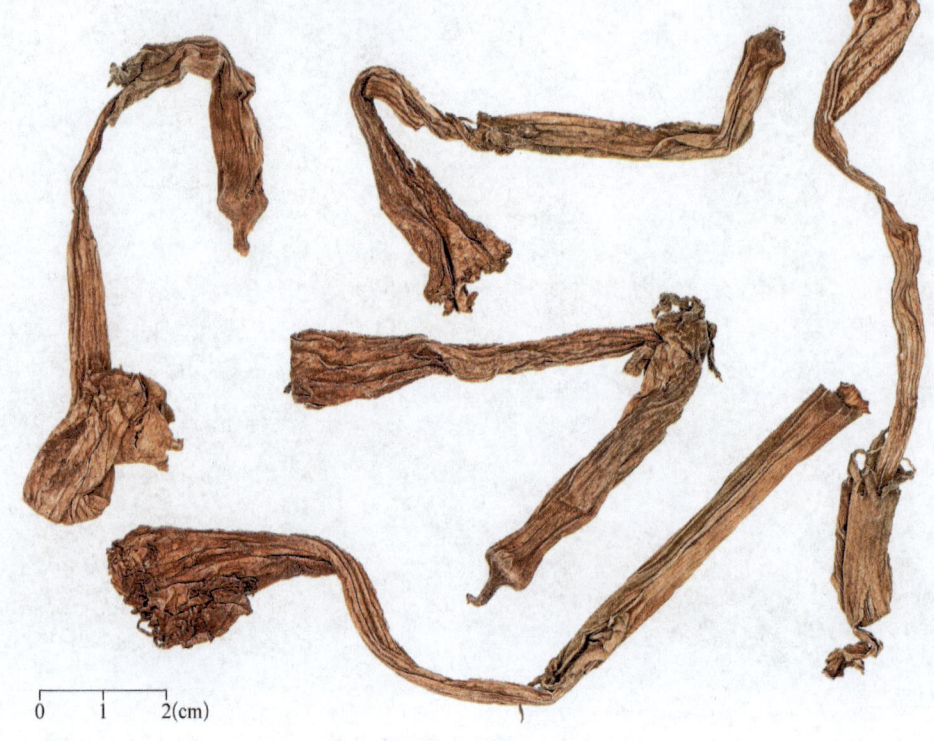

图 10-4 洋金花

【显微鉴别】 粉末 淡黄色。① 花粉粒呈类圆球形或长圆形,42~65 μm,外壁有细点状条形雕纹,自两级向四周呈放射状排列。② 腺毛有 2 种,一种头部 2~5 个细胞,柄 1~2 细胞;另一种头部单细胞,柄 2~5 个细胞;③ 不同部位的非腺毛也有不同形态,花萼上为 1~3 细胞,具壁疣;花冠裂片边缘非腺毛有 1~10 个细胞,微具壁疣;花丝基部的非腺毛粗大,为 1~5 个较短的细胞。④ 花萼、花冠薄壁组织中含草酸钙簇晶、砂晶、方晶(图 10-5)。

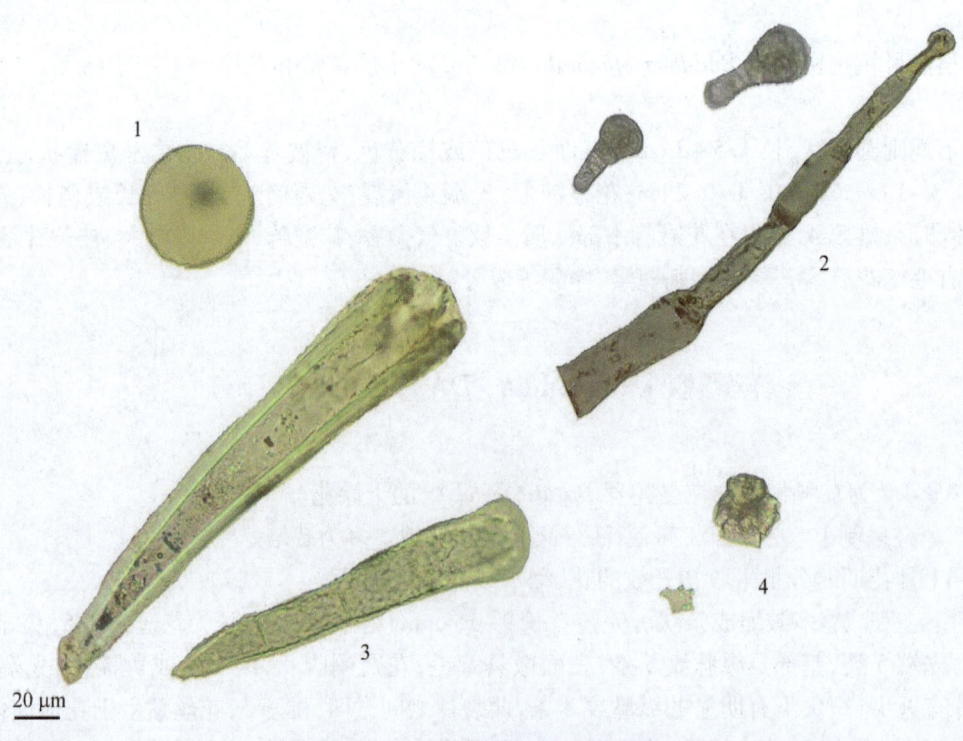

图 10-5 洋金花粉末显微特征图
1. 花粉粒;2. 腺毛;3. 非腺毛;4. 薄壁组织(示草酸钙结晶)

【检查】
1. 水分　　不得过 11.0%。
2. 总灰分　　不得过 11.0%。
3. 酸不溶性灰分　　不得过 2.0%。

【浸出物】　照醇溶性浸出物项下的热浸法测定,不得少于 9.0%。

【化学成分】　主要含生物碱,花蕾期总生物碱量为 0.12%~0.82%。其中,东莨菪碱(scopolamine 或 hyoscine)0.11%~0.47%、莨菪碱(hyoscyamine)0.01%~0.37%,还含有阿托品(atropine)、睡茄素等成分。

【理化鉴别】　取粉末,加浓氨试液混匀,加三氯甲烷摇匀,放置过夜,滤液回收溶剂至干,残渣加三氯甲烷使溶解,作为供试品溶液。以硫酸天仙子胺和氢溴酸东莨菪碱对照品为对照,照薄层色谱法,以乙酸乙酯-甲醇-浓氨试液(17:2:1)为展开剂,喷以稀碘化铋钾试液,供试品色谱中,在与对照品色谱相应的位置上,显相同颜色的斑点。

【含量测定】　照高效液相色谱法测定,以乙腈-0.07 mol/L 磷酸钠溶液(含 0.017 5 mol/L 十二烷基硫酸钠,用磷酸调节 pH 至 6.0)(50:100)为流动相;检测波长为 216 nm。按干燥品计算,含东莨菪碱($C_{17}H_{21}NO_4$)不得少于 0.15%。

【贮藏】　置干燥处,防霉,防蛀。

【性味功能】　性温,味辛,有毒。平喘止咳,解痉定痛。

金银花(Jinyinhua, LONICERAE JAPONICAE FLOS)

【来源】　为忍冬科植物忍冬 Lonicera japonica Thunb. 的干燥花蕾或带初开的花。

【产地与采制】　主产于河南、山东,多为栽培。以河南密县产者为最佳,称"密银花",山东"东银花""济银花"的产量大,质量好,销全国各地。

夏初花开放前采收,干燥。

【性状鉴别】　花蕾呈棒状,上粗下细,稍弯曲,长 2~3 cm;上部直径约 3 mm,下部直径约 1.5 mm。表面黄白色或绿白色(储久色渐深),密被短柔毛。花萼绿色,先端 5 裂,裂片有毛。开放者花冠筒状,先端二唇形;雄蕊 5,附于筒壁,黄色;雌蕊 1,子房无毛(图 10-6)。气清香,味淡、微苦。

以花蕾多、色绿白、质柔软、气清香者为佳。

金银花历史沿革

金银花植物形态

【显微鉴别】　粉末　　浅黄色或黄绿色。①腺毛有 2 种,一种头部呈倒圆锥形,顶部略平坦,侧面观由 10~33 个细胞排成 2~4 层,腺柄 1~5 个细胞;另一种头部类圆形或略扁圆形,由 4~20 个细胞组成,腺柄有 2~4 个细胞。腺毛头部细胞含黄棕色分泌物。②花粉粒黄色,类圆球形,表面有细密短刺及圆形细颗粒状雕纹,具 3 孔沟。③非腺毛有 2 种,多为单细胞,一种长而弯曲,壁薄,壁疣明显;另一种较短,壁较厚,具单或双螺旋角质纹。④薄壁细胞中含细小草酸钙簇晶(图 10-7)。

【检查】
1. 水分　　不得过 12.0%。
2. 总灰分　　不得过 10.0%。
3. 酸不溶性灰分　　不得过 3.0%。

【化学成分】　含有机酸约 8%,主在为绿原酸、异绿原酸(isochlorogenic acid);黄酮类有木犀草素(luteolin)、木犀草素-7-O-β-D-葡萄糖苷(luteolin-7-O-β-D-glucoside)等;挥发油类有芳樟醇(linalool)、双花醇、香叶醇(geraniol)等;三萜皂苷类成分有马钱素(loganin)。

【理化鉴别】　取粉末,加甲醇,放置,滤过,取滤液作为供试品溶液。以绿原酸对照品作

图 10-6 金银花
a. 药材放大图

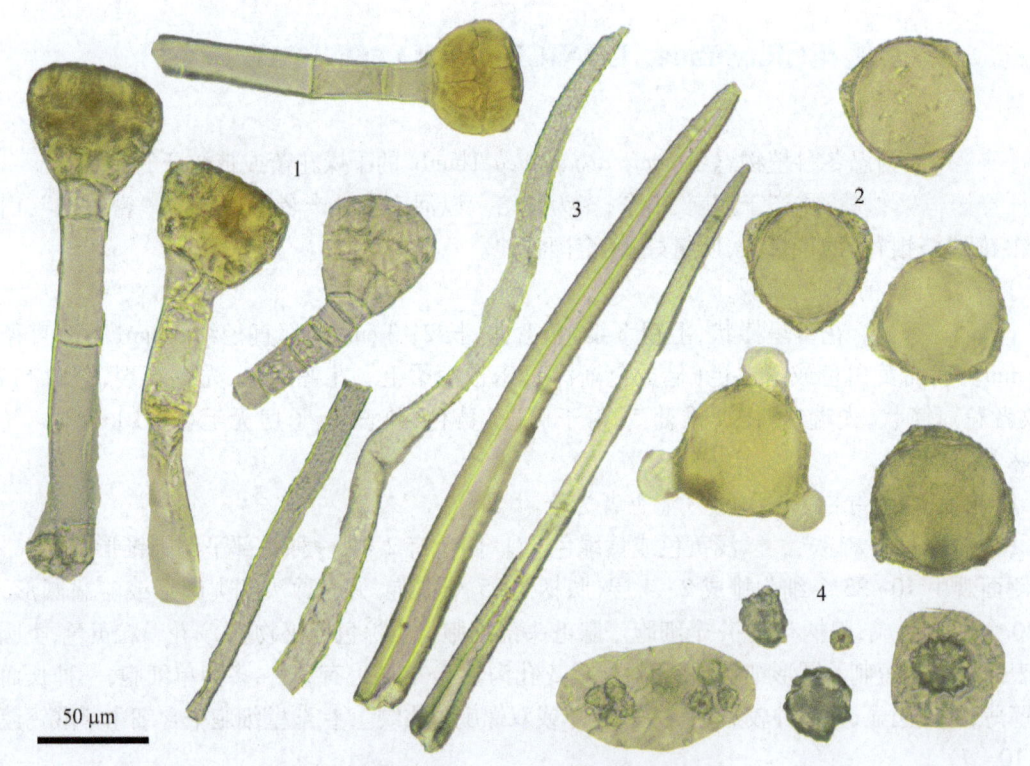

图 10-7 金银花粉末显微特征图
1. 腺毛；2. 花粉粒；3. 厚壁非腺毛；4. 草酸钙簇晶

对照，照薄层色谱法，以乙酸丁酯-甲酸-水（7∶2.5∶2.5）的上层溶液为展开剂，置紫外光灯（365 nm）下检视。供试品色谱中，在与对照品色谱相应的位置上，显相同颜色的荧光斑点。

【含量测定】 照高效液相色谱法测定，以乙腈-0.1%磷酸溶液为流动相，梯度洗脱；按干燥品计算，含绿原酸（$C_{16}H_{18}O_9$）不得少于1.50%，含酚酸类以绿原酸（$C_{16}H_{18}O_9$）、3,5-二-O-咖啡酰奎宁酸（$C_{25}H_{24}O_{12}$）和4,5-二-O-咖啡酰奎宁酸（$C_{25}H_{24}O_{12}$）的总量计，不得少于3.80%。以乙腈-0.5%冰醋酸溶液为流动相,梯度洗脱;按干燥品计算,含木犀草苷($C_{21}H_{20}O_{11}$)不得少于0.05%。

【贮藏】 置阴凉干燥处,防潮,防蛀。

【性味功能】 性寒,味甘。清热解毒,疏散风热。

【附注】 山银花 为忍冬科植物灰毡毛忍冬 Lonicera macranthoides Hand.-Mazz.、红腺忍冬 L. hypoglauca Miq.、华南忍冬 L. confusa DC. 或黄褐毛忍冬 L. fulvotomentosa Hsu et S. C. Cheng 的干燥花蕾或带初开的花。

(1) 灰毡毛忍冬:呈棒状而稍弯曲,长3~4.5cm,上部直径约2mm,下部直径约1mm。表面黄色或黄绿色。总花梗集结成簇,开放者花冠裂片不及全长之半。质稍硬,手捏之稍有弹性。气清香,味微苦甘。

(2) 红腺忍冬:长2.5~4.5cm,直径0.8~2mm。表面黄白色至黄棕色,无毛或疏被毛,萼筒无毛,先端5裂,裂片长三角形,被毛,开放者花冠下唇反转,花柱无毛。

(3) 华南忍冬:长1.6~3.5cm,直径0.5~2mm。萼筒和花冠密被灰白色毛。

(4) 黄褐毛忍冬:长1~3.4cm,直径1.5~2mm。花冠表面淡黄棕色或黄棕色,密被黄色茸毛。性寒,味甘。清热解毒,疏散风热。

菊花(Juhua, CHRYSANTHEMI FLOS)

为菊科植物菊 Chrysanthemum morifolium Ramat. 的干燥头状花序。主产于安徽、浙江、河南等地,四川、河北、山东等地亦产。多为栽培。安徽亳州、涡阳产者,习称"亳菊";安徽滁州产者,习称"滁菊";安徽歙县、浙江德清(清菊)产者,习称"贡菊";浙江嘉兴、桐乡等产者,习称"杭菊";河南产者,习称"怀菊"。

亳菊:呈倒圆锥形或圆筒形,有时稍压扁呈扇形,直径1.5~3cm,离散。总苞碟状;总苞片3~4层,卵形或椭圆形,草质,黄绿色或褐绿色,外面被柔毛,边缘膜质。花托半球形。舌状花数层,雌性,位于外围,类白色,劲直,上举,纵向折缩,散生金黄色腺点;管状花多数,两性,位于中央,为舌状花所隐藏,黄色,顶端5齿裂。瘦果不发育,无冠毛。体轻,质柔润,干时松脆。气清香,味甘、微苦。滁菊:呈不规则球形或扁球形,直径1.5~2.5cm。舌状花类白色,不规则扭曲,内卷,边缘皱缩,有时可见淡褐色腺点;管状花大多隐藏。贡菊:呈扁球形或不规则球形,直径1.5~2.5cm。舌状花白色或类白色,斜升,上部反折,边缘稍内卷且皱缩,通常无腺点;管状花少,外露。杭菊:呈碟形或扁球形,直径2.5~4cm,常数个相连成片。舌状花类白色或黄色,平展或微折叠,彼此粘连,通常无腺点;管状花多数,外露。怀菊:呈不规则球形或扁球形,直径1.5~2.5cm。多数为舌状花,舌状花类白色或黄色,不规则扭曲,内卷,边缘皱缩,有时可见腺点;管状花大多隐藏。以花朵完整、颜色鲜艳、气清香、少梗叶者为佳。含挥发油约0.13%,油中主要为菊花酮(chrysanthenone)、龙脑(borneol)、龙脑乙酸酯、樟脑(camphor)等。

红花(Honghua, CARTHAMI FLOS)

【来源】 为菊科植物红花 Carthamus tinctorius L. 的干燥花。

【产地与采制】 主产于河南、四川、云南、浙江、新疆、河北等地区。均为栽培。夏季花由黄变红时采摘,阴干或晒干。

【性状鉴别】 为不带子房的管状花,长1~2cm。表面红黄色或红色,花冠筒细长,先端5

红花历史沿革

裂,裂片呈狭条形,长5~8 mm。雄蕊5,花药聚合成筒状,黄白色;柱头长圆柱形,顶端微分叉(图10-8)。质柔软,气微香,味微苦。花浸水中,水染成金黄色。

以质干、花冠长、色红质地柔软、无枝刺者为佳。

图10-8 红花

a. 药材放大图

【显微鉴别】 粉末　橙红色。① 花粉粒类圆球形、椭圆球形或橄榄形,具3个明显突起的萌发孔,外壁有齿状突起。② 长管状分泌细胞存在于花冠、花丝、柱头碎片上,含黄棕色至红棕色分泌物。③ 花冠裂片顶端碎片表皮细胞外壁突起呈短绒毛状。④ 柱头及花柱表皮细胞分化成圆锥形单细胞毛,先端较尖或稍钝(图10-9)。

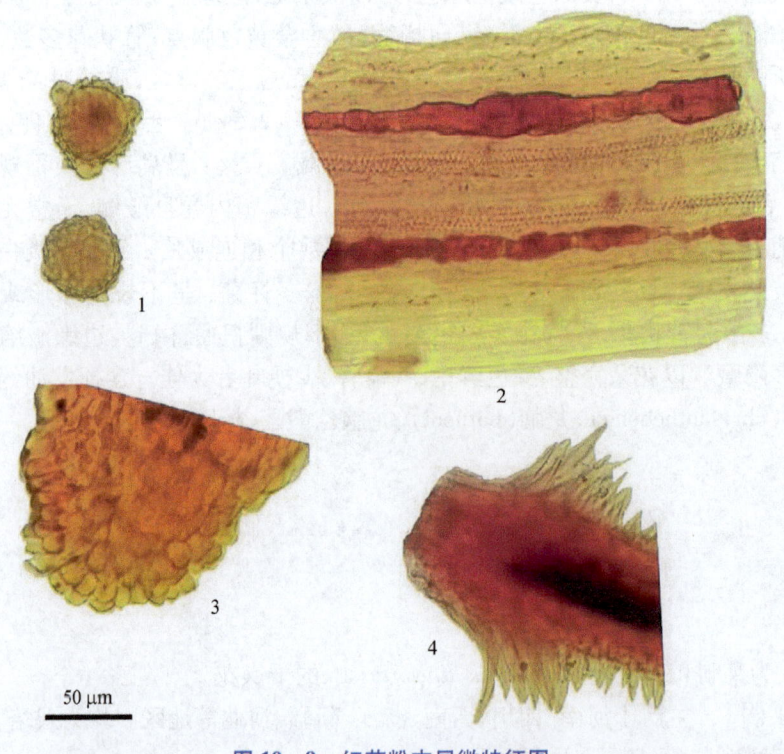

图10-9 红花粉末显微特征图

1. 花粉粒;2. 分泌细胞;3. 花瓣裂片顶端碎片;4. 柱头及花柱表皮细胞

【检查】
1. 水分　　不得过13.0%。
2. 总灰分　　不得过15.0%。
3. 酸不溶性灰分　　不得过5.0%。

【浸出物】　照水溶性浸出物项下的冷浸法测定,不得少于30.0%。

【化学成分】　主含黄酮类成分,主要有红花苷(carthamin)、红花醌苷(carthamone)、新红花苷(neocarthamin)、红花黄色素(safflor yellow)A、红花黄色素B、红花黄色素C;水溶性黄色素成分中,羟基红花黄色素A(hydroxysafflor yellow A)为主要成分,另还有山奈素(山奈酚,kaempferol)、槲皮素等。

【理化鉴别】　取粉末,加80%丙酮振摇,静置,取上清液作为供试品溶液。以红花对照品药材作对照,照薄层色谱法,用硅胶H薄层板,以乙酸乙酯-甲酸-水-甲醇(7:2:3:0.4)为展开剂。供试品色谱中,在与对照药材色谱相应的位置上,显相同颜色的斑点。

【含量测定】　照高效液相色谱法测定,以甲醇-乙腈-0.7%磷酸溶液(26:2:72)为流动相;检测波长为403 nm,按干燥品计算,含羟基红花黄色素A($C_{27}H_{32}O_{16}$)不得少于1.0%。以甲醇-0.4%磷酸溶液(52:48)为流动相;检测波长为367 nm,按干燥品计算,含山奈酚($C_{15}H_{10}O_6$)不得少于0.050%。

【贮藏】　置阴凉干燥处,防潮,防蛀。

【性味功能】　性温,味辛。活血通经,散瘀止痛。

西红花(Xihonghua, CROCI STIGMA)

【来源】　为鸢尾科植物番红花 Crocus sativus L. 的干燥柱头。

【产地与采制】　主产于西班牙,我国西藏、浙江、江苏、上海、河南等地有栽培。
开花期晴日早晨采集花朵,摘取柱头,在55~60℃条件下烘干或通风处晾干,习称"干红花";若再进行加工使油润光亮,习称"湿红花"。

【性状鉴别】　呈线形,三分枝,长约3 cm,暗红色,上部较宽而略扁平,顶端边缘显不整齐的齿状,内侧有一短裂隙,下端有时残留一小段黄色花柱(图10-10)。体轻,质松软,无油润光泽,干燥后质脆易断。气特异,微有刺激性,味微苦。
以柱头色棕红、黄色花柱少者为佳。

【显微鉴别】　粉末　　橙红色。① 花粉粒类圆球形,外壁近光滑,内含颗粒状物质。② 柱头顶端表皮细胞长条形,密集成绒毛状,表面有稀疏纹理。③ 表皮细胞壁微弯曲,有的外壁凸出呈乳头状或绒毛状,表面隐约可见纤细纹理。细胞中有细小的草酸钙方晶、簇晶。④ 导管多为环纹,细小(图10-11)。

西红花历史沿革

西红花植物形态

【检查】
1. 干燥失重　　不得过12.0%。
2. 总灰分　　不得过7.5%。

【浸出物】　照醇溶性浸出物项下的热浸法测定,30%乙醇浸出物不得少于55.0%。

【化学成分】　含西红花苷(crocin)-Ⅰ~西红花苷-Ⅳ、西红花苦苷(picrocrocin)、西红花单甲酯、西红花二甲酯、α-胡萝卜素(α-carotene)、西红花酸(crocetin)等成分。含挥发油,主要成分为西红花醛(safranal),其次为蒎烯等。目前,质量评价的主要指标成分为西红花苷-Ⅰ和西红花苷-Ⅱ。

【理化鉴别】
(1) 入水后,可见橙黄色呈直线下沉,并逐渐扩散,水被染成黄色,无沉淀,柱头呈喇叭状。

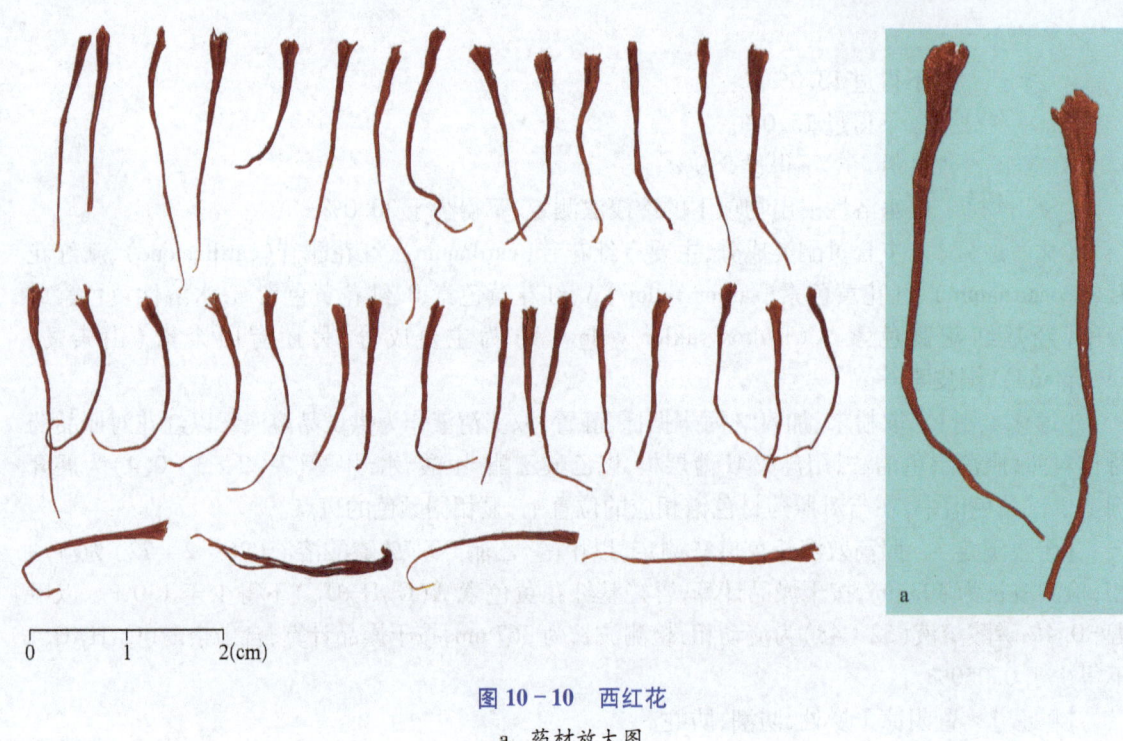

图 10-10　西红花
a. 药材放大图

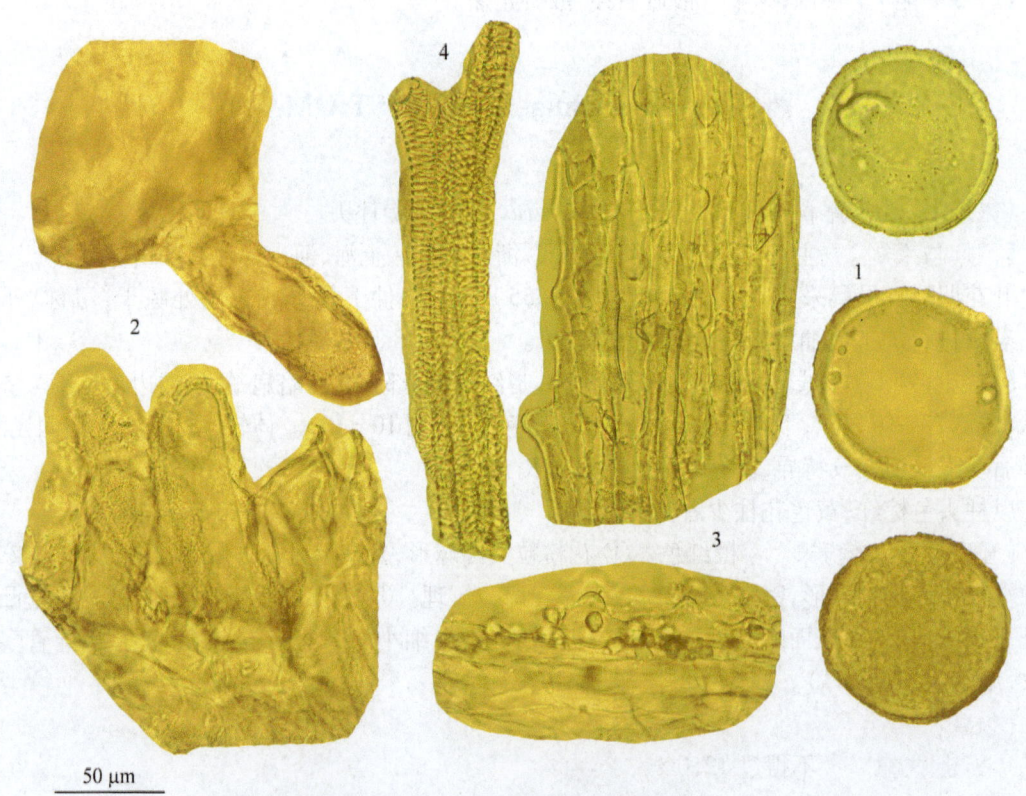

图 10-11　西红花粉末特征图
1. 花粉粒；2. 柱头顶端表皮细胞；3. 表皮细胞；4. 导管

(2) 取粉末,加甲醇超声提取,取上清液作供试品溶液。以西红花对照药材为对照,照薄层色谱法,以乙酸乙酯-甲醇-水(100:16.5:13.5)为展开剂,分别置日光和紫外光灯(365 nm)下检视。供试品色谱中,在与对照药材色谱相应的位置上,显相同颜色的斑点或荧光斑点。

【含量测定】　照高效液相色谱法测定,以乙腈-水为流动相,梯度洗脱;苦番红花素检测波长为 254 nm,西红花苷-Ⅰ和西红花苷-Ⅱ检测波长为 440 nm。按干燥品计算,含西红花苷-Ⅰ

（$C_{44}H_{64}O_{24}$）和西红花苷-Ⅱ（$C_{38}H_{54}O_{19}$）的总量不得少于10.0%。含苦番红花素（$C_{16}H_{26}O_7$）不得少于5.0%。

【贮藏】 置通风阴凉干燥处,避光,密封。

【性味功能】 性平,味甘。活血化瘀,凉血解毒,解郁安神。

蒲黄（Puhuang，TYPHAE POLLEN）

为香蒲科植物水烛香蒲 *Typha angustifolia* L.、东方香蒲 *T. orientalis* Presl 或同属植物的干燥花粉。主产于江苏、浙江、山东、安徽、湖北等地。

呈黄色粉末,体轻,放入水中则漂浮于水面。手捻有滑腻感,易附着在手指上。气微,味淡。以粉细、质轻、色鲜黄、滑腻感强者为佳。主要含黄酮类化合物,如异鼠李素-3-O-新橙皮苷（isorhamnetin-3-O-neohesperidin）、香蒲新苷（typhaneoside）、芸香苷、槲皮素、异鼠李素等。

市面上菊花的商品形式有两种：一种是经过微波杀青,机械干制的散装菊花;还有一种饼花,顾名思义,就是看上去像一块面饼的形状,这是杭白菊传统的加工方法。曾发现不法商家向菊花中掺入硫酸钠或氯化钠等无机盐、淀粉或泥沙增重,再压制成菊饼或菊砖进行销售。增重影响着中药饮片计量的准确使用。也有不法商家为了防止生虫,同时使色泽鲜艳、卖相美观,会对菊花药材进行硫黄熏蒸处理。大部分中药材经过硫黄熏蒸后会出现有效成分含量降低、产生未知新化合物和产生毒副作用,影响中药的临床疗效,必须予以严厉打击。

问题：
1. 如何采用中药鉴定学方法鉴定增重和熏硫的菊花？
2. 硫黄熏蒸菊花对人体有哪些危害？
3. 如何测定菊花中二氧化硫残留量？国家标准中是如何规定的？

第十一章　果实及种子类中药

第一节　概　述

果实(fructus)及种子(semen)类中药指以果实或种子为药用部位的中药。果实和种子是植物不同的器官,但在中药材商品流通和使用过程中并未严格区分。果实大多包含着种子,与种子一起入药,如马兜铃、乌梅、栀子等;少数药材虽然使用种子,但以果实的形式贮存、销售,临用时再剥去果皮取出种子入药,如巴豆、砂仁等;也有只用种子入药,如决明子、沙苑子等。这两类中药关系密切,且外形和组织构造又有区别,故分别加以概述。

一、果实类中药

果实类中药药用部位为果实或果实(除种子外)的某一部分,通常采用成熟或近成熟的果实,如五味子、枳壳;少数为幼果,如枳实。多采用完整的果实,如枸杞子;有的采用果实的一部分:果皮如陈皮、大腹皮,有部分果皮的果柄如甜瓜蒂,宿萼如柿蒂,中果皮部分的维管束组织如橘络、丝瓜络,整个果穗如桑椹。

(一) 性状鉴别

果实类中药常呈类圆形或椭圆形,如五味子;有的呈半球形或半椭圆形,如枳壳;有的呈不规则多角形,如化橘红。果实的顶端一般有柱基或其他附属物,如栀子顶端残存萼片,下部有果柄,或有果柄脱落的痕迹,如枳实;有的带有宿存的花被,如地肤子。果实类中药表面大多干缩而有皱纹,肉质果尤为明显,如乌梅;有的具茸毛,如蔓荆子;有时可见凹下的油点,如陈皮。伞形科植物的果实表面具有隆起的肋线,如小茴香。有的果实具有纵直棱角,如使君子。对于完整的果实,还应观察种子的性状特征。

有些果实类中药常具有特殊的气味,可作为真伪优劣评价的主要依据。芸香科和伞形科果实中药如吴茱萸、枳壳、小茴香等常具特异香气。枸杞子味甜,鸦胆子味苦,乌梅味酸,五味子酸、甜、辛、苦、咸五味俱全。巴豆属剧毒类中药,口尝时应特别注意安全。

(二) 显微鉴别

1. 组织特征　果实由果皮及种子组成,果皮的构造包括外果皮、中果皮及内果皮三部分。

(1) 外果皮:与叶的下表皮相当。通常为一列表皮细胞,外被角质层或蜡被,偶有气孔或毛茸,如吴茱萸具有非腺毛及腺毛;也有的具腺鳞,如蔓荆子。有时其表皮细胞中含有色物质或色素,如花椒;有时在表皮细胞间嵌有油细胞,如五味子。

(2) 中果皮与叶肉组织相当,多由薄壁细胞组成,有细小的维管束散在,有的含有石细胞、油细胞、油室或油管等。例如,荜澄茄的中果皮内部有石细胞与油细胞分布;小茴香的中果皮内可见油管。

(3) 内果皮:与叶的上表皮相当,多由1层薄壁细胞组成;也有的内果皮细胞全为石细胞,如胡椒。核果的内果皮(果核)则由多层石细胞组成。有的内果皮由5~8个长短不等的狭长的细胞镶嵌状排列,称为"镶嵌细胞",在伞形科常见。

种子的结构特征见种子类中药项下。

2. 粉末特征　主要观察果皮表皮碎片、中果皮薄壁细胞及纤维、石细胞、结晶、种皮、胚乳及胚的组织碎片。注意外果皮的形状、大小。有时外果皮表皮细胞的垂周壁增厚,呈念珠状。

外果皮上可能有非腺毛、腺毛或腺鳞。注意内果皮表皮碎片、有无镶嵌状细胞等。外果皮表皮碎片的表面观及断面观可见。石细胞常成群或单个散在,纤维常成束或上下层交错排列。结晶以簇晶及方晶为多见,砂晶极少见。含有种子的果实类药材在粉末中还含有种皮、胚乳细胞及胚的组织碎片。

二、种子类中药

种子类中药药用部位为种子、种子的一部分或种子的加工品,大多是完整成熟的种子。多数是用完整的种子入药,包括种皮和种仁两部分,种仁又包括胚乳和胚。也有很多是用种子的一部分入药:种皮如绿豆衣,假种皮如肉豆蔻衣、龙眼肉,除去种皮的种仁如肉豆蔻,去掉子叶的胚如莲子心。有的则用发了芽的种子,如大豆黄卷。极少数为发酵加工品,如淡豆豉。

(一)性状鉴别

注意观察种子的形状、大小、颜色、表面纹理、种脐、合点和种脊的位置及形态、质地、纵横剖面和气与味等。

种子形状大多呈圆球形、类圆球形或扁圆球形,少数呈线形、纺锤形或心形。表面常有各种纹理,如蓖麻子带有色泽鲜艳的花纹;马钱子具毛茸。表面除常有的种脐、合点和种脊外,少数种子有种阜存在,如蓖麻子、巴豆、千金子等。剥去种皮可见种仁部分。有的种子具发达的胚乳,如马钱子;无胚乳的种子,则子叶常特别肥厚,如苦杏仁。胚大多直立,少数弯曲,如王不留行、菟丝子等。有的种子可采用水试进行鉴定,如车前子、葶苈子水浸后显黏性;牵牛子加水浸泡后种皮呈龟裂状,手捻有明显的黏滑感。菟丝子加沸水浸泡后,表面有黏性,加热煮至种皮破裂时,可露出黄白色卷旋状的胚,形如吐丝。

(二)显微鉴别

1. 组织特征　种子的构造包括种皮、胚乳和胚。种皮的构造因植物的种类而异,最易变化,因而种子类中药的显微鉴别特征主要在种皮。

(1)种皮:种子通常只有一层种皮,但有的种子有内、外两层种皮的区分。种皮常由下列一种或数种组织组成。

1)表皮层:位于种皮最外层,通常是由1列薄壁细胞组成。有的表皮细胞外壁向外特化为黏液层,细胞中可见黏液质层纹,如白芥子、葶苈子;有的表皮部分细胞分化出单细胞腺毛,如牵牛子;有的表皮全部分化为单细胞非腺毛,细胞壁木化,如马钱子;有的表皮细胞中单独或成群地散列着石细胞,如苦杏仁、桃仁;有的表皮层全由石细胞组成,如五味子、天仙子;有的表皮细胞呈栅状,如白扁豆、决明子;也有的表皮细胞中含有色素,如青葙子及牵牛子等。

2)栅状细胞层:有些种子的表皮内侧有栅状细胞层,由1列或2~3列狭长柱状细胞组成。柱状细胞壁多木化增厚,如决明子;有的外壁菲薄,内壁和侧壁增厚,如白芥子;有的在栅状细胞的外缘处可见一条折光率较强的光辉带,如牵牛子、菟丝子、白扁豆。

3)油细胞层:某些种子的表皮层下由数列内储挥发油的细胞组成,有时常与色素细胞相间排列在一起,如白豆蔻、砂仁等。

4)色素层:具有颜色的种子,在表皮层下方具有1至数列的薄壁细胞,内含色素组成色素层细胞,如枳椇子、川楝子等。

5)石细胞层:除种子的表皮有时为石细胞外,有的表皮内层几乎全为石细胞,如瓜蒌子;或内种皮为石细胞层,如白豆蔻、草果等。

6)营养层:多数种子的种皮中,常有数列储有淀粉粒的薄壁细胞,为营养层。在种子发育过程中,淀粉已被消耗,故成熟的种子营养层往往成为扁缩颓废的薄层。有的营养层中尚包括一层含糊粉粒的细胞。

(2)胚乳:由薄壁细胞或厚壁性细胞组成,细胞呈等径的多面体。厚壁性细胞壁具有明显微细的纹孔,新鲜时可见胞间连丝,如马钱子。胚乳细胞常含有大量淀粉粒、脂肪油和糊粉粒。大多数种子具内胚乳。在无胚乳的种子中,也可见到1~2列残存的内胚乳细胞,如苦杏仁。胚乳细胞中有时含草酸钙结晶;有时糊粉粒中也有小簇晶存在,如小茴香。少数种子有发达的外胚乳,或外胚乳成颓废组织而残留。少数种子的种皮和外胚乳的折合层不规则地伸入内胚乳(槟榔),或外胚乳内层细胞伸入于内胚乳(肉豆蔻)形成错入组织。

(3) 胚:包括胚根、胚茎、胚芽及子叶四部分。通常子叶占胚的较大部分,子叶细胞为类圆形或多面体,常具细胞间隙,外层表皮细胞具一层极薄的角质层,常无气孔分布。有的子叶组织中还含有分泌腔和草酸钙簇晶,如牵牛子。

2. 粉末特征　　种皮表皮破碎的表面观及断面观均可见,注意其形态特征。糊粉粒是种子类中药粉末的主要标志之一,存在于胚乳和胚薄壁组织中,一般均较细小,其形状、大小及构造常依植物种类而异。淀粉粒较少见。不同的种子粉末中还可能出现栅状细胞、杯状细胞、支持细胞、色素细胞、网状细胞、硅质块、纤维及分泌组织等。

第二节　常用中药材

王不留行(Wangbuliuxing, VACCARIAE SEMEN)

为石竹科植物麦蓝菜 *Vaccaria segetalis* (Neck.) Garcke 的干燥成熟种子。主产于江苏、河北、河南、陕西等地。

呈球形,直径约 2 mm。表面黑色,少数未成熟者为红棕色,略有光泽,具细密颗粒状突起,一侧有 1 凹陷的纵沟。质地坚硬,胚乳白色,胚弯曲成环,子叶 2 枚。气微,味微涩、苦。以粒均匀、饱满、色黑者为佳。含有王不留行次皂苷(vaccaroside)、王不留行黄酮苷(vaccarin)等。

五味子(Wuweizi, SCHISANDRAE CHINENSIS FRUCTUS)

五味子历史沿革

五味子植物形态

【来源】　为木兰科植物五味子 *Schisandra chinensis* (Turcz.) Baill. 的干燥成熟果实。

【产地与采制】　主产于黑龙江、吉林、辽宁等地,河北亦产。

秋季果实成熟时采摘,除去果梗等杂质,晒干或蒸后晒干。

【性状鉴别】　呈不规则的球形或扁球形,直径 5~8 mm。表面红色、紫红色或暗红色,皱缩,显油润,果肉柔软,有的表面呈黑红色或出现"白霜"(图11-1)。种子 1~2 粒,呈肾形,表面棕黄色,有光泽,种皮薄而脆,较易破碎。果肉气微,味酸;种子破碎后,有香气,味辛、微苦。

以粒大、果皮紫红、肉厚、柔润光泽、气味浓郁者为佳。

【显微鉴别】

1. 横切面　　外果皮为 1 列方形或长方形细胞,壁稍厚,外被角质层,散有油细胞。中果皮有 10 余列薄壁细胞,内含淀粉粒,散有小型外韧维管束。内果皮为 1 列小方形薄壁细胞。种皮最外层为 1 列径向延长的石细胞,壁厚,纹孔和孔沟细密;其下为数列类圆形、三角形或多角形石细胞,纹孔较大而疏。石细胞下方为数列薄壁细胞,种脊部位有维管束。油细胞层 1 列,细胞径向延长,含棕黄色油滴。再向下为 3~5 列小形细胞。种皮内表皮为 1 列小细胞,壁略厚。胚乳细胞呈多角形,内含脂肪油滴和糊粉粒(图11-2)。

2. 粉末　　暗紫色。① 果皮表皮细胞表面观类为多角形,垂周壁略呈连珠状增厚,表面有微细的角质线纹,表皮中散有类圆形或多角形的油细胞。② 中果皮细胞皱缩,含暗棕色物,并含淀粉粒。③ 种皮表皮石细胞表面观呈多角形或长多角形,大小颇均匀,直径 18~50 μm,壁厚,孔

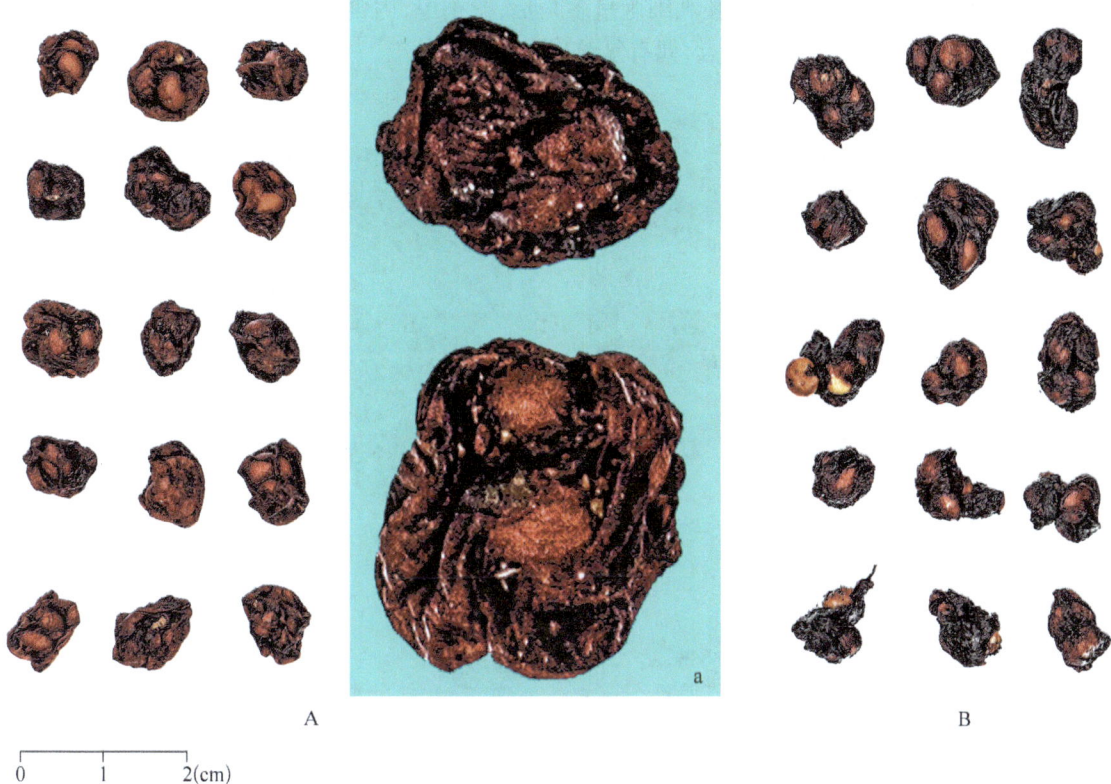

图 11-1 五味子
A. 药材(a. 药材放大图);B. 饮片

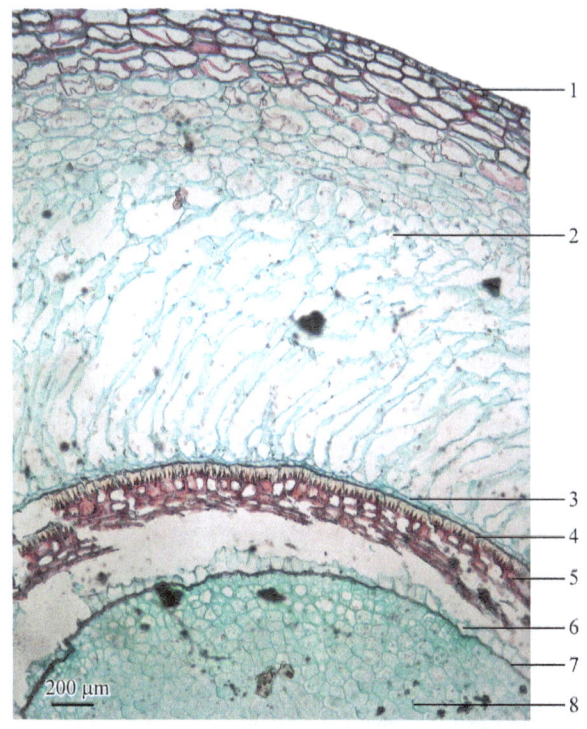

图 11-2 五味子横切面显微组织构造详图
1. 外果皮;2. 中果皮;3. 内果皮;4. 种皮外层石细胞;5. 种皮内层石细胞;6. 油细胞;7. 种皮内表皮;8. 胚乳细胞

沟极细密,胞腔小,内含深棕色物质。④ 种皮内层石细胞呈类圆形、多角形或不规则形,直径约至83 μm,壁稍厚,纹孔较大。⑤ 胚乳细胞呈多角形,壁稍厚,内含脂肪油滴及糊粉粒。⑥ 淀粉粒单粒圆球形或圆多角形,可见脐点,偶有复粒(图11-3)。

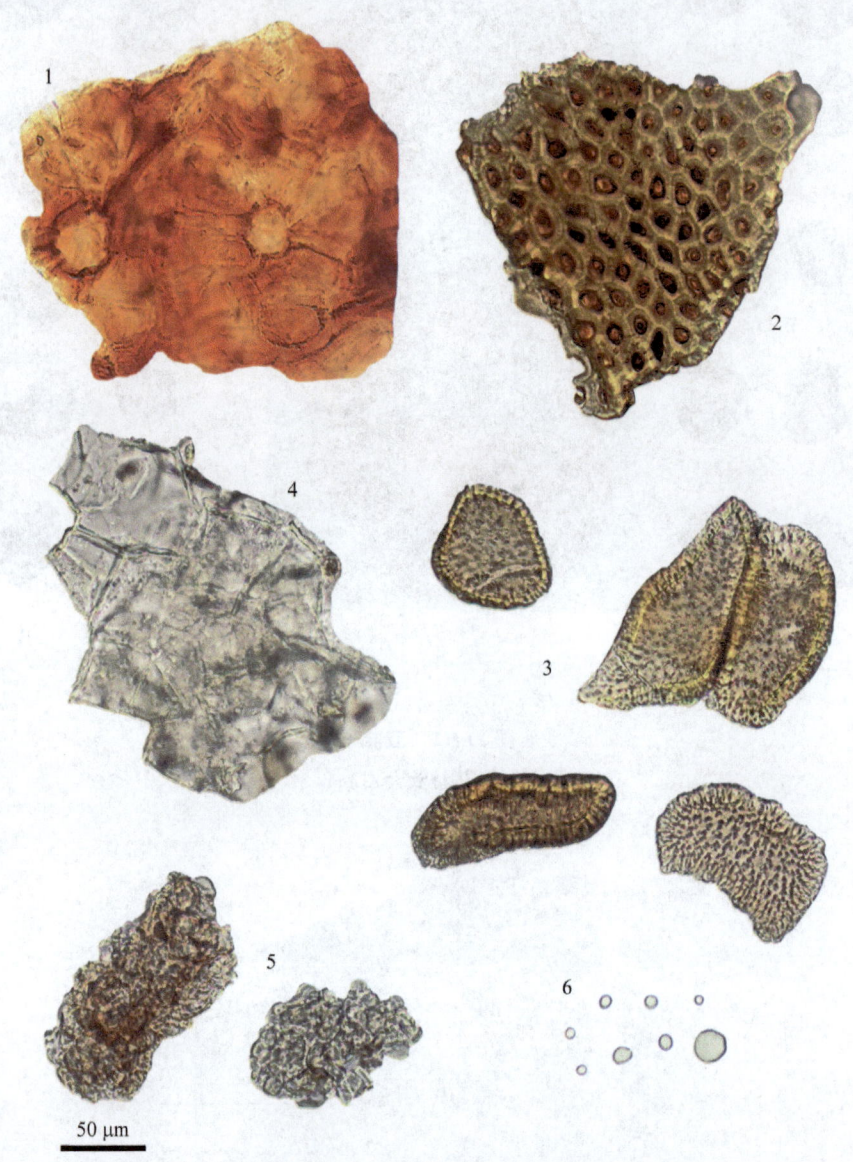

图11-3 五味子粉末显微特征图

1. 果皮表皮细胞及油细胞;2. 种皮表皮石细胞;3. 种皮内层石细胞;4. 胚乳细胞;5. 中果皮细胞;6. 淀粉粒

【检查】
1. 杂质　　不得过1%。
2. 水分　　不得过16.0%。
3. 总灰分　不得过7.0%。

【化学成分】　含木脂素类成分约5%,主要为联苯环辛烯类木脂素,包括五味子醇甲(五味子素,schizandrin)、五味子醇乙(schisandrol B)、五味子甲素(去甲五味子素,deoxyschizandrin)、五味子乙素(schizandrin B)、五味子丙素(schizandrin C)、五味子酚(schizanhanol)、戈米辛(gomisin)等。果皮完全成熟后,种皮中木脂素的含量最高。种子含挥发油约2%,果肉中挥发油含量少。油中主成分为α-恰米烯(α-chamigrene)、β-恰米烯(β-chamigrene)、依兰烯(ylangene)、乙酸龙脑酯(bosnyl acctate)。此外,还含有三萜类化合物(科罗索酸)、黄酮类化合物(山奈酚)、有机酸(苹果酸,11%)等。

【理化鉴别】 取粉末,加氯仿加热回流提取,提取液蒸干,残渣加氯仿使溶解,作为供试品溶液。以五味子对照药材和五味子甲素对照品为对照,照薄层色谱法,以石油醚(30~60℃)-甲酸乙酯-甲酸(15:5:1)的上层溶液为展开剂,置紫外光灯(254 nm)下检视。供试品色谱中,在与对照药材和对照品色谱相应的位置上,显相同颜色的斑点。

【含量测定】 照高效液相色谱法测定,以甲醇-水(65:35)为流动相,等度洗脱;检测波长为 250 nm。按干燥品计算,含五味子醇甲($C_{24}H_{32}O_7$)不得少于 0.40%。

【贮藏】 置通风干燥处,防霉。

【性味功能】 性温,味酸、甘。收敛固涩,益气生津,补肾宁心。

【附注】
1. 饮片　醋五味子形如五味子,表面乌黑色,油润,稍有光泽。有醋香气。
2. 南五味子　为木兰科植物华中五味子 Schisandra sphenanthera Rehd. et Wils. 的干燥成熟果实。呈扁球形或球形,直径 4~6 mm。表面棕红色至暗棕色,干瘪,皱缩,果肉紧贴于种子之上。种子 1~2 枚,肾形,表面棕黄色,有光泽,种皮薄而脆。果肉气微,味微酸。含五味子甲素、五味子酯甲(schisantherin A)、五味子酯乙(schisantherin B)、五味子酯丙(schisantherin C)、五味子酯丁(schisantherin D)、五味子酯戊(schisantherin E)等成分。

肉豆蔻(Roudoukou, MYRISTICAE SEMEN)

为肉豆蔻科植物肉豆蔻 Myristica fragrans Houtt. 的干燥种仁。主产于马来西亚、印度尼西亚、斯里兰卡等国。此外,西印度群岛亦产。

呈椭圆形或卵圆形,长 2~3 cm,直径 1.5~2.5 cm,表面灰棕色或灰黄色,或外被白色石灰粉。全体有浅色纵行沟纹和不规则网状沟纹。种脐位于宽端,浅色圆形隆起,合点呈暗色凹陷。种脊呈纵沟状,连接两端。质坚实,断面显棕黄色相杂的大理石样花纹,宽端可见干燥皱缩的胚,富油性。气香浓烈,味辛。以个大、体重、坚实、表面光滑、油足、破开后香气强烈者为佳。含挥发油、肉豆蔻醚(myristicin)、齐墩果酸、丁香油酚等。

荜澄茄(Bichengqie, LITSEAE FRUCTUS)

为樟科植物山鸡椒 Litsea cubeba (Lour.) Pers. 的干燥成熟果实。主产于广东、广西、浙江、四川等地。

呈类球形,直径 4~6 mm。表面棕褐色至黑褐色,有网状皱纹。基部偶有宿萼和细果梗。除去外皮可见硬脆的果核,种子 1,子叶 2,黄棕色,富油性。气芳香,味稍辣而微苦。以个大、油性足、香气浓者为佳。含有挥发油、黄酮类等成分。

荜茇(Bibo, PIPERIS LONGI FRUCTUS)

为胡椒科植物荜茇 Piper longum L. 的干燥近成熟或成熟果穗。原产于印度尼西亚的苏门答腊及菲律宾、越南。我国云南省和海南省有栽培。

呈圆柱形,稍弯曲,由多数小浆果集合而成,长 1.5~3.5 cm,直径 3~5 mm。表面棕色或黑褐色,有斜向排列整齐的小突起,基部有果穗梗残存或脱落。质坚硬而脆,易折断,断面不整齐,颗粒状。小浆果球形,直径约 1 mm。有特异香气,味辛辣。以条肥大、色黑褐、质坚、断面稍红、气味浓者为佳。含有生物碱、挥发油、萜类等成分,以生物碱类为主,主要有胡椒碱、荜茇明宁碱等。

马兜铃(Madouling, ARISTOLOCHIAE FRUCTUS)

为马兜铃科植物北马兜铃 Aristolochia contorta Bge. 或马兜铃 A. debilis Sieb. et Zucc. 的干燥成熟果实。北马兜铃主产于东北地区及河北、山东、陕西等地。马兜铃主产于安徽、浙江、江苏、江西等地。

北马兜铃呈长卵形或卵圆形,长 3~7 cm,直径 2~4 cm,顶端较宽广,基部连有细果梗。表面呈黄绿色、灰绿色或棕褐色,通常沿腹缝线自下而上开裂成六果瓣,果柄也裂成线状。果实分 6 室,每室有种子多数,层层平迭,四面延伸成不透明或半透明翅,呈扁平三角形或扇形,边缘淡棕色,中心棕色。种仁乳白色,有油性。气微,味微苦。马兜铃与上种相似,但果实较小而稍圆。以个大、结实、饱满、色黄绿、不破裂者为佳。含有马兜铃酸 A(aristolochic acid A)、马兜铃酸(aristolochic acid B)、马兜铃酸 C(aristolochic acid C)、马兜铃次酸(aristolochinic acid)、木兰碱(magnoflorine)等。

葶苈子(Tinglizi, DESCURAINIAE SEMEN LEPIDII SEMEN)

为十字花科植物播娘蒿 Descurainia sophia (L.) Webb. ex Prantl. 或独行菜 Lepidium apetalum Willd. 的干燥成熟种子。前者习称"南葶苈子",后者习称"北葶苈子"。播娘蒿主产于华东、中南等地;独行菜主产于华北、东北等地。

南葶苈子呈长圆形而略扁,长 0.8~1.2 mm,宽约 0.5 mm。表面棕色或红棕色,微有光泽,具纵沟 2 条,其中 1 条较明显。一端钝圆,另一端微凹或较平截,种脐类白色,位于凹入端或平截处。气微,味微辛、苦,略带黏性。北葶苈子呈扁卵形,长 1~1.5 mm,宽 0.5~1 mm。一端钝圆;另一端尖而微凹,种脐位于凹入端,味微辛辣,黏性较强。均以身干、子粒饱满、无泥屑杂质者为佳。南葶苈子含挥发油、强心成分等,强心成分主要有毒毛旋花子苷元(strophanthidine)、卫矛苷(evomonoside)、葶苈苷(helveticoside)、卫矛双糖苷(evobioside)和糖芥苷(erysimoside)。北葶苈子含芥子苷及生物碱、挥发油等。

芥子(Jiezi, SINAPIS SEMEN)

为十字花科植物白芥 Sinapis alba L. 及芥 Brassica juncea (L.) Czern. et Coss. 的干燥成熟种子。前者习称"白芥子",后者习称"黄芥子"。白芥子主产于河南、安徽、四川、陕西等地,全国各地多有栽培;黄芥子全国各地均有栽培。

白芥子呈球形,直径 1.5~2.5 mm,表面灰白色至淡黄色。具细微的网纹,有明显的暗色小点状种脐。种皮薄而脆,破开后内含白色折叠的子叶,有油性。气微,味辛辣。黄芥子较小,直径 1~2 mm,表面黄色至棕黄色,少数为暗红棕色。研碎后加水浸湿,则产生辛烈的特异臭气。均以粒均匀、饱满者为佳。白芥子主含白芥子苷(sinalbin)、芥子酶(myrosin)、芥子碱(sinapine)及脂肪油。黄芥子含芥子苷(sinigrin)、少量芥子酶、芥子酸、芥子碱及脂肪油等。

木瓜(Mugua, CHAENOMELIS FRUCTUS)

为蔷薇科植物贴梗海棠 Chaenomeles speciosa (Sweet) Nakai 的干燥近成熟果实。主产于安徽、湖北、四川、浙江等地,以安徽宣城木瓜为佳,现多为栽培。

呈长圆形,多为纵剖的两瓣,长 4~9 cm,宽 2~5 cm,厚 1~2.5 cm。外表面红棕色或紫红色,有不规则的深皱纹,剖面边缘向内卷曲,果肉红棕色,中心部分凹陷,棕黄色;种子扁长三角形,常脱落。质坚硬。气微清香,味酸。以外皮皱缩、肉厚、内外紫红色、质坚实、味酸者为佳。果实含皂苷类、黄酮类、维生素 C 和有机酸。

山楂(Shanzha, CRATAEGI FRUCTUS)

【来源】 为蔷薇科植物山里红 Crataegus pinnatifida Bge. var. major N. E. Br. 或山楂 C. pinnatifida Bge. 的干燥成熟果实。

【产地与采制】 主产于辽宁、河北、山东、河南等地。
果实成熟后及时采收,趁鲜切片,晒干。

【性状鉴别】 为圆形片,多卷边,皱缩不平,直径 1~2.5 cm,厚 0.2~0.4 cm。外皮红色,有细皱纹和灰白色的小斑点。果肉深黄至浅棕色。中部横切面具 5 粒浅黄色果核,核常脱落而中空。有的片上可见短而细的果梗或凹陷的花萼残迹(图 11-4)。气微清香,味酸、微甜。

以片大、皮红、肉厚、核少者为佳。

山楂历史沿革

山楂植物形态

图 11-4 山楂
A. 药材;B. 饮片

【显微鉴别】

1. 横切面

（1）山里红果实横切面：① 外果皮细胞一列，类方形，细胞内含棕红色色素，外被角质层。② 中果皮甚厚，外果皮下有1~2列含有棕色色素的薄壁细胞，薄壁细胞中含有淀粉粒及少数草酸钙簇晶，草酸钙簇晶直径20~28 μm，维管束纵横散在。③ 淀粉粒细小，类三角形或类圆形，直径4~8 μm，脐点多呈"一"字形，单粒较多，偶有复粒。

（2）山楂果实横切面：① 外果皮细胞一列，长方形，切向延长，内含棕色色素。② 中果皮均为薄壁组织，外果皮下为10余列扁长方形薄壁细胞；向内细胞渐大，有较多石细胞散在，石细胞类圆形，少数不规则形，直径60~100 μm，壁厚薄不一，孔沟明显。③ 草酸钙簇晶散在，直径12~20 μm。

2. 粉末　暗红棕色至棕色。① 石细胞单个散在或成群，淡黄色或无色，长圆形、类多角形或不规则形，直径19~125 μm，孔沟及层纹明显，有的胞腔内含深棕色物。② 果皮表皮细胞表面观呈类多角形或类圆形，壁稍厚，胞腔内常含红棕色或黄棕色物；侧面观具角质层。③ 草酸钙方晶或簇晶存于果肉薄壁细胞中。

【检查】

1. 水分　不得过12.0%。

2. 总灰分　不得过3.0%。

3. 重金属及有害元素　铅不得过5 mg/kg；镉不得过1 mg/kg；砷不得过2 mg/kg；汞不得过0.2 mg/kg；铜不得过20 mg/kg。

【化学成分】　含有机酸类，主要有山楂酸(maslinic acid)、酒石酸、枸橼酸等。尚含黄酮类、内酯类、糖类、鞣质类、皂苷类。从山里红果实中还分离到槲皮素、金丝桃苷(hyperin)、表儿茶精、绿原酸及其甲酯类和黄烷聚合物。

【理化鉴别】　取粉末，加乙酸乙酯超声提取，提取液滤过，取滤液作为供试品溶液。以熊果酸对照品为对照，照薄层色谱法，以甲苯-乙酸乙酯-甲酸(20∶4∶0.5)为展开剂，喷以硫酸乙醇溶液(3→10)，80℃加热至斑点显色清晰。供试品色谱中，在与对照品色谱相应的位置上，显相同颜色斑点；置紫外光灯(365 nm)下检视，显相同颜色荧光斑点。

【含量测定】　照酸碱滴定法，加酚酞指示液，用氢氧化钠滴定液滴定。按干燥品计算，含有机酸以枸橼酸($C_6H_8O_7$)计，不得少于5.0%。

【贮藏】　置通风干燥处，防蛀。

【性味功能】　性微温，味酸、甘。消食健胃，行气散瘀，化浊降脂。

【附注】

1. 饮片　形如山楂片，果肉黄褐色，偶见焦斑。气清香，味酸、味甜。

2. 混淆品　野山楂 Crataegus cuneata Sieb. et Zucc. 的干燥成熟果实。习称"南山楂"。主产于广东、广西、江苏、浙江等地，均为野生。南山楂果实较小，类球形，直径0.8~1.4 cm，有的压成饼状，常有种子露出。表面棕色至棕红色，有细纹和灰白色小点，有宿萼痕。质坚硬，核大，果肉薄，棕红色，气微，味酸、微涩。

苦杏仁（Kuxingren, ARMENIACAE SEMEN AMARUM）

苦杏仁历史沿革

【来源】　为蔷薇科植物山杏 Prunus armeniaca L. var. ansu Maxim.、西伯利亚杏 P. sibirica L.、东北杏 P. mandshurica (Maxim.) Koehne 或杏 P. armeniaca L. 的干燥成熟种子。

【产地与采制】　山杏主产于内蒙古、辽宁、河北、山东等地，多野生，亦有栽培。西伯利亚杏主产于东北、华北地区，野生。东北杏主产于东北各地，野生。杏主产于东北、华北及西北等地区，栽培。夏季果实成熟后采收，除去果肉，用石碾或机器轧除外壳，取出种子晒干。

【性状鉴别】 呈扁心形,长1~1.9 cm,宽0.8~1.5 cm,厚5~8 mm。表面黄棕色至深棕色,一端尖,另端钝圆,肥厚,左右不对称。尖端一侧有短线形种脐,圆端有圆形合点,从合点处分散出许多深棕色的脉纹(图11-5)。种皮薄,内有乳白色子叶2枚,富油性。气微,味苦。

以颗粒饱满、完整、味苦者为佳。

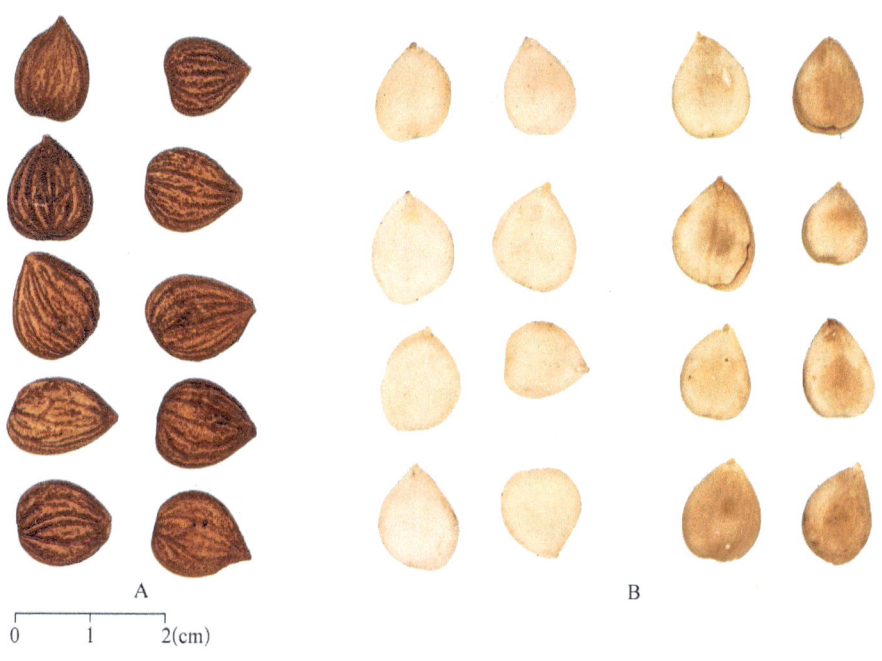

图 11-5 苦杏仁
A. 药材;B. 饮片

【显微鉴别】

1. 横切面　① 种皮表皮为1层薄壁细胞,散有单个或数个相连的石细胞,近圆形,黄棕色至棕色,突出表皮外,内为多层薄壁细胞,有小型维管束通过。② 外胚乳为1薄层颓废细胞。③ 内胚乳为1至数层方形细胞,内含糊粉粒及脂肪油。④ 子叶细胞为多角形薄壁细胞,内含糊粉粒及脂肪油(图11-6)。

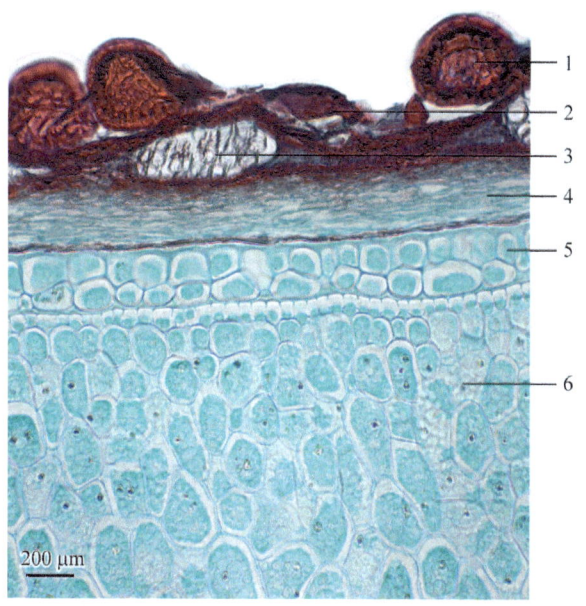

图 11-6 苦杏仁横切面显微组织构造详图
1. 石细胞;2. 表皮;3. 维管束;4. 外胚乳;5. 内胚乳;6. 子叶细胞

2. **粉末** 黄白色。① 种皮石细胞单个散在或成群,表面观呈贝壳形、类圆形或类多角形。② 种皮外表皮细胞黄棕色或棕色,常与种皮石细胞相连,呈类圆形,壁常皱缩。③ 子叶细胞较大,含糊粉粒及脂肪油滴,并有细小的草酸钙簇晶。④ 内胚乳细胞类多角形,含糊粉粒。

【检查】

1. 水分　不得过 7.0%。
2. 过氧化值　不得过 0.11。

【化学成分】 含苦杏仁苷(amygdalin, $C_{20}H_{27}NO_{11}$)、苦杏仁酶(emulsin)、脂肪油(杏仁油)等。苦杏仁苷经水解后产生氢氰酸、苯甲醛及葡萄糖。苦杏仁酶包括樱苷酶(prunase)及苦杏仁苷酶(amygdalase),在热水或在醇中煮沸即被破坏。

【理化鉴别】

(1) 取数粒,与水共研,发生苯甲醛的特殊香气。

(2) 取粉末,加二氯甲烷加热回流后,弃去二氯甲烷液,药渣挥干溶剂,加甲醇加热回流后,滤液作为供试品溶液。以苦杏仁苷对照品为对照,照薄层色谱法,以三氯甲烷-乙酸乙酯-甲醇-水(15:40:22:10)放置后的下层溶液为展开剂,0.8%磷钼酸的 15%硫酸乙醇溶液浸板,加热至斑点显色清晰。供试品色谱中,在与对照品色谱相应的位置上,显相同颜色的斑点。

【含量测定】 照高效液相色谱法测定,以乙腈-0.1%磷酸溶液(8:92)为流动相,等度洗脱;检测波长为 207 nm。按干燥品计算,含苦杏仁苷($C_{20}H_{27}NO_{11}$)不得少于 3.0%。

【贮藏】 置阴凉干燥处,防蛀。

【性味功能】 性微温,味苦,有小毒。降气止咳平喘,润肠通便。

【附注】

1. 饮片

(1) 燀苦杏仁:呈扁心形。表面黄白色或乳白色,一端尖,另端钝圆,肥厚,左右不对称,富油性。有特异的香气,味苦。

(2) 炒苦杏仁:形如燀苦杏仁,表面黄色至棕黄色,微带焦斑。有香气,味苦。

2. 甜杏仁　为蔷薇科植物杏的某些栽培品味淡的种子。多供副食品用。较苦杏仁稍大,味不苦。

桃仁(Taoren, PERSICAE SEMEN)

为蔷薇科植物桃 *Prunus persica* (L.) Batsch 或山桃 *P. davidiana* (Carr.) Franch. 的干燥成熟种子。全国大部分地区均产,主产于陕西、河北、四川、山东等地。

桃仁:呈扁长卵形,长 1.2~1.8 cm,宽 0.8~1.2 cm,厚 2~4 mm。表面黄棕色至红棕色,密布颗粒状突起。一端尖,中部膨大,另端钝圆稍偏斜,边缘较薄。尖端一侧有短线形种脐,圆端有颜色略深不甚明显的合点,自合点处分出多数纵向维管束。种皮薄,子叶 2,富油性。气微,味微苦。山桃仁:呈类卵圆形,较小而肥厚,长约 0.9 cm,宽约 0.7 cm,厚约 0.5 cm。均以颗粒饱满、均匀、完整者为佳。含有苦杏仁苷(amygdalin),含量约为苦杏仁的 1/2。

郁李仁(Yuliren, PRUNI SEMEN)

为蔷薇科植物欧李 *Prunus humilis* Bge.、郁李 *P. japonica* Thunb. 或长柄扁桃 *P. pedunculata* Maxim. 的干燥成熟种子。前两种习称"小李仁",后一种习称"大李仁"。欧李主产于黑龙江、辽宁、河北、山东等地。郁李主产于华东及河南、山西、广东等地。长柄扁桃主产于内蒙古等小李仁：呈卵形，长 5~8 mm，直径 3~5 mm。表面黄白色或浅棕色，一端尖，另一端钝圆。尖端一侧有线形种脐，圆端中央有深色合点，自合点处向上具多条纵向维管束脉纹，种皮薄，子叶 2，乳白色，富油性。气微，味微苦。大李仁：长 6~10 mm，直径 5~7 mm，表面黄棕色。均以颗粒饱满、完整、浅黄白色、不泛油者为佳。欧李仁含苦杏仁苷、脂肪油。郁李仁含苦杏仁苷、郁李仁苷（prunuside）、脂肪油等。郁李仁苷可致泻。长柄扁桃种子亦含苦杏仁苷、脂肪油等。

乌梅（Wumei, MUME FRUCTUS）

为蔷薇科植物梅 *Prunus mume* (Sieb.) Sieb. et Zucc. 的干燥近成熟果实。主产于四川、浙江、福建、广东、湖南、贵州等地。

呈类球形或扁球形，直径 1.5~3 cm。表面乌黑色或棕黑色，皱缩不平，基部有圆形果梗痕。果核坚硬，椭圆形，棕黄色，表面有凹点；种子扁卵形，淡黄色。气微，味极酸。以条个大、肉厚、核小柔润、不破裂、味极酸者为佳。含有枸橼酸（citric acid）、苹果酸（malic acid）、琥珀酸（succinic acid）等。

金樱子（Jinyingzi, ROSAE LAEVIGATAE FRUCTUS）

为蔷薇科植物金樱子 *Rosa laevigata* Michx. 的干燥成熟果实。主产于广东、江西、浙江、广西、江苏等地。华东及西南各省亦产。

为花托发育而成的假果，呈倒卵形，长 2~3.5 cm，直径 1~2 cm。表面红黄色或红棕色，有突起的棕色小点，系毛刺脱落后的残基。顶端有盘状花萼残基，中央有黄色柱基，下部渐尖。质硬。切开后，花托壁厚 1~2 mm，内有多数坚硬的小瘦果，内壁及瘦果均有淡黄色绒毛。气微，味甘、微涩。以条个大、肉厚、色红、有光泽、去净刺者为佳。含有苹果酸（malic acid）、枸橼酸（citric acid）、鞣质（tannin）、树脂（resin）等；此外含有皂苷类（saponins）成分。

沙苑子（Shayuanzi, ASTRAGALI COMPLANATI SEMEN）

为豆科植物扁茎黄芪 *Astragalus complanatus* R. Br. 的干燥成熟种子。主产于陕西，河北、辽宁、山西、内蒙古等地区亦产。

略呈肾形而稍扁，长 2~2.5 mm，宽 1.5~2 mm，厚约 1 mm。表面光滑，褐绿色或灰褐色，边缘一侧微凹处具圆形种脐。质坚硬，不易破碎。子叶 2，淡黄色，胚根弯曲，长约 1 mm。气微，味淡，嚼之有豆腥味。以颗粒饱满、色绿褐者为佳。含黄酮类、皂苷类、挥发油等成分。

决明子（Juemingzi, CASSIAE SEMEN）

为豆科植物钝叶决明 *Cassia obtusifolia* L. 或决明（小决明）*C. tora* L. 的干燥成熟种子。主产于安徽、江苏、广东、广西、四川等地。

决明：略呈菱形或短圆柱形，两端平行倾斜，长 3~7 mm，宽 2~4 mm。表面绿棕色或暗棕色，平滑有光泽。一端较平坦，另端斜尖，背腹面各有 1 条突起的棱线，棱线两侧各有 1 条斜向对称而色较浅的线形凹纹。质坚硬,不易破碎。种皮薄,子叶2,黄色,呈"S"形折曲并重叠。气微,味微苦。小决明:呈短圆柱形,较小,长3~5 mm,宽2~3 mm。表面棱线两侧各有1片宽广的浅黄棕色带。以颗粒饱满、色棕绿者为佳。含有大黄酚(chrysophanol)、大黄素甲醚(physcion)、美决明子素(obtusifolin)等蒽醌类成分;红镰霉素(rubrofusarin)、决明子苷(cassiaside)、决明内酯(toralactone)等萘骈吡咯酮类。

补骨脂(Buguzhi, PSORALEAE FRUCTUS)

补骨脂历史沿革

补骨脂植物形态

【来源】 为豆科植物补骨脂 *Psoralea corylifolia* L. 的干燥成熟果实。

【产地与采制】 主产于华北、华中和华南地区。

秋季果实成熟时,摘取果穗或割取全株,晒干,打下果实。

【性状鉴别】 呈肾形,略扁,长3~5 mm,宽2~4 mm,厚约1.5 mm。果皮黑色、黑褐色或灰褐色,具细微网状皱纹。顶端圆钝,有一小突起,凹侧有果梗痕(图11-7)。质坚硬。果皮薄,与种子不易分离;种子1枚,子叶2,黄白色,富油性。气香,味辛、微苦。

以身干、饱满、黑褐色者为佳。

图 11-7 补骨脂

A. 药材(a. 药材放大图);B. 饮片

【显微鉴别】

1. 果实(中部)横切面 ① 果皮波状弯曲,表皮细胞1列,凹陷处表皮下有众多扁圆形壁内腺。② 中果皮薄壁组织中有小型外韧维管束;薄壁细胞含草酸钙小柱晶。③ 种皮外表皮为1列栅状细胞,其内为1列哑铃状支持细胞。④ 种皮薄壁组织中有小型维管束。⑤ 色素细胞1列,与种皮内表皮细胞相邻。⑥ 子叶细胞充满糊粉粒与油滴(图11-8)。

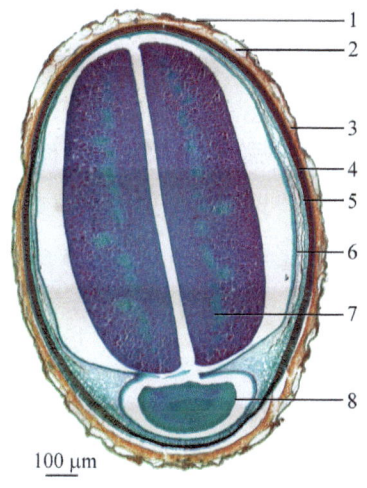

图 11-8 补骨脂横切面显微组织构造详图
1. 外果皮；2. 壁内腺；3. 中果皮；4. 种皮外表皮；5. 支持细胞；6. 种皮内表皮；7. 子叶；8. 胚根

2. **粉末** 灰黄色。① 种皮栅状细胞侧面观有纵沟纹，光辉带 1 条，位于上侧近边缘处，顶面观多角形，胞腔极小，孔沟细，底面观呈圆多角形，胞腔含红棕色物。② 支持细胞侧面观哑铃状，表面观类圆形。③ 壁内腺（内生腺体）多破碎，完整者类圆形，由十数个至数十个纵向延长呈放射状排列的细胞构成。④ 草酸钙柱晶细小，成片存在于中果皮细胞中。

【检查】
1. 杂质 不得过 5%。
2. 水分 不得过 9.0%。
3. 总灰分 不得过 8.0%。
4. 酸不溶性灰分 不得过 2.0%。

【化学成分】 含香豆素衍生物、黄酮类、挥发油等。香豆素衍生物主要为补骨脂素(psoralen)、异补骨脂素(isopsoralen)、补骨脂定(psoralidin)、异补骨脂定(isopsoralidin)、双羟异补骨脂定(corylidin)及苯并呋喃香豆素。黄酮类主要有补骨脂甲素(coryfolin)、补骨脂乙素(corylifolinin)、补骨脂甲素甲醚(bavachinin)、异补骨脂甲素(isobavachin)、异补骨脂乙素甲醚、新补骨脂异黄酮(neobavaisoflavone)等。

【理化鉴别】 取粉末，加乙酸乙酯超声提取，提取液蒸干，残渣加乙酸乙酯使溶解，作为供试品溶液。以补骨脂素、异补骨脂素对照品为对照，照薄层色谱法，以正己烷-乙酸乙酯(4∶1)为展开剂，喷以 10%氢氧化钾甲醇溶液，置紫外光灯(365 nm)下检视。供试品色谱中，在与对照品色谱相应的位置上，显相同的两个蓝白色荧光斑点。

【含量测定】 照高效液相色谱法测定，以甲醇-水(55∶45)为流动相，等梯度洗脱；检测波长为 246 nm。按干燥品计算，含补骨脂素($C_{11}H_6O_3$)和异补骨脂素($C_{11}H_6O_3$)的总量不得少于 0.70%。

【贮藏】 置干燥处。

【性味功能】 性温，味辛、苦。温肾助阳，纳气平喘，温脾止泻；外用消风祛斑。

【附注】 饮片 盐补骨脂：形如补骨脂。表面黑色或黑褐色，微鼓起。气微香，味微咸。

猪牙皂(Zhuyazao, GLEDITSIAE FRUCTUS ABNORMALIS)

为豆科植物皂荚 *Gleditsia sinensis* Lam. 的干燥不育果实。主产于四川、山东、陕西、河南等地。

呈圆柱形,略扁而弯曲,长 5~11 cm,宽 0.7~1.5 cm。表面紫棕色或紫褐色,被灰白色蜡质粉霜,擦去后有光泽,有细小的疣状突起和线状或网状的裂纹。顶端有鸟喙状花柱残基,基部具果梗残痕。质硬而脆,易折断,断面棕黄色,中间疏松,有淡绿色或淡棕黄色的丝状物,偶有发育不全的种子。气微,有刺激性,味先甜而后辣。以个小、饱满、色紫黑、有光泽、无果柄者为佳。含有皂荚苷(gledinin)、皂荚皂苷(gleditschia saponin)等成分。

巴豆(Badou, CROTONIS FRUCTUS)

巴豆历史沿革

巴豆植物形态

【来源】 为大戟科植物巴豆 *Croton tiglium* L. 的干燥成熟果实。

【产地与采制】 主产于四川、云南、广西、广东、福建等地。产于四川者质优,称为"川巴豆"。多系栽培。

秋季果实成熟时采收,堆置 2~3 天,摊开,干燥。

【性状鉴别】 呈卵圆形,一般具三棱,长 1.8~2.2 cm,直径 1.4~2 cm。表面灰黄色或稍深,粗糙,有纵线 6 条,顶端平截,基部有果梗痕。破开果壳,可见 3 室,每室含种子 1 粒。种子呈略扁的椭圆形,长 1.2~1.5 cm,直径 0.7~0.9 cm,表面棕色或灰棕色,一端有小点状的种脐和种阜的瘢痕,另端有微凹的合点,其间有隆起的种脊(图 11-9);外种皮薄而脆,内种皮呈白色薄膜;种仁黄白色,油质。气微,味辛辣。

以种子饱满、种仁色黄白者为佳。

图 11-9 巴豆
A. 药材;B. 饮片

【显微鉴别】 横切面 外果皮为 1 列表皮细胞,外被多细胞的星状毛。中果皮外侧为 10 余列薄壁细胞,散有石细胞、草酸钙方晶或簇晶;中部有约 4 列纤维状石细胞组成的环带;内侧为数列薄壁细胞。内果皮为 3~5 列纤维状厚壁细胞。种皮表皮细胞由 1 列径向延长的长方形细胞组成,其下为 1 列厚壁性栅状细胞,胞腔线性,外端略膨大。

【检查】

1. 水分 不得过 12.0%。

2. 总灰分　　不得过 5.0%。

【化学成分】　种子含巴豆油。油中主要有巴豆油酸、巴豆酸、油酸、亚油酸、肉豆蔻酸、花生酸、棕榈酸、硬脂酸、月桂酸等甘油酯;还含有 10 余种亲水性的巴豆醇等双酯化合物等。其中,双酯化合物有强刺激性和致癌作用。

【理化鉴别】　取种仁粉末,加石油醚超声处理,滤过,滤液作为供试品溶液。以巴豆对照药材为对照。以石油醚(60~90℃)-乙酸乙酯-甲酸(10∶1∶0.5)为展开剂,喷以 10%硫酸乙醇溶液,加热至斑点显色清晰。供试品色谱中,在与对照药材色谱相应的位置上,显相同颜色的斑点。

【含量测定】　照高效液相色谱法测定,以乙腈-甲醇-水(1∶4∶95)为流动相;检测波长为 292 nm。按干燥品计算,含巴豆苷($C_{10}H_{13}N_5O_5$)不得少于 0.80%。

【贮藏】　置阴凉干燥处。

【性味功能】　性热,味辛,有大毒。外用蚀疮。

【附注】　饮片　呈扁椭圆形,长 9~14 mm,直径 5~8 mm。表面黄白色或黄棕色,平滑有光泽,常附有白色薄膜;一端有微凹的合点,另一端有小点状的种脐。内胚乳肥厚,淡黄色,油质;子叶 2,菲薄。气微,味辛辣。

枳壳(Zhiqiao, AURANTII FRUCTUS)

【来源】　为芸香科植物酸橙 *Citrus aurantium* L. 及其栽培变种的干燥未成熟果实。

【产地与采制】　主产于江西、四川、湖北、湖南、贵州等地,多系栽培。以江西清江、新干产者质优,习称"江枳壳"。

7 月果皮尚绿时采收,自中部横切为两半,晒干或低温干燥。

枳壳历史沿革

【性状鉴别】　呈半球形,直径 3~5 cm。外果皮棕褐色至褐色,有颗粒状突起,突起的顶端有凹点状油室;有明显的花柱残迹或果梗痕(图 11-10)。切面中果皮黄白色,光滑而稍隆起,厚 0.4~1.3 cm,边缘散有 1~2 列油室,瓤囊 7~12 瓣,少数至 15 瓣,汁囊干缩呈棕色至棕褐色,内藏种子。质坚硬,不易折断。气清香,味苦、微酸。

以外皮色绿褐、果肉厚、质坚硬、香气浓者为佳。

枳壳植物形态

【显微鉴别】

1. 横切面　　表皮由 1 列极小的细胞组成,外被角质层并有气孔。中果皮发达,有大型油室,不规则排列成 1~2 列,油室呈卵形或椭圆形。中果皮外侧细胞散有较多草酸钙斜方晶或棱晶,内侧细胞排列极疏松,维管束散在(图 11-11)。

2. 粉末　　黄白色或棕黄色。① 中果皮细胞类圆形或形状不规则,壁大多不均匀增厚。② 果皮表皮细胞表面观多角形、类方形或长方形,气孔环式,直径 16~34 μm,副卫细胞 5~9 个;侧面观外被角质层。③ 汁囊组织淡黄色或无色,细胞多皱缩,并与下层细胞交错排列。④ 草酸钙方晶存在于果皮和汁囊细胞中,呈斜方形、多面体形或双锥形,直径 3~30 μm。⑤ 螺纹导管、网纹导管及管胞细小。

【检查】

1. 水分　　不得过 12.0%。

2. 总灰分　　不得过 7.0%。

【化学成分】　含有挥发油、黄酮类和生物碱类成分。挥发油中含有 *d*-柠檬烯、柠檬醛、芳樟醇等;黄酮含有橙皮苷、新橙皮苷、柚皮苷、川橙皮素等;生物碱包括辛弗林、*N*-甲基酪胺等。

【理化鉴别】　取粉末甲醇超声处理,滤过,滤液蒸干,残渣加甲醇溶解,作为供试品溶液。

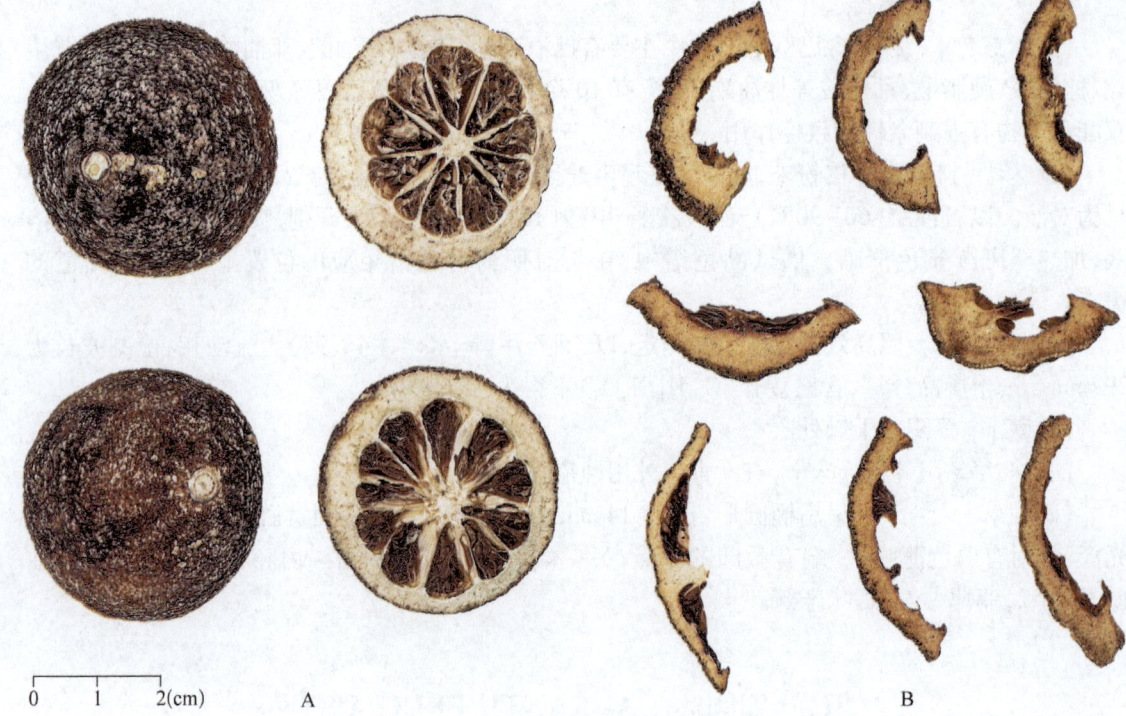

图 11-10　枳壳
A. 药材；B. 饮片

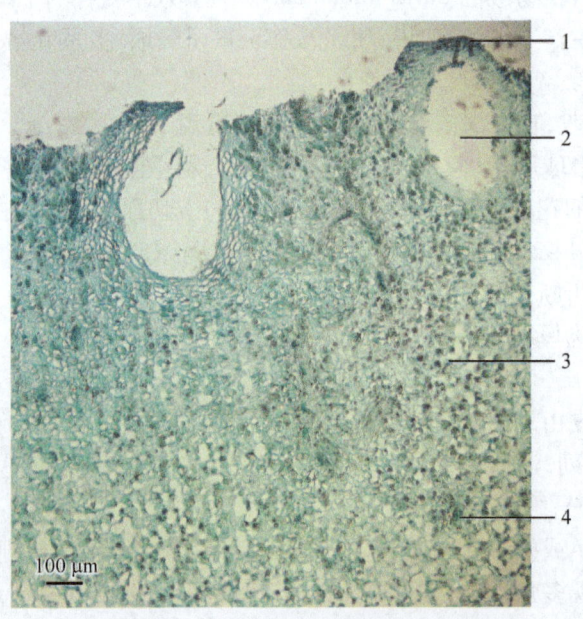

图 11-11　枳壳横切面显微组织构造详图
1. 表皮；2. 油室；3. 中果皮；4. 维束管

以柚皮苷对照品和新橙皮苷对照品为对照，照薄层色谱法，以三氯甲烷-甲醇-水（13∶6∶2）下层溶液为展开剂，喷以3%三氯化铝乙醇溶液，加热，置紫外光灯（365 nm）下检视。供试品色谱中，在与对照品色谱相应的位置上，呈相同颜色的荧光斑点。

【含量测定】　照高效液相色谱法测定，含柚皮苷（$C_{27}H_{32}O_{14}$）不得少于4.0%，新橙皮苷（$C_{28}H_{34}O_{15}$）不得少于3.0%。

【贮藏】　置阴凉干燥处，防蛀。

【性味功能】　性微寒，味苦、辛、酸。理气宽中，行滞消胀。

【附注】

1. 饮片　呈不规则弧状条形薄片。切面外果皮棕褐色至褐色,中果皮黄白色至黄棕色,近外缘有1~2列点状油室,内侧有的有少量紫褐色瓤囊。

2. 混淆品　① 栽培变种主要有黄皮酸橙 Citrus aurantium 'Huangpi'、代代花 C. aurantium 'Daidai'、朱栾 C. aurantium 'Zhuluan'、塘橙 C. aurantium 'Tangcheng'。② 枳实为芸香科植物酸橙 C. aurantium L. 及其栽培变种或甜橙 C. sinensis Osbeck 的干燥幼果。呈半球形,少数为球形,直径0.5~2.5 cm。外果皮黑绿色或棕褐色,具颗粒状突起和皱纹,有明显的花柱残迹或果梗痕。切面中果皮略隆起,厚0.3~1.2 cm,黄白色或黄褐色,边缘有1~2列油室,瓤囊棕褐色。质坚硬。气清香,味苦、微酸。

陈皮(Chenpi, CITRI RETICULATAE PERICARPIUM)

【来源】　为芸香科植物橘 Citrus reticulata Blanco 及其栽培变种的干燥成熟果皮。

【产地与采制】　主产于江苏、福建、广东、四川等地,均为栽培。

在霜降后至翌年春季,采摘成熟果实,剥取外层果皮,晒干或低温干燥。

【性状鉴别】

1. 陈皮　常剥成数瓣,基部相连,有的呈不规则的片状。皮厚1~4 mm。外表面红棕色或橙红色,久贮后颜色变深,有细皱纹和凹下的点状油室(图11-12);内表面浅黄白色,粗糙,附黄白色或黄棕色筋络状维管束。质稍硬而脆。气香,味辛、苦。

陈皮历史沿革

陈皮植物形态

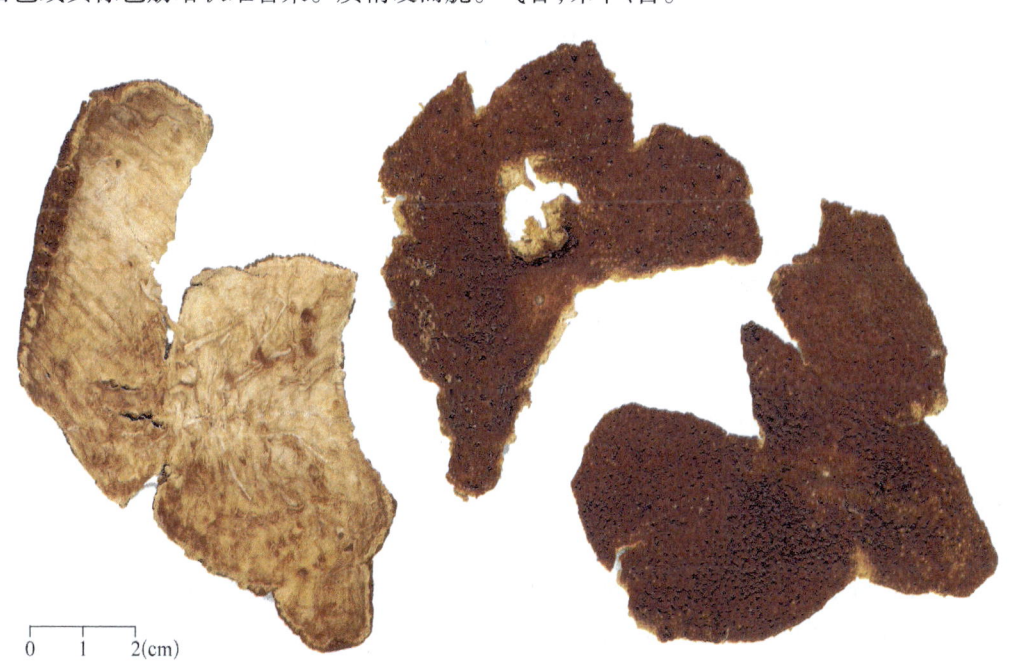

图11-12　陈皮药材

2. 广陈皮　常3瓣相连,形状整齐,厚度均匀,约1 mm(图11-13)。外表面橙黄色至棕褐色,点状油室较大,对光照视,透明清晰,质较柔软。气香浓郁。

以瓣大、完整、颜色鲜、油润、质柔软、气浓、辛香、味稍甜后感苦辛者为佳。

【显微鉴别】

1. 横切面　① 外果皮由1列细小的表皮细胞组成,外被角质层,具气孔。② 中果皮为薄壁细胞,发达,靠近表皮的3~5列细胞切向延长挤缩;内侧细胞依次增大,类圆形,排列紧密,壁不均匀增厚,其中散有大型油室,卵圆形,径向径410~1 850 μm,切向径500~1 000 μm。③ 维管

图 11-13 广陈皮
A. 药材；B. 饮片

束细小，纵横散布。④ 薄壁细胞中散有草酸钙方晶或棱晶。切片用乙醇处理，可见类圆形或不规则形橙皮苷结晶。

2. **粉末** 黄白色至黄棕色。① 中果皮薄壁组织众多，细胞形状不规则，壁不均匀增厚，或成连珠状。② 果皮表皮细胞表面观长方形、类方形或多角形，垂周壁稍厚，气孔类圆形，直径 18~26 μm，副卫细胞不清晰；侧面观外被角质层，靠外方的径向壁增厚。③ 草酸钙方晶成片存在于中果皮薄壁细胞中，呈双锥形、菱形或多面形，直径 3~34 μm，长 5~53 μm，有的一个细胞内含有由两个多面体构成的平行双晶或 3~5 个方晶。④ 橙皮苷结晶大多存在于薄壁细胞中，黄色或无色，呈圆形或无定形团块，有的可见放射状条纹。⑤ 螺纹、孔纹和网纹导管及较小的管胞。

【检查】

1. **水分** 不得过 13.0%。
2. **黄曲霉毒素** 每 1 000 g 含黄曲霉毒素 B_1 不得过 5 μg，黄曲霉毒素 G_2、黄曲霉毒素 G_1、黄曲霉毒素 B_2 和黄曲霉毒素 B_1 的总量不得过 10 μg。

【化学成分】 含挥发油，其中主要含右旋柠檬烯(d-limonene)，以及柠檬醛、α-蒎烯（α-pinene）、β-月桂烯（β-myrcene）、β-水芹烯（β-phellandrene）、α-罗勒烯（α-ocimene）等。黄酮类成分有橙皮苷（hesperidin）、橘皮素（tangeretin）、新橙皮苷（neohesperidin）、川陈皮素（neobiletin）、二氢川陈皮素（citromitin）、5,6,7,8,4′-五甲氧基黄酮（5,6,7,8,4′-pentamethoxyflavone）等。

【理化鉴别】

（1）取粉末，加甲醇超声提取，提取液浓缩后作为供试品溶液。以橙皮苷对照品为对照，照薄层色谱法，以乙酸乙酯-甲醇-水（100∶17∶13）为展开剂，再以甲苯-乙酸乙酯-甲酸-水（20∶10∶1∶1）的上层溶液为展开剂，喷以三氯化铝试液，置紫外灯（365 nm）下检视。供试品色谱中，在与对照品色谱相应的位置上，显相同颜色的荧光斑点。

（2）另取 2-甲氨基苯甲酸甲酯对照品和广陈皮对照提取物为对照，照薄层色谱法，以甲苯-乙酸乙酯-甲醇-水（10∶4∶2∶0.5）10℃ 以下放置的上层溶液为展开剂，再以环己烷为展开剂,置紫外光灯(365 nm)下检视。供试品色谱中,在与对照提取物色谱和对照品色谱相应的位置上,显相同颜色的荧光斑点(广陈皮)。

【含量测定】
1. 陈皮 照高效液相色谱法测定,以乙腈-水(22∶78)为流动相,等度洗脱;检测波长为283 nm。按干燥品计算,含橙皮苷($C_{28}H_{34}O_{15}$)不得少于3.5%。
2. 广陈皮 照高效液相色谱法测定,以乙腈-水为流动相,梯度洗脱;检测波长为283 nm和330 nm。按干燥品计算,含橙皮苷($C_{28}H_{34}O_{15}$)不得少于2.0%;含川陈皮素($C_{21}H_{22}O_8$)和橘皮素($C_{20}H_{20}O_7$)的总量,不得少于0.42%。

【贮藏】 置阴凉干燥处,防霉,防蛀。
【性味功能】 性温,味苦、辛。理气健脾,燥湿化痰。
【附注】 饮片 呈不规则的条状或丝状。外表面橙红色或红棕色,有细皱纹和凹下的点状油室。内表面浅黄白色,粗糙,附黄白色或黄棕色筋络状维管束。气香,味辛、苦。

化橘红(Huajuhong, CITRI GRANDIS EXOCARPIUM)

为芸香科植物化州柚 *Citrus grandis* 'Tomentosa' 或柚 *C. grandis* (L.) Osbeck 的未成熟或近成熟的干燥外层果皮。主产于广东、广西。

化州柚:呈对折的七角或展平的五角星状,单片呈柳叶形。完整者展平后直径15~28 cm,厚0.2~0.5 cm。外表面黄绿色,密布茸毛,有皱纹及小油室;内表面黄白色或淡黄棕色,有脉络纹。质脆,易折断,断面不整齐,外缘有1列不整齐的下凹的油室,内侧稍柔而有弹性。气芳香,味苦、微辛。柚:外表面黄绿色至黄棕色,无毛。以色黄绿、茸毛密、香气浓者为佳。主要含有挥发油类、黄酮苷类成分。

佛手(Foshou, CITRI SARCODACTYLIS FRUCTUS)

为芸香科植物佛手 *Citrus medica* L. var. *sarcodactylis* Swingle 的干燥果实。主产于广东、广西、四川等地。

为类椭圆形或卵圆形的薄片,常皱缩或卷曲,长6~10 cm,宽3~7 cm,厚0.2~0.4 cm。顶端稍宽,常有3~5个手指状的裂瓣,基部略窄,有的可见果梗痕。外皮黄绿色或橙黄色,有皱纹和油点。果肉浅黄白色或浅黄色,散有凹凸不平的线状或点状维管束。质硬而脆,受潮后柔韧。气香,味微甜后苦。以片大、完整、皮黄、肉白、香气浓者为佳。含有柠檬油(lemon oil)、柠檬苦素(limonin)、佛手内酯(bergapten)等成分。

吴茱萸(Wuzhuyu, EUODIAE FRUCTUS)

为芸香科植物吴茱萸 *Euodia rutaecarpa* (Juss.) Benth.、石虎 *E. rutaecarpa* (Juss.) Benth. var. *officinalis* (Dode) Huang 或疏毛吴茱萸 *E. rutaecarpa* (Juss.) Benth. var. *bodinieri* (Dode) Huang 的干燥近成熟的果实。主产于长江流域以南,多系栽培。

呈球形或略呈五角状扁球形,直径2~5 mm。表面暗黄绿色至褐色,粗糙,有多数点状突起或凹下的油点。顶端有五角星状的裂隙,基部残留被有黄色茸毛的果梗。质硬而脆,横切面可见子房5室,每室有淡黄色种子1粒。气芳香浓郁,味辛辣而苦。用水浸泡果实,有黏液渗出。

以粒小、饱满坚实、色绿、香气浓烈者为佳。含有挥发油、生物碱、苦味素类等成分。

川楝子（Chuanlianzi, TOOSENDAN FRUCTUS）

为楝科植物川楝 *Melia toosendan* Sieb. et Zucc. 的干燥成熟果实。主产于四川、甘肃、云南等地。四川为其道地产地。

呈类球形，直径 2~3.2 cm。表面金黄色至棕黄色，微有光泽，少数凹陷或皱缩，具深棕色小点。顶端有花柱残痕，基部凹陷，有果梗痕。外果皮革质，与果肉间常有空隙，果肉松软，淡黄色，遇水润湿显黏性。果核球形或卵圆形，质坚硬，两端平截，有 6~8 条纵棱，内分 6~8 室，每室含黑棕色长圆形的种子 1 粒。气特异，味酸、苦。以个大、外皮金黄色、肉黄白色、饱满、有弹性者为佳。含有川楝素（toosendanin）、异川楝素（isotoosendanin）、苦楝子酮（melianone）、脂苦楝子醇（lipomelianol）等成分。

鸦胆子（Yadanzi, BRUCEAE FRUCTUS）

为苦木科植物鸦胆子 *Brucea javanica* (L.) Merr. 的干燥成熟果实。主产于广东、广西等地。

呈卵形，长 6~10 mm，直径 4~7 mm。表面黑色或棕色，有隆起的网状皱纹，网眼呈不规则的多角形，两侧有明显的棱线，顶端渐尖，基部有凹陷的果梗痕。果壳质硬而脆，种子卵形，长 5~6 mm，直径 3~5 mm，表面类白色或黄白色，具网纹；种皮薄，子叶乳白色，富油性。气微，味极苦。以饱满、色棕黑、味苦者为佳。主要含有油酸（oleic acid）和脂肪酸（fatty acids）等，还含有鸦胆子苦素（bruceine）A、鸦胆子苦素 B、鸦胆子苦素 C、鸦胆子苦素 D、鸦胆子苦素 E、鸦胆子苦素 F、鸦胆子苦素 G、鸦胆子苦素 H、鸦胆子苦素 I、鸦胆子苦醇（brusatol）、去氢鸦胆子苦素（dehydrobruceine）A、去氢鸦胆子苦素 B 等成分。

酸枣仁（Suanzaoren, ZIZIPHI SPINOSAE SEMEN）

为鼠李科植物酸枣 *Ziziphus jujuba* Mill. var. *spinosa* (Bunge) Hu ex H. F. Chou 的干燥成熟种子。秋末冬初采收成熟果实，除去果肉和核壳，收集种子，晒干。主产于河北、山西、辽宁、陕西、河南等地。

呈扁圆形或扁椭圆形，长 5~9 mm，宽 5~7 mm，厚约 3 mm。表面紫红色或紫褐色，平滑有光泽，有的有裂纹。有的两面均呈圆隆状突起；有的一面较平坦，中间有 1 条隆起的纵线纹；另一面稍突起。一端凹陷，可见线形种脐；另一端有细小突起的合点。种皮较脆，胚乳白色，子叶 2，浅黄色，富油性。气微，味淡。以粒大、饱满、完整、有光泽、外皮紫红色、无核壳者为佳。含有黄酮类、皂苷类、生物碱等成分，其中黄酮类主要为 6‴-阿魏酰斯皮诺素（6‴-feruloylspinosin）、当药黄素（swertisin）、斯皮诺素（spinosin）等；皂苷类主要为酸枣仁皂苷 A（jujuboside A）和酸枣仁皂苷 B（jujuboside B）等；生物碱类主要为木兰花碱（magnoflorine）、乌药碱（coclaurine）等。

瓜蒌（Gualou, TRICHOSANTHIS FRUCTUS）

为葫芦科植物栝楼 *Trichosanthes kirilowii* Maxim. 或双边栝楼 *T. rosthornii* Harms 的干燥

成熟果实。栝楼主产于山东、河北、山西、陕西等地。双边栝楼主产于江西、湖北、湖南等地。

呈类球形或宽椭圆形,长7~15 cm,直径6~10 cm。表面橙红色或橙黄色,皱缩或较光滑,顶端有圆形的花柱残基,基部略尖,具残存的果梗。轻重不一。质脆,易破开,内表面黄白色,有红黄色丝络,果瓤橙黄色,黏稠,与多数种子黏结成团。具焦糖气,味微酸、甜。以完整不破、果皮厚、皱缩、糖分足者为佳。含有三萜皂苷、10α-葫芦二烯醇(10α-cucurbitadienol)、栝楼萜二醇(karounidiol)、异栝楼仁二醇(isokarounidiol)等成分。

胖大海(Pangdahai, STERCULIAE LYCHNOPHORAE SEMEN)

为梧桐科植物胖大海 *Sterculia lychnophora* Hance 的干燥成熟种子。主产于越南、泰国、印度尼西亚和马来西亚等国,以越南产的品质最佳。

呈纺锤形或椭圆形,长2~3 cm,直径1~1.5 cm。先端钝圆,基部略尖而歪,具浅色的圆形种脐。表面棕色或暗棕色,微有光泽,具不规则的干缩皱纹。外层种皮极薄,质脆,易脱落。中层种皮较厚,黑褐色,质松易碎,遇水膨胀成海绵状。断面可见散在的树脂状小点。内层种皮可与中层种皮剥离,稍革质,内有2片肥厚胚乳,广卵形;子叶2枚,菲薄,紧贴于胚乳内侧,与胚乳等大。气微,味淡,嚼之有黏性。以个大、坚硬、外皮细、黄棕色、有细皱纹与光泽、不破皮者为佳。含有活性成分胖大海素(sterculin)、半乳糖醛酸、阿拉伯糖、半乳糖、挥发油等成分。

使君子(Shijunzi, QUISQUALIS FRUCTUS)

为使君子科植物使君子 *Quisqualis indica* L. 的干燥成熟果实。主产于四川、广东、福建、广西等地。

呈椭圆形或卵圆形,具5条纵棱,偶有4~9棱,长2.5~4 cm,直径约2 cm。表面黑褐色至紫黑色,平滑,微具光泽。顶端狭尖,基部钝圆,有明显圆形的果梗痕。质坚硬,横切面多呈五角星形,棱角处壳较厚,中间呈类圆形空腔。种子长椭圆形或纺锤形,长约2 cm,直径约1 cm;表面棕褐色或黑褐色,有多数纵皱纹;种皮薄,易剥离;子叶2,黄白色,有油性,断面有裂隙。气微香,味微甜。以个大、色紫黑、具光泽、仁饱满、色黄白者为佳。含有机酸类、鞣质类、脂肪酸类等成分。

诃子(Hezi, CHEBULAE FRUCTUS)

为使君子科植物诃子 *Terminalia chebula* Retz. 或绒毛诃子 *T. chebula* Retz. var. *tomentella* Kurt. 的干燥成熟果实。主产于云南、广东、广西、西藏等地。

为长圆形或卵圆形,长2~4 cm,直径2~2.5 cm。表面黄棕色或暗棕色,略具光泽,有5~6条纵棱线和不规则的皱纹,基部有圆形果梗痕。质坚实。果肉厚0.2~0.4 cm,黄棕色或黄褐色。果核长1.5~2.5 cm,直径1~1.5 cm,浅黄色,粗糙,坚硬。种子狭长纺锤形,长约1 cm,直径0.2~0.4 cm,种皮黄棕色,子叶2,白色,相互重叠卷旋。气微,味酸涩后甜。以色棕黄、有光泽、坚实者为佳。含有酚酸、鞣质、三萜、黄酮类、挥发油等。

山茱萸（Shanzhuyu, CORNI FRUCTUS）

为山茱萸科植物山茱萸 *Cornus officinalis* Sieb. et Zucc. 的干燥成熟果肉。主产于浙江临安、淳安以及山西、河南、陕西、安徽等地。

呈不规则的片状或囊状，长1~1.5 cm，宽0.5~1 cm。表面紫红色至紫黑色，皱缩，有光泽。顶端有的有圆形宿萼痕，基部有果梗痕。质柔软。气微，味酸、涩、微苦。以肉厚、柔软、色紫红者为佳。含有环烯醚萜类、鞣质类、黄酮类、三萜类等化合物，其中环烯醚萜类成分是山茱萸中的特征性成分，包括马钱苷（loganin）、獐牙菜苷、山茱萸新苷（cornuside）、莫诺苷等。

小茴香（Xiaohuixiang, FOENICULIF FRUCTUS）

小茴香历史沿革

小茴香植物形态

【来源】 为伞形科植物茴香 *Foeniculum vulgare* Mill. 的干燥成熟果实。

【产地与采制】 我国各地均有栽培。

秋季果实初熟时采割植株，晒干，打下果实，除去杂质。

【性状鉴别】 为双悬果，呈圆柱形，有的稍弯曲，长4~8 mm，直径1.5~2.5 mm。表面黄绿色或淡黄色，两端略尖，顶端残留有黄棕色突起的柱基，基部有时有细小的果梗。分果呈长椭圆形，背面有纵棱5条，接合面平坦而较宽（图11-14）。横切面略呈五边形，背面的四边约等长。有特异香气，味微甜、辛。

以颗粒均匀、色黄绿、气味浓者为佳。

图11-14 小茴香
a. 药材放大图

【显微鉴别】

1. **分果横切面** 外果皮为1列扁平细胞，外被角质层。中果皮纵棱处有维管束，其周围有多数木化网纹细胞；背面纵棱间各有大的椭圆形棕色油管1个，接合面有油管2个，共6个。内果皮为1列扁平薄壁细胞，细胞长短不一。种皮细胞扁长，含棕色物。胚乳细胞多角形，含多数糊粉粒，每个糊粉粒中含有细小草酸钙簇晶（图11-15）。

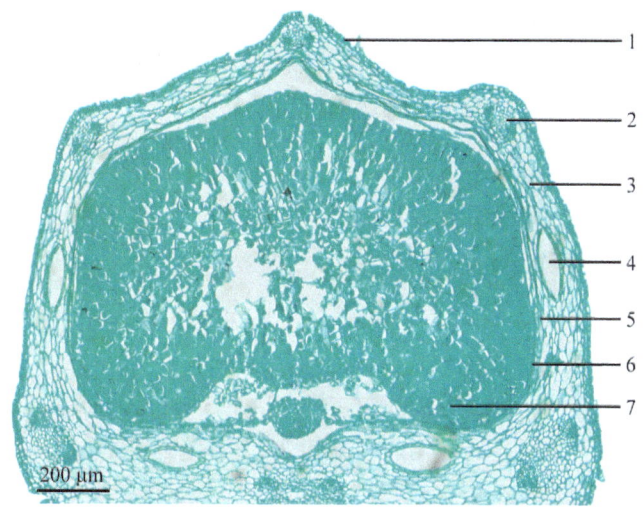

图 11-15 小茴香分果横切面显微组织构造详图
1. 外果皮；2. 维管束；3. 中果皮；4. 油管；5. 内果皮；6. 种皮；7. 胚乳

2. **粉末** 绿黄色或黄棕色。① 网纹细胞棕色,类长方形或类圆形,壁厚,木化,具卵圆形网状壁孔。② 油管碎片呈黄棕色至深红棕色,分泌细胞呈扁平多角形,内含深色分泌物。③ 镶嵌状细胞为内果皮细胞,狭长形,5~8 个细胞为 1 组,以其长轴相互作不规则方向嵌列。④ 内胚乳细胞呈类多角形,无色,壁厚,含多数糊粉粒,每一糊粉粒中含有细小簇晶。

【检查】
1. **杂质** 不得过 4%。
2. **总灰分** 不得过 10.0%。

【化学成分】 果实中含挥发油,称为茴香油。油中主要成分为反式茴香脑、α-茴香酮、甲基胡椒酚、α-蒎烯、茴香醛、双戊烯、柠檬烯、莰烯等。尚含脂肪油、槲皮素、7-羟基香豆素、6,7-二羟基香豆素、齐墩果酸和甾类化合物等。胚乳中含脂肪油、蛋白质等。

【理化鉴别】 取粉末,加乙醚超声处理,滤过,滤液挥干,残渣加三氯甲烷使溶解,作为供试品溶液。以茴香醛对照品为对照,照薄层色谱法,以石油醚(60~90℃)-乙酸乙酯(17∶2.5)为展开剂,喷以二硝基苯肼试液。供试品色谱中,在与对照品色谱相应的位置上,显相同的橙红色斑点。

【含量测定】 照挥发油测定法测定,含挥发油不得少于 1.5%(mL/g)。
照气相色谱法测定,含反式茴香脑($C_{10}H_{12}O$)不得少于 1.4%。

【贮藏】 置阴凉干燥处。

【性味功能】 性温,味辛。散寒止痛,理气和胃。

【附注】 **混淆品** 莳萝子为同科植物莳萝的果实,部分地区误作小茴香药用。莳萝子较小而圆,分果呈扁平广椭圆形,长 3~4 mm,宽 2~3 mm,厚约 1 mm,背棱不明显,侧棱延展成翅。

蛇床子(Shechuangzi, CNIDII FRUCTUS)

为伞形科植物蛇床 *Cnidium monnieri* (L.) Cuss. 的干燥成熟果实。主产于河北、山东、广西、浙江等地。

为双悬果,呈椭圆形,长 2~4 mm,直径约 2 mm。表面灰黄色或灰褐色,顶端有 2 枚向外弯曲的柱基,基部偶有细梗。分果的背面有薄而突起的纵棱 5 条,接合面平坦,有 2 条棕色略突起的纵棱线。果皮松脆,揉搓易脱落。种子细小,灰棕色,显油性。气香,味辛、凉,有麻舌感。以颗粒饱满、色灰黄、香气浓者为佳。含有香豆素类、黄酮类、挥发油类等成分,其中香豆素类主要为蛇床子素、欧前胡素、佛手柑内酯、花椒毒酚等。

连翘(Lianqiao, FORSYTHIAE FRUCTUS)

为木犀科植物连翘 *Forsythia suspensa* (Thunb.) Vahl 的干燥果实。主要产于山西、陕西、河南等地。

呈长卵形至卵形,稍扁,长1.5~2.5 cm,直径0.5~1.3 cm。表面有不规则的纵皱纹和多数突起的小斑点,两面各有1条明显的纵沟。顶端锐尖,基部有小果梗或已脱落。青翘多不开裂,表面绿褐色,突起的灰白色小斑点较少;质硬,种子多数,黄绿色,细长,一侧有翅。老翘自顶端开裂或裂成两瓣,表面黄棕色或红棕色,内表面多为浅黄棕色,平滑,具一纵隔;质脆;种子棕色,多已脱落。气微香,味苦。"青翘"以色较绿、不开裂者为佳;"老翘"以色较黄、瓣大、壳厚者为佳。含有苯乙醇苷类、木脂素类、酚酸类、黄酮类、萜类等成分,其中苯乙醇苷类和木脂素类是连翘含量较丰富的两类化学成分。

女贞子(Nüzhenzi, LIGUSTRI LUCIDI FRUCTUS)

为木犀科植物女贞 *Ligustrum lucidum* Ait. 的干燥成熟果实。主产于浙江、江苏、福建、湖南等地。

呈卵形、椭圆形或肾形,长6~8.5 mm,直径3.5~5.5 mm。表面黑紫色或灰黑色,皱缩不平,基部有果梗痕或具宿萼及短梗。体轻。外果皮薄,中果皮较松软,易剥离,内果皮木质,黄棕色,具纵棱,破开后种子通常为1粒,肾形,紫黑色,油性。气微,味甘、微苦涩。以粒大、饱满、色灰黑、质坚实者为佳。含有三萜、苯乙醇苷、黄酮、挥发油等成分,其中三萜类主要为齐墩果酸、齐墩果酸甲酯、羽扇豆醇、熊果酸等。

马钱子(Maqianzi, STRYCHNI SEMEN)

马钱子历史沿革

马钱子植物形态

【来源】 为马钱科植物马钱 *Strychnos nux-vomica* L. 的干燥成熟种子。

【产地与采制】 马钱子原产于印度、越南、泰国等国。

冬季采收成熟果实,取出种子,晒干。

【性状鉴别】 呈纽扣状圆板形,常一面隆起,一面稍凹下,直径1.5~3 cm,厚0.3~0.6 cm。表面密被灰棕色或灰绿色绢状茸毛,自中间向四周呈辐射状排列,有丝样光泽。边缘稍隆起,较厚,有突起的珠孔,底面中心有突起的圆点状种脐(图11-16)。质坚硬,平行剖面可见淡黄白色胚乳,角质状,子叶心形,叶脉5~7条。气微,味极苦。

以个大、肉厚饱满、表面灰棕色微带绿、有细密毛茸、质坚硬无破碎者为佳。

【显微鉴别】

1. 横切面　种皮表皮细胞形成单细胞毛茸,细胞壁厚,木化,具纵条纹,毛茸基部膨大略似石细胞样。

2. 粉末　灰黄色。①非腺毛单细胞,基部膨大似石细胞,壁极厚,多碎断,木化。②胚乳细胞多角形,壁厚,内含脂肪油及糊粉粒。

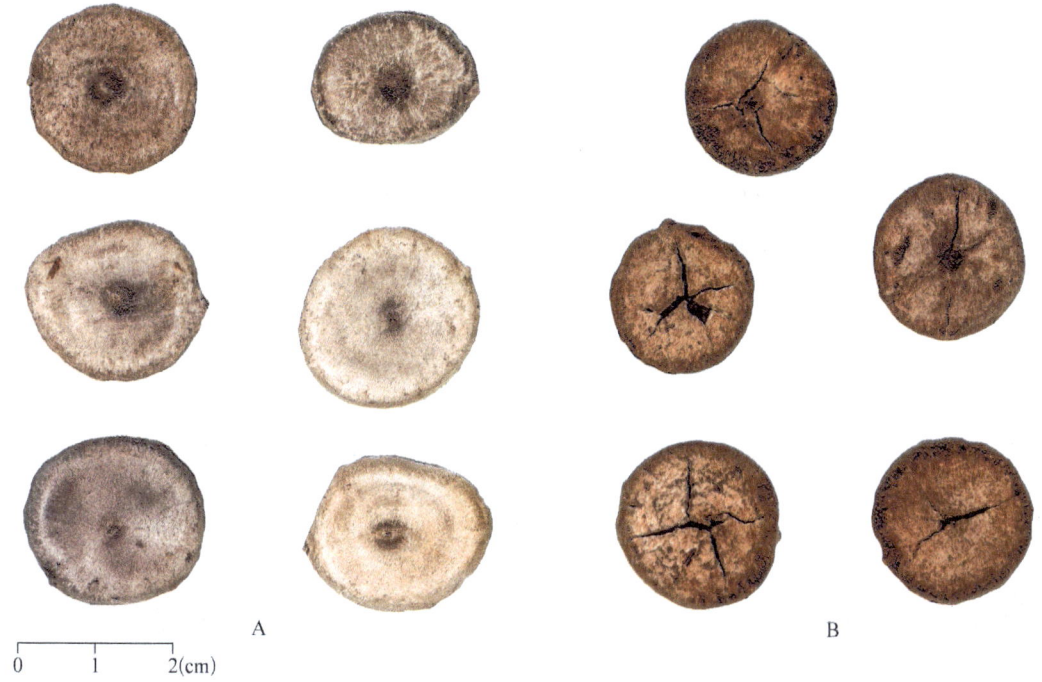

图 11-16 马钱子
A. 饮片；B. 药材

【检查】
1. 水分　　不得过 13.0%。
2. 总灰分　　不得过 2.0%。
3. 黄曲霉毒素　　按照真菌毒素测定法测定。每 1 000 g 含黄曲霉毒素 B_1 不得过 5 μg, 含黄曲霉毒素 G_2、黄曲霉毒素 G_1、黄曲霉毒素 B_2 和黄曲霉毒素 B_1 的总量不得过 10 μg。

【化学成分】　种子中含生物碱,主要为士的宁、马钱子碱。另含微量的番木鳖次碱、伪番木鳖碱、伪马钱子碱等。此外,尚含番木鳖苷、绿原酸等。

【理化鉴别】
(1) 马钱子种子的胚乳部分做切片：加 1% 钒酸铵硫酸溶液 1 滴,胚乳即显紫色(检查士的宁,胚乳内层含量较多)。加发烟硝酸 1 滴,胚乳即显橙红色(检查马钱子碱,以胚乳外层含量较多)。
(2) 取粉末,加三氯甲烷-乙醇(10:1)混合溶液与浓氨试液,密塞,振摇,放置,滤过,取滤液作为供试品溶液。以士的宁对照品和马钱子碱对照品为对照,照薄层色谱法,以甲苯-丙酮-乙醇-浓氨试液(4:5:0.6:0.4)为展开剂,喷以稀碘化铋钾试液。供试品色谱中,在与对照品色谱相应的位置上,显相同颜色的斑点。

【含量测定】　照高效液相色谱法测定,按干燥品计算,含士的宁($C_{21}H_{22}N_2O_2$)应为 1.20%~2.20%,马钱子碱($C_{23}H_{26}N_2O_4$)不得少于 0.80%。

【贮藏】　置干燥处。

【性味功能】　性温,味苦,有大毒。通络止痛,散结消肿。

【附注】　混淆品　　云南马钱子为同科植物长籽马钱 Strychnos wallichiana Steudel ex A. De Candolle(云南马钱 S. pierriana A. W. Hill 已合并到长籽马钱的干燥成熟种子)。呈不规则的扁长圆形,边缘比中央薄并向上翘起。外表被较疏松而粗糙的黄色或浅灰棕色的绒状毛茸。质坚硬,剖面为淡黄白色或灰白色的胚乳,角质样。子叶卵形,有微凸起的叶脉 3 条。无臭,味苦,有毒。马钱种子表皮毛茸平直不扭曲,毛肋不分散；云南马钱种子表皮毛茸,平直或多少扭曲,毛肋常分散。

栀子(Zhizi, GARDENIAE FRUCTUS)

栀子历史沿革

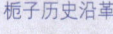

栀子植物形态

【来源】 为茜草科植物栀子 *Gardenia jasminoides* Ellis 的干燥成熟果实。

【产地与采制】 主产于湖南、江西、湖北和福建等地。

9～11月果实成熟呈红黄色时采收,除去果梗和杂质,蒸至上气或置沸水中略烫,取出,干燥。

【性状鉴别】 呈长卵圆形或椭圆形,长1.5～3.5cm,直径1～1.5cm。表面红黄色或棕红色,具6条翅状纵棱,棱间常有1条明显的纵脉纹,并有分枝。顶端残存萼片,基部稍尖,有残留果梗。果皮薄而脆,略有光泽;内表面色较浅,有光泽,具2～3条隆起的假隔膜。种子多数,扁卵圆形,集结成团,深红色或红黄色,表面密具细小疣状突起(图11-17)。气微,味微酸而苦。

以皮薄、饱满、色红黄者为佳。

图11-17 栀子

A. 果实;B. 种子

【显微鉴别】 粉末 红棕色。① 内果皮石细胞类长方形、类圆形或类三角形,常上下层交错排列或与纤维连结,直径14～34μm,长约至75μm,壁厚4～13μm。② 胞腔内常含草酸钙方晶。③ 内果皮纤维细长,梭形,直径约10μm,长约至110μm,常交错、斜向镶嵌状排列。④ 种皮石细胞黄色或淡棕色,长多角形、长方形或形状不规则,直径60～112μm,长至230μm,壁厚,纹孔甚大,胞腔棕红色。⑤ 草酸钙簇晶直径19～34μm。

【检查】

1. 水分   不得过8.5%。

2. 总灰分   不得过6.0%。

3. 重金属及有害元素   按照铅、镉、砷、汞、铜测定法测定。铅不得过5mg/kg;镉不得过

1 mg/kg;砷不得过 2 mg/kg;汞不得过 0.2 mg/kg;铜不得过 20 mg/kg。

【化学成分】 含栀子苷(geniposide)、羟异栀子苷(gardenoside)、山栀苷(shanzhiside)、栀子新苷(gardoside)等多种环烯醚萜苷类;含绿原酸等有机酸类;栀子素(gardenin)、藏红花素(crocin)等色素类。

【理化鉴别】 取粉末,加甲醇超声处理,滤过,取滤液作为供试品溶液。以栀子对照药材为对照,照薄层色谱法,以乙酸乙酯-丙酮-甲酸-水(5∶5∶1∶1)为展开剂,供试品色谱中,在与对照药材色谱相应的位置上,显相同颜色的黄色斑点;再喷以 10%硫酸乙醇溶液,加热至斑点显色清晰,供试品色谱中,在与对照药材色谱和对照品色谱相应的位置上,显相同颜色的斑点。

【含量测定】 照高效液相色谱法测定,按干燥品计算含栀子苷($C_{17}H_{24}O_{10}$)不得少于 1.8%。

【贮藏】 置通风干燥处。

【性味功能】 性寒,味苦。泻火除烦,清热利湿,凉血解毒;外用消肿止痛。

【附注】
1. 饮片 呈不规则的碎块。果皮表面红黄色或棕红色,有的可见翅状纵横。种子多数,扁卵圆形,深红色或红黄色。气微,味微酸而苦。

2. 混淆品 水栀子也称大栀子,为大花栀子 Gardenia jasminoides Ellis var. grandiflora Nakai 的干燥果实。主要区别为果实大,长圆形,常 3~7 cm,棱高。

菟丝子(Tusizi, CUSCUTAE SEMEN)

为旋花科植物南方菟丝子 Cuscuta australis R. Br. 或菟丝子 C. chinensis Lam. 的干燥成熟种子。秋季果实成熟时采收植株,晒干,打下种子,除去杂质。主产于江苏、辽宁、吉林、河北、山东、河南等地。

呈类球形,直径 1~2 mm。表面灰棕色至棕褐色,粗糙,种脐线形或扁圆形。质坚实,不易以指甲压碎。气微,味淡。以粒饱满者为佳。含有胆甾醇(cholesterol)、菜油甾醇(campesterol)等甾类物质及槲皮素(quercetin)、金丝桃苷(hyperoside)、菟丝子苷(cuscutinoside)等黄酮类化合物。

牵牛子(Qianniuzi, PHARBITIDIS SEMEN)

为旋花科植物裂叶牵牛 Pharbitis nil (L.) Choisy 或圆叶牵牛 P. purpurea (L.) Voigt 的干燥成熟种子。主产于辽宁。此外,全国各省均有野生或栽培。

呈三棱状卵形,似橘瓣状,长 4~8 mm,宽 3~5 mm。表面灰黑色(黑丑)或淡黄白色(白丑),背面有一条浅纵沟,腹面棱线的下端有一点状种脐,微凹。质硬,横切面可见淡黄色或黄绿色皱缩折叠的子叶,微显油性。气微,味辛、苦,有麻舌感。以粒大、饱满、无果皮等杂质者为佳。含有牵牛子苷(pharbitin)约 2%,牵牛子苷为一种泻下树脂性苷,是其主要活性成分。

枸杞子(Gouqizi, LYCII FRUCTUS)

为茄科植物宁夏枸杞 Lycium barbarum L. 的干燥成熟果实。主产于宁夏、甘肃、青海、新疆、内蒙古、河北等地。

呈类纺锤形或椭圆形,长6~20 mm,直径3~10 mm。表面红色或暗红色,顶端有小突起状的花柱痕,基部有白色的果梗痕。果皮柔韧,皱缩;果肉肉质,柔润。种子20~50粒,类肾形,扁而翘,长1.5~1.9 mm,宽1~1.7 mm,表面浅黄色或棕黄色。气微,味甜。以粒大、色红、肉厚、质柔润、籽少、味甜者为佳。含有枸杞多糖、甜菜碱(betaine)等。

牛蒡子(Niubangzi, ARCTII FRUCTUS)

为菊科植物牛蒡 *Arctium lappa* L. 的干燥成熟果实。主产于东北及浙江等地。

呈长倒卵形,略扁,微弯曲,长5~7 mm,宽2~3 mm。表面灰褐色,带紫黑色斑点,有数条纵棱,通常中间1~2条较明显。顶端钝圆,稍宽,顶面有圆环,中间具点状花柱残迹;基部略窄,着生面色较淡。果皮较硬,子叶2,淡黄白色,富油性。气微,味苦后微辛而稍麻舌。以粒大、饱满、色灰褐者为佳。含牛蒡苷(arctiin),水解生成牛蒡子素(arctigenin)。

苍耳子(Cangerzi, XANTHII FRUCTUS)

为菊科植物苍耳 *Xanthium sibiricum* Patr. 的干燥成熟带总苞的果实。秋季果实成熟时采收。全国各地均产,多自产自销。

呈纺锤形或卵圆形,长1~1.5 cm,直径0.4~0.7 cm。表面黄棕色或黄绿色,全体有钩刺,顶端有2枚较粗的刺,分离或相连,基部有果梗痕。质硬而韧,横切面中央有纵隔膜,2室,各有1枚瘦果。瘦果略呈纺锤形,一面较平坦,顶端具1突起的花柱基,果皮薄,灰黑色,具纵纹。种皮膜质,浅灰色,子叶2,有油性。气微,味微苦。以粒大、饱满、色棕黄者为佳。含有苍耳苷、苍耳醇、生物碱等成分。

夏枯草(Xiakucao, PRUNELLAE SPICA)

为唇形科植物夏枯草 *Prunella vulgaris* L. 的干燥果穗。主产于江苏、安徽、河南等地。全国各地均产。

呈圆柱形,略扁,长1.5~8 cm,直径0.8~1.5 cm;淡棕色至棕红色。全穗由数轮至十数轮宿萼与苞片组成,每轮有对生苞片2片,呈扇形,先端尖尾状,脉纹明显,外表面有白毛。每一苞片内有花3朵,花冠多已脱落,宿萼二唇形,内有小坚果4枚,卵圆形,棕色,尖端有白色突起。体轻。气微,味淡。以穗大、色棕红为佳。含有夏枯草苷(prunellin)、游离的乌苏酸(ursolic acid)和齐墩果酸(oleanolic acid)。

薏苡仁(Yiyiren, COICIS SEMEN)

为禾本科植物薏苡仁 *Coix lacryma-jobi* L. var. *mayuen* (Roman.) Stapf 的干燥成熟种仁。主产于河北、福建、辽宁等地。其他各省亦产,均系栽培。

呈宽卵形或长椭圆形,长4~8 mm,3~6 mm。表面乳白色,光滑,偶有残存的黄褐色种皮;一端钝圆,另端较宽而微凹,有1淡棕色点状种脐;背面圆凸,腹面有1条较宽而深的纵沟。质坚实,断面白色,粉性。气微,味微甜。以粒大、饱满、无破碎、色白者为佳。含有薏苡仁酯（coixenolide）、薏苡素（coixol）、薏苡多糖（coixan）A、苡多糖 B、苡多糖 C 等。

槟榔（Binglang，ARECAE SEMEN）

槟榔历史沿革

槟榔植物形态

【来源】 为棕榈科植物槟榔 *Areca catechu* L. 的干燥成熟种子。

【产地与采制】 主产于海南省。

春末至秋初采收成熟果实,用水煮后,干燥,除去果皮,取出种子,干燥。

【性状鉴别】 呈扁球形或圆锥形,高 1.5~3.5 cm,底部直径 1.5~3 cm。表面淡黄棕色或淡红棕色,具稍凹下的网状沟纹,底部中心有圆形凹陷的珠孔,其旁有 1 明显瘢痕状种脐。质坚硬,不易破碎,断面可见棕色种皮与白色胚乳相间的大理石样花纹（图 11-18）。气微,味涩、微苦。

以个大、坚实、断面颜色鲜艳、无破裂者为佳。

图 11-18 槟榔

A. 药材；B. 饮片

【显微鉴别】

1. 横切面 种皮组织分内、外层,外层为数列切向延长的扁平石细胞,内含红棕色物,石细胞形状、大小不一,常有细胞间隙；内层为数列薄壁细胞,含棕红色物,并散有少数维管束。外胚乳较狭窄,种皮内层与外胚乳常插入内胚乳中,形成错入组织；内胚乳细胞白色,多角形,壁厚,纹孔大,含油滴和糊粉粒。

2. 粉末 红棕色至棕色。① 内胚乳细胞极多,多破碎,完整者呈不规则多角形或类方形,直径 56~112 μm,纹孔较多,甚大,类圆形或矩圆形。② 外胚乳细胞呈类方形、类多角形或长条状,胞腔内大多数充满红棕色至深棕色物。③ 种皮石细胞呈纺锤形,多角形或长条形,淡黄棕色,纹孔少数,裂缝状,有的胞腔内充满红棕色物。

【检查】

1. 水分 不得过 10.0%。

2. 黄曲霉毒素　照真菌毒素测定法测定,每 1 000 g 含黄曲霉毒素 B_1 不得过 5 μg,含黄曲霉毒素 G_2、黄曲霉毒素 G_1、黄曲霉毒素 B_2 和黄曲霉毒素 B_1 总量不得过 10 μg。

【化学成分】　含 6 种与鞣质结合而存在的生物碱。槟榔碱(arecoline)是槟榔的主要有效成分,含量最多。此外,还含有槟榔次碱(arecaidine)、去甲基槟榔碱(guvacoline)、去甲基槟榔次碱(guvacine)、异去甲基槟榔次碱(isoguvacine)等。

【理化鉴别】　取粉末,加乙醚,再加碳酸盐缓冲液,加水使溶解,放置,时时振摇,加热回流分取乙醚液,挥干,残渣加甲醇使溶解,置具塞离心管中,静置离心,取上清液作为供试品溶液。以槟榔对照药材和氢溴酸槟榔碱对照品为对照,照薄层色谱法,以环己烷-乙酸乙酯-浓氨试液(7.5∶7.5∶0.2)为展开剂,置碘蒸气中熏至斑点清晰。供试品色谱中,在与对照药材色谱和对照品色谱相应的位置上,显相同颜色的斑点。

【含量测定】　照高效液相色谱法测定,按干燥品计算,含槟榔碱($C_8H_{13}NO_2$)不得少于 0.20%。

【贮藏】　置通风干燥处,防蛀。

【性味功能】　性温,味苦、辛。杀虫,消积,行气,利水,截疟。

【附注】　饮片　呈类圆形的薄片。切面可见棕色种皮与白色胚乳相间的大理石样花纹。气微,味涩、微苦。

砂仁(Sharen, AMOMI FRUCTUS)

砂仁历史沿革

砂仁植物形态

【来源】　为姜科植物阳春砂 *Amomum villosum* Lour.、绿壳砂 *A. villosum* Lour. var. *xanthioides* T. L. Wu et Senjen 或海南砂 *A. longiligulare* T. L. Wu 的干燥成熟果实。

【产地与采制】　阳春砂主产于我国广东省,以阳春出产的最为著名,云南、广西地区亦产,多为栽培。绿壳砂主产于云南南部临沧、文山、景洪等地。海南砂主产于我国海南省。

夏、秋二季果实成熟时采收,晒干或低温干燥。

【性状鉴别】

1. 阳春砂、绿壳砂　呈椭圆形或卵圆形,有不明显的三棱,长 1.5~2 cm,直径 1~1.5 cm。表面棕褐色,密生刺状突起,顶端有花被残基,基部常有果梗。果皮薄而软。种子集结成团,具三钝棱,中有白色隔膜,将种子团分成 3 瓣,每瓣有种子 5~26 粒。种子为不规则多面体,直径 2~3 mm;表面棕红色或暗褐色,有细皱纹,外被淡棕色膜质假种皮;质硬,胚乳灰白色。气芳香而浓烈,味辛凉、微苦。

2. 海南砂　呈长椭圆形或卵圆形,有明显的三棱,长 1.5~2 cm,直径 0.8~1.2 cm。表面被片状、分枝的软刺,基部具果梗痕(图 11-19)。果皮厚而硬。种子团较小,每瓣有种子 3~24 粒;种子直径 1.5~2 mm。气味稍淡。

以个大、坚实、饱满、香气浓、搓之果皮不易脱落者为佳。

【显微鉴别】

1. 种子横切面　假种皮有时残存。种皮表皮细胞 1 列,径向延长,壁稍厚;下皮细胞 1 列,含棕色或红棕色物。油细胞层为 1 列油细胞,长 76~106 μm,宽 16~25 μm,含黄色油滴。色素层为数列棕色细胞,细胞多角形,排列不规则。内种皮为 1 列栅状厚壁细胞,黄棕色,内壁及侧壁极厚,细胞小,内含硅质块。外胚乳细胞含淀粉粒,并有少数细小草酸钙方晶。内胚乳细胞含细小糊粉粒和脂肪油滴(图 11-20)。

2. 粉末　灰棕色。① 内种皮厚壁细胞红棕色或黄棕色,表面观多角形,壁厚,非木化,胞腔内含硅质块;断面观为 1 列栅状细胞,内壁及侧壁极厚,胞腔偏外侧,内含硅质块。② 种皮表皮细胞淡黄色,表面观长条形,常与下皮细胞上下层垂直排列;下皮细胞含棕色或红棕色物。

图 11-19 砂仁
A-1. 阳春砂；A-2. 海南砂；B. 种子团

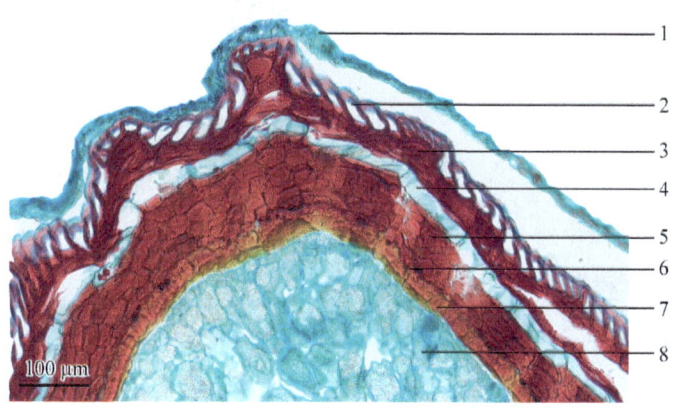

图 11-20 砂仁种子横切面显微组织构造详图
1. 假种皮；2. 种皮表皮细胞；3. 下皮细胞；4. 油细胞层；5. 色素层；6. 硅质块；7. 内种皮；8. 外胚乳

③ 色素层细胞皱缩，界限不清楚，含红棕色或深棕色物。④ 外胚乳细胞类长方形或不规则形，充满细小淀粉粒集结成的淀粉团，有的包埋有细小草酸钙方晶。⑤ 内胚乳细胞含细小糊粉粒和脂肪油滴。⑥ 油细胞无色，壁薄，偶见油滴散在（图 11-21）。

【检查】 水分　不得过 15.0%。

【化学成分】 阳春砂种子含挥发油 3% 以上。油的主要成分为龙脑、右旋樟脑、乙酸龙脑酯（bornyl acetate）、芳樟醇（linalool）、橙花叔醇（nerolidol）、柠檬烯、莰烯等。绿壳砂种子含挥发油 1.7%~3%。油中成分与阳春砂种子大致相似。海南砂种子含挥发油，其组分与阳春砂大致相似，但含量较低。

【理化鉴别】 取药材挥发油，加乙醇制成供试品溶液。以乙酸龙脑酯对照品为对照，照薄层色谱法，以环己烷-乙酸乙酯（22:1）为展开剂，喷以 5% 香草醛硫酸溶液，加热至斑点显色清晰。供试品色谱中，在与对照品色谱相应的位置上，显相同的紫红色斑点。

【含量测定】 照挥发油测定法测定，阳春砂、绿壳砂种子团含挥发油不得少于 3.0%（mL/g）；海南砂种子团含挥发油不得少于 1.0%（mL/g）。

图 11-21 砂仁粉末显微特征图

1. 内种皮厚壁细胞;2. 种皮表皮细胞;3. 下皮细胞;4. 色素层细胞;5. 外胚乳细胞;6. 内胚乳细胞;7. 油细胞

照气相色谱法测定,按干燥品计算,含乙酸龙脑酯($C_{12}H_{20}O_2$)不得少于 0.90%。

【贮藏】 置阴凉干燥处。

【性味功能】 性温,味辛。化湿开胃,温脾止泻,理气安胎。

【附注】

1. 饮片　除去杂质,用时捣碎。

2. 混淆品　进口砂仁原植物与绿壳砂一致。药材称缩砂。主产于越南、缅甸、印度尼西亚等国。同科山姜属的山姜 Alpinia japonica (Thunb.) Miq. 及华山姜 A. chinensis (Retz.) Rosc. 等植物的种子团,其药材称土砂仁或建砂仁,主要在福建等地使用。

草果(Caoguo, TSAOKO FRUCTUS)

为姜科植物草果 Amomum tsao-ko Crevost et Lemaire 的干燥成熟果实。主产于云南、广西、贵州等地区。多为栽培。

呈长椭圆形,具三钝棱,长 2~4 cm,直径 1~2.5 cm。表面灰棕色至红棕色,具纵沟及棱线,顶端有圆形突起的柱基,基部有果梗或果梗痕。果皮质坚韧,易纵向撕裂。剥去外皮,中间有黄棕色隔膜,将种子团分成 3 瓣,每瓣有种子多为 8~11 粒。种子呈圆锥状多面体,直径约 5 mm;表面红棕色,外被灰白色膜质的假种皮,种脊为一条纵沟,尖端有凹状的种脐;质硬,胚乳灰白色。有特异香气,味辛、微苦。以个大、饱满、色红棕、气味浓者为佳。含有挥发油。

豆蔻（Doukou，AMOMI FRUCTUS ROTUNDUS）

为姜科植物白豆蔻 *Amomum kravanh* Pierre ex Gagnep. 或爪哇白豆蔻 *A. compactum* Soland ex Maton 的干燥成熟果实。按产地不同分为"原豆蔻"和"印尼白蔻"。白豆蔻由柬埔寨、泰国、越南、缅甸等国进口。海南省和云南省有少量栽培。爪哇白豆蔻多由印度尼西亚进口，海南省和云南南部有栽培。

原豆蔻：呈类球形，直径 1.2~1.8 cm。表面黄白色至淡黄棕色，有 3 条较深的纵向槽纹，顶端有突起的柱基，基部有凹下的果柄痕，两端均具浅棕色绒毛。果皮体轻，质脆，易纵向裂开，内分 3 室，每室含种子约 10 粒；种子呈不规则多面体，背面略隆起，直径 3~4 mm，表面暗棕色，有皱纹，并被有残留的假种皮。气芳香，味辛凉略似樟脑。印尼白蔻：个略小。表面黄白色，有的微显紫棕色。果皮较薄，种子瘦瘪。气味较弱。均以个大饱满、果皮薄而洁白、气味浓者为佳。含挥发油。

草豆蔻（Caodoukou，ALPINIAE KATSUMADAI SEMEN）

为姜科植物草豆蔻 *Alpinia katsumadai* Hayata 的干燥近成熟种子。主产于广东、广西等地区。

为类球形的种子团，直径 1.5~2.7 cm。表面灰褐色，中间有黄白色的隔膜，将种子团分成 3 瓣，每瓣有种子多数，粘连紧密，种子团略光滑。种子为卵圆状多面体，长 3~5 mm，直径约 3 mm，外被淡棕色膜质假种皮，种脊为一条纵沟，一端有种脐；质硬，将种子沿种脊纵剖两瓣，纵断面观呈斜心形，种皮沿种脊向内伸入部分约占整个表面积的 1/2；胚乳灰白色。气香，味辛、微苦。以种子团类球形、种子饱满、气味浓者为佳。含挥发油约 4%。

益智（Yizhi，ALPINIAE OXYPHYLLAE FRUCTUS）

为姜科植物益智 *Alpinia oxyphylla* Miq. 的干燥成熟果实。主产于海南、广东雷州半岛、广西等地区。

呈椭圆形，两端略尖，长 1.2~2 cm，直径 1~1.3 cm。表面棕色或灰棕色，有纵向凹凸不平的突起棱线 13~20 条，顶端有花被残基，基部常残存果梗。果皮薄而稍韧，与种子紧贴，种子集结成团，中有隔膜将种子团分为 3 瓣，每瓣有种子 6~11 粒。种子呈不规则的扁圆形，略有钝棱，直径约 3 mm，表面灰褐色或灰黄色，外被淡棕色膜质的假种皮；质硬，胚乳白色。有特异香气，味辛、微苦。以粒大饱满、气味浓者为佳。含挥发油约 0.7%。

当前，中药材市场酸枣仁药材存在掺伪情况，最常见的是地方习用理枣仁和伪品枳椇子冒充酸枣仁。理枣仁是鼠李科植物滇刺枣 *Ziziphus mauritiana* Lam 成熟种子，多产于中国云南和缅甸，属于云南省地方习用品种，收载于《云南省药材标准》。枳椇子是鼠李科植物枳椇 *Hovenia acerba* L. 的干燥成熟种子。

问题：
酸枣仁与理枣仁、枳椇子形状、大小都相近，如何采用中药鉴定学方法鉴定酸枣仁、理枣仁和枳椇子？

第十二章 全草类中药

第一节 概　述

全草(herba)类中药是以草本植物全草入药的药材总称,主要是由草本植物的全株或地上的某些器官直接干燥而成,大多为干燥的地上部分,如广藿香、益母草等;也有少数带有根及根茎,如蒲公英等;或小灌木草质茎的枝梢,如麻黄等;或是草质茎,如石斛等。

全草类中药的鉴定,涉及所包括的器官如根、茎、叶、花、果实、种子,这6类器官的性状与显微鉴别特征已在各章中分别进行了详细的论述,所以对全草类中药的鉴别是一个综合性的鉴别。因此,对其进行原植物的分类鉴定尤为必要,原植物的特征一般反映了该药材的性状特征。

第二节　常用中药材

麻黄(Mahuang, EPHEDRAE HERBA)

麻黄授课视频

麻黄历史沿革

麻黄植物形态

【来源】　为麻黄科植物草麻黄 *Ephedra sinica* Stapf、中麻黄 *E. intermedia* Schrenk et C. A. Mey. 或木贼麻黄 *E. equisetina* Bge. 的干燥草质茎。

【产地与采制】　主产于山西、内蒙古、河北、甘肃、陕西、辽宁等地。

秋季采割绿色的草质茎,晒干。

【性状鉴别】

1. 草麻黄　呈细长圆柱形,少分枝,直径1~2 mm。有的带少量棕色木质茎。表面淡绿色至黄绿色,有细纵脊线,触之微有粗糙感。节明显,节间长2~6 cm。节上有膜质鳞叶,长3~4 mm;裂片2(稀3),锐三角形,先端灰白色,反曲,基部联合成筒状,红棕色(图12-1)。体轻,质脆,易折断,断面略呈纤维性,周边绿黄色,髓部红棕色,近圆形。气微香,味涩、微苦。

2. 中麻黄　多分枝,直径1.5~3 mm,有粗糙感。节上膜质鳞叶长2~3 mm,裂片3(稀2),先端锐尖。断面髓部呈三角状圆形。

3. 木贼麻黄　较多分枝,直径1~1.5 mm,无粗糙感。节间长1.5~3 cm。膜质鳞叶长1~2 mm;裂片2(稀3),上部为短三角形,灰白色,先端多不反曲,基部棕红色至棕黑色。

以色淡绿或黄绿、内心色红棕、手拉不脱节、味苦涩者为佳。色变枯黄、脱节者不可药用。

【显微鉴别】

1. 茎横切面

(1)草麻黄:表皮细胞类方形,外被厚的角质层;脊线较密,有蜡质疣状突起,两脊线间有下陷式气孔。下皮纤维束位于脊线处,壁厚,非木化。皮层较宽,纤维成束散在。中柱鞘纤维束新月形。维管束外韧型,8~10个。形成层环类圆形。木质部呈三角状。髓部薄壁细胞常含棕色块(图12-2);偶有环髓纤维。表皮细胞外壁、皮层薄壁细胞及纤维壁均有微小草酸钙砂晶或方晶。

(2)中麻黄:维管束12~15个。形成层环类三角形。环髓纤维成束或单个散在。

(3)木贼麻黄:维管束8~10个。形成层环类圆形。无环髓纤维。

图 12-1 草麻黄

A. 药材；B. 饮片

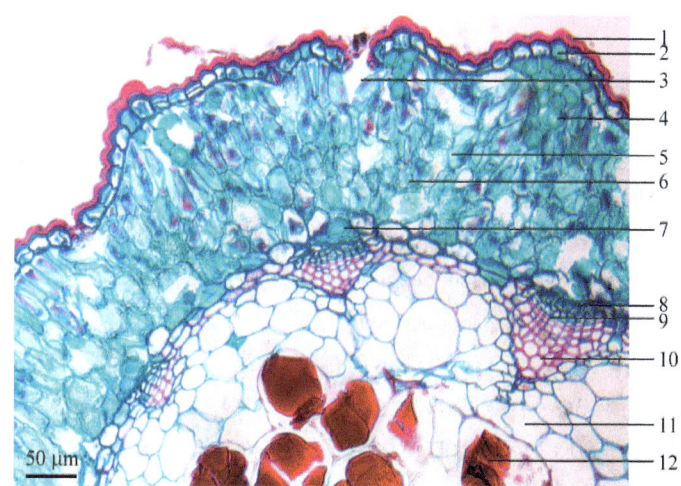

图 12-2 草麻黄茎横切面显微组织构造详图

1. 角质层；2. 表皮；3. 气孔；4. 下皮纤维束；5. 皮层；6. 草酸钙结晶；7. 中柱鞘纤维；
8. 韧皮部；9. 形成层；10. 木质部；11. 髓部薄壁细胞；12. 棕色块

2. **粉末** 淡棕色或黄绿色(草麻黄)。① 表皮组织碎片甚多,细胞呈类长方形,外壁布满颗粒状细小晶体;气孔特异,内陷,保卫细胞侧面观呈哑铃状或电话听筒状;角质层极厚,常破碎,呈不规则条块状。② 皮层纤维细长,壁极厚,木化或非木化,初生壁上附有众多细小的砂晶和方晶,形成嵌晶纤维。③ 木纤维大多成束,较长,末端尖或平截,壁增厚,木化,斜纹孔明显。④ 导管分子端壁具多数圆形穿孔,形成麻黄式穿孔板。⑤ 皮层薄壁细胞类圆形,含多数细小砂晶。⑥ 髓部薄壁细胞壁增厚,内含红棕色物质,多散出。⑦ 石细胞较少见,常数个成群,类圆形或长椭圆形(图12-3)。

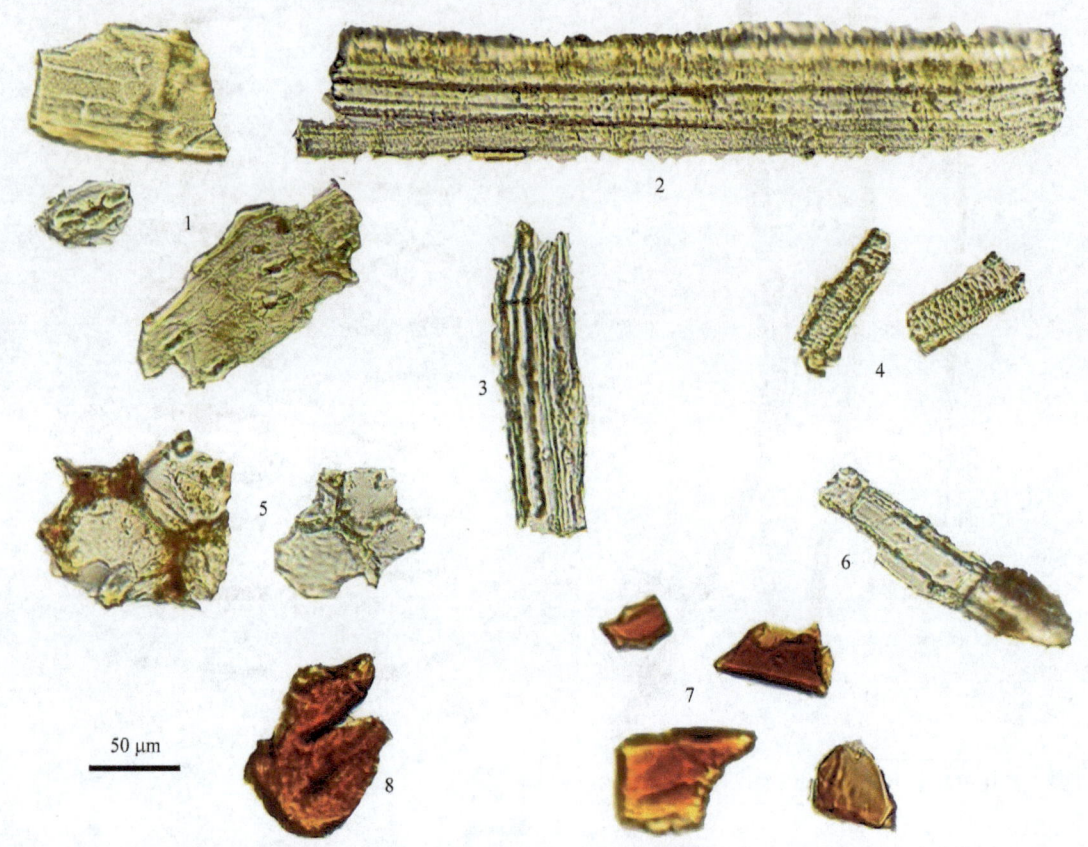

图 12-3 草麻黄粉末显微特征图

1. 表皮细胞及气孔;2. 嵌晶纤维;3. 木纤维;4. 导管;5. 皮层薄壁细胞;6. 髓部薄壁细胞;7. 棕色块;8. 石细胞

【检查】
1. 杂质　不得过5%。
2. 水分　不得过9.0%。
3. 总灰分　不得过10.0%。

【化学成分】 含有生物碱类、挥发性、鞣质等成分,以生物碱类为主,主要有左旋麻黄碱(L-ephedrine)、右旋伪麻黄碱(D-pseudoephedrine)、左旋甲基麻黄碱(L-N-methylephedrine)、右旋甲基伪麻黄碱(D-N-methyl-pseudoephedrine)等。生物碱主要存在于麻黄草质茎节间的髓部,节部含量为节间的1/3~1/2,但伪麻黄碱的含量高。总生物碱含量以木贼麻黄最高,约1.7%;其次是草麻黄,约1.3%;中麻黄最低,约1.1%。其中,左旋麻黄碱在草麻黄和木贼麻黄中的含量均占总生物碱的80%以上,中麻黄中占30%~40%。

【理化鉴别】
(1) 药材纵剖面置紫外光灯(365 nm)下观察,边缘显亮白色荧光,中心显亮棕色荧光。
(2) 取粉末,加浓氨试液数滴,再加三氯甲烷加热回流提取,滤过,滤液蒸干,残渣加甲醇充分振摇,滤过,取滤液作为供试品溶液。以盐酸麻黄碱对照品为对照,照薄层色谱法,以三氯甲烷-甲醇-浓氨试液(20∶5∶0.5)为展开剂,喷以茚三酮试液,在105℃条件下加热至斑点显色清晰。供试品色谱中,在与对照品色谱相应的位置上,显相同的红色斑点。

【含量测定】 照高效液相色谱法测定,以甲醇-0.092%磷酸溶液(含0.04%三乙胺和0.02%二正丁胺)为流动相,检测波长210 nm。按干燥品计算,含盐酸麻黄碱($C_{10}H_{15}NO \cdot HCl$)和盐酸伪麻黄碱($C_{10}H_{15}NO \cdot HCl$)的总量不得少于0.80%。

【贮藏】 置通风干燥处。防潮。

【性味功能】 性温,味辛、微苦。发汗散寒,宣肺平喘,利水消肿。

【附注】 饮片

(1) 麻黄:呈圆柱形的段。表面淡黄绿色至黄绿色,粗糙,有细纵脊线,节上有细小鳞叶。切面中心显红黄色。气微香,味涩、微苦。

(2) 蜜麻黄:形如麻黄段。表面深黄色,微有光泽,略具黏性。有蜜香气,味甜。

鱼腥草(Yuxingcao, HOUTTUYNIAE HERBA)

为三白草科植物蕺菜 *Houttuynia cordata* Thunb. 的新鲜全草或干燥地上部分。主产于长江以南地区。

鲜鱼腥草:茎呈圆柱形,长20~45 cm,直径0.25~0.45 cm;上部绿色或紫红色,下部白色,节明显,下部节上生有须根,无毛或被疏毛。叶互生,叶片心形,长3~10 cm,宽3~11 cm;先端渐尖,全缘;上表面绿色,密生腺点,下表面常紫红色;叶柄细长,基部与托叶合生成鞘状。穗状花序顶生。具鱼腥气,味涩。干鱼腥草:茎呈扁圆柱形,扭曲,表面黄棕色,具纵棱数条;质脆,易折断。叶片卷折皱缩,展平后呈心形,上表面暗黄绿色至暗棕色,下表面灰绿色或灰棕色。穗状花序黄棕色。含有挥发油、苷类等成分,如甲基正壬酮(methylnonylketone)、金丝桃苷等。

仙鹤草(Xianhecao, AGRIMONIAE HERBA)

为蔷薇科植物龙芽草 *Agrimonia pilosa* Ledeb. 的干燥地上部分。主产于浙江、江苏、湖北。

长50~100 cm,全体被白色柔毛。茎下部圆柱形,直径4~6 mm,红棕色,上部方柱形,四面略凹陷,绿褐色,有纵沟和棱线,有节;体轻,质硬,易折断,断面中空。单数羽状复叶互生,暗绿色,皱缩卷曲;质脆,易碎;叶片有大小2种,相间生于叶轴上,顶端小叶较大,完整小叶片展平后呈卵形或长椭圆形,先端尖,基部楔形,边缘有锯齿;托叶2,抱茎,斜卵形。总状花序细长,花萼下部呈筒状,萼筒上部有钩刺,先端5裂,花瓣黄色。气微,味微苦。含有酚类、黄酮、有机酸等成分,如仙鹤草酚B(agrimophol B)、木犀草素-7-β-D-葡萄糖苷(luteolin-7-β-D-glucoside)等。

紫花地丁(Zihuadiding, VIOLAE HERBA)

为堇菜科植物紫花地丁 *Viola yedoensis* Makino 的干燥全草。主产于江苏、安徽、浙江、福建及东北等地。

多皱缩成团。主根长圆锥形,直径1~3 mm;淡黄棕色,有细纵皱纹。叶基生,灰绿色,展平后叶片呈披针形或卵状披针形,长1.5~6 cm,宽1~2 cm;先端钝,基部截形或稍心形,边缘具钝锯齿,两面有毛;叶柄细,长2~6 cm,上部具明显狭翅。花茎纤细;花瓣5,紫堇色或淡棕色;花距细管状。蒴果椭圆形或3裂,种子多数,淡棕色。气微,味微苦而稍黏。含有苷类成分,如山柰酚-3-O-吡喃鼠李糖苷(kaempferol-3-O-rhamnopyranoside)。

绞股蓝(Jiaogulan, GYNOSTEMMATIS HERBA)

为葫芦科植物绞股蓝 *Gynostemma pentaphyllum* (Thunb.) Makino 的干燥地上部分。主产于四川、云南、湖北、湖南、广东、广西、陕西、福建等地。

呈皱缩卷曲状,茎呈棱柱形,纤细,多分枝,表面黄绿色,有短柔毛,质韧,不易折断。叶腋具黄棕色卷须,顶端不分叉或2分叉。叶互生,大多数脱落或破碎,完整者呈鸟足状复叶,叶柄长2~4cm,被柔毛;小叶膜质,通常5~7片,卵状矩圆形,中间者较长,先端渐尖,基部楔形,叶缘有锯齿;圆锥花序,总花梗细,长10~20cm。浆果球形,种子1~3枚,宽卵形,两面有小疣状凸起。气微香,味微苦、甘。含有皂苷类、黄酮类等成分,以皂苷类成分为主,如绞股蓝皂苷(gypenoside)Ⅲ、绞股蓝皂苷Ⅳ、绞股蓝皂苷Ⅷ、绞股蓝皂苷Ⅻ。

金钱草(Jinqiancao, LYSIMACHIAE HERBA)

金钱草历史沿革

金钱草植物形态

【来源】 为报春花科植物过路黄 *Lysimachia christinae* Hance 的干燥全草。

【产地与采制】 主产于四川。长江流域及山西、陕西、云南、贵州等地亦产。

夏、秋二季采收,除去杂质,晒干。

【性状鉴别】 常缠结成团,无毛或被疏柔毛。茎扭曲,表面棕色或暗棕红色,有纵纹,下部茎节上有时具须根,断面实心。叶对生,多皱缩,展平后呈宽卵形或心形,长1~4cm,宽1~5cm,基部微凹,全缘;上表面灰绿色或棕褐色,下表面色较浅,主脉明显突起,用水浸后,对光透视可见黑色或褐色条纹;叶柄长1~4cm(图12-4)。有的带花,花黄色,单生叶腋,具长梗。蒴果球形。气微,味淡。

图12-4 金钱草
A. 药材;B. 饮片

【显微鉴别】
1. 茎横切面　　表皮细胞外被角质层,有时可见腺毛,头部单细胞,柄部1~2个细胞。栓内层宽广,细胞中有的含红棕色分泌物;分泌道散在,周围分泌细胞5~10个,内含红棕色块状分泌物;内皮层明显。中柱鞘纤维断续排列成环,壁微木化。韧皮部狭窄。木质部连接成环。髓常成空腔。薄壁细胞含淀粉粒。

2. 叶表面观　　腺毛红棕色,头部单细胞,类圆形,直径25 μm,柄单细胞。分泌道散在于叶肉组织内,直径45 μm,含红棕色分泌物。被疏毛者叶表面可见非腺毛,1~17个细胞,平直或弯曲,有的细胞呈缢缩状,长59~1 070 μm,基部直径13~53 μm,表面可见细条纹,胞腔内含黄棕色物。

3. 粉末　　浅棕色至棕色。①上表皮细胞稍弯曲;下表皮细胞壁稍弯曲,气孔不等式或不定式,长25~65 μm,宽24~48 μm,副卫细胞3~5个。②腺毛红棕色,头部单细胞,直径18~41 μm,柄部1~2个细胞;腺毛常脱落,脱落后可见腺毛基痕,周围有角质纹理。③分泌道内含物众多,棕色至红棕色,类圆形或形状不规则。④纤维长方形,木化,直径7~38 μm。⑤导管主要为螺纹、具缘纹孔或网纹,直径4~40 μm。⑥淀粉粒单粒呈类圆形,直径4~25 μm,脐点裂隙状或点状;复粒多由2~5分粒组成。

【检查】
1. 杂质　　不得过8%。
2. 水分　　不得过13.0%。
3. 总灰分　　不得过13.0%。
4. 酸不溶性灰分　　不得过5.0%。

【浸出物】　照醇溶性浸出物(75%乙醇)项下的热浸法测定,不得少于8.0%。

【化学成分】　含有黄酮、挥发油、酚类、甾醇、鞣质、胆碱等成分,以黄酮类为主,主要有槲皮素(quercetin)、异槲皮苷(isoquercitrin)、山柰素(kaempferide)。

【理化鉴别】　取粉末,加80%甲醇,加热回流提取,提取液蒸干,残渣加水使溶解,用乙醚振摇提取,弃去乙醚液,水液加稀盐酸,置水浴中加热,取出,迅速冷却,用乙酸乙酯振摇提取,合并乙酸乙酯液,用水洗涤,弃去水液,乙酸乙酯液蒸干,残渣加甲醇使溶解,作为供试品溶液。以槲皮素、山柰酚对照品为对照,照薄层色谱法,以甲苯-甲酸乙酯-甲酸(10∶8∶1)为展开剂,喷以3%三氯化铝乙醇溶液,在105℃条件下加热数分钟,置紫外光灯(365 nm)下检视。供试品色谱中,在与对照品色谱相应的位置上,显相同颜色的荧光斑点。

【含量测定】　照高效液相色谱法测定,以甲醇-0.4%磷酸溶液(50∶50)为流动相,检测波长360 nm。按干燥品计算,含槲皮素($C_{15}H_{10}O_7$)和山柰酚($C_{15}H_{10}O_6$)的总量不得少于0.10%。

【贮藏】　置干燥处。

【性味功能】　性微寒,味甘、咸。利湿退黄,利尿通淋,解毒消肿。

【附注】
1. 饮片　　呈不规则的段。茎棕色或暗棕红色,有纵纹,实心。叶对生,展平后呈宽卵形或心形,上表面灰绿色或棕褐色,下表面色较浅,主脉明显突出,用水浸后,对光透视可见黑色或褐色的条纹。偶见黄色花,单生叶腋。气微,味淡。

2. 混淆品　　唇形科植物活血丹 *Glechoma longituba* (Nakai) Kupr. 的干燥地上部分,在江苏曾作金钱草用。《中国药典》(2020年版)以"连钱草"名收载。药材茎呈四方形,节上有不定根。叶对生,展平后呈肾形或近心形,边缘具圆齿;轮伞花序腋生,花冠二唇形。搓之气芳香,味微苦。

白花蛇舌草(Baihuasheshecao, HEDYOTIDIS DIFFUSAE HERBA)

为茜草科植物白花蛇舌草 *Hedyotis diffusa* Willd. 的干燥或新鲜全草。主产于广东、广西、福建及长江以南等地。

扭缠成团状,灰绿色或灰棕色。主根 1 条,须根纤细。茎细而卷曲,质脆易折断,中央有白色髓部。叶多破碎,极皱缩,易脱落;托叶长 1~2 mm。花单生叶腋,多具梗。蒴果扁球形,顶具 4 枚宿存的萼齿。气微,味淡。含有苷类成分,如环烯醚萜苷类。

广藿香(Guanghuoxiang,POGOSTEMONIS HERBA)

广藿香历史沿革

广藿香植物形态

【来源】 为唇形科植物广藿香 *Pogostemon cablin* (Blanco) Benth. 的干燥地上部分。按产地不同分为石牌广藿香(广东广藿香)及海南广藿香。

【产地与采制】 主产于广东湛江、肇庆及海南万宁等地。台湾、广西、云南有栽培。

夏、秋季枝叶茂盛时采割,日晒夜闷,反复至干。

【性状鉴别】 茎略呈方柱形,多分枝,枝条稍曲折,长 30~60 cm,直径 0.2~0.7 cm;表面被柔毛;质脆,易折断,断面中部有髓;老茎类圆柱形,直径 1~1.2 cm,被灰褐色栓皮。叶对生,皱缩成团,展平后叶片呈卵形或椭圆形,长 4~9 cm,宽 3~7 cm;两面均被灰白色绒毛;先端短尖或钝圆,基部楔形或钝圆,边缘具大小不规则的钝齿;叶柄细,长 2~5 cm,被柔毛(图 12-5)。气香特异,味微苦。

以叶多、不带须根、香气浓者为佳。

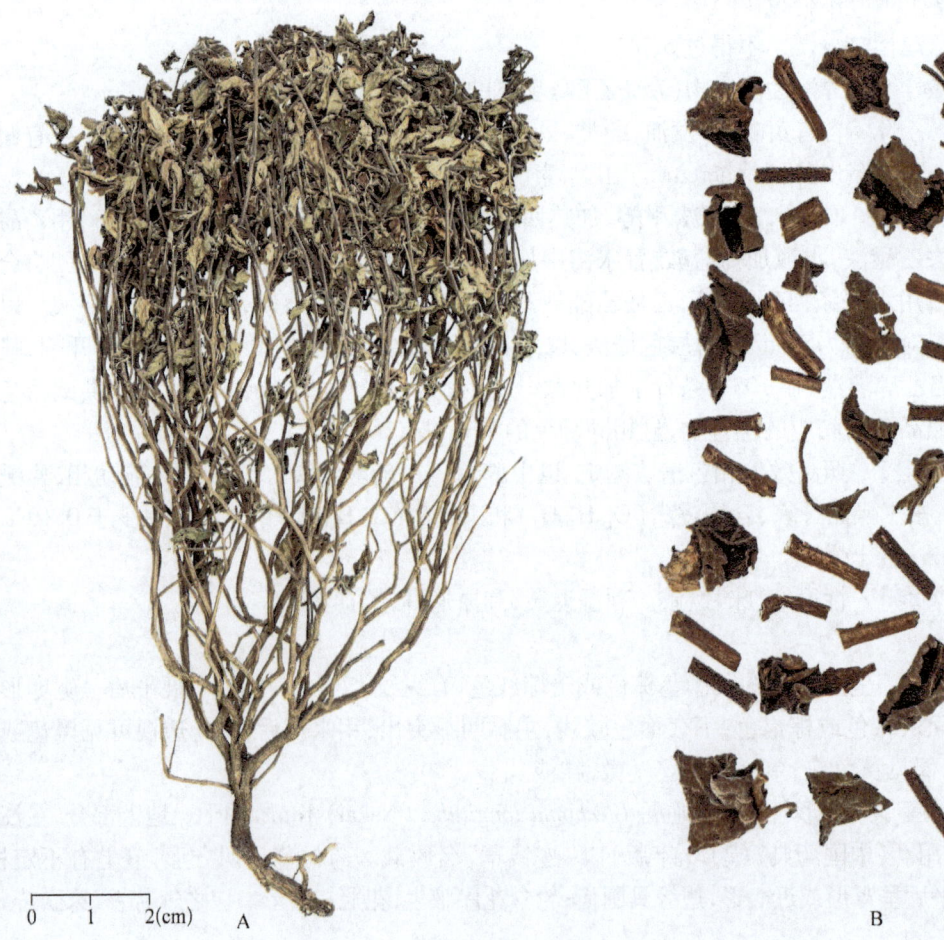

图 12-5 广藿香
A. 药材;B. 饮片

【显微鉴别】

1. 茎横切面　　表皮为一列扁平薄壁细胞,外被角质层。表皮上有纵多非腺毛、小腺毛及少数腺鳞。表皮内为厚角组织,3~5列细胞宽,细胞角隅处增厚。皮层宽3~7列细胞,细胞间隙明显,有的细胞间隙具内生腺毛(间隙腺毛),腺毛单细胞,内含黄绿色分泌物。皮层薄壁细胞含少数针晶。维管束外韧型。髓部宽广,约占半径的3/5;髓周细胞含多数针晶,亦可见少数方晶和柱晶(图12-6)。

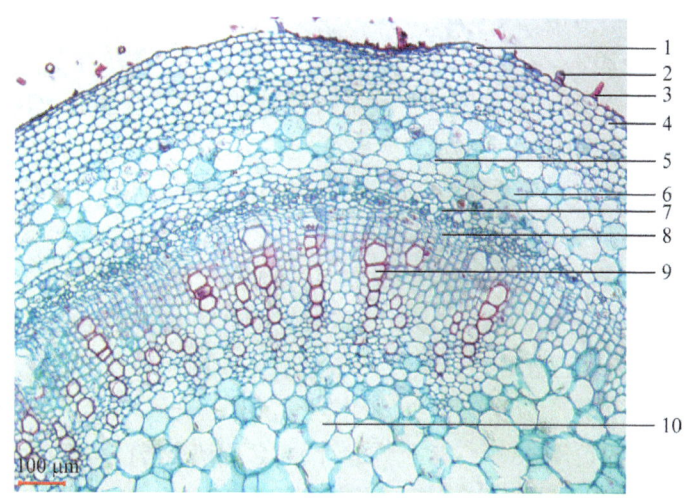

图12-6 广藿香茎横切面显微组织构造详图

1.表皮;2.腺毛;3.非腺毛;4.厚角组织;5.间隙腺毛;6.皮层;7.韧皮部;8.形成层;9.木质部;10.髓部

2. 叶粉末 淡棕色。① 叶表皮细胞呈不规则形,气孔直轴式。② 非腺毛1~6细胞,平直或先端弯曲,长约至590 μm,壁具疣状突起,有的胞腔含黄棕色物。③ 腺鳞头部由8个细胞组成,直径37~70 μm;柄单细胞,极短。④ 间隙腺毛存在于叶肉组织的细胞间隙中,头部单细胞,呈不规则囊状,直径13~50 μm,长约至113 μm;柄短,单细胞。⑤ 小腺毛头部由2个细胞组成;柄由1~3个细胞组成,甚短(图12-7)。⑥ 草酸钙针晶细小,散在于叶肉细胞中,长约至27 μm。

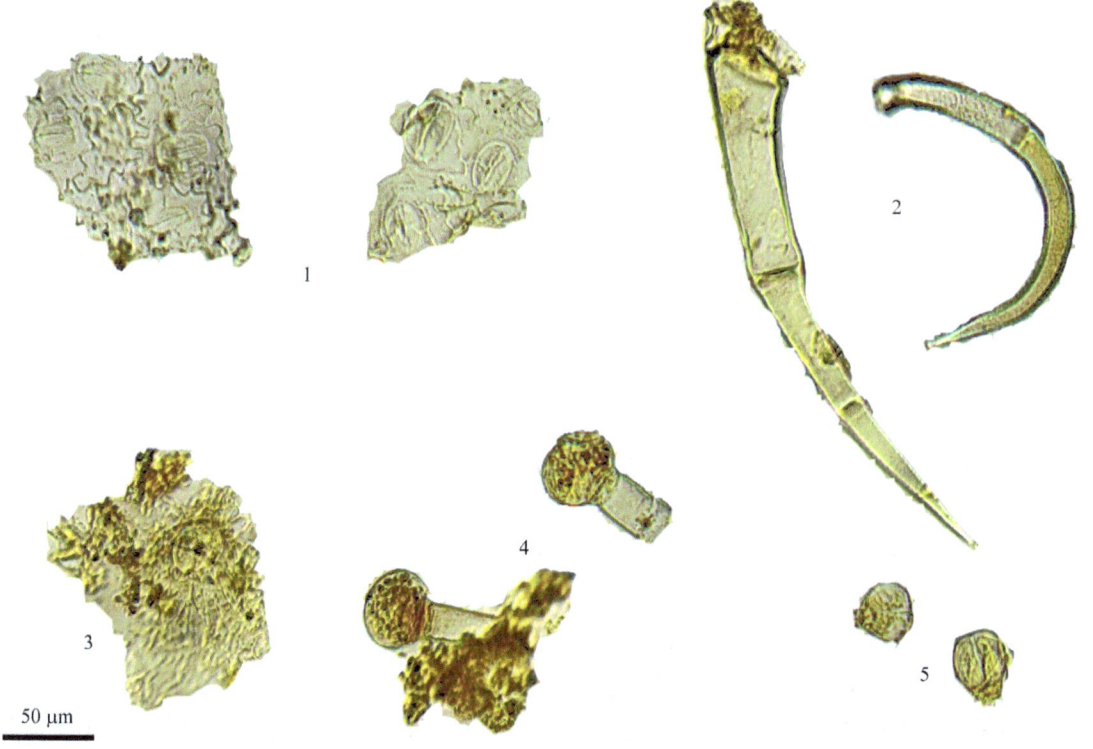

图12-7 广藿香叶粉末显微特征图

1.表皮细胞及气孔;2.非腺毛;3.腺鳞;4.间隙腺毛;5.小腺毛

【检查】
1. 杂质　　不得过 2%。
2. 水分　　不得过 14.0%。
3. 总灰分　　不得过 11.0%。
4. 酸不溶性灰分　　不得过 4.0%。
5. 叶　　不得少于 20%。

【浸出物】　照醇溶性浸出物(乙醇)项下的冷浸法测定,不得少于 2.5%。

【化学成分】　含有挥发油、生物碱类等成分,以挥发油为主,油中主要为百秋李醇(patchouli alcohol),同时含有广藿香酮(pogostone)、苯甲醛(benzaldehyde)、丁香酚(eugenol)、桂皮醛(cinnamaldehyde)等。

【理化鉴别】　取粗粉,照挥发油测定法提取挥发油,加乙酸乙酯稀释,作为供试品溶液。以百秋李醇对照品为对照,照薄层色谱法,以石油醚(30~60℃)-乙酸乙酯-冰醋酸(95:5:0.2)为展开剂,喷以 5% 三氯化铁乙醇溶液。供试品色谱中显一黄色斑点;加热至斑点显色清晰,供试品色谱中,在与对照品色谱相应的位置上,显相同的紫蓝色斑点。

【含量测定】　照气相色谱法测定,按干燥品计算,含百秋李醇($C_{15}H_{26}O$)不得少于 0.10%。

【贮藏】　置阴凉干燥处,防潮。

【性味功能】　性微温,味辛。芳香化浊,和中止呕,发表解暑。

【附注】　饮片　呈不规则的段。茎略呈方柱形,表面灰褐色、灰黄色或带红棕色,被柔毛。切面有白色髓。叶破碎或皱缩成团,完整者展平后呈卵形或椭圆形,两面均被灰白色绒毛;基部楔形或钝圆,边缘具大小不规则的钝齿;叶柄细,被柔毛。气香特异,味微苦。

荆芥(Jingjie, SCHIZONEPETAE HERBA)

为唇形科植物荆芥 *Schizonepeta tenuifolia* Briq. 的干燥地上部分。主产于江苏、浙江、河南、河北、山东等地。

茎呈方柱形,上部有分枝,长 50~80 cm,直径 0.2~0.4 cm;表面淡黄绿色或淡紫红色,被短柔毛;体轻,质脆,断面类白色。叶对生,多已脱落,叶片 3~5 羽状分裂,裂片细长。穗状轮伞花序顶生,长 2~9 cm,直径约 0.7 cm。花冠多脱落,宿萼钟状,先端 5 齿裂,淡棕色或黄绿色,被短柔毛;小坚果棕黑色。气芳香,味微涩而辛凉。含有挥发油、单萜类、黄酮类、酚酸类等成分。

益母草(Yimucao, LEONURI HERBA)

为唇形科植物益母草 *Leonurus japonicus* Houtt. 的新鲜或干燥地上部分。全国各地均有野生或栽培。

鲜益母草:幼苗期无茎,基生叶圆心形,5~9 浅裂,每裂片有 2~3 钝齿。花前期茎呈方柱形,上部多分枝,四面凹下成纵沟,长 30~60 cm,直径 0.2~0.5 cm;表面青绿色;质鲜嫩,断面中部有髓。叶交互对生,有柄;叶片青绿色,质鲜嫩,揉之有汁;下部茎生叶掌状 3 裂,上部叶羽状深裂或浅裂成 3 片,裂片全缘或具少数锯齿。气微,味微苦。干益母草:茎表面灰绿色或黄绿色;体轻,质韧,断面中部有髓。叶片灰绿色,多皱缩、破碎,易脱落。轮伞花序腋生,小花淡紫色,花萼筒状,花冠二唇形。切段者长约 2 cm。含有生物碱类、挥发油、黄酮、有机酸等成分,如益母草碱(leonurine)、水苏碱(stachydrine)等。

薄荷（Bohe, MENTHAE HAPLOCALYCIS HERBA）

【来源】 为唇形科植物薄荷 Mentha haplocalyx Briq. 的干燥地上部分。

【产地与采制】 主产于江苏的太仓、南通、海门及浙江、安徽、江西、湖南等地。四川、河南、云南亦产。

夏、秋二季茎叶茂盛或花开至三轮时，选晴天，分次采割，晒干或阴干。

【性状鉴别】 茎呈方柱形，有对生分枝，长 15~40 cm，直径 0.2~0.4 cm；表面紫棕色或淡绿色，棱角处具茸毛，节间长 2~5 cm；质脆，断面白色，髓部中空。叶对生，有短柄；叶片皱缩卷曲，完整者展平后呈宽披针形、长椭圆形或卵形，长 2~7 cm，宽 1~3 cm；上表面深绿色，下表面灰绿色，稀被茸毛，有凹点状腺鳞（图 12-8）。轮伞花序腋生，花萼钟状，先端 5 齿裂，花冠淡紫色。揉搓后有特殊清凉香气，味辛凉。

以叶多、色深绿、气味浓者为佳。

图 12-8 薄荷
A. 药材；B. 饮片

【显微鉴别】

1. 茎横切面　　呈四方形。表皮为 1 列长方形细胞，外被角质层，有扁球形腺鳞、单细胞头的细毛和 1~8 细胞的非腺毛。皮层为数列薄壁细胞、排列疏松、四棱脊处有厚角细胞，内皮层明显。韧皮部细胞较小，呈狭环状。形成层成环。木质部在四棱处发达，导管圆形，木纤维多角形、射线宽狭不一。髓部由大型薄壁细胞组成，中心常有空隙。薄壁细胞中含橙皮苷结晶。

2. 叶横切面　　上表皮细胞长方形,下表皮细胞较小,均扁平,具气孔;表皮有腺鳞,头为多细胞,柄为单细胞,并有多细胞非腺毛。叶肉栅栏组织为1列薄壁细胞,少有2列的,海绵组织由4~5列不规则的薄壁细胞组成。主脉维管束外韧型,木质部导管常2~6个排列成行,韧皮部较小,细胞多角形,主脉上下表皮内侧有若干列厚角细胞。薄壁细胞和少数导管内有针簇状橙皮苷结晶(图12-9)。

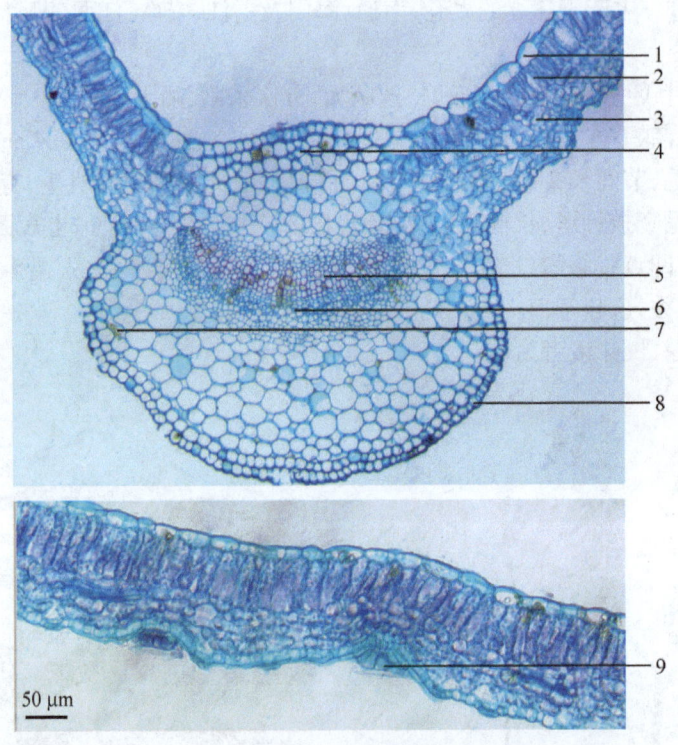

图12-9　薄荷叶横切面显微组织构造详图

1. 上表皮;2. 栅栏组织;3. 海绵组织;4. 厚角组织;5. 木质部;6. 韧皮部;7. 橙皮苷结晶;8. 下表皮;9. 腺鳞

3. 叶表面观　　腺鳞头部有8个细胞,直径约至90 μm,柄单细胞;小腺毛头部及柄部均为单细胞。非腺毛有1~8个细胞,常弯曲,壁厚,微具疣突。下表皮气孔多见,直轴式。

4. 叶粉末　　黄绿色。① 腺鳞的腺头呈扁圆柱形,由8个分泌细胞排列成辐射状,腺头外围有角质层,腺柄单细胞,极短,四周表皮细胞辐射状排列。② 表皮细胞壁薄,呈波状。下表皮有众多直轴式气孔。③ 腺毛为单细胞头,单细胞柄。④ 非腺毛由1~8个细胞组成,常弯曲,壁厚,微具疣状突起(图12-10)。

【检查】

1. 叶　　不得少于30%。
2. 水分　　不得过15.0%。
3. 总灰分　　不得过11.0%。
4. 酸不溶性灰分　　不得过3.0%。

【化学成分】　　含有挥发油、黄酮类等成分,以挥发油为主,油中主要有 L-薄荷脑(L-menthol),其次为 L-薄荷酮(L-menthone)、异薄荷酮(isomenthone)、胡薄荷酮(pulegone)。含挥发油1.3%~2.0%,称薄荷油。

【理化鉴别】

(1) 取少许叶的粉末,经微量升华得油状物,加2滴硫酸及少量香草醛结晶,初显黄色至橙黄色,再加1滴水,即变紫红色。

(2) 取粗粉,加无水乙醇,超声提取,滤过,取滤液作为供试品溶液。以薄荷对照药材、薄荷脑对照品为对照,照薄层色谱法,以甲苯-乙酸乙酯(9:1)为展开剂,喷以2%对二甲氨基苯甲醛

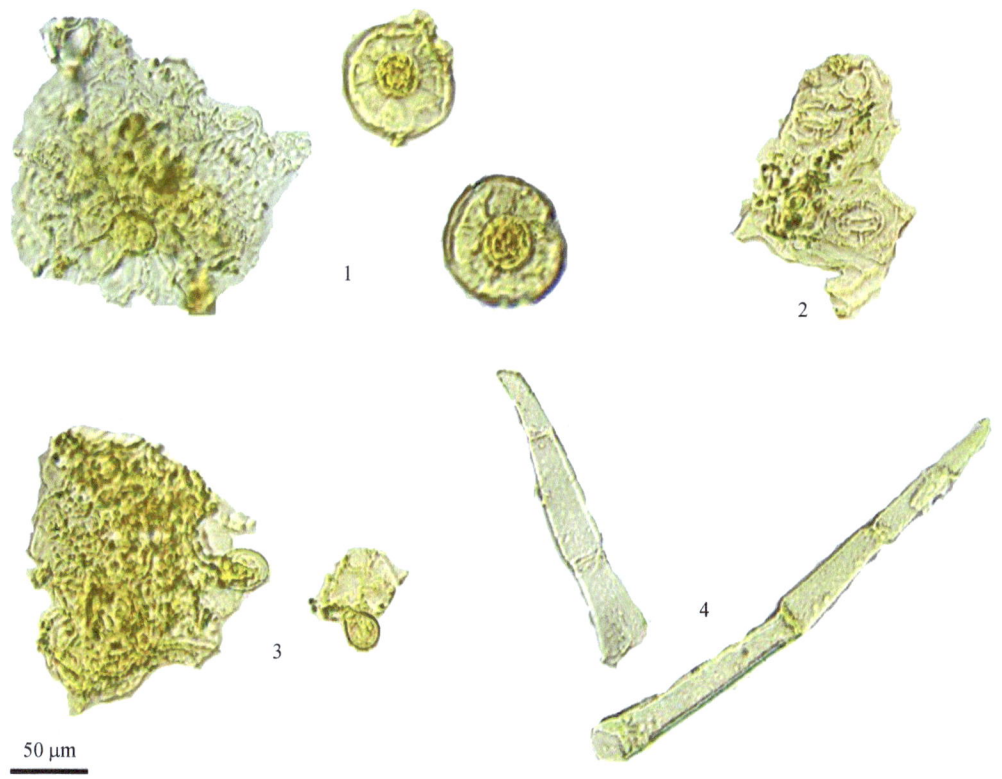

图 12-10 薄荷叶粉末显微特征图
1. 腺鳞;2. 气孔及下表皮细胞;3. 小腺毛;4. 非腺毛

的 40%硫酸乙醇溶液,在 80℃条件下加热至斑点显色清晰,置紫外光灯(365 nm)下检视。供试品色谱中,在与对照药材色谱和对照品色谱相应的位置上,显相同颜色的荧光斑点。

【含量测定】 照挥发油测定法,含挥发油不得少于 0.80%(mL/g)。照气相色谱法,按干燥品计算,含薄荷脑($C_{10}H_{20}O$)不得少于 0.20%。

【贮藏】 置阴凉干燥处。

【性味功能】 性凉,味辛。疏散风热,清利头目,利咽,透疹,疏肝行气。

【附注】 饮片 呈不规则的段。茎方柱形,表面紫棕色后淡绿色,具纵棱线,棱角处具茸毛。切面白色,中空。叶多破碎,上表面深绿色,下表面灰绿色,稀被茸毛。轮伞花序腋生,花萼钟状,先端 5 齿裂,花冠淡紫色。搓揉后有特殊清凉香气,味辛凉。

穿心莲(Chuanxinlian,ANDROGRAPHIS HERBA)

【来源】 为爵床科植物穿心莲 *Andrographis paniculata* (Burm. f.) Nees 的干燥地上部分。

【产地与采制】 主要栽培于广东、广西、福建等地。现云南、四川、江西、江苏等地也有栽培。

秋初茎叶茂盛时采割,晒干。

【性状鉴别】 茎呈方柱形,多分枝,长 50~70 cm,节稍膨大;质脆,易折断。单叶对生,叶柄短或近无柄;叶片皱缩、易碎,完整者展平后呈披针形或卵状披针形,长 3~12 cm,宽 2~5 cm,先端渐尖,基部楔形下延,全缘或波状;上表面绿色,下表面灰绿色,两面光滑(图 12-11)。气微,味极苦。

以色绿、叶多、味极苦者为佳。

穿心莲历史沿革

穿心莲植物形态

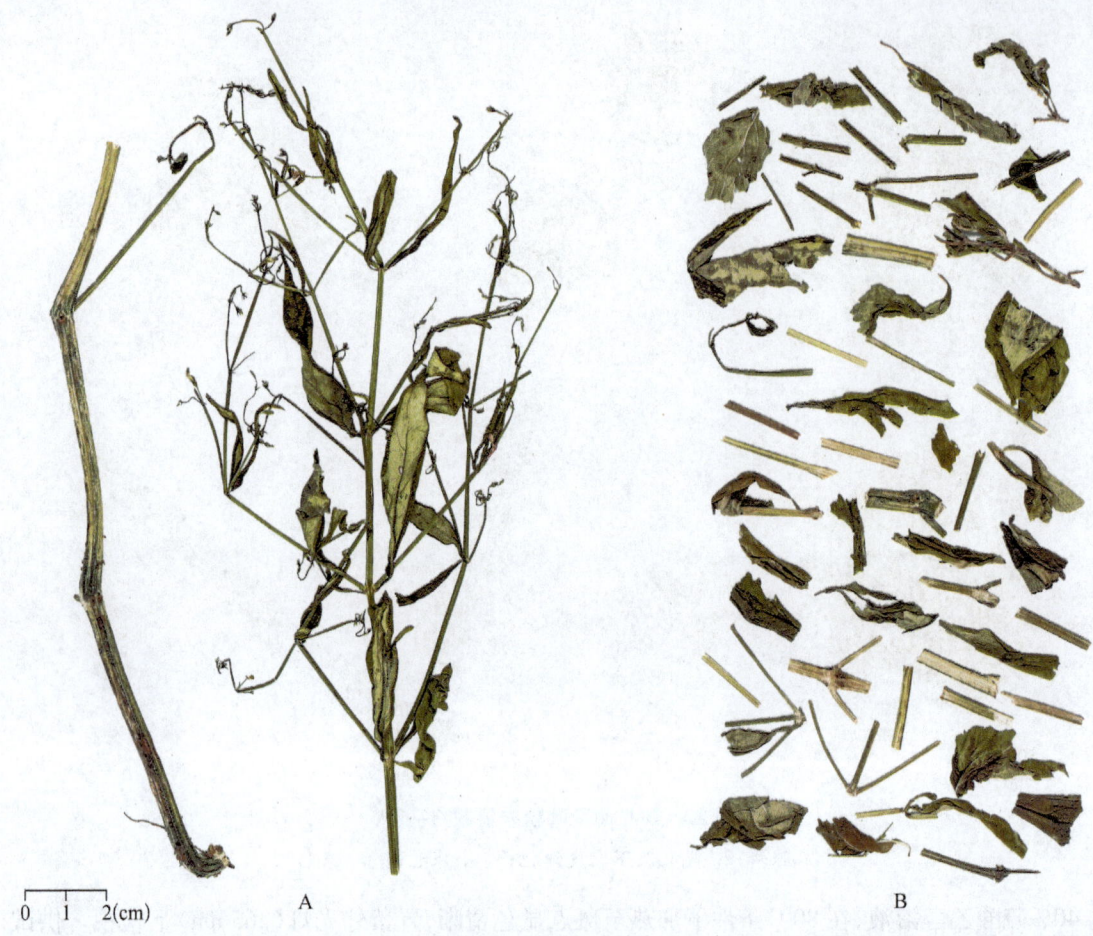

图 12-11 穿心莲
A. 药材；B. 饮片

【显微鉴别】

1. 叶横切面　上表皮细胞类方形或长方形，下表皮细胞较小，上、下表皮均有含圆形、长椭圆形或棒状钟乳体的晶细胞；并有腺鳞，有的可见非腺毛。栅栏组织为1~2列细胞，贯穿于主脉上方；海绵组织排列疏松。主脉维管束外韧型，呈凹槽状，木质部上方亦有晶细胞（图12-12）。

2. 叶表面观　上、下表皮均有增大的晶细胞，内含大型螺状钟乳体，直径约至36μm，长约180μm，较大端有脐样点痕，层纹波状。下表皮气孔密布，直轴式，副卫细胞大小悬殊，也有不定式。腺鳞头部扁球形，4~6(8)个细胞，直径至40μm，柄极短。非腺毛有1~4个细胞，长约160μm，基部直径约40μm，表面有角质纹理。

3. 叶粉末　鲜绿色。①含钟乳体细胞甚多，常多数散在，卵形，椭圆形，长圆形，长48~210μm，直径32~67μm，内含圆形、长椭圆形或棒状钟乳体，直径约36μm，长约180μm，层纹波状。②气孔直轴式，副卫细胞大小悬殊，少数为不定式。③腺鳞头部扁球形，由4、6或8个细胞组成，直径27~33μm，柄极短，仅3μm。④非腺毛圆锥形，由1~4个细胞组成，长约至160μm，先端钝圆，基部直径至40μm，表面具角质线纹（图12-13）。

【检查】　叶　不得少于30%。

【浸出物】　照醇溶性浸出物（乙醇）项下的热浸法测定，不得少于8.0%。

【化学成分】　含有二萜内酯类、二萜内酯苷、黄酮类等成分，以二萜内酯类为主，主要有穿心莲内酯（andrographolide），以叶中含量最高；其次为新穿心莲内酯（neoandrographolide）、去氧穿心莲内酯（deoxyandrographolide）、脱水穿心莲内酯（dehydroandrographolide）、高穿心莲内酯（homoandrographolide）等。

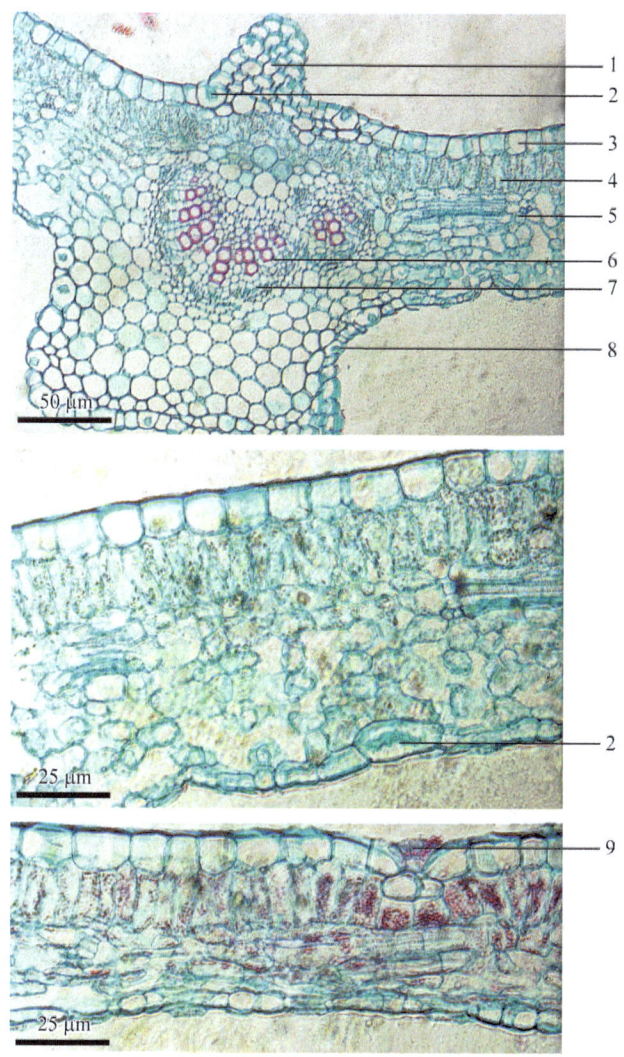

图 12-12 穿心莲叶横切面显微组织构造详图

1. 厚角组织；2. 钟乳体；3. 上表皮；4. 栅栏组织；5. 海绵组织；6. 木质部；7. 韧皮部；8. 下表皮；9. 腺鳞

图 12-13 穿心莲叶粉末显微特征图

1. 含钟乳体细胞；2. 气孔；3. 腺鳞；4. 非腺毛

【理化鉴别】 取粉末,加入40%甲醇,超声提取,滤过,得供试品溶液。以穿心莲对照药材和穿心莲内酯对照品为对照,照薄层色谱法,以三氯甲烷-甲苯-甲醇(8:1:1)为展开剂,喷以10%硫酸乙醇溶液,在105℃加热至斑点显色清晰,置紫外光灯(365 nm)下检视。供试品色谱中,在与对照药材色谱和对照品色谱相应的位置上,显相同颜色的荧光斑点。

【含量测定】 照高效液相色谱法,以乙腈-水为流动相,梯度洗脱;检测波长205 nm。按干燥品计算,含穿心莲内酯($C_{20}H_{30}O_5$)、新穿心莲内酯($C_{26}H_{40}O_8$)、14-去氧穿心莲内酯($C_{20}H_{30}O_4$)和脱水穿心莲内酯($C_{20}H_{28}O_4$)的总量不得少于1.5%。

【贮藏】 置干燥处。

【性味功能】 性寒,味苦。清热解毒,凉血,消肿。

【附注】 饮片 呈不规则的段,茎方柱形,节稍膨大。切面不平坦,具类白色髓部。叶片多皱缩或破碎,完整者展平后呈披针形或卵状披针形,先端渐尖,基部楔形下延,全缘或波状;上表面绿色,下表面灰绿色,两面光滑。气微,味极苦。

车前草(Cheqiancao, PLANTAGINIS HERBA)

为车前科植物车前 *Plantago asiatica* L. 或平车前 *P. depressa* Willd. 的干燥全草。广泛分布于全国各地。

车前:根丛生,须状。叶基生,具长柄;叶片皱缩,展平后呈卵状椭圆形或宽卵形,长6~13 cm,宽2.5~8 cm;表面灰绿色或污绿色,具5~7条明显弧形脉;先端钝或短尖,基部宽楔形,全缘或有不规则波状浅齿。穗状花序数条,花茎长。蒴果盖裂,萼宿存。气微香,味微苦。平车前:主根直而长。叶片较狭,长椭圆形或椭圆状披针形,长5~14 cm,宽2~3 cm。含有黄酮、苯乙醇苷、环烯醚萜、三萜等成分,如芹菜素(apigenin)、大车前苷(plantamajoside)等。

肉苁蓉(Roucongrong, CISTANCHES HERBA)

为列当科植物肉苁蓉 *Cistanche deserticola* Y. C. Ma 或管花肉苁蓉 *C. tubulosa* (Schenk) Wight 的干燥带鳞叶的肉质茎。主产于内蒙古、新疆、甘肃、陕西、青海等地。

肉苁蓉:呈扁圆柱形,稍弯曲,长3~15 cm,直径2~8 cm。表面棕褐色或灰棕色,密被覆瓦状排列的肉质鳞叶,通常鳞叶先端已断。体重,质硬,微有柔性,不易折断,断面棕褐色,有淡棕色点状维管束,排列成波状环纹。气微,味甜、微苦。管花肉苁蓉:呈类纺锤形、扁纺锤形或扁柱形,稍弯曲,长5~25 cm,直径2.5~9 cm。表面棕褐色至黑褐色。断面颗粒状,灰棕色至灰褐色,散生点状维管束。含苷类成分,如肉苁蓉苷A(cistanoside A)、松果菊苷(echinacoside)、毛蕊花糖苷(verbascoside)等。

佩兰(Peilan, EUPATORII HERBA)

为菊科植物佩兰 *Eupatorium fortunei* Turcz. 的干燥地上部分。主产于江苏、河北、山东、安徽等地。

茎呈圆柱形,长30~100 cm,直径0.2~0.5 cm;表面黄棕色或黄绿色,有的带紫色,有明显的节和纵棱线;质脆,断面髓部白色或中空。叶对生,有柄,叶片多皱缩、破碎,绿褐色;完整叶片3裂或不分裂,分裂者中间裂片较大,展平后呈披针形或长圆状披针形,基部狭窄,边缘有锯齿;不分裂者展平后呈卵圆形、卵状披针形或椭圆形。气芳香,味微苦。含有挥发油、三萜、生物碱等成分。

豨莶草(Xixiancao, SIEGESBECKIAE HERBA)

为菊科植物豨莶 Siegesbeckia orientalis L.、腺梗豨莶 S. pubescens Makino 或毛梗豨莶 S. glabrescens Makino 的干燥地上部分。全国大部分地区有产,主产于湖南、湖北、江苏、福建等地。

呈方柱形,多分枝,长 30~110 cm,直径 0.3~1 cm;表面灰绿色、黄棕色或紫棕色,有纵沟和细纵纹,被灰色柔毛;节明显,略膨大;质脆,易折断,断面黄白色或带绿色,髓部宽广,类白色,中空。叶对生,叶片多皱缩、卷曲,展平后呈卵圆形,灰绿色,边缘有钝锯齿,两面皆有白色柔毛,主脉 3 出。有的可见黄色头状花序,总苞片匙形。气微,味微苦。以叶多、枝嫩、色深绿者为佳。豨莶茎中含 9β-羟基-8β-异丁烯酰氧基木香烯内酯(9β-hydroxy-8-methacryloyloxycostunolide)、8β-异丁酰氧基-14-西藏基-木香烯内酯(8β-isobuTCmLIByloxy-14-al-costunolide)等;腺梗豨莶药材中含腺梗豨莶苷(siegesbeckioside)、腺梗豨莶醇(siegesbeckiol)等。毛梗豨莶药材含有豨莶精醇(darutigenol)、豨莶新苷(meodarutoside)等。

茵陈(Yinchen, ARTEMISIAE SCOPARIAE HERBA)

为菊科植物滨蒿 Artemisia scoparia Waldst. et Kit. 或茵陈蒿 A. capillaris Thunb. 的干燥地上部分。滨蒿主产于东北及河北、山东等地,茵陈蒿主产于陕西、山西、安徽等地,以陕西产者(商品称西茵陈)质量最佳。

绵茵陈:多卷曲成团状,灰白色或灰绿色,全体密被白色茸毛,绵软如绒。茎细小,长 1.5~2.5 cm,直径 0.1~0.2 cm,除去表面白色茸毛后可见明显纵纹;质脆,易折断。叶具柄;展平后叶片呈一至三回羽状分裂,叶片长 1~3 cm,宽约 1 cm;小裂片卵形或稍呈倒披针形、条形,先端锐尖。气清香,味微苦。花茵陈:茎呈圆柱形,多分枝,长 30~100 cm,直径 2~8 mm;表面淡紫色或紫色,有纵条纹,被短柔毛;体轻,质脆,断面类白色。叶密集,或多脱落;下部叶二至三回羽状深裂,裂片条形或细条形,两面密被白色柔毛;茎生叶一至二回羽状全裂,基部抱茎,裂片细丝状。头状花序卵形,多数集成圆锥状,长 1.2~1.5 mm,直径 1~1.2 mm,有短梗;总苞片 3~4 层,卵形,苞片 3 裂;外层雌花 6~10 个,可多达 15 个,内层两性花 2~10 个。瘦果长圆形,黄棕色。气芳香,味微苦。以质嫩、绵软、色灰白、香气浓者为佳。滨蒿含滨蒿内酯(scoparone)、绿原酸、挥发油等。

青蒿(Qinghao, ARTEMISIAE ANNUAE HERBA)

【来源】 为菊科植物黄花蒿 Artemisia annua L. 的干燥地上部分。
【产地与采制】 全国大部分地区均产。
秋季花盛开时采割,除去老茎,阴干。
【性状鉴别】 茎呈圆柱形,上部多分枝,长 30~80 cm,直径 0.2~0.6 cm;表面黄绿色或棕黄色,具纵棱线;质略硬,易折断,断面中部有髓部(图 12-14)。叶互生,暗绿色或棕绿色,卷缩易碎,完整者展平后为三回羽状深裂,裂片和小裂片矩圆形或长椭圆形,两面被短毛。头状花序极多,球形,直径 2 mm 以下,小花黄色。气香特异,味微苦。

青蒿历史沿革

青蒿植物形态

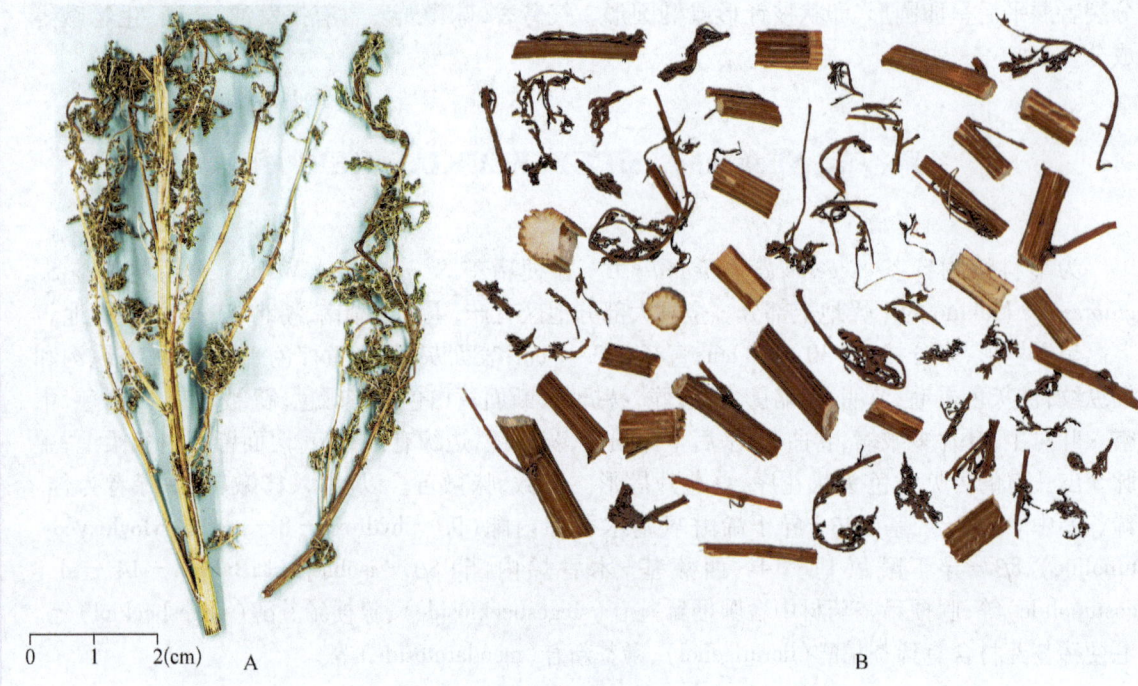

图 12-14 青蒿
A. 药材；B. 饮片

【显微鉴别】
1. **叶表面观** 表皮细胞形状不规则，垂周壁波状弯曲，脉脊上的表皮细胞为窄长方形。气孔不定式。"丁"字形（"T"字形）非腺毛，柄 3~8 个细胞单列，基部柄细胞较大；单个臂细胞呈"丁"字形着生，两臂不等长。腺毛椭圆形，由 2 个半圆形细胞相对排列。

2. **叶片上部中脉横切面** 上、下表皮均可见气孔、"丁"字毛及腺毛。上、下表皮下均有栅栏组织。维管束位于基本组织的中心（图 12-15）。

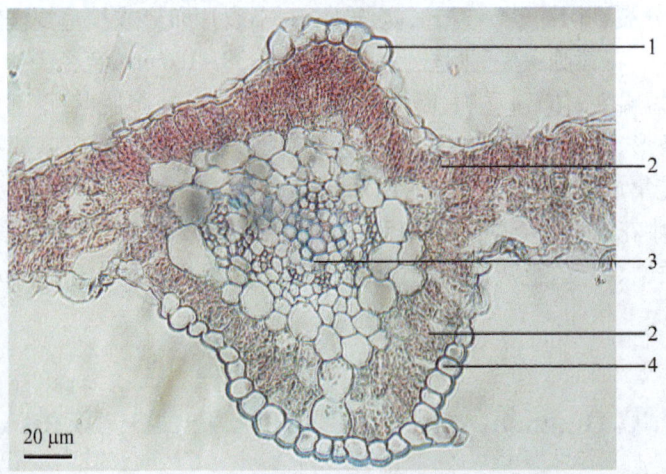

图 12-15 青蒿叶横切面显微组织构造详图
1. 上表皮；2. 栅栏组织；3. 维管束；4. 下表皮

3. **粉末** 黄绿色至黄棕色。①花苞片细胞长方形，细胞壁微弯。②花药细胞多已破碎，多角形，壁厚，无色。③花药纤维一侧呈绒毛状，另一侧弯曲。④导管主要为螺纹及具缘纹孔导管，螺纹导管直径 3~17 μm，具缘纹孔导管直径 8~50 μm。⑤花柱表皮细胞呈短绒毛状，浅棕色至红棕色，多已破碎。⑥草酸钙簇晶细小，直径 2~7 μm。⑦花粉粒众多，类球状或椭球状，直径 14~21 μm，具 3 个萌发孔。⑧腺毛由多个细胞组成。⑨气孔不定式，长 15~27 μm，宽

13~21 μm。⑩ 纤维成束或单个散在,直径 6~20 μm,壁厚,胞腔小(图 12-16)。

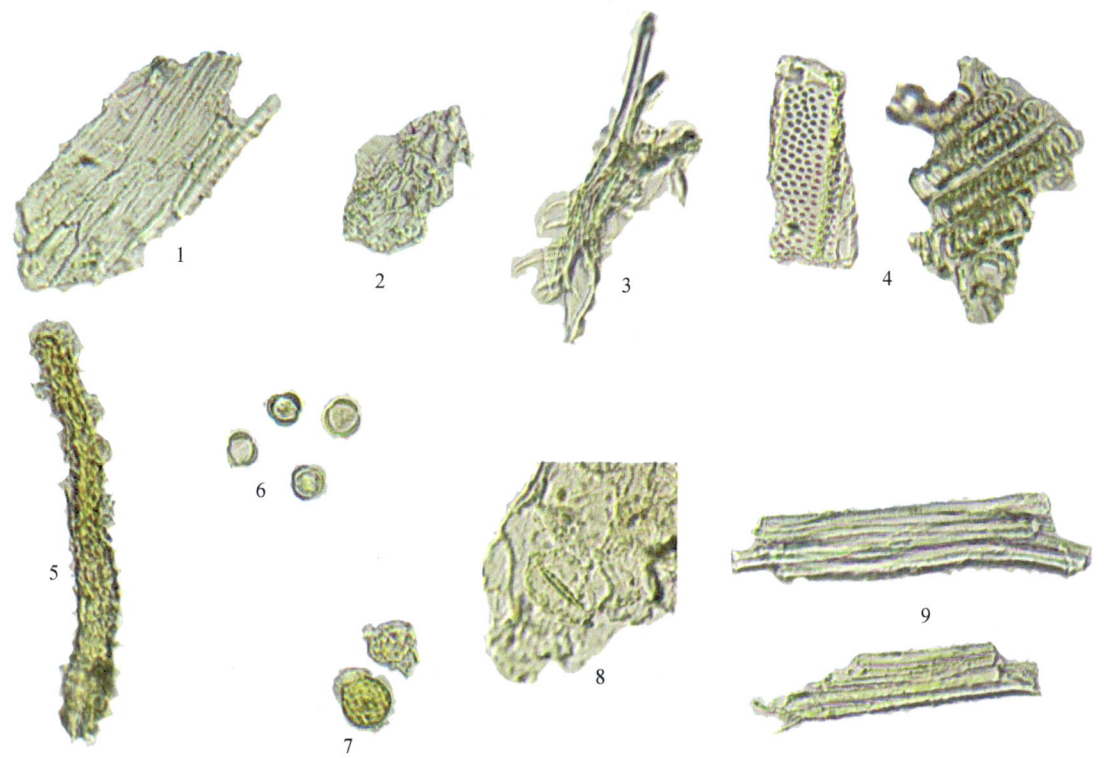

图 12-16 青蒿粉末显微特征图

1. 花苞片;2. 花药;3. 花药纤维;4. 导管;5. 花柱表皮细胞;6. 花粉粒;7. 腺毛;8. 气孔;9. 纤维

【检查】
1. 水分　　不得过 14.0%。
2. 总灰分　　不得过 8.0%。

【浸出物】　照醇溶性浸出物(无水乙醇)项下的冷浸法测定,不得少于 1.9%。

【化学成分】　含有萜类、黄酮类、香豆素类、挥发油等成分,以萜类为主,主要有青蒿素(artemisinin)、青蒿酸(artemisic acid)、青蒿内酯(artemisilactone)、青蒿醇(artemisinol)、黄花蒿内酯(an-nulide)等。青蒿素为抗疟有效成分。

【理化鉴别】　取粉末,加石油醚,加热回流提取,滤过,滤液蒸干,残渣加正己烷使溶解,用乙腈溶液振摇提取,合并乙腈液,蒸干,残渣加乙醇使溶解,作为供试品溶液。以青蒿素对照品为对照,照薄层色谱法,以石油醚(60~90℃)-乙醚(4:5)为展开剂,喷以 2% 香草醛的 10% 硫酸乙醇溶液,在 105℃ 条件下加热至斑点显色清晰,置紫外光灯(365 nm)下检视。供试品色谱中,在与对照品色谱相应的位置上,显相同颜色的荧光斑点。

【贮藏】　置阴凉干燥处。

【性味功能】　性寒,味苦、辛。清虚热,除骨蒸,解暑热,截疟,退黄。

【附注】
1. 饮片　　呈不规则的段,长 0.5~1.5 cm。茎呈圆柱形,表面黄绿色或棕黄色,具纵棱线,质略硬,切面黄白色,髓白色。叶片多皱缩或破碎,暗绿色或棕绿色,完整者展平后为三回羽状深裂,裂片及小裂片矩圆形或长椭圆形,两面被短毛。花黄色,气香特异,味微苦。
2. 混伪品　　同属植物邪蒿 A. apiacea Hance,在河北、江苏、江西等地作青蒿药材用。邪蒿与黄花蒿不同的特征是叶为二回羽状深裂,中轴呈栉齿状,最终小裂片长而渐尖;头状花序较大,直径 5 mm;夏末秋初开花。显微特征是"丁"字毛臂短,柄细胞多为 2~3 个;腺毛稀疏。邪蒿不含青蒿素。

大蓟(Daji, CIRSII JAPONICI HERBA)

为菊科植物蓟 Cirsium japonicum Fisch. ex DC. 的干燥地上部分。主产于江苏、安徽、浙江、四川等地。

药材茎呈圆柱形,基部直径可达 1.2 cm;表面绿褐色或棕褐色,有数条纵棱,被丝状毛;断面灰白色,髓部疏松或中空。叶皱缩,多破碎,完整叶片展平后呈倒披针形或倒卵状椭圆形,羽状深裂,边缘具不等长的针刺;上表面灰绿色或黄棕色,下表面色较浅,两面均具灰白色丝状毛。头状花序顶生,球形或椭圆形,总苞黄褐色,羽状冠毛灰白色。气微,味淡。以色灰绿、叶多者为佳。含有黄酮及黄酮苷、长链炔醇、挥发油等。性凉,味甘、苦。凉血止血,散瘀,解毒,消痈。

蒲公英(Pugongying, TARAXACI HERBA)

为菊科植物蒲公英 Taraxacum mongolicum Hand. -Mazz.、碱地蒲公英 T. borealisinense Kitam. 或同属数种植物的干燥全草。全国大部分地区均产,主产于山西、河北、山东及东北等地。

呈皱缩卷曲的团块。根呈圆锥状,多弯曲,长 3~7 cm;表面棕褐色,抽皱;根头部有棕褐色或黄白色的茸毛,有的已脱落。叶基生,多皱缩破碎,完整叶片呈倒披针形,绿褐色或暗灰绿色,先端尖或钝,边缘浅裂或羽状分裂,基部渐狭,下延呈柄状,下表面主脉明显。花茎 1 至数条,每条顶生头状花序,总苞片多层,内面一层较长,花冠黄褐色或淡黄白色。有的可见多数具白色冠毛的长椭圆形瘦果。气微,味微苦。以叶多、色绿、根完整者为佳。含有三萜、倍半萜内酯、黄酮、酚酸、香豆素等成分。

淡竹叶(Danzhuye, LOPHATHERI HERBA)

为禾本科植物淡竹叶 Lophatherum gracile Brongn. 的干燥茎叶。主产于浙江、江苏、湖南、湖北等地。

长 25~75 cm。茎呈圆柱形,有节,表面淡黄绿色,断面中空。叶鞘开裂。叶片披针形,有的皱缩卷曲,长 5~20 cm,宽 1~3.5 cm;表面浅绿色或黄绿色。叶脉平行,具横行小脉,形成长方形的网格状,下表面尤为明显。体轻,质柔韧。气微,味淡。以叶多、长宽、质软、色青绿、不带根及花穗者为佳。含有三萜化合物、酚性等成分。

石斛(Shihu, DENDROBII CAULIS)

【来源】 为兰科植物金钗石斛 Dendrobium nobile Lindl.、霍山石斛 D. huoshanense C. Z. Tang et S. J. Cheng、鼓槌石斛 D. chrysotoxum Lindl. 或流苏石斛 D. fimbriatum Hook. 的栽培品及其同属植物近似种的新鲜或干燥茎。

【产地与采制】 主产于广西、贵州、广东、云南等地。其中,霍山石斛为道地药材"十大皖药"之一,近年在安徽大别山区,霍山石斛种植和深加工产业发展迅速,已经成为地方产业经济的重要支柱之一,其中安徽霍山产的霍山石斛获得国家地理标志产品标识。

全年均可采收,鲜用者除去根和泥沙;干用者采收后,除去杂质,用开水略烫或烘软,再边搓

石斛历史沿革

边烘晒,至叶鞘搓净,干燥。霍山石斛11月至翌年3月采收,除去叶、根须及泥沙等杂质,洗净,鲜用,或加热除去叶鞘制成干条;或边加热边扭成螺旋状或弹簧状,干燥,称霍山石斛枫斗。

【性状鉴别】

1. 鲜石斛　　呈圆柱形或扁圆柱形,长约30 cm,直径0.4~1.2 cm。表面黄绿色,光滑或有纵纹,节明显,色较深,节上有膜质叶鞘。肉质多汁,易折断。气微,味微苦而回甜,嚼之有黏性。

2. 金钗石斛　　呈扁圆柱形,长20~40 cm,直径0.4~0.6 cm,节间长2.5~3 cm。表面金黄色或黄中带绿色,有深纵沟。质硬而脆,断面较平坦而疏松。气微,味苦。

3. 霍山石斛　　干条呈直条状或不规则弯曲形,长2~8 cm,直径1~4 mm。表面淡黄绿色至黄绿色,偶有黄褐色斑块,有细纵纹,节明显,节上有的可见残留的灰白色膜质叶鞘;一端可见茎基部残留的短须根或须根痕,另一端为茎尖,较细。质硬而脆,易折断,断面平坦,灰黄色至灰绿色,略角质状。气微,味淡,嚼之有黏性。鲜品稍肥大。肉质,易折断,断面淡黄绿色至深绿色。气微,味淡,嚼之有黏性且少有渣。枫斗呈螺旋形或弹簧状,通常为2~5个旋纹,茎拉直后性状同干条。

4. 鼓槌石斛　　呈粗纺锤形,中部直径1~3 cm,具3~7节。表面光滑,金黄色,有明显凸起的棱。质轻而松脆,断面海绵状。气微,味淡,嚼之有黏性。

5. 流苏石斛　　呈长圆柱形,长20~150 cm,直径0.4~1.2 cm,节明显,节间长2~6 cm。表面黄色至暗黄色,有深纵槽(图12-17)。质疏松,断面平坦或呈纤维性。味淡或微苦,嚼之有黏性。

干品以色金黄、有光泽、质柔韧者为佳。

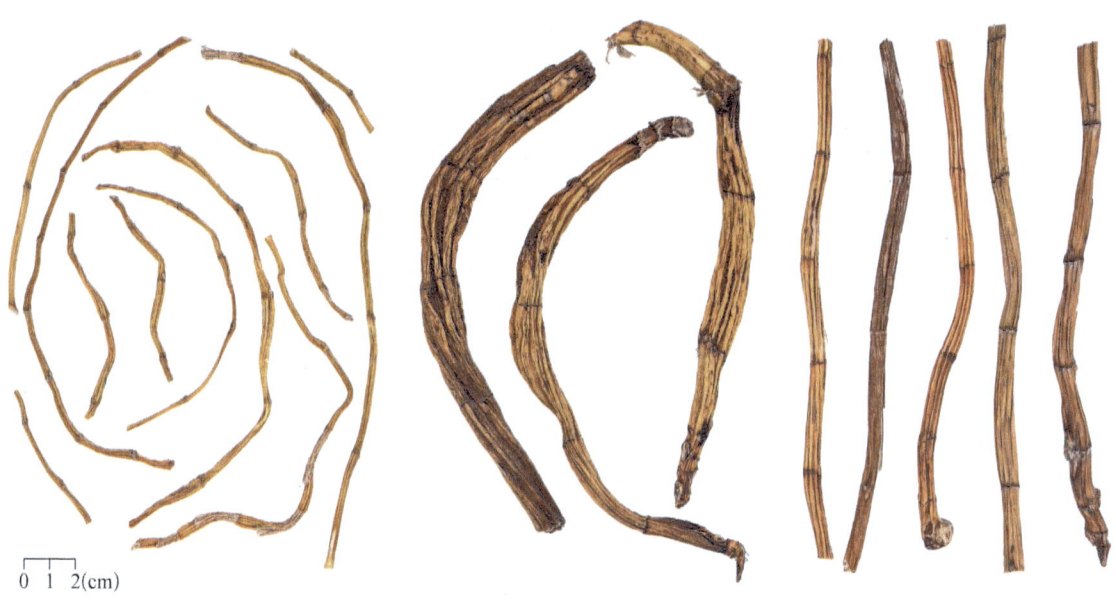

图12-17　石斛

【显微鉴别】

1. 横切面

(1) 金钗石斛:表皮细胞1列,扁平,外被鲜黄色角质层。基本组织细胞大小较悬殊,有壁孔,散在多数外韧型维管束,排成7~8圈。维管束外侧纤维束新月形或半圆形,其外侧薄壁细胞有的含类圆形硅质块,木质部有1~3个导管直径较大。含草酸钙针晶细胞多见于维管束旁(图12-18)。

(2) 霍山石斛:表皮细胞1列,扁平,外壁及侧壁稍增厚,微木化,外被黄色或橘黄色角质层,有的外层可见无色的薄壁细胞组成的叶鞘层。基本薄壁组织细胞多角形,大小相似,其间散在9~47个维管束,近维管束处薄壁细胞较小,维管束为有限外韧型,维管束鞘纤维群呈单帽状,偶呈双帽状,纤维1~2列,外侧纤维直径通常小于内侧纤维,有的外侧小型薄壁细胞中含硅质块。草酸钙针晶束多见于近表皮处薄壁细胞或近表皮处维管束旁的薄壁细胞中。

(3) 鼓槌石斛：表皮细胞扁平,外壁及侧壁增厚,胞腔狭长形;角质层淡黄色。基本组织细胞大小差异较显著。多数外韧型维管束略排成10～12圈。木质部导管大小近似。有的可见含草酸钙针晶束细胞。

(4) 流苏石斛：表皮细胞扁圆形或类方形,壁增厚或不增厚。基本组织细胞大小相近或有差异,散列多数外韧型维管束,略排成数圈。维管束外侧纤维束新月形或呈帽状,其外缘小细胞有的含硅质块;内侧纤维束无或有,有的内外侧纤维束连接成鞘。有的薄壁细胞中含草酸钙针晶束和淀粉粒。

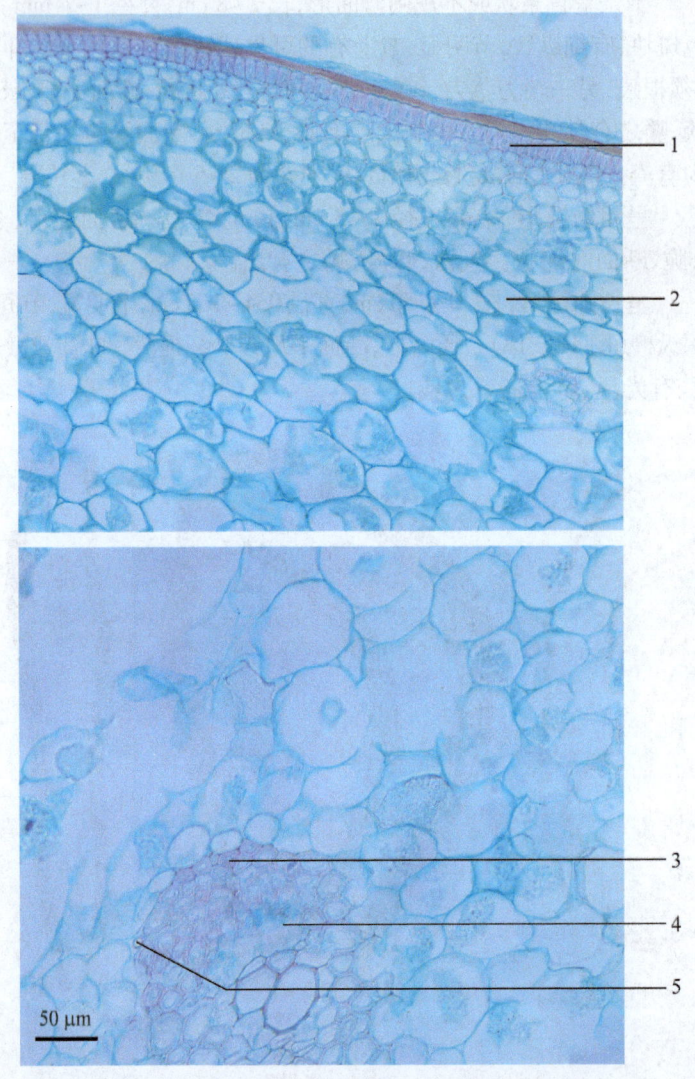

图 12-18　金钗石斛横切面显微组织构造详图
1. 表皮;2. 基本组织;3. 纤维束;4. 维管束;5. 硅质块

2. **粉末**　　灰绿色或灰黄色。① 角质层碎片黄色;② 表皮细胞表面观呈长多角形或类多角形,垂周壁连珠状增厚。③ 束鞘纤维成束或离散,长梭形或细长,壁较厚,纹孔稀少,周围具排成纵行的含硅质块的小细胞。④ 木纤维细长,末端尖或钝圆,壁稍厚。⑤ 网纹导管、梯纹导管或具缘纹孔导管直径12～50 μm。⑥ 草酸钙针晶成束或散在(图12-19)。

【检查】
1. 水分　　干品石斛不得过12.0%。
2. 总灰分　　干品石斛不得过5.0%;霍山石斛不得过7.0%

【浸出物】　霍山石斛　照醇溶性浸出物项下的热浸法测定,不得少于8.0%。

【化学成分】　金钗石斛药材含有生物碱,主要为石斛碱(dendrobine)、石斛次碱

图 12-19 石斛粉末显微特征图

1. 角质层碎片;2. 表皮细胞;3. 束鞘纤维;4. 木纤维;5. 导管;6. 草酸钙针晶

(nobilonine)、6-羟基石斛碱(6-hydroxydendrobine)等。鲜茎含挥发油,主要成分为泪柏醇(manool)。此外,还含有毛兰素。

【理化鉴别】

1. 金钗石斛　取粉末,加甲醇超声处理,滤过,滤液作为供试品溶液。以石斛碱对照品为对照,照薄层色谱法,以石油醚(60~90℃)-丙酮(7:3)为展开剂,喷以碘化铋钾试液显色。供试品色谱中,在与对照品色谱相应的位置上,显相同颜色的斑点。

2. 霍山石斛　取粉末,加无水甲醇超声处理,滤过,滤液回收溶剂至干,残渣加水使溶解,用石油醚洗涤,弃去石油醚液,水液用乙酸乙酯洗涤,弃去乙酸乙酯液,用水饱和正丁醇振摇提取,合并正丁醇液,回收溶剂至干,残渣加无水甲醇使溶解,作为供试品溶液。以霍山石斛对照药材和夏佛塔苷对照品为对照。照薄层色谱法,于聚酰胺薄膜上,以乙醇-丁酮-乙酰丙酮-水(4:4:1:17)为展开剂,喷以5%三氯化铝乙醇溶液显色,置紫外光灯365 nm下检视。供试品色谱中,在与对照药材色谱和对照品色谱相应的位置上,显相同颜色的荧光斑点。

3. 鼓槌石斛　取鼓槌石斛【含量测定】项下的续滤液,回收溶剂至干,残渣加甲醇使溶解,作为供试品溶液。以毛兰素对照品作为对照,照薄层色谱法,以石油醚(60~90℃)-乙酸乙酯(3:2)为展开剂,喷以10%硫酸乙醇溶液显色。供试品色谱中,在与对照品色谱相应的位置上,显相同颜色的斑点。

4. 流苏石斛　取粉末,加甲醇超声处理,滤过,滤液蒸干,残渣加甲醇使溶解,作为供试品溶液。以石斛酚对照品作为对照,照薄层色谱法试验,以石油醚(60~90℃)-乙酸乙酯(3:2)为展开剂,喷以10%硫酸乙醇溶液显色。供试品色谱中,在与对照品色谱相应的位置上,显相同颜色的斑点。

【含量测定】

1. 金钗石斛　照气相色谱法测定,按干燥品计算,含石斛碱($C_{16}H_{25}NO_2$)不得少于0.40%。

2. **霍山石斛** 照紫外-可见分光光度法测定,按干燥品计算,含多糖以无水葡萄糖($C_6H_{12}O_6$)计,不得少于17.0%。

3. **鼓槌石斛** 照高效液相色谱法测定,以乙腈-0.05%磷酸溶液(37∶63)为流动相;检测波长为230 nm。按干燥品计算,含毛兰素($C_{18}H_{22}O_5$)不得少于0.030%。

【贮藏】 干品置通风干燥处,防潮;鲜品置阴凉潮湿处,防冻。

【性味功能】 性微寒,味甘。益胃生津,滋阴清热。

【附注】 饮片

(1) 石斛:呈扁圆柱形或圆柱形的段。表面金黄色、绿黄色或棕黄色,有光泽,有深纵沟或纵棱,有的可见棕褐色的节。切面黄白色至黄褐色,有多数散在的筋脉点。气微,味淡或微苦,嚼之有黏性。

(2) 鲜石斛:呈圆柱形或扁圆柱形的段。直径0.4～1.2 cm。表面黄绿色,光滑或有纵纹,肉质多汁。气微,味微苦而回甜,嚼之有黏性。

铁皮石斛的功效与作用很多人都知道,作为一款深受大众追捧的产品,假铁皮石斛在市场是很常见的,特别是在网络上,无法清晰地看到石斛产品,很容易上当受骗。在网络调查中发现:一些商家称铁皮石斛是中华九大仙草之首。铁皮石斛加工的铁皮枫斗每千克售价为一千元到上万元,质量参差不齐。

问题:

如何采用中药鉴定学方法鉴定铁皮石斛?

第十三章 藻类、菌类中药

第一节 概 述

藻类(algae)、菌类(fungi)中药均来自低等植物,形态上无根、茎、叶的分化,是单细胞或多细胞的个体,分枝或不分枝,构造上一般无组织分化,无中柱。

一、藻类中药

藻类中药的药用部位为藻类植物体。藻类分为8个门,与中药关系密切的主要为褐藻门、红藻门,少数为绿藻门。例如,褐藻类的海带、昆布、羊栖菜和海蒿子,红藻类的鹧鸪菜,绿藻类的石莼。

二、菌类中药

菌类中药是药用部位为真菌的菌核、子实体或子座与幼虫尸体复合体的中药。真菌营养方式为异养(腐生、寄生或共生)。细胞壁大多具有几丁质成分,少数含有纤维素。真菌的营养体一般都是由向四周伸展的分枝丝状体构成,称菌丝体,个别的丝称菌丝。多数真菌的菌丝被分隔成多细胞。菌丝的每一部分都有潜在的生长能力。菌丝的营养体结构疏松,但当环境条件不良时菌丝相互紧密地缠结在一起,变态成菌丝组织体。常见的菌丝组织体有菌核、子座和根状菌索。真菌通常分为四纲,即藻状菌纲、子囊菌纲、担子菌纲和半知菌纲。菌类中药以子囊菌纲和担子菌纲为主。子囊菌是在子囊中形成子囊孢子来繁殖,如冬虫夏草、蝉花、竹黄等。担子菌是在担子上形成担孢子来繁殖,如以子实体入药的马勃、灵芝,以菌核入药的猪苓、茯苓和雷丸等。

常见名词术语:① 疏松组织,组成菌丝体的菌丝为长形细胞,且菌丝或多或少相互平行排列,这种菌丝组织称为疏松组织。② 拟薄壁组织,组成菌丝体的菌丝细胞为椭圆形、近圆形或近多角形,这种菌丝组织体称为拟薄壁组织。③ 菌核,是菌丝体上的菌丝密结、特化所形成的颜色深、质地坚硬的核状体,是菌丝抵抗外界不良环境的休眠体,当条件适宜时能萌发成菌丝体或子实体,如茯苓、猪苓。④ 子座,是容纳子实体的褥座,是由疏松组织和拟薄壁组织构成的,一般呈垫状。子座是真菌从营养阶段到繁殖阶段的一种过渡菌丝组织体,也有助于真菌度过不良环境。子座形成后,随即在其上或其内产生子实体,如冬虫夏草。⑤ 子实体,是真菌经过有性过程,形成能产生孢子的菌丝体结构,称子实体,如灵芝。⑥ 根状菌索,是密结成绳索状,外形似根的菌丝体。根状菌索能抵抗不良环境,遇到适宜的条件可从顶端的生长点恢复生长。

有些真菌可以与藻类共生形成地衣。由于菌、藻之间长期的生物结合,地衣不同于一般的真菌和藻类,而具有独特的形态、结构、生理和遗传学特征。地衣中的藻细胞进行光合作用,为整个地衣植物体制造养分,而共生的真菌则吸收水分和无机盐,为藻类进行光合作用提供原材料,并使细胞保持一定湿度,不致干死。地衣共生的真菌绝大多数是子囊菌,少数为担子菌,藻类为蓝藻和绿藻。按共生真菌的类型分为藻状菌衣纲、子囊衣纲和担子衣纲。子囊衣纲常见中药有松萝、石蕊。按生长状态分为壳状地衣、枝状地衣和叶状地衣。中药松萝、石蕊为枝状地衣。

第二节 常用中药材

海藻（Haizao, SARGASSUM）

为马尾藻科植物海蒿子 *Sargassum pallidurn*（Turn.）C. Ag. 或羊栖菜 *S. fusiforme*（Harv.）Setch. 的干燥藻体。前者习称"大叶海藻"，后者习称"小叶海藻"。海蒿子主产于山东、辽宁等地。羊栖菜主产于浙江、福建、广东、广西等地。

大叶海藻：皱缩卷曲，黑褐色，有的被白霜，长 30~60 cm。主干呈圆柱状，具圆锥形突起，主枝自主干两侧生出，侧枝自主枝叶腋生出，具短小的刺状突起。初生叶披针形或倒卵形，长 5~7 cm，宽约 1 cm，全缘或具粗锯齿；次生叶条形或披针形，叶腋间有着生条状叶的小枝。气囊黑褐色，球形或卵圆形，有的有柄，顶端钝圆，有的具细短尖。质脆，潮润时柔软，水浸后膨胀，肉质黏滑。气腥，味微咸。小叶海藻：较小，长 15~40 cm。分枝互生，无刺状突起。叶条形或细匙形，先端稍膨大，中空。气囊腋生，纺锤形或球形，囊柄较长。质较硬。以干淡、色黑褐、盐霜少、枝嫩、无砂石者为佳。含有藻胶酸、粗蛋白、甘露醇、钾、碘、马尾藻多糖等。

冬虫夏草（Dongchongxiacao, CORDYCEPS）

冬虫夏草授课视频

冬虫夏草历史沿革

冬虫夏草植物形态

【来源】　为麦角菌科真菌冬虫夏草菌 *Cordyceps sinensis*（BerK.）Sacc. 寄生在蝙蝠蛾科昆虫幼虫上的子座及幼虫尸体的干燥复合体。

【产地与采制】　主产于四川、青海、西藏等地。

夏初子座出土、孢子未发散时挖取，晒至六七成干，除去似纤维状的附着物及杂质，晒干或低温干燥。

【性状鉴别】　由虫体与从虫头部长出的真菌子座相连而成。虫体似蚕，长 3~5 cm，直径 0.3~0.8 cm。表面深黄色至黄棕色，有环纹 20~30 个，近头部的环纹较细。足 8 对，中部 4 对较明显。头部红棕色，尾如蚕尾。质脆，易折断，断面略平坦，淡黄白色。子座细长圆柱形，长 4~7 cm，直径约 0.3 cm。表面深棕色至棕褐色，有细纵皱纹，上部稍膨大，尖端有一段光滑的不育顶端。质柔韧，断面类白色（图 13-1）。气微腥，味微苦。

以完整、虫体丰满肥大、外色黄亮、内部色白、子座短者为佳。

【显微鉴别】

1. **子座头部横切面**　① 子实体周围由 1 列子囊壳组成，子囊壳卵形至椭圆形，下半部包埋于凹陷的子座中。② 子囊壳内有多数线形子囊，每一子囊内有 2~8 个线性的子囊孢子（图 13-2）。③ 子座中央充满菌丝，其间有裂隙。④ 具不育顶端（子座先端不育部分无子囊壳）。

2. **虫体横切面**　不规则形，四周为虫体的躯壳，其上着生长短不一的锐利毛和长绒毛，有的似分枝状。躯壳内为大量菌丝，其间有裂隙（图 13-3）。

【检查】　重金属及有害元素　照铅、镉、砷、汞、铜测定法测定，铅不得过 5 mg/kg；镉不得过 1 mg/kg；汞不得过 0.2 mg/kg；铜不得过 20 mg/kg。

【化学成分】　含有粗蛋白质、氨基酸、脂肪、D-甘露醇（又名虫草酸，cordycepic acid）、腺苷、虫草素（cordycepin）、麦角甾醇、虫草多糖、尿嘧啶、腺嘌呤等。腺苷、虫草酸和虫草素是冬虫夏草的主要活性物质。

【含量测定】　照高效液相色谱法测定，以磷酸盐缓冲液（pH 6.5）-甲醇（85:15）为流动

图 13-1 冬虫夏草

A. 药材；B. 药材断面放大

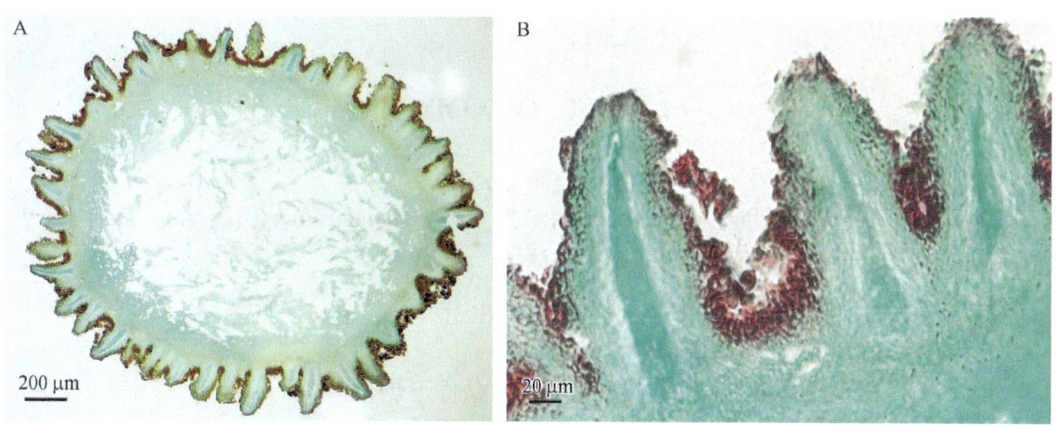

图 13-2 冬虫夏草子座横切面显微组织构造详图

A. 子座横切面；B. 子囊壳放大

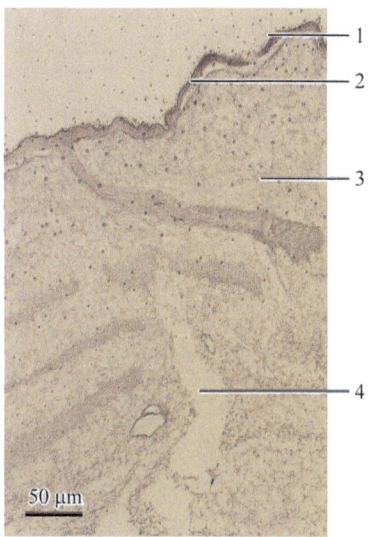

图 13-3 冬虫夏草虫体横切面显微组织构造详图

1. 绒毛；2. 角皮；3. 菌丝；4. 裂隙

相,检测波长为 260 nm;含腺苷($C_{10}H_{13}N_5O_4$)不得少于 0.010%。

【贮藏】 置阴凉干燥处,防蛀。

【性味功能】 性平,味甘。补肾益肺,止血化痰。

【附注】 混伪品

(1) 蛹草 *Cordyceps militaris* (L.) Link. 的干燥子座及虫体,药材习称"北虫草",在吉林、河北、陕西、安徽、广西、云南等地区混充冬虫夏草。虫体呈椭圆形。子座头部椭圆形,顶端钝圆,橙黄色或橙红色,柄细长,圆柱形。

(2) 亚香棒虫草 *C. hawkesii* Gray 的干燥子座及虫体,发现于湖南、安徽、福建、广西等地区。虫体蚕状,表面有类白色的菌膜,除去菌膜显褐色,可见黑点状气门。子座单生或分枝,黑色,有纵纹或棱。

(3) 凉山虫草 *C. liangshanensis* Zang, Hu et Liu 干燥子座及虫体,发现于四川。虫体似蚕,较粗,直径 0.6~1 cm;表面被棕褐色菌膜,菌膜脱落处暗红棕色,断面类白色,周边红棕色。子座呈线形,纤细而长,长 10~30 cm,表面黄棕色或黄褐色。

(4) 唇形植物地蚕 *Stachys geobombycis* C. Y. Wu 及草地蚕 *S. sieboldii* Miq. 的块茎伪充冬虫夏草。

(5) 用面粉、玉米粉、石膏等加工品伪充冬虫夏草。其外表显黄白色,虫体光滑,环纹明显,断面整齐,淡白色,体重,久嚼粘牙。遇碘液显蓝色。

灵芝(Lingzhi, GANODERMA)

灵芝历史沿革

灵芝植物形态

【来源】 为多孔菌科(Polyporaceae)真菌赤芝 *Ganoderma lucidum* (Leyss. ex Fr.) Karst. 或紫芝 *G. sinense* Zhao, Xu et Zhang 的干燥子实体。

【产地与采制】 赤芝主产于华东、西南及河北、山西、江西、广西等地。紫芝主产于浙江、江西、湖南、广西等地。二者均有人工栽培。

全年采收,除去泥沙及杂质,阴干或在 40~50℃ 条件下烘干。

【性状鉴别】

1. 赤芝 外形呈伞状,菌盖肾形、半圆形或近圆形,直径 10~18 cm,厚 1~2 cm。皮壳坚硬,黄褐色至红褐色,有光泽,具环状棱纹和辐射状皱纹,边缘薄而平截,稍内卷。菌肉白色至淡棕色。菌柄圆柱形,侧生,少偏生,长 7~15 cm,直径 1~3.5 cm,红褐色至紫褐色,光亮(图 13-4)。孢子细小,黄褐色。气微香,味苦涩。

图 13-4 赤芝

A. 药材;B. 饮片

2. **紫芝** 皮壳紫黑色,有漆样光泽。菌肉锈褐色。菌柄长 17~23 cm(图 13-5)。

栽培品:子实体较粗壮、肥厚,直径 12~22 cm,厚 1.5~4 cm。皮壳外常被有大量粉尘样的黄褐色孢子。

以菌块大、肉厚、完整、表面有漆样光泽者为佳。

图 13-5 紫芝
A. 药材;B. 饮片

【显微鉴别】 粉末 浅棕色、棕褐色至紫褐色。① 菌丝散在或成团,无色或淡棕色,细长,稍弯曲,有分枝,直径 2.5~6.5 μm。② 孢子褐色,卵形,顶端平截,外壁无色,内壁有疣状突起,长 8~12 μm,宽 5~8 μm。

【检查】
1. 水分 不得过 17.0%。
2. 总灰分 不得过 3.2%。

【浸出物】 照水溶性浸出物项下的热浸法测定,不得少于 3.0%。

【化学成分】
1. 赤芝 含麦角甾醇(ergosterol)、真菌溶菌酶及酸性蛋白酶,在水提物中含有水溶性蛋白质、氨基酸、多肽、生物碱、多糖等;多种苦味的三萜化合物灵芝酸(ganoderic acid)、赤芝酸(lucidenic acid)、灵赤酸(ganolucidic acid)等。两类水溶性成分灵芝多糖(BN_3C_1、BN_3C_2、BN_3C_3 及 BN_3C_4)和灵芝多肽(GPC_1、GPC_2)。

2. 紫芝 含麦角甾醇、海藻糖、有机酸(顺蓖麻酸、延胡索酸等)、氨基葡萄糖、甘露醇、树脂、多糖等。

【理化鉴别】
(1) 取粉末,加乙醇加热回流提取,提取液蒸干,残渣加甲醇使溶解,作为供试品溶液。以灵芝对照药材为对照,照薄层色谱法,以石油醚(60~90℃)-甲酸乙酯-甲酸(15:5:1)的上层溶液为展开剂,置紫外光灯(365 nm)下检视。供试品色谱中,在与对照药材色谱相应的位置上,显相同颜色的荧光斑点。

(2) 取粉末,加水加热回流提取,提取液水浴蒸干,残渣加水使溶解,加乙醇使沉淀,取沉淀物加三氟乙酸水解,减压蒸干,用 70% 乙醇溶解作为供试品溶液。以半乳糖、葡萄糖、甘露糖和木糖对照品为对照,照薄层色谱法,以正丁醇-丙酮-水(5:1:1)为展开剂,喷以对氨基苯甲酸溶液,加热,置紫外光灯(365 nm)下检视。供试品色谱中,在与对照品色谱相应的位置上,显相同颜色的荧光斑点。

【含量测定】 照紫外-可见分光光度法测定,按干燥品计算,含灵芝多糖以无水葡萄糖($C_6H_{12}O_6$)计,不得少于 0.90%;含三萜及甾醇以齐墩果酸($C_{30}H_{48}O_3$)计,不得少于 0.50%。

【贮藏】 置干燥处,防霉,防蛀。

【性味功能】 性平,味甘。补气安神,止咳平喘。

【附注】 混淆品

(1) 密纹薄芝 *Ganoderma tenue* Zhao, Xu et Zhang 和薄树芝 *G. capense* (Lloyd) Teng 的子实体,产于广东、海南、云南等地区。密纹薄芝菌盖近扇形或半圆形;皮壳紫褐色至黑褐色,边沿棕黄色至红棕色,有光泽,轮纹明显,靠近边沿处更密,近菌柄处纵纹明显,边缘薄而锐,厚0.2~0.5 cm,菌盖下面灰色。菌柄有或无,横切面靠皮壳处有棕色环。薄树芝菌盖表面无轮纹,菌肉有明显的轮纹,无菌柄,或菌柄短。

(2) 同科彩绒革盖菌 *Coriolus versicolor* (L. ex Fr.) Quél 的干燥子实体。药材称"云芝"。产于黑龙江、吉林、辽宁等地。子实体一般较小,无柄,平伏面反卷,或呈扇形、贝壳状,呈覆瓦状排列。菌盖宽1~8 cm,厚0.1~0.3 cm,皮壳表面有细长绒毛和多种颜色组成的狭窄的同心环带,绒毛常有丝绢光彩,边缘薄,波浪状。菌肉白色。管孔面白色,淡黄色,每毫米具菌管3~5个。

茯苓(Fuling, PORIA)

茯苓历史沿革

茯苓植物形态

【来源】 为多孔菌科真菌茯苓 *Poria cocos* (Schw.) Wolf 的干燥菌核。

【产地与采制】 主产于云南、安徽、湖北、河南等地。现部分省区已大量人工栽培,以湖北和安徽产量最大,其中湖北九资河获得国家地理标志产品标识。野生品以云南产者质量最佳,称"云苓"。

多于7~9月采挖,挖出后除去泥沙,堆置"发汗"后,摊开晾至表面干燥,再"发汗",反复数次至外现皱纹、内部水分大部散失后,阴干,称为"茯苓个";或将鲜茯苓按不同部位切制,阴干,分别称为"茯苓块"和"茯苓片"。

【性状鉴别】

1. 茯苓个　呈类球形、椭圆形、扁圆形或不规则团块,大小不一(图13-6)。外皮薄而粗糙,棕褐色至黑褐色,有明显的皱缩纹理。体重,质坚实,断面颗粒性,有的具裂隙,外层淡棕色,内部白色,少数淡红色,有的中间抱有松根。气微,味淡,嚼之粘牙。

2. 茯苓块　为去皮后切制的茯苓,呈立方块状或方块状厚片,大小不一。白色、淡红色或淡棕色。

3. 茯苓片　为去皮后切制的茯苓,呈不规则厚片,厚薄不一。白色、淡红色或淡棕色(图13-6)。

以体重坚实、外皮色棕褐、皮细纹、无裂隙、断面白色细腻、粘牙力强者为佳。

【显微鉴别】 粉末　灰白色。① 用水装片,可见无色不规则颗粒状团块和分枝状团块。② 遇水合氯醛或5%氢氧化钾溶液,团块渐溶化露出菌丝,菌丝无色或淡棕色,细长,稍弯曲,有分枝,直径3~8 μm,少数至16 μm(图13-7)。

【检查】

1. 水分　不得过18.0%。

2. 总灰分　不得过2.0%。

【浸出物】 照醇溶性浸出物项下的热浸法测定,不得少于2.5%。

【化学成分】 含有β-茯苓聚糖(β-pachyman),含量高达75%。含多种四环三萜酸类化合物,如茯苓酸(pachymic acid)、齿孔酸、块苓酸、松苓酸等。

茯苓聚糖为具有β-(1→6)吡喃葡萄糖支链的β-(1→3)吡喃葡聚糖,无抗肿瘤活性,若切断支链成β-(1→3)葡聚糖,称为茯苓次聚糖(pachymaran),具有抗肿瘤活性。

图 13-6 茯苓
A. 药材；B. 饮片

【理化鉴别】 取粉末，加乙醚超声提取，滤液蒸干，残渣加甲醇溶解，作为供试品溶液。以茯苓对照药材为对照，照薄层色谱法，以甲苯-乙酸乙酯-甲酸（20∶5∶0.5）为展开剂，喷以 2% 香草醛硫酸溶液-乙醇（4∶1）混合溶液，加热至斑点显色清晰。供试品色谱中，在与对照药材色谱相应的位置上，显相同颜色的主斑点。

【贮藏】 置干燥处，防潮。

【性味功能】 性平，味甘、淡。利水渗湿，健脾，宁心。

【附注】 **茯苓皮** 为多孔菌科真菌茯苓 *Poria cocos*（Schw）Wolf 菌核的干燥外皮。呈长条形或不规则块片，大小不一。外

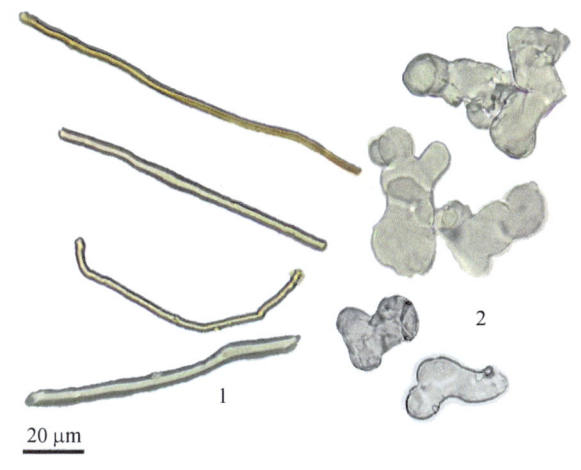

图 13-7 茯苓粉末显微特征图
1. 菌丝；2. 菌丝团块

表面棕褐色至黑褐色，有疣状突起，内面淡棕色并常带有白色或淡红色的皮下部分。质较松软，略具弹性。气微、味淡，嚼之粘牙。

猪苓（Zhuling, POLYPORUS）

为多孔菌科真菌猪苓 *Polyporus umbellatus*（Pers.）Fries 的干燥菌核。主产于陕西、云南、河南、河北等地。

呈条块形、类圆形或扁块状，有的有分枝，长 5~25 cm，直径 2~6 cm。表面黑色、灰黑色或棕黑色，皱缩或有瘤状突起。体轻，质硬，断面类白色或黄白色，略呈颗粒状。气微，味淡。以个大、皮黑、肉白、体重较重者为佳。含有水溶性多聚糖化合物猪苓葡聚糖Ⅰ、粗蛋白、麦角甾醇（ergosterol）等。

马勃(Mabo, LASIOSPHAERA CALVATIA)

为灰包科真菌脱皮马勃 *Lasiosphaera fenzlii* Reich.、大马勃 *Calvatia gigantea* (Batsch ex Pers.) Lloyd 或紫色马勃 *C. lilacina* (Mont. et Berk.) Lloyd 的干燥子实体。脱皮马勃主产于辽宁、甘肃、江苏、安徽等地。大马勃主产于内蒙古、青海、河北、甘肃等地。紫色马勃主产于广东、广西、江苏、湖北等地。

脱皮马勃呈扁球形或类球形,无不孕基部,直径 15~20 cm。包被灰棕色至黄褐色,纸质,常破碎呈块片状,或已全部脱落。孢体灰褐色或浅褐色,紧密,有弹性,用手撕之,内有灰褐色棉絮状的丝状物。触之则孢子呈尘土样飞扬,手捻有细腻感。臭似尘土,无味。大马勃不孕基部小或无。残留的包被由黄棕色的膜状外包被和较厚的灰黄色内包被所组成,光滑,质硬而脆,成块脱落。孢体浅青褐色,手捻有润滑感。紫色马勃呈陀螺形,或已压扁呈扁圆形,直径 5~12 cm,不孕基部发达。包被薄,两层,紫褐色,粗皱,有圆形凹陷,外翻,上部常裂成小块或已部分脱落。孢体紫色。以个大、皮薄、饱满、松泡有弹性者为佳。含有甾体、萜类、脂肪酸及多糖等成分。

松萝(Songluo, USNEA)

为松萝科植物松萝 *Usnea diffracta* Vain. 和长松萝 *U. longissima* Ach. 的干燥地衣体。松萝主产于湖北、湖南、贵州等地;长松萝主产于广西、四川、云南等地。

松萝长 10~40 cm,呈二叉状分枝,基部直径 0.8~1.5 mm。表面灰绿色或黄绿色,粗枝表面有明显的环状裂纹。质柔韧,略有弹性,不易折断,断面可见中央有线状强韧的中轴。气微,味酸。长松萝呈丝状,长达 1.3 m,主轴单一,两侧侧枝密生,侧枝长 0.3~1.5 cm,似蜈蚣足状。以身干、色灰绿色、拉之有弹性、无杂质者为佳。含有松萝酸(usnic acid)、巴尔巴地衣酸(barbatic acid)、拉马酸(ramalic acid)等。

冬虫夏草价格昂贵。不法商家为了牟取暴利,用亚香棒虫草、凉山虫草、古尼虫草其他虫草冒充冬虫夏草出售,也有不明来源已染菌丝的幼虫,头部套上假子座(植物叶柄、黄花菜或根),染成黑褐色,充当冬虫夏草;用塑料、面粉等作为原料通过3D打印技术制作假的冬虫夏草。正品中也有竹签和金属棍的拼接品、糖水浸泡加重品、涂粘灰沙、金属类物质加重品、掺杂灰屑的虫蛀品和染色品等。以上假冒伪劣的商品给百姓用药带来了安全隐患,去伪存真是我们专业的责任。

问题:
1. 如何采用中药鉴定学方法鉴定冬虫夏草的伪品和劣质品?
2. 湖北东阳光率先实现冬虫夏草人工培植。当用人工虫草冒充野生虫草高价出售时如何进行区分呢?

第十四章 树脂类中药

第一节 概述

树脂类(resina)中药是一类由多种化学成分组成的天然树脂,通常为植物体分泌的非晶形固体或半固体物质。大多数为新鲜树脂,亦有埋藏于地下经年久转化而成的化石类物质,如琥珀。树脂因具有良好的抗菌、消炎、活血、祛瘀、消肿及防腐等功效,在医药上有着悠久的历史和较广泛的临床应用,常用于调气活血、舒筋止痛、芳香开窍、痈疽疔疗等症。有些树脂尚可作为填齿料及硬膏制剂的原料。

药用树脂大多采自种子植物,如松科(松油脂、松香、加拿大油树脂),金缕梅科(苏合香、枫香脂),橄榄科(乳香、没药),豆科(秘鲁香、吐鲁香),漆树科(洋乳香),伞形科(阿魏),安息香科(安息香),藤黄科(藤黄),棕榈科(血竭)等。常和挥发油并存于植物的树脂道中,有时也存在于一些分泌细胞或导管中,尤其是多年生木本植物心材部分的导管中。有些植物平常只有少数树脂道,受机械损伤(如割伤)后会形成更多树脂道,分泌物逐渐增加,如松树中的松油脂。有些植物原来并无分泌组织,只有损伤后才产生新的木质部或韧皮部,并形成分泌组织或树脂道而渗出树脂,如安息香树、苏合香树等。

采收树脂时,除一部分为自然渗出收集外,一般是将植物体某些部位机械损伤,如用刀切割树皮,收集从伤口流出的树脂,经加工而成。有些存在于分泌细胞或心材中的树脂,需要将植物粉碎,用有机溶剂提取后再分离出来。有些树脂也可采用加热的方法,使树脂熔融液化流出。

一、树脂的化学组成

组成树脂的化学成分是由植物体内的挥发油(如萜类、芳香族化合物、小分子脂肪族化合物等),经过氧化、聚合、缩合等复杂的化学变化所形成的,具有很多高分子脂肪族和芳香族化合物的混合体,其中多数是二萜烯和三萜烯的衍生物。其主要组成可概括为下列几类:

1. 树脂酸类(resin acids)　主要是二萜酸类、三萜酸类及其衍生物类成分。分子量大,结构复杂,分子中常具有羟基和羧基,能溶于碱性水溶液形成肥皂样的乳液。它们大多游离存在,如松香中含有90%以上的二萜树脂酸(松香酸);乳香中含有大量的三萜树脂酸(乳香酸)。

2. 树脂醇类(resin alcohols)　指分子中具有羟基的树脂,可分为树脂醇和树脂鞣醇两类。树脂醇(resinols)含有醇性羟基,是无色物质,遇三氯化铁试液不呈颜色反应;树脂鞣醇(resino tannols)含酚性羟基,分子量较大,遇三氯化铁试液则显鞣质样蓝色反应。它们在树脂中呈游离状态或与芳香酸结合成酯存在。

3. 树脂酯类(resin esters)　指树脂醇或树脂鞣醇与树脂酸或芳香酸如桂皮酸、苯甲酸、水杨酸、阿魏酸等化合而成的酯类物质。芳香酸在树脂中亦有游离存在的,通常称为香脂酸,它们多数是香树脂的主要成分,亦常是代表树脂生理活性的成分,与氢氧化钾的醇溶液共煮则皂化。

4. 树脂烃类(resenes)　指一类分子结构复杂的含氧中性高分子化合物。化学性质比较稳定,不溶于碱、不被水解或氧化、不导电,与光、空气、水或一般化学试剂长久接触均无变化。其化学组成可能是倍半萜烯和多萜烯的衍生物或其氧化产物。树脂中如含有较多的树脂烃时,医药上多用作丸剂或硬膏剂的原料。

二、树脂的分类

树脂中常混有挥发油、树胶及游离芳香酸等成分,药用树脂根据其中所含的主要化学成分,

通常可分为以下几类:

1. 单树脂类(resina)　　树脂中一般不含或很少含挥发油、树胶及游离芳香酸,通常又可分为以下3项:

(1) 酸树脂:主成分为树脂酸,如松香等。
(2) 酯树脂:主成分为树脂酯,如枫香脂、血竭等。
(3) 混合树脂:无明显的主成分,如洋乳香等。

2. 胶树脂类(gummi-resina)　　主成分为树脂与树胶,如藤黄。

3. 油胶树脂(oleo-gummi resina)　　主成分为挥发油、树胶与树脂,如乳香、没药、阿魏等。

4. 油树脂(oleo-resina)　　主成分为树脂与挥发油,如松油脂、加拿大油树脂等。

5. 香树脂(balsamun)　　主成分为树脂、挥发油与有游离芳香酸(香脂酸),如苏合香、安息香等。

三、树脂的通性

树脂通常是由很多高分子脂肪族和芳香族化合物,如树脂酸、树脂烃等多种成分组成的混合物。大多为无定形固体,表面微有光泽,质硬而脆,少数为半固体甚至流体。它们不溶于水,吸水也不膨胀,易溶于醇、乙醚、氯仿等大多数有机溶剂;在碱性溶液中能部分或完全溶解,在酸性溶液中不溶。加热至一定温度,则软化,最后熔融;燃烧时有浓烟,并有特殊的香气或臭气。将树脂的乙醇溶液蒸干,则形成薄膜状物质。

树脂的商品名称常易和树胶混淆。例如,"加拿大油树脂"进口商品名称为"Canada Balsam"(加拿大香脂),而习惯上却称为"加拿大树胶"。实际上,在化学组成和物理性质等方面树脂和树胶完全不同。树胶的化学组成是碳水化合物,属于多糖类,能溶于水或吸水膨胀,或能在水中成为混悬液,不溶于有机溶剂,加热后最终焦炭化而分解,发出焦糖样气味,无一定的熔点。树脂类常以黄棕色或暗棕色的不规则颗粒状或团块状物质存在,它们能被苏丹Ⅲ试液或紫草试液染成红色,

四、树脂类中药的鉴定

性状鉴定应特别注意形状、颜色、质地、光泽、透明度、气味等特征。树脂类中药外形各异、大小不等,但化学成分却无变化,因此理化鉴别在这一章中尤为重要。也可以通过物理、化学方法鉴定,如溶解度、浸出物、水分、灰分、折光率、比旋度、酸值、皂化值、碘值、醇不溶物及香脂酸含量等检测,可作为鉴定树脂真伪优劣的重要依据。具体方法可按《中国药典》(2020年版)规定项下进行鉴定。

商品树脂中常混有杂质,如树皮、木片、泥土、砂石等,因此,要特别注意对其纯度的检查,药典中通常规定树脂中醇不溶物的限量,以保证其纯度。

对于树脂质量的控制,还应对其有效成分或有效部位进行检测。由于树脂是一类化学混合物,要精确了解树脂的成分,一般可对其进行提取分离,将纯化的各部分干燥后称量,即可得其百分含量,以决定树脂的类别。

第二节　常用中药材

苏合香(Suhexiang, STYRAX)

为金缕梅科植物苏合香树 *Liquidambar orientalis* Mill. 树干渗出的香树脂经加工精制而

成。原产于土耳其、叙利亚、埃及、索马里、波斯湾附近的各国。现我国在广西、云南等地有栽培。

为半流动性的浓稠液体。棕黄色或暗棕色,半透明。质黏稠。气芳香。一般以黏稠似饴糖、半透明、质细腻、挑之成丝、香气浓者为佳。树脂部分由树脂酯类与树脂酸类组成,前者为树脂醇类与芳香酸(主要是桂皮酸与苯甲酸)结合而成的酯类;后者主要为齐墩果酮酸(oleanonic acid)和3-表-齐墩果酸(3-epi-oleanolic acid)。

乳香(Ruxiang,OLIBANUM)

【来源】 为橄榄科植物乳香树 *Boswellia carterii* Birdw. 及同属植物 *B. bhaw-dajiana* Birdw. 树皮渗出的树脂。分为索马里乳香和埃塞俄比亚乳香,每种乳香又分为乳香珠和原乳香。

【产地与采制】 主产于红海沿岸的索马里、埃塞俄比亚及阿拉伯半岛南部。土耳其、利比亚、苏丹、埃及亦产。我国广西有栽种。

春、秋二季均可采收,通常以春季为盛产期。乳香树干的皮部有离生树脂道,采收时,将树皮自下而上切伤,并开狭沟,使树脂自伤口渗出流入沟中,数天后凝成硬块,即可采集。亦有落于地面者,可以捡起药用,但易黏附泥土杂质,品质较劣。本品遇热易氧化变色,宜贮存于阴凉处,并密闭防尘。

【性状鉴别】 呈长卵形滴乳状、类圆形颗粒或黏合成大小不等的不规则块状物。大者长达 2 cm(乳香珠)或 5 cm(原乳香)。表面黄白色,半透明,被有黄白色粉末,久存则颜色加深。有的因贮藏日久,互相摩擦而使表面带一层类白色粉尘或外表呈棕黄色而无光泽(图 14-1)。质脆,遇热软化。破碎面有玻璃样或蜡样光泽。具特异香气,味微苦。嚼之有砂粒感,随即软化成胶块而粘牙,唾液呈乳白色。

一般以呈颗粒状、半透明、色淡黄、无杂质、粉末粘手、气芳香者为佳。

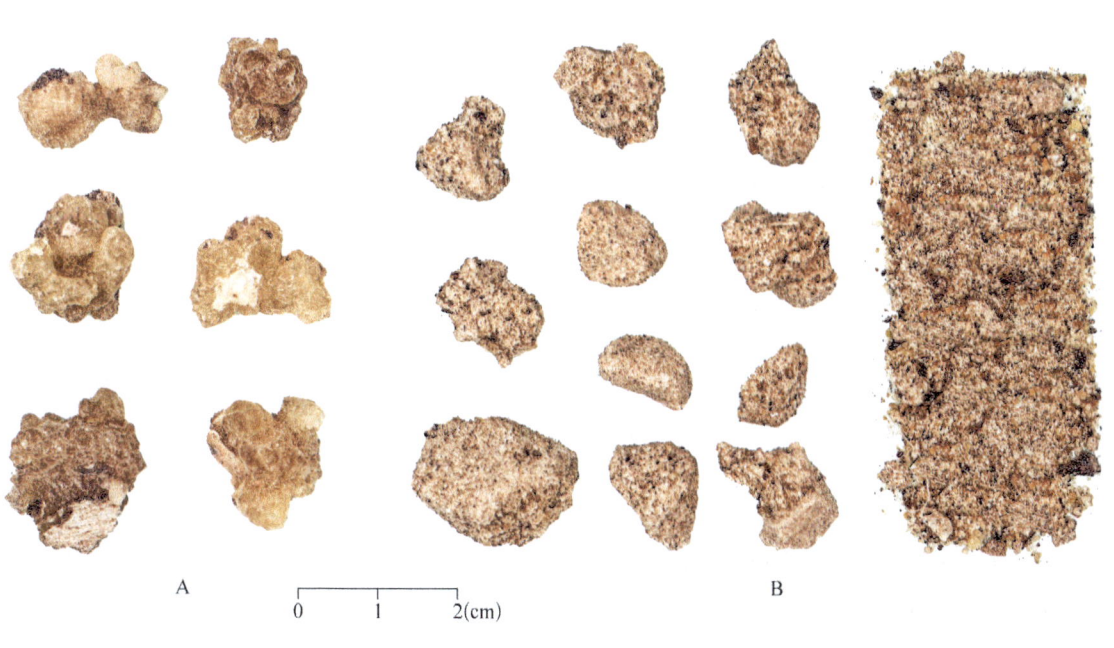

图 14-1 乳香
A. 药材;B. 饮片

【检查】 杂质 乳香珠不得过2%,原乳香不得过10%。

【化学成分】 含树脂60%~70%,树脂的酸性部分主要为三萜类化合物如 α-乳香酯(αboswellic acid)、β-乳香酸(β-boswellic acid)及其衍生物,如 11-羰基-β-乳香酸等;中性部分含 α-香树脂素(α-amyrin)、β-香树脂素(β-amyrin)的衍生物,如 α-香树脂酮(α-amyrone)、绿花白千层醇、乳香树脂烃等。

含树胶 27%~35%,树胶主要含多聚糖,分离得多聚糖Ⅰ(polysaccharide Ⅰ),平均分子量为 4 400 Da,水解得 L-阿拉伯糖(L-arabinose)、D-半乳糖(D-galactose)及糖醛酸(uronic acid);分离得多聚糖Ⅱ(polysaccharide Ⅱ),平均分子量为 5 500 Da,水解得 D-半乳糖及糖醛酸。

含挥发油 3%~8%。其中,索马里乳香挥发油主成分为 α-蒎烯,埃塞俄比亚乳香挥发油主成分为乙酸辛酯。

【理化鉴别】

(1) 遇热变软,燃烧时显油性,冒黑烟,有香气;加水研磨成白色或黄白色乳状液。

(2) 索马里乳香:取乳香挥发油加无水乙醇作为供试品溶液。以 α-蒎烯对照品为对照。采用气相色谱法试验,以聚乙二醇(PEG-20M)毛细管柱,程序升温;初始温度 50℃,保持 3 min,以每分钟 25℃的速率升温至 200℃,保持 1 min;进样口温度为 200℃,检测器温度为 220℃,分流比为 20∶1。理论板数按 α-蒎烯峰计算应不低于 7 000,分别取对照品溶液与供试品溶液各 1 μL,注入气相色谱仪。供试品溶液色谱中应呈现与对照品溶液色谱峰保留时间相一致的色谱峰。

(3) 埃塞俄比亚乳香:以乙酸辛酯对照品为对照,同索马里乳香鉴别方法试验,供试品溶液色谱中应呈现与对照品溶液色谱峰保留时间相一致的色谱峰。

【含量测定】 照《中国药典》挥发油测定法。索马里乳香含挥发油不得少于 6.0%(mL/g),埃塞俄比亚乳香含挥发油不得少于 2.0%(mL/g)。

【贮藏】 置干燥阴凉处,防霉,防蛀。

【性味功能】 性温,味辛、苦。活血定痛,消肿生肌。

【附注】 饮片 醋乳香:与乳香相比,表面光亮。

没药(Moyao, MYRRHA)

没药历史沿革

没药植物形态

【来源】 为橄榄科植物地丁树 *Commiphora myrrha* Engl. 或哈地丁树 *C. molmol* Engl. 的干燥树脂。分为天然没药和胶质没药。

【产地与采制】 主产于非洲东北部的索马里、埃塞俄比亚、阿拉伯半岛南部及印度等地,以索马里所产没药质量最佳。

于 11 月至次年 2 月将树刺伤,树脂自然地由树皮裂缝处或伤口渗出(没药树干受伤后,其韧皮部的离生树脂道附近的细胞被破坏,形成大型溶生树脂腔,内含油胶树脂)。树脂流出时初为淡白色,在空气中渐变为红棕色硬块,采收后除去杂质。

【性状鉴别】

1. 天然没药 呈不规则颗粒性团块,大小不等,大者直径长达 6 cm 以上。表面黄棕色或红棕色,近半透明部分呈棕黑色,被有黄色粉尘(图 14-2)。质坚脆,破碎面不整齐,无光泽。有特异香气,味苦而微辛。

2. 胶质没药 呈不规则块状和颗粒,多黏结成大小不等的团块,大者直径长达 6 cm 以上,表面棕黄色至棕褐色,不透明,质坚实或疏松,有特异香气,味苦而有黏性。

一般以块大、半透明、色红棕、微粘手、香气浓而持久、杂质少者为佳。

【检查】

1. 杂质 天然没药不得过 10%,胶质没药不得过 15%。

图14-2 没药
A. 药材；B. 饮片

2. 总灰分　不得过15.0%。

3. 酸不溶性灰分　不得过10.0%。

【化学成分】　没药为油胶树脂,成分中含树胶57%~61%,树脂25%~35%,挥发油7%~17%。此外,尚含蛋白质、甾体、苦味素、没药酸(myrrholic acid)、甲酸、乙酸及氧化酶等。

树脂中主要成分为能溶于乙醚的 α-没药脂酸(α-commiphoric acid),β-没药脂酸(β-commiphoric acid),γ-没药脂酸(γ-commiphoric acid)及 α-罕没药脂酚(α-heerabomyrrhol),β-罕没药脂酚(β-heerabomyrrhol)等；不溶于乙醚的 α-罕没药脂酸(α-heerabomyrrholic acid)、β-罕没药脂酸(β-heerabomyrrholic acid)。

挥发油中主要含蓬莪术烯(curzerene)、α-红没药烯(α-bisabolene)、γ-红没药烯(γ-bisabolene)等。

【理化鉴别】

(1) 本品与水共研可形成黄棕色乳状液。

(2) 取适量没药挥发油,加环己烷制成每毫升含10 mg 天然没药或50 mg 胶质没药的溶液,作为供试品溶液。另取天然没药对照药材或胶质没药对照药材各2 g,照挥发油测定法加环己烷2 mL,缓缓加热至沸,并保持微沸约2.5 h,放置后,取环己烷溶液作为对照药材溶液。吸取上述两种溶液各4 μL,分别点于同一硅胶G薄层板上,以环己烷-乙醚(4:1)为展开剂,展开,取出,晾干,立即喷以10%硫酸乙醇溶液,在105℃加热至斑点显色清晰。供试品色谱中,在与对照药材色谱相应的位置上,显相同颜色的斑点。

【含量测定】　照挥发油测定法测定,本品含挥发油天然没药不得少于4.0%(mL/g),胶质没药不得少于2.0%(mL/g)。

【贮藏】　置阴凉干燥处,防霉,防蛀。

【性味功能】　性平,味辛、苦。散瘀定痛,消肿生肌。

【附注】　饮片　醋没药：呈不规则小块状或类圆形颗粒状,表面棕褐色或黑褐色,有光泽。具特异香气,略有醋香气,味苦而微辛。

阿魏（Awei, FERULAE RESINA）

为伞形科植物新疆阿魏 *Ferula sinkiangensis* K. M. Shen 或阜康阿魏 *F. fukanensis* K. M. Shen 的树脂。主产于新疆。

呈不规则的块状和脂膏状。颜色深浅不一，表面蜡黄色至棕黄色。块状者体轻，质地似蜡，断面稍有孔隙；新鲜切面颜色较浅，放置后色渐深。脂膏状者黏稠，灰白色。具强烈而持久的蒜样特异臭气，味辛辣，嚼之有灼烧感。以块状、蒜味强烈、断面乳白或稍带微红色、无杂质者为佳。成分主要为挥发油、树脂及树胶，其中树脂主要成分有阿魏酸（ferulic acid）、阿魏树脂鞣醇等；挥发油含多种有机二硫化物，是本品具蒜臭味的原因。

安息香（Anxixiang, BENZOINUM）

为安息香科植物白花树 *Styrax tonkinensis* (Pierre) Craib ex Hart. 的干燥树脂。树干经自然损伤或于夏、秋二季割裂树干，收集流出的树脂，阴干。

为不规则的小块，稍扁平，常黏结成团块。表面橙黄色，具蜡样光泽（自然出脂）；或为不规则的圆柱状、扁平块状。表面灰白色至淡黄白色（人工割脂）。质脆，易碎，断面平坦，白色，放置后逐渐变为淡黄棕色至红棕色。加热则软化熔融。气芳香，味微辛，嚼之有沙粒感。含树脂类及总香脂酸约 80%。

血竭（Xuejie, DRACONIS SANGUIS）

血竭历史沿革

血竭植物形态

【来源】 为棕榈科植物麒麟竭 *Daemonorops draco* Bl. 果实渗出的树脂经加工制成。

【产地与采制】 麒麟竭主产于印度尼西亚的爪哇岛和苏门答腊、印度、马来西亚等地。我国云南南部亦有分布。

采集成熟果实，充分晒干，加贝壳同入笼中强力振摇，松脆的树脂块即脱落，筛去果实鳞片杂质，用布包起，放入热水中使化成团，取出放冷，即为原状血竭；加入辅料加工后称加工血竭。

【性状鉴别】 通常分为原装血竭和加工血竭。

1. **原装血竭** 呈扁圆形或不规则块状物，大小不等。表面暗红色或红色或砖红色，多粗糙而有光泽（图 14-3）。质脆易碎，断面有光泽或无光泽。因品质不一，有时可见果实、鳞片等少量杂质。研成粉末血红色。

2. **加工血竭** 略呈扁圆四方形或长方砖状，直径 6~8 cm，厚约为 4 cm，重 250~280 g。表面暗红色或黑红色，有光泽，常附有因摩擦而产生的红粉。体坚质脆，碎断面黑红色，光亮，研粉则为砖红色。

本品气微，味淡。在水中不溶，在热水中软

图 14-3 血竭

化。以外色黑似铁、研粉红似血、火燃呛鼻、有苯甲酸样气者为佳。

【检查】
1. 总灰分　不得过 6.0%。
2. 醇不溶物　不得过 25.0%。

【化学成分】　含红色树脂酯约 57%，从中分离出结晶形红色素，如血竭素(dracorhodin)和去甲血竭素(nordracorhodin)、血竭红素(dracorubin)和去甲血竭红素(nordracorubin)等；此外，还含黄色血竭树脂烃、海松酸(pimaric acid)、异海松酸(isopimaric)等。红色树脂酯为血竭树脂鞣醇与苯甲酸及苯甲酰乙酸的化合物。

【理化鉴别】
（1）取粉末置白纸上，用火隔纸烘烤即熔化，但无扩散的油迹，对光照视呈鲜艳的血红色。以火燃烧则产生呛鼻烟气。

（2）取粉末乙醚提取，滤过，取滤液作为供试品溶液。以血竭对照药材、血竭素高氯酸盐对照品为对照。照薄层色谱法，以三氯甲烷-甲醇(19∶1)为展开剂，展开，置日光下检视。供试品色谱中，在与对照药材色谱和对照品色谱相应的位置上，显相同的橙色斑点。

（3）取粉末乙醇提取，滤液加稀盐酸，析出棕黄色沉淀，放置后逐渐凝成棕黑色树脂状物。取树脂状物，用稀盐酸洗涤，氢氧化钾溶液研磨，加三氯甲烷提取后作为供试品溶液。以血竭对照药材为对照。照薄层色谱法，以三氯甲烷-甲醇(19∶1)为展开剂，展开，置日光下检视。供试品色谱中，在与对照药材色谱相应的位置上，显相同的橙色斑点。

【含量测定】　照高效液相色谱法测定，以乙腈-0.05 mol/L 磷酸二氢钠溶液(50∶50)为流动相；检测波长为 440 nm。按干燥品计算，含血竭素($C_{17}H_{14}O_3$)不得少于 1.0%。

【贮藏】　置干燥处，防霉，防蛀。

【性味功能】　性平，味甘、咸。活血定痛，化瘀止血，生肌敛疮。

【附注】　国产血竭　为龙舌兰科(Agavaceae)植物剑叶龙血树 *Dracaena cochinchinensis* (Lour.) S. C. Chen 含脂木材中提取的树脂。主产于云南、广西。在部分地区作血竭使用。扁圆形或不规则块状，大小不一；表面紫色，具光泽，局部有红色粉尘黏附。质硬，易碎，断面平滑，有玻璃样光泽，粉末暗砖红色。气无，味淡，口嚼不溶。含红色树脂 80% 以上。

血竭虽然在我国已有 1 500 多年的应用历史，但目前依赖进口。在新冠疫情的冲击下，血竭、乳香、没药等树脂类药材进口量减少，价格攀升。1971 年，我国著名植物学家蔡希陶先生成功开发国产龙血竭。该项目组在蔡希陶先生研究的基础上，对我国重要南药血竭的起源与基原进行了考证，揭示了云南南部发现的由龙舌兰科龙血树属植物产生的树脂应为我国最早应用的血竭，与我国最早应用的从西域进口的血竭最为相似。2015 年，由中国科学院昆明植物研究所研究员杨崇仁、张颖君主持完成的"龙血竭基原植物及其化学的研究"通过了科技成果鉴定。该项目在龙血竭及其基原植物的化学成分研究方面取得重要进展，阐明了龙血竭的物质基础，为国内外学术界公认和引用。

问题：
1. 如何采用中药鉴定学方法鉴定进口血竭？
2. 还有哪些进口的树脂类药材也具备"国产化"的潜质？

第十五章 其他类中药

第一节 概　述

其他类中药指不能归入植物类中药其他章节的中药。主要包括蕨类植物的成熟孢子、植物体与寄生昆虫形成的虫瘿、植物某一或某些部位的提取加工物、植物体的分泌物、植物渗出的非树脂类混合物。这类中药所包含的范围广，其鉴别方法可根据具体的品种而异。不具有生物结构组织的，通常使用性状及理化鉴定方法进行鉴别；若有生物结构组织的，除使用性状及理化鉴定方法进行鉴别外，还可使用显微、DNA分子遗传标记鉴定等鉴别方法。

一、性状鉴定

注意外观形状、大小、色泽、质地、气味、水试和火试的结果等。例如，海金沙的成熟孢子呈粉末状，黄棕色，火烧产生爆鸣声。

二、显微鉴定

对孢子类中药进行鉴定时要注意观察正面观、顶面观、侧面观、底面观等不同方向上的形状及大小，如圆形、椭圆形、类三角形等，另外，还应观察其外壁上的纹饰，如圆形、多角形等。

三、理化鉴定

对于提取物及分泌物类中药，常采用理化鉴定法，如鞣质的含量测定法、分光光度法、色谱法等。

第二节　常用中药材

海金沙（Haijinsha, LYGODII SPORA）

为海金沙科植物海金沙 *Lygodium japonicum* (Thunb.) Sw. 的干燥成熟孢子。主产于广东、浙江、江苏、湖北、湖南等地。

呈粉末状，棕黄色或浅棕黄色。体轻，手捻有光滑感，置手中，易由指缝滑落。气微，味淡。取少量撒于水中，则浮于水面，加热逐渐下沉。取少量撒于火上，即发出轻微爆鸣及明亮的火焰。以质轻、色棕黄、有光滑感、无杂质者为佳。含有水溶性成分海金沙素（lygodin）。

青黛（qingdai, INDIGO NATURALIS）

为爵床科植物马蓝 *Baphicacanthus cusia* (Nees) Bremek.、蓼科植物蓼蓝 *Polygonum tinctorium* Ait. 或十字花科植物菘蓝 *Isatis indigotica* Fort. 的叶或茎叶经加工制得的干燥粉末、团块或颗粒。主产于福建、河北、云南、江苏、安徽等地。

为深蓝色的粉末,体轻,易飞扬;或呈不规则多孔性的团块、颗粒,手搓捻即成细末。微有草腥气,味淡。以蓝色均匀、体轻能浮于水面、火烧产生紫红色烟雾时间长者为佳。含有靛玉红(indirubin)和靛蓝(indigo)。马蓝制成的青黛尚含异靛蓝(isoindigo)、靛黄(indo-yellow)、靛棕(indo-brown)等。蓼蓝制成的青黛尚含靛苷(indican)、菘蓝苷B(isatan B)、色氨酮(tryptantrin)、青黛酮(qingdainone)等。菘蓝制成的青黛尚含靛红(isatin)等。

儿茶(Ercha,CATECHU)

儿茶历史沿革

儿茶植物形态

【来源】 为豆科植物儿茶 Acacia catechu (L. f.) Willd. 的去皮枝、干的干燥煎膏,商品习称"儿茶膏"或"黑儿茶"。

【产地与采制】 主产于云南西双版纳傣族自治州一带,广东、广西、福建及海南等地区亦产。

冬季采收枝、干,除去外皮,砍成大块,加水煎煮,浓缩,干燥。

【性状鉴别】 呈方形或不规则块状,大小不一(图15-1)。表面棕褐色或黑褐色,光滑而稍有光泽。质硬,易碎,断面不整齐,具光泽,有细孔,遇潮有黏性。气微,味涩、苦,略回甜。

以黑色略带棕、涩味重者为佳。

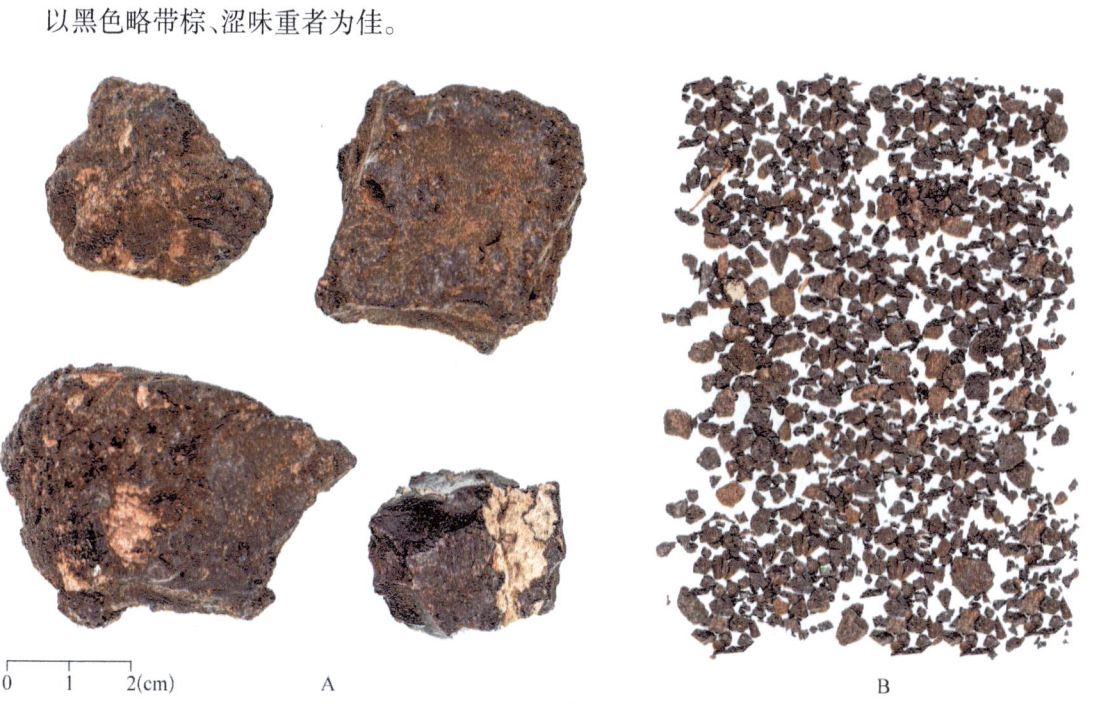

图 15-1 儿茶

A. 药材;B. 饮片

【显微鉴别】 粉末 棕褐色。水装片可见针状结晶及黄棕色块状物。

【检查】 水分 不得过17.0%。

【化学成分】 含有儿茶鞣质20%~50%、儿茶素(catechin)2%~20%、表儿茶素(epicatechin)及儿茶鞣红、槲皮素等。

【理化鉴别】 取粉末,加乙醚超声提取,提取液蒸干,残渣加甲醇溶解,作为供试品溶液。以儿茶素、表儿茶素对照品为对照,照薄层色谱法,以正丁醇-乙酸-水(3:2:1)为展开剂,喷以10%硫酸乙醇溶液显色,加热至斑点显色清晰。供试品色谱中,在与对照品色谱相应的位置上,显相同的红色斑点。

【含量测定】 照高效液相色谱法测定,以0.04 mol/L枸橼酸溶液-N,N-二甲基甲酰胺-四氢呋喃(45∶8∶2)为流动相,检测波长为 280 nm。本品含儿茶素($C_{15}H_{14}O_6$)和表儿茶素($C_{15}H_{14}O_6$)的总量不得少于 21.0%。

【贮藏】 置干燥处,防潮。

【性味功能】 性微寒,味苦、涩。活血止痛,止血生肌,收湿敛疮,清肺化痰。

【附注】 方儿茶 为茜草科植物儿茶钩藤 Uncaria gambier Roxb. 的带叶嫩枝的干燥煎膏,商品习称"方儿茶"或"棕儿茶"。主产于缅甸、印度及马来西亚等国。本品呈方块状,边长约 2 cm,表面向内凹缩,暗棕色至黑褐色,多平坦,无光泽,有时可见裂纹。质坚实或较松脆,断面浅棕红色。气微,味苦、涩。

五倍子(Wubeizi, GALLA CHINENSIS)

五倍子历史沿革

五倍子植物形态

【来源】 为漆树科植物盐肤木 Rhus chinensis Mill.、青麸杨 R. potaninii Maxim. 或红麸杨 R. punjabensis Stew. var. sinica (Diels) Rehd. et Wils 叶上的虫瘿,主要由五倍子蚜 Melaphis chinensis (Bell) Baker 寄生而形成。按外形不同,分为"肚倍"和"角倍"。

【产地与采制】 主产于四川、贵州、云南、陕西等地。

秋季采摘,置沸水中略煮或蒸至表面呈灰色,杀死蚜虫,取出,干燥。

【性状鉴别】

1. 肚倍 呈长圆形或纺锤形囊状,长 2.5~9 cm,直径 1.5~4 cm。表面灰褐色或灰棕色,微有柔毛。质硬而脆,易破碎,断面角质样,有光泽,壁厚 0.2~0.3 cm,内壁平滑,有黑褐色死蚜虫及灰色粉状排泄物(图 15-2)。气特异,味涩。

2. 角倍 呈菱形,具不规则的钝角状分枝,柔毛较明显,壁较薄。

以个大、完整、壁厚、色灰褐色者为佳。

图 15-2 五倍子

【显微鉴别】 横切面 ① 表皮细胞 1 列,往往分化成 1~3(6) 细胞的非腺毛。② 内侧薄壁组织中散有多数外韧型维管束,维管束外侧有大型树脂道。薄壁细胞含糊化淀粉粒及少数草酸钙结晶(图 15-3)。

【检查】

1. 水分 不得过 12.0%。

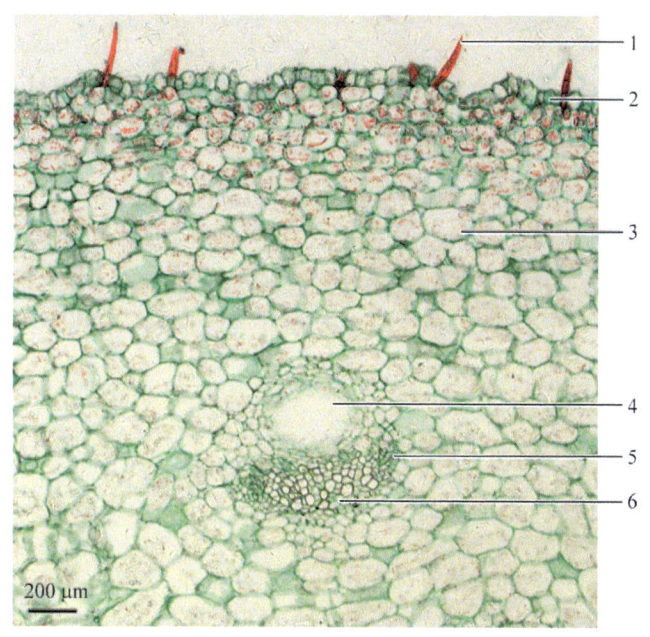

图 15-3 五倍子横切面显微组织构造详图
1. 非腺毛;2. 外表皮;3. 基本组织;4. 树脂道;5. 韧皮部;6. 木质部

2. 总灰分　不得过 3.5%。

【化学成分】　含有五倍子鞣质(gallotannin),习称五倍子鞣酸(gallotanninic acid),含量 60%~78%(肚倍约 70%,角倍约 50%)。另含没食子酸 2%~4%、白果酚、月桂酸、脂肪、树脂等。

【理化鉴别】　取粉末,加甲醇超声提取,滤过,滤液作为供试品溶液。以五倍子对照药材、没食子酸对照品为对照。照薄层色谱法,以三氯甲烷-甲酸乙酯-甲酸(5∶5∶1)为展开剂,置紫外光灯(254 nm)下检视。供试品色谱中,在与对照药材色谱和对照品色谱相应的位置上,显相同颜色的斑点。

【含量测定】
(1) 按鞣质含量测定法测定,按干燥品计算,含鞣质不得少于 50.0%。
(2) 照高效液相色谱法测定,以甲醇-0.1%磷酸溶液(15∶85)为流动相;检测波长为 273 nm。按干燥品计算,含鞣质以没食子酸($C_7H_6O_5$)计,不得少于 50.0%。

【贮藏】　置通风干燥处,防压。

【性味功能】　性寒,味酸、涩。敛肺降火,涩肠止泻,敛汗,止血,收湿敛疮。

【附注】
1. 饮片　呈不规则碎片状。表面灰褐色或灰棕色,微有柔毛,内壁光滑。质硬而脆,断面角质样,有光泽。气特异,味涩。

2. 五倍子蚜生活史与五倍子的形成　五倍子蚜的有翅胎生雌虫(秋季迁移蚜),于 9 月中旬至 10 月中旬自虫瘿穿孔飞出,寄生于中间寄主提灯藓科提灯藓属多种植物上,进行孤雌生殖产生幼蚜,并吸取藓类营养,作白色蜡质茧越冬,至次年春季再羽化成有翅胎生雌虫(春季迁移蚜),飞散至盐肤木等植物上,产生雌、雄无翅幼虫,经交尾后产生无翅雌虫(干母)。无翅雌虫在吸取盐肤木等嫩叶汁时,叶部组织受到刺激,逐渐膨大,开始形成虫瘿(即五倍子)。在形成虫瘿期间,雌虫旺盛的行孤雌生殖,至 9 月下旬,每个虫瘿内平均有蚜虫约 4 000 只,并生成有翅胎生雌虫,于 9 月中旬后破虫瘿飞出。因此,产生五倍子必须具有三要素,即寄主盐肤木类植物、五倍子蚜虫和过冬寄主提灯藓类植物。由于五倍子蚜虫种类的不同及其虫瘿部位习性的不同,形成的五倍子外形各异。

冰片（合成龙脑）(Bingpian, BORNEOLUM SYNTHETICUM)

为樟脑、松节油等经化学方法合成的结晶，习称"机制冰片"。主产于上海、天津、广东等地。

为无色透明或白色半透明的片状结晶。表面有裂冰样纹理。质松脆，可剥离成薄片，手捻易粉碎。气清香，味辛、凉。具挥发性。点燃发生浓烟，并有带光的火焰。以片大而薄、色洁白、质松脆、清香气浓者为佳。在乙醇、三氯甲烷或乙醚中易溶，在水中几乎不溶。熔点应为205～210℃。主要含有消旋龙脑（*dl*-borneol）。

芦荟（Luhui, ALOE）

为百合科植物库拉索芦荟 *Aloe barbadensis* Miller、好望角芦荟 *A. ferox* Miller 或其他同属近缘植物叶的汁液浓缩干燥物。前者习称"老芦荟"或"肝色芦荟"；后者习称"新芦荟"。主产于南美洲的库拉索、阿津巴、博内尔等小岛及西印度群岛，我国南方部分地区有引种。

库拉索芦荟：呈不规则块状，常破裂为多角形，大小不一。表面暗红褐色或深褐色，无光泽。体轻，质硬，不易破碎，断面粗糙或显麻纹，富吸湿性。有特殊臭气，味极苦。好望角芦荟：表面呈暗褐色，略显绿色，有光泽。体轻，质松，易碎，断面玻璃样而有层纹。以色黑绿或棕黑、质脆、有光泽、气味浓者为佳。老芦荟含芦荟总苷约25%，其中以芦荟苷为主，还有少量的异芦荟苷、芦荟大黄素等。新芦荟含芦荟苷约9%。

青黛是加工品，有3个基原，分别为爵床科植物马蓝 *Baphicacanthus cusia* (Nees) Bremek.、蓼科植物蓼蓝 *Polygonum tinctorium* Ait. 和十字花科植物菘蓝 *Isatis indigotica* Fort.。3个基原分别为来源于不同科的植物，其成分有很大的差异，但都能发挥"清热解毒、凉血消斑和泻火定惊"的功效。

问题：
1. 为什么青黛的基原差异这么大，而功效相同？
2. 3种青黛的成分有何异同？

第二篇 动物药类

第十六章　动物类中药的应用与研究概况
第十七章　药用动物的分类
第十八章　动物类中药的鉴定

第十六章　动物类中药的应用与研究概况

动物类中药的应用在中国有着悠久的历史。从文字记载来看,历代本草共记载动物类中药600余种,如《神农本草经》载有动物类中药60余种,《新修本草》载有120余种,《本草纲目》载有460余种,《本草纲目拾遗》载有160余种。动物类中药的种类增长很快,据1995年出版的《中国中药资源志要》一书记载,中国的药用动物1 500余种,分属414科。21世纪的统计结果:中国的药用动物已达1 850种左右。

第一节　动物类中药的应用

动物类中药是中医药学遗产中的重要组成部分。中医药学历来认为,动物类中药属"血肉有情之品",具有疗效确切、历史悠久等特点,备受重视。现代科学研究证实,动物类中药与同体积、同重量的植物类中药相比,大都具有极强的药理作用,尤其对某些顽症、重病,更显示了其独特的临床疗效。因此,动物类中药在临床应用上发展较快。例如,斑蝥在《神农本草经》中被列为下品,以后历代本草均有记载,具有攻毒、破血、引赤、发泡的功能。现代研究表明,斑蝥中含有的斑蝥素为抗癌有效成分,临床治疗肝癌和膀胱癌有效,此外还具有刺激骨髓产生白细胞的作用,这是一般抗癌药所不及的。

21世纪以来,动物类中药的应用开发研究主要体现在新的动物类中药材的发现和原有药用动物的其他药用部位的开发。鹿茸是一味著名的中药,但除鹿茸外,鹿的全身也都是宝,很多部位皆可供药用,如鹿鞭、鹿胎、鹿茸、鹿肉、鹿骨、鹿角胶、鹿尾等,鹿身上这些其他部位的研制产品深受人们的喜爱。近年来,对藏族民间药塞隆骨的开发研究取得较大成就。研究结果表明,塞隆骨具有散寒止痛、舒筋活络、强筋健骨等功效,尤其是对消炎、镇痛、愈合骨折骨伤显效较好。

此外,随着社会的发展和科学的进步,人类社会更加崇尚自然,返璞归真成为社会新潮,而动物类中药具有天然的特性,这为我国丰富的动物类中药资源的开发提供了广阔的天地。目前已开发出来的很多产品都深受广大消费者的欢迎,其中保健品如多烯康胶丸、蚓激酶、金牡蛎等;化妆美容品如熊胆增白霜、紫貂油膏、珍珠美容霜等;天然香精如麝香、灵猫香、龙涎香、海狸香等;天然色素如常用于汽水、糖果等的紫胶色素,另外如蜂蜜、胆红素等都有良好的开发前景。总之,可以说在动物类中药资源的开发利用方面已经取得了一定的成就。但在以研究药效组分和进行化合物化学结构改造为主的深层次应用研究方面不够,还需要努力。

第二节　动物类中药资源的研究

中国药用动物资源研究始于20世纪50年代,但到了70年代,药用动物资源调查才真正全面展开。初期的工作大都放在区域性药用动物资源调查、收集整理标本和编写地方药书、药志上,并取得了可喜的成绩。同时,还编写和出版了一批药用动物资源方面的著作,主要有《中国药用动物志》(1979~1983年,一、二卷),共收载药用动物832种;《中国药用动物名录》(1987年),收载药用动物348科,1 157种;《中国动物药》(1981年),收载动物类中药564种;《中国动物药志》(1996年),收载动物类中药975种,药用动物1 546种;《动物本草》(2001年),收载动物类中药1 731种,药用动物1 567种。此外,各地还陆续出版了一些地方性动物类中药资源专著,如《东北动物药》《广西药用动物》《山东药用动物》《内蒙古药用动物》《黑龙江省药用动物志》《四川中药志》(1~3卷)等。

在常用动物类中药中,有不少属濒危动物,从而造成一些名贵动物类中药如犀角、虎骨、麝香、牛黄、羚羊角等的稀缺。在33种因资源稀少而紧缺的常用中药中,动物类中药多达25种。1993年,中国已明令禁止野生犀角和虎骨的使用。因此,加强新动物类中药的研究十分重要,这是解决某些动物类中药尤其是名贵动物类中药因资源少而紧缺的重要措施之一。通过品种鉴定,理化分析和大量的药效学、临床研究,在新动物类中药研究方面取得了一定的成绩,如人工牛黄的配制和使用;鹅喉羚羊角、人工引流熊胆、人工培植牛黄等新药已为临床所采用。这项工作不仅开辟了动物类中药的药用来源,也有力地保护了多种珍稀濒危的药用动物,特别是在当前大力保护药用野生动植物资源,提倡资源可持续利用的形势下,这方面的研究工作更显得意义重大。

第三节 药用动物的养殖与动物类中药的生产

中国不仅药用动物资源丰富,动物类中药生产的发展也十分迅速。由于药用动物大多为野生,而变野生为家养是防止野生药用动物资源减少的一个重要方面,通过加强对濒危野生药用动物的生物学特征的全面研究,为人工引种驯养创造条件和提供科学依据。

据不完全统计,现已人工养殖的动物类中药材有30种左右,其中很多都已成为商品药材的重要来源,如人工养麝和活体取香;鹿的驯化和鹿茸的生产;河蚌的人工育珠;蛤蚧、金钱白花蛇、蕲蛇、全蝎、刺猬、复齿鼯鼠等的养殖;养熊和人工引流胆汁;人工培植牛黄,由手术育黄发展到用注射法牛体培育牛黄。随着科技的进步,目前已在一般动物饲养成功的基础上,又开展了加温饲养、人工饲料配比、疾病防治、杂交及人工授精等新技术的研究,如1988年第Ⅱ代经人工授精繁殖的林麝已在中国获得成功。

另外,在利用现代科学技术,进行动物类中药的人工培植或合成方面也成果显著,如利用现代技术在牛、羊的胆囊中培植结石,从而得到人工培植牛黄、羊黄,用以取代天然牛黄,这是名贵动物新药研究中一个辉煌成就,对比实验表明,人工培植牛黄在化学成分、药理作用、临床疗效等方面均与天然牛黄相近。此外,对动物类中药的化学成分进行人工合成的研究也在快速发展,如麝香的主要成分麝香酮已人工合成,研究的比较深入;斑蝥等昆虫中的抗癌成分斑蝥素的半合成品其作用与羟基斑蝥胺类似,而毒性都比斑蝥素小。

此外,在动物类中药工程化生产工艺方面发展也很快,从珍珠、僵蚕、冬虫夏草的人工培养到蝎、蜈蚣、蛇类的电刺激采毒;从鹿的控光增茸到麝的激素增香,特别是活麝取香和活熊取胆汁及增植牛黄等工艺的发展,使产量提高了许多倍。鹿茸细胞和麝香腺细胞的组织培养,使动物类中药生产进入了生物工程时期。

第四节 动物类中药的化学成分研究

某些动物类中药中所含的化学成分与人体中某些物质相似,因而可直接用于改善和调节人体的生理功能,且具有较好的临床疗效。近年来,陆续从药用动物中发现了一些药效物质,如蝮蛇毒中的蝮蛇抗栓酶已用于脑血管疾病;蟾酥中的脂蟾毒配基(蟾力苏)兼有升压、强心、兴奋呼吸作用,已用于呼吸衰竭、循环衰竭和失血性低血压休克;甲壳纲动物及昆虫中含丰富的甲壳质(chitin),可作为药物的良好载体,并有降低胆固醇、降血脂作用;鹿茸中多胺类化合物是刺激核酸和蛋白质合成的化学成分;地龙的解热作用与其游离氨基酸含量成正比;中华大蟾蜍的糖蛋白有强心、利尿作用;乌贼墨主要成分墨色素蛋白是吲哚-5,6-醌与2-羧基-吲哚-5,6-醌(4∶1)的共聚物,有止血作用等。

以下是几类比较常见的动物类中药活性成分:
(1) 蛋白质及其水解产物,包括蛋白质、动物毒肽、酶及糖蛋白,如蛇毒、蜂毒、水蛭素等。
(2) 生物碱类,如乌贼墨的黑色素、地龙的次黄嘌呤、麝香的麝香吡啶等。
(3) 甾体化合物,如性激素、胆汁酸、蜂毒、蜕皮激素及甾体皂苷等。
(4) 酮类和酸类成分,如麝香中的麝香酮、广地龙中的琥珀酸、蜂王浆中的王浆酸等。据统计的资料表明,对动物类中药药效组分研究甚少,有待进一步提高。

第五节 海洋动物类中药的研究

近年来,随着海洋及海洋生物可接触范围的扩大和科学手段的进步,开发和利用海洋,向海洋取药,已成为沿海国家药学事业发展的方向之一。海洋药用生物资源极为丰富,如软体动物门的石决明、牡蛎、海螵蛸、珍珠母等,脊椎动物亚门的海马、海龙等多为常用中药,《中国药用海洋生物》(1977年)中收载了中国海洋药用动物234种,《中国海洋药物辞典》收载药用动物1431种。

海洋动物类中药除了品种不断增加外,在药物化学、药理、临床实践等方面都有较大的突破。现代研究证明,海洋动物类中药多具有不同程度的抗肿瘤、抗真菌、抗病毒作用,并在防治心血管疾病方面有确切疗效。例如,从棘皮动物的刺参中分离出的刺参黏多糖,经十多年的临床证明,具有抗凝血、抗肿瘤、抗氧化作用;海参的活性成分除黏多糖外,主要是海参皂苷类,如海参素(bolothurin)A、海参素B等均具有明显的生理活性,特别是抗肿瘤和抗真菌活性。

第六节 濒危动物类中药资源的保护与开发利用

近年来,由于对很多珍稀药用动物的滥捕滥杀,加之这些动物的栖息地自然生态环境遭到破坏,从而使很多著名动物药的资源锐减,如虎骨、豹骨、麝香等。因此,加强濒危动物类中药资源的研究、保护濒危药用动物资源已越来越引起人们的重视。1973年,有80个国家于华盛顿集会草拟了《濒危野生动植物种国际贸易公约》(简称CITES)。目前,动物类中药如犀角、虎骨、麝香、熊胆、豹骨、象皮等均属"公约"附录一类,即濒临灭绝之品种,禁止国际一切商业性贸易。人类已经认识到,保护生态环境就是保护人类自己,保护资源就是保护人类社会赖以生存的基础,同时也是人类社会经济活动能够持续、稳定、协调发展的需要。保护濒危动物资源的目的也是使这部分有限的资源能够得到有效开发,更好地造福于人类。

中国濒危药用动物的保护事业近年来也有很大发展,1987年国家颁布了《野生药材资源保护管理条例》,并公布了重点保护野生药材物种名录共64种,其中,动物类中药14种,主要包括全靠自给的如麝香、鹿茸、蟾酥等,部分靠进口的如虎骨、豹骨、牛黄、龟甲、鳖甲等,完全靠进口的如犀角、广角、羚羊角、玳瑁等。1988年,颁布了《国家重点保护野生动物名录》,1992年又颁布了《中华人民共和国野生动物保护实施条例》,并附有新的国家重点保护野生动物名录,1993年5月中国政府颁布了关于禁止虎骨、犀角入药的命令。这样就从立法方面对保护药用野生动物工作加以完善,使得各项工作有章可循。

根据濒危药用动物资源的现状,要想做到真正保护好这部分有限的资源,就必须抓住以下3个环节:① 加强相关基础学科的研究,全力提高濒危药用动物的种群数量;② 利用现代先进的生物技术等手段,研究濒危动物的繁殖及个体更新等问题;③ 根据市场需求和资源现状,合理开发利用这部分有限资源。

第十七章 药用动物的分类

第一节 药用动物分类的意义与方法

地球上生存的动物已达150万种以上。对动物进行科学分类是为了正确区分物种,了解各种动物在动物界中的地位,探索物种形成的规律,了解动物进化的途径和过程。作为药用动物,虽然数量不多,只有已知动物的千分之一,但也是动物界的一部分,学习和掌握动物的分类知识,对于研究和掌握动物类中药、保护和利用药用动物资源具有重要作用。

动物分类学是一门识别动物种类,研究动物系统的科学。动物学的分类系统是以动物形态方面或解剖方面的相似程度为基础的,基本上能反映动物界的自然亲缘关系,所以称为自然界分类系统。动物的分类是根据动物细胞的分化、胚层的形成、体腔的发展、对称的形式、体节的有无、骨骼的性质、附肢的特点及其他器官系统的发生、发展而进行的。动物界划分为若干个等级,如门、纲、目、科、属、种,而以种为分类的基本单位。

由于现有动物还没有一个比较完善的分类系统,一般将它们分为33个门(有的分为30个门或28个门),其中,与药用动物有关的有10个门,由低等到高等依次为原生动物门(Protozoa)、多孔动物门(Porifera)[又称海绵动物门(Spongia)]、腔肠动物门(Coelenterata)、扁形动物门(Platyhelminthes)、线形动物门(Nematomorpha)、环节动物门(Annelida)、软体动物门(Mollusca)、节肢动物门(Arthropoda)、棘皮动物门(Echinodermata)、脊索动物门(Chordata)。以上自原生动物门至棘皮动物门的各门动物都没有脊索(或脊椎),故统称无脊索动物(或无脊椎动物)。

第二节 与药用动物关系密切的动物门简介

药用动物较多的几个主要动物门的基本特征如下。

(一)多孔动物门

多孔动物门为最原始、最低等的多细胞动物。体形多数不对称或辐射对称,体表多孔(故名多孔动物),体壁由钙质或硅质的骨针或类蛋白质的海绵丝所支持,无器官系统和明显的组织,具特有的水沟系。全为水生,营固着生活。药用动物有脆针海绵等。

(二)腔肠动物门

腔肠动物门为低等后生动物。体形辐射对称,有内、外两胚层,有原始消化腔,有口无肛门,行细胞外和细胞内消化。有组织分化,具原始的肌肉结构和原始的神经系统(神经网),有刺细胞。有骨骼时,为钙质或角质。全为水生,营固着或漂浮生活。药用动物有海蜇、珊瑚等。

(三)环节动物门

环节动物门为真体腔动物,是高等无脊椎动物的开端。体圆柱形或扁平形,由相似的环节(体节)组成。有三胚层。除蛭纲外均有真体腔及闭管式循环系统,多数有运动器官刚毛或疣足,消化道发达,有口和肛门,有排泄器官后肾管,有链状神经系统。多为自由生活。药用动物有蚯蚓、水蛭等。

(四)软体动物门

软体动物门除腹足纲外体形一般都是左右对称,体不分节而有次生体腔。身体柔软,由头、足、内脏团三部分组成,且被体壁延伸而成的外套膜覆盖,并由它分泌出1~2个保护柔软体部的石灰质贝壳。消化道完全,有心脏及血管,除头足纲外均为开放式循环,有栉状鳃或类似肺的构造,为呼吸的器官。多为水生,少数陆生。药用动物有马氏珍珠贝、长牡蛎、金乌贼等。

软体动物是动物界第二大门,已知的种类有十万余种。

(五)节肢动物门

节肢动物门身体多有头部、胸部、腹部的区分,附肢常分节,体表被有几丁质外骨骼,生长发育过程需要蜕皮,肌肉为横纹肌,常成束,消化系统完整,口器适于咀嚼或吸吮,形式多样。体腔为混合腔,循环系统为开放式,用鳃、气管或书肺呼吸。水生或陆生。

节肢动物门为动物界中最大的一门,种类繁多,约占已知动物种类的85%。它们分布极广,具有高度的适应性。一般分3个亚门、7个纲。现将其中药用价值较大的4个纲的形态特征区别如下(表17-1):

表17-1 节肢动物门中4个纲的形态特征比较

特点	甲壳纲	蛛形纲	多足纲	昆虫纲
体躯	分头胸部及腹部两部,或头、胸、腹部愈合	分头胸部及腹部两部分	分头部及躯干部两部分	分头、胸、腹三部分
触角	2对	无	1对	1对
口器	大颚1对,小颚2对	螯肢1对,脚须1对	大颚1对,小颚2对或1对	大颚1对,小颚1对,下唇1片
步足	每体节1对	共4对,在头胸部	每体节1对	共3对,在胸部
呼吸器	鳃和体壁	书肺或气管	气管	气管
生殖孔	2个,胸部后端	1个,腹部前端	1个,腹部末端	1个,腹部末端
发生	一般有幼虫期	一般直接发生	直接发生	大多有幼虫期
主要习性	海产或淡水产,少数陆生	多为陆生	陆生	多为陆生
药用动物举例	对虾、中华绒毛螯蟹	蜘蛛、东亚钳蝎	少棘巨蜈蚣	地鳖、家蚕

以上4个纲中,又以昆虫纲种类最多及其药用种类最多。昆虫纲动物是动物界中最繁盛的一个类群,全世界已知昆虫在一百万种以上,占节肢动物的90%以上。昆虫纲动物根据翅的有无及其特征、变态的类型、口器的形式、触角及附肢等构造,可分为30余目,其中,与药用动物关系密切的有8个目(表17-2,图17-1,图17-2)。

表17-2 昆虫纲8个目的特征比较

目别	变态类型	口器式	翅	其他特征	药用动物
螳螂目	不完全变态	咀嚼式	前翅革质,后翅膜质	前胸发达,长于中胸和后胸之和;前足为捕捉足;卵产于卵鞘中	大刀螂
直翅目	不完全变态	咀嚼式	前翅狭小,革质,后翅宽大,膜质,且能折叠藏于前翅之下	大型或中型昆虫,具发音器及听觉器,后足为跳跃足或前足为开掘足	蟋蟀、蝼蛄
半翅目	不完全变态	刺吸式	多数有翅,少数无翅。前翅基部革质,端部为膜质,后翅膜质	口器由头前端伸出,具臭腺	九香虫
同翅目	不完全变态	刺吸式	多数具2对翅,少数无翅。前翅革质或为均匀的膜质,静止时呈屋脊状覆盖体表	口器在头部,腹面近胸部处向后伸出;体部常有分泌腺	黑蚱、白蜡虫
鳞翅目	完全变态	虹吸式	2对翅,膜质,覆以鳞片	体表亦覆有鳞片及毛	家蚕
鞘翅目	完全变态	咀嚼式	前翅革质,厚而坚硬,无翅脉,用以保护,后翅膜质,用以飞翔,折在前翅下	前胸大,中胸小,俗称"甲虫"	南方大斑蝥

续表

目别	变态类型	口器式	翅	其他特征	药用动物
膜翅目	完全变态	咀嚼式 嚼吸式	前翅大,后翅小,均膜质,后翅以小钩与前翅相连	雌虫腹部末端有刺,有些种类营社会性生活	中华蜜蜂 蚂蚁
双翅目	完全变态	刺吸式 舐吸式	1对翅,膜质,翅脉简单,后翅退化为平衡棒	复眼很大,几乎占头的大部分	牛虻

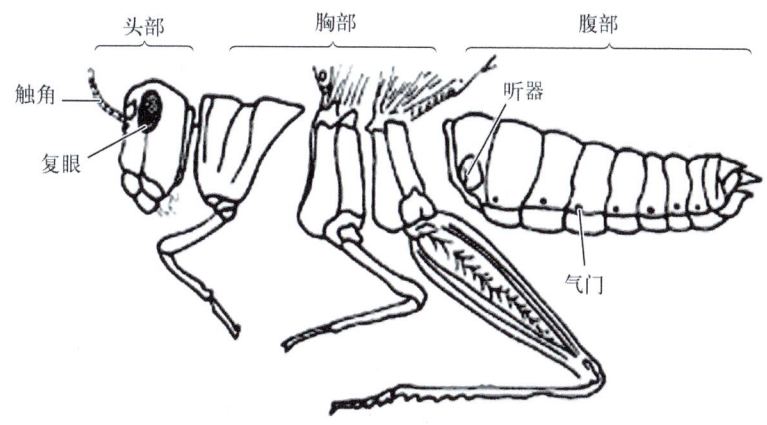

图 17-1　昆虫形态

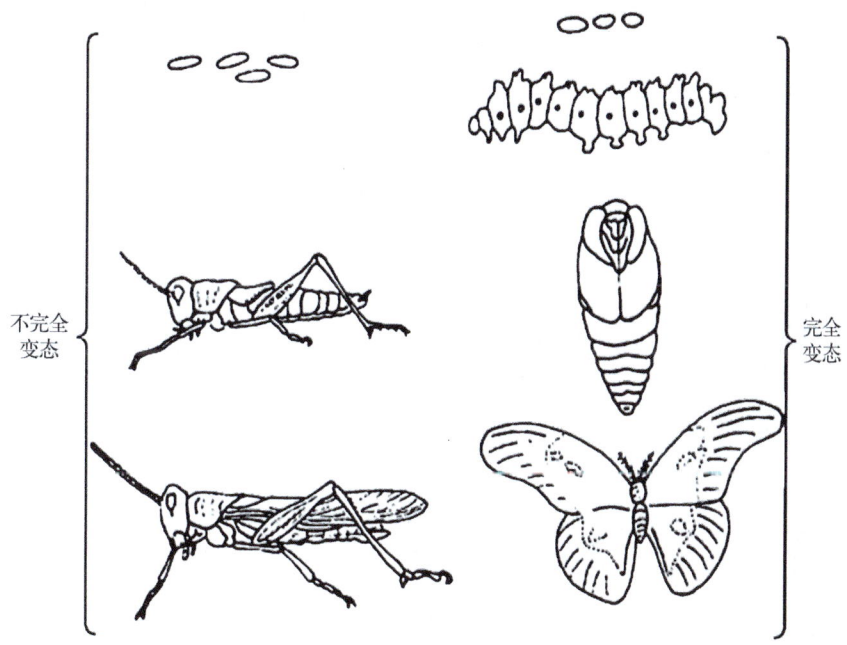

图 17-2　昆虫的变态

(六) 棘皮动物门

棘皮动物门属于后口动物,其形态多种多样,有星形、球形、圆柱形、树枝形等。成体辐射对称,幼体两侧对称,体表有许多棘状突起。体腔发达,体腔的一部分形成独有的水管系统,另一部分形成围血系统。在发育过程中,有原口(肛门)及后口(口),故属无脊索动物中后口动物类群。药用动物有海参、海胆等。

(七) 脊索动物门

脊索动物门在动物进化系统中是最高等的类群。主要特征为有脊索,它是位于背部的一条支持身体纵轴的棒状结构。低等脊索动物终生存在脊索,高等脊索动物只在胚胎期间有脊索,成长时即由分节的脊柱取代。中枢神经系统呈管状,位于脊索的背面,在高等种类中神经管分化成为脑和脊髓两部分。消化道前端咽部的两侧有咽鳃裂,咽鳃裂在低等水生种类中终生存在,在高等种类中只见于某些幼体和胚胎时期,随后完全消失。本门动物亦属后口动物类群。

世界上已经发现的脊索动物约有 7 万多种,分属于 3 个亚门,即尾索动物亚门(Urochordata)、头索动物亚门(Cephalochordata)和脊椎动物亚门(Vertebrata)。以脊椎动物亚门与药用关系最为密切。

脊椎动物亚门的主要特征是脊索只在胚胎发育中出现,成体以脊椎骨组成脊柱代替了脊索,脊柱加强了支持与运动的功能。神经管的前端膨大形成脑,并且出现眼、耳、鼻等重要感觉器官。脑和感觉器官的分化形成了明显头部,具有上、下颌,所以脊椎动物又称有头类。脊椎动物亚门是动物界进化地位最高的一大类群,可分为 6 个纲,即圆口纲、鱼纲、两栖纲、爬行纲、鸟纲、哺乳纲。现将其中药用价值较大的 5 个纲的主要特征简介如下:

1. **鱼纲(Pisces)** 全为水生,身体多呈纺锤形,体表常覆有保护性的鳞片,以鳃呼吸,以鳍运动,除有奇鳍外,并具成对的附肢(偶鳍,即 1 对胸鳍和 1 对腹鳍)。头不能活动;心脏为一心房一心室,为单循环。

鱼纲现存的种类约有 25 000 种,是脊椎动物亚门中动物种类最多的一纲,常见的药用动物有海龙、海马等。

2. **两栖纲(Amphibia)** 水陆两栖,体表皮肤裸露无鳞,但富含腺体,能使皮肤湿润,有五趾型四肢。幼体水中生活,用鳃呼吸,需要经过变态,其成体才能适应陆上生活;成体以肺和皮肤呼吸。心脏具两心房一心室,为不完全的双循环。

现有的两栖类动物约 3 000 种,常见的药用动物有中国林蛙、中华大蟾蜍等。

3. **爬行纲(Reptilia)** 真正陆栖动物的原祖。皮肤干燥,体表被角质鳞片[如蛇类鳞片(图 17-3)]或骨板。脊柱有颈椎、胸椎、腰椎、荐椎和尾椎的分化。四肢强大,趾端有爪。心脏有二心房一心室或近于二心室,以肺呼吸。在胚胎时期有羊膜结构。适应于陆地繁殖。

现有爬行类动物约 5 000 多种,常见的药用动物有乌龟、鳖、蛤蚧及蛇类。

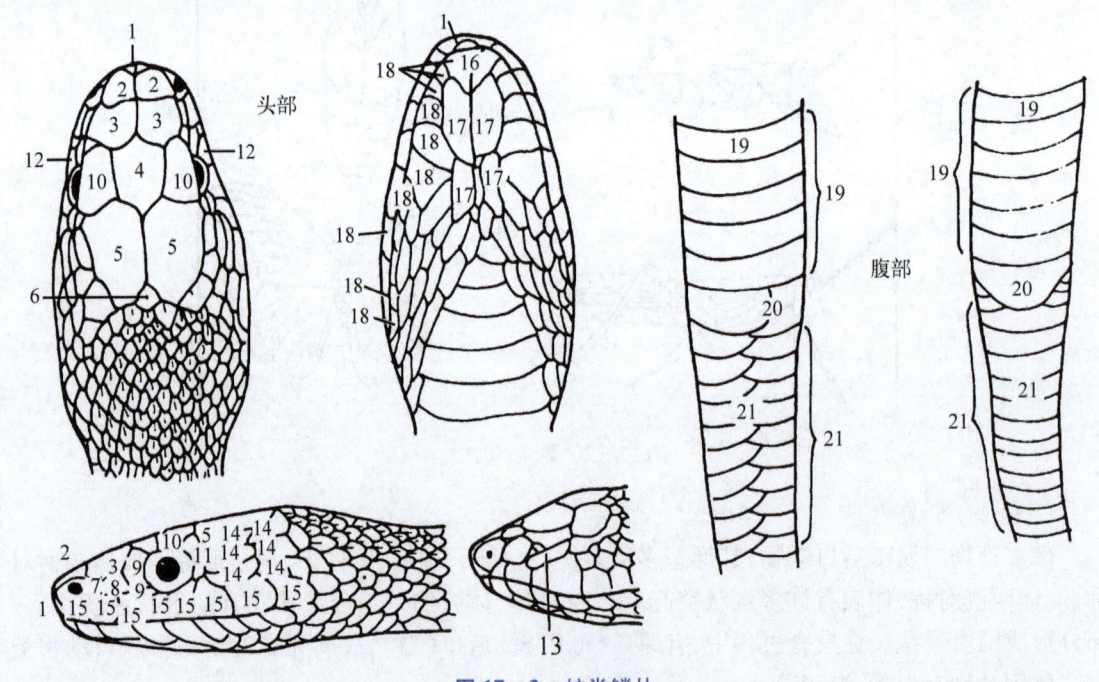

图 17-3 蛇类鳞片

1. 吻鳞;2. 鼻间鳞;3. 前额鳞;4. 额鳞;5. 顶鳞;6. 枕鳞;7. 鼻鳞;8. 颊鳞;9. 眼前鳞;10. 眼上鳞;11. 眼后鳞;12. 眼下鳞;13. 颊窝;14. 颞鳞;15. 上唇鳞;16. 颔鳞;17. 颔原;18. 下唇鳞;19. 腹鳞;20. 肛鳞;21. 尾下鳞

4. **鸟纲(Aves)** 体表被覆羽毛,前肢特化为翼,营飞行生活。骨骼坚而轻。心脏四室,心房与心室完全分隔,为完全的双循环。有肺与发达的气囊,行双重呼吸。体温恒定。

已知的鸟类动物约8 000种,常见的药用动物有鸡等。

5. **哺乳纲**(Mammalia)　　哺乳动物是脊椎动物中躯体结构、功能和行为最为复杂的一个高等动物类群。主要特征是体外被毛,皮肤腺发达。心脏四室,具完全的双循环,恒温,肺具肺泡。有横膈膜将体腔分隔为胸腔和腹腔。大脑皮层发达,小脑结构复杂,嗅觉及听觉敏锐。牙齿为异型齿。胎生,哺乳。

本纲动物为最高等的脊椎动物,现存哺乳动物约有3 500种,可分为3个亚纲:原兽亚纲(Prototheria)、后兽亚纲(Metatheria)和真兽亚纲(Eutheria)。其中,真兽亚纲(又称有胎盘类)是高等哺乳动物类群,具有真正的胎盘,胎儿在母体发育完善后再产出,体温一般恒定在37℃左右。

真兽亚纲占哺乳动物的95%,现存种类可分为17个目,其中13个目在我国有分布:

(1) 食虫目(Insectivora):最原始的有胎盘类,个体一般较小,吻部细尖,适于食虫。四肢多短小,指(趾)端具爪,适于掘土,牙齿结构比较原始,体被绒毛或硬刺。药用动物有刺猬等。

(2) 翼手目(Chiroptera):为飞翔的哺乳动物。前肢特化,具特别延长的指骨,各指与后肢、尾之间有飞膜,短小拇指与后肢趾端均有爪。齿尖锐,适于食虫。药用动物有蝙蝠等。

(3) 鳞甲目(Pholidota):体外被有角质鳞甲,鳞片间杂有稀疏硬毛。无齿,舌长,前爪极长,适于挖掘蚁穴,舐食蚁类等昆虫。药用动物有穿山甲等。

(4) 兔形目(Lagomorpha):为中、小型的食草动物,性懦怯,门齿凿状,能终身生长,无犬齿,上颌门齿两对(第2对极小,叠于前1对门齿后面),上唇具有唇裂,后肢通常长于前肢,善跳跃。药用动物有东北兔、华南兔等,见图17-4。

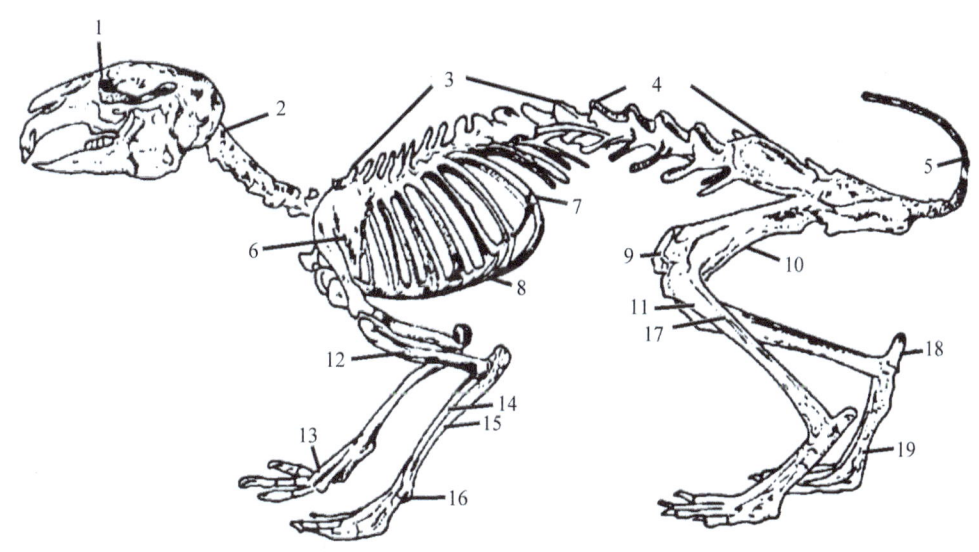

图17-4　兔骨架

1. 头骨;2. 颈椎;3. 胸椎;4. 腰椎;5. 尾椎;6. 肩胛骨;7. 肋骨;8. 胸骨;9. 膝盖骨;10. 股骨;
11. 胫骨;12. 肱骨;13. 掌骨;14. 桡骨;15. 尺骨;16. 腕骨;17. 腓骨;18. 跟骨;19. 跖骨

(5) 啮齿目(Rodentia):哺乳类中种类最多、分布最广的一目。体中、小型,上、下颌各具1对门牙,仅前面被珐琅质,呈凿状,终生生长。无大牙,门牙与前臼齿间有空隙,嚼肌特别发达,适于啮咬坚硬物质。药用动物有复齿鼯鼠等。

(6) 鲸目(Cetacea):为水栖哺乳类。前肢鳍状,后肢消失,多数种类有背鳍,无汗腺与皮肤腺,皮下脂肪层厚。肺有弹性,体内具有能贮存氧气的特殊结构。药用动物有抹香鲸等。

(7) 食肉目(Carnivora):猛食性兽类。门牙小,犬牙强大而锐利,上颌最后1枚前臼齿和下颌第1枚后臼齿如剪刀状相交(图17-5),特化为裂齿(食肉齿)。指(趾)端常有利爪以撕捕食物。脑及感官发达。药用动物有黑熊、棕熊及豹等。

(8) 鳍足目(Pinnipedia):海产兽类,四肢特化为鳍状,不具裂齿。药用动物有海豹等。

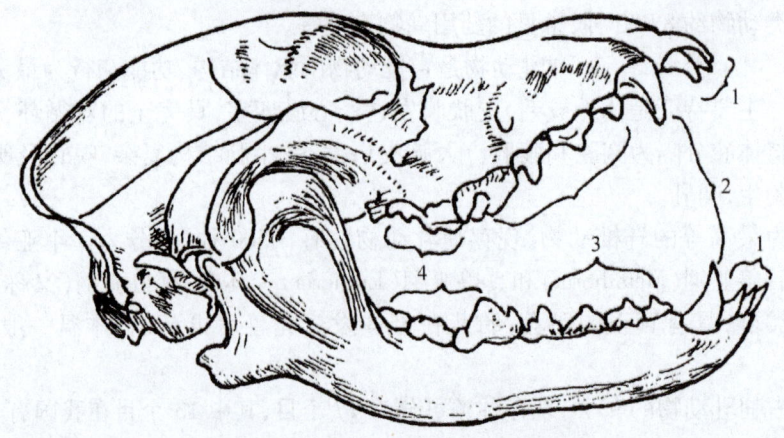

图 17-5 哺乳纲动物犬的齿列
1. 门齿；2. 犬齿；3. 小白齿；4. 大白齿

（9）长鼻目（Proboscidea）：现存陆栖最大的动物。上门齿发达，延长为象牙，鼻长而富有肌肉，由鼻与唇延长成为圆筒状的吻，鼻孔位于前端。药用动物有非洲象等。

（10）海牛目（Sirenia）：水栖哺乳类，喜食绿色的海藻或海草。药用动物有海牛等。

（11）奇蹄目（Perissodactyla）：草原奔跑兽类。第 3 趾发达，趾端有蹄，故称奇蹄类。门牙适于切草，犬牙退化。药用动物有马等。

（12）偶蹄目（Artiodactyla）：四肢中以第 3、4 趾同等发育，趾端有蹄，其余各趾退化。尾短。上门牙退化或消失，臼齿结构复杂，适于草食。常见的有猪科、鹿科、牛科等动物。名贵药材鹿茸、麝香、牛黄等皆为本科动物所产。

（13）灵长目（Primates）：为最高等的哺乳类，树栖生活，杂食性，前臂能自由移动，五指（趾）通常有扁爪，拇指（趾）多与其他指（趾）相对，异齿型。面部裸出，两眼向前，大脑半球高度发达。药用动物有猕猴等。

第三节 动物的学名

动物的命名大多数和植物一样，采用林奈首创的双名法，由 2 个拉丁字或拉丁化的文字组成，分别表示动物学名的属名和种名，在学名之后附加定名人的姓氏，如意大利蜂 *Apis mellifera Ligustica* Spinola、大连湾牡蛎 *Ostrea talienwhanensis* Crosse 等。动物与植物命名不同之处是种内如有不同的亚种时，则采用三名法。即有亚种时，亚种名紧接在种名的后面，如中华大蟾蜍 *Bufo bufo gargarizans* Cantor、中国林蛙 *Rana temporaria chensinensis* David. 等；如有亚属，则亚属名在属名和种名之间，并外加括号，如乌龟 *Chinemys reevesii*（Gray）；若属名改变，则在定名人名外加括号，如拟海龙 *Syngnathoides biaculeatus*（Bloch）、马氏珍珠贝 *Pteria martensii*（Dunker）等。一般不用变种、变型。学名中的属名、亚属名及定名人名的第 1 个拉丁字母必须大写。

第十八章 动物类中药的鉴定

第一节 概述

动物类中药是以动物的全体或某一部分入药的药材总称。药用部位主要包括动物的全体或某一部分(如角茸、骨骼、皮甲、贝壳、内脏器官等)、生理或病理产物、排泄物等。

一、性状鉴定

多数动物类中药的来源及药用部位差异较大,因此,在进行性状鉴定时首先要注意动物药的类别以及药用的器官或部位。其次要仔细观察其形态、大小、颜色、表面特征等,如果是完整的动物体(主要为昆虫、蛇类及鱼类等),则可根据其形态特征进行动物分类学鉴定,确定其品种;昆虫类主要注意其形状、大小、虫体各部位的颜色和特征、气味等;蛇类还要注意其鳞片的特征;角类应注意其类型,角质角还是骨质角,洞角还是实角,有无骨环等;骨类应注意骨的解剖学特点;分泌物应注意其气味、颜色;排泄物主要注意其形态和大小;贝壳类应注意其形状、大小、外表面的纹理和颜色。

人类在长期的医疗实践中积累了丰富的动物类中药鉴别经验,概括起来可分为看、尝、嗅、试(手试、火试、水试)等方法。口尝识别药材,如熊胆味苦回甜,有钻舌感;利用药材的特殊气味识别,如麝香的特异香气;手试如麝香仁手搓成团,轻揉即散,不粘手,不染手;水试如哈蟆油水浸后可膨胀 10~15 倍;火试如马宝粉置于锡纸上加热,其粉聚集,散发马尿臭。以上这些传统的鉴别方法,是鉴定动物类中药的有效手段。

二、显微鉴定

由于动物类中药组成复杂,显微鉴定的应用受到一定的影响和限制。但近年来也有很多学者在动物类中药的显微鉴别方面做了很多有益的工作,如贵重药麝香、牛黄,骨类如豹骨、熊骨,角类如羚羊角、鹿角,蛇类如蕲蛇、乌梢蛇、金钱白花蛇,贝壳类如石决明、珍珠等的显微鉴别。

(一) 组织特征

常见的组织鉴别特征如下:

1. **肌肉** 根据肌肉组织形态不同可分为斜纹肌、横纹肌、平滑肌等,动物类中药中以横纹肌为多。脊椎动物和节肢动物的骨骼肌都是由横纹肌构成。从整体上看,一块肌肉有许多肌纤维束,每束有许多肌纤维组成。肌纤维是横纹肌的结构单位,呈圆柱状,具多核,其外被有肌纤维膜。

2. **骨组织** 骨可分为密质骨与松质骨两种。长骨大部分由密质骨组成,短骨和不规则骨的外表只有一层极薄的密质骨。观察长骨横截面磨片,在低倍镜下可见许多圆形或椭圆形的同心环状结构,即骨单位(哈弗斯系统,Haversian system),其中,中空的腔即中央管。每个骨单位通常由数层骨板(由骨胶纤维平行排列埋在钙质化的基质中形成)组成,它们包在中央管的周围称骨单位骨板。在长骨横截面的外方和内方可见多层环列的外环骨板和内环骨板。在骨板或骨间板之间有许多椭圆形腔隙,称骨陷窝,正常情况下骨细胞充满于骨陷窝中,在高倍镜下可见骨间板和每个骨单位交界的地方有闪光的黏合线分隔,骨陷窝向各个方向伸出很多分枝细管,即骨小管,它们可以穿过骨板同邻近骨陷窝的管相联络。骨小管终止在黏合线处,不通入相邻的骨间板。

3. **皮肤** 由表皮、真皮和皮下组织组成。表皮为复层角质化上皮,从内向外可分为基底层、棘状层、颗粒层及角质层。真皮紧接在表皮下,比表皮厚得多,与表皮相接的真皮部分有许多乳头状突起嵌入表皮。皮下组织连接真皮与肌肉间的疏松结缔组织,通常含有大量的脂肪细胞,其中有交织成网状的胶原纤维。

4. **毛发** 是哺乳动物特有的表皮角质化产物,包括毛尖、杆、根三部分。哺乳动物的毛发由角化的上皮细胞组成,可分为髓质、皮质和毛小皮。

5. **角** 为皮肤的衍生物,由头部表皮或真皮骨化形成或两者组合而成。洞角横截面观察:中央为骨组织,周围为角质部分,有明显而细密的波状纹理。实角由真皮骨化后伸出皮肤形成,如鹿茸横切面中央为骨组织,占横切面的大部分,可分中央管及其周围的骨板,骨板间可见骨陷窝、骨小管,外为皮肤,毛根埋于真皮中。

(二) 粉末特征

动物类中药粉末中常见的粉末特征:

1. **横纹肌的粉末** 横断面观可见单个肌纤维或纤维束的断面,注意其形状和大小;纵断面观可见肌纤维的宽度、肌原纤维上明带和暗带的宽度以及相邻肌原纤维明暗带的位置变化。

2. **骨的粉末** 从骨碎片的横断面和纵断面均可观察到骨的组织结构特征。横断面主要注意观察中央管的形状和直径、骨板的层次、骨间板的多少、骨陷窝的形状及大小、骨小管的多少等;纵断面主要注意观察中央管的纵列情况,骨陷窝多呈梭形,骨小管明显等。

3. **皮肤粉末** 注意有无色素颗粒及其排列方式。

4. **毛发的粉末** 毛发的特征在鉴别不同动物时常常作为重要的参考依据。不同种动物毛的髓质大小及网纹不同,要注意观察髓质连续与否和网状结构的形态特征;要注意皮质的梭形细胞的大小、有无色素颗粒及其颜色、分布方式等。

5. **角的粉末** 注意观察角碎片的横断面特征,区别骨质角还是角质角,有无同心纹理或波状纹理及色素颗粒等。

(三) 扫描电镜观察

一般用扫描电子显微镜直接观药材的表面特征。例如,金钱白花蛇背鳞表面密布横向波状排列的刺状纹饰,尖端指向基部,每个刺状饰纹有明显的3条纵沟;蕲蛇的背鳞表面密布乳头状突起,端窝处不明显,乳头表面有多数孔洞,有时孔洞间有浅沟相通,呈蜂窝状结构。

三、理化鉴定

1. **药效成分分析** 动物类中药材中名贵中药较多,如麝香、牛黄、熊胆等,另外还有毒性动物类中药材,如斑蝥、蟾酥等,通过对这些动物类中药中所含的主要药效成分的有无或含量的多少进行分析,以控制这些动物类中药的内在质量,这一点十分重要。例如,鉴别牛黄,除用一般的鉴别方法外,同时要做其主要成分胆酸、胆红素的含量测定。

2. **物理常数** 测定某些动物类中药如蜂蜡、虫白蜡等,可测定其熔点、溶解度或酸值、皂化值等物理常数,以控制其质量。

3. **光谱和色谱鉴别** 光谱和色谱技术的使用,使得动物类中药鉴定的准确度极大提高。运用红外光谱对54种动物类中药进行的鉴别研究表明,绝大多数动物类中药鉴别特征明显,稳定性、重现性均较好;如应用高效液相色谱法对熊胆等多种动物胆汁进行鉴别。

4. **聚丙烯酰胺凝胶蛋白电泳鉴别** 利用动物类中药所含蛋白质、氨基酸的组成和性质不同,用聚丙烯酰胺凝胶蛋白电泳可成功地把动物与其类似品、伪品区别开来。目前,电泳技术已广泛应用于动物类中药的鉴别上,如对蛇类药、昆虫类药等的鉴别都取得了满意的结果。

四、DNA 分子鉴定

由于 PCR 技术的迅猛发展,DNA 分子遗传标记技术等目前已被用于原动物类中药材的鉴别,如龟甲、鳖甲等。该项技术是利用作为遗传信息直接载体的 DNA 分子为鉴定依据,因此可以极大地提高原动物鉴定的准确性,但其不适用于同一动物不同药用部位的鉴别。

第二节 常用中药材

石决明(Shijueming,HALIOTIDIS CONCHA)

为鲍科动物杂色鲍 *Haliotis diversicolor* Reeve、皱纹盘鲍 *H. discus hannai* Ino、羊鲍 *H. ovina* Gmelin、澳洲鲍 *H. ruber*(Leach)、耳鲍 *H. asinina* Linnaeus 或白鲍 *H. laevigata*(Donovan)的贝壳。杂色鲍产于福建以南沿海。皱纹盘鲍产于我国辽宁、山东、江苏等沿海地区。羊鲍、耳鲍产于我国台湾、海南、西沙群岛。澳洲鲍主产于澳大利亚、新西兰。白鲍多混于澳洲鲍中,具体产地不详。

杂色鲍:呈长卵圆形,内面观略呈耳形,长7~9 cm,宽5~6 cm,高约2 cm。表面暗红色,有多数不规则的螺肋和细密生长线,螺旋部小,体螺部大,从螺旋部顶处开始向右排列有20余个疣状突起,末端6~9个开孔,孔口与壳面平。内面光滑,具珍珠样彩色光泽。壳较厚,质坚硬,不易破碎。皱纹盘鲍呈长椭圆形,长8~12 cm,宽6~8 cm,高2~3 cm。表面灰棕色,有多数粗糙而不规则的皱纹,生长线明显,常有苔藓类或石灰虫等附着物,末端4~5个开孔,孔口突出壳面,壳较薄。羊鲍:近圆形,长4~8 cm,宽2.5~6 cm,高0.8~2 cm。壳顶位于近中部而高于壳面,螺旋部与体螺部各占1/2,从螺旋部边缘有2行整齐的突起,尤以上部较为明显,末端4~5个开孔,呈管状。澳洲鲍:呈扁平卵圆形,长13~17 cm,宽11~14 cm,高3.5~6 cm。表面砖红色,螺旋部约为壳面的1/2,螺肋和生长线呈波状隆起,疣状突起30余个,末端7~9个开孔,孔口突出壳面。耳鲍:狭长,略扭曲,呈耳状,长5~8 cm,宽2.5~3.5 cm,高约1 cm。表面光滑,具翠绿色、紫色及褐色等多种颜色形成的斑纹,螺旋部小,体螺部大,末端5~7个开孔,孔口与壳平,多为椭圆形,壳薄,质较脆。白鲍:呈卵圆形,长11~14 cm,宽8.5~11 cm,高3~6.5 cm。表面砖红色,光滑,壳顶高于壳面,生长线颇为明显,螺旋部约为壳面的1/3,疣状突起30余个,末端9个开孔,孔口与壳平。以壳厚、内面光彩鲜艳者为佳。主含碳酸钙(不得少于93.0%),并含壳角质、胆素等。

珍珠(Zhenzhu,MARGARITA)

【来源】 为珍珠贝科动物马氏珍珠贝 *Pteria martensii*(Dunker)、蚌科动物三角帆蚌 *Hyriopsis cumingii*(Lea)或褶纹冠蚌 *Cristaria plicata*(Leach)等双壳类动物受刺激形成的珍珠。

【产地与采制】 马氏珍珠贝所产的珍珠称海珠,主产于广东廉江、广西合浦及北海、海南和台湾,天然和人工培养均有;三角帆蚌和褶纹冠蚌所产的珍珠称淡水珠,主产于浙江、江苏、江西、湖南等地,多为人工培养,销全国并出口,占世界珍珠产量的95%以上,居世界首位。

自动物体内取出珍珠,洗净,干燥。

珍珠历史沿革

【性状鉴别】 呈类球形、长圆形、卵圆形或棒形,直径1.5~8 mm。表面类白色、浅粉红色、浅黄绿色或浅蓝色,半透明,光滑或微有凹凸,具特有的彩色光泽(图18-1)。质坚硬,破碎面显层纹。气微,味淡。

以纯净、质坚、有彩光者为佳。

【显微鉴别】

1. 粉末　类白色。不规则碎块,半透明,具彩虹样光泽。表面显颗粒性,由数至十数薄层重叠,片层结构排列紧密,可见致密的成层线条或极细密的微波状纹理。

图 18-1 珍珠

2. 磨片　呈类圆形,可见粗细两种类型的同心性环状层纹,称为"珍珠结构环",粗层纹较明显,连续成环或断续成环,层纹间距不等,为 60~500 μm;粗层纹间有细层纹,细层纹在有些部位较明显,多数不甚明显,少数不明显,间距小于 32 μm。中心部有的有类圆形腔,内有黄色物或细小砂粒,有的实心,无特异结构。多数磨片在暗视野中可见珍珠特有彩光,一圈圈的具有红、橙、黄、绿、青、蓝、紫色虹彩般的光泽,将其定名为"珍珠虹光环"。"珍珠结构环"和"珍珠虹光环"为珍珠独具的特征,可与任何伪品相区别。

【检查】

1. 酸不溶性灰分　不得过 4.0%。

2. 重金属及有害元素　铅不得过 5 mg/kg;镉不得过 0.3 mg/kg;砷不得过 2 mg/kg;汞不得过 0.2 mg/kg;铜不得过 20 mg/kg。

【化学成分】　主含① 碳酸钙(海水珍珠 95.66%,淡水珍珠 94.45%);② 壳角蛋白(海水珍珠 4%,淡水珍珠 3.83%):水解后得 17 种以上氨基酸,主要为甘氨酸(24.8%)、丙氨酸(16.4%)及亮氨酸、丝氨酸、精氨酸、黄嘌呤、牛磺酸等。

【理化鉴别】

(1) 珍珠置紫外光灯(365 nm)下观察,有浅蓝紫色或亮黄绿色荧光,通常环周部分较明亮。

(2) 取粉末,加稀盐酸,即产生大量气泡,滤过,滤液做下列钙盐鉴别反应:① 取铂丝,用盐酸润湿后,蘸取滤液,在无色火焰中燃烧,火焰即显砖红色。② 取滤液(1→20),加 2 滴甲基红指示剂,用氨试液中和,再滴加盐酸至恰呈酸性,加草酸铵试液,即生成白色沉淀;分离,沉淀不溶于乙酸,但可溶于稀盐酸。

(3) 灼烧试验:取数粒,置石棉网上,用烧杯罩住,用火烧之,有爆裂声,呈层片状破碎,碎片内外均呈银灰色,略具光泽,质较松脆。

【贮藏】　密闭。

【性味功能】　性寒,味甘、咸。安神定惊,明目消翳,解毒生肌,润肤祛斑。

【附注】

1. 珍珠粉　取净珍珠,碾细,照水飞法制成最细粉。

2. 伪品　用珍珠母或矿石打碎后磨圆加工制成的伪品珍珠。呈类球形、长圆形、扁圆片状或不规则多面体,直径 1~2(3) mm。珠光层为有毒的铅类化合物,珠核系用贝壳粉碎后打磨而成。伪品的弹性差,仅在 5 cm 以下;用丙酮可洗脱光泽(正品不能洗脱);火烧后表面不呈黑色,无爆裂声,破碎面白色,无光泽;显微鉴别无"珍珠结构环"和"珍珠虹光环";荧光黄绿色。

3. 养殖方法　珍珠人工养殖方法根据珍珠自然形成的原理,主要分植核法和植皮法。

(1) 植核法：将蚌壳的珍珠层磨成小核,用专门的器械插入蚌的外套膜内,即可培养出有核珍珠。

(2) 植皮法：即将外的外套膜内小片植入另一蚌的外套膜内,可形成无核珍珠。三角帆蚌手术操作方便,产珠质量较好;褶纹冠蚌产珠质量稍差,但产量较大。

牡蛎（Muli, OSTREAE CONCHA）

为牡蛎科动物长牡蛎 Ostrea gigas Thunberg、大连湾牡蛎 O. talienwhanensis Crosse 或近江牡蛎 O. rivularis Gould 的贝壳。长牡蛎主产于山东以北至东北沿海；大连湾牡蛎主产于辽宁、河北、山东等省沿海地区；近江牡蛎主产地较广,北起东北,南至广东省、海南省沿海地区。主为野生品,亦有养殖。

长牡蛎：呈长片状,背腹缘几乎平行,长 10~50 cm,高 4~15 cm。右壳较小,鳞片坚厚,层状或层纹状排列。壳外面平坦或具数个凹陷,淡紫色、灰白色或黄褐色；内面瓷白色,壳顶二侧无小齿。左壳凹陷深,鳞片较右壳粗大,壳顶附着面小。质硬,断面层状,洁白。气微,味微咸。大连湾牡蛎：呈类三角形,背腹缘呈"八"字形。右壳外面淡黄色,具疏松的同心鳞片,鳞片起伏成波浪状,内面白色。左壳同心鳞片坚厚,自壳顶部放射肋数个,明显,内面凹下呈盒状,铰合面小。近江牡蛎：呈圆形、卵圆形或三角形等。右壳外面稍不平,有灰、紫、棕、黄等颜色,环生同心鳞片,幼体者鳞片薄而脆,多年生长后鳞片层层相叠,内面白色,边缘有的淡紫色。均以个大、整齐、质坚、内面光洁、色白者为佳。含碳酸钙（不得少于 94.0%）、磷酸钙、硫酸钙等。

海螵蛸（Haipiaoxiao, SEPIAE ENDOCONCHA）

为乌贼科动物无针乌贼 Sepiella maindroni de Rochebrune 或金乌贼 Sepia esculenta Hoyle 的干燥内壳。无针乌贼主产于浙江、江苏和广东等地；金乌贼主产于辽宁、山东等地。

无针乌贼：呈扁长椭圆形,中间厚,边缘薄,长 9~14 cm,宽 2.5~3.5 cm,厚约 1.3 cm。背面有瓷白色脊状隆起,两侧略显微红色,有不甚明显的细小疣点；腹面白色,自尾端到中部有细密波状横层纹；角质缘半透明,尾部较宽平,无骨针。体轻,质松,易折断,断面粉质,显疏松层纹。气微腥,味微咸。金乌贼：长 13~23 cm,宽约 6.5 cm。背面疣点明显,略呈层状排列；腹面的细密波状横层纹占全体大部分,中间有纵向浅槽；尾部角质缘渐宽,向腹面翘起,末端有 1 骨针,多已断落。以色白、洁净者为佳。含碳酸钙、甲壳素、磷酸钙、氯化钠、镁盐等。

地龙（Dilong, PHERETIMA）

【来源】　为钜蚓科动物参环毛蚓 Pheretima aspergillum (E. Perrier)、通俗环毛蚓 P. vulgaris Chen、威廉环毛蚓 P. guillelmi (Michaelsen) 或栉盲环毛蚓 P. pectinifera Michaelsen 的干燥体。前 1 种习称"广地龙",后 3 种习称"沪地龙"。

【产地与采制】　广地龙主产于广东、广西、海南等地；沪地龙主产于上海、浙江、江苏、安徽等地。

广地龙春季至秋季捕捉,沪地龙夏季捕捉,及时剖开腹部,除去内脏和泥沙,洗净,晒干或低温干燥。

地龙历史沿革

【性状鉴别】

1. 广地龙　　呈长条状薄片,弯曲,边缘略卷,长15~20 cm,宽1~2 cm,全体具环节,背部棕褐色至紫灰色,腹部浅黄棕色(图18-2);第14~16环节为生殖带,习称"白颈",较光亮。体前端稍尖,尾端钝圆,刚毛圈粗糙而硬,色稍浅。雄生殖孔在第18环节腹侧刚毛圈一小孔突上,外缘有数环绕的浅皮褶,内侧刚毛圈隆起,前面两边有横排(一排或二排)小乳突,每边10~20个。受精囊孔2对,位于7/8~8/9环节一椭圆形突起上,约占节周5/11。体轻,略呈革质,不易折断。气腥,味微咸。

2. 沪地龙　　长8~15 cm,宽0.5~1.5 cm。全体具环节,背部棕褐色至黄褐色,腹部浅黄棕色;第14~16环节为生殖带,较光亮。第18环节有一对雄生殖孔。通俗环毛蚓的雄交配腔能全部翻出,呈花菜状或阴茎状;威廉环毛蚓的雄交配腔孔呈纵向裂缝状;栉盲环毛蚓的雄生殖孔内侧有1或多个小乳突。受精囊孔3对,在6/7~8/9环节。

以条大、肉厚、干燥、刨开、摊平成卷、无杂质、色棕褐、无臭味为佳。

图18-2　地龙
A. 药材;B. 饮片

【显微鉴别】　粉末　　淡灰色或灰黄色。① 斜纹肌纤维无色或淡棕色,肌纤维散在或相互绞结成片状,多稍弯曲,直径4~26 μm,边缘常不平整。② 表皮细胞呈棕黄色,细胞界限不明显,布有暗棕色的色素颗粒。③ 刚毛少见,常碎断散在,淡棕色或黄棕色,直径24~32 μm,先端多钝圆,有的表面可见纵裂纹。

【检查】

1. 杂质　　不得过6%。

2. **水分**　　不得过 12.0%。
3. **总灰分**　　不得过 10.0%。
4. **酸不溶性灰分**　　不得过 5.0%。
5. **重金属**　　不得过 30 mg/kg。
6. **黄曲霉毒素**　　照真菌毒素测定法测定。本品每 100 g 含黄曲霉毒素 B_1，不得过 5 μg；含黄曲霉毒素 G_2、黄曲霉毒素 G_1、黄曲霉毒素 B_2 和黄曲霉毒素 B_1 的总量不得过 10 μg。

【化学成分】　广地龙主含蛋白质(55.19%)，19 种游离氨基酸(3.98%)，以亮氨酸、天冬氨酸含量较高。沪地龙（通俗环毛蚓）主含蛋白质(68.11%)，20 种游离氨基酸(8.63%)，以丙氨酸、亮氨酸含量较高。两者脂肪酸均以油酸（oleic acid）、硬脂酸、花生烯酸、花生四烯酸（arachidonic acid）含量较高；尚含琥珀酸（succinic acid），具平喘、利尿作用；次黄嘌呤（hypoxanthine），具平喘、降压作用；蚯蚓解热碱（lumbrofebrine），具解热作用；蚯蚓素（lumbritin），具溶血作用；纤维蛋白溶解酶、蚓激酶、蚓胶原酶等溶栓成分；以及有毒成分蚯蚓毒素（terrestro-lumbrilysin）。

【理化鉴别】
（1）取粉末，加水加热至沸，冷却离心取上清液作为供试品溶液。以赖氨酸对照品、亮氨酸对照品和缬氨酸对照品为对照。照薄层色谱法，以正丁醇-冰醋酸-水（4∶1∶1）为展开剂，喷以茚三酮试液，在 105℃ 加热至斑点显色清晰。供试品色谱中，在与对照品色谱相应的位置上，显相同颜色的斑点。

（2）取粉末，加三氯甲烷超声处理，滤液蒸干，残渣加三氯甲烷溶解，作为供试品溶液。以地龙对照药材为对照。照薄层色谱法，以甲苯-丙酮（9∶1）为展开剂，置紫外光灯（365 nm）下检视。供试品色谱中，在与对照药材色谱相应的位置上，显相同颜色的荧光斑点。

【浸出物】　照水溶性浸出物测定法项下的热浸法测定，不得少于 16.0%。
【贮藏】　置通风干燥处，防霉，防蛀。
【性味功能】　性寒，味咸。清热定惊，通络，平喘，利尿。

水蛭（Shuizhi，HIRUDO）

为水蛭科动物蚂蟥 *Whitmania pigra* Whitman、水蛭 *Hirudo nipponica* Whitman 或柳叶蚂蟥 *W. acranulata* Whitman 的干燥全体。蚂蟥和水蛭产于全国各地，柳叶蚂蟥主产于河北、安徽、江苏、福建等地。

蚂蟥：呈扁平纺锤形，有多数环节，长 4~10 cm，宽 0.5~2 cm。背部黑褐色或黑棕色，稍隆起，用水浸后，可见黑色斑点排成 5 条纵纹；腹面平坦，棕黄色。两侧棕黄色，前端略尖，后端钝圆，两端各具 1 吸盘，前吸盘不显著，后吸盘较大。质脆，易折断，断面胶质状。气微腥。水蛭：扁长圆柱形，体多弯曲扭转，长 2~5 cm，宽 0.2~0.3 cm。柳叶蚂蟥：狭长而扁，长 5~12 cm，宽 0.1~0.5 cm。以体小、条整齐、黑褐色、无杂质者为佳。含有蛋白质，活水蛭唾液腺中含有 1 种抗凝血的物质水蛭素（hirudin），水蛭素系 65 个氨基酸组成的多肽，分子量为 7 000 Da 左右，在 70℃ 以下可保持活性，在干燥药材中水蛭素已被破坏。此外，尚含肝素（heparin）、抗凝血酶等抗凝血物质。

全蝎（Quanxie，SCORPIO）

【来源】　为钳蝎科动物东亚钳蝎 *Buthus martensii* Karsch 的干燥体。

【产地与采制】 主产于河南、山东等地。产河南者称"南全蝎"(又称淡全蝎),产山东者称"东全蝎"(又称咸全蝎)。此外,湖北、安徽、河北等地亦产。现多人工饲养。春末至秋初捕捉,除去泥沙,置沸水或沸盐水中,煮至全身僵硬,捞出,置通风处,阴干。

【性状鉴别】 头胸部与前腹部呈扁平长椭圆形,后腹部呈尾状,皱缩弯曲,完整者体长约6 cm。头胸部呈绿褐色,前面有 1 对短小的螯肢和 1 对较长大的钳状脚须,形似蟹螯,背面覆有梯形背甲,腹面有 4 对足,均为 7 节,末端各具 2 爪钩;前腹部由 7 节组成,第 7 节色深,背甲上有 5 条隆脊线。背面绿褐色,后腹部棕黄色,6 节,节上均有纵沟,末节有锐钩状毒刺,毒刺下方无距(图 18-3)。气微腥,味咸。以身干、色鲜、完整、黄褐色者为佳。尤以淡全蝎为优品。

图 18-3 全蝎

【显微鉴别】 粉末 黄棕色或淡棕色。体壁碎片外表皮表面观呈多角形网格样纹理,表面密布细小颗粒,可见毛窝、细小圆孔和淡棕色或近无色的瘤状突起;内表皮无色,有横向条纹,内、外表皮纵贯较多长短不一的微细孔道。刚毛红棕色,多碎断,先端锐尖或钝圆,具纵直纹理,髓腔细窄。横纹肌纤维多碎断,明带较暗带宽,明带中有一暗线,暗带有致密的短纵纹理。脂肪油滴极多,近无色或淡黄色(图 18-4)。

【检查】

1. 水分 不得过 20.0%。

2. 总灰分 不得过 17.0%。

3. 酸不溶性灰分 不得过 3.0%。

4. 黄曲霉毒素 照真菌毒素测定法测定。每 1 000 g 本品含黄曲霉毒素 B_1 不得过 5 μg,含黄曲霉毒素 G_2、黄曲霉毒素 G_1、黄曲霉毒素 B_2 和黄曲霉毒素 B_1 的总量不得过 10 μg。

【浸出物】 照醇溶性浸出物测定法项下的热浸法测定,用乙醇作溶剂,不得少于 18.0%。

【化学成分】 含蝎毒(buthotoxin),为毒性蛋白,存在于后腹部末节的 2 毒腺中,与蛇毒中的神经毒类似,但含硫量较高,作用短暂,无溶血及凝血作用,其盐酸盐易溶于水,水溶液长时间放置或 100℃加热 2 h 则毒性减退;从蝎毒中提纯的一种多肽,蝎毒素-Ⅱ有显著的镇痛活性;蝎毒和经纯化的毒多肽——抗癫痫肽有明显抗惊厥及抗癫痫作用。

【贮藏】 置干燥处,防蛀。

【性味功能】 性平,味辛,有毒。息风镇痉,通络止痛,攻毒散结。

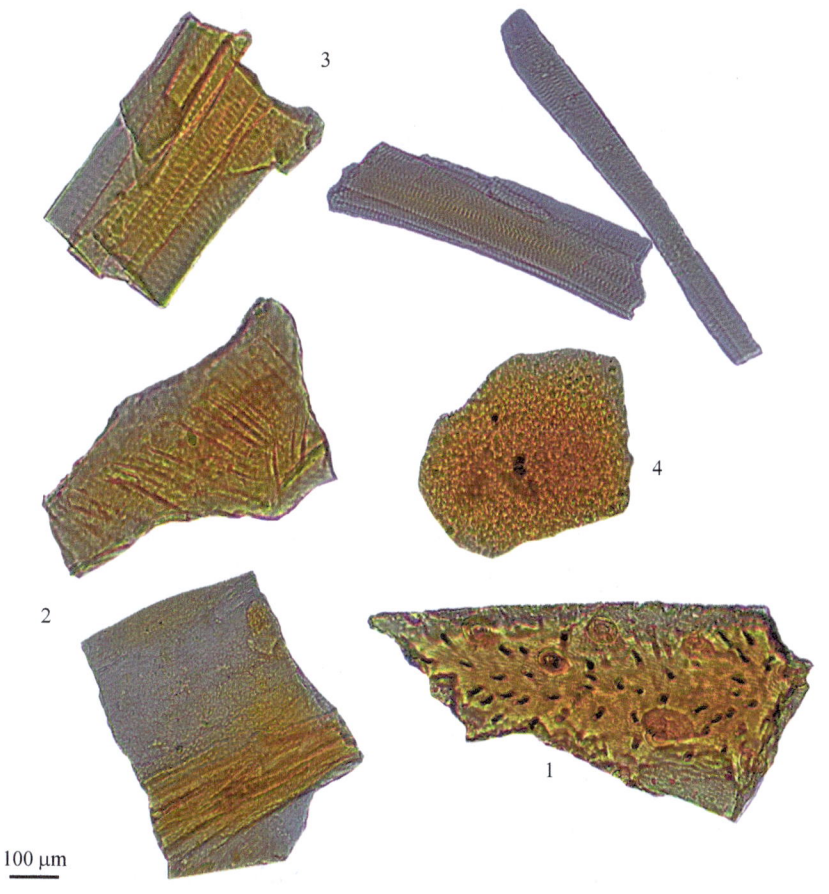

图 18-4　全蝎粉末显微特征图
1. 体壁外表皮；2. 体壁内表皮；3. 横纹肌纤维；4. 脂肪油滴

蜈蚣（Wugong，SCOLOPENDRA）

为蜈蚣科动物少棘巨蜈蚣 *Scolopendra subspinipes mutilans* L. Koch 的干燥体。主产于浙江、湖北、江苏、安徽等地。野生，现多为家养。

呈扁平长条形，长 9~15 cm，宽 0.5~1 cm。由头部和躯干部组成，全体共 22 个环节。头部暗红色或红褐色，略有光泽，有头板覆盖，头板近圆形，前端稍突出，两侧贴有 1 对腭肢，前端两侧有 1 对触角。躯干部第一背板与头板同色，其余 20 个背板为棕绿色或墨绿色，具光泽，自第四背板至第二十背板上常有 2 条纵沟线；腹部淡黄色或棕黄色，皱缩；自第二节起，每节两侧有 1 对步足；步足黄色或红褐色，偶有黄白色，呈弯钩形，最末 1 对步足尾状，故又称尾足，易脱落。质脆，断面有裂隙。气微腥，有特殊刺鼻的臭气，味辛，微咸。以身干燥、条长、头红、足红棕色、身墨绿、头足完整者为佳。主含两种类似蜂毒的有毒成分，即组胺（histamine）样物质及溶血蛋白质。

土鳖虫（䗪虫）（Tubiechong，Zhechong，EUPOLYPHAGA STELEOPHAGA）

为鳖蠊科昆虫地鳖 *Eupolyphaga sinensis* Walker 或冀地鳖 *Steleophaga plancyi*（Boleny）的雌虫干燥体。地鳖主产于江苏、安徽、河南、湖北等地。冀地鳖主产河北、北京、山东、浙江等地。野生或饲养。

地鳖：呈扁平卵形，长1.3~3cm，宽1.2~2.4cm。前端较窄，后端较宽，背部紫褐色，具光泽，无翅。前胸背板较发达，盖住头部；腹背板9节，呈覆瓦状排列。腹面红棕色，头部较小，有1对丝状触角，常脱落，胸部有3对足，具细毛和刺。腹部有横环节。质松脆，易碎。气腥臭，味微咸。冀地鳖：长2.2~3.7cm，宽1.4~2.5cm。背部黑棕色，通常在边缘带有淡黄褐色斑块及黑色小点。以完整、色紫褐者为佳。主含二十八烷醇、十八烷基甘油醚（鲨肝醇）、尿嘧啶和尿囊素等。鲨肝醇具有解毒作用，尿囊素具有镇静作用，且外用能促进皮肤溃疡面和伤口愈合，具生肌作用。

桑螵蛸（Sangpiaoxiao, MANTIDIS OÖTHECA）

为螳螂科昆虫大刀螂 *Tenodera sinensis* Saussure、小刀螂 *Statilia maculata* (Thunberg) 或巨斧螳螂 *Hierodula patellifera* (Serville) 的干燥卵鞘，分别习称"团螵蛸""长螵蛸"及"黑螵蛸"。团螵蛸全国大部分地区均产，为主流品种。长螵蛸主产于浙江、江苏、安徽、山东、湖北等地，黑螵蛸主产于河北、山东、河南、山西等地。

团螵蛸：略呈圆柱形或半圆形，由多层膜状薄片叠成，长2.5~4cm，宽2~3cm。表面浅黄褐色，上面带状隆起不明显，底面平坦或有凹沟。体轻，质松而韧，横断面可见外层为海绵状，内层为许多放射状排列的小室，室内各有一细小椭圆形卵，深棕色，有光泽。气微腥，味淡或微咸。长螵蛸：略呈长条形，一端较细，长2.5~5cm，宽1~1.5cm。表面灰黄色，上面带状隆起明显，带的两侧各有一条暗棕色浅沟和斜向纹理。质硬而脆。黑螵蛸：略呈平行四边形，长2~4cm，宽1.5~2cm。表面灰褐色，上面带状隆起明显，两侧有斜向纹理，近尾端微向上翘。质硬而韧。主要含磷脂，如溶血磷脂酰胆碱（lysophosphatidylcholine）、磷脂酰胆碱（phosphatidylcholine）、磷脂酰乙醇胺（phosphatidylethanolamine）等7种，以前两者为主，约占总磷脂的78%。

蝉蜕（Chantui, CICADAE PERIOSTRACUM）

为蝉科昆虫黑蚱 *Cryptotympana pustulata* Fabricius 的若虫羽化时脱落的皮壳。主产于浙江、山东、江苏、河北等地。夏、秋二季收集，除去泥沙，晒干。

略呈椭圆形而弯曲，长约3.5cm，宽约2cm。表面黄棕色，半透明，有光泽。头部有丝状触角1对，多已断落，复眼突出。额部先端突出，口吻发达，上唇宽短，下唇伸长成管状。胸部背面呈"十"字形裂开，裂口向内卷曲，脊背两旁具2对小翅；腹面有3对足，被黄棕色细毛。腹部钝圆，共9节。体轻，中空，易碎。气微，味淡。以体轻、完整、色黄亮者为佳。

斑蝥（Banmao, MYLABRIS）

斑蝥授课视频

斑蝥历史沿革

【来源】 为芫菁科昆虫南方大斑蝥 *Mylabris phalerata* Pallas 或黄黑小斑蝥 *M. cichorii* Linnaeus 的干燥体。

【产地与采制】 全国大部分地区皆产。主产于河南、广西、安徽、云南等地。

群聚于大豆、花生、茄子、棉花及瓜类的叶、花、芽上。夏、秋清晨露水未干时捕捉，放入容器内闷死、烫死或蒸死，晒干。

【性状鉴别】

1. 南方大斑蝥　呈长圆形，长1.5~2.5cm，宽0.5~1cm。头及口器向下垂，有较大的复眼及触角各1对,触角多已脱落。背部具1对革质鞘翅,黑色,有3条黄色或棕黄色的横纹;鞘翅下面有2片棕褐色薄膜状透明的内翅。胸腹部乌黑色,胸部有3对足(图18-5)。有特殊的臭气。

2. 黄黑小斑蝥　体型较小,长1~1.5 cm(图18-5)。

图18-5　斑蝥
A. 黄黑小斑蝥;B. 南方大斑蝥

【显微鉴别】　粉末　棕褐色。体壁碎片黄白色至棕褐色,表面隐见斜向纹理,可见短小的刺、刚毛或刚毛脱落后留下的凹窝。刚毛多碎断,棕褐色或棕红色,完整者平直或呈镰刀状弯曲,先端锐尖;表面可见斜向纵纹。横纹肌纤维碎块近无色或淡黄棕色,表面可有明暗相间的波状纹理;侧面观常数条成束,表面淡黄棕色或黄白色,可见顺直纹理。气管壁碎片不规则,条状增厚壁呈棕色或深棕色螺旋状。鞘翅碎片淡棕黄色或棕红色,角质不规则形,表面有稀疏刚毛及凹陷的圆形环,直径28~120 μm。

【化学成分】　主含斑蝥素(斑蝥酸酐,cantharidin,$C_{10}H_{12}O_4$)(0.427%~1.425%)及羟基斑蝥素等。

【理化鉴别】　取粉末,加三氯甲烷超声处理,滤液回收溶剂至干,残渣用石油醚(30~60℃)洗2次,倾去上清液,残渣加三氯甲烷使溶解,作为供试品溶液。以斑蝥素对照品作为对照。照薄层色谱法,以三氯甲烷-丙酮(49:1)为展开剂,喷以0.1%溴甲酚绿乙醇溶液,加热至斑点显色清晰,置日光下检视。供试品色谱中,在与对照品色谱相应的位置上,显相同颜色的斑点。

【含量测定】　照高效液相色谱法,以十八烷基硅烷键合硅胶为填充剂,以甲醇-水(23:77)为流动相;检测波长为230 nm。本品含斑蝥素($C_{10}H_{12}O_4$)不得少于0.35%。

【贮藏】　置通风干燥处,防蛀。

【性味功能】　性热,味辛,有大毒。破血逐瘀,散结消症,攻毒蚀疮。

【附注】

1. 饮片　米斑蝥:取净斑蝥与米拌炒,至米呈黄棕色,取出,除去头、翅、足。

2. 青娘子(芫青)　为芫青科昆虫绿芫青 Lytta caraganae Pallas 的干燥虫体。呈长圆形,头略呈三角形,蓝紫色,光亮,眼小微突;鞘翅全部呈亮绿色、蓝紫色或红紫色;具光泽;膜翅淡棕色,有4条较明显的脉纹;胸部突起,腹部具5个体节,3对足,多已脱落;气微臭。含斑蝥素1%~2%。功能为利水,祛瘀,解毒。

3. **红娘子** 为蝉科昆虫黑翅红娘子 *Huechys sanguinea* DeGeer 或褐翅红娘子 *Huechys philaemata* Fabricius 的干燥虫体。主产于江苏、浙江。黑翅红娘子前翅黑色,后翅褐色;褐翅红娘子前翅褐色,后翅淡褐色,半透明。含斑蝥素等。功能为攻毒、通瘀、破积;外用可治癣疮。

僵蚕(Jiangcan, BOMBYX BATRYTICATUS)

为蚕蛾科昆虫家蚕 *Bombyx mori* Linnaeus 4~5 龄的幼虫感染(或人工接种)白僵菌 *Beauveria bassiana* (Bals.) Vuillant 而致死的干燥体。主产于江苏、浙江、四川、广东等地。

呈类圆柱形,多弯曲皱缩。长 2~5 cm,直径 0.5~0.7 cm。表面灰黄色,被有白色粉霜状的气生菌丝和分生孢子。头部较圆,黄棕色,体腹面有 8 对足,呈突起状,体节明显,尾部略呈二分歧状。质硬而脆,易折断,断面平坦,外层白色,中间有 4 个亮棕色或亮黑色的丝腺环。气微腥,味微咸。以条粗、质硬、色白、断面光亮者为佳。表面无白色粉霜、中空者不可入药。蚕体含有蛋白质 67.44%,脂肪 4.38%,色素 3-羟基犬尿素。体表的白粉中含草酸铵,从白僵菌中分离得到白僵菌黄色素及高分子昆虫毒素、环酯肽类白僵菌素、甾醇类成分等。蚕体蛋白质有刺激肾上腺皮质的作用。

蜂蜜(Fengmi, MEL)

为蜜蜂科昆虫中华蜜蜂 *Apis cerana* Fabricius 或意大利蜂 *A. mellifera* Linnaeus 所酿的蜜。各地均产,均为人工养殖,以广东、云南、福建、江苏等省产量较大。

呈半透明、带光泽、浓稠的液体,白色至淡黄色或橘黄色至黄褐色,放久或遇冷渐有白色颗粒状结晶(葡萄糖)析出。气芳香,味极甜。一般以春蜜中的洋槐花蜜、紫云英蜜、枣花蜜、油菜花蜜等色浅、黏度大、气芳香、味甜、质量者较佳。主含葡萄糖及果糖约 70%,两者含量相近,"油性大"、质量好的蜂蜜果糖含量较高。另含少量蔗糖、多种酶类(转化酶、淀粉酶、葡萄糖氧化酶、过氧化氢酶、酯酶等)等。

海马(Haima, HIPPOCAMPUS)

为海龙科动物线纹海马 *Hippocampus kelloggi* Jordan et Snyder、刺海马 *H. histrix* Kaup、大海马 *H. kuda* Bleeker、三斑海马 *H. trimaculatus* Leach 或小海马(海蛆) *H. japonicus* Kaup 的干燥体。主产于广东、福建及台湾等地。

线纹海马:呈扁长形而弯曲,体长约 30 cm。表面黄白色。头略似马头,有冠状突起,具管状长吻,口小,无牙,两眼深陷。躯干部七棱形,尾部四棱形,渐细卷曲,体上有瓦楞形的节纹,并具短棘。习称"马头、蛇尾、瓦楞身"。体轻,骨质,坚硬。刺海马:体长 15~20 cm,头部及体上环节间的棘细而尖。大海马:体长 20~30 cm,黑褐色。三斑海马体侧背部第 1、4、7 节的短棘基部各有 1 黑斑。小海马(海蛆):体形小,长 7~10 cm,黑褐色,节纹和短棘均较细小。气微腥,味微咸。以个大、色白、体完整、坚实、洁净者为佳。刺海马含蛋白质、脂肪、多种氨基酸、红色素(即虾青素)、蝲蛄素、黑色素等。

海龙(Hailong, SYNGNATHUS)

为海龙科动物刁海龙 *Solenognathus hardwickii* (Cray)、拟海龙 *Syngnathoides biaculeatus* (Bloch)或尖海龙 *Syngnathus acus* Linnaeus 的干燥体。刁海龙、拟海龙主产于广东、福建沿海地区,尖海龙产于我国各沿海地区。

刁海龙:体狭长侧扁,全长 30~50 cm。表面黄白色或灰褐色。头部具管状长吻,口小,无牙,两眼圆而深陷,头部与体轴略呈钝角。躯干部宽 3 cm,五棱形,尾部前方六棱形,后方渐细,四棱形,尾端卷曲。背棱两侧各有 1 列灰黑色斑点状色带。全体被以具花纹的骨环和细横纹,各骨环内有突起粒状棘。胸鳍短宽,背鳍较长,有的不明显,无尾鳍。骨质,坚硬。气微腥,味微咸。拟海龙体长平扁,躯干部略呈四棱形,全长 20~22 cm。表面灰黄色。头部常与体轴成一直线。尖海龙体细长,呈鞭状,全长 10~30 cm,未去皮膜。表面黄褐色。有的腹面可见育儿囊,有尾鳍。质较脆弱,易撕裂。均以体长、饱满、头尾齐全者为佳。含 16 种氨基酸,其中甘氨酸和谷氨酸含量最高。

蟾酥(Chansu, BUFONIS VENENUM)

【来源】 为蟾蜍科动物中华大蟾蜍 *Bufo bufo gargarizans* Cantor 或黑眶蟾蜍 *B. melanostictus* Schneider 的干燥分泌物。

【产地和采制】 主产于辽宁、山东、江苏、河北、安徽、浙江等地。

蟾酥历史沿革

多于夏、秋二季捕捉蟾蜍,洗净,挤取耳后腺及皮肤腺的白色浆液,然后把白色浆液收集(忌用铁器,以免变黑),放入圆模型中晒干或低温干燥,即为团蟾酥;如于竹箬叶或玻璃板上晒干或低温干燥,即为片蟾酥。

【性状鉴别】 呈扁圆形团块状或片状,棕褐色或红棕色。团块状者质坚硬,不易折断,断面棕褐色,角质状,微有光泽;片状者质脆,易折断,断面红棕色,半透明;气微腥,味初甜而后有持久的麻辣感,粉末嗅之作嚏。断面沾水,即呈乳白色隆起(图 18-6)。

以色红棕、断面角质状、半透明、有光泽者为佳。

【显微鉴别】 粉末 淡棕色。① 稀甘油装片观察,呈半透明或淡黄色不规则形碎块,并附有砂粒固体。② 浓硫酸装片观察,显橙黄色或橙红色,碎块四周逐渐缩小而呈透明的类圆形小块,表面显龟裂状纹理,放置稍久渐溶解消失。③ 水装片加碘试液观察,不应含有淀粉粒。

【检查】
1. 水分   不得过 13.0%。
2. 总灰分   不得过 5.0%。
3. 酸不溶性灰分   不得过 2.0%。

【化学成分】 主要含以下几种:

1. 强心甾类化合物 ① 蟾毒配基类(bufogenins),结构类似强心苷元而有毒性,大多为蟾酥干燥加工过程中的分解产物,如华蟾酥毒基约 5.0%、脂蟾毒配基约 3.4%、蟾毒灵约 1.8%、羟基华蟾毒基约 1.6%、蟾毒配基约 1.5%、远华蟾毒基约 1.4%及海蟾蜍精等;另含洋地黄毒苷元、沙门苷元等。② 蟾毒类(bufotoxins),蟾毒类和蟾毒配基类常在 C_3-OH 与庚二酰精氨酸、丁二酰精氨酸、辛二酰精氨酸、辛二酸、硫酸等结合成酯类,统称为蟾毒类,多存在于加工前新鲜的蟾蜍分泌物中。

图18-6 蟾酥

脂蟾毒配基、蟾毒灵等具有显著兴奋呼吸和升压作用,临床用作升压剂、呼吸兴奋剂。蟾酥有较强局部麻醉作用,其中以蟾毒灵作用最强,较可卡因大30~60倍,且无刺激作用。

2. 吲哚类生物碱　主要有蟾酥碱、蟾酥甲碱、去氢蟾酥碱、蟾酥硫碱及5-羟色胺等。

3. 甾醇类　主要有甾醇、麦角甾醇等。

【理化鉴别】　取细粉加甲醇回流提取,滤过,取续滤液蒸干,用甲醇溶解,作为供试品溶液。以蟾酥对照药材作为对照。照薄层色谱法,以环己烷-三氯甲烷-丙酮(4:3:3)为展开剂,喷以10%硫酸乙醇溶液,加热至斑点显色清晰,分别置日光和紫外光灯(365 nm)下检视。供试品色谱中,在与对照药材色谱相应的位置上,显相同颜色的斑点或荧光斑点。

【含量测定】　照高效液相色谱法测定,本品按干燥品计算,含蟾毒灵($C_{24}H_{34}O_4$)、华蟾酥毒基($C_{26}H_{34}O_6$)和脂蟾毒配基($C_{24}H_{32}O_4$)的总量不得少于7.0%。

【贮藏】　置干燥处,防潮。

【性味功能】　性温,味辛,有毒。解毒,止痛,开窍醒神。

【附注】

1. 饮片　棕黄色至棕褐色粉末,气微腥,味初甜而后有持久的麻辣感,嗅之作嚏。

2. 干蟾　为上述动物的干燥全体或除去内脏的干燥体,后者又称蟾蜍皮。因地区用药习惯不同,加工方法亦不同。有的地区蟾蜍皮是在蟾蜍刮浆后剖腹除尽内脏制成。含与蟾酥类似的成分。本品性凉,味甘、辛;有小毒。消肿解毒,止痛,利尿。

哈蟆油(Hamayou,RANAE OVIDUCTUS)

为蛙科动物中国林蛙 *Rana temporaria chensinensis* David 雌蛙的干燥输卵管。经采制干燥而得,主产于黑龙江、吉林、辽宁等地。

呈不规则块状,弯曲而重叠,长1.5~2 cm,厚1.5~5 mm。表面黄白色,呈脂肪样光泽,偶有带灰白色薄膜状干皮,手摸有滑腻感。在温水中浸泡体积可膨胀。气腥,味微甘,嚼之有黏滑感。以色黄白、有光泽、片大肥厚、无皮膜、入水膨胀度大者为佳。主含蛋白质、脂肪,另含海因类化合物 1-甲基海因,甾类成分等。

龟甲(Guijia, TESTUDINIS CARAPAX ET PLASTRUM)

为龟科动物乌龟 *Chinemys reevesii* (Gray)的背甲及腹甲。主产于江苏、浙江、安徽、湖北、湖南。

背甲及腹甲由甲桥相连,背甲稍长于腹甲,与腹甲常分离。背甲呈长椭圆形拱状,长 7.5~22 cm,宽 6~18 cm;外表面棕褐色或黑褐色,脊棱 3 条;颈盾 1 块,前窄后宽;椎盾 5 块,第 1 椎盾长大于宽或近相等,第 2~4 椎盾宽大于长;肋盾两侧对称,各 4 块;缘盾每侧 11 块;臀盾 2 块。腹甲呈板片状,近长方椭圆形,长 6.4~21 cm,宽 5.5~17 cm;外表面淡黄棕色至棕黑色,盾片 12 块,每块常具紫褐色放射状纹理,腹盾、胸盾和股盾中缝均长,喉盾、肛盾次之,肱盾中缝最短;内表面黄白色至灰白色,有的略带血迹或残肉,除净后可见骨板 9 块,呈锯齿状嵌接;前端钝圆或平截,后端具三角形缺刻,两侧残存呈翼状向斜上方弯曲的甲桥。质坚硬。以血甲块大、完整、洁净、无腐肉者为佳。含胆甾醇、十六烷酸胆甾醇酯、氨基酸、角蛋白、骨胶原(collagen)等。

鳖甲(Biejia, TRIONYCIS CARAPAX)

为鳖科动物鳖 *Trionyx sinensis* Wiegmann 的背甲。主产于湖北、安徽、江苏、河南、湖南、浙江及江西等地。现多人工养殖。

呈椭圆形或卵圆形,背面隆起,长 10~15 cm,宽 9~14 cm。外表面黑褐色或墨绿色,略有光泽,具细网状皱纹和灰黄色或灰白色斑点,中间有一条纵棱,两侧各有左右对称的横凹纹 8 条,外皮脱落后,可见锯齿状嵌接缝。内表面类白色,中部有突起的脊椎骨,颈骨向内卷曲,两侧各有肋骨 8 条,伸出边缘。质坚硬。气微腥,味淡。以个大、甲厚、无残肉者为佳。主含骨胶原、氨基酸等。

蛤蚧(Gejie, GECKO)

【来源】 为壁虎科动物蛤蚧 *Gekko gecko* Linnaeus 的干燥体。

【产地与采制】 主产于广西龙津、大新、百色、容县等地。云南、广东、福建等地亦产。广西、云南等地已人工养殖。进口蛤蚧产于越南、泰国、柬埔寨、印度尼西亚。蛤蚧的道地产区是广西。

蛤蚧历史沿革

全年均可捕捉,通常 5~8 月为主要捕捉时间,破开腹部,取出内脏,拭净血液(不可水洗),再以竹片撑开使身体扁平顺直,低温干燥,将两只合成 1 对,扎好。

【性状鉴别】 全体呈扁片状,头颈部及躯干部长 9~18 cm,头颈部约占 1/3,腹背部宽 6~11 cm,尾长 6~12 cm。头呈三角形,两眼多凹陷成窟窿,口内细齿密生于颚的边缘,无异形大齿。吻部半圆形,吻鳞不切鼻孔,与鼻鳞相连,上鼻鳞左右各 1 片,上唇鳞 12~14 对,下唇鳞(包括颏鳞)21 片。腹背部呈椭圆形,腹薄。背部呈灰黑色或银灰色,有黄白色、灰绿色或橙色斑点散在或密集成不显著的斑纹,脊椎骨及两侧肋骨突起。四足均有 5 趾,趾间仅具蹼迹,趾底面具吸盘。尾细而坚实,微显骨节,与背部颜色相同,有明显的 6~7 个银灰色环带,有的再生尾较原生尾短,且银灰色环带不明显(图18-7)。全身密被圆形或多角形微有光泽的细鳞。气腥,味微咸。

以体大、肥壮、尾粗而长、无虫蛀者为佳。

图18-7 蛤蚧

【显微鉴别】 粉末淡黄色或淡灰黄色。横纹肌纤维侧面观有波峰状或稍平直的细密横纹;横断面观三角形、类圆形或类方形。鳞片近无色,表面可见半圆形或类圆形的隆起,略作覆瓦状排列,布有极细小的粒状物,有的可见圆形孔洞。皮肤碎片表面可见棕色或棕黑色色素颗粒。骨碎片不规则碎块状,表面有细小裂缝状或针状空隙;可见裂缝状骨陷窝。

【浸出物】 照醇溶性浸出物测定法的冷浸法测定,用稀乙醇作溶剂,不得少于8.0%。

【化学成分】 含有① 肌肽(carnosine)。② 生物碱类:胆碱、肉毒碱、鸟嘌呤。③ 磷脂类:5种磷脂类成分,含量达1.19%以上,其中磷脂酰乙醇胺含量达70%以上,其次为磷脂酸、溶血磷脂酰胆碱、神经鞘磷脂和磷脂酰胆碱。④ 蛋白质及18种氨基酸,以甘氨酸为主(15.4%)。

【理化鉴别】 取粉末,加70%乙醇,超声处理,滤过,滤液作为供试品溶液。以蛤蚧对照药材为对照。照薄层色谱法,以正丁醇-冰醋酸-水(3:1:1)为展开剂,喷以茚三酮试液,在105℃加热至斑点显色清晰。供试品色谱中,在与对照药材色谱相应的位置上显相同颜色的斑点。

【贮藏】 用木箱严密封装,常用花椒拌存,置阴凉干燥处,防蛀。

【性味功能】 性平,味咸。补肺益肾,纳气定喘,助阳益精。

【附注】

1. 饮片 蛤蚧块:呈不规则的片状小块。表面灰黑色或银灰色,有棕黄色的斑点及鳞甲脱落的痕迹。切面黄白色或灰黄色。脊椎骨和肋骨突起。气腥,味微咸。

2. 伪品

(1) 壁虎科动物多疣壁虎 *Gekko japonicus* (Dumeril et Bibron) 去内脏的干燥体,俗称小蛤蚧。全长在20 cm以下,背、腹肌肉很薄,无眼睑,吻鳞切鼻孔,鳞片极细小,体背灰褐色,具多数不规则疣鳞。

(2) 壁虎科动物壁虎 *Gekko chinensis* Gray 去内脏的干燥体,俗称小蛤蚧。形似蛤蚧但体小,肉薄,呈扁平状,头及躯干长7~9 cm,尾长5~8 cm。吻鳞切鼻孔。背部褐色,粒鳞微小,散有细小疣鳞。

（3）鬣蜥科动物蜡皮蜥 Leiolepis reevesii Mertens 去内脏的干燥体，俗称红点蛤蚧。主产于广西、广东等地区。全长约 40 cm，尾长近体长 2 倍。上唇具 2 个异形大齿，有眼睑，鳞片细小，无疣鳞。体背灰黑色，密布橘红色圆形斑点，体两侧有条形横向的橘红色斑纹。指趾狭长而细，均具锐利爪。

（4）鬣蜥科动物喜山鬣蜥 Agama himalayana (Steindachner) 去内脏的干燥体，俗称西藏蛤蚧。主产于西藏和新疆维吾尔自治区，是一种地方性使用药材。全长 34~36 cm，尾长超过体长，有眼睑，吻鳞不切鼻孔，口内有异形大齿，脊背有几行大鳞，四肢及尾背鳞片具棱，指趾狭长，圆柱形，均具爪，无蹼及吸盘。

（5）蝾螈科动物红瘰疣螈 Tylototriton verrucosus Anderson 去或未去内脏的干燥体。全体呈条形，长 13~19 cm，其中尾长达 7 cm。头近圆形，较大而扁，头顶部有倒"U"字形棱，中间陷下，无吻鳞。体表无鳞片，体侧有瘰疣，密生疣粒。前肢各 4 指，后肢各 5 趾，无蹼，无爪，无吸盘。尾侧扁而弯曲。

乌梢蛇（Wushaoshe，ZAOCYS）

为游蛇科动物乌梢蛇 Zaocys dhumnades (Cantor) 的干燥体。主产于浙江、江苏、安徽、江西等地。

呈圆盘状，盘径约 16 cm。表面黑褐色或绿黑色，密被菱形鳞片；背鳞行数成双，背中央 2~4 行鳞片强烈起棱，形成两条纵贯全体的黑线。头盘在中间，扁圆形，眼大而下凹陷，有光泽。上唇鳞 8 枚，第 4、5 枚入眶，颊鳞 1 枚，眼前下鳞 1 枚，较小，眼后鳞 2 枚。脊部高耸成屋脊状。腹部剖开边缘向内卷曲，脊肌肉厚，黄白色或淡棕色，可见排列整齐的肋骨。尾部渐细而长，尾下鳞双行。剥皮者仅留头尾之皮鳞，中段较光滑。气腥，味淡。以头尾齐全、皮黑肉黄、质坚实者为佳。含有蛋白质 22.1%、脂肪 1.7% 等。

金钱白花蛇（Jinqianbaihuashe，BUNGARUS PARVUS）

为眼镜蛇科动物银环蛇 Bungarus multicinctus Blyth 的幼蛇干燥体。主产于广东、广西、海南。广东、江西等地亦有养殖。

呈圆盘状，盘径 3~6 cm，蛇体直径 0.2~0.4 cm。头盘在中间，尾细、常纳口内，口腔内上颌骨前端有毒沟牙 1 对，鼻间鳞 2 片，无颊鳞，上下唇鳞通常为 7 片。背部黑色或灰黑色，有白色环纹 45~58 个，黑白相间，白环纹在背部宽 1~2 行鳞片，向腹面渐增宽，黑环纹宽 3~5 行鳞片，背正中明显突起一条脊棱，脊鳞扩大呈六角形，背鳞细密，通身 15 行，尾下鳞单行。气微腥，味微咸。以头尾齐全、色泽明亮、盘径小者为佳。蛇体含蛋白质、脂肪及鸟嘌呤核苷。头部毒腺中含多种酶，如三磷酸腺苷酶、磷脂酶等，另外，还含有神经生长因子及剧毒的蛇毒，如 α-环蛇毒、β-环蛇毒、γ-环蛇毒（为强烈的神经性毒）等。

蕲蛇（QiShe，AGKISTRODON）

【来源】 为蝰科动物五步蛇 Agkistrodon acutus (Güenther) 的干燥体。

【产地与采制】 主产于浙江的温州、丽水、金华。江西、福建、湖南、广东等地亦产。多于夏、秋二季捕捉，剖开蛇腹，除去内脏，洗净，用竹片撑开腹部，盘成圆盘状，干燥后拆除

蕲蛇历史沿革

竹片。

【性状鉴别】 呈圆盘状,盘径 17~34 cm,体长可达 2 m。头在中间稍向上,呈三角形而扁平,吻端向上,习称"翘鼻头"。上腭有管状毒牙,中空尖锐。背部两侧各有黑褐色与浅棕色组成的"V"字形斑纹 17~25 个,其"V"字形的两上端在背中线上相接,习称"方胜纹",有的左右不相接,呈交错排列。腹部撑开或不撑开,灰白色,鳞片较大,有黑色类圆形的斑点,习称"连珠斑";腹内壁黄白色,脊椎骨棘突较高,呈刀片状上突,前后椎体下突基本同形,多为弯刀状,向后倾斜,尖端明显超过椎体后隆面(图 18-8)。尾部骤细,末端有三角形深灰色的角质鳞片 1 枚,习称"佛指甲"。气腥,味微咸。

以头尾齐全、条大、花纹明显、内壁洁净者为佳。

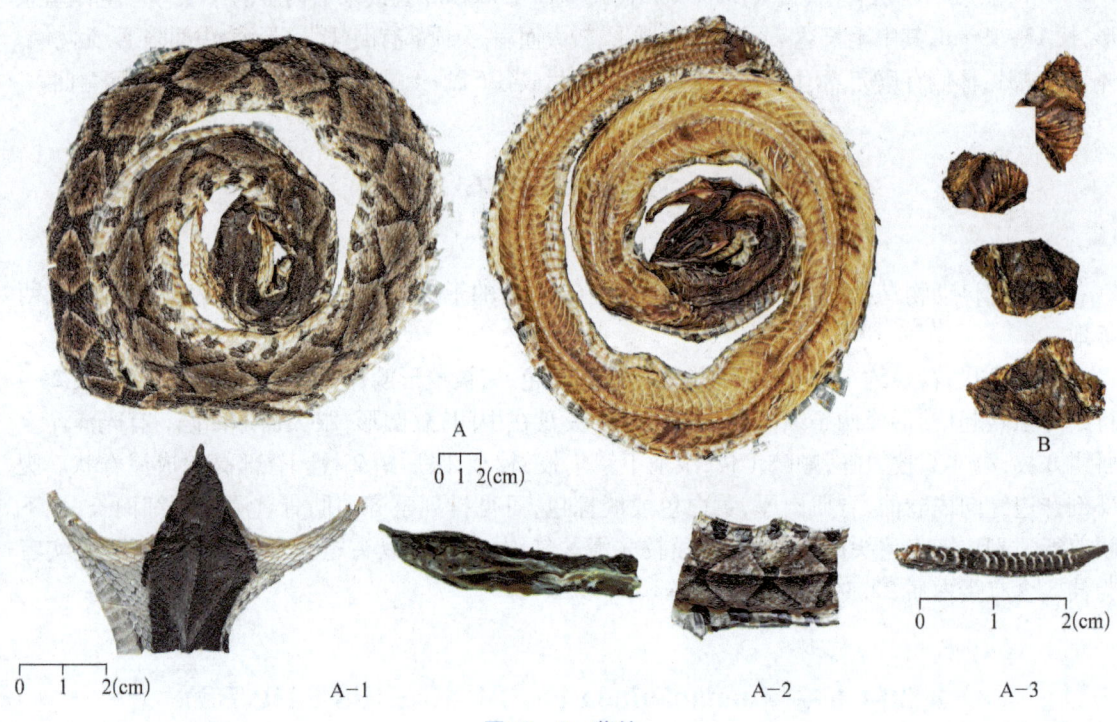

图 18-8 蕲蛇

【显微鉴别】
1. 背鳞外表面 鳞片呈深棕色或黄棕色,密布乳头状突起,乳突呈类三角形、类卵形或不规则形,内含颗粒状色素。此特征为本品粉末鉴定的重要依据。
2. 背鳞横切面 部分真皮和表皮向外乳头状突出,使外表面呈波浪形,突起部的真皮含较多色素。内表面较平直,无乳头状突起。

【浸出物】 按醇溶性浸出物测定法的热浸法测定,用稀乙醇作溶剂,不得少于 10.0%。

【化学成分】 蛇体主含蛋白质、脂肪、氨基酸等。头部毒腺中含多量出血性毒,少量神经性毒,微量的溶血成分及促进血液凝固成分。

蛇毒为乳白色平透明的黏稠液体,主含凝血脂样物质、酯酶及 3 种抗凝血活酶。

【DNA 分子鉴定】 采用 PCR 法。取本品及对照药材各 0.5 g,置乳钵中,加液氮适量,充分研磨使成粉末后分别提取 DNA,制成供试品溶液和对照药材模板 DNA 溶液,取上述两种溶液进行 PCR 扩增(鉴别引物:5′- GGCAATTCACTACACAGCCAACATCAACT - 3′ 和 5′- CCATAGTCAGGTGGTTAGTGATAC - 3′),采用琼脂糖凝胶电泳法检测。琼脂糖凝胶浓度为 1%,供试品与对照药材 PCR 反应液的上样量分别为 8 μL,DNA 分子量标记上样量为 2 μL(0.5 μg/μL),进行电泳。取电泳后凝胶片在凝胶成像仪上或紫外透射仪上检视,供试品凝胶电泳图谱中,在与对照药材凝胶电泳图谱相应的位置上,在 300~400 bp 应有单一 DNA 条带。

【贮藏】 置干燥处,防霉,防蛀。
【性味功能】 性温,味甘、咸,有毒。祛风,通络,止痉。
【附注】
1. 饮片

(1) 蕲蛇段:去头、鳞,切成寸段。呈段状,长 2~4 cm,背部呈黑褐色,表皮光滑,有明显的鳞斑,可见不完整的方胜纹。腹部可见白色的肋骨,呈黄白色、淡黄色或黄色。断面中间可见白色菱形的脊椎骨,脊椎骨的棘突较高,棘突两侧可见淡黄色的肉块,棘突呈刀片状上突,前后椎体下突基本同形,多为弯刀状。肉质松散,轻捏易碎。气腥,味微咸。

(2) 蕲蛇肉:去头,用黄酒润透后,除去鳞、骨,干燥。呈条状或块状,长 2~5 cm,可见深黄色的肉条及黑褐色的皮。肉条质地较硬,皮块质地较脆。有酒香气,味微咸。

(3) 酒蕲蛇:取净蕲蛇段,按酒炙法炒干。形如蕲蛇段,表面棕褐色或黑色,略有酒气。气腥,味微咸。

2. 混淆品和伪劣品　　主要有滑鼠蛇 *Ptyas mucosus* (Linnaeus)、烙铁头 *Trimeresurus mucrosquamatus* (Cantor)、山烙铁头 *Ovophis monticola* Günther、蝮蛇 *Agkistrodon halys* (Pallas) 等。主要从原动物形态(带皮者)和骨骼形态(去皮者)及骨骼的组织特征方面加以鉴别,必要时配以蛋白电泳和紫外光谱等理化方法。同时,还应注意鉴别劣质蕲蛇(死后变质的蕲蛇加工干燥品)、掺假蕲蛇(鲜蕲蛇剖腹后在蛇身皮下掺入异物再盘圆定形)和假冒蕲蛇(利用餐厅食用蕲蛇去掉的头、皮、尾,贴在去头皮尾的杂蛇身上,定形干燥)。

鸡内金(Jineijin, GALLI GIGERII ENDOTHELIUM CORNEUM)

为雉科动物家鸡 *Gallus gallus domesticus* Brisson 的干燥沙囊内壁。全国大部分地区均产。

为不规则卷片,厚约 2 mm。表面黄色、黄绿色或黄褐色,薄而半透明,具明显的条状皱纹。质脆,易碎,断面角质样,有光泽。气微腥,味微苦。以色黄、完整、破碎少者为佳。含酶类(胃蛋白酶、淀粉酶等)、氨基酸类(谷氨酸、精氨酸、天冬氨酸等 18 种氨基酸)等。

五灵脂(Wulingzhi, TROGOPTERI FAECES)

为鼯鼠科动物复齿鼯鼠 *Trogopterus xanthipes* Milne-Edward 的干燥粪便。主产于河北、山西。此外,甘肃、吉林、新疆、北京郊区亦产。

按形状的不同常分为"灵脂块"及"灵脂米"。灵脂块:又名糖灵脂。呈不规则的块状,大小不一。表面黑棕色、红棕色或灰棕色,凹凸不平,有油润性光泽,黏附的颗粒呈长椭圆形,表面常裂碎,显纤维性。质硬,断面黄棕色或棕褐色,不平坦,有的可见颗粒,间或有黄棕色树脂状物质。气腥臭。灵脂米:又名散灵脂,为长椭圆形颗粒,长 5~15 mm,直径 3~6 mm。表面黑棕色、红棕色或灰棕色,较平滑或微粗糙,常可见淡黄色的纤维残痕,有的略具光泽。体轻,质松,易折断,断面黄绿色中黄褐色,不平坦,纤维性。含萜类、酚类、香豆素类等成分。

熊胆粉(Xiongdanfen, URSI FELLIS PULVIS)

为熊科动物黑熊 *Selenarctos thibetanus* G. Cuvier 或棕熊 *Ursus arctos* L. 经胆囊手术引流胆汁而得的干燥品。主产于东北及云南、贵州、四川、青海、西藏、新疆。以云南产者质优,习称"云胆";东北产量较大,习称"东胆"。

呈不规则碎片、颗粒或粉末,黄色至深棕色,有的呈深绿色或淡红色,半透明,有玻璃样光泽,质脆,易吸潮,气清香微腥,味极苦微回甜,有清凉感。以金黄色、明亮、味苦回甜者为佳。主含胆汁酸20%~80%,主要为熊去氧胆酸(ursodeoxycholic acid),并含鹅去氧胆酸(chenodeoxycholic acid)、胆酸及去氧胆酸等。胆酸通常与牛磺酸(taurine)、甘氨酸(glycine)结合,并以钠盐或钙盐的形式存在,其中牛磺熊去氧胆酸(tauroursodeoxycholic acid)不得少于23.0%,结合型胆汁酸含量为46%~72.5%。

阿胶(Ejiao,ASINI CORII COLLA)

为马科动物驴 *Equus asinus* L. 的干燥皮或鲜皮经煎煮、浓缩制成的固体胶。主产于山东东阿、平阴及浙江杭州。

呈长方形块、方形块或丁状。棕色至黑褐色,有光泽。质硬而脆,断面光亮,碎片对光照视呈棕色半透明状。气微,味微甘。以色均、质脆、半透明、断面光亮、无腥气者为佳。主要含胶原蛋白及其水解产物,含量可达98.84%,水解产物含多种氨基酸,以甘氨酸含量最高。

麝香(Shexiang,MOSCHUS)

麝香历史沿革

【来源】 为鹿科动物林麝 *Moschus berezovskii* Flerov、马麝 *M. sifanicus* Przewalski 或原麝 *M. moschiferus* Linnaeus 成熟雄体香囊中的干燥分泌物。

【产地与采制】 主产于四川、西藏及云南等地区。陕西、宁夏、甘肃、青海、新疆、内蒙古及东北等地区亦产。四川省都江堰市、马尔康、米亚罗养麝场已进行家养繁殖,活麝收香已获成功,现已能提供商品药材。

野麝多在冬季至次春猎取,猎获后,立即割取香囊,阴干,习称"毛壳麝香";剖开香囊,除去囊壳,取囊中分泌物,习称"麝香仁"。

家养麝直接从其香囊中取出麝香仁,阴干或用干燥器密闭干燥。

【性状鉴别】

1. 毛壳麝香 为扁圆形或类椭圆形的囊状体,直径3~7cm,厚2~4cm。开口面的皮革质,棕褐色,略平,密生白色或灰棕色短毛,从两侧围绕中心排列,中间有1小囊孔。另一面为棕褐色略带紫色的皮膜,微皱缩,偶显肌肉纤维,略有弹性,剖开后可见中层皮膜呈棕褐色或灰褐色,半透明,内层皮膜呈棕色,内含颗粒状、粉末状的麝香仁和少量细毛及脱落的内层皮膜(习称"银皮")。以饱满、皮薄、仁多、捏之有弹性、香气浓烈者为佳。

2. 麝香仁 野生者质软,油润,疏松;其中不规则圆球形或颗粒状者习称"当门子",表面多呈紫黑色,油润光亮,微有麻纹,断面深棕色或黄棕色;粉末状者多呈棕褐色或黄棕色,并有少量脱落的内层皮膜和细毛。养殖者呈颗粒状、短条形或不规则的团块;表面不平,紫黑色或深棕色,显油性,微有光泽,并有少量毛和脱落的内层皮膜。气香浓烈而特异,味微辣、微苦带咸。以当门子多、颗粒色紫黑、粉末色棕褐、质柔润、香气浓烈者为佳。

【显微鉴别】 麝香仁粉末 棕褐色或黄棕色。呈淡黄色或淡棕色团块,由无数无定形颗粒状物集成,半透明或透明。团块中包埋或散在有方形、柱形、八面体或不规则的晶体。另外,还可见圆形油滴,偶见毛及脱落的内层皮膜组织(图18-9)。

【检查】 本品不得检出动物组织、植物组织、矿物和其他掺伪物。不得有霉变。

1. 干燥失重 不得过35.0%。

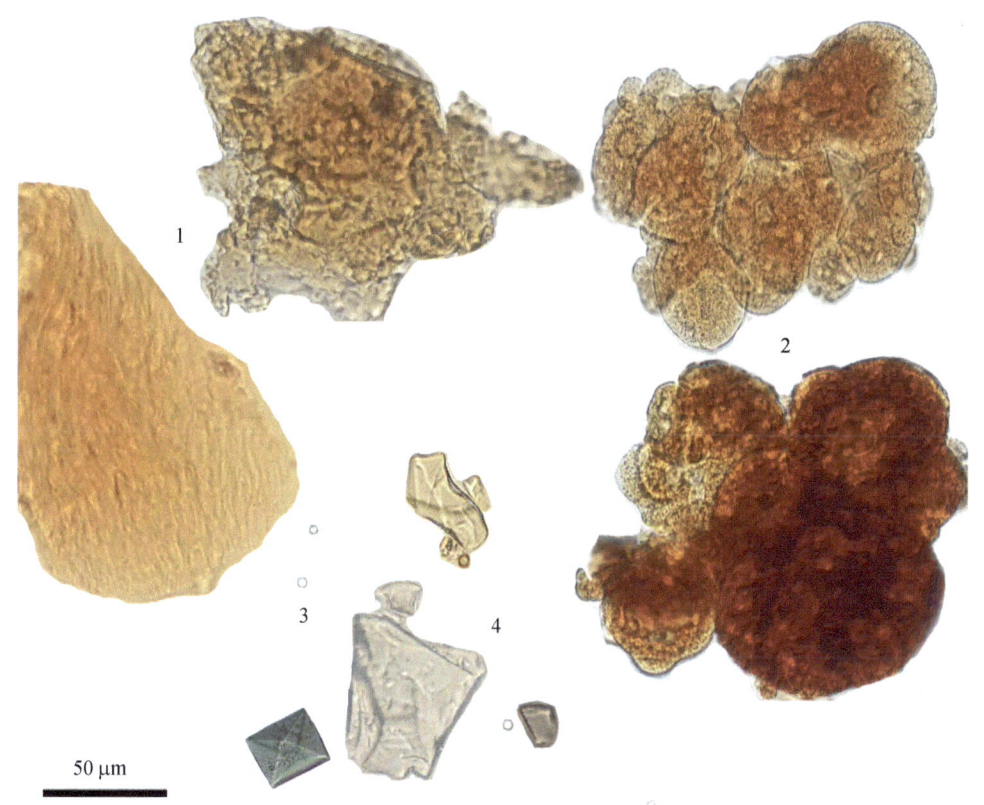

图 18-9 麝香仁粉末显微特征图
1. 表皮组织碎片；2. 分泌物团块；3. 油滴；4. 晶体

2. **总灰分** 不得过 6.5%。

【化学成分】 主要含① 大环酮类化合物：有麝香酮[muscone，为 R-(L)3-甲基环十五酮]，含量 0.93%~4.12%，具特异强烈香气，为主要活性成分。② 蛋白质和多肽：总氮量为 9.15%。分子量为 1 000 Da 左右的肽类（MP）有强的抗炎活性，分子量为 5 000~6 000 Da 的多肽其抗炎活性是氢化可的松的 20 倍。③ 生物碱类化合物：麝香吡啶（muscopyridine）、羟基麝香吡啶 A、羟基麝香吡啶 B 等。④ 甾体化合物：总雄性激素 0.24%~0.94%。

【理化鉴别】

（1）取毛壳麝香用特制槽针从囊孔插入，转动槽针，提取麝香仁，立即检视，槽内的麝香仁应有逐渐膨胀高出槽面的现象，习称"冒槽"。麝香仁油润，颗粒疏松，无锐角，香气浓烈。不应有纤维等异物或异常气味。

（2）取麝香仁粉末少量，置手掌中，加水润湿，用手搓之能成团，再用手指轻揉即散，不应粘手、染手、顶指或结块。

（3）取麝香仁少量，撒于炽热的坩埚中灼烧，初则迸裂，随即融化膨胀起泡似珠，香气浓烈四溢，应无毛、肉焦臭，无火焰或火星出现。灰化后，残渣呈白色或灰白色。

（4）取本品，照含量测定项下的方法试验，供试品色谱中应呈现与对照品麝色谱峰保留时间一致的色谱峰。

【含量测定】 照气相色谱法测定，按干燥品计算含麝香酮（$C_{16}H_{30}O$）不得少于 2.0%。

【贮藏】 密闭，置阴凉干燥处，遮光，防潮，防蛀。

【性味功能】 性温，味辛。开窍醒神，活血通经，消肿止痛。

【附注】

1. **饮片** 麝香仁：野生者由当门子和散香组成。当门子呈不规则圆形或颗粒状，表面多呈紫黑色，油润光亮，微有麻纹，断面深棕色或黄棕色；散香呈粉末状，多呈棕褐色或黄棕色。质软,油润,疏松,气香浓烈而特异,味微辣,微苦带咸。养殖者呈颗粒状、短条形或不规则的团块;表面不平,紫黑色或深棕色,显油性,微有光泽。

2. 掺伪品 在商品毛壳麝香和麝香仁中均发现的掺伪品:动物的肌肉、肝脏、血块、蛋黄粉、奶渣等;植物性的儿茶粉、淀粉、锁阳粉、桂皮粉、大豆粉、丁香粉、地黄粉、海金沙等;矿物雄黄、赤石脂、铅粉、铁末、砂石等。以上掺伪品用显微鉴别和理化鉴别方法均能与真品麝香区分。

3. 代用品 灵猫香和麝鼠香具有与麝香类似的化学成分和药理作用,可作为麝香的代用品。

(1) 灵猫香:为灵猫科动物大灵猫 *Viverra zibetha* Linnaeus 及小灵猫 *V. indica* Desmarest 香囊中成熟腺细胞的分泌物。主要研究对象为小灵猫的香囊分泌物,含香猫酮(zibetone)、香猫醇(zibetol)及降麝香酮(环十五烷酮)等。为蜂蜜样的稠厚液,呈白色或黄白色,存放日久则色泽渐变,由黄色最终变成褐色,呈软膏状,具麝香样气味。陈藏器谓:灵猫"其阴如麝,功亦相似"。

(2) 麝鼠香:为田鼠科动物麝鼠 *Ondatra zibethicus* L. 雄性香囊中的分泌物。具有类似麝香的特殊香气。含有与天然麝香相同的麝香酮、降麝香酮、5-顺式环十五烯酮等大环化合物。另含脂肪酸 22 种、酯类 19 种、无机元素 14 种及甾类化合物 30 种。研究表明,麝鼠香具有抗炎、抑菌、抗应激、耐缺氧、降低心肌耗氧量、降血压、减慢心率、促进生长及同化类固醇与雄激素等作用,治疗冠心病有较好的疗效。麝鼠原产北美洲,其香也称"美国麝香"。

4. 人工合成麝香 以人工合成麝香酮(*dl*-muscone)为主,按规定比例配制而成。经药理试验、理化分析、临床试验证明与天然麝香的性质和作用近似,并对心绞痛有显著缓解作用。

鹿茸(Lurong, CERVI CORNU PANTOTRICHUM)

鹿茸授课视频

鹿茸历史沿革

【来源】 为鹿科动物梅花鹿 *Cervus nippon* Temminck 或马鹿 *C. elaphus* Linnaeus 的雄鹿未骨化密生茸毛的幼角,前者习称"花鹿茸",后者习称"马鹿茸"。

【产地与采制】 花鹿茸主产于吉林、辽宁、河北等地。马鹿茸主产于黑龙江、吉林、内蒙古、新疆、青海、云南、四川及甘肃等地区,东北产者习称"东马鹿茸",西北产者习称"西马鹿茸"。梅花鹿多人工饲养,马鹿多野生,现亦有人工饲养。

【采收加工】 鹿的生长年龄约为 20 年,以 3~6 年所生的茸最佳,主要加工方式为锯茸。

一般从三龄鹿开始锯茸,二杠茸每年可采收 2 次,第 1 次在清明后,即脱盘后 45~50 天(头茬茸),锯后 50~60 天(立秋前后)采第二次(二茬茸)。三岔茸则采 1 次,在 7 月下旬。锯时应迅速将茸锯下,伤口敷上止血药。将锯下的茸用吸血器或用手挤去一部分血液,锯口处用线绷紧,固定于"炸茸"架上,置沸水中反复烫炸 3~4 次(锯口朝上露出水面),每次 15~20 s,使其排出剩余血液,至锯口处冒白沫。反复操作至茸内积血排尽,然后晾干或烘干。

近年来,多加工成"带血茸",即将锯下的鹿茸,用烧红的烙铁烫封锯口,使茸血不流出,再用微波或红外干燥。

夏、秋二季锯取鹿茸,经加工后,阴干或烘干。

【性状鉴别】

1. 花鹿茸 呈圆柱状分枝,具一个分枝者习称"二杠"(图 18-10),主枝习称"大挺",长 17~20 cm,锯口直径 4~5 cm,离锯口约 1 cm 处分出侧枝,习称"门庄",长 9~15 cm,直径较大挺略细。外皮红棕色或棕色,多光润,表面密生红黄色或棕黄色细茸毛,上端较密,下端较疏;分岔间具 1 条灰黑色筋脉,皮茸紧贴。锯口黄白色,外围无骨质,中部密布细孔。具两个分枝者,习称"三岔",大挺长 23~33 cm,直径较二杠细,略成弓形,微扁,枝端略尖,下部多有纵棱筋及突起疙瘩;皮红黄色,茸毛较稀而粗。体轻。气微腥,味微咸。二茬茸与头茬茸相似,但挺长而不圆或下粗上细,下部有纵棱筋。皮灰黄色,茸毛较粗糙,锯口外围多已骨化。体较重。无腥气。

2. **马鹿茸** 较花鹿茸粗大,分枝较多,侧枝一个者习称"单门",两个者习称"莲花",三个者习称"三岔",四个者习称"四岔"或更多。按产地分为"东马鹿茸"和"西马鹿茸"。

3. **东马鹿茸** "单门"大挺长25~27 cm,直径约3 cm。外皮灰黑色,茸毛灰褐色或灰黄色,锯口面外皮较厚,灰黑色,中部密布细孔,质嫩;"莲花"大挺长可达33 cm,下部有棱筋,锯口面蜂窝状小孔稍大,"三岔"皮色深,质较老;"四岔"茸毛粗而稀,大挺下部具棱筋及疙瘩,分枝顶端多无毛,习称"捻头"。

4. **西马鹿茸** 大挺多不圆,顶端圆扁不一,长30~100 cm。表面有棱,多抽缩干瘪,分枝较长且弯曲,茸毛粗长,灰色或黑灰色,锯口色较深,常见骨质。气腥臭,味咸。

化鹿茸以茸粗壮、主枝圆、顶端丰满、质嫩、毛细、皮色红棕、有油润光泽者为佳。马鹿茸以饱满、体轻、毛色灰褐、下部无棱线者为佳。

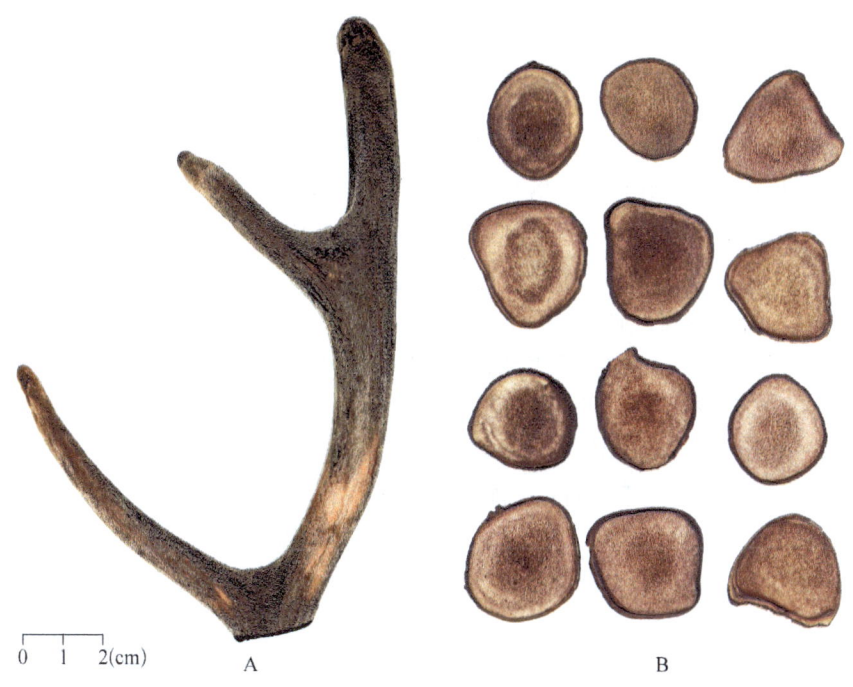

图 18-10 鹿茸
A. 药材;B. 饮片

【**显微鉴别**】 粉末 淡黄棕色或黄棕色,表皮角质层细胞淡黄色至黄棕色,表面颗粒状,凹凸不平。毛茸多碎断,表面被由薄而透明的扁平细胞(鳞片)作覆瓦状排列的毛小皮所包围,呈短刺状突起,隐约可见细纵直纹;皮质有棕色或灰棕色色素;毛根常与毛囊相连,基部膨大作撕裂状。骨碎片呈不规则形,淡黄色或淡灰色,表面有细密的纵向纹理及点状孔隙;骨陷窝较多,类圆形或类梭形,边缘凹凸不平。未骨化骨组织近无色,边缘不整齐,具多数不规则的块状突起物,其间隐约可见条纹。角化梭形细胞多散在,呈类长圆形,略扁,侧面观梭形,无色或淡黄色,具折光性。

【**化学成分**】 主含① 氨基酸:占总干重的50.13%,以甘氨酸、谷氨酸、脯氨酸含量较高。② 磷脂类:如有降压作用的溶血磷脂酰胆碱(lysophosphatidylcholine)、磷脂酰肌醇、神经鞘磷脂(sphingomyeline)、磷脂酸、卵磷脂、脑磷脂等。③ 脂肪酸类:月桂酸(lauric acid)、肉豆蔻酸(myristic acid)、棕榈酸(palmitic acid)等。④ 胆甾醇类:胆甾醇肉豆蔻酸酯(cholesteryl myristate)、胆甾醇油酸酯(cholesteryl oleate)等。⑤ 多胺类:精脒(spermidine)、精胺(spermine)、腐胺(putrescine)等。

【**理化鉴别**】 取粉末,加70%乙醇,超声处理,滤过,取滤液作为供试品溶液,以鹿茸对照药材和甘氨酸对照品为对照。照薄层色谱法，以正丁醇-冰醋酸-水(3∶1∶1)为展开剂,喷以2%茚三酮丙酮溶液,在105℃加热至斑点显色清晰。供试品色谱中,在与对照药材色谱相应的位置上,显相同颜色的主斑点;在与对照品色谱相应的位置上,显相同颜色的斑点。

【贮藏】 置阴凉干燥处,密闭,防蛀。

【性味功能】 性温,味甘、咸。壮肾阳,益精血,强筋骨,调冲任,托疮毒。

【附注】 饮片　鹿茸片:取鹿茸,燎去茸毛,刮净,以布带缠绕茸体,自锯口面小孔灌入热白酒,并不断添酒,至润透或灌酒稍蒸,横切薄片,压平,干燥。鹿茸粉:取鹿茸,燎去茸毛,刮净,劈成碎块,研成细粉。

牛黄(Niuhuang, BOVIS CALCULUS)

牛黄历史沿革

【来源】　为牛科动物牛 *Bos taurus domesticus* Gmelin 的干燥胆结石。习称"天然牛黄"。在胆囊中产生的称"胆黄"或"蛋黄",在胆管中产生的称"管黄",在肝管中产生的称"肝黄"。

【产地与采制】　主产于西北、华北、东北、西南等地区。河南、湖北、江苏、浙江、广西、广东等地区亦产。产于西北及河南的称西牛黄,产于北京、天津、内蒙古及河北的称京牛黄,产于东北的称东牛黄,产于江苏、浙江的称苏牛黄,产于广西、广东的称广牛黄。

宰牛时检查胆囊、胆管及肝管,如有结石,即滤去胆汁,将牛黄取出,除去附着的薄膜,阴干。

【性状鉴别】　可分胆黄及管黄二种。

1. 胆黄　多呈卵形、类球形、三角形或四方形,大小不一,直径0.6~3(4.5)cm。表面黄红色至棕黄色,有的表面挂有一层黑色光亮的薄膜,习称"乌金衣",有的粗糙,具疣状突起,有的具龟裂纹(图18-11)。体轻,质酥脆,易分层剥落,断面金黄色,可见细密的同心层纹,有的夹有白心。气清香,味先苦而后甘,有清凉感,嚼之易碎,不粘牙。

2. 管黄　呈管状,长约3cm,直径1~1.5cm,或为破碎的小片。表面不平或有横曲纹,有裂纹及小突起,红棕色或棕褐色(图18-11)。质酥脆,断面有较少的层纹,有的中空,色较深。

图18-11　牛黄

A. 胆黄;B. 管黄

以完整、色棕黄、质酥脆、断面层纹清晰而细腻者为佳。

【显微鉴别】 取粉末少许,用水合氯醛试液装片,不加热,置显微镜下观察:不规则团块由多数黄棕色或棕红色小颗粒集成,稍放置,色素迅速溶解,并显鲜明金黄色,久置后变绿色。

【检查】
1. 水分　　不得过9.0%。
2. 总灰分　　不得过10.0%。
3. 游离胆红素　　按高效液相色谱法测定(避光操作),以胆红素作对照,供试品色谱中,在与对照品色谱峰保留时间相对应的位置上出现的色谱峰面积应小于对照品色谱峰面积或不出现色谱峰。

【化学成分】 含① 胆色素72%~76%:其中主要为胆红素(bilirubin)、结合胆红素与共价胆红素,含量为25%~70%,还有少量胆绿素。② 胆汁酸类7%~10%:包括胆酸、去氧胆酸、鹅去氧胆酸、胆石酸等及牛磺酸胆汁酸盐、甘氨酸胆汁酸盐类。③ 胆固醇类1%~5%。④ 其他:脂肪酸1.0%~2.1%,卵磷脂0.17%~0.2%。

【理化鉴别】
(1) 取少量,加清水调和,涂于指甲上,能将指甲染成黄色,习称"挂甲"。
(2) 取粉末,加三氯甲烷,超声处理,滤过,滤液蒸干,残渣加乙醇使溶解,作为供试品溶液。以胆酸对照品和去氧胆酸对照品为对照。照薄层色谱法,以异辛烷-乙酸乙酯-冰醋酸(15:7:5)为展开剂,喷以10%硫酸乙醇溶液,在105℃加热至斑点显色清晰,置紫外光灯(365 nm)下检视。供试品色谱中,在与对照品色谱相应的位置上,显相同颜色的荧光斑点。
(3) 取粉末,加三氯-冰醋酸(4:1)混合溶液,超声处理,滤过,取滤液作为供试品溶液。以胆红素对照品作为对照。照薄层色谱法,以环己烷-乙酸乙酯-甲醇-冰醋酸(10:3:0.1:0.1)为展开剂。供试品色谱中,在与对照品色谱相应的位置上,显相同颜色的斑点。

【含量测定】 照薄层扫描法测定,本品按干燥品计算,含胆酸($C_{24}H_{40}O_5$)不得少于4.0%;照高效液相色谱法测定,本品按干燥品计算,含胆红素($C_{33}H_{36}N_4O_6$)不得少于25.0%。

【贮藏】 遮光,密闭,置阴凉干燥处,防潮,防压。

【性味功能】 性凉,味甘。清心,豁痰,开窍,凉肝,息风,解毒。

【附注】
1. 伪品　　常见的伪品是用黄连、黄柏、大黄、姜黄、鸡蛋黄或植物黄色素等的粉末与动物胆汁混合制成的。其外表色浅黄,体较重,断面棕褐色,粗糙,无层纹,味苦,无清香气,入口即化成糊状,无"挂甲"现象。显微镜检查可见植物组织碎片,理化鉴别与正品明显有别。驼科动物双峰驼 *Camelus bactrianus* Linnaeus 的胆囊结石,个大,或有切成薄片者,质粗糙,无光泽,味不苦而咸,气微臭。有微毒。

2. 人工牛黄(Bovis Calculus Artifactus)　　由牛胆粉、胆酸、猪去氧胆酸、牛磺酸、胆红素、胆固醇、微量元素等加工制成,为黄色疏松粉末,味苦,微甘。本品水分不得过5.0%。采用紫外-可见分光光度法测定,本品含胆酸($C_{24}H_{40}O_5$)不得少于13.0%;含胆红素($C_{33}H_{36}N_4O_6$)不得少于0.63%。性凉,味甘。具清热解毒,化痰定惊的功效。

3. 体外培育牛黄(Bovis Calculus Sativus)　　以牛科动物牛 *Bos taurus domesticus* Gmelin 的新鲜胆汁作母液,加入去氧胆酸、胆酸、复合胆红素钙等制成。呈球形或类球形,直径0.5~3 cm。表面光滑,呈黄红色至棕黄色。体轻,质松脆,断面有同心层纹。气香,味苦而后甘,有清凉感,嚼之易碎,不粘牙。本品亦有"挂甲"现象。本品含水分不得过9.0%。采用薄层扫描法测定,本品含胆酸($C_{24}H_{40}O_5$)不得少于6.0%;采用紫外-可见分光光度法测定,本品含胆红素($C_{33}H_{36}N_4O_6$)不得少于35.0%。性凉,味甘。具清心、豁痰、开窍、凉肝、息风、解毒的功效。

羚羊角授课视频

羚羊角历史沿革

羚羊角(Lingyangjiao, SAIGAE TATARICAE CORNU)

【来源】 为牛科动物赛加羚羊 *Saiga tatarica* Linnaeus 的角。

【产地与采制】 主产于俄罗斯,我国新疆西北部亦产少量。

全年均可猎,春季猎者色青微黄,秋季猎者色荧白,严冬捕者表面出现裂纹,品质较次。猎取后锯取其角,晒干。

【性状鉴别】 呈长圆锥形,略呈弓形弯曲,长 15~33 cm;类白色或黄白色,基部稍呈青灰色。嫩枝对光透视有"血丝"或紫黑色斑纹,光润如玉,无裂纹,老枝则有细纵裂纹。除尖端部分外,有 10~16 个隆起环脊,间距约 2 cm,用手握之,四指正好嵌入凹处,习称"握把",角的基部横截面圆形,直径 3~4 cm,内有坚硬质重的角柱,习称"骨塞",骨塞长约占全角的 1/2 或 1/3,表面有突起的纵棱与其外面角鞘内的凹沟紧密嵌合,从横断面观,其结合部呈锯齿状。除去"骨塞"后,角的下半段成空洞,全角呈半透明,对光透视,上半段中央有一条隐约可辨的细孔道直通角尖,习称"通天眼"(图 18-12)。质坚硬。气微,味淡。

以质嫩,色白,光润,内含红色血丝、血斑,无裂纹者为佳。

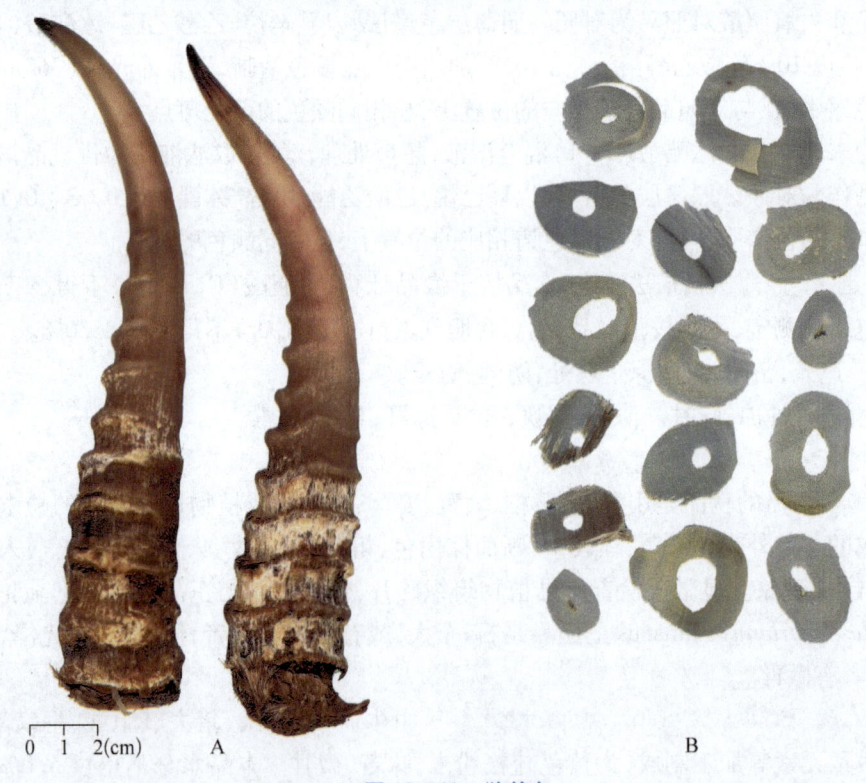

图 18-12 羚羊角
A. 药材;B. 饮片

【显微鉴别】

1. 横切面 可见组织构造多少呈波浪状起伏。角顶部组织波浪起伏最为明显,在峰部往往有束存在,束多呈三角形;角中部朝呈波浪状,束多呈双凸透镜形;角基部波浪形不明显,束呈椭圆形至类圆形。髓腔的大小不一,长径 10~50(80)μm,以角基部的髓腔最大。束的皮层细胞扁梭形,3~5 层。束间距离较宽广,充满着近等径性多边形、长菱形或狭长形的基本角质细胞。皮层细胞或基本角质细胞均显无色透明,其中不含或仅含少量细小浅灰色色素颗粒,细胞中央往往可见一个折光性强的圆粒或线状物。

2. 粉末　　不规则碎片,近无色,微透明,稍有光泽,小碎片显颗粒性。纵向碎片髓呈长管形,基本角质细胞呈长棱、长条形或裂缝状。横断面碎片少见,髓呈双凸透镜形、椭圆形、类圆形或类三角形,周围有同心性排列的皮层细胞,外侧基本角质细胞呈菱形、长方形或多角形;两类细胞均不含或包含少数灰色色素颗粒,细胞中央常有一发亮的圆粒或线状物。角塞碎片多呈不规则形,无色,骨空洞呈类圆形、椭圆形,周围骨板环纹清晰可见,间有骨陷窝,骨板间可见放射状骨小管。骨膜碎片少见,淡黄色或棕黄色,胶质纤维束状。

【化学成分】　含角蛋白、甾醇类、磷酸钙及不溶性无机盐等。羚羊角经酸水解后测定,含异白氨酸、白氨酸、苯丙氨酸、酪氨酸、丙氨酸等17种氨基酸及多肽。此外,尚含卵磷脂、脑磷脂、神经鞘磷脂、磷脂酰丝氨酸及磷脂酰肌醇等5种磷脂类成分。

【贮藏】　置阴凉干燥处。

【性味功能】　性寒,味咸。平肝息风,清肝明目,散血解毒。

【附注】

1. 饮片

(1)羚羊角片：菲薄,长方形,多屈曲不平,白色透明,有丝状波曲的细纹。质坚韧,有弹性;具角质香气,热水浸泡后香气较浓,味淡。

(2)羚羊角粉：取羚羊角,砸碎,粉碎成细粉。本品为类白色的粉末。气微,味淡。

2. 牛科动物黄羊 *Procapra gutturosea* Pallas 和鹅喉羚羊(长尾黄羊) *Gazella subgutturosa* Güldenstaedt 的角　　所含成分和功效与羚羊角类似。但用量酌加,10~15 g。

(1)黄羊角呈长圆锥形,而侧扁,略呈"S"形,长10~27 cm。表面黑色,不透明,有多数纵纹理及17~20个环脊,环脊密集,斜向,弯曲,间距约5 mm。无"通天眼"。

(2)鹅喉羚羊角长圆锥形而稍侧扁,角尖显著向内弯,长14~30 cm,表面灰黑色,不透明,粗糙,多纵裂纹。环脊8~10个,间距约15 mm。无"通天眼"。

3. 　　羚羊角为贵重药材,常有伪品出现,应注意鉴别。

(1)进口的羚羊角曾发现角内灌有铅粒,以增加重量,可检查骨塞是否松动,或用X光仪检查。

(2)有以羊角或其他骨头雕刻而成,轮环两面呈凸起,不光滑自然,羚羊塞的纵棱不能与角鞘内凹沟密接,通天眼为一圆形小孔。

案例

取消国家重点保护野生动物药用标准此前也有先例。1993年,国务院《关于禁止犀牛角和虎骨贸易的通知》提出,禁止进行犀牛角和虎骨相关的一切贸易活动。禁令施行后,多用水牛角和豹骨代替。中华中医药学会风湿病分会第二届、第三届主任委员王承德曾指出,在风湿性疾病的治疗中,活血化瘀、软坚散结的药其实很多,不一定要用穿山甲片,他在临床上现在经常用蝎子、蜈蚣、地龙等。目前,也已经有临床试验证明,猪蹄甲在消痈、抗炎、催乳等方面可以取代穿山甲的功效。

问题：

1. 药用功效可被替代吗?
2. 如何分析资源保护与开发应用?

第三篇 矿物药类

第十九章 矿物类中药的性质与分类

第二十章 矿物类中药的鉴定

第十九章 矿物类中药的性质与分类

矿物类中药是以天然矿物(如石膏、朱砂、炉甘石、自然铜等)、矿物加工品(如轻粉、芒硝、秋石等)、动物或动物骨骼的化石(如石燕等)入药的一类中药。

我国使用矿物类中药的历史悠久,历代本草对矿物类中药也均有记载。公元前2世纪,我国已能从丹砂中制炼水银;北宋年间(11世纪),可从人尿中提取制造"秋石"。《神农本草经》收载矿物类药物41种;《名医别录》将"玉石"类单独立卷;宋代《证类本草》载有矿物类中药;《名医别录》将"玉石"类单独立卷;《本草纲目》将矿物类中药分别记述在土部、金石部,金石部又分为金、玉、石、卤四类。

矿物类中药的种类虽然较少,但医疗价值同样重要。例如,石膏为清解气分实热之要药,以石膏为主药的白虎汤用于治疗流脑、乙脑等疾病引发的高热和惊厥,临床疗效显著;朱砂能清心镇静、安神、明目、解毒;硫黄外用解毒杀虫疗疮,内服补火助阳通便。现代研究表明,一般含有镁、钾、钠等的矿物类中药具有泻下和利尿作用,含有铜、铁、钙、磷、锰等的矿物类中药具有滋养性和兴奋性作用,含有铝、铅、锌等的矿物类中药具有收敛作用。近年,应用砒霜治疗白血病也取得了突破性进展,获得了显著的临床收益。

第一节 矿物类中药的基本性质

矿物是由地质作用而形成的天然单质或化合物,除少数是自然元素外,绝大多数是自然化合物,大部分是固体,少部分是液体(如水银)或气体(如硫化氢)。每一种矿物都具有一定的物理和化学性质,这些性质取决于它们的化学成分和结晶构造。利用这些性质的不同,可鉴别不同种类的矿物。其主要特性如下:

一、结晶形状

自然界的绝大部分矿物是由晶体组成的,具有固定的结晶形状。凡是组成物质的质点呈规律排列者称为晶体(结晶质),反之称为非晶体(非结晶质)。经 X 射线研究证明,晶体外表的几何形态和绝大部分物理化学性质都和它内部质点的排列规律有关;质点在三维空间内以固定距离排列成有规律的格子状,称为空间格子,其最小单位为平行六面体,称为晶胞。晶胞的形状和大小在各个晶体中可以不同,由晶胞棱长 a、b、c 和棱间夹角 α、β、γ 所决定。一般将 a、b、c 及 α、β、γ 称为晶体常数。

根据晶体常数特征,可将晶体分为七大晶系,包括等轴晶系、四方晶系、三方晶系、六方晶系、斜方晶系、单斜晶系、三斜晶系(表 19-1)。其中,除了等轴晶系的晶体为立方体或者近圆形以外,其余 6 个晶系晶体都伸长为柱状、针状,或压扁成板状、片状。

表 19-1 各晶系的晶体常数及代表性矿物类中药

晶 系	晶 体 常 数	代表性矿物类中药
等轴晶系	$a=b=c,\alpha=\beta=\gamma=90°$	自然铜、磁石
四方晶系	$a=b\neq c,\alpha=\beta=\gamma=90°$	轻粉
三方晶系	$a=b\neq c,\alpha=\beta=90°,\gamma=120°$	朱砂、赭石

续表

晶　系	晶 体 常 数	代表性矿物类中药
六方晶系	$a=b\neq c, \alpha=\beta=90°, \gamma=120°$	绿柱石
斜方晶系	$a\neq b\neq c, \alpha=\beta=\gamma=90°$	硫黄
单斜晶系	$a\neq b\neq c, \alpha=\beta=90°, \gamma\neq90°$	石膏、滑石
三斜晶系	$a\neq b\neq c, \alpha\neq\beta\neq\gamma\neq90°$	胆矾、炉甘石

矿物除了单体的形态外，常常以集合体形式出现，即由许多单体聚集而成。集合体的形态多样，包括粒状、晶簇状、放射状、结核状等。

二、结晶习性

多数固体矿物为结晶体，其中有些为含水矿物，具有相对密度小、硬度低等特征。水在矿物中存在的形式会直接影响矿物的性质，按其存在形式可分为2类：① 不加入晶格的吸附水或自由水。② 加入晶格组成的，包括以水分子（H_2O）形式存在的结晶水，如胆矾（$CuSO_4 \cdot 5H_2O$）、石膏（$CaSO_4 \cdot 2H_2O$），以及以 H^+、OH^- 等离子形式存在的结晶水，如滑石 $[Mg_3(Si_4O_{10})(OH)_2]$。含水矿物的失水温度，因水的存在形式不同而不同，该性质可用于鉴别矿物。

三、透明度

透明度指矿物透光能力的大小。常将矿物磨至 30 μm 标准厚度以比较其透明度，分为3类。

1. **透明矿物**　能容许绝大部分光线通过，隔着它可以清晰地透视另一物体，如无色水晶、云母等。
2. **半透明矿物**　能通过一部分光线，隔着它不能看清另一物体，如辰砂、雄黄等。
3. **不透明矿物**　光线几乎完全不能通过，即使是薄片或在边缘部分，也不透光，如赭石、滑石等。在显微鉴定时，透明矿物类中药通常利用偏光显微镜进行鉴定，不透明矿物类中药则要利用反光显微镜进行鉴定。

四、折射率

当光波由一种介质传到另一种介质时，在两种介质的分界面上将产生反射和折射。对折射而言，第1（入射）和第2（折射）介质的特征，可用光波在这两种介质中的传播速度之比，即相对折射率来表征。折射率是鉴定透明矿物的常数之一。

五、颜色

矿物类中药的颜色指矿物对光线中不同波长的光波均匀吸收或选择吸收所表现出的性质。一般可分为：① 本色，矿物的成分和内部构造所决定的颜色（矿物中含有色离子），如朱砂。② 外色，矿物混入的有色物质形成的颜色，外色的深浅与带色杂质的数量及分散程度有关，如紫石英、大青盐等。③ 假色，某些矿物中，有时可见变彩现象，这是由于投射光受晶体内部裂缝面、解理面及表面氧化膜的反射所引起光波干涉作用而产生的颜色，如云母。④ 条痕色，矿物在白色毛瓷板上划过后留下的粉末痕迹称为条痕，其颜色称为条痕色。条痕色比矿物表面的颜色更为稳定，具有鉴定意义。有的矿物类中药条痕色与其本身颜色相同，如朱砂；有的颜色不同，如自然铜本身为铜黄色而其条痕色则为黑色。大多数透明或浅色半透明矿物的条痕色都很浅，甚至为白色；不透明或深色半透明矿物的条痕色较深或为彩色，具有较大的鉴别价值。例如，磁石和赭石的表面均为灰黑色，但磁石的条痕色为黑色、赭石的条痕色为樱桃红色等。

六、光泽

光泽指矿物表面对于投射光线的反射能力。反射能力的强弱即为光泽的强度,由强至弱分为金属光泽(如自然铜等)、半金属光泽(如磁石等)、金刚光泽(如朱砂等)、玻璃光泽(如硼砂等)。如果矿物的断口或集合体表面不平滑,并有细微的裂缝、小孔等,使一部分反射光发生散射或相互干扰,则可形成一些特殊的光泽,如油脂光泽(如硫黄等)、珍珠光泽(如云母等)、绢丝光泽(如石膏等)、土状光泽(如软滑石,即高岭石等)。

七、相对密度

相对密度指在温度4℃时矿物与同体积水的重量比。多数矿物的相对密度在一定条件下为常数,如石膏为2.3,朱砂为8.09~8.20等。

八、硬度

硬度指矿物抵抗某种外来机械作用(如刻划、压力、研磨等)的能力。不同的矿物有不同的硬度。一般采用摩氏硬度计来确定矿物的相对硬度,它是以一种矿物与另一种矿物相互刻划,比较矿物硬度相对高低的方法(表19-2)。

表19-2 10种常见矿物的硬度

矿物	滑石	石膏	方解石	萤石	磷灰石	正长石	石英	黄玉	钢玉	金刚石
硬度(级)	1	2	3	4	5	6	7	8	9	10
绝对硬度(kg/mm^2)	2.4	36	109	189	536	759	1 120	1 427	2 060	10 060

鉴定硬度时,可取样品矿物和上述标准矿物互相刻划,使样品受损的最低硬度等级为该样品的硬度。在实际工作中常用四级法来代替摩氏硬度计法,指甲(约2.5级)、铜钥匙(约3级)、小刀(约5.5级)、石英或钢锉(约7级),用它们与矿物互相刻划,粗略求得矿物的硬度。硬度为6~7的矿物类中药可以在玻璃上留下划痕,如磁石、自然铜等。

精密测定矿物的硬度,可用测硬仪和显微硬度计等。测定硬度时,必须在矿物单体和新解理面上试验。

九、解理、断口

解理指矿物受力后沿一定结晶方向裂开成光滑平面的性能,所裂成的平面称为解理面。解理是结晶物质特有的性质,其形成与晶体的构造类型有关,是矿物主要鉴定特征之一。例如,云母可极度完全解理,方解石可完全解理,而石英没有解理。

矿物受力后不是沿一定结晶方向断裂,断裂面是不规则和不平整的,这种断裂面称为断口。断口根据面形态可分为平坦状断口(如高岭石等)、贝壳状断口(如胆矾等)、参差状断口(如青礞石等)、锯齿状断口(如铜等)。

解理的程度与断口的程度为互为消长关系,完全解理的矿物在解理方向常不出现断口,具不完全解理或无解理的矿物碎块上常见到断口。

十、延展性、脆性、弹性、挠性和柔性

延展性、脆性、弹性、挠性和柔性指矿物受压轧、锤击、弯曲或拉引等力作用时所呈现的力学性质。延展性指当矿物受到外力拉引时,能发生形变而成细丝或在受外力锤击时能形成薄片的性质,金属矿物均具有延展性,如金丝、金箔等。脆性指当矿物受到锤击时,其边缘不呈扁平状,

而破碎呈粉末状的性质,非金属矿物类中药大多具有这种性质。弹性指矿物在外力作用下趋于弯曲而不断裂,外力解除后,又恢复原状的性质,如云母等;而外力解除后不能恢复原状的性质,则称为挠性,如金精石等。柔性指矿物易受外力切割并不发生碎裂的性质,如石膏等。

十一、磁性

磁性指矿物可以被磁铁或电磁铁吸引或其本身能够吸引物体的性质。有极少数矿物具有显著的磁性,如磁石(磁铁矿)等。矿物的磁性与其化学成分中含有磁性元素 Fe、Co、Ni、Mn、Cr 等有关。

十二、气味

有些矿物具有特殊的气味,尤其是矿物受锤击、加热或湿润时较为明显,如雄黄灼烧有砷的蒜臭味,胆矾有涩味,大青盐有咸味等。

十三、其他

少数矿物类中药具有吸水分的能力,可以黏吸舌头,如软滑石(高岭石)等。

第二节 矿物类中药的分类

矿物类中药的分类是以矿物所含主要的或含量最多的某种化合物为依据进行分类。

一、按阳离子种类分类

矿物类中药的阳离子通常对药效起重要作用。一般可分为:① 汞化合物类,如朱砂、轻粉、红粉等;② 铁化合物类,如磁石、自然铜、赭石等;③ 砷化合物类:如雄黄、雌黄、信石等;钾化合物类,如硝石等;④ 钙化合物类,如石膏、钟乳石、寒水石等;⑤ 钠化合物类:如硼砂等;⑥ 镁化合物类:如滑石等;⑦ 铝化合物类:如白矾、赤石脂等;⑧ 铜化合物类,如胆矾、铜绿等;⑨ 铅化合物类:如密陀僧、铅丹等。

二、按阴离子种类分类

矿物学上通常根据所含主要成分的阴离子种类进行分类,一般可分为:① 硫化物类,如朱砂、雄黄等;② 硫酸盐类,如石膏、芒硝等;③ 氧化物类,如磁石、赭石等;④ 碳酸盐类,如炉甘石、鹅管石等;⑤ 卤化物类,如轻粉等。《中国药典》和本教材均按此分类。

第二十章 矿物类中药的鉴定

第一节 概 述

矿物类中药的鉴定主要是依据矿物的性质。我国历代本草著作对矿物类中药的鉴定均有记载,如《本草图经》记载的"绿矾石"鉴定方法:"取此一物,置于铁板上,聚炭封之,囊袋吹令火炽,其矾即沸,流出色赤如融金汁者是真也。"现代科学技术的不断发展,也推动矿物类中药的鉴定有了新的发展,目前常用鉴定方法如下。

一、性状鉴别

外形特征明显的矿物类中药,首先应根据矿物的一般性质进行鉴定,应注意矿物的形态、颜色、硬度、相对密度、光泽、解理、断口、条痕、质地等特征,此外还应关注其有无磁性及气味等。粉末状的矿物类中药,应仔细观察样品的颜色、质地、气味等,必要时需要核对矿物标本。

二、显微鉴别

矿物类中药的显微鉴别适用于矿物的磨片、细粒集合体及其粉末。一般透射偏光显微镜常用于观察透明矿物,反射偏光显微镜常用于观察半透明或不透明矿物。

利用单偏光镜,可观察矿物的形态、解理、颜色、多色性、突起、糙面等特征。利用正交偏光镜,可观察消光(视域内矿物呈现黑暗)及消光位、干涉色、色级及双晶特征等。利用锥光镜,可观察干涉图,并确定矿物的轴性、光性正负等。

三、理化鉴别

用物理、化学分析方法对矿物类中药进行定性和定量分析,特别是对于外形及粉末无明显特征或剧毒的药物(如玄明粉、信石等)尤为重要。近年来,热分析法、X射线衍射法、红外光谱法、发射光谱分析法、原子吸收光谱法、荧光分析法、电感耦合等离子体质谱法等技术方法不断用于矿物类中药的鉴别研究。以确保临床用药的安全有效。例如,《中国药典》采用液相色谱-电感耦合等离子体质谱对朱砂中的二价汞、雄黄中的三价砷和五价砷进行限量检查。

第二节 常用中药材

朱砂(Zhusha,CINNABARIS)

朱砂授课视频

朱砂历史沿革

【来源】 为硫化物类矿物辰砂族辰砂。

【产地与采制】 主产于湖南、贵州、四川等地。以湖南辰州(今沅陵)产的为好,故得"辰砂"之名。

采挖后,选取纯净者,用磁铁吸净含铁的杂质,再用水淘去杂石和泥沙。

【性状鉴别】 为粒状或块状集合体,呈颗粒状或块片状。鲜红色或暗红色,条痕红色至褐红色,具光泽(图20-1)。体重,质脆,片状者易破碎,粉末状者有闪烁的光泽。气微,味淡。

依据性状特征的不同,常可分为朱宝砂、镜面砂、豆瓣砂。呈细小颗粒或粉末状,色红明亮,

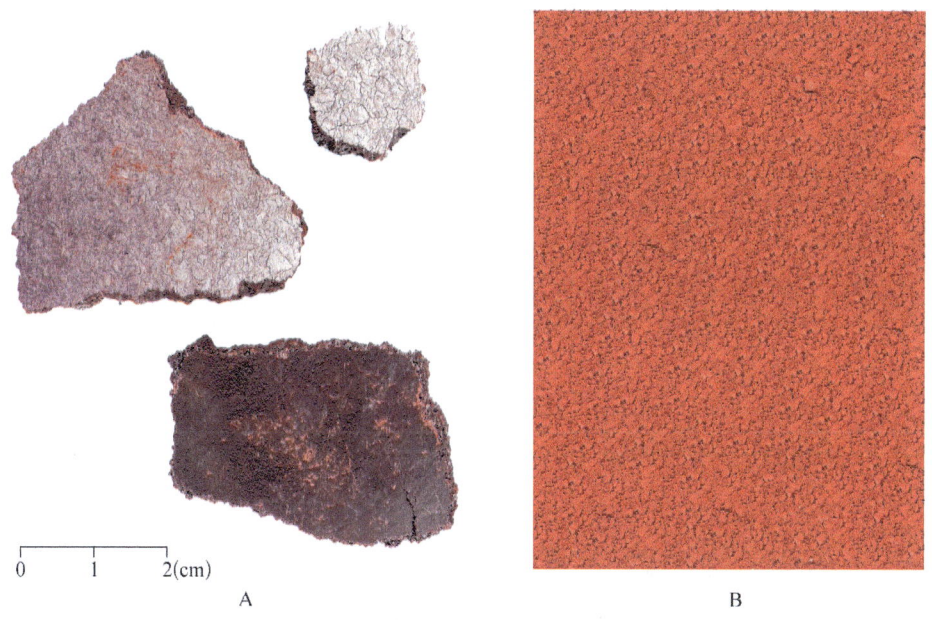

图 20-1 朱砂
A. 药材；B. 饮片

触之不染手者,习称朱宝砂;呈不规则板片状、斜方形或长条形,大小厚薄不一,边缘不整齐,色红鲜艳,光亮如镜面微透明,质较脆者,习称镜面砂;呈块状,方圆形或多角形,色暗红或呈灰褐色,质坚不易碎者,习称豆瓣砂。

以色鲜红、有光泽、质脆者为佳。

【显微鉴别】 粉末 朱红色。在普通显微镜下观察,呈不规则颗粒状,大小不一,红棕色,边缘常不透明而呈现暗黑,且较不平整。反射偏光镜下,反射光为蓝灰色,内反射为鲜红色,偏光性显著,偏光色常被内反射掩盖,反射率27%(伏黄)。透射偏光镜下为红色,透明,平行消光,干涉色为鲜红色,一轴晶,正光性,折射率 $n_o=2.913$,$n_e=3.272$,双折射率较高 $n_e-n_o=0.359$。

【检查】

1. 铁　照铁盐检查法检查,如显颜色,与 4 mL 标准铁溶液制成的对照液比较,颜色不得更深(0.1%)。

2. 二价汞　照汞、砷元素形态及价态测定法中汞元素形态及其价态测定法测定,含二价汞以汞(Hg)计,不得过 0.10%。

【化学成分】 主含硫化汞(HgS)。

【理化鉴别】

(1) 取粉末,用盐酸湿润后,在光洁的铜片上摩擦,铜片表面显银白色光泽,加热烘烤后,银白色即消失。

(2) 取粉末 2 g,加盐酸-硝酸(3∶1)的混合溶液 2 mL 使溶解,蒸干,加 2 mL 水使溶解,滤过,滤液显汞盐与硫酸盐的鉴别反应。

【含量测定】 照滴定法测定,本品含硫化汞(HgS)不得少于 96.0%。

【贮藏】 置干燥处。

【性味功能】 性微寒,味甘,有毒。清心镇静,安神,明目,解毒。

【附注】

1. 饮片　为朱红色极细粉末,体轻,以手指撮之无粒状物,以磁铁吸之,无铁末。气微,味淡。

2. 人工朱砂　又称"灵砂",是以水银和硫黄为原料,经人工加热升华而制成的硫化汞,纯度在 99% 以上。具有宝石样或者金属光泽,质松脆,易破碎。X 射线衍射分析表明,人工朱砂与朱砂的特征衍射线在峰位和强度上均相同,都是由较纯的三方晶系硫化汞组成。

雄黄（Xionghuang, REALGAR）

雄黄历史沿革

【来源】 为硫化物类矿物雄黄族雄黄。

【产地与采制】 主产于湖南、贵州、云南等地。

采挖后，除去石块、泥土等杂质。

【性状鉴别】 为块状或粒状集合体，呈不规则块状。深红色或橙红色，条痕淡橘红色，晶面有金刚石样光泽（图20-2）。质脆，易碎，断面具树脂样光泽。微有特异的臭气，味淡，精矿粉为粉末状或粉末集合体，质松脆，手捏即成粉，橙黄色，无光泽。

以色红、块大、质松脆、有光泽者为佳。

图20-2 雄黄

【显微鉴别】 粉末 黄色。不规则碎片或团块呈金黄色至橙黄色，有光泽，边缘颜色稍暗；细小颗粒色暗，半透明或不透明。偏光显微镜下呈多彩状。锥光镜下可见二轴晶，呈负光性；折射率 $n_g = 2.704$，$n_m = 2.648$，$n_p = 2.538$；为红色天然的单斜柱晶。

【检查】 三价砷和五价砷 照汞、砷元素形态及价态测定法中砷形态及其价态测定法测定，含三价砷和五价砷的总量以砷（As）计，不得过7.0%。

【化学成分】 主含二硫化二砷（As_2S_2）。

【理化鉴别】

（1）取粉末10 mg，加水润湿后，加氯酸钾饱和的硝酸溶液2 mL，溶解后，加氯化钡试液，生成大量白色沉淀。放置后，倾出上层酸液，再加水2 mL，振摇，沉淀不溶解（检查硫）。

（2）取粉末0.2 g置坩埚内，加热熔融，产生白色或黄白色火焰，伴有白色浓烟。取玻片覆盖后，有白色冷凝物，刮取少量，置试管内加水煮沸使溶解，必要时滤过，溶液加硫化氢试液数滴，即显黄色，加稀盐酸后生成黄色絮状沉淀，再加碳酸铵试液，沉淀复溶解（检查砷）。

【含量测定】 照碘量法测定，本品含砷量以二硫化二砷计，不得少于90.0%。

【贮藏】 置干燥处，密闭。

【性味功能】 性温，味辛，有毒。解毒杀虫，燥湿祛痰，截疟。

【附注】

1. 饮片 为橙黄色或橙红色极细粉末，易粘手，气特异。

2. **混淆品**　　雌黄：常与雄黄共生，呈黄色，条痕鲜黄色，主含三硫化二砷（As_2S_3），能溶于碳酸铵溶液（雄黄难溶）。雄黄中有时含砷的氧化物，服用易中毒，使用前需要先检验。雄黄遇热易产生剧毒的三氧化二砷（As_2O_3），故忌用火煅。

自然铜（Zirantong，PYRITUM）

为硫化物类矿物黄铁矿族黄铁矿。主产于四川、广东、湖南、云南、江苏等地。

晶形多为立方体，集合体呈致密块状。表面亮淡黄色，有金属光泽；有的显黄棕色或棕褐色，无金属光泽。具条纹，条痕绿黑色或棕红色，体重，质坚硬或稍脆，易砸碎，断面黄白色，有金属光泽；或断面棕褐色，可见银白色亮星。主含二硫化铁（FeS_2），含铁（Fe）应为 40.0%~55.0%。以块整齐、色黄而光亮、断面有金属光泽者为佳。

磁石（Cishi，MAGNETITUM）

为氧化物类矿物尖晶石族磁铁矿。主产于河北、山东、辽宁等地。

为块状集合体，呈不规则块状或略带方形，多具棱角。灰黑色或棕褐色，条痕黑色，具金属光泽。体重，质坚硬，断面不整齐。具磁性。有土腥气，味淡。以色黑、断面致密有光泽、吸铁能力强者为佳。主含四氧化三铁（Fe_3O_4）。

赭石（Zheshi，HAEMATITUM）

为氧化物类矿物刚玉族赤铁矿。主产于河北、山西、广东、山东、湖南、四川等地。

多鲕状、豆状、肾形集合体，多呈不规则的扁平块状。暗棕红色或灰黑色，条痕樱红色或红棕色，有的有金属光泽。一面多有圆形的突起，习称"钉头"，另一面与突起相对应处有同样大小的凹窝。体重，质硬，砸碎后断面显层叠状。气微，味淡。以红棕色、断面层次明显、有"钉头"、无杂石者为佳（有钉头的煅后乌黑色，层层脱落，无钉头者则为灰黑色）。主含三氧化二铁（Fe_2O_3），含铁（Fe）不少于 45.0%。

红粉（Hongfen，HYDRARGYRI OXYDUM RUBRUM）

为红氧化汞。主产于天津、湖北武汉、湖南湘潭等地。

为橙红色片状或粉状结晶，片状的一面光滑略具光泽，另一面较粗糙。粉末橙色。质硬，性脆；遇光颜色逐渐变深。气微。以色橙红、片状者为佳。主含氧化汞（HgO），不得少于 99.0%。

信石（Xinshi，ARSENICUM SUBLIMATUM）

为天然的砷华矿石或由毒砂（硫砷铁矿，FeAsS）、雄黄加工制造而成。主产于江西、湖南、广东等地。

商品分红信石及白信石两种,后者极为少见,药用以前者为主。红信石(红砒)呈不规则的块状,大小不一。粉红色,具黄色与红色彩晕,略透明或不透明,具玻璃样光泽或无光泽。质脆,易砸碎,断面凹凸不平或呈层状纤维样结构。无臭,极毒,不能口尝。白信石(白砒)无色或白色,其余特征同上。主含三氧化二砷(As_2O_3)。

轻粉(Qingfen, CALOMELAS)

为用升华法制成的氯化亚汞结晶,亦称"甘汞"。主产于天津、河北、湖南、四川、云南等地。

呈白色有光泽的鳞片状或雪花状结晶,或结晶性粉末。质轻,手捻易碎成粉。气微,无味。遇光颜色缓缓变暗。以片大、质轻、明亮、洁白者为佳。主含氯化亚汞(Hg_2Cl_2),其含量不得少于99.0%。

炉甘石(Luganshi, CALAMINA)

为碳酸盐类矿物方解石族菱锌矿。主产于湖南、广西、四川等地。

为块状集合体,呈不规则块状。灰白色或淡红色,表面粉性,无光泽,凹凸不平,多孔,似蜂窝状。体轻,易碎。气微,味微涩。以体轻、质松、色白者为佳。主含碳酸锌($ZnCO_3$)。

滑石(Huashi, TALCUM)

为硅酸盐类矿物滑石族滑石。主产于山东、江苏、陕西等地。

多为块状集合体。呈不规则的块状。白色、黄白色或淡蓝灰色,有蜡样光泽。质软,细腻,手摸有滑润感,无吸湿性,置水中不崩散。气微,味淡。以色白、滑润者为佳。主要含水硅酸镁$[Mg_3(Si_4O_{10})(OH)_2]$。

石膏(Shigao, GYPSUM FIBROSUM)

石膏历史沿革

【来源】 为硫酸盐类矿物石膏族石膏。

【产地与采制】 主产于湖北省应城,安徽、山东、山西、河南等地亦产。全年可采,挖出后,去净泥土和杂石。

【性状鉴别】 为纤维状的集合体,呈长块状、板块状或不规则块状(图20-3)。白色、灰白色或淡黄色,有的半透明。体重,质软。纵断面具绢丝样光泽。气微,味淡。

以块大、色白、质松脆、纵断面如丝、无杂石者为佳。

【显微鉴别】 粉末 白色。普通显微镜下呈不规则块状或近方形,白色半透明,边缘不规则,多层重叠,表面光滑或可见斜纹,边缘不整齐或有棱角。单偏光镜下,薄片无色透明,晶形柱状或纤维状。正交偏光镜下干涉色为一级灰白色至黄白色。锥光镜下二轴晶,正光性,光轴角$2V=58°$,折射率$n_p=1.521$,$n_m=1.523$,$n_g=1.530$,双折射率$n_g-n_p=0.009$。

【检查】

1. 重金属　　不得过10 mg/kg。

2. 砷盐　　不得过2 mg/kg。

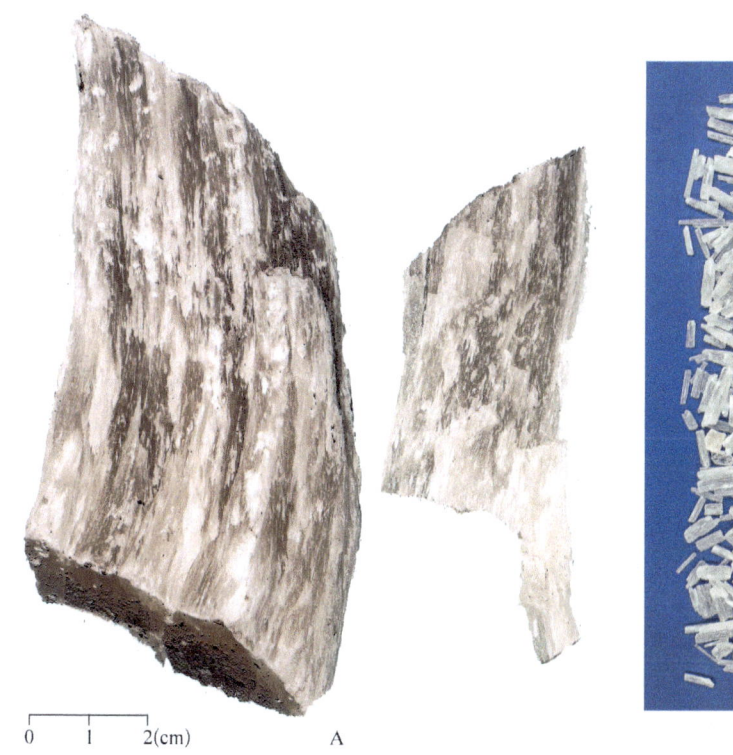
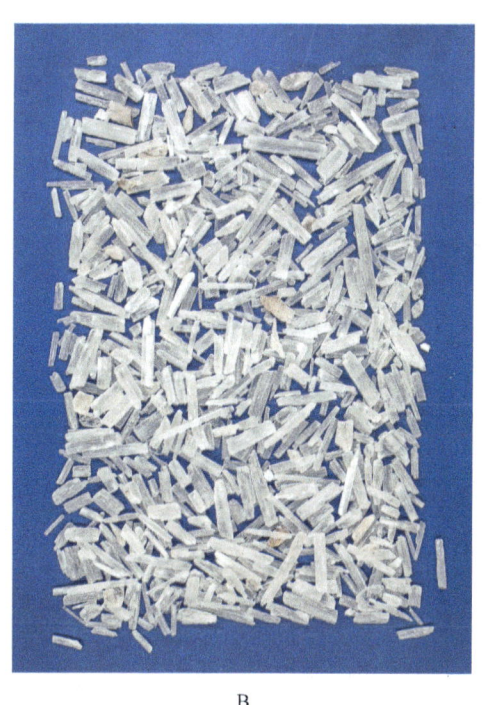

图20-3 石膏
A. 药材；B. 饮片

【化学成分】 主要成分为含水硫酸钙($CaSO_4 \cdot 2H_2O$)。

【理化鉴别】

（1）取本品粉末约0.2 g，加稀盐酸10 mL，加热使溶解。溶液照下述方法试验：取溶液约2 mL，加甲基红指示液2滴，用氨试液中和，再滴加盐酸至恰呈酸性，加草酸铵试液，即生成白色沉淀；分离，沉淀不溶于乙酸，但可溶于盐酸（检查钙盐）。

取溶液约2 mL，加氯化钡试液，即生成白色沉淀；分离，沉淀在盐酸或硝酸中均不溶解（检查硫酸盐）。

（2）取本品粉末适量，溴化钾压片法制备供试品，照红外分光光度法试验，供试品的红外吸收图谱应与二水硫酸钙($CaSO_4 \cdot 2H_2O$)对照品具有相同的特征吸收峰。

【含量测定】 照滴定法测定，本品含水硫酸钙($CaSO_4 \cdot 2H_2O$)不得少于95.0%。

【贮藏】 置干燥处。

【性味功能】 性大寒，味甘、辛。清热泻火，除烦止渴。

【附注】 饮片 煅石膏：为白色的粉末或酥松块状物，表面透出微红色的光泽，不透明。体较轻，质软，易碎，捏之成粉。气微，味淡。

芒硝（Mangxiao，NATRII SULFAS）

为硫酸盐类矿物芒硝族芒硝，经加工精制而成的结晶体。全国大部分地区均有生产。多产于海边碱土地区，矿泉、盐场附近及潮湿的山洞中。

为棱柱状、长方形结晶或不规则块状及粒状。无色透明或类白色半透明。质脆，易碎，断面有玻璃样光泽。气微，味咸。以无色、透明、呈长条棱柱结晶者为佳。主含含水硫酸钠($Na_2SO_4 \cdot 10H_2O$)，常夹杂微量氯化钠。暴露空气中则表面逐渐风化而覆盖一层白色粉末（无水硫酸钠）。

胆矾(Danfan, CHALCANTHITE)

为天然的胆矾矿石或为人工制成的含水硫酸铜。主产于云南、山西等地。全年可采制,天然者可在开采铜、铅、锌矿时选取蓝色半透明的结晶;人工制品多为硫酸作用于铜片、氧化铜而制得。

呈不规则的块状结晶体,大小不一。深蓝色或淡蓝色,微带浅绿。具玻璃光泽,半透明至透明。体较轻,硬度近于指甲。质脆,易碎,碎块呈棱柱状。断面光亮,条痕无色或浅蓝色,断口贝壳状。无臭,味酸、涩。以块大、色深蓝、半透明者为佳。主含硫酸铜($CuSO_4 \cdot 5H_2O$),置干燥空气中易缓缓风化。

硫黄(Liuhuang, SULFUR)

为自然元素类矿物硫族自然硫采挖后,加热熔化,除去杂质而得;或用含硫矿物经加工制得。主产于山西、陕西、河南、山东等地。

呈不规则块状。黄色或略呈绿黄色。表面不平坦,呈脂肪光泽,常有多数小孔。用手握紧置于耳旁,可闻轻微的爆裂声。体轻,质松,易碎,断面常呈针状结晶形。有特异的臭气,味淡。以色黄、光亮、质松脆者为佳。主含硫(S)。常含有碲、硒,有时杂有沥青、黏土等。

龙骨(Longgu, DRACONIS OS)

为古代哺乳动物如三趾马、犀类、鹿类、牛类等的骨骼化石或象类门齿的化石。前者习称"龙骨"(又称"白龙骨"),后者习称"五花龙骨"(又称"青化龙骨""花龙骨")。主产于山西、内蒙古、陕西等地。

龙骨:呈骨骼状或已破碎呈不规则块状。表面白色、灰白色或浅棕色,多较光滑,有的具纵纹裂隙或棕色条纹和斑点。质硬,不易破碎,断面不平坦,有的中空,吸湿性强,舐之粘舌。无臭,无味。以质硬、色白、吸湿性强者为佳。五花龙骨:呈不规则块状,大小不一;全体呈淡灰白色或淡黄棕色,夹有红、白、黄、棕、黑或深浅粗细不同的纹理。表面光滑,略有光泽,有的有小裂隙。质硬,较酥脆,易片状剥落,吸湿性强,舐之粘舌。无臭,无味。以体轻,质脆,分层,有蓝灰、红、棕等色的花纹,吸湿性强者为佳。主含碳酸钙($CaCO_3$)、磷酸钙$[Ca_3(PO_4)_2]$。

朱砂始载于《神农本草经》,但其毒性在一定程度上限制了其临床使用。朱砂的毒性不仅与汞含量有关,可能还与其汞的游离状态等因素有关。传统的朱砂炮制方法为水飞法,水飞后朱砂的质量较好,毒性较低。

问题:
1. 朱砂中毒性成分是什么?
2. 如何减少朱砂的毒副作用?

第四篇
中药提取物类

第二十一章　中药提取物的鉴定

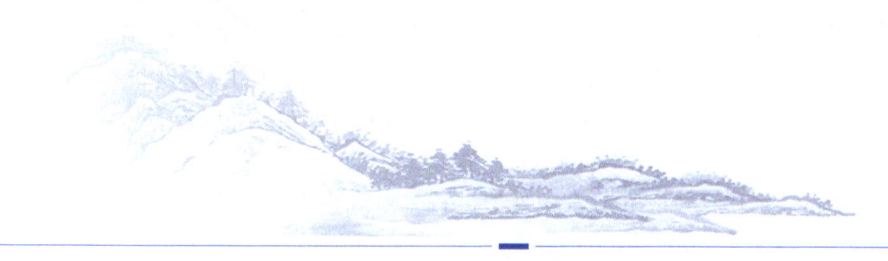

第二十一章 中药提取物的鉴定

第一节 概述

中药提取物(Chinese medicines extract)是采用适宜的工艺技术对中药材或中药复方进行提取、精制而得到的一种药效物质基础相对明确、质量标准严格的中药产品。植物油脂系指由植物、动物制得的挥发油和油脂,按《中国药典》归类,将植物油脂与中药提取物归在一类。

中药提取物的鉴定,相对来说比较简单,主要从外观性状和内在质量两方面进行鉴定。

一、性状鉴定

中药提取物的性状鉴定指依据中药提取物的形状、颜色、气味等进行鉴定。质量标准中的性状特征一般是根据10批以上放大生产样品的性状特征总结而成。

二、理化鉴定

中药提取物的理化鉴定方法应具备专属性强、灵敏度高、方法简便的特点。理化鉴定的方法常有:① 一般理化鉴别法,主要有显色反应、沉淀反应、升华法、荧光法等。② 色谱法,薄层色谱法、气相色谱法、液相色谱法等。③ 光谱法。④ 光谱-色谱联用等。

三、含量测定

含量测定中供试品溶液的制备,要根据中药提取物的待测定成分的理化性质来确定其提取、分离、纯化方法。常用的提取方法有冷浸法、回流提取法和超声波提取法等。提取液经除杂后测定,除杂的方法要能除去对测定有干扰的杂质,而以不损失欲测定的成分为原则。目前,含量测定的方法常有高效液相色谱法、气相色谱法、高效薄层扫描法、分光光度法等。

中药提取物常对其有效成分或有效部位进行含量测定来控制质量。

四、检查

中药提取物的检查项目常分为三类:

(一) 常规检查
中药提取物的常规检查有水分测定、微生物限度检查等。

(二) 有害物质检查
外源性有害物质检查,如砷盐、重金属、黄曲霉毒素等。内源性有害物质检查,如有毒成分的限量检查。

(三) 特殊杂质检查
特殊杂质检查是由原药材掺假引起的。

第二节 常用中药提取物

三七总皂苷(Sanqi Zongzaogan, NOTOGINSENG TOTAL SAPONINS)

为五加科植物三七 *Panax notoginseng*(Burk.) F. H. Chen 的主根或根茎经加工制成的总皂苷。

【性状鉴别】 为类白色至淡黄色的无定形粉末;味苦、微甘。

【理化鉴别】 取本品加甲醇使溶解,作为供试品溶液。照高效液相色谱法,以乙腈-水为流动相,梯度洗脱;检测波长为 203 nm。供试品色谱图中应呈现与三七总皂苷对照提取物中三七皂苷 R_1、人参皂苷 Rg_1、人参皂苷 Re、人参皂苷 Rb_1、人参皂苷 Rd 色谱峰保留时间相同的色谱峰。

【检查】 干燥失重不得过 5.0%。炽灼残渣不得过 0.5%。溶液的颜色,与黄色 4 号标准[4 号标准按《中国药典》(2020 年版)通则 890.1]比色液,不得更深。蛋白质、鞣质、树脂、草酸盐、钾离子应符合规定(供注射剂用)。重金属铅不得过 5 mg/kg,镉不得过 0.3 mg/kg,砷不得过 2 mg/kg,汞不得过 0.2 mg/kg,铜不得过 20 mg/kg。含苯不得过 0.000 2%,含正己烷、甲苯、对二甲苯、邻二甲苯、苯乙烯、1,2-二乙基苯和二乙烯苯均不得过 0.002%(供注射用)。异常毒性、热源检项合格(供注射用)。

【含量测定】 照高效液相色谱法测定,以乙腈-水为流动相,梯度洗脱;检测波长为 203 nm。按干燥品计算,含三七皂苷 R_1($C_{47}H_{80}O_{18}$)不得少于 5.0%、人参皂苷 Rg_1($C_{42}H_{72}O_{14}$)不得少于 25.0%、人参皂苷 Re($C_{48}H_{82}O_{18}$)不得少于 2.5%、人参皂苷 Rb_1($C_{54}H_{92}O_{23}$)不得少于 30.0%、人参皂苷 Rd($C_{48}H_{82}O_{18}$)不得少于 5.0%,且三七皂苷 R_1、人参皂苷 Rg_1、人参皂苷 Re、人参皂苷 Rb_1、人参皂苷 Rd 总量不得低于 75%(供口服用)或 85%(供注射用)。

丹参水提物(Danshen Shuitiwu, WATER EXTRACTUM SALVIA MILTIORRHIZA SICCUS)

为唇形科植物丹参 *Salvia miltiorrhiza* Bge. 的干燥根及根茎经加工制成的提取物。

【性状鉴别】 为黄褐色粉末。

【理化鉴别】 取本品加水使溶解,作为供试品溶液。以丹参对照药材、迷迭香酸对照品和丹酚酸 B 对照品为对照,照薄层色谱法,以甲苯-三氯甲烷-乙酸乙酯-甲醇-甲酸(2∶3∶4∶0.5∶2)为展开剂,置紫外光灯(365 nm)下检视。供试品色谱中,在与对照药材色谱和对照品色谱相应的位置上,显相同颜色的荧光斑点。

【检查】
1. 水分 不得过 5.0%。
2. 炽灼残渣 不得过 12.0%。
3. 重金属 不得过 10 mg/kg。

【含量测定】 照高效液相色谱法测定,以乙腈-0.05%磷酸溶液为流动相,梯度洗脱;检测波长为 286 nm。按干燥品计算,含迷迭香酸($C_{18}H_{16}O_8$)不得少于 0.50%,含丹酚酸 B($C_{36}H_{30}O_{16}$)不得少于 5.0%。

连翘提取物(Lianqiao Tiquwu, WEEPING FORSYTHIA EXTRACT)

为木犀科植物连翘 *Forsythia suspensa* (Thunb.) Vahl 的干燥果实经加工制成的提取物。

【性状鉴别】 棕褐色粉末;气香,味苦。

【理化鉴别】 取本品加甲醇超声处理,滤过,滤液作为供试品溶液。以连翘对照药材为对照,照薄层色谱法,三氯甲烷-甲醇(5∶1)为展开剂,喷以10%硫酸乙醇溶液,在105℃条件下加热至斑点显色清晰。供试品色谱中,在与对照药材色谱相应的位置上,显相同颜色的斑点。

【检查】
1. 水分　　不得过5.0%。
2. 重金属　不得过20 mg/kg。
3. 砷盐　　不得过2 mg/kg。

【特征图谱】 取本品加甲醇使溶解,作为供试品溶液。以连翘苷对照品为参照物。照高效液相色谱法测定,以甲醇-水为流动相,梯度洗脱;检测波长为235 nm。供试品特征图谱中应有4个特征峰,各特征峰与参照物峰相应的峰(S峰)的相对保留时间应在规定值的±5%之内。规定值为0.61(峰1为松脂醇-β-D-葡萄糖苷)、0.71(峰2为连翘酯苷A)、1.00(峰S为连翘苷)、1.22(峰3为连翘酯素)。

【含量测定】 照高效液相色谱法测定,以甲醇-水为流动相,梯度洗脱;检测波长为235 nm。按干燥品计算,含连翘酯苷A($C_{29}H_{36}O_{15}$)不得少于6.0%,连翘苷($C_{27}H_{34}O_{11}$)不得少于0.5%。

穿心莲内酯(Chuanxinlianneizhi, ANDROGRAPHOLIDES)

【性状鉴别】 为无色结晶性粉末;无臭,味苦。

在沸乙醇中溶解,在甲醇或乙醇中略溶,在三氯甲烷中极微溶解,在水中几乎不溶。熔点应为224~230℃,熔融时同时分解。

【理化鉴别】
(1) 取本品加乙醇溶解后,加2% 3,5-二硝基苯甲酸的乙醇溶液与5%氢氧化钾的乙醇溶液,摇匀后,即显紫红色。
(2) 取本品加乙醇溶解后,加乙醇制氢氧化钾试液,渐显红色,放置后变为黄色。
(3) 取本品加无水乙醇作为供试品溶液。照紫外-可见分光光度法测定,在224 nm的波长处有最大吸收。

【检查】
1. 其他内酯　取本品加无水乙醇作为供试品溶液。照薄层色谱法,以三氯甲烷-甲醇(19∶1)为展开剂,喷以2% 3,5-二硝基苯甲酸的乙醇溶液与5%氢氧化钾的乙醇溶液的等量混合液(临用配制)。供试品色谱中,除主斑点外,不得显其他斑点。
2. 干燥失重　不得过1.0%。
3. 炽灼残渣　不得过0.1%。

【含量测定】 照高效液相色谱法测定,甲醇-水(60∶40)为流动相;检测波长为225 nm。按干燥品计算,含穿心莲内酯($C_{20}H_{30}O_5$)应为95.0%~101.0%。

黄芩提取物(Huangqin Tiquwu, SCUTELLARIA EXTRACT)

为唇形科植物黄芩 Scutellaria baicalensis Georgi 的干燥根经加工制成的提取物。

【性状鉴别】 为淡黄色至棕黄色的粉末;味淡、微苦。

【理化鉴别】 取本品加甲醇使溶解,作为供试品溶液。以黄芩苷对照品为对照品,照薄层色谱法,采用聚酰胺薄膜,以乙酸为展开剂,置紫外光灯(365 nm)下检视。供试品色谱中,在与对照品色谱相应的位置上,显相同颜色的荧光斑点。

【检查】
1. 水分　　不得过 5.0%。
2. 炽灼残渣　　不得过 0.8%。
3. 重金属　　不得过 20 mg/kg。

【含量测定】　照高效液相色谱法测定,以甲醇-水-磷酸(47:53:0.2)为流动相;检测波长为 280 nm。按干燥品计算,含黄芩苷($C_{21}H_{18}O_{11}$)不得少于 85.0%。

银杏叶提取物(Yinxingye Tiquwu, GINKGO LEAVES EXTRACT)

为银杏科植物银杏 *Ginkgo biloba* L. 的干燥叶经加工制成的提取物。

【制法】　取银杏叶,粉碎,用稀乙醇加热回流提取,合并提取液,回收乙醇并浓缩至适量,加在已处理好的大孔吸附树脂柱上,依次用水及不同浓度的乙醇洗脱,收集相应的洗脱液,回收乙醇,喷雾干燥;或回收乙醇,浓缩成稠膏,真空干燥,粉碎,即得。

【性状鉴别】　为浅棕黄色至棕褐色的粉末;味微苦。

【理化鉴别】

(1) 取本品加正丁醇,水浴中温浸并振摇,滤过,滤液蒸干,残渣加乙醇使溶解,作为供试品溶液。以银杏叶对照提取物为对照,照薄层色谱法,以乙酸乙酯-丁酮-甲酸-水(5:3:1:1)为展开剂,喷以 3%三氯化铝乙醇溶液,在紫外光(365 nm)下检视。供试品色谱中,在与对照提取物色谱相应的位置上,显相同颜色的荧光斑点。

(2) 取本品,照[含量测定]萜类内酯项下的方法试验,供试品色谱中应呈现与银杏叶总内酯对照提取物色谱峰保留时间相对应的色谱峰。

(3) 取本品,照高效液相色谱法测定,以乙腈-0.4%磷酸溶液为流动相,梯度洗脱;检测波长为 360 nm。供试品指纹图谱中应呈现 17 个与对照提取物指纹图谱相对应的色谱峰,其中 6 号峰与参照物峰保留时间相对应;全峰匹配,按中药色谱指纹图谱相似度评价系统计算,供试品指纹图谱与对照提取物指纹图谱的相似度,应不得低于 0.90。

【检查】
1. 水分　　不得过 5.0%。
2. 炽灼残渣　　不得过 0.8%。
3. 重金属　　不得过 20 mg/kg。
4. 黄酮苷元峰面积比　　按【含量测定】项下的总黄酮醇苷色谱计算,槲皮素与山柰酚的峰面积比应为 0.8~1.2,异鼠李素与槲皮素的峰面积比值应大于 0.15。
5. 总银杏酸　　照高效液相色谱法测定,以 0.1%三氟乙酸的乙腈-0.1%三氯乙酸的水为流动相,梯度洗脱;检测波长为 310 nm。以白果新酸对照品外标法计算,含总银杏酸不得过 5 mg/kg。

【含量测定】
1. 总黄酮醇苷　　照高效液相色谱法测定,以甲醇-0.4%磷酸溶液(50:50)为流动相;检测波长为 360 nm。总黄酮醇苷含量=(槲皮素含量+山柰酚含量+异鼠李素含量)×2.51。按干燥品计算,含总黄酮醇苷不得少于 24.0%。
2. 萜类内酯　　照高效液相色谱法测定,以正丙醇-四氢呋喃-水(1:15:84)为流动相;用蒸发光散射检测器检测。按干燥品计算,含萜类内酯以白果内酯($C_{15}H_{18}O_8$)、银杏内酯 A($C_{20}H_{24}O_9$)、银杏内酯 B($C_{20}H_{24}O_{10}$)和银杏内酯 C($C_{20}H_{24}O_{11}$)的总量计不得少于 6.0%。

【贮藏】　遮光,密封。

【制剂】 银杏叶制剂。

2015年,国家食品药品监督管理总局发出《食品药品监管总局关于开展银杏叶药品专项治理的通知》(食药监电〔2015〕36号)。通知称,多家企业被查用盐酸工艺生产银杏叶提取物,这会分解有效成分,影响药品疗效。

问题:
1. 怎样鉴定中药提取物作假?
2. 如何全面控制中药提取物的质量?

第五篇 中成药类

第二十二章 中成药的鉴定

第二十二章 中成药的鉴定

第一节 概 述

一、中成药鉴定的特点

中成药鉴定是控制中成药质量的主要内容。中成药包括丸、散、膏、丹等传统剂型和片剂、胶囊、颗粒、注射剂等现代剂型,药材已失去了原有性状特征,仅凭肉眼很难辨认,同时加入了很多辅料,因此,中成药鉴定比中药材(饮片)鉴定要复杂。

中成药鉴定是对中成药的处方药味及其有效成分、毒性成分或指标性成分做出定性、定量等各方面的评价。中成药鉴定的复杂性主要表现在:① 中成药的处方大部分是复方,常由多味中药组成,每味中药的炮制方法不一,有的品种繁多。② 中成药与单味药材(饮片)比较,其化学成分更加复杂。③ 中成药的剂型众多,每一个剂型的特点差异大。④ 中成药中加入了辅料,增加了鉴定的难度。⑤ 中成药是药材(饮片)经过提取、精制、成型制备成各种剂型,在此过程中,化学成分有可能发生变化,增加了鉴定的复杂性。

二、性状鉴定

中成药的性状鉴定指依据中成药的形状(剂型)、颜色、气味等进行鉴定。质量标准中的性状特征一般是根据10批以上放大生产样品的性状特征总结而成。有的剂型,如糖衣片还要除去糖衣后观察片心的性状特征。

三、显微鉴定

所有的中成药,不管是传统的丸、散、膏、丹等剂型,还是片剂、胶囊、颗粒剂等现代剂型,只要其处方中有药味是粉碎入药的,均可以采用显微鉴定法进行鉴定。显微鉴定法可以鉴定出不按要求投料药材而加化学合成品(主成分)的情况。中成药显微鉴定的一般步骤:

(一) 处方、制法分析

对中成药的处方和制法进行分析,找出粉碎入药的药味,确定显微鉴定的目标药味。

(二) 确定专属性显微鉴别特征

分析目标药味的显微特征,确定其专属性显微鉴别特征。

(三) 制片

1. 材料前处理

胶囊剂:倾出内容物,研成粉末。

颗粒剂:取颗粒,研成粉末。

片剂:刮取全切面或用乳钵研成粉末,其中糖衣片要先剥去糖衣。

水丸:用乳钵研成粉末。

蜜丸:将药丸切开,从切面中央挑取少量装片,或按四分法刮取不同部位装片。必要时还可配合用水溶解蜜丸,过滤后干燥;或将蜜丸切碎,加水搅拌洗涤后,置离心管中离心分离沉淀,如此反复处理除去蜂蜜。

2. 制片方法　　常制作水装片和透化片。

(四) 显微特征观察

在显微镜下观察目标药味的显微特征,找出其专属性显微鉴别特征。

(五) 记录与总结

记录观察到的显微特征,并与标准对照,确定其投料药材的真伪。

四、理化鉴定

中成药的理化鉴定首先应考虑鉴别对象的选择,除单方制剂外,中药复方制剂应选择其中的君药、臣药、剧毒药及贵重药。选用的鉴定方法应具备专属性强、灵敏度高、方法简便的特点,并应制备阴性对照液进行平行试验。理化鉴定的方法常有:① 一般理化鉴别法,主要有显色反应、沉淀反应、升华法、荧光法等。② 色谱法,薄层色谱法、气相色谱法、液相色谱法等。③ 光谱法。④ 光谱-色谱联用等。

五、含量测定

含量测定中供试品溶液的制备,要根据中成药的不同剂型、待测定成分的理化性质来决定其提取、分离、纯化方法。在不同的剂型中,其提取、分离、纯化方法可能完全不同,样品溶液的制备方法亦不尽相同。常用的提取方法有冷浸法、回流提取法和超声波提取法等。提取液经除杂后测定,除杂的方法要以能除去对测定有干扰的杂质,而不损失欲测定的成分为原则。目前,含量测定的方法常有高效液相色谱法、气相色谱法、高效薄层扫描法、分光光度法等。

中成药有效成分的含量测定是中成药内在质量控制的重要方法,常以含量测定结果作为重要的指标来评价产品的优劣。中成药组成复杂,大多数中成药的有效成分还不十分清楚,因而有效成分的含量测定尚不能完全普遍应用。在进行含量测定时有如下原则:① 对有效成分明确的中成药,要进行有效成分的含量测定。② 中成药处方中某些药味,大致明确有效成分,如生物碱、黄酮、挥发油、皂苷等,要求测定这些成分的总量。③ 中成药中含有剧毒性成分时,则要测定毒性成分的含量。④ 中成药处方中有贵重药材的,尽量测定贵重药材中的成分含量。⑤ 中成药中含有在加工炮制、制备、贮藏过程中易损失、破坏的成分时,应进行含量测定,以确定其限度。⑥ 首选中成药处方中的君药或臣药进行含量测定。

六、检查

中成药的检查项目常分为三类:

(一) 不同剂型制剂通则项下的检查内容

按《中国药典》四部制剂通则要求进行检查。例如,片剂:检查重量差异、崩解时限、微生物限度;阴道泡腾片还应检查发泡量;分散片还应检查分散均匀性。胶囊剂:检查水分、装量差异、崩解时限、微生物限度。颗粒剂:粒度、水分、溶化性、装量差异、微生物限度。

(二) 有害物质检查

外源性有害物质检查,如重金属、砷盐等。内源性有害物质检查,如有毒成分的限量检查。

(三) 特殊杂质检查

特殊杂质检查是由于原药材掺假引起的,如《中国药典》中三黄片要求检查土大黄苷。

第二节 常用中成药

十全大补丸(Shiquan Dabu Wan)

为由党参、炒白术、茯苓、炙甘草、当归、川芎、酒白芍、熟地黄、炙黄芪和肉桂制成的丸剂。

【性状鉴别】 为棕褐色至黑褐色的水蜜丸、小蜜丸或大蜜丸;气香,味甘而微辛。

【显微鉴别】 ①不规则分枝状团块无色,遇水合氯醛试液溶化;菌丝无色或淡棕色,直径 4~6 μm(茯苓)。②联结乳管直径 12~15 μm,含细小颗粒状物(党参)。③薄壁组织灰棕色至黑棕色,细胞多皱缩,内含棕色核状物(熟地黄)。④纤维成束或散离,壁厚,表面有纵裂纹,两端断裂成帚状或较平截(炙黄芪)。⑤纤维束周围薄壁细胞含草酸钙方晶,形成晶纤维(炙甘草)。⑥草酸钙针晶细小,长 10~32 μm,不规则地充塞于薄壁细胞中(炒白术)。⑦草酸钙簇晶直径 18~32 μm,存在于薄壁细胞中,常排列成行,或一个细胞中含有数个簇晶(酒白芍)。⑧薄壁细胞纺锤形,壁略厚,有极微细的斜向交错纹理(当归)。⑨石细胞类圆形或类长方形,直径 32~88 μm,壁一面菲薄(肉桂)。⑩螺纹导管直径 14~50 μm,增厚壁互相连结,似网状螺纹导管(川芎)。

【理化鉴别】

(1) 取本品加硅藻土,乙醇超声提取,滤过,滤液蒸干,残渣加水使溶解,用水饱和的正丁醇提取,正丁醇液蒸干,残渣加乙醇使溶解,作为供试品溶液。以芍药苷对照品为对照,照薄层色谱法,以三氯甲烷-乙酸乙酯-甲醇-甲酸(40:5:10:0.2)为展开剂,喷以 5%香草醛硫酸溶液,加热至斑点显色清晰。供试品色谱中,在与对照品色谱相应的位置上,显相同颜色的斑点。

(2) 取本品加硅藻土,乙醇超声提取,滤过,滤液作为供试品溶液。以当归对照药材为对照,照薄层色谱法,以正己烷-乙酸乙酯(9:1)为展开剂,置紫外光灯(365 nm)下检视。供试品色谱中,在与对照药材色谱相应的位置上,显相同颜色的荧光斑点。

(3) 取本品加硅藻土,加乙醚超声处理后,残渣挥去乙醚,加甲醇超声提取,滤过,滤液蒸干,残渣加水使溶解,用水饱和的正丁醇提取,正丁醇层分别用正丁醇饱和的氨试液和水洗涤。正丁醇液蒸干,残渣加水使溶解,过 D101 型大孔吸附树脂柱,先后以水和 40%乙醇洗脱,弃去,再用 70%乙醇洗脱,收集洗脱液,蒸干,残渣加甲醇使溶解,作为供试品溶液。以黄芪甲苷对照品为对照,照薄层色谱法,以三氯甲烷-乙酸乙酯-甲醇-水(50:40:22:10)的下层溶液(10℃以下放置)为展开剂,喷以 10%硫酸乙醇溶液,加热至斑点显色清晰。供试品色谱中,在与对照品色谱相应的位置上,显相同颜色的斑点;置紫外光灯(365 nm)下检视,显相同颜色的荧光斑点。

【检查】 应符合《中国药典》(2020 版)丸剂项下有关的各项规定。

【含量测定】 照高效液相色谱法测定,以乙腈-水(17:83)为流动相;检测波长为 230 nm。含酒白芍以芍药苷($C_{23}H_{28}O_{11}$)计,水蜜丸每克不得少于 0.55 mg,小蜜丸每克不得少于 0.40 mg,大蜜丸每丸不得少于 3.6 mg。

【功能主治】 温补气血。用于气血两虚,面色苍白,气短心悸,头晕自汗,体倦乏力,四肢不温,月经量多。

川贝枇杷糖浆(Chuanbei Pipa Tangjiang)

为川贝母流浸膏、桔梗、枇杷叶和薄荷脑制成的黏稠液体。

【性状鉴别】 为棕红色的黏稠液体;气香,性凉,味甜、微苦。

【理化鉴别】 取本品,用水饱和的正丁醇振摇提取,合并正丁醇液,蒸干,残渣加水使溶解,通过 D101 型大孔吸附树脂柱,以水洗脱,弃去水洗脱液,再用稀乙醇洗脱至洗脱液无色,收集洗脱液,蒸干,残渣加甲醇使溶解,作为供试品溶液。以枇杷叶对照药材为对照,照薄层色谱法,以环己烷-乙酸乙酯-冰醋酸(8:4:0.1)为展开剂,喷以 5%香草醛硫酸溶液,在 105℃条件下加热至斑点显色清晰。供试品色谱中,在与对照药材色谱相应的位置上,显相同颜色的主斑点。

【检查】 相对密度应不低于 1.13。其他应符合糖浆剂项下有关的各项规定。

【含量测定】 照气相色谱法测定,改性聚乙二醇毛细管柱(柱长为 30 m,内径为 0.32 mm,膜厚度为 0.25 μm),柱温为 110℃;分流进样,分流比为 25:1。每毫升含薄荷脑($C_{10}H_{20}O$)应不少于 0.20 mg。

【功能主治】 清热宣肺,化痰止咳。用于风热犯肺、痰热内阻所致的咳嗽痰黄或咳痰不爽、咽喉肿痛、胸闷胀痛;感冒、支气管炎见上述证候者。

小柴胡颗粒(Xiaochaihu Keli)

为柴胡、黄芩、姜半夏、党参、生姜、甘草和大枣制成的颗粒剂。

【性状鉴别】 黄色至棕褐色的颗粒;味甜。或为棕黄色的颗粒;味淡、微辛。

【理化鉴别】

(1) 取本品,加乙醇超声处理,滤过,滤液蒸干,残渣用水溶解,用盐酸调节 pH 至 2~3,用乙酸乙酯振摇提取,合并乙酸乙酯提取液,蒸干,残渣加甲醇使溶解,作为供试品溶液。以黄芩苷对照品为对照,照薄层色谱法,以乙酸乙酯-丁酮-甲酸-水(5:3:1:1)为展开剂,喷以 1%三氯化铁乙醇溶液。供试品色谱中,在与对照品色谱相应的位置上,显相同颜色的斑点。

(2) 以甘草对照药材为对照,照薄层色谱法,以三氯甲烷-甲醇-水(40:10:1)为展开剂,喷以 5%香草醛硫酸溶液,在 105℃条件下加热至斑点显色清晰。供试品色谱中,在与对照药材色谱相应的位置上,显相同颜色的斑点。

(3) 取本品,加水搅拌使溶解,离心,取上清液,加在聚酰胺柱上,分别用水、20%乙醇和 50%乙醇各 100 mL 洗脱,收集 50%乙醇洗脱液,蒸干,残渣加甲醇使溶解,作为供试品溶液。以柴胡对照药材为对照,照薄层色谱法,以乙酸乙酯-乙醇-水(12:2:1)为展开剂,喷以 5%对二甲氨基苯甲醛的 10%硫酸乙醇溶液,热风吹至斑点显色清晰,置紫外光灯(365 nm)下检视。供试品色谱中,在与对照药材色谱相应的位置上,显相同颜色的荧光斑点。

【检查】 应符合颗粒剂项下有关的各项规定。

【含量测定】 照高效液相色谱法,以甲醇-水-磷酸(47:53:0.2)为流动相;检测波长为 315 nm。每袋含黄芩以黄芩苷($C_{21}H_{18}O_{11}$)计,不得少于 20.0 mg。

【功能主治】 解表散热,疏肝和胃。用于外感病,邪犯少阳证,症见寒热往来、胸胁苦满、食欲不振、心烦喜呕、口苦咽干。

牛黄解毒片(Niuhuang Jiedu Pian)

为人工牛黄、雄黄、石膏、大黄、黄芩、桔梗、冰片和甘草制成的片剂。

【性状鉴别】 素片、糖衣片或薄膜衣片,素片或包衣片除去包衣后显棕黄色;有冰片香气,味微苦、辛。

【显微鉴别】 ① 草酸钙簇晶大,直径 60~140 μm(大黄)。② 不规则碎块金黄色或橙黄色,有光泽(雄黄)。

【理化鉴别】

(1) 取本品(包衣片除去包衣),研细,石油醚超声提取,滤过,滤液挥干(滤渣备用),残渣加乙酸乙酯使溶解,作为供试品溶液。以冰片对照品为对照。照薄层色谱法,以环己烷-乙酸乙酯(17:3)为展开剂,喷以 5%香草醛硫酸溶液,在 105℃加热至斑点显色清晰,供试品色谱中,在与对照品色谱相应的位置上,显相同颜色的斑点。

(2) 取【理化鉴别】(1)项下备用滤渣,挥干溶剂,加二氯甲烷超声提取,滤过,滤液蒸干,残渣加乙酸乙酯使溶解,作为供试品溶液。以大黄对照药材为对照。照薄层色谱法,以石油醚(60~90℃)-甲酸乙酯-甲酸(15:5:1)为展开剂,置紫外光灯(365 nm)下检视。供试品色谱中,在与对照药材色谱相应的位置上,显相同的 4 个橙黄色荧光斑点。

(3) 取【理化鉴别】(2)项下备用滤渣,挥干溶剂,加甲醇超声提取,滤过,滤液蒸干,残渣加甲醇使溶解,作为供试品溶液。以人工牛黄对照药材、胆酸对照品和黄芩苷对照品为对照。照薄层色谱法,以二氯甲烷-乙酸乙酯-甲醇-甲酸-水(7:3:1.3:1:1)为展开剂,置日光下检视。供试品色谱中,在与黄芩苷对照品色谱相应的位置上,显相同颜色的斑点;然后喷以10%硫酸乙醇溶液,在105℃条件下加热,置紫外光灯(365 nm)下检视。供试品色谱中,在与人工牛黄对照药材色谱和胆酸对照品色谱相应的位置上,显相同颜色的荧光斑点。

【检查】

1. 三氧化二砷　　取适量本品(包衣片除去包衣),研细,加稀盐酸,滤过,残渣用稀盐酸洗涤,洗液与滤液合并,加水稀释。精密量取后,加盐酸与水,照砷盐检查法检查,所显砷斑颜色不得深于标准砷斑。

2. 其他　　应符合《中国药典》(2020年版)片剂项下有关的各项规定。

【含量测定】　照高效液相色谱法测定,以甲醇-水-磷酸(45:55:0.2)为流动相;检测波长为315 nm。含黄芩以黄芩苷($C_{21}H_{18}O_{11}$)计,小片不得少于3.0 mg;大片不得少于4.5 mg。

【功能主治】　清热解毒。用于火热内盛,咽喉肿痛,牙龈肿痛,口舌生疮,目赤肿痛。

六味地黄丸(Liuwei Dihuang Wan)

为熟地黄、酒萸肉、牡丹皮、山药、茯苓和泽泻制成的丸剂。

【性状鉴别】　为棕黑色的水丸、水蜜丸、棕褐色至黑褐色的小蜜丸或大蜜丸;味甜而酸。

【显微鉴别】　① 不规则分枝状团块无色,遇水合氯醛试液溶化;菌丝无色,直径4~6 μm(茯苓)。② 薄壁组织灰棕色至黑棕色,细胞多皱缩,内含棕色核状物(熟地黄)。③ 草酸钙簇晶存在于无色薄壁细胞中,有时数个排列成行(牡丹皮)。④ 果皮表皮细胞橙黄色,表面观类多角形,垂周壁有的连珠状增厚(酒萸肉)。⑤ 淀粉粒三角状卵形或矩圆形,直径24~40 μm,脐点短缝状或"人"字形(山药)。⑥ 内皮层细胞垂周壁波状弯曲,较厚,木化,有稀疏细孔沟;薄壁细胞类圆形,有椭圆形纹孔,集成纹孔群(泽泻)(图22-1)。

【理化鉴别】

(1) 取本品加甲醇超声提取,滤过,滤液蒸干,残渣加水使溶解,用正丁醇-乙酸乙酯(1:1)混合溶液提取,用氨溶液(1→10)洗涤,弃去氨液,正丁醇液蒸干,残渣加甲醇使溶解,作为供试品溶液。以莫诺苷对照品、马钱苷对照品为对照,照薄层色谱法,以三氯甲烷-甲醇(3:1)为展开剂,喷以10%硫酸乙醇溶液,在105℃条件下加热至斑点显色清晰,在紫外光(365 nm)下检视。供试品色谱中,在与对照品色谱相应的位置上,显相同颜色的荧光斑点。

(2) 取本品加硅藻土,加乙醚回流提取,滤过,滤液挥去乙醚,残渣加丙酮使溶解,作为供试品溶液。以丹皮酚对照品为对照,照薄层色谱法,以环己烷-乙酸乙酯(3:1)为展开剂,喷以盐酸酸性5%三氯化铁乙醇溶液,加热至斑点显色清晰。供试品色谱中,在与对照品色谱相应的位置上,显相同颜色的斑点。

(3) 取本品加硅藻土,加乙酸乙酯加热回流提取,滤过,滤液浓缩,作为供试品溶液。以泽泻对照药材为对照,照薄层色谱法,以三氯甲烷-乙酸乙酯-甲酸(12:7:1)为展开剂,喷以10%硫酸乙醇溶液,在105℃条件下加热至斑点显色清晰。供试品色谱中,在与对照药材色谱相应的位置上,显相同颜色的斑点。

【检查】　应符合《中国药典》(2020年版)丸剂项下有关的各项规定。

【含量测定】　照高效液相色谱法测定,以乙腈为流动相A,以0.3%磷酸溶液为流动相B,梯度洗脱;莫诺苷和马钱苷检测波长为240 nm,丹皮酚检测波长为274 nm。含酒萸肉以莫诺苷($C_{17}H_{26}O_{11}$)和马钱苷($C_{17}H_{26}O_{10}$)的总量计,水丸每克不得少于0.9 mg;水蜜丸每克不得少于0.75 mg;小蜜丸每克不得少于0.50 mg;大蜜丸每丸不得少于4.5 mg。含牡丹皮以丹皮酚($C_9H_{10}O_3$)计,水丸每克不得少于1.3 mg;水蜜丸每克不得少于1.05 mg;小蜜丸每克不得少于

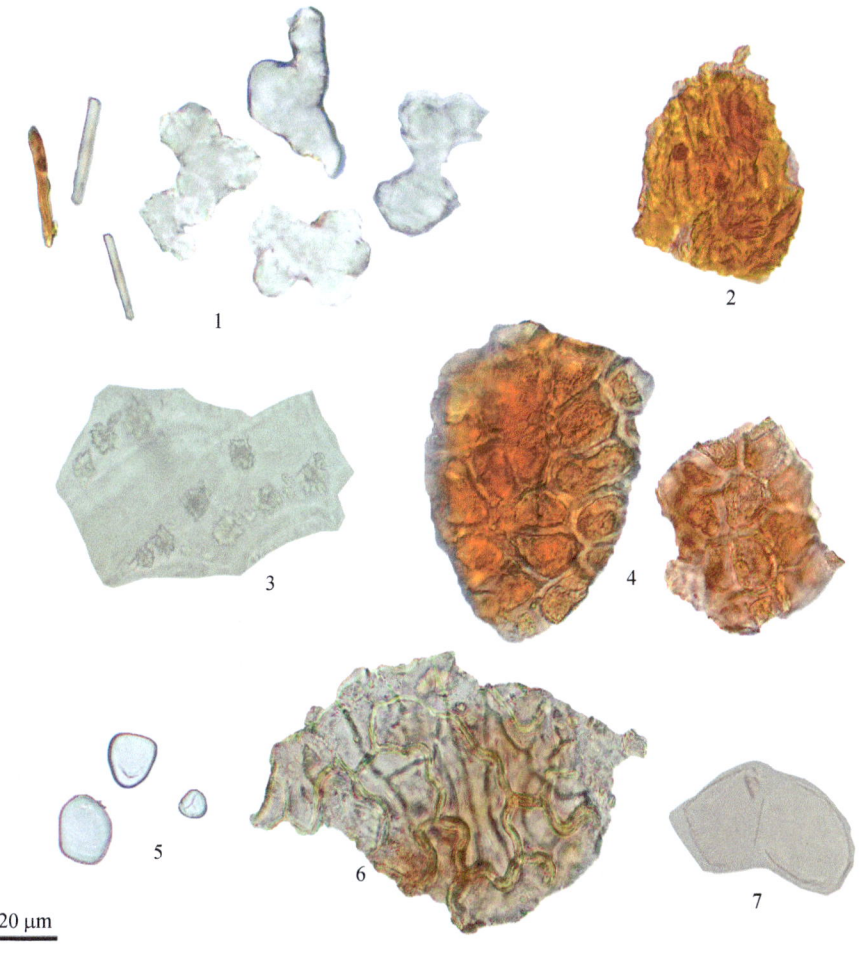

图 22-1　六味地黄丸粉末显微特征图
1. 菌丝团块及菌丝；2. 含棕色核状物的薄壁细胞；3. 草酸钙簇晶；4. 果皮表皮细胞；
5. 淀粉粒；6. 内皮层细胞；7. 具有纹孔群的薄壁细胞

0.70 mg；大蜜丸每丸不得少于 6.3 mg。

【功能主治】　滋阴补肾。用于肾阴亏损，头晕耳鸣，腰膝酸软，骨蒸潮热，盗汗遗精，消渴。

清开灵注射液（Qingkailing Zhusheye）

为胆酸、珍珠母（粉）、猪去氧胆酸、栀子、水牛角（粉）、板蓝根、黄芩苷、金银花制成的注射液。

【性状鉴别】　为棕黄色或棕红色的澄明液体。

【理化鉴别】

（1）取本品，置水浴上蒸干，放冷，残渣加乙醇使溶解，取上清液作为供试品溶液。以栀子苷对照品为对照，照薄层色谱法，以乙酸乙酯-丙酮-甲酸-水（5∶5∶1∶1）为展开剂，喷以 10% 硫酸乙醇溶液，在 105℃ 条件下加热至斑点显色清晰。供试品色谱中，在与对照品色谱相应的位置上，显相同颜色的斑点。

（2）取本品，加乙醇混匀，作为供试品溶液。以胆酸对照品、猪去氧胆酸对照品为对照，照薄层色谱法，以异辛烷-乙酸乙酯-冰醋酸（15∶7∶5）为展开剂，喷以 10% 硫酸乙醇溶液，在 105℃ 条件下加热至斑点显色清晰。供试品色谱中，在与对照品色谱相应的位置上，显相同颜色的斑点。

(3) 取【理化鉴别】(2)项下的供试品溶液,以黄芩苷对照品为对照,照薄层色谱法,吸取上述对照品溶液分别点于同一聚酰胺薄膜上,以乙酸为展开剂,喷以1%三氯化铁乙醇溶液。供试品色谱中,在与对照品色谱相应的位置上,显相同颜色的斑点。

【检查】

1. 山银花　　取本品,加盐酸3滴,边加边搅拌,滤过,滤液加氢氧化钠试液调节pH至7,用水饱和的正丁醇振摇提取,合并正丁醇液,用氨试液洗涤两次,分取正丁醇层,蒸干,残渣加甲醇使溶解,作为供试品溶液。以灰毡毛忍冬皂苷乙对照品为对照,照薄层色谱法,以三氯甲烷-甲醇-水(6:4:1)为展开剂,喷以10%硫酸乙醇溶液,在105℃条件下加热至斑点显色清晰,供试品色谱中,在与对照品色谱相应的位置上,不得显相同颜色的斑点。

2. 溶液的颜色　　精密量取本品1 mL,置50 mL量瓶中,加水稀释至刻度,摇匀,与黄色10号标准比色液比较,应不得更深。

3. pH　　应为6.8~7.5。

4. 炽灼残渣　　每毫升应为3.0~8.5 mg。

5. 总固体　　每毫升遗留残渣应为30~60 mg。

6. 有关物质　　除蛋白质、树脂、草酸盐外,照注射剂有关物质检查法检查,应符合规定。

7. 蛋白质　　取本品1 mL,加鞣酸试液1~3滴,不得出现混浊。

8. 树脂　　取本品5 mL,加三氯甲烷10 mL,振摇提取,分取三氯甲烷液,置水浴上蒸干,残渣加冰醋酸2 mL使溶解,置具塞试管中,加水3 mL,混匀,放置30 min,可有轻微混浊,不得出现絮状物或沉淀。

9. 草酸盐　　取本品5 mL,置离心管中,滴加6 mol/L盐酸溶液5滴,搅匀,离心,吸取上清液,滤过,取滤液2 mL,调节pH至5~6,加3%氯化钙溶液2~3滴,放置10 min,不得出现沉淀。

10. 重金属　　不得过10 mg/kg。

11. 异常毒性　　应符合《中国药典》(2020年版)相关规定。

12. 过敏反应　　应符合《中国药典》(2020年版)相关规定。

13. 热原　　应符合《中国药典》(2020年版)相关规定。

14. 溶血与凝聚　　应符合《中国药典》(2020年版)相关规定。

15. 其他　　应符合《中国药典》(2020年版)注射剂项下有关的各项规定。

【含量测定】

1. 胆酸(猪去氧胆酸)　　照高效液相色谱法测定,以甲醇-乙腈-0.1%甲酸溶液(68:17:15)为流动相;用蒸发光散射检测器检测。本品每毫升含胆酸($C_{24}H_{40}O_5$)应为1.50~3.25 mg;含猪去氧胆酸($C_{24}H_{40}O_4$)应为1.00~3.20 mg。

2. 栀子　　照高效液相色谱法测定,以乙腈-水(10:90)为流动相;检测波长为238 nm。本品每毫升含栀子以栀子苷($C_{17}H_{24}O_{10}$)计,不得少于0.10 mg。

3. 黄芩　　照高效液相色谱法测定,以甲醇-水-磷酸(47:53:0.2)为流动相;检测波长为276 nm。本品每毫升含黄芩苷($C_{21}H_{18}O_{11}$)应为3.5~5.5 mg。

4. 总氮量　　照氮测定法测定,本品每毫升含总氮(N)应为2.2~3.0 mg。

【功能主治】　　清热解毒,化痰通络,醒神开窍。用于热病,神昏,中风偏瘫,神志不清;急性肝炎、上呼吸道感染、肺炎、脑血栓形成、脑出血见上述证候者。

血塞通胶囊(Xuesaitong Jiaonang)

为三七总皂苷制成的胶囊剂。

【性状鉴别】　　为硬胶囊,内容物为类白色至淡黄色的粉末或颗粒;味苦,微甘。

【理化鉴别】 取本品,照【含量测定】项下的方法,供试品色谱中应呈现与三七总皂苷对照提取物色谱中三七皂苷 R_1、人参皂苷 Rg_1、人参皂苷 Re、人参皂苷 Rb_1 和人参皂苷 Rd 色谱峰保留时间相对应的色谱峰。

【检查】 应符合《中国药典》(2020 年版)胶囊剂项下有关的各项规定。

【含量测定】 照高效液相色谱法测定,以乙腈为流动相 A,以水为流动相 B,梯度洗脱;检测波长为 203 nm。本品按标示量计算,每粒含三七皂苷 $R_1(C_{47}H_{80}O_{18})$ 不得少于 5.0%、含人参皂苷 $Rg_1(C_{42}H_{72}O_{14})$ 不得少于 25.0%、含人参皂苷 $Re(C_{48}H_{82}O_{18})$ 不得少于 2.5%、含人参皂苷 $Rb_1(C_{54}H_{92}O_{23})$ 不得少于 27.0%、含人参皂苷 $Rd(C_{48}H_{82}O_{18})$ 不得少于 5.0%;且含三七皂苷 R_1、人参皂苷 Rg_1、人参皂苷 Re、人参皂苷 Rb_1 和人参皂苷 Rd 的总量不得低于 75%。

【功能主治】 活血祛瘀,通脉活络,抑制血小板聚集和增加脑血流量。用于脑络瘀阻,中风偏瘫,心脉瘀阻,胸痹心痛;脑血管病后遗症,冠心病心绞痛属上述证候者。

板蓝根颗粒(Banlangen Keli)

为板蓝根制成的颗粒剂。

【性状鉴别】 为浅棕黄色至棕褐色的颗粒;味甜、微苦。

【理化鉴别】

(1) 取本品乙醇超声提取,滤过,滤液浓缩,作为供试品溶液。以板蓝根对照药材、L-脯氨酸对照品、精氨酸对照品、亮氨酸对照品为对照。照薄层色谱法,以正丁醇-冰醋酸-水(19∶5∶5)为展开剂,喷以茚三酮试液,加热至斑点显色清晰。供试品色谱中,在与对照药材色谱和对照品色谱相应的位置上,显相同颜色的斑点。

(2) 以尿苷对照品、鸟苷对照品、(R,S)-告依春对照品及腺苷对照品为对照,照【含量测定】项下的方法,供试品色谱中,应呈现与对照品色谱峰保留时间相对应的色谱峰。

【检查】 应符合《中国药典》(2020 年版)颗粒剂项下有关的各项规定。

【含量测定】 照高效液相色谱法测定,以甲醇-水为流动相,梯度洗脱;检测波长为 254 nm。以尿苷($C_9H_{12}N_2O_6$)、鸟苷($C_{10}H_{13}N_5O_5$)、腺苷($C_{10}H_{13}N_5O_4$)的总量计,不得少于 1.4 mg;其余规格不得少于 0.70 mg。

【功能主治】 清热解毒,凉血利咽。用于肺胃热盛所致的咽喉肿痛、口咽干燥、腮部肿胀;急性扁桃体炎、腮腺炎见上述证候者。

逍遥丸(Xiaoyao Wan)

为柴胡、当归、白芍、炒白术、茯苓、炙甘草及薄荷制成的丸剂。

【性状鉴别】 为棕褐色的小蜜丸或大蜜丸;味甜。

【显微鉴别】 ① 不规则分枝状团块无色,遇水合氯醛试液溶化;菌丝无色或淡棕色,直径 4~6 μm(茯苓)。② 草酸钙簇晶直径 18~32 μm,存在于薄壁细胞中,常排列成行,或一个细胞中含数个簇晶(白芍)。③ 草酸钙针晶细小,长 10~32 μm,不规则地充塞于薄壁细胞中(炒白术)。④ 纤维束周围薄壁细胞含草酸钙方晶,形成晶纤维(炙甘草)。⑤ 油管含黄色或棕黄色分泌物,直径 8~25 μm(柴胡)。

【理化鉴别】

(1) 取本品加硅藻土,甲醇加热回流,滤过,滤液蒸干,残渣加水使溶解,用乙醚振摇提取,弃去乙醚液,水层用水饱和的正丁醇振摇提取,合并正丁醇液,用正丁醇饱和的氨试液洗涤,取正丁醇液,回收溶剂至干,残渣加甲醇使溶解,作为供试品溶液。以柴胡对照药材为对照,照薄层色谱法,以乙酸乙酯-乙醇-水(8∶2∶1)为展开剂,喷以 2%对二甲氨基苯甲醛的 40%硫酸溶液,在60℃条件下加热至斑点显色清晰,置日光下检视。供试品色谱中,在与对照药材色谱相应的位置上,显相同颜色的斑点。

(2) 取本品剪碎,加乙醇振摇,滤过,滤液蒸干,残渣加丙酮使溶解,作为供试品溶液。以当归对照药材为对照,照薄层色谱法,以正己烷-乙酸乙酯(9∶1)为展开剂,置紫外光灯(365 nm)下检视。供试品色谱中,在与对照药材色谱相应的位置上,显相同颜色的荧光斑点。

(3) 取本品加硅藻土,乙醇超声提取,滤过,滤液蒸干,残渣加水使溶解,用乙醚振摇提取,弃去乙醚液,用水饱和的正丁醇振摇提取,正丁醇层用正丁醇饱和的水洗涤,正丁醇液蒸干,残渣加甲醇使溶解,作为供试品溶液。以甘草对照药材为对照,照薄层色谱法,以乙酸乙酯-甲酸-冰醋酸-水(15∶1∶1∶2)为展开剂,喷以10%硫酸乙醇溶液,在105℃条件下加热至斑点显色清晰,置紫外光灯(365 nm)下检视。供试品色谱中,在与对照药材色谱相应的位置上,显相同颜色的荧光斑点。

(4) 取【理化鉴别】(3)项下剩余的供试品溶液,加中性氧化铝拌匀、干燥,加在中性氧化铝柱上,收集乙酸乙酯-甲醇(1∶1)的洗脱溶液蒸干,残渣加乙醇使溶解,作为供试品溶液。以芍药苷对照品为对照,照薄层色谱法,以三氯甲烷-乙酸乙酯-甲醇-甲酸(40∶5∶10∶0.2)为展开剂,喷以5%香草醛硫酸溶液,加热至斑点显色清晰,置日光下检视。供试品色谱中,在与对照品色谱相应的位置上,显相同颜色的斑点。

【检查】 应符合《中国药典》(2020年版)丸剂项下有关的各项规定。

【含量测定】 照高效液相色谱法,以乙腈-0.1%磷酸溶液(15∶85)为流动相,检测波长为230 nm。含白芍以芍药苷($C_{23}H_{28}O_{11}$)计,小蜜丸每克不得少于0.7 mg;大蜜丸每丸不得少于6.3 mg。

【功能主治】 疏肝健脾,养血调经。用于肝郁脾虚所致的郁闷不舒、胸胁胀痛、头晕目眩、食欲减退、月经不调。

近日,有新闻网报道,由于中药材价格上涨,中成药的生产成本增加,有多家不法企业在生产时涉嫌虚假投料,违法加入化学品,严重威胁临床用药的安全。

问题:
1. 怎样鉴定中成药的虚假投料?
2. 如何全面控制中成药的质量?

主要参考文献

邓彬,国锦琳,华桦,等.基于全产业链标准整合的中药材质量保障与溯源系统.世界中医药,2021,16(14): 2073-2076.

郭巧生.药用植物资源学.2版.北京:高等教育出版社,2017.

国家药典委员会.国家药品标准工作手册.北京:中国医药科技出版社,2013.

国家药典委员会.中国药典分析检测技术指南.北京:中国医药科技出版社,2017.

国家药典委员会.中华人民共和国药典.北京:中国医药科技出版社,2020.

康廷国.中药鉴定学.北京:中国中医药出版社,2016.

李剑飞,田成雍,贺雅琴,等.中药全产业链质量追溯系统研究.中国医药导刊,2019,21(10):619-622.

刘昌孝.从中药资源-质量-质量标志物认识中药产业的健康发展.中草药,2016,47(18):3149-3154.

刘昌孝.基于中药质量标志物的中药质量追溯系统建设.中草药,2017,48(18):3669-3676.

刘昌孝,陈士林,肖小河,等.中药质量标志物(Q-Marker):中药产品质量控制的新概念.中草药,2016,47(9): 1443-1457.

麻广霖,赵宇新,张伟.学习贯彻新修订《药品管理法》强化药品标准的地位和作用.中国食品药品监管,2020, (1):18-31.

万德光,王文全.中药资源学专论.北京:人民卫生出版社,2009.

王喜军.中药鉴定学.北京:人民卫生出版社,2016.

吴啟南,朱华.中药鉴定学.北京:中国医药科技出版社,2015.

徐国钧,徐珞珊.常用中草药品种整理和质量研究 南方协作组 第二册.福州:福建科学技术出版社,1997.

徐国钧,徐珞珊.常用中药材品种整理和质量研究 南方协作组 第一册.福州:福建科学技术出版社,1994.

张贵君,金哲雄.中药鉴定学.北京:科学出版社,2016.

中国植物志编委会.中国植物志.(2020-7-21)[2020-07-26].http://www.iplant.cn/frps.

附　　录

附录一　中药中文名称索引

附录二　中药拉丁名称索引

附录三　中药拉丁学名索引